KB178659

HANGIL
GREAT BOOKS

인류의 위대한 지적유산

HANGIL
GREAT BOOKS
163

러일전쟁 1

기원과 개전

와다 하루키 지음 | 이웅현 옮김

한길사

日露戦争 起源と開戦（上）

by Haruki Wada

Translated by Lee Woong-Hyeon

NICHIRO SENSO-KAISEN TO KIGEN-VOLMES 1
by Haruki Wada
Copyright © 2009 by Haruki Wada
First published 2009 by Iwanami Shoten, Publishers, Tokyo.
This Korean edition published 2019
by Hangilsa Publishing Company, Paju-si
by arrangement with Iwanami Shoten, Publishers, Tokyo.

이 책은 저작권자와의 독점 계약으로 한길사에서 출간되었습니다.
저작권법에 의해 한국 내에서 보호받는 저작물이므로 무단 전재와 무단 복제를 금합니다.

채용신, 「고종 어진」, 1901, 원광대학교박물관

고종은 일본의 간섭과 지배 그리고 침략에 일관되게 저항했다. 저항의 방법에 대해서는 여러 가지 평가가 있겠지만 일관되게 저항했다는 사실은 역사의 중요한 요소이며, 그것을 모르면 이 시대 동북아시아의 역사를 이해할 수 없다.

후쿠이 야스지로(福井安治郎), 「조선 경성왕궁 도전도(挑戰圖)」, 판화, 1894

청일전쟁을 묘사한 그림이다. 고종은 동학농민운동이 발발하자 청국에게 군대 파병을 요청한다. 청국은 "조선에 중대한 사건이 일어나 중·일 양국 또는 어느 한 국가가 파병할 때 사전에 통보"한다는 톈진조약에 의거해 일본에 파병을 통보한다. 이때 파견된 일본군은 8,000명에 달했다. 임오군란 때 500명, 갑신정변 때 1,000명을 파병한 것에 비춰본다면 이는 완전히 전쟁을 하겠다는 자세였다.

이쿠히데(幾英), 「조선 아산 일본군 대승리」, 판화, 1894

청일전쟁을 묘사한 그림이다. 이토 내각은 톈진조약에 의해 조선으로 출병하면서 조선을 자신들의 보호국으로 삼는 것을 목표로 설정했다. 서울을 점령한 일본군은 마침내 왕궁을 점령하고 조선군을 무장해제했으며, 국왕과 왕비를 포로로 잡았다. 게다가 아산의 청국군을 물리쳐 달라는 요청을 받았다면서 청국군을 공격했다. 해상에서도 청국의 병력을 수송하는 배를 격침시켰다. 이 모든 것이 선전포고 이전에 벌어진 일이었다.

버나드 파트리지(Bernard Partridge), 「궁지에 몰려서」(In A Tight Place), 1904년 2월 3
일 『펀치』(Punch)

당시 신문보도에는 궁지에 몰린 한국 정부는 러시아와 일본 사이에 전쟁이 일어나면 엄격한 중
립을 지키기로 결정했다는 기사가 실렸다. 러일교섭이 시작되자 고종은 개전이 가까워졌다고
생각했고 1903년 8월 전시 중립을 인정받기 위해 움직였다.

HANGIL GREAT BOOKS 163

러일전쟁 1

기원과 개전

와다 하루키 지음 | 이웅현 옮김

한길사

러일전쟁 1
기원과 개전

제3장 청일전쟁과 전후 일본·조선·러시아 관계

제4장 러시아의 뤼순 점령과 조차(1896-99)

제5장 의화단(義和團)사건과 러청(露淸)전쟁

러일전쟁 2

기원과 개전

제6장 새로운 노선의 등장

제7장 러일교섭

제8장 전야

제9장 개전

제10장 러일전쟁은 이렇게 일어났다

러일전쟁
주요 인물들

조선 · 대한제국

고종(1852-1919)
국왕(1863-97). 황제
(1897-1907). 일본에
게 을사조약 체결을
강요당했다. 조약의
부당함을 알리기 위해
1907년 헤이그에서
열린 만국평화회의에
특사를 파견했으나
실패했다. 이후 이토
통감에 의해 퇴위.

대원군(1820-98)
고종의 아버지. 본
명은 이하응. 섭정
(1863-73). 1882년과
1895년에 옹립되어
정권을 장악하지만
단명에 그친다. 개항
을 요구하는 서구 열
강의 침략적 자세에
쇄국정책으로 대응.

조병식(1832-1907)
독판교섭통상사무
(1885). 1889년 9월 1일
에 방곡령 실시를 통
고하고 독립협회를 탄
압했다. 1900년 주일
공사로 일본에 파견.

김윤식(1835-1922)
독판교섭통상사무
(1885). 외부대신
(1895). 갑오개혁의
입안자로 참여. 아
관파천 때 외무대신
직에서 면직. 을미
사변과 관련해 탄핵
을 당한 뒤 종신 유형
(1896). 1907년 특별
사면.

김홍집(1842-96)
총리대신(1894-96).
제1차 갑오개혁을 주
도했다. 고종의 아관
파천 때 친러 정권이
수립되자 '왜대신'
(倭大臣)으로 지목되
어 광화문 앞에서 군
중들에게 피살.

김옥균(1851-94)
개화파. 갑신정변을
주도했으나 일본으
로 망명했다. 자객 홍
종우에게 상하이에서
암살.

이범진(1852-1911)
친러파. 협판내무
부사(1887). 농상공
부대신(1895). 1895
년 11월 28일 '춘생
문사건'을 주도했으
나 실패. 이듬해 귀국
해 고종의 아관파천
을 실현시켰다. 법무
대신, 주미, 주러 공사
(1899-1905). 한일병
합에 항의하며 자결.

박영효(1861-1939)
친일반민족행위자.
개화파. 갑신정변을
주도한 후 일본으로
망명. 1894년 귀국해
내부대신을 지냈다.
한일병합 후 일본에
게 후작 작위를 받고
귀족원 칙선의원을
역임.

서재필(1864-1952)
개화파. 일본에서 유
학. 갑신정변 참가. 미
국 망명 뒤 1895년 귀
국해 『독립신문』 창
간. 1896년 7월 2일
독립협회 창설. 독립
문 건립 운동 제의.
3·1운동 때 전재산을
독립운동 자금으로
기부. 해방 후 미군정
고문.

이용익(1854-1907)
임오군란 이후 고종
을 보좌. 내장원경
(1897)과 탁지부대신
(1902)을 역임. 1904
년 러일전쟁이 일어
나자 정부로 하여금
'중립'을 선언하게 했
고 그 결과 일본으로
강제 출국되었다. 을
사조약에 저항하고
투쟁.

박제순(1858-1916)
친일반민족행위자.
외부대신(1898, 1900,
1903, 1905). 제2차 한
일협약에 조인했으며
을사오적. 일제강점기
에 자작 작위를 받음.

민영환(1861-1905)
민비의 조카. 1895
년 주미 공사로 임명
되었으나 을미사변
이 일어나자 부임하
지 않고 사직. 1897년
영·독·불·러·이 등
지의 주재 공사. 1905
년 시종무관장. 이후
제2차 한일협약에 반
대하며 자결.

일본

이지용(1870-?)
친일반민족행위자.
궁내부협판(1900).
외부대신서리(1904).
주한 일본공사 하야
시 곤스케와 함께 한
일의정서에 조인했
다. 1905년 을사조약
체결을 주도한 을사
오적. 병합 후 백작.

민비(1851-95)
왕비(1866-95). 명성
황후. 일본 공사 미우
라 고로에게 피살. 사
후 일본은 민비를 음
모와 부패의 원흉이라
고 왜곡해왔으나 현대
에 들어 고종의 '정치
적 내조자'이자 조선
의 '국모'로 재조명.

메이지 천황(1852-
1912)
일본의 제122대 천황
(1868-1912). 연호를
메이지로 정함. 1889
년 흠정헌법 발포.

이토 히로부미(1841-
1909)
조슈(長州)번 출신으
로 영국에서 유학. 내
무경과 수상(1885-88,
1892-96, 1898, 1900-
1901)을 지냈다. 이
후 조선 통감(1905-
1909)을 역임했고 안
중근에게 암살.

야마가타 아리토모
(1838-1922)
조슈번 출신 군인. 육
군경과 수상(1889-
91, 1898-1900)을 지
냈다.

이노우에 가오루
(1835-1915)
조슈번 출신으로 영
국에서 유학. 외무경
과 외상(1885-88)
을 지냈다. 조선 공사
(1894-95).

외상

가쓰라 타로(1847-1913)
조슈번 출신. 육군상(1898). 수상(1901-1905, 1908-11, 1912-13).

아오키 슈조(1844-1914)
조슈번 출신. 외상(1889-91, 1898-1900).

에노모토 다케아키(1836-1908)
막신(幕臣). 네덜란드에서 유학했다. 하코다테 전쟁에 참전. 러시아 공사(1874-75). 외상(1891-92).

무쓰 무네미쓰(1844-97)
와카야마(和歌山)번 출신으로 유럽에서 유학했다. 주미 공사. 외상(1892-96).

니시 도쿠지로(1847-1912)
사쓰마(薩摩)번 출신으로 러시아에서 유학했다. 러시아 공사(1896). 외상(1897-98).

사이온지 긴모치(1849-1940)
공가(公家). 프랑스에서 유학했다. 외상대리(1896). 수상(1906-1908, 1911-12).

가토 다카아키(1860-1926)
오와리(尾張) 출신으로 도쿄대학을 졸업했다. 주영 공사. 외상(1900-1901). 수상(1924-26).

고무라 주타로(1855-1911)
휴가(日向) 출신으로 도쿄대학을 졸업하고, 미국에서 유학했다. 조선(1895-96), 미국(1898-1900), 러시아(1900), 청국(1901) 공사. 외상(1901-1905).

하야시 다다스(1850-1913)
막부 어전의(御典醫)의 양자. 영국에서 유학했으며 에노모토군(軍) 사관과 외무차관을 지냈다. 청국, 러시아(1897), 영국(1990-1905) 공사. 외상(1906-1908).

구리노 신이치로(1851-1937)
후쿠오카 구로다(黑田)번 출신으로 미국에서 유학했다. 멕시코, 미국, 이탈리아, 프랑스, 러시아(1901-1904), 프랑스 공사. 1932년 추밀고문관.

오토리 게이스케(1833-1911)
막신(幕臣). 에노모토군 참가. 메이지정부에 출사(出仕). 청국(1889), 조선(1893-94) 공사. 추밀고문관.

미우라 고로(1846-1926)
조슈번 출신으로 군인. 조선(1895) 공사를 지냈으며 민비를 시해한 주모자다. 추밀고문관(1910).

군인

하야시 곤스케(1860-1939)
아이즈(会津)번 출신으로 도쿄대학을 졸업했다. 1887년 외무성 출사. 영국공사관 일등서기관(1896). 조선 공사(1899-1908). 을사조약 체결에 가담. 중국 공사(1916).

스기무라 후카시(1848-1906)
모리오카(盛岡) 출신으로 1880년 외무성 출사. 조선공사관 일등서기관(1891-95)과 대리공사를 지냈다. 민비 시해를 주모(主謀)했고, 이후 해임되었으나 1899년에 외무성에 복직했다. 통상국장, 브라질 변리공사(1904) 역임.

오야마 이와오(1842-1916)
사쓰마번 출신으로 프랑스에서 유학했다. 군인으로서 육군상(1885-96), 원수, 참모총장(1899-1904)을 역임. 만주군 총사령관.

가와카미 소로쿠(1848-99)
사쓰마번 출신으로 참모차장(1885). 청일전쟁을 지휘했다. 참모총장(1898-99).

이구치 쇼고(1855-1925)
누마즈(沼津) 출신으로 육사, 육군대학을 졸업했다. 독일에서 유학했으며 참모본부 포병과장(1900), 군사과장(1901), 총무부장(1902)을 지냈다. 대본영 참모부 제3과장. 육군대학교장. 제15사단장.

야마모토 곤베에(1852-1933)
가고시마(鹿児島) 출신으로 보신(戊辰)전쟁 후 가이세이죠(開成所), 해군병학료(海軍兵学寮)에서 공부했다. 해군상(1898-1906). 수상(1913-14, 1923-24).

도고 헤이하치로
(1847-1934)
가고시마 출신으로
유신 후 해군사관학
교를 나왔다. 영국에
서 유학했으며 '나니
와' 함장(1894)과 마
이즈루(舞鶴)진수부
사령관을 지냄. 연합
함대 사령관(1903).

아키야마 사네유키
(1868-1918)
마쓰야마(松山) 출신
으로 해군병학교를
졸업했다. 미국에서
유학했으며 무관으로
미국-스페인 전쟁을
관전했다. 연합함대
작전참모.

히로세 다케오(1868-
1904)
분고(豊後) 출신으로
해군병학교를 졸업했
다. 1888년 임관했고
러시아에서 유학했
다. 주재 무관(1897-
1900). 뤼순항 폐색작
전에서 전사.

민간인

고노에 아쓰마로
(1863-1904)
공가(公家). 오스트리
아와 독일에서 유학
했다. 귀족 원의원과
의장(1896-1903)을
지냈다. 1898년 동아
동문회를 조직. 국민
동지회(1900)와 대러
동지회(1903) 결성.
후미마로의 아버지.

시바 시로(도카이 산
시, 1852-1922)
아이즈번 출신으로
1885년 『가인의 기
우』를 썼다. 중의원의
원(1892-1912). 미우
라 공사 고문(1895).
1903년 『러일전쟁 하
네카와 로쿠로』를 씀.

우치다 고(료헤이,
1874-1937)
후쿠오카현 출신으
로 덴유쿄(天佑狹)에
참가해 조선에서 획
책했다. 고쿠류카이
를 창립(1901)했으며
『러시아 망국론』을
출간했다. 1906년 이
토 통감에 협력. 일진
회 고문이 되어 합방
운동 전개.

시마다 사부로(1852-
1923)
에도(江戶) 출신으로
누마즈 병학교, 다이
가쿠난코(大学南校)
에서 공부했다.『요코
하마마이니치신문』
사원대표의 양자가
되어 동 신문에 참가
했다. 이후 입헌개진
당 결성에 참여했다.
마이니치신문사 사장
겸 주필(1894). 중의
원 의원(1890-1923).

이케베 산잔(1864-
1912)
구마모토(熊本) 출신
으로 프랑스에서 유
학했다.『도쿄아사히
신문』주필(1897).

알렉산드르 3세
(1845-94)
알렉산드르 2세의 아
들. 황제(1881-94).

마리야 표도로브나
(1847-1928)
알렉산드르 3세의 비.
덴마크 왕녀.

니콜라이 2세(1868-
1918)
알렉산드르 3세의 아
들. 황제(1894-1917).
러시아혁명으로 처형.

**알렉산드라 표도로브
나**(1872-1918)
니콜라이 2세의 비.
헤센-다름슈타트 대
공의 딸.

블라디미르 대공
(1847-1909)
알렉산드르 3세의 동생이다. 소위보로 임관(1854), 소장(1868) 근위 제1사단장. 페테르부르크 군관구 사령관(1884-1905).

표트르 니콜라예비치 대공(1864-1931)
알렉산드르 2세의 동생으로 니콜라이의 아들이자 알렉산드르 3세의 사촌이다. 공병총감(1904-1909). 부인은 몬테네그로 왕녀인 오컬트광(狂) 밀리짜.

알렉산드르 미하일로비치 대공(1866-1933)
알렉산드르 2세 막냇동생의 아들로 니콜라이 2세의 누이와 결혼했다. 육군이었으나 해군으로 전직했다. 소위(1885), 대령(1900), 해군소장(1903).

재무상 · 내무상

비테(1849-1915)
신러시아대학을 졸업했다. 철도 경영에서 시작해 재무성 철도국장(1889), 재무상(1892-1903)을 지냈다. 포츠머스 강화회의 전권. 수상(1905-1906).

시퍄긴(1853-1902)
페테르부르크 제국대학을 졸업했다. 1876년 내무성에 들어갔다. 내무상(1899-1902). 암살됨.

플레베(1846-1904)
모스크바 제국대학을 졸업했다. 검사(1867), 내무성 경보국장(1881), 내무차관(1885)을 역임. 내무상(1902-1904). 암살됨.

외상

기르스(1820-95)
차르스코예 셀로 리
쩨이를 졸업했다.
1838년에 외무성에
입성했다. 페르시
아 공사. 외무성 아
시아국장(1875). 외
상대행(1878). 외상
(1882-95).

**로바노프-로스토프
스키**(1824-96)
후작. 알렉산드르
리쩨이를 졸업했다.
1844년에 외무성에
입성했다. 터키 공
사. 외무차관(1867).
내무상대행. 터키
공사(1878). 외상
(1895-96).

무라비요프(1845-
1900)
백작. 하이델베르크
대학의 청강생이었
다. 1864년에 외무
성에 입성했다. 덴마
크 공사. 외상(1897-
1900).

육군

람스도르프(1844-
1907)
백작. 페테르부르크
제국대학의 청강생
이었다. 1866년에 외
무성에 입성했다. 외
상비서관. 관방장. 심
의관. 차관(1897). 외
상대행(1898). 외상
(1900-1906).

반노프스키(1822-
1904)
모스크바 유년학교
를 졸업했다. 소위
임관(1840). 제12군
단장(1876). 육군상
(1881-98). 문교장관
(1901-1902).

쿠로파트킨(1848-
1925)
사관학교와 육군대
학을 졸업했다. 소
위 임관(1866). 투르
케스탄 군관구 참모
(1874). 러터전쟁과
플레브나 전투에 참
가했다. 자카스피해
주장관(1890), 군사
령관, 육군상(1897-
1904)을 지냈다. 투르
케스탄 총독. 동 군관
구 사령관(1916).

오브루체프(1830-1904)
유년학교 졸업. 소위
임관(1848), 참모본
부 참모(1863). 러터
전쟁에서 활약했다.
참모총장(1879-98).

사하로프(1848-1905)
사관학교와 육군대
학을 졸업했다. 소
위 임관(1866). 페
테르부르크 군관구
참모(1875)를 지냈
고, 플레브나 전투
에 참가했다. 바르샤
바 군관구 사령관보
좌(1890). 참모총장
(1898-1904). 육군상
(1904-1905).

리네비치(1838-1908)
중학교 졸업. 소위보
임관(1858). 시베리
아 군단장(1900). 프
라아무르 군관구 사
령관(1903). 만주군
총사령관대행(1904).
제1군 사령관. 만주군
총사령관(1905).

해군

사모일로프
주일 무관(1902-1904, 1906-16).

알렉세이 대공(1850-1908)
알렉산드르 2세의 넷
째 아들이다. 해군 소
위(1857). 해군 총재
(1881-1905).

티르토프(1836-1903)
해군사관학교를 졸업
했다. 1852년에 임관
했다. 태평양함대 사
령관(1892). 해군상
(1896-1903).

아벨란(1839-1916)
해군사관학교를 졸
업했다. 1855년에 임
관. 군령부장(1896-
1903). 해군상(1903-
1905).

알렉세예프(1843-
1918)
해군사관학교 졸업.
1863년에 임관. 태평
양함대 사령관(1895-
97). 관둥주장관
(1899-1903). 극동태
수(1903-1904). 혁명
후 망명.

두바소프(1845-
1912)
해군사관학교를 졸업
했다. 태평양함대 사
령관(1897-98).

마카로프(1848-
1904)
1867년에 임관했다.
지중해함대 사령관
(1895-96)과 태평양
함대 사령관(1904)을
역임했다. 기함 탑승중
기뢰 접촉으로 사망.

로제스트벤스키
(1848-1909)
해군사관학교와 포
병대학교를 졸업했
다. 1868년에 임관했
으며 러터전쟁에 참
전했다. 주영 무관
(1890-94). 해군 군령
부장(1903-1904). 제
2태평양함대 사령관
(1904). 군법회의에
서 무죄판결(1906)을
받았다.

스타르크(1846-
1928)
해군사관학교를 졸업
했다. 1866년에 임관
했다. 태평양함대 사
령관(1902-1904). 혁
명후 망명.

공사

루신(1861-1956)
해군사관학교를 졸
업했다. 1866년에 임
관. 주일 무관(1899-
1904). 해군 군령부장
(1913-17). 혁명 후
망명.

셰비치
주일 공사(1886-92).

히트로보(1837-96)
주일 공사(1893-96).

로젠(1847-1922)
제립법률학교를 졸
업했다. 주일공사
관원(1877-82). 공
사(1897-99, 1903-
1904). 주청 공사
(1898).

이즈볼스키(1856-
1919)
알렉산드르 리쩨이
를 졸업했다. 1875년
에 외무성에 입성했
다. 바티칸 공사, 세르
비아 공사, 주일 공사
(1900-1902)를 역임
했다. 외상(1906-10).

슈페이에르
주한 대리공사(1896-
97), 주청 공사(1898).

레사르
주청 공사(1902-1905).

마튜닌
주한 대리공사(1898).

파블로프
주청 일등서기관
(1895-98). 주한 대리
공사(1899-1902). 공
사(1903-1905).

특별직 기타

카시니
주청 공사(1892-97).
주 미 공사(1898-
1905). 주스페인 공사
(1906-10).

베베르(1841-?)
하 코 다 테 부 영 사
(1871-73). 요코하마
부영사(1874-75). 텐
진 영사(1876-84). 주
한 대리공사(1885-
95). 멕시코 공사
(1897-1900).

보가크(1859-?)
기병사관학교를 졸
업했다. 1878년 임관
했으며 베조브라조
프의 협력자다. 참모
본부(1889). 주청 무
관(1892-1903), 주일
무관(1893-96). 주영
무관(1905-1907).

아바자(1853-1915)
1873년에 제4해병
단에 입단했다. 베조
브라조프의 협력자
다. 해군총재 부관
(1884). 근위해병단
사령관(1899). 중앙
상선상항관리국 차장
(1902). 극동위원회
사무국장(1903).

수보린(1834-1912)
『노보레 브레미야』지
매입(1876)하고, 사
주 겸 주필로서 동 신
문을 거대 신문으로
성장시킴.

베조브라조프(1855-
1931)
근시(近侍)학교와 기
병사관학교를 졸업했
다. 근위기병연대에
서 근무했으며 황실
마필관리사과 이르
쿠츠크총독 특임관을
지냈다. 압록강 이권
을 둘러싸고 획책했
다. 황제의 비공식 보
좌관. 극동위원회 위
원(1903-1904). 혁명
후 망명.

청국 · 구미

리훙장(1823-1901)
1870년 청국 즈리(直
隷)총독. 북양대신.
시모노세키 조약과
러청밀약 체결.

칭친왕(1836-1916)
건륭제의 손자. 총리
아문대신. 군기대신
수석 역임.

묄렌도르프(1848-
1901)
목인덕(穆麟德). 독일
인. 리훙장의 지시로
1882년부터 조선의
참의 · 협판, 외교고문
을 지냈다. 러시아와
조선을 접근하게 하
는 노력을 전개하다
해임(1885)됨.

앨런(1858-1932)
미국인 선교사로
1884년 조선에 왔다.
1887년에 조선 정부
에서 근무했다. 주한
미국공사관 일등서
기관. 1897년부터 공
사를 지냈다. 1905년
귀국.

위안스카이(1859-
1916)
1882년 군인으로 조
선에 왔다. 총리조선
교섭통상사의(1885)
가 되었다. 1894년에
귀국. 그 후 즈리총독,
군기대신을 역임했
다. 1909년 퇴임. 신해
혁명 후 중화민국 임
시대총통.

일러두기

1. 옮긴이의 설명은 [ ]로 표시하고 저자가 인용문을 번역할 때 단 설명은 〈 〉로 표기했다.

2. 이 책을 번역할 때 대부분 용어는 우리말이나 우리 정서에 맞게 고쳤다. 하지만 인용문은 원문의 의미를 명확하게 나타내기 위해 용어를 그대로 옮겼다. 가령 '동학당의 난'은 '동학농민운동'으로 통일했으나, 당시 원문을 직접 인용할 때는 원문의 용어를 그대로 옮겼다. 또한 '동해'와 '일본해'의 경우 일본에서 '동해'라고 할 때는 태평양 쪽을 의미하기 때문에 저자의 문장에서는 '동해' 또는 '동해[일본해]'로 표기했지만 원문을 직접 인용한 경우는 '일본해[동해]'로 표기했다.

3. 날짜 뒤의 괄호 속 숫자는 구 러시아력 날짜를 의미한다.

한국과 북한의 독자들에게

러일전쟁은 20세기 세계사의 대사건이었다. 조선 민족의 운명을 결정한 전쟁이었지만, 전쟁을 치른 일본과 러시아 두 나라의 국민과도 깊은 관련이 있는 사건이었다는 점 역시 분명하다.

그런데도 이 전쟁에 관해서 일본 자료와 러시아 자료를 같이 모아 대조해 깊이 연구하고 나아가 조선의 자료까지 널리 조사한 저작은, 내가 연구를 시작했을 때에는 존재하지 않았다. 나는 이 책을 러일전쟁 개전 100주년인 2004년에 집필하기 시작해 6년에 걸쳐서 완성했고, 2009년 말부터 2010년 초에 걸쳐서, 즉 일본의 한국병합 100주년에 출간했다. 모름지기 일본, 러시아, 한국의 자료에 대해 전면적인 조사를 시도한 최초의 저작이라 할 수 있을 것이다.

이 방대한 책은 독자들의 호응을 받았고 쇄를 거듭해 3쇄까지 낼 수 있었다. 서평도 몇 편 있지만, 러일전쟁의 기원과 개전을 고려할 때 그 준거기준을 제공하는 책이라는 평가까지는 받지 못했다. 책이 나온 지 2년이 지난 2012년 8월, 일본 수상이 전후 70주년의 담화를 발표했는데 담화 첫머리에 다음과 같은 언급이 있었다.

"100여 년 전 세계에는 서양 국가들을 중심으로 한 광대한 식민지가 여러 나라에 퍼져 있었습니다. 기술의 압도적 우위를 배경으로 한 식민지 지배의 파도는 19세기 아시아에도 밀려왔습니다. 이에 대한 위기감이 일본에게는 근대화의 원동력이 되었다는 점은 틀림없습니다. (일본은) 아시아에서 최초로 입헌정치를 확립했고, 독립을 지켜 냈습니다. 러일전쟁은 식민지 지배하에 있던 많은 아시아·아프리카 사람에게 용기를 심어주었습니다."

수상이 발표한 담화의 이 부분은 러일전쟁의 기원과 개전을 연구한 나의 주장을 완전히 무시한 것으로, 러일전쟁 역사가로서 자부심에 상처를 받은 느낌이었다. 러일전쟁은 아시아에 밀어닥친 서구 국가들의 압력에 저항해 메이지유신을 단행한 일본이 근대화와 부국강병의 길을 걸으면서 이웃나라 조선에 대한 지배와 정복을 기도하게 되었고, 러시아와도 맞닥뜨려 결국은 전쟁으로 몰고 가서, 조선을 일본의 것으로 한다는 점을 러시아가 인정하게 한 전쟁이었다. 러일전쟁의 가장 큰 결과는 일본이 대한제국을 말살하고, 조선 전역을 식민지 지배한 것이다.

그러나 이 전쟁은 그것 말고도 20세기에 다양한 결과와 영향을 초래했다. 러일전쟁의 승자인 일본 국내에서는 제국주의 국민이 탄생했고, 전쟁에 반대한 사회주의자들은 탄압을 받았다. 또한 패자인 러시아에서는 1905년에 혁명의 열기가 끓어올랐고, 사회주의자들도 열광적으로 활동했다. 개전 시에 일본의 사회주의자 고토쿠 슈스이(幸德秋水) 등이 러시아의 사회주의자들에게 보낸 연대의 메시지는 잘 알려져 있다.

"제군이여, 지금 일·러 양국 정부는 각기 제국주의적 욕망을 달성

코자 함부로 전쟁의 불씨를 지피고 있다. 그렇지만 사회주의자들의 안중에는 인종의 다름도 없고…… 국적의 다름도 없으며, 제군과 우리들은 동지이자, 형제이자, 자매다. 결단코 싸워야 할 이유가 없다."

한편 볼셰비키 지도자 레닌은 뤼순 요새의 함락을 환영하면서, "전제(專制)를 파멸시킨 일본의 부르주아지들이 수행하고 있는 이 혁명적 임무에 눈을 가릴 수가 없다"고까지 말했다. 러시아제국 내의 피압박 민족들, 즉 폴란드인, 핀란드인, 유대인, 조지아인들 역시 일본의 승리를 환영하며 행동에 나섰다.

분명 러일전쟁은 두 얼굴을 갖고 있었고, 이 두 얼굴은 모순 속에 존재한다. 그러나 주요한 것은 이 전쟁이 제국주의적 침략이었으며 조선전쟁이었다는 점이다.

이 책은 2013년 동아시아 출판인들의 추천으로 그해 파주 북어워드(Book Award)를 수상했다. 나로서는 커다란 명예이자 기쁨이었다. 그 결과 베이징의 싼롄서점(三聯書店)에서 이 책의 중국어판 출간에 착수했고, 2018년 봄 마침내 완역 출간되었다. 출간 후 즉시 쇄를 거듭해 많은 중국인 독자를 얻게 된 것은 생각지도 못한 행운이었다. 이어 한국에서도 한길사가 출간하게 되었다. 한국어판 출간은 이 책을 출간했을 때부터 남몰래 바라고 있던 바였다. 어려운 번역작업을 수락해준 이웅현 씨는 도쿄대학 대학원에서 나의 지도로 아프가니스탄 전쟁에 관한 훌륭한 학위논문을 완성한 사람이다. 이웅현 씨에게 깊이 감사한다.

이 책을 읽은 한국과 북한의 여러분이 일본제국주의의 교묘한 행보에 관해서, 일본의 침략 때문에 망국의 위기에 떨어졌던 자국의 행보에 관해서 보다 깊이 생각해준다면 기쁘겠다.

이 책이 출간된 2010년과 비교하면, 그 후 한국의 연구 환경에는 커다란 변화가 있었다. 그때는 나도 모르고 있었는데, 국사편찬위원회가 해외사료총서의 하나로 『러시아 국립해군성문서』 I-III을 2008년부터 2009년에 걸쳐 출간했다. 또한 동국대학교 연구자들은 러시아 문서관에 들어가 공개되지 않았던 러일전쟁 관련 문서를 수집했으며 도서출판 선인이 이 자료를 2008년부터 2018년까지 『러시아문서 번역집』(전 34권)으로 출간했다. 내가 이 책에서 처음으로 검토한 러시아의 공개되지 않았던 문서의 상당 부분은 그 전문을 오늘날 한국에서 러시아어와 한국어로 읽을 수 있게 되었다. 따라서 전문적인 연구자들은 러시아 문서관에 직접 가서 연구한 선행자인 최덕규, 김영수 씨 등의 연구와 함께 이 책을 읽으면서, 동시에 이미 공식 출간되어 있는 러시아 사료를 분석할 수도 있다. 이 책이 그러한 작업을 하는 데 도움이 된다면, 이 역시 기쁘기 그지없겠다.

2019년 8월
와다 하루키

와다 하루키 전쟁사학(戰爭史學)의 위용

이웅현 옮긴이

캐슬(城)

이것은 거대한 성(城)이다. 황량한 벌판에 우뚝 들어선 견고한 요새다. 사실 이 벌판이 황량한 곳은 아니었다. 새로이 들어선 성의 위용이 너무나도 압도적이어서 다른 성들이 작게 보일 뿐, 벌판 여기저기에는 크고 작은 성들이 수없이 나타났다 사라지곤 했으며 여전히 버티고 있는 것들도 있다.

지난 한 세기 동안 이 벌판 위에 헤아릴 수 없이 많은 장인이 성을 쌓았다. 준공과 동시에 거센 흙바람을 견디지 못하고 홍진(紅塵)으로 뒤덮인 채 망각의 한 세기를 버텨온 성도 있었고, 사람이 찾지 않아 폐허처럼 버려진 성도 있었다. 한구석에는 이제 막 건설되기 시작한 성도 있다. 어떤 성은 크지 않아 눈을 크게 뜨고 찾아야 존재를 확인할 수 있으며, 쓸쓸하게 성채만 남은 성도 있다. 아름답게 축조되었지만 석재가 부실하거나 설계가 잘못되어 곧 쓰러질 것 같은 성도 있다.

이 새로운 성의 건설자는 주변의 성들을 면밀하게 관찰하고 나서야 자신의 성을 쌓았다. 흙으로 뒤덮인 망각의 성을 발굴했고, 허술한 성에서는 갈라진 부분과 그 균열의 원인을 찾아냈다. 축성의 첫걸음을 내딛고 있는 성에서도 설계의 강점을 탐색했으며, 축성의 자재가 부실한 성에서는 자재가 부실한 원인을 찾아냈다. 성채만 남아 있는 성터와 사람들이 찾지 않는 버려진 성에서도 내구성 있는 파편들을 찾아냈다.

그러나 성의 골간을 이루는 중대한 자재들은 축성자(築城者)가 유럽과 아시아 그리고 북아메리카 등 세 대륙에서 직접 공수해온 것들이다. 울퉁불퉁한 상태로 날라져온 석재들을 매끈하게 다듬어 성채의 기단(基壇)을 이루는 초석으로 삼았고, 그 위에는 단계마다 조금씩 작아져가는 자재들을 쌓아올렸다. 쌓아올린 돌 사이에 빈틈은 보이지 않는다. 축조자의 주도면밀함이 새로운 성을 바라보는 자들의 그것보다 여러 걸음 앞서 있기 때문일 것이다. 그래도 자재가 거칠어 불가피하게 간극이 생기는 곳은 건설자의 스칼라십과 프로페셔널리즘으로 메워졌다.

이 새로운 성이 거대한 이유는 축성자의 넓고 깊은 학식과 열정의 스케일이 그대로 체현되었기 때문이리라. 성 안으로 들어서려는 자는 먼저 외성(外城)을 둘러싼 광폭의 해자(垓子)를 건너야 한다. 외성의 동서남북으로 난 네 개의 성문(城門), 즉 이슬의 문(露文), 섬나라의 문(日文), 대륙의 문(中文), 그리고 반도의 문(韓文)에서 해자 건너편으로 내려진 도개교(跳開橋)를 지나야 한다. 어느 문, 어느 다리를 이용해도 좋지만 다리 중간쯤에 멈춰 서서 다리 아래를 굽어보면, 전근대와 근대의 러시아와 일본이라는 두 물줄기가 만나고 또 엇갈려 흐르며 굽이치는 시퍼런 해자의 깊이를 재어보고 싶은 충동에 휩싸인다. 그러나 축성이 업이 아닌 자는 성벽의 총구를 통해 해자 위로 언뜻언뜻 비치는 성 안 망루와 종탑의 높이를 가늠해 보는 데 만족해야 한다.

이 거대한 성이 주변의 다른 성들과 다른 점은 성 안으로 들어서면서 비로소 느낄 수 있다. 진입하자마자 또 하나의 거대한 성과 마주하게 되는 것이다. 해자, 외성, 내성 그리고 한가운데 높은 종탑으로 구성되어 있는 이 성은 흥벽과 내벽 사이, 즉 성의 외채에 제1차 조선전쟁(청일전쟁)이라는 구조물들을 배열해놓았다. 단순한 배열이 아니다. 내성의 벽을 따라 한 바퀴 돌면서 전개되는 하나의 독립적인 성의 모습은, 그리고 파노라마처럼 그러나 치밀한 조각품처럼 전개해놓은 전쟁의 서사와 북소리는 입장객을 전율케 한다. 외채의 진풍경이 다리를 붙잡아 내성으로 진입하는 것을 잠시 망설이게 되지만, 그 전율과 망설임도 잠시, 한시라도 빨리 내성으로 들어가 보고 싶다는 생각으로 바뀌게 된다.

내성의 성채는 더욱 화려한 자재들로 더욱 견고하게 축조되어 있다. 이 견고한 성채의 안쪽으로 인도하는 문은 기본적으로 외성의 그것들과 같다. 외성 흥벽과 달리 섬나라의 문 옆에 제2의 섬나라의 문(英文)과 같은 소문(小門)들이 있다는 점이 다르다면 다르다. 그러나 일단 외성의 서사를 관전(觀戰)한 자라면 여전히 익숙하지는 않지만 그래도 역시 활짝 열려 있는 대문(大門)으로 지나가고 싶은 생각을 떨치기 어려울 것이다.

내성에는 전쟁의 북소리는 울리지 않는다. 눈길을 끄는 것은 한 걸음 한 걸음 내딛는 바닥에 전개되는 모자이크 문양의 치밀함과 현란함이다. 바닥을 구성하는 각각의 태블릿에는 각기 다른 인물들의 활약상이 그려져 있는데, 전체적으로 이 상징들은 한 치의 오차도 없이 촘촘하게 이어져 내성 바닥 전체가 하나의 커다란 마르스(軍神)의 전신상을 묘사하고 있다. 어깨 위로 높이 쳐든 군신의 오른손 검지는 종탑 쪽을 가리키며 제2차 조선전쟁(러일전쟁)으로 가는 길목의 이 정표 역할을 한다.

　이 이중의 성 한 가운데에 높이 세워진 종탑의 꼭대기로 오르는 계단은 나선형이고, 계단의 벽면은 1904년 동북아시아 도시들의 상황이 세밀화나 사실감 있는 부조물로 장식되어 있다. 서울, 뤼순, 페테르부르크, 도쿄, 그리고 또다시 뤼순, 도쿄, 마산, 인천 등등. 종탑에 들어서는 순간 울리기 시작한 천장의 종소리는 감미로운 울림이 아니라 포성과 아우성이다. 후회와 탄식의 한숨 소리, 비탄에 젖은 구슬픈 울음소리, 진군을 부르짖는 우렁찬 구령 소리 등이 뒤섞여 들린다.

　포성과 아우성이 가라앉을 즈음 종탑의 정상에서 성채 바깥을 내려다보면, 다른 성들은 그야말로 작은 성냥갑들이 늘어선 것처럼 왜소하게 보인다. 그리고 눈을 들어 뿌연 먼지와 안개로 가득 찬 세계 전쟁의 허공 너머를 뚫어져라 응시하노라면, 저 멀리 펼쳐진 또 다른 벌판에 이 거대한 성의 축조자가 세워 놓은 또 하나의 거대한 성, 제3차 조선전쟁(한국전쟁)의 성도 시야에 들어온다…….

　황량한 벌판에 우뚝 들어선 이중 구조의 견고하고도 화려한 이 성은 치밀하게 설계된 도면, 아시아와 유럽 대륙의 보고(寶庫)에서 수집한 탄탄한 석재, 그리고 대가의 혼과 열정이 어우러진 와다(和田) 류 축성법의 결정(結晶)이다. 전쟁사라는 이름의 성은 모든 축성자의 로망이다. 쉽게 실현할 수 없기 때문에 로망인지도 모른다. 하나의 성이 등장하면 그 주변에 군집한 축성자들은 신음소리와도 같은 나지막한 탄성을 토해내면서도, 흉강 깊숙한 곳에서 공성(攻城)의 욕구가 꿈틀대는 것을 느낀다.

　공성? 1980년대 초반 대학시절 읽었던 한 역사가의 저작에서, 유럽의 외교사학계에 미국의 외교사가들이 기여한 것은 "마치 뉴캐슬로 석탄을 실어 나른 것과 같다"고 쓴 문장을 기억한다. 이미 모든 것이 갖추어진 곳에 쓸데없는 동종의 군더더기를 실어 날랐다는 뜻이었는데, 모름지기 축성을 업으로 삼는 자들은 공성은 고사하고, 앞으로 몇 세대 동안 이 거대한 '새로운 성'(뉴캐슬)에 석탄을 실어 나르는 일을 되풀이해야 할지도 모른다. 난공불락(難攻不落)이다.

에픽(敍事)

이것은 장대한 대하드라마다. 억측과 왜곡으로 점철된 사극들이 난무하는 전쟁사의 무대에 올려진 진지한 다큐멘터리이자 거대한 역사의 물줄기를 치밀한 고증을 바탕으로 꼼꼼하게 재구성한 장편 서사극(敍事劇)이다. 러시아, 일본, 조선, 중국, 영국, 미국, 독일, 프랑스 그리고 심지어 태국까지 열 손가락을 모두 꼽아야 겨우 헤아릴 수 있을 만큼 많은 나라에서 700명에 가까운 인물이 등장하는 웅대한 스케일의 역사극이다.

기울어지는 제국의 변덕스런 황제와 그의 귀를 붙들고 놓지 않는 궁정대신, 이들을 보필하는 참모들과 우유부단한 장군들이 무대의 왼편에서, 그리고 떠오르는 제국의 정치가와 군인들이 무대의 오른편에서 각기 주연으로 등장한다. 생존을 위해 몸부림치는 오백 년 왕국의 군주와 그의 신하들 그리고 주인공들의 의중을 지배하려 하거나 전달하는 외교관들이 조연으로 활약한다. 다수의 엑스트라는 물론이고, 철학자나 영화배우도 카메오로 얼굴을 내민다.

제각기 다른 장면에서 출연하는 이들은 개인적으로 또는 집단을 이루어 전쟁의 대해로 흘러가는 강물에 자발적으로 뛰어들거나, 어쩔 수 없이 휩쓸려간다. 주연과 조연들이 강한 개성을 가지고 혹은 집단을 이루어 만든 조그마한 지류들이 하나씩 하나씩 모여들어 결국 걷잡을 수 없는 물줄기 속으로 빨려 들어가는 과정이 때로는 긴박감 있게 때로는 처연하게 묘사된다. 물론 망망대해로 흘러가지 않으려고 필사적으로 저항하는 역류로 분(扮)한 가련한 엑스트라들도 등장한다.

이 거대한 흐름을 거스르려는 자들을 포함해 어리석고 우매한 자, 용의주도한 자, 나태하고 천하태평한 자, 무사안일에 빠진 자…… 이 사극은 내레이션이 극도로 절제되어 있어서, 장면 하나하나에 몰입하는 관객들은 이 개성 있는 인물들과 장면이 배치된 이유, 그리고 이들이 빚어내는 시추에이션이 대하의 한 지류일 수밖에 없는 이유를 추리해야 한다. 사실에 입각한 이들의 대사는 살아 숨 쉬고 있다. 따라서 이 지류들에 대한 묘사는 때로는 박진감 넘치고 때로는 지나치다 싶을 정도로 세밀하지만, 종장에 이를 즈음 관객들은 무의미하게 보였던 각 장면들이 단지 흥미를 끌기 위해 설정된 것이 아님을 결국 실감하게 된다. 각각의 막과 장 여기저기에 수많은 복선(伏線)이 깔려 있는 것이다.

극의 전개는 기본적으로 편년체(編年體) 스타일로 구성되어 있지만, 망망대해로 나아가는 강물의 기원과 지류들의 합류 과정, 바다로 흘러 들어가는 하구(河口)까지 묘사한 기사본말체(紀事本末體)이기도 하다. 게다가 『삼국지』와 『수호지』에 등장하는 인물을 모두 합한 것보다 많은 등장인물에 대한 묘사는 열전(列傳)을 방불케 한다. 각 캐릭터의 의식의 흐름과 행위를 퍼즐 조각처럼 하나씩 맞춰나가게 하는 추리기법은 엄청난 집중력을 요구하지만, 대단원의 막이 내려지고 나서 맞춰진 조각들을 보면 묘한 카타르시스를 느끼게 된다. 상쾌한 카타르시스만 느껴지는 것은 아니다. 등장인물의 서글픈 운명에 눈물을 흘려야 하고, 아무렇지도 않게 찾아오는 망국의 비극을 보고서는 치미는 분노에 가늘게 떨기도 해야 한다.

이 대하드라마는 스릴러와 서스펜스가 가미된 흥미진진한 추리극이면서, 사양(斜陽)길에 접어든 제국과 부상(浮上)하는 제국 사이에서 서글픈 지정학적 숙명을 짊어진 왕국의 파란만장한 비극이다. 아니, 전쟁의 바다로 흘러 들어가면 이 왕국뿐만 아니라 두 제국, 그리고 왕국과 제국의 모든 자가 쓰라린 운명의 객체가 될 수밖에 없는 동아시아 전체의 비극이기도 하다. 등장하는 모두가 비극의 주인공이다. 진군의 깃발을 높이 흔드는 자도, 어떻게든 떠밀려 휩쓸리지 않으려고 발버둥치는 자도, 야심에 불타는 자도, 무능한 자도, 무기력한 자도 모두 비극의 바다에서 표류하게 된다. 이 서사극은 전쟁이라는 죄업(罪業)이 불순한 야심과 음모뿐 아니라 어리석음과 무능함 그리고 태만한 현실인식 등이 교직(交織)되어 만들어지는 인간 군상(群像)의 속성이라는 것을 싸늘하게 그리고 있다.

정치(精緻)한 희곡이 빈곤해 공연이 뜸해진 쓸쓸한 대극장에 오른 이 대하사극은 가공할 만큼 잘 짜인 플롯, 긴박한 상황 설정, 등장하는 각 캐릭터의 일관성과 화려한 대사, 그리고 반전(反轉)에 이르기까지 흥미를 자극하는 모든 요소를 갖춘 와다(和田) 스타일 극작법의 진수(眞髓)다. 역사적 사실을 바탕으로 한 극이 무대에 오르면, 평론가들은 고증이 제대로 되어 있는지, 추측과 내레이션 그리고 드라마틱한 설정으로 사실(史實)을 무마(撫摩)하고 있지는 않은지 등등을 지적하며 직업정신에 투철한 모습을 보이려고 한다.

고증? 1970년대 후반의 고교시절 탐독했던 한 월간지의 연재 소설(한국현대사에 관한 소설이었다)에 작가가 부제처럼 붙였던 헤드노트 "태양에 바래면 역사가 되고, 월광에 물들면 신화가 된다"는 문장을 기억한다. 자신의 소설은 픽션과 논픽션을 적절하게 혼합한 '팩션'(faction)이라는 의미로 이해할 수 있는 문장이었는데, 모름지기 이 장대한 드라마에서 사실에 대한 추상적 해석을 찾아내거나 사건의 곡해(曲解)와 과장(誇張)을 찾아내려는 자들은, 이 서사극의 작가가 희미한 달빛 아래서 찾아내어 햇빛 아래 펼쳐놓은 모놀로그와 다이얼로그, 그리고 그것을 재구성한 방대한 대본을 상당 기간 그리고 여러 차례 반추해야 할 것이다. 지난지업(至難之業)이다.

논고(論告)

이것은 제국주의자들에 대한 준엄한 경고장이자 추상(秋霜)같은 단죄의 논고다. 역사의 법정에 울려 퍼진, 근대 일본제국의 죄상을 묻는 격문은 이것이 처음은 아니다. 많은 역사가가 제국주의 일본이 이웃나라를 침탈하고 대륙으로 팽창해간 역사의 죄업에 대한 공소를 제기하고, 그 죄를 물었다. 범죄의 동기에 관해서 각기 다른 이유를 들었고, 혐의를 입증하기 위해 제시한 증거도 다양했다. 어떤 이는 피해자의 무능함이 제국주의자들의 팽창을 유발했다고 주장했으며, 어떤 이는 거친 시대에 호시탐탐하는 동종의 잠재적 범죄자들로 가득 찬 세상에서 이들이 먼저 촉수를 뻗었을 뿐이라고 강변했다.

또 피고들은 단지 '자연상태'에서 생존을 위한 '자연권'을 발동했을 뿐이라면서, 죄가 있다면 바로 그 '자연상태'에 있다면서 논고인지 변론인지 가늠할 수 없는, 객관성을 가장한 당파성을 노골화한 자도 있었다. 그동안 이 역사의 법정은 자책(自責)과 상황논리에 지배되면서 수많은 논고가 의도했던 문죄(問罪)의 칼날은 무뎌져 있었다. 정상참작을 요구하는 변론도 빗발쳤다.

이러한 법정에서 이 날카로운 논고장(論告狀)은 범죄의 연원을 따져 거슬러 올라간다. 피고의 출생배경과 성장과정 그리고 사회 부적응의 이유까지 샅샅이 훑어가면서 동기와 범의(犯意)를 밝혀낸다. 그리고 범죄 현장의 상황을 재구성한다. 이제까지 밝혀진 것과 달리 왕국의 무능함이 피고의 알리바이가 될 수 없고, 반도의 이 왕국이 사실상의 피해자임을 강조한다. 또 다른 가해자로 간주되어 왔던 대륙의 전제국가는 실제로는 범행에 가담하려 하지 않았다는 점, 아니 적어도 범죄를 실행하기 직전에 주저했다는 새로운 사실까지 명백하게 드러낸다. '자연상태'에서 저질러진 일이 아니라, 피고가 용의주도하게 계획한 범죄였다는 점을 장장 1,200쪽에 달하는 이 논고문은 피할 수 없는 증거를 제시하며 입증하고 있다.

10년의 간격을 두고 벌어진 일련의 범죄행위는 서로 다른 타깃을 대상으로 이루어진 것처럼 보였기 때문에 그동안 서로 다른 법정에 기소되었고, 각기 다른 변론과 논고 그리고 구형이 이뤄졌다. 그러나 이 논고는 각각의 행위들이 사실은 모의과정에서부터 용의주도하게 기획된 한 건의 행위이며 따라서 단일법정에서 더욱 준엄하게 심판받아야 하며 그것이 현재까지 이어지고 있는 피해자 측 비극의 출발점이었음을 피고는 반성해야 한다고 준엄하게 꾸짖는다.

논고는 범죄가 기획, 모의, 실행되는 현장을 마치 동영상을 틀어놓은 것처럼 생생하게 보여주면서 최종 심판자인 배심원(역사가)들의 눈과 귀를 사로잡는다. 전쟁의 법정은 무자비한 힘과 황당무계한 상황논리가 지배하는 곳일지 몰라도, 역사의 법정은 역사의식과 윤리의식으로 충만한 곳이라는 점을 이 장문의 논고는 통렬하게 웅변한다. 모든 자가 총칼을 높이 들 때조차도 침묵하지 않던 양심이 있었다는 아주 세세한 사실까지 적시하면서, 대체로 평화의 염원과 이성적 판단이 결핍된 야만의 시대가 불가피했던 것만은 아님을 입증한다. 더 나아가 논고는, 피고 스스로 조성하고 그에 편승한 도덕성 결핍의 시대가 지난날의 한때로 그치지 않고 우리 시대 위정자들의 이성 마비와 판단력 상실이라는 다른 모습으로 되살아나고 있음을 은

연중에 질타한다.

이 역사의 법정에 울려 퍼지는, 예리하고도 부정할 수 없는 증거로 가득 찬 이 대작은 전범(戰犯)을 겨눈 논고의 전범(典範)이다. 자연법과 실정법을 아우르는 법리, 세심하게 수집된 증거들, 지성의 역사관과 비판의식이 어우러진 와다(和田)체 필법의 집성(集成)이다. 역사의 법정에 선 피고를 완벽한 증거와 법리로 추궁하는 것은 모든 역사가가 동경하는 일이다. 그러나 모든 역사가가 논고에만 매달리는 것은 아니다. 이러한 논고에 내심 경탄하면서도, 어딘가 증거가 불충분한 곳은 없는지, 법리와 조리에 어긋나는 곳이 있지는 않은지, 두 눈을 번득이며 탐색하고, 논고를 반박할 변론을 가다듬는 역사가도 있을 것이다.

변론? 어지간한 증거 수집능력으로는 필적하기 어려울 것이며, 웬만한 법리로는 이 비판적 지성에 대적하기 어렵다. 그저 적당한 정상참작을 바라지 않으며 심판자의 인정에 호소하지 않는, 그야말로 치열한 변론을 준비하는 자는 물론이거니와 더욱더 섬세하고 날카로운 논고를 써내려가고자 하는 자는 새로운 증거 수집과 대항법리의 추적을 필생의 업으로 삼겠다고 작심해야 할지도 모른다. 언감생심(焉敢生心)이다.

그리고 와다 하루키(和田春樹)의 『러일전쟁』

반전(反戰)과 평화 그리고 인권을 축으로 한 선생의 연구가 한국에 처음 번역·소개된 것은 『분단전후의 현대사』(일월서각, 1983)에 수록된 「소련의 대북한정책 1945-1946」이었다. 한반도 분단과 북한정권수립의 전사(前史)를 들여다본 수작(秀作)으로, 분단과 냉전시대의 척박한 연구 환경 속에서 소련에 대한 관심과 북한 자료에 접근하는 것 자체가 차단되어 있던 한국의 젊은 연구자들에게 동아시아 현대사 연구의 지적 지평과 시야를 확장해야 할 필요성을 느끼게 한 글이었다. 러시아사 연구가 전공인 선생이 러시아와 한반도를 잇는 한국(조선)현대사 연구를 '부'(副)전공(선생은 겸손하게도 조선근현대사 연구를 자신의 '부'전공이라 불렀다)으로 삼기 시작한 최초의 연구이기도 했다.

대체로 1990년대 초까지만 해도 한국에서는 러시아와 북한의 근현대사 연구자는 이들 국가에 대한 정치적·심정적 동조자로 간주되었기 때문에, 선생이 역사가로서 산출하는 연구 성과들과 시민운동가로서 전개하는 실천 활동들을 제약 없이 접하고 알 수 있게 되기까지는 열 개 성상(星霜)을 흘려보내야 했다. 이후 선생의 저작은 한국에 꾸준하게 소개되었고, 지금까지 번역된 단독 저작만 해도 열 권 가까이 된다.

『김일성과 만주항일전쟁』(이종석 옮김, 1992) 이래 『역사로서의 사회주의』(고세현 옮김, 1994), 『한국전쟁』(서동만 옮김, 1999), 『북조선』(서동만·남기정 옮김, 2002), 『동북아시아 공동의 집』(이원덕 옮김, 2004), 『동북아시아 영토문제, 어떻게 해결할 것인가』(임경택 옮김, 2013), 『북한 현대사』(남기정 옮김, 2014), 『한일 100년사』(송주명 옮김, 2015), 『일본군 위안부 문제의 해결을 위하여』(정재정 옮김, 2016) 등 어림잡아 계산해도 한국의 독자들은 거의 2, 3년에 한 권꼴로 선생의 연구를 접해온 셈이다. 여기에 일일이 나열하기 어려울 정도로 번역 소개된 선생의 논문들과 편저들을 더하면 사실 선생의 연구는 실시간으로 한국에 전달되어 왔고 또 전해지고 있다고 해도 과언이 아니다. 선생의 학문체계와 역사관 그리고 주의주장에 공감하든 비판하든, 그 어느 쪽의 대열에 서든 21세기 진입 후 20년이나 지난 지금의 한반도근현대사 연구자에게 선생의 연구는 비껴갈 수 없는 재(嶺)가 되어 있는 것이다.

논문 「소련의 대북한정책 1945-1946」이 러시아와 북한을 잇는 '세계적인 학자'라는 선생에 대한 평판의 출발점이 된 작품이었다면, 여기 소개하는 대작 『러일전쟁』은 이후 선생이 구축(構築)해온 학문세계, 즉 러시아와 한반도 그리고 일본을 포괄하는 동아시아 근현대사 연구의 종합 완결판이라고 할 수 있다. 물론 팔순을 넘긴 현재까지 이전과 다름없이 국경을 초월하는 강연 활동과 세미나 발표, 자료 수집 등으로 분주하게 움직이면서도 매해 한두 권씩의 저작을 꾸준히 내놓음으로써 후학들을 아연실색(啞然失色)하게 하는 선생의 패기와 열정은 '종합'이니 '완결'이니 하는 말을 입 밖에 내는 것을 주저하게 만든다. 선생의 전공인 러시아사 분야나 동아시아 위기의 현안인 북한과 일본의 문제들에 관한 새로운 연구를 잇달아 상재(上梓)하고 있는 선생의 모습을 보면 더 많은 '종합 완결판'을 기대하지 않을 수 없다.

이 책의 원제는 『러일전쟁: 기원과 개전』(日露戦争: 起源と開戦)으로, 2009년 12월과 2010년 2월에 걸쳐 이와나미출판사(岩波書店)가 상, 하권으로 출간했다. 초판을 출간한 지 6개월 만인 2010년 6월에 3쇄를 찍었는데, 이 번역서는 원저의 3쇄를 저본으로 하면서, 와다 선생이 몇 군데를 수정 가필한 것을 추가한 것이다.

이 책은 중국의 싼롄서점에서 2018년 3월 상·하권 각 8,000부가 출간되었는데, 불과 1개월 만에 재판에 돌입해 1만 부를 중쇄했다. 선생에 따르면, 2018년 4월 칭화대학(淸華大學)에서 개최된 러일전쟁과 한국전쟁을 주제로 한 선생의 강연회 그리고 베이징대학(北京大學)에서 열린 러일전쟁에 관한 토론회에 경향각지(대륙의 경향각

지다!)에서 온 많은 젊은이가 선생의 강연을 경청하고 또 선생의 중
국어판 저서에 사인을 요청해 대륙의 스케일과 지적 열기를 실감케
했다고 한다. 청일전쟁에 비해서 상대적으로 러일전쟁에 대한 관심
과 연구가 활발하지 않은 중국에서 대중적인 읽을거리도 아닌, 게다
가 상·하 두 권으로 출간된 연구서가 베이징의 지가(紙價)를 올리면
서 주목받고 있는 것이다.

　선생은 중국어판 서문에서 "(러일)전쟁은 일본이 조선을 통치하려
는 욕망에서 비롯한 것이며, 따라서 조선에 대한 침략으로 시작되었
다. 러일전쟁은 조선전쟁에서 시작된 것이며, 최종적으로 중국의 동
북지역에서 일본과 러시아 사이에 벌어진 전쟁으로 발전해간 것"이
라고, 이 전쟁의 성격을 규정한다. 한국어판 서문에서는 "이 책을 읽
은 한국·북한의 여러분이 일본 제국주의의 교묘한 행보에 관해서,
일본의 침략 때문에 망국의 위기에 떨어진 자국의 행보에 관해서, 보
다 깊이 생각해준다면 기쁘겠다"는 문장으로 걸작의 한국어판 출간
의미를 부여하고 있다. 이름은 '러일전쟁'이고 내용은 '동아시아전
쟁'이지만 본질은 '조선전쟁'이라고 선생은 말하고 있는 것이다.

제1장 러일전쟁은 왜 일어났는가?

시바 료타로(司馬遼太郎)의 견해

현재 일본에서 국민의 러일전쟁 인식을 형성하는 데 커다란 역할을 하고 있는 것은 문학자 시바 료타로의 작품 『언덕 위의 구름』(坂の上の雲)이다. 1968년 봄부터 『산케이신문』(産経新聞)에서 연재하기 시작한 이 작품은 1969년 봄부터 분게이슌주(文藝春秋)사가 단행본으로 출간하기 시작했는데, 시바는 제1권의 후기에 다음과 같이 쓰고 있다.

"메이지유신을 통해서 유럽적인 의미의 '국가'가 탄생했다. ……누구나 할 것 없이 '국민'이 되었다. '국민'이 익숙하지 않은 일본인들은 일본 역사상 최초의 체험자로서 그 신선함에 들떴다. 이 애처롭기 짝이 없는 들뜬 마음을 이해하지 못하면, 이 단계의 역사를 이해할 수 없다."[1]

"정부도 조그마한 가구(家口)였고, 여기에 등장하는 육해군도 거짓말처럼 작았다. 길거리의 공장처럼 작은 국가 속에서 부분 부분의 의무와 권능이 부여된 공직자들은 가구가 작은 만큼 맘껏 일했고, 그 팀을 강하게 만들겠다는 단 하나의 목표를 향해나아갔으며, 그 목표를 의심할 줄도 몰랐다. 이 시대의 밝은 분위기는 바로 이러한 낙천주의에서 비롯한 것일 터이다. 이 긴 이야기는 당대까지 이어져온 일본 역사상 유례가 없는 행복한 낙천가들의 이야기다. ……낙천가들은 그러한 시대적인 체질의 인간으로서 앞만 바라보며 걸었다. 걸어 올라가는 언덕 위의 파란 하늘에 혹시라도 한 무리의 흰 구름이 빛나고 있었다면 그것만을 응시하고 언덕을 걸어 올라갔을 것이다.”[2]

시바는 그러한 낙천가 세 사람을 이 장편소설의 주인공으로 삼았다. 시코쿠(四国) 이요마쓰야마(伊予松山) 출신의 문학자 마사오카 시키(正岡子規), 쓰시마 해전의 전략전술을 수립한 해군 장교 아키야마 사네유키(秋山真之), 그리고 사네유키의 형으로 코사크 기병대와 싸운 기병대 장군 아키야마 요시후루(秋山好古), 이 세 사람이다. 마사오카 시키는 1867년생, 아키야마 사네유키는 1868년생으로 모두 메이지유신이 있던 해에 태어난 메이지유신 세대다. 그리고 아키야마 요시후루도 1859년생으로 메이지유신이 있던 해에는 10살이 채 안 됐다. 역시 메이지유신 세대라고 해도 좋을 것이다. 제1권은 청일전쟁의 마지막 전투 웨이하이웨이(威海衛) 해전까지로, 결핵을 앓는 시키가 종군기자로서 도쿄를 출발할 때까지를 다뤘다. 러시아와 치를 전쟁이라는 목적을 위해 결사의 노력을 경주하는 두 명의 군인과 그의 벗인 문학자에 관한 이야기는, 마찬가지로 ‘언덕 위의 구름’을 바라보면서 필사적으로 언덕을 오르고 있던 고도성장기의 일본인에게 당연히 본받아야 할 선인(先人)의 자세로 받아들여졌다. 이 소설을 읽는 사람들이 폭발적으로 늘어났다.

그러나 시바는 이렇게 러일전쟁을 쓰기 시작하면서 그리고 그 집필과정에, 이 전쟁에서 우세승을 거둔 일본이 전후에 언덕을 내려가

기 시작하여 마침내 굴러 떨어져 가는 앞날을 내다보기에 이르렀다. 1902년 시키의 죽음을 포함해 러일전쟁의 개전 전야까지를 기술한 제2권의 후기에서 작가는 일견 성급하게 보일 정도의 준엄한 결론을 앞질러 내렸던 것이다.

"요컨대 러시아는 스스로에게 패한 점이 많았고, 일본은 그 훌륭한 계획성 그리고 적군의 그런 사정 때문에 어찌 보면 떨어져 있는 승리를 아슬아슬하게 계속 주워가는 식이 러일전쟁이었을 것이다. 전후 일본은 이 냉엄한 상대적인 관계를 국민에게 가르치려 하지 않았고, 국민들도 그것을 알려고 하지 않았다. 오히려 승리를 절대화하고 일본군의 신비스런 강함을 신봉함으로써 그 부분에서 민족적으로 치매화(癡呆化)되었다."[3]

이는 준엄한 비판이다. 시바 전사(戰史)의 특징은 노기(乃木)의 뤼순(旅順) 공략전 지도능력을 혹독하게 비판하고 있다. 그리고 소설은 일본해[이하 동해로 표기함] 해전의 승리와 함께 갑자기 뚝 끊어진 것처럼 끝난다. 연합함대의 사열식(査閱式) 날, 아키야마 사네유키는 사열식에 참석하지 않고 혼자서 시키의 묘에 참배한다. 그것이 소설의 마지막 정경이다. 시바는 포츠머스 강화 내용에 관해서 일체 서술하지 않는다. 강화 결과에 불만을 지닌 사람들이 일으킨 히비야(日比谷) 방화폭동사건에 대해서도 전혀 언급하지 않는다. 마치 전후의 일들은 모두 괴로운 것이고, 말하고 싶은 생각도 없는 것 같다.

『언덕 위의 구름』은 1972년에 신문연재가 끝나고 단행본 제6권이 그해에 나오면서 완결되었다. 시바는 '낙천가들의 이야기'를 쓸 작정이었을 터인데, 집필을 끝냈을 때에는 극히 비관적인 기분에 사로잡혀 있었다. 승리는 실로 공허하고, 그 뒤에 이어진 역사가 어둡다는 점을 암시하고 있는 것이다. 마치 성실한 작가가 자기가 묘사하는 대상의 논리에 따라서 작품 구상을 수정하기라도 한 것처럼 말이다.

시바의 이 같은 러일전쟁관(觀) 특히 전쟁의 결과에 대한 평가는 지극히 투철한 것이었다. 나는 이러한 의미에서 시바의 작품이 일본 근대사의 영광과 비참함을 국민적으로 총괄하는 데 매우 중요한 의미를 지녀왔다고 생각한다.

게다가 한 가지 제기할 수 있는 의문은 압박해오는 러시아와의 싸움을 일본인이 숙명적·국민적 과제로 생각하고 그 전쟁을 위해서 필사적으로 준비한 것이 분명 역사의 진실이라고 해서 반드시 그 인식이 역사적으로 옳았다고 할 수 있느냐는 점이다. 시바는 이 작품 속에서 러시아가 침략의 야욕을 드러냈기 때문에 일본인들이 러시아 팽창위협을 강하게 인식했다고 시종일관 강조했다.

우선 이야기는 러일전쟁 이전의 청일전쟁에서 시작한다. 시바는 그 전쟁에 관해서 이렇게 썼다.

"원인은 조선에 있다. 그렇다고 해도 한국이나 한국인에게 죄가 있는 것이 아니고, 죄가 있다면 조선반도[한반도]라고 하는 지리적 존재에 있다."

"청나라가 종주권을 주장하고 있다는 점은 베트남과 다르지 않지만, ……새로이 보호권을 주장한 것은 러시아와 일본이었다. 러시아 제국은 이미 시베리아를 수중에 넣었고, 연해주와 만주를 제압하려고 했으며, 그 여세를 몰아 이미 조선에까지 뻗어나가려는 기세를 보이고 있었다. 일본은 보다 절실했다. ……조선을 영유하려고 했다기보다는 조선을 다른 강대국에게 빼앗길 경우 일본의 방위는 성립하지 않는다는 것이었다."

시바는 청일전쟁에서는 일본의 자세가 아직 "수동적이었다"고 강조한다. "'조선의 자주성을 인정하고 완전한 독립국으로 하라'는 것이, 청나라 및 그 밖의 관계 국가들에 대해서 일본이 하고 싶은 말이었고, 이것을 여러 해 동안 마치 하나의 염불처럼 되뇌어 왔다. 일본은 조선반도가 다른 대국의 속령이 되어버리는 것이 두려웠다."[4]

러일전쟁 전야가 되자 새삼스레 러시아의 '야망'이 강조되었다.

"러시아 제국이 극동침략의 야망을 노골적으로 드러내기 시작한 것은 우리나라의 연대(年代)로 말하면 에도(江戶) 중기부터 후기에 걸쳐서다. ……이 시기가 되면 러시아 제국의 침략 열의는 무시무시해진다. 제국주의의 후진국이었던 만큼, 그래서인지 더욱더 그것에 눈을 뜨게 되자 위압적이고 침략적인 태도를 취했다."[5]

"러시아 침략주의자들은 만주와 조선을 빼앗아야만 한다. 왜냐하면 러시아 극동진출의 커다란 주안점 가운데 하나는 남하하여 마침내 해양을 보는 것이다. 부동항을 얻고 싶었다."[6]

"만주에 들어앉은 러시아는 조선 북쪽에까지 손을 뻗쳤다. 당연히 일본의 국가적 이익과 충돌한다."[7]

"후세의 역사가들이 어떻게 변명하든 러시아는 극동에 대해서 지나치게 농후할 정도의 침략의도를 지니고 있었다."[8]

시바는 이와 같은 러시아의 침략 열의와 마주하게 된 일본이 조선을 확보하는 방향으로 나아간 것은 당연하다고 설명한다.

"일본이 조선에 이만큼 집착했다는 것은 역사의 단계가 지나간 오늘날 아무리 생각해도 불합리하고, 관점에 따라서는 우스꽝스럽게 보이기도 한다." 그러나 "19세기부터 이 시기에 걸쳐서 세계의 국가와 지역들은 타국의 식민지가 되든지 그게 싫으면 산업을 흥하게 해 군사력을 가지고 제국주의 국가의 대열에 끼든지, 그 두 가지 길밖에 없었다."[9]

"일본은 유신으로 자립의 길을 택한 이상, 이미 그때부터 성가신 타국(조선)을 두고 자국의 자립을 유지하지 않으면 안 되었다. 일본은 그 역사적 단계로서 조선을 고집해야만 했다. 만일 이를 포기하면 조선은커녕 일본 자신까지도 러시아에게 병탄되어 버릴 수 있다는 두려움이 있었다."[10]

시바는 이렇게 쓰면서 조선 자체에 관해서는 거의 아무것도 쓰지 않았다.

"한국 스스로는 어떻게 해도 안 된다. 이(李) 왕조는 이미 500년이나 지속되었고, 그 질서는 노화할 만큼 노화했기 때문에 한국 자신의 의지와 힘으로 스스로의 운명을 개척할 능력은 전무하다고 해도 좋았다."

기본적으로는 이 정도다. 계속해서 동학당의 난[동학농민운동]에 대해 언급하면서, '동학의 포교사 가운데 한 사람' 전봉준(全琫準)의 이름을 들고 있는데, 그것이 이 소설에 나오는 유일한 조선인 이름이다.[11] 청일전쟁 이전부터 러일전쟁에 걸쳐서 이 나라의 왕이었던 고종(高宗)에 관해서는 이름조차 나오지 않는다. 하물며 그의 왕비이자 암살당한 민비에 관해서도 나오지 않는다.

당연한 일이지만 전쟁을 향해 가는 러시아 내부의 움직임에 대한 설명도 없다. 처음에는 베조브라조프라는 인물의 움직임이 강조된다.

"러시아 황제의 총신으로 베조브라조프라는 퇴역 기병대위가 있다. ……러시아 황제 니콜라이 2세는 이 러시아 궁정에서 매우 드문 웅변의 재주와 공상적인 계획을 드러내는 데 능했던 이 사나이를 최근 수 년 동안 그 누구보다도 신용하게 되었다."[12]

"베조브라조프는 니콜라이 2세의 허영심에 호소하기 위해, '조선 반도를 얻음으로써 비로소 폐하께서 유럽과 아시아 전체에 걸터앉으시게 됩니다. ……제국의 주인이 되시는 것이옵니다'라고 말했다. ……니콜라이 2세는 여기에 올라탔다."[13]

"우선 궁정과 군부가 극동침략의 열기에 들뜨고 말았다. 궁정에서는…… 바로 그 베조브라조프가 어느덧 황제의 마음속에 깊이 파고

들었고, 황제의 권위를 등에 업고 장관들을 애송이 취급하기에 이르렀다."[14]

또 하나의 위험인물은 관둥주(關東州) 총독 알렉세예프다. 그가 극동태수라는 신설 직위에 오르게 된 것에 관해 시바는 "극동에 관한 한 무한에 가까운 권능을 갖기"에 이르렀다고 서술했으며, 그 "알렉세예프는 러시아 궁정대신들 가운데서도 침략의 최선봉에 선 한 사람"[15]이었다고 썼다.

"러시아 황제가 마치 칭기즈칸처럼 터무니없는 위험을 향해서 본격적으로 돌진하기 시작한 것은, 이 알렉세예프와 베조브라조프라는 두 축으로 구성된 극동체제가 확립되고 나서부터다."[16]

이와 같은 니콜라이 2세, 베조브라조프, 알렉세예프의 3인방에 대항한 것은 재무상 비테라고 한다. 시바는 비테가 "제정 러시아 정부에서 유일한 러일전쟁 회피론자"[17]라고 설명한다. 비테에 비하면 외상 람스도르프는 실무가인데 "시대의 침략 분위기에 편승해버린" 인물이며, 그의 배후에는 쿠로파트킨 육군장관이 있다. 쿠로파트킨은 비테와 같은 '러일평화론자'는 아니었다는 것이다.

러시아 군부의 일본관에 관해서 시바는 "이상하게도 러시아 군인의 한 사람으로서 일본의 실력을 정당하게 평가한 자가 없었을 뿐만 아니라 그것을 냉정하게 분석한 자조차 없었다"[18]라고 단언한다. 그가 예로 든 것이, 우선 "일본 육군은 젖먹이 군대(乳兒軍)다" "일본 육군이 유럽에서 최약체 군대의 수준에라도 이를 만큼의 도덕적 기초를 얻기까지 앞으로 백 년은 걸릴 것"이라고 말했다는 [도쿄]주재 무관 반노프스키다. 그리고 일본 해군은 장비 정도는 갖추었지만 해군으로서의 군인 정신은 아무리해도 우리를 따라오지 못하며, 군함의 조종술과 운용은 유치하다고 말했다는 '아스콜드'호 함장 그람마치코프가 등장하고, 마지막으로 일본과의 전쟁은 "전쟁이라기보다도

단지 군사적 산책에 지나지 않을 것"이라고 말했다는 육군장관 쿠로 파트킨을 언급하고 있다.[19]

이러한 인식 하에서는 오히려 러·일 간 교섭이 제대로 된 교섭이 되지 못한 것이 당연한 일이다. 일본은 만한(滿韓)교환론으로 타결을 원했지만, 러시아는 만주를 빼앗은 상태에서도 더 나아가 "조선의 북반부를 차지하고 싶다"고 주장했다. 구체적으로는 답변을 미뤄두고 "그 사이에 무서운 기세로 극동의 군사력을 증강했다."[20]

시바는 개전에 이르는 러시아 외교를 총괄하여 다음과 같이 기술하고 있다.

"뒷날, 즉 사안이 냉각되어버린 시점에서 보면 더욱더, 러시아의 태도에는 변호할 만한 곳이 전혀 없다. 러시아는 의식적으로 일본을 죽음으로 몰아넣고 있었다. 일본을 궁지에 몰린 쥐로 만들었다. 쥐로서는 사력을 다해 고양이를 무는 것 말고 달리 도리가 없었을 것이다."[21]

"그 어느 쪽이든 러일전쟁 전에 러시아가 지니고 있던 태도는 외교라고 하기에는 너무나도 무자비한 데가 있었고, 이 점에 대해서는 러시아의 재무상 비테도 자신의 회고록에서 인정하고 있다."[22]

대체로 시바가 내린 러일전쟁의 전체상에 관한 규정은 다음과 같은 것이었다.

"러일전쟁은 세계사적인 제국주의의 한 현상임에는 틀림없다. 그러나 그 현상 속에서 일본은 궁지에 몰린 자가 혼신의 힘을 거의 극한까지 짜내 살아남고자 했던 방위전이었다는 점 또한 틀림없다."[23]

시바의 이러한 러시아관은 뒷날인 1960년대의 시각이었을 뿐만 아니라, 사실 러일전쟁을 몸으로 경험한 그 시대 일본인의 러시아관이기도 했다. 그리고 러일전쟁관 전체도 지금까지 러일전쟁에 관한 많은 일본인의 저작에 공통적으로 보이는 견해다. 조선관도 기본적으로 동일하다고 할 수 있는데, 이에 관해서는 또 다시 설명해야 할 점들이 있다.

『고무라 외교사』(小村外交史)와 『기밀 일러전사』(機密日露戰史)

『고무라 외교사』(小村外交史)는 러일전쟁 때 외무대신이었던 고무라 주타로(小村寿太郎)의 외교에 관해 쓴 책이다. 외교관 출신 외교사가 시노부 준페이(信夫淳平)가 외무성의 의뢰를 받아 1920년부터 외무성 문서를 '종횡으로 구사하여' 작성하고, 열다섯부가 인쇄된 원고본『후작 고무라 주타로 전』(侯爵小村寿太郎伝)을 제2차 세계대전 후 외무성이 증보 개정해 1953년에 외무성 편『일본외교문서』(日本外交文書) 별책으로 출간한 것이다(1966년 하라쇼보原書房 복각). 고무라 외상이나 외무성이 지닌 견지에서 본 공식적인 러일전쟁 개전 외교사, 즉 종전 외교사라고 할 수 있다. 당연히 시바는 이 책을 자주 읽었다. 또한 육군대학 교관 다니 도시오(谷寿夫)의 콤팩트한 강의록『기밀 일러전사』(機密日露戰史)가 있다. 이것은 1925년에 나온 등사(謄寫) 인쇄본으로 관계자들 사이에 널리 퍼져 있던 것인데, 전후 1966년에 하라쇼보(原書房)에서 출간되었다. 이것도 대표적인 책이다. 시바는 이 책도 참고했다.

시바가 쓴 러시아 정부 내의 상황, 러시아 군부의 일본관은『고무라 외교사』와『기밀 일러전사』에 공통적으로 나오는 서술을 거의 베낀 것이다.[24] 이 두 저작은 어느 쪽이 어느 쪽을 참고했는지 알 수 없을 정도로 닮았다. 두 책은 공통적으로 비테와 람스도르프는 물론 온건한 사고의 소유자인 쿠로파트킨도 일본 방문 전후부터 '비교적 온건한 의견'을 지니게 되었다고 하면서, "정말로 러시아 조정을 움직여 개전에 이르게 한"것은 베조브라조프였다고 기술한다. 알렉세예프에 대해서는 '양다리를 걸치는 입장'이었다고 지적하고 있다.

이 두 저작은 시바가 다루지 않은 전 주일 무관 보가크를 다루는데, 특히 개전을 주장한 인물로 크게 거론하고 있다. 우선 뤼순 함락 후 스테셀의 접대역할을 수행했던 가와카미 도시쓰네(川上俊彦)가 스테셀에게서 들은 이야기라면서, 알렉세예프는 개전에 반대했다, 개전의 "장본인은 보가크 소장(少將)이다"라고 보고했다는 것이다. 그리고 다음과 같이 잇고 있다.

"보가크 소장은 이보다 앞서 주일 러시아 공사관 무관으로서 우리의 국정(國情)을 보고, 일본군대 같은 건 아무것도 아니라고 사람들에게 몰래 말했다는 것은 당시에도 세상에 널리 알려져 있었다. 그는 베이징 공사관 무관도 겸하고 있어서 청국 조정의 만주밀약 담판에도 참여했는데, 청국 조정의 대관들이 이러한 정약(訂約)을 체결할 때에는 외국으로부터 오는 중대한 장애를 피할 수 없다고 말하자, 보가크는 '외국이란 어떤 나라냐고? 일본 얘기인가? 일본?…… 아하하……'라고 깔깔거리며 비웃었다는 것이다. 그의 안중에는 일본은 없었다. 즉 개전론자임이 틀림없을 것이다."[25]

베조브라조프에 관해서 이 두 저작은 "그는 러시아 정권을 한 손에 장악하려는 비망(匪望)을 품고, 우선 만주 병탄(倂呑)으로 공을 세우려 했다. 그것을 위해 비테, 람스도르프 등의 평화파를 배척하고 오로지 알렉세예프, 보가크를 자신의 마수(魔手)로 삼아 끊임없이 주전(主戰)의 열기를 궁정 안팎에 고취했으며 마침내 나라를 망치기에 이르렀다"[26]고 지적하고 있다. 러시아 해군 역시 일본 해군의 실력을 경시하고 있었다면서, 두 권 모두 그 예로 그람마치코프의 말을 소개한다.[27]

또한 이 두 저작에 나오지 않는 반노프스키의 일본군에 대한 평가
는 시바가 러시아 참모본부의 공식 전사에서 인용한 것이다. 일본 참
모본부는 러일전쟁사의 편찬을 위해 많은 자료를 수집, 번역했다. 이
것들은 『일러전사편찬사료』(日露戰史編纂史料) 총34권 40책, 『일러전
사사료』(日露戰史史料) 전46권에 수록되어 있다. 그 가운데 전자의 제
23권이 러시아 참모본부의 공식 전사 제1권의 번역본이다. 공식 출
간된 책은 아니지만, 시바는 그것을 입수해 읽고 거기서 반노프스키
의 평가를 알게 된 것이다. 일본 육군에 대한 '젖먹이 군대'(乳兒軍)라
는 평가 역시 같은 책에 등장하는 또 다른 러시아 장군의 말을 토대로
한 창작일 것이다.[28]

비테의 『회고록』을 둘러싼 상황

시바의 소설이나 『고무라 외교사』 모두 러시아의 침략주의 배경에
비테의 평화주의를 동등하게 강조하는데, 이러한 견해의 기초가 된
것이 저 유명한 비테의 『회고록』이다. 비테는 1915년에 페테르부르
크의 저택에서 사망했다. 사후 그의 문서는 황제의 명령으로 봉인되
어 몰수당했지만, 생전에 그가 쓴 『회고록』은 이미 국외로 반출되었
다. 이 『회고록』은 러시아 혁명 후인 1922-23년에 베를린에서 출간
되었다.[29] 곧바로 세계 각국의 언어로 번역되어 오랜 시간 가장 권위
있는 러시아 제정사(帝政史)의 진실을 말해 주는 책으로 사람들에 의
해 읽혔다.

그러나 비테의 회고록은, 러시아에서 벌어진 '개전의 책임은 누구
에게 있는가?'라는 논쟁의 한 가운데서 자신에게는 책임이 없다고 주
장하기 위한 일념으로 완성된 책이다.

러일전쟁의 개전은 러시아인에게는 생각지도 못한 사태였고, 전쟁의 결과는 극도로 심각했기 때문에 개전의 책임자에 대한 추궁은 이미 전쟁 중에 시작되고 있었다. "누가 죄인인가?"(Кто виноватый?)는 러시아인들이 자주 입에 올린 물음이었다.

베조브라조프에 대한 책임 추궁은 1905년 초부터 페테르부르크의 신문이나 블라디보스토크의 신문들이 제기하기 시작했다.[30] 이에 대해서 베조브라조프의 맹우(盟友)였던 극동문제특별위원회 사무국장 아바자는 1905년에 『특별극동위원회관방보관(官房保管) 대일교섭자료』를 '수고(手稿)의 권리로', 즉 내부 자료로 인쇄, 배포했다. 39건의 비밀자료를 공개해 자신들이 일본과의 전쟁 회피를 위해 얼마나 노력했는지를 주장한 것이다.[31]

람스도르프의 외무성은 반박 의견서를 발행해 대항했다. 개전 직전 러시아가 최후의 회답을 검토하고 있을 때, 아바자가 멋대로 일본 공사와 접촉해 압록강의 분수령을 경계로 하자는 안(案)을 전함으로써 중립지대조항 삭제를 위해 노력하던 외상을 방해했다고 주장한 것이다.[32] 이에 대해서 아바자는 1905년 12월에 장문의 의견서 '조선에서 러시아인의 기도(企圖)'를 작성해 황제에게 제출하면서 전면적인 자기변호를 전개했다. 여기서는 외무장관 람스도르프 뿐만 아니라 육군장관 쿠로파트킨, 재무장관 비테에게도 비판의 칼날이 겨눠졌다.[33] 기묘하게도 니콜라이 2세의 문서에 포함되어 있는 아바자의 이 의견서는 지금까지 어떤 연구자도 검토한 적이 없었다.

또한 1906년이 되자 람스도르프의 외무성은 『1895년부터 1904년까지의 조선문제에 관한 대일교섭 개관』을 25건의 부록자료와 함께 작성, 인쇄했다. 아마 공개하지는 않도록 했을 것이다. 아바자가 작성한 『대일교섭자료』보다는 널리 퍼져있지 않다. 외무성 자기변호의 서(書) 제2탄인 셈이다.[34]

논쟁 제2라운드의 주역은, 개전과 함께 육군장관에서 극동군 총사령관이 되었고 평톈(奉天)회전 후 해임되어 제1군 사령관의 지위에 있던 쿠로파트킨이다. 지상전의 실패는 누가 봐도 그의 책임으로 비쳤기 때문에, 쿠로파트킨에게 스스로를 변호하는 일은 사활이 걸린 문제였다. 그래서 아직 만주에 있을 때부터 전사(戰史) 연구를 진행했고 참모본부 장교들의 도움도 받아가면서 총 4권으로 된 쿠로파트킨의 상주(上奏)보고를 완성한 것이다. 그는 1906년 초 만주에서 철수하자마자 이것을 황제에게 제출했다. 제1권부터 제3권까지는 랴오양(遼陽), 샤허(沙河), 평톈의 각 작전을 고찰한 것이며, 제4권은 '전쟁의 총괄'이다.[35] 쿠로파트킨의 자기변호는 제4권의 러일전쟁 전사(前史)에서부터 시작된다. 그는 일본이 승리한 "가장 중요한 원인은 우리가 일본의 물질적인 힘 그리고 특히 정신적인 힘을 평가하지 못하고, 일본과의 전투에 대해서 충분히 진지하게 대처하지 못했던 데 있다는 점을 인정해야 한다"고 썼다.[36] 자기 자신은 청일전쟁 이후 "일본군에게 경의를 품고, 그 성장을 불안한 마음으로 지켜봤다." 일본을 방문했을 때는 "일본의 군사력이 유럽 수준에 달했다고 정당하게 평가했고," 전쟁을 어떻게든 회피해야 한다고 생각했다, 그런 자신도 일본인들이 그렇게까지 "행동의 에너지, 높은 애국심, 용감함"을 발휘할 수 있으리라고는 "전혀 평가하지 못했다"[37]라고 변명했다. 그리고 러시아의 극동 병력 열세를 우려했지만, 재무성이 군사비를 늘리는 것을 인정하지 않았다면서 비테의 재무성을 비판했다.[38] 그리고 자신은 "아시아에서 적극적인 활동을 하는 것에 대한 단호한 반대자"였다면서 다음의 6개조를 들고 있다.

1. 서부전선을 중시해야 하기 때문에 일본과의 전쟁을 회피하기 위해서 전력을 다했다. 일본과의 세력권 분할은 가능하다고 확신

했다.

2. 비테가 추진한 동청철도 건설은 잘못이었다. 나는 거기에 관여하지 않았다.

3. 무라비요프 외상이 추진한 뤼순 점령은 잘못이었을 뿐만 아니라 치명적인 것이었는데, 그것도 나의 육군장관 취임 전에 결정된 일이다.

4. 나는 베조브라조프 파(派)가 추진한 압록강 이권 기업에 대해서는 줄곧 반대했다. 내가 극동으로 출발한 뒤에 열린 회의에서 비테는 베조브라조프와 의견의 차이가 없다고 말함으로써 일본과의 결렬 위험을 더 크게 했다.

5. 나는 만주의 남부와 북부에서의 조기 철수를 주장했다. 의화단 사건 이후에는 철도의 방위를 위해서 하얼빈에 병력을 두는 것이 필요하다고 주장했다.

6. 일본과의 전쟁을 막기 위해서 뤼순과 관둥주를 청국에 되돌려주고 동청철도 남만주지선(支線)을 매각하자는 결정적인 방책을 제안했다.[39]

쿠로파트킨의 주장은 계속된다. "그런데도 나는 지금 일본과의 전쟁을 막기 위해 내가 할 수 있는 범위 안에서 과연 모든 것을 다 했는지 의심하고 있다. 나는 물론 황제 폐하를 보좌하는 다른 이들도 일본과의 전쟁을 피하고 싶다는 폐하의 굳은 희망을 완전히 알고 있었다. 그러나 우리들, 폐하의 측근들이 폐하의 뜻을 실행하지 못했던 것이다."[40] 한마디 한마디가 자기 정당화에 지나지 않는다. 쿠로파트킨은 개전 후의 작전지도에 관해서도 자기를 옹호하고 부하 장군들을 비판하는 진술을 늘어놓았다.

이 상주보고에 대해 당시의 레지게르 육군장관은 "쿠로파트킨 자신에 대한 송시(頌詩)이며 오히려 군 전체에 오명을 뒤집어씌운 것이"라고 혹평했다. 당연한 일이지만 쿠로파트킨의 이 보고서는 출간이 금지되었고, 수십 부 내지 수백 부만 인쇄되었다.[41] 그러나 국외로 유출되어 출간되었고, 이것이 다시 역으로 유입되어 [러시아]국내에서도 출간할 수 있게 되었다. 쿠로파트킨의 의도대로 된 것이다.

이 쿠로파트킨의 저작에 가장 강하게 반응한 것이 비테였다. 그는 이미 1906년부터 1907년에 걸쳐 타자기로 작성한 769매의 원고 '러일전쟁의 기원'을 완성해놓고 있었다. 자신이 소유한 문서를 활용해 베조브라조프 파의 개전책임을 규탄한 내용이었다.[42] 그런데 쿠로파트킨에게 공공연히 공격을 받자 이 원고를 기반으로 쿠로파트킨에 대한 반론을 우선적으로 쓴 것이었다.

비테는 1909년에 사가판(私家版)으로 『일본과의 전쟁에 관한 쿠로파트킨 시종장군의 보고에 대한 비테 백작의 강요된 변명』을 내놓았다. 그는 군사비 면에서 열강과 비교했을 때 러시아의 군사비는 적은 것이 아니었고, 상당히 무리해 예산지출을 했기 때문에 군사비를 경감했다고는 할 수 없다고 반론했다.[43] 특히 전쟁회피의 노력에 관한 쿠로파트킨의 주장은 그가 황제에 대한 상주(上奏)에서 밝힌 의견과 다르다고 지적했다. 쿠로파트킨이 일본의 공격은 격퇴할 수 있으며 전쟁에 승리할 수 있다고 주장하지 않았느냐면서, 1900년 3월 27일(러시아력 14일)과 1903년 8월 6일(7월 24일)의 쿠로파트킨 상주문을 인용하기도 했다.[44]

나아가 비테는 쿠로파트킨이 제시한 극동정세 긴장요인의 첫 번째인 동청철도의 건설은 쿠로파트킨도 나중에 지지하지 않았느냐고 반문했다.[45] 긴장요인의 두 번째인 뤼순 조차(租借)에 관해서는 쿠로파트킨이 육군상이 되고나서부터 뤼순의 조차 교섭이 시작되었는데도 쿠로파트킨은 반대하지 않고 나중에는 점령이 유익했다고 발언하지 않았느냐고도 기술했다.[46] 또한, 요인의 세 번째인 만주철군문제에 조건을 단 것은 쿠로파트킨이 아니었는가,[47] 네 번째 요인인 압록강 이권회사에 관해서, 재무상이 베조브라조프의 회사 설립안에 동조했다는 그의 주장은 5월 20일(7일)의 특별협의회 의사록의 오류에 기인하는 것이라고 반론했다.[48] 또한 비테는 육군상이 1903년 6월의 뤼순회의에서 베조브라조프 회사의 청산을 요구했다고 주장하지만, 실제로는 순전히 경제적인 성격의 것으로 하라고 주장함으로써 베조브라조프의 반격을 받아 애매한 결론으로 끝난 것이 아니냐며 역공했다.[49]

1914년이 되자 비테는 『역사잡지』에 글린스키라는 저널리스트의 이름을 빌려 이미 써두었던 '러일전쟁의 기원'이라는 장대한 원고를 「러일전쟁의 서곡(문서자료)」이라는 제목으로 발표했다. 이것은 그의 사후 1916년에 글린스키 편 『러일전쟁의 서곡─비테 백작 문서의 자료』라는 단행본으로 출간되었다.[50]

이와 같은 비테의 반론과 자기변호의 제3탄이 『회고록』전3권이었다. 이 회고록에서 비테는 쿠로파트킨을 비판했을 뿐 아니라 전쟁책임 추궁의 칼끝을 황제 니콜라이 2세, 플레베 내무상, 베조브라조프파에게로 확대해 겨눴다. 오직 자신만이 람스도르프 외무상의 도움을 받아 평화를 위해서 노력했으며, 어떻게 했더라도 러일전쟁을 막을 도리는 없었다고 주장했다. 비테는 러시아의 개혁파 정치가로서 권위가 높았기 때문에 그의 회고록은 출간 직후 여러 나라의 언어로 번역되었고, 제정 정치의 내막을 전하는 진실된 책으로 받아들여졌다. 플레베가 했다는 다음의 말을 쿠로파트킨의 전언(傳言)으로 소개한 것은 특히 유명하다. "혁명을 누르기 위해서 우리에게는 작은 승리로 끝날 전쟁이 필요하다."[51] 실제로 플레베는 이렇게 말하지 않았다. 그러나 모두가 믿었다. 오늘날까지도 전 세계에서 출간되고 있는 거의 모든 러시아사 책들이 이를 인용하고 있다.

그리하여 비테는 책임논쟁에서 홀로 승리를 거두었고, 그의 이야기를 시바도 받아들였던 것이다.

전쟁 체험기의 산(山)

사실 러시아에서는 정치가들의 논쟁과는 별개로 군인들도 필사적으로 전쟁을 총정리하고 있었다. 그들에게 이 전쟁은 생사가 달린 문제였다. 스테셀 등 뤼순 방어에 임한 지휘관들이나 로제스트벤스키 등 동해 해전의 지휘관들은 군법회의에 회부되었다. 스테셀은 사형판결을 받았지만 황제에 의해 사면되었고 로제스트벤스키는 무죄판결을 받았다.[52] 그러나 그들은 모두 명예를 잃었다. 만주에서 싸운 많은 장교, 연대장, 참모, 그리고 동해 해전에서 살아남은 해군사관들은 회고록이나 체험기를 썼다. 모두가 한결같이 비판적인 시각으로 패전의 원인을 생각했고 그 책임을 추궁했다.

그 가운데 가장 물의를 일으킨 것은 예브게니 마르티노프의 『러일전쟁의 슬픈 경험으로부터』(1906년)일 것이다. 그는 참모본부대학교 교관으로 있었고, 전쟁에 보병 연대장으로 출진했으며, 나중에는 제3시베리아군단 참모장도 역임했다. 그는 전쟁이 끝나고 소장으로 진급했는데, 바로 그 소장의 직함으로 이 책을 썼다.

이 책에서 그는 일본인과 일본군을 격찬했고, 러시아인과 러시아군은 철저하게 비판했다. 그의 비판은 가장 먼저 쿠로파트킨을 겨눴다. 병력 집결을 위한 시간이 필요한 러시아군의 사령관으로서 일본군에 대해서 시간을 버는 전략을 취하는 것은 당연하다. 따라서 쿠로파트킨이 당초 결전을 피한 것은 이해할 수 있다. 그러나 결전을 회피하는 동안 러시아군의 인식 속에는 일본군과는 싸울 수 없다는 생각이 뿌리내리기 시작했다. 1904년 9월 "공격할 때가 되었다"는 유명한 명령을 내린 뒤의 샤허(沙河) 회전에서 또 다시 퇴각함으로써 쿠로파트킨은 신망을 잃었다. 펑톈 회전으로 "사령관으로서의 그의 기량에 대한 마지막 환상은 깨끗이 사라져버렸다."[53]

마르티노프는 발트함대의 회항에 관해서도 "이것이 성공할 가망이 전혀 없는 기도였음은 누가 봐도 분명했다"라고 단언한다.[54] 쓰시마의 패전으로 [러시아]정부가 강화를 추구했지만, 그때는 육군의 전략적 상황이 계속 유리해지고 있었으므로 강화를 서두를 필요는 없었다는 것이다. 마르티노프는 극단적이었는데 러시아가 잠시 동안해군의 지원 없이 전쟁을 수행했어야 한다고 주장하기도 했다. 또한육군에 대한 비판도 잊지 않았다. 패전의 주범은 장군들이며, 그들의임명은 전부 연줄에 의한 것이었다. 대다수 장교는 사명감을 갖추고있지 않았다. 군대에 남은 사람은 소수를 제외하면 "발달이 늦은 무기력한 작자들" 뿐이며[55] 병사의 질도 일본에 비해 열등했다. "일본병사는 모두 글을 읽고 신문을 읽는다."[56] 일본에서는 군대에 가기 전부터 군사교련이 시작된다고 말하면서 강도 높게 비판했다.

마르티노프는 "일본의 강함은 어디에 있으며, 러시아의 약함은 어디에 있는가"를 거듭 묻는다. "일본 국민은 초등학교부터 대학까지애국주의 정신을 교육 받는다", 일본인의 꿈은 '쇼콘샤'(招魂社)에 모셔지는 영웅의 대열에 끼는 것인데,[57] 러시아에서 애국심은 사어(死語)가 되었고 전쟁은 "범죄 내지 시대착오"이며, 군사는 "수치스런 업무"가 되었다고 비교 평가했다.[58]

러시아군에 대한 이와 같은 규탄서는 일본 군인들을 기쁘게 했다. 이 책을 일찌감치 1907년에 가이코샤[偕行社, 구 일본 육군 장교들의 친목 및 상호부조단체]가 『비통스런 일러전쟁의 경험』이라는 이름으로 번역 출간한 것은 어쩌면 당연한 일일지도 모른다.

또 다른 극을 이루는 것은 알렉산드르 스베친이다. 그는 제22동시베리아 보병연대의 장교로서 주롄성(九連城) 전투에서 활약했고, 나중에 제3군 참모본부에서 근무했다. 상부와 대립한 그는 수도(首都)로 돌아온 후, 1906년부터 매년 한 권씩 회고록과 전기(戰記)를 썼다. 그리고 1910년에 『1904-1905년의 러일전쟁 ― 전사위원회의 자료에 의함』을 썼는데, 개인 저작으로는 가장 뛰어난 러일전쟁사라는 평가를 받는다. 그는 이 책의 결론에서 다음과 같이 말한다.

"이 책은 앞선 전쟁의 경험 가운데 가장 중요한 것을 어떻게든 전부 서술하려는 시도는 아니다. 저자는 자주적이고 결실이 풍부한 작업에 필요하다고 생각되는, 그리고 전반적인 오리엔테이션의 성격을 띠는 전체적 개설을 작성하려고 했을 뿐이다. 긴요한 것은 저자가, 패배를 전적으로 지휘관 개인의 무능이나 신들린 것 같은 적군의 전투자질, 또는 러시아인의 낮은 문자해득률, 국내의 소란상태로만 설명하려고 하는 것 같은 과거 전쟁에 대한 경솔한 태도에 대해서 경고하려고 한다는 점이다. 전범도 필요 없고 우상도 필요 없다. 전범이든 우상이든, 우리의 잘못을 검토하고 합리적으로 그것을 바로잡는 일에는 방해만 될 뿐이다."[59]

전쟁사가(戰爭史家)로서 스베친의 이 작업에서는 성숙한 눈매가 느껴진다. 마르티노프와 스베친 모두 러시아혁명 후 국내에 머물면서 혁명군(赤軍)에 협력하게 된다.

러시아군 공식 전사와 시만스키 조서(調書)

이와 같이 전에 없이 비판적인 현장보고의 산더미 위에 군 당국의 공식 전사가 없었다. 육군의 경우 1906년 9월 참모본부 내에 전사위원회가 설치되었다. 바실리 로메이코-구르코 대장이 위원장이 되었고, 8명의 소장과 대령이 위원으로 임명되었다. 이 위원회는 1910년에 총9권 16책으로 된 『1904-1905년의 러일전쟁』을 출간했다.[60] 이역시 진지한 그리고 비판적인 러일전쟁 연구였다.

이 공식 전사의 제1권에는 「러일전쟁에 앞서 발생한 동방의 사건들과 이 전쟁의 준비」라는 제목이 붙었다. 권두의 제1장은 시만스키 소장이 담당했는데, 이 사람의 연구는 특히 중요하다.

시만스키는 1866년생으로 프스코프의 유년학교에서 사관학교로 진학해 임관했는데, 1891년에 니콜라이육군대학교를 마치고 모스크바군관구에서 참모로 근무했다. 역사가로서의 능력을 발휘해 전사 연구에 몰두했다. 사관학교의 교사가 된 1896년에는 독일인 폰 뮐러의 저서 『청일전쟁』을 번역하고 주석과 부록을 붙여 출간했다. 그리고 1899년에는 수보로프의 전기를, 1903년에는 러터전쟁 시의 플레브나 요새 공방전에 관한 책을 썼다. 1902년에는 모스크바의 제1 척탄병연대장으로 있었다. 그의 연대병력 병사들이 모스크바의 12월 반란 당시 발포를 거부했기 때문에 문책당해서 1906년 11월 군법회의에서 금고 8개월에 처해졌는데, 황제의 사면을 받아 영창 1개월로 그쳤다. 이러한 경력에도 전쟁사가로서의 비범한 능력을 인정받아 1907년 2월 공식적인 러일전쟁사 집필 팀에 합류하게 된 것이다.[61] 여기서 시만스키는 놀라울 정도의 정력을 쏟아 외무성, 육군성, 해군성의 방대한 문서자료를 섭렵하고, 관계자와의 면접을 통해 개인문서들을 열람했으며, 1910년까지 세 권으로 된 조서 『러일전쟁에 앞서 발생한 동방의 사건들』을 작성했다. 제1권은 1890년대 조선에서 전개된 러시아와 일본의 다툼을, 제2권은 1900년부터 1902년까지 중국에서 벌어진 러시아와 일본의 다툼을 다루고 있으며, 제3권은 '전쟁 전 마지막 1년'으로 1903년의 상황만을 다뤘다. 인쇄본 총 페이지 수는 791페이지이다.[62] 이 저작은 본격적인 분석이며 놀랄 만한 수준이어서, 개전 과정의 연구로는 오늘날까지도 최고 수준의 작품이라고 할 수 있다.

시만스키의 조서나 참보본부의 공식전사 모두 쿠로파트킨에 대해 비판적이고, 베조브라조프나 보가크 등의 극동병력증강 필요론을 긍정 평가하는 경향을 보인다. 여기에 중요한 지점이 있다.

시만스키 조서는 기밀자료를 지나치게 많이 사용한다는 외상 이즈볼스키의 항의로 출간 승인을 받지 못했고, 참고를 위해 일곱 부밖에 인쇄되지 않았다. 이것은 황제, 육군성 비밀문서과, 외무성, 도쿄 공사관, 베이징 공사관, 로메이코-구르코 대장에게 건네졌다.[63] 때문에 이 조서의 존재는 완전히 비밀에 붙여졌고, 후일의 역사가들이 전혀 이용하지 못했다.

해군도 1908년에 해군 군령부에 '1904-1905년 전쟁 해군행동기술 역사위원회'를 설치했다. 일본의 전사도 참조했으며 『1904-1905년의 러일전쟁』 전7권을 1912년부터 1917년까지 출간했다.[64] 자료편 『해군의 행동』도 전9권으로 이보다 조금 빠른 1907년부터 1914년 사이에 출간됐다.[65] 당연히 그 내용은 해군성과 로제스트벤스키 군령부장에 대해 엄격한 잣대를 들이댄 것이었다. 뤼순을 태평양함대의 근거지로 결정한 것이 옳았던가, 블라디보스토크로 해야 하는 것 아니었는가 하는 논점도 검토하고 있으며, 제2태평양함대의 회항에 관해서도 중지해야 했던 것은 아닌가 하는 논점도 상세하게 검토하고 있다.

시만스키는 마르티노프나 스베친과 달리 혁명 러시아에 머물러 있지 않았다. 그러나 시만스키 역시 그들과 마찬가지로 무의미한 전쟁은 회피할 수 있는 국가로서의 러시아, 그리고 전쟁을 하게 된다면 승리를 위해 모든 힘을 결집할 수 있는 국가 러시아를 바라고 있었다. 니콜라이 2세의 제정 러시아는 20세기의 전쟁을 치를 수 없다는 것이 러일전쟁의 결론이었기 때문이다. 그러나 시만스키는 끝내 자신의 저작 세 권을 망명지에서 출간하려 하지는 않았다. 그의 저작은 그대로 역사의 어둠 속으로 사려졌던 것이다.

일본의 공식 전사와 비밀 전사

일본에서도 공식 전사가 편찬, 출간되었는데, 전쟁에 승리했다는 신화가 일찍부터 형성되었기 때문에 전쟁의 진실을 전하는 전사는 비밀에 부쳐질 수밖에 없었고, 공식 전사의 이면에 비밀 전사가 대량으로 존재했다.

전쟁 연구는 해군 군령부와 육군 참모본부에 의해서 전후 즉각 시작되었다. 사실 해군은 개전 전부터 전사 편찬 준비에 착수했다. 군령부 차장 이슈인 고로(伊集院五郎)는 1904년 1월 28일 해군 각 부처에 '일지'를 작성해 정기적으로 제출하도록 요구했는데, 장래에 러일전쟁사를 쓰는 데 기초로 삼기 위한 것이라는 설명이 덧붙여졌다. 전후인 1906년 1월 이슈인은 '메이지37년 해전사(海戰史) 편찬방침'을 시달했다. 목적은 "해군 부내의 참고를 위한"것이라 되어 있었고, "기사(記事)는 대개 극비에 부쳐져야 하므로 자료수집 및 편찬에 종사하는 자는 비밀을 엄수해야 할 것"이라고 명해졌다.[66]

육군에서는 전후인 1906년 2월에 참모총장 오야마 이와오(大山巖)의 이름으로 '메이지37년 일러전사 편찬 강령'이 발해졌다. 여기서는 우선 "정확(精確)하게 사실의 진상을 서술"한 '초고'(草稿)로서의 '사고(史稿) 편찬'을 목표로 했고, 그 후에 전체를 '수정'(修訂)해 "전부

분합증산(分合增刪)하고 또 기밀사항을 삭제"한 뒤 '공식 출간'할 것을 생각하고 있었다.[67]

즉각 대대적인 준비 작업이 시작되었다. 각 부의 작전 및 그 밖의 기록을 취합한 것은 물론이고, 러시아의 전사, 회고, 그리고 제3국 무관의 관전기 등도 다량 수집해 번역했다. 참모본부는 '일러전사 편찬 사료'로 전34권, '일러전사 사료'로 전46권을 정리했다. 해군 군령부는 러시아 해군 군령부의 『러일해전사』 전7권 가운데 여섯 권을 완역했다.[68]

이와 같은 연구 성과의 총정리는 해군이 앞서 있었다. 오가사와라 나가나리(小笠原長生) 중장이 책임자가 되어 정리한 해군 군령부의 『극비 메이지37-8년 해전사』 총 12부 150책이 1911년까지 완성되었다. 필요한 부서에 필요한 수의 책이 배포되었을 뿐, 책 전부를 갖춰 보관한 것은 황거(皇居)와 해군성문서고 뿐이었다. 완전한 비밀 전사였기 때문이다. 제2차 세계대전 후 해군성문서고 소장본은 소각되었고, 황거 소장본은 방위청 전사부(현재는 방위성 방위연구소도서관)로 이관되었다.[69] 이 극비전사로부터 공식 출간용 전사가 편집되었고, 해군 군령부 편 『메이지37-8년 해전사』 전4권이 1909년과 1910년에 걸쳐 슌요도(春陽堂)에서 출간되었다.

이처럼 완전히 비밀에 부쳐진 『극비 해전사』가 영국 정부에게는 제공되었다. 이것을 읽고 쓴 최초의 연구가 줄리언 코베트의 『러일전쟁 시의 해군작전』이다. 그러나 이 연구도 비밀로 취급되어 영국 해군의 고급 장교들만 열람할 수 있었다. 이 연구가 공식 출간된 것은 1994년이었고, 일본의 연구자들이 이 『극비 해전사』를 열람하고 이용할 수 있게 된 것은 1980년대 중반이었다.[70]

육군에서는 우선 참모본부의 『메이지37-8년 일러전사』 전10권의 초고본이 완성되었다. 거기서 기밀사항 등을 삭제한 공식 출간본이 편집되어 1912년 가이코샤에 의해 출간되었으며, 1915년에 완간되었다. 이 초고본과 출간본을 비교한 요코테 신지(横手慎二)에 의하면 중요한 사실이 많이 삭제되었다고 한다.[71] 제10권이 출간된 후에 기밀사항이 포함된 『메이지37-8년 비밀 일러전사』의 편찬이 추진되었다. 오에 시노부(大江志乃夫)는 『메이지37-8년 작전경과의 개요』라는 전9권으로 된 등사 인쇄본이 그 결과물일 것이라고 추측하고 있다.[72] 아무튼 이 비밀전사는 개전 이전부터 개전 반년 뒤인 1904년 6월까지를 기술한 제3권까지의 완결원고로 제작되었는데, 그것이 1977년에 공식 출간된 것으로 추정되고 있다.[73]

이 비밀주의야말로 러일전쟁 신화를 만들어 냈고, 시바 료타로가 지적한 것처럼 "승리를 절대화하고 일본군의 신비스런 강함을 신봉하게" 함으로써 "치매화"를 초래한 장치였던 것이다.

러시아 혁명 후의 연구

제1차 세계대전의 와중에 러시아에서 마침내 혁명이 일어났다. 러일전쟁에서 치명적인 체제적 결함을 드러낸 차르 제정은 세계전쟁 중에 붕괴했고, 10월 혁명에 의해 레닌의 볼셰비키 국가가 태어났다. 러시아 제국과 거의 같은 영토 위에 강력한 통합국가가 탄생한 것이다.

혁명정권은 감춰져 있던 제정 정부의 내부 자료를 공개했다. 쿠로파트킨은 혁명 후에도 러시아에 남아 고향 시골마을의 학교에서 경제지리학을 가르쳤다. 그러한 그의 일기, 1902년 11월부터 1904년 2월까지가 1922년에 소비에트정권의 사료잡지 『크라스느이 아르히프』(붉은 문서관)에 게재되었고, 이듬해에는 단행본으로 나왔다.[74] 이는 쿠로파트킨의 일기를 시만스키가 베껴 쓴 것을 소비에트정권이 압수해 공표한 것이다.[75] 쿠로파트킨 일기는 남에게 보여주기 위해서 쓴 것인데, 맨 처음 독자로 예정되어 있던 사람은 황제였다. 이 일기의 1903년 8월 22일(9일) 기록에는 황제와 쿠로파트킨 사이에 베조브라조프를 창밖으로 던져버려야 한다는 의견이 일치했던 것처럼 기재된 곳이 있다. 이것은 교묘하게 계산된 자의적(恣意的) 기술이었다.

또 글린스키의 이름으로 쓴 비테의 저작 『러일전쟁의 서곡』에 대항해 집필된 쿠로파트킨의 수기 『만주 비극의 서곡』이 1923년 소련 역사학계의 최고권위 포크로프스키에 의해서 공식 출간되었다.[76] 이 의견서가 언제 쓰인 것인지, 어떻게 혁명정부의 손에 들어갔는지는 분명하지 않다. 해제를 쓴 포크로프스키는 이 수기가 비테의 『회고록』에 대항해 쓰인 것이라고 시사하고 있다. 쿠로파트킨은 1925년 고향 마을에서 도적에게 살해되었다.

혁명 후의 소련에서 러일전쟁의 기원에 몰두한 사람은 역사가 보리스 로마노프였다. 그는 혁명 전에 페테르부르크제국대학을 졸업한 전근대사 전문가였는데, 혁명 후 공개된 문서를 관리하는 역사문서관에서 일했기 때문에 이 주제를 연구하게 되었다. 그가 재무성 문서를 세심하게 읽고 비테의 극동진출정책, 비테의 역사상(像)을 비판적으로 재검토한 것은 당연한 일이었다.[77] 널리 알려진 그의 저서 『만주의 러시아(1892-1906)』는 1928년에 출간되었다. 이 책은 소련시대에 쓰인 러일전쟁 개전 전사로는 유일한 작품이다. 1935년에는 일본어로도 번역되었다.[78]

로마노프는 황제, 베조브라조프 일파, 쿠로파트킨 등에게 전쟁 책임이 있으며, 비테는 무죄라는 비테의 역사상을 비판했다. 그는 비테의 극동정책이 오히려 러시아 극동정책의 토대를 만들었으며 비테와 베조브라조프 일파 사이에 본질적인 차이는 없었다고 주장했다. "이 정책을 고취한 자였던 비테야말로 생전에는 가능한 모든 방법으로 그리고 사후에는 『회고록』으로, 자신의 정책이 '평화적' 성격을 지니고 있었다는 신화를 만들고 또 그것을 무엇보다 널리 보급하려 도모했던 것이다."[79] 러시아가 전체적으로 전쟁의 책임을 져야 한다는 것이 로마노프의 결론이었다.

이 책은 문서자료를 훌륭하게 조사한 결과물이다. 하지만 로마노프는 놀랍게도 제정 시대 최고수준의 연구인 시만스키 조서를 알지 못했다. 따라서 베조브라조프 일파의 평가에 관해서는 시만스키에 미치지 못하는 면이 있다. 뿐만 아니라 문장이 난해하고 논지도 명확하지 않다. 그리고 제국주의 러시아의 침략성을 엄하게 비판한 그는 1930년대 소련사회에서 고난에 부딪쳤다. 로마노프는 1930년 체포되어 1933년에 석방되었지만, 1935년에는 포크로프스키 역사학의 추종자로서 니콜라이 2세를 면죄했다는 비난을 받았다. 결국 로마노프는 1937년에 키예프・루시[키예프 러시아] 연구로 복귀할 수밖에 없었다.

소련은 혁명에 이은 내전 시기에 일본에게서 가장 장기간에 걸친 군사적 간섭을 받았던 것을 잊지 않았다. 1925년 국교가 체결된 후에도 일본에 대한 경계심은 사라지지 않았다. 러일전쟁에서 패배했다는 기억이 제정에서 소련 국가로 나아가는 혁명적 전환의 뿌리에 있었다면, 러일전쟁은 러시아의 제국주의적 진출을 비판하기 위해 연구하는 것이 아니고, 오히려 이제 다시 한 번 일본과 전쟁을 하게 될지도 모르니 일본의 침략성에 초점을 맞춰 연구하지 않으면 안 되었을 것이다. 1931년에 일본이 만주를 침략하자 재차 일본과의 전쟁이 예상되면서 긴장이 고조되었다. 이러한 점에서 제정 시대 러일전쟁 연구의 전문가 스베친의 존재가 크게 부각 되었다. 그는 1918년 독일군의 러시아 침입 후 트로츠키의 요청으로 적군(赤軍)의 참모총장을

3개월간 역임한 뒤 육군대학교 교관이 되었다. 그는 1928년에 출간한 『군사기술의 진화』 제2권에서 러일전쟁을 분석하는데 많은 지면을 할애했다. 스베친도 1931년에 체포되었지만 곧 석방되어 이번에는 적군(赤軍) 첩보국에서 일하게 되었다.[80] 1932년의 조서(調書) '과거와 미래의 일본군'에서는 "새로운 일본의 창조적 산물"인 일본군의 긍정적인 면과 부정적인 면을 지적한 후 다음과 같이 결론내렸다.

"1904-05년 일본의 승리는 일본군에게 무거운 짐이 되었고, 그렇지 않아도 충분히 반동적인 지휘간부들의 새로운 바람에 대한 저항이 강화되었다. 일본인의 자랑 그리고 불패의 확고한 신념은 불가피하게…… 적에 대한 과소평가로 이어졌다."[81]

이 결론은 시바 료타로의 러일전쟁의 결과에 대한 평가와 일치한다.

또한 스베친은 1937년에 『20세기 제1단계의 전략―1904-05년의 육·해전 계획과 작전』을 완성했다. 여기서 일본의 '전쟁의 정치적 계획'을 논하며 "일본의 계획은 러시아 차르체제의 불안정성에 커다란 의의를 부여하고 있으며, 러시아 후방의 정치적 해체를 증진하기 위해서 대대적으로 노력할 것을 상정하고 있다"라고 지적했다.[82] 이것은 일본에서 전개된 러셀의 포로혁명공작에 대한 지지와 아카시(明石) 대좌의 혁명당 공작 등 일본의 '혁명화 정책'에 주목한 것이다. 그러나 스베친의 공헌은 그 자신에게 도움이 되지 않았다. 스탈린은 스베친의 『군사기술사』(1922-23년)의 독자였지만, 1938년에는 그를 일본의 앞잡이라 하여 체포, 처형시켜 버렸다.

1945년 5월 소련은 나치 독일과의 사투에서 승리했다. 그리고 8월에 소련군은 만주의 일본군을 공격해 일본의 항복에 기여했다. 러일전쟁부터 계산해 보면 네 번째 일본과의 전쟁이었다. 소련은 승리를 선언했다. 스탈린은 9월 2일의 대일 전승 연설에서 다음과 같이 말했다.

"1904년 러일전쟁 시기 러시아군의 패배는 인민의 의식에 고통스런 기억을 남겼다. 그것은 우리나라의 오점이 되었다. 우리 인민은 일본을 격파해 오점을 씻을 날이 올 것을 믿고 기다렸다. 우리나라의 구세대 사람들은 이날이 오기를 40년 동안 기다렸던 것이다. 그리고 마침내 이날이 왔다."[83]

이 전쟁의 결과 소련은 38도선 이북의 조선을 점령해 영향 하에 두었고, 뤼순과 다롄을 획득했으며, 동청철도를 회복했다. 영토적으로는 남 사할린을 수복하고, 쿠릴열도 전도를 획득했다. 러일전쟁에서 잃은 것을 회수했을 뿐 아니라 나아가 더 많은 것을 얻은 것이었다.

스탈린의 이 언사는 전후 소련의 러일전쟁관을 지배했다. 일본의 침략성이 강조되었고, 소련의 역사교과서에서도 전통적인 러일전쟁관이 부활했다. 일본이 선전포고 없이 전쟁을 시작한 것을 '배신적'이라고 비난하는 목소리도 부활해, 전 국민의 의식 속에 한층 더 각인되었다. 그러나 일본의 움직임에 관한 역사적 연구에는 진전이 없었다.

전후 1947년 로마노프의 러일전쟁에 관한 두 번째 저서 『러일전쟁 외교사개설 1895-1907』이 겨우 출간되었지만, 그것의 증보 개정은 스탈린의 사후인 1955년까지 불가능했다. 그 새로운 저서에는 "차르 정부는 조약에 의해서 실질적으로 조선을 일본에게 양보할 용의가 있었다. 조약의 최종안에서 러시아는 일본이 조선의 영토를 전략적 목적으로 사용하지 않을 것이라는 점만을 주장했다"라고 쓰여 있다.[84]

외교사의 권위자였던 나로츠니쯔키가 스탈린 비판의 해였던 1956년에 내놓은 900쪽짜리 대작 『극동에서의 자본주의 열강의 식민정책 1860-1895』[85]는 사고방식의 협소함은 있지만, 공식 출간되지 않은 문서와 구미(歐美)의 외교문서를 바탕으로 한 철저한 연구다. 이 주제에 관한 한 이 작품을 뛰어 넘는 연구는 아직 나오지 않았다.

스탈린 비판 후에도 소련에서는 러일전쟁 전사(前史)를 연구하는 사람은 좀처럼 나타나지 않았다. 러시아인들은 이 정치적인 문제에 손대고 싶어 하지 않았던 것이다. 러일전쟁에 관한 일정 수준의 저작이 겨우 출간된 것은 군사사(軍事史)연구소의 로스투노프가 출간한 『러일전쟁사』(1977년) 뿐이었다.[86] 그동안 전쟁 전사(前史)에 관한 중요한 연구는 오로지 소련 국적 고려인 학자에 의해서 이뤄졌다. 이르쿠츠크 교육대학 교수 보리스 박(朴)의 저서 『러시아와 조선』(1979년)은 외무성 문서를 상세하게 이용해 러시아의 1880년대 이후의 대 조선 정책을 추적한 귀중한 연구다. 보리스 박은 후에 모스크바의 동양학연구소로 옮겨가서 이 작업의 개정판을 2004년에 내놓았다.[87] 그 사이에 그의 딸 벨라 박은 부친의 작업을 계승해 외무성 문서를 다시금 상세하게 연구했고 『러시아 외교와 조선』 제1권(1860-1888년), 제2권(1888-1897년)을 각각 1998년과 2004년에 출간했다.[88] 그녀 역시 동양학연구소 소속이다. 이 부녀의 연구는 모두 러시아가 조선에 대해서 시종일관 침략적이 아니었다는 결론을 도출하고 있다. 그러나 이들도 2004년 이전에는 시만스키 연구의 존재를 몰랐다. 아무튼 외무성 문서의 본격적인 연구로서 박 부녀의 연구는 이런 점에서 기초적인 업적이다.

또한 박 부녀가 개정판 그리고 계승 작업을 하기 전인 1997년 박종효(朴鍾涍)의 『1904-1905년의 러일전쟁과 조선』이 모스크바에서 출간되었다.[89] 그는 한국인 연구자인데, 러시아에서 연구하고 러시아어로 이 책을 썼다. 그의 작업의 특징은 문서관에 있는 시만스키의 책을 처음으로 읽었다는 데 있지만, 많은 사료를 이 책에서 재인용해 썼다는 문제가 있다. 박종효는 보리스 박이 러시아의 침략성을 과소평가

한다고 비판했다.

　로마노프의 작업을 계승해 러일전쟁에 이르는 러시아의 대외정책을 연구하는 러시아인 연구자는 소련 붕괴 후에야 겨우 나타났다. 상트페테르부르크의 역사연구소 연구원 이고리 루코야노프이다. 그는 1965년에 태어난 신세대 역사가로 로마노프의 전통을 계승하면서도 새로이 문서관을 널리 탐사해 로마노프의 수준을 넘어서는 연구를 발표했다. 그의 최초 발표는 2003년 홋카이도(北海道)대학 슬라브 연구센터의 심포지엄 '러일전쟁 재고'에서의 연구발표이며, 두 번째는 러일전쟁 100주년 기념 국제심포지엄 논문집의 논문 「베조브라조프 일파」이다.[90] 놀랍게도 그 역시 시만스키의 연구를 모른 채 연구했기 때문에 이 두 작업에 시만스키의 연구는 반영되어 있지 않다. 그가 발표한 논문의 결론은 로마노프의 결론을 심화한 것이다.

　"러일전쟁은 러시아가 지녔던 침략성의 결과라고 하기 보다는 오히려 전제적인 극동정책 전반, 그 사상, 그 실현의 메카니즘이 바로 그 분쟁의 밑바닥에 있는 원인이라 해야 할 것이다. 비테 백작은 러시아의 정책을 막다른 길로 이끌었고, 베조브라조프 일파의 활동이 그 정책을 전쟁의 벼랑 끝으로 몰고 갔다."[91]

　사실 시만스키의 조서는 불행하게도 1994년에 졸로타료프라는 군인 역사가에 의해서 기묘한 형태로 복간되어 있었다. 표제도 '20세기 여명기의 러시아와 일본—우리나라 동방학의 분석적 자료'라고 바뀌어 있었고, 책 표지 뒷면에 "본서의 기초는 1910년에…… 시만스키 소장에 의해서 작성된 분석적인 저작이다"라고 쓰여 있을 뿐이었다. 마치 졸로타료프 등이 시만스키의 그것을 토대로 쓴 책인 것 같은 인상을 주는 것이다.[92] 루코야노프는 어쩐지 수상쩍다고 생각해 이 책을 읽지 않았다고 내게 말했다. 지금까지 보리스 박 부녀도 시만스키의 저작은 직접 보지 않았다. 그들이 사용한 것은 졸로타료프 판이다.

루코야노프가 시만스키의 원서를 읽고 새로운 자료를 조사해 쓴 최초의 논문은 2006년에 나온, 개전에 이르는 러일교섭의 연구에서 처음 등장한다.[93] 이는 러일교섭에 관해 러시아에서 처음으로 쓰인 본격적인 논문이다. 루코야노프는 2008년 말에 그때까지 쓴 논문을 묶은 논문집『열강에 뒤지지 말라 — 극동의 러시아(19세기 말-20세기 초)』를 상트페테르부르크에서 출간했다.[94] 이 책에 실린 논문은 이전 원고를 수정한 것이며, 또 그때까지 활자화되지 않았던 논문들도 수록되어 있다. 그러나 내가 본서의 기본틀을 탈고한 뒤에야 루코야노프로부터 이 책을 기증 받았기 때문에 본서에는 최소한도의 수정만을 반영할 수밖에 없었다.

그 밖에 옴스크대학의 렘뇨프가 극동태수(太守)제에 관해서 쓴 훌륭한 연구가 있다. 2004년에 나온『극동러시아 — 권력의 제국적 지리학(19세기-20세기 초)』이다.[95] 세기 말의 러시아 대외정책에 관해서는 모스크바 러시아사연구소의 이리나 리바초노크가 헤이그평화회의에 관한 저서를 내는 등 활약하고 있지만,[96] 러일전쟁의 전사(前史)에 관한 본격적인 연구는 나와 있지 않다.

구미와 한국에서의 연구

구미의 연구도 모두 시만스키의 연구를 알지 못한 채 로마노프의 연구의 영향 아래서 태어났다. 구미에서 고전적인 저작으로 간주하는 것은 말로제모프의 저서『러시아 극동정책 1881-1904』(1958년)이다. 캘리포니아대학 버클리분교 커너 교수의 대학원 수업에서 두각을 나타냈지만 요절한 러시아계 미국인 연구자의 유작이다.[97] 당연한 얘기지만, 시만스키를 알지도 못했고, 소련의 문서관에서 공식적으로 출간되지 않은 문서를 조사할 수도 없는 상태였지만 공식적으로 출간된 자료를 철저하게 추적해 정리했으며, 구미 국가들의 외교 문서도 세밀하게 읽고 반영한 작품이다. 쿠로파트킨의 일기에 의존하면서, 그 일기의 1903년 8월 22일(9일)자에 황제와 쿠로파트킨이 베조브라조프를 창 밖으로 던져버려야 한다는 데 의견이 일치한 듯한 기술이 있는 것에 착안해, 주전파인 베조브라조프가 1903년 가을에는 실각했으며 러시아 정부는 전체적으로 전쟁을 피하고 싶어 했다는 주장을 펴고 있다.[98] 위스콘신대학의 맥도널드가 1992년에 펴낸 연구『러시아의 통일정부와 외교정책 1900-1914』역시 자료의 새로움이라는 면에서는 그다지 진전이 없으며, 말로제모프의 이 가설을 채용하고 있다.[99] 일본에서는 내가 최초로 이 가설을 취하여 몇 권의 개설서에 기술해왔다.[100] 이러한 주장의 공통적 함의는 개전 전야 러시아에 주전파는 없어졌다, 또 러시아는 전쟁할 생각이 없었다는 것이다. 이 주장 자체는 올바르지만 베조브라조프에 대한 이해나 베조브라조프 실각설 등은 모두 오류다.

말로제모프의 뒤를 이어 나온 책으로는 그 밖에도 하와이대학의 외교사 교수 존 화이트의 저서『러일전쟁 외교』(1964년)가 있다.[101] 또 러일관계사 연구의 거목인 렌슨은 러일전쟁 자체에 관해서는 연구를 남기지 않았지만,『음모의 균형─조선·만주를 둘러싼 국제적 각축 1884-1899』(1982년)과『러-청 전쟁』(1967년)을 남겼다. 아시아 관계 러·일 외교관목록 등 다양한 자료의 공식 출간물을 포함해 그의 업적은 지대하다.[102] 그러나 역시 구미 문헌 가운데는 영·일 관계사의 전문가인 런던경제대학 교수 이안 니쉬의『러일전쟁의 기원』[103](1985년)이 걸출한 서술을 하고 있다고 할 수 있다. 니쉬는 미국과 영국의 외교문헌에 관한 자신의 폭 넓은 연구를 바탕으로 하고 있는 데다, 일본어 문헌도 두루 섭렵하고 러시아어 문헌도 활용하면서, 가장 균형 잡힌 통합적 설명을 제시한다. 그러나 개략적으로 말하면 러시아의 팽창주의에 관해서는 지나치게 엄격한 반면 일본의 팽창주의에 관해서는 지나치게 관대한 경향을 보이고 있고, 러시아의 내부사정에 관해서는 영국의 외교관과 저널리스트들 견해의 영향을 받아 피상적인 분석에 그치고 있다. 조선의 내부 사정에는 거의 주의를 기울이지 않고 있다는 한계도 있다.

새로운 연구로는 네덜란드인 학자 스힘멜펜닝크 판 데르 오이에의 책『떠오르는 태양에 맞서서 ─ 러시아의 제국 이데올로기와 대일(對日)전쟁으로의 길』이 있다. 구미의 연구자로는 처음으로 러시아문서관에서 본격적으로 사료를 탐색해, 주목할 만한 시각을 제시했다.[104] 2001년에 출간된 이 책부터 비로소 시만스키의 조서가 참조되고 있다. 그러나 베조브라조프에 관해서는 전적으로 경시하고, 조사된 사료를 살리지도 못했다. 또한 미국의 러시아군사사(軍事史) 연구자 브루스 메닝은 러시아 육군성 문서를 여러 해 동안 깊이 연구했고, 최근「적의 힘을 오산하다 ─ 전쟁 전야의 러시아 정보기관」[105]이라는 논문으로 발표했다. 이는 매우 뛰어난 연구이며 나는 이 연구에서 많은 도움을 받았다.

한국에서는 일찍이 한양대학교 교수 신승권(辛承權)의 영문 저서『한반도를 둘러싼 러일 간의 투쟁 1876-1904』(서울, 1981년)이 출간되었다.[106] 소련에서 공식 출간된 자료와 일본의 외교문서를 면밀하게 활용한 좋은 연구다. 그는 러시아의 정책이 조선에 대해서는 소극적으로 일관했으며, 일본에 대해서는 시종일관 적극적이었다고 주장한다. 러시아에서 러시아어로 책을 출간한 박종효는 러시아 문서관에서 조사해 발견한 한국관계문서의 내용을 요약해 2002년 서울에서 출간했다.[107] 그 가운데 러시아제국외교문서관의 문서를 수록한 부분에 러일전쟁 전사(前史)와 관련된 사료가 소개되어 있다. 한 점한 점의 사료를 짧게 소개한 것에 지나지 않지만, 이를 계통적으로 이용해 한국, 일본의 사료와 함께 분석한 것이 현광호(玄光浩)의『대한제국과 러시아, 그리고 일본』(2007년)이다.[108] 공들인 작품이기는 하지만, 현광호는 러시아의 문헌자료를 전혀 보지 않았기 때문에 충분한 연구라고는 할 수 없다. 이러한 점에서 러시아에서 오랜 기간 연구하고 러시아어로 출간한 박사논문을 기초로 한국어로 번역 출간한 최덕규(崔德圭)의『제정 러시아의 한반도정책 1891-1907』(2008년)은 제일급의 업적이다.[109] 비테와 러한은행, 압록강 이권문제, 마산 문제, 해군증강 문제 등에 관해서 문서자료에 기초한 연구를 하고 있으며, 새롭게 발견한 사실도 포함하고 있다.

일본의 연구

일본에서는 막말(幕末) 시대부터 청일전쟁에 이르기까지 일본의 대 조선 정책에 관한 기념비적인 연구가 있다. 1904년에 조선총독부가 저자의 이름을 감추고 출간한『근대 일선(日鮮)관계의 연구』상, 하 두 권인데, 저자는 다보하시 기요시(田保橋潔)다. 일본, 청국, 조선뿐 아니라 러시아의 자료를 참고하고 구미의 외교문서까지 섭렵한 본격적인 연구이며, 사실관계에 관한 기초인식을 확립한 책이다. 조선 국왕 고종이 러시아에 접근한 것에 관해서도 정면으로 다루고 있다. 이 책은 1963-64년에 복각(復刻)되어 널리 읽히게 되었다.[110]

전후 일본에서도 러일전쟁의 연구는 역사가들이 그다지 선호하지 않았다. 역사가의 대표적인 책은 1966년에 함께 나온 후루야 데쓰오(古屋哲夫)의『러일전쟁』(中公新書)과 야마베 겐타로(山辺健太郎)의『일한병합소사(小史)』(岩波新書)였다. 일본의 침략성을 강조한 이 두 저작은 많은 사람에게 상식의 틀을 제공해 주었다.

같은 시기에 외교사가 쓰노다 준(角田順)의 『만주문제와 국방방침』(1967년)이 출간되었다. 다보하시의 책이 다룬 시기 이후의 시기, 즉 의화단사건과 가쓰라 타로(桂太郎) 내각의 성립부터 러일전쟁까지의 시기를 정치가의 문서와 구미의 외교문서를 활용한 본격적인 연구로 평가받고 있다.[111] 기본적으로 쓰노다의 연구는 일본의 전통적인 역사상을 새로이 논증한 것이라 할 수 있으며, 그러한 점에서 시바의 소설을 학문적으로 뒷받침하는 것이라 하겠다. 그 시각의 전제는 러시아의 일관된 남하정책에 개전의 책임이 있다는 것이고, 그에 대항해 일본에서는 가쓰라, 고무라 등의 소장파가 "러시아에 대한 원로의 유화론을 누르고 개전을 리드했다"는 도식을 제시했다는 평가를 받는다.

청일전쟁에 관해서는 1968년에 나카즈카 아키라(中塚明)의 『청일전쟁의 연구』(青木書店)가 출간되었고, 1973년에는 후지무라 미치오(藤村道生)의 『청일전쟁』(岩波新書)이 출간되었다. 이들 역시 일본의 침략성을 지적했고, 이는 거의 역사학계의 상식이 되었다.

1980년대가 되자 사가(佐賀)대학의 사사키 요(佐々木揚)가 『크라스느이 아르히프』에 수록된 러시아의 자료를 본격적으로 이용하고, 영국과 중국의 외교 사료도 섭렵해 청일전쟁기 러시아 외교에 관한 기초적인 연구를 속속 발표했다.[112] 한편 모리야마 시게노리(森山茂德)는 도쿄(東京)대학에 제출한 박사논문을 기초로 1987년 『근대 일한관계사 연구―조선 식민지화와 국제관계』를 출간했다.[113] 당연히 조선 관계의 새로운 외교자료를 이용해 다보하시의 연구를 한층 끌어 올렸지만, 러시아에 관해서는 말로제모프의 연구에 의존하는 데 머물렀다.

1995년에 교토(京都)대학의 다카하시 히데나오(高橋秀直)가 『청일전쟁으로의 길』을 출간했다.[114] 이것은 시바 료타로에게도 나타나는 생각, 즉 일본의 근대화와 대륙국가화는 불가분의 관계에 있다는 견해에 이의를 제기하며, 나카즈카와 후지무라의 고전적인 업적을 수정하기 위한 목표를 지닌 문제작이었다. 다카하시는 메이지 국가가 일관성 있게 대륙국가화를 지향했는가, 일본의 자본주의 발전에 대륙국가화는 불가결한 것이었는가, 일본을 둘러싼 국제정세는 제국주의 혹은 반(半)식민지 사이의 양자택일을 하지 않으면 안 되었는가 하는 세 가지 문제의식을 설정하고,[115] 그 모든 의문에 대해서 부정적인 대답을 도출한 다음, 결론에서 다음과 같이 주장했다.

"청일전쟁 직전까지 메이지 국가의 외교노선은 아시아로의 정치적 팽창, 즉 대륙국가화를 지향하는 것은 아니었다. 또 그 재정노선은 군비확장 지상주의가 아니라 건전재정의 원칙을 중시하는 '작은 정부' 노선에 입각한 것이었다. 청일전쟁은 이와 같은 메이지 국가로서의 발걸음이 연장된 것이 아니라 오히려 단절된 것이었다. 그리고 개전은 무엇보다도 내정적인 요인 때문에 단행한 것이며, 개전에 즈음해서 정부는 전쟁의 앞날에 대한 전망도 향후 조선정책도 갖추고 있지 않았다."[116]

다카하시는 자료에 입각해 정책결정 담당자의 인식과 판단의 변화를 자세하게 추적함으로써 이러한 결론에 도달했다. 그러나 정부 각 부처 내에 주류 의견과 방류(傍流) 의견이 있을 때 주류 의견에 커다란 의의를 부여하면서 양자를 함께 받치고 있는 공통의 인식기반이 있을 것이라는 점에는 주의를 기울이지 않았다. 또 주류 의견이 항상 본래의 희망과 당면한 정책적 현실주의의 이중구조로 구성되어 있다는 점에도 관심을 기울이지 않았다. 다카하시의 연구는 면밀한 검증이 필요하다.

같은 무렵 일본정치외교사 연구자인 지바 이사오(千葉功)와 이토

유키오(伊藤之雄)가 러일전쟁에 관한 쓰노다의 도식에 도전하는 연구를 진행했다. 지바와 이토는 1996년 즈음에 연구 성과를 집중적으로 발표했다. 쇼와(昭和)여자대학의 지바 이사오는 러일교섭을 연구한 논문의 결론에서 러·일 양국 모두 "만한교환을 바라고 있었는데도 그 의사를 교섭 상대국에게 공공연하게 전할 수가 없었기"때문에 전쟁이 발생했다고 주장했다. 즉 "러일전쟁은 구체적인 쟁점에서는 타협이 가능했지만, 커뮤니케이션을 철저하게 하지 못해 상호 신뢰를 조성하는 데 실패했기 때문에 일어난 전쟁이었다"라고 기술하고 있다.[117] 지바는 아바자가 공식 출간한 극동위원회 비밀문서집이 『오사카마이니치신문』(大阪每日新聞)에 번역 소개된 것을 발견하고 분석에 몰입하는 등 일본사 연구자로서 경복할 만한 노력을 했다.[118] 일본 내부의 논쟁에 관해서는 이른바 만한교환론과 만한불가분론이 대립적인 것은 아니었다는 주장을 축으로 한 논리를 세워, 가쓰라와 고무라 등 소장파와 원로파의 대립은 본질적인 것이 아니었다고 주장한다.[119] 이 지바의 가설은 이구치 가즈키(井口和起)에 의해서 또 하라다 게이이치(原田敬一)의 이와나미 신서(岩波新書)에도 채용되어 그 영향력이 크다.[120] 지바가 1996년에 발표한 두 편의 논문은 2008년에 출간된 그의 저서 『구 외교의 형성 — 일본외교 1900-1919』(勁草書房)에 포함되어 있다. 운노 후쿠주(海野福寿)의 『한국병합사의 연구』(2000년)는 러일전쟁 초기의 한일의정서 성립 과정을 밝힌 중요한 업적이지만, 지바의 가설을 취하지 않고 있다.[121]

교토대학의 이토 유키오의 연구는 2000년의 저서 『입헌국가와 러일전쟁』(木鐸社)에 정리되어 있다. 이토 유키오는 이토 히로부미(伊藤博文), 야마가타 아리토모(山県有朋) 등의 대러 유화노선과 가쓰라, 고무라 라인과의 대립성을 인정하지만, 이토와 야마가타 등의 노선은 충분히 성공할 가능성이 있었다고 보면서, "가쓰라 내각과 번벌

(藩閥)의 중추 등 일본의 주요 정치지도자들이 러·일 개전을 각오하고 러시아가 대일 태도를 연화(軟化)시켰다는 메시지를 알아채지 못하면서 전쟁 회피의 기회를 상실해 갔다. 러·일 개전의 요인은 러·일 쌍방의 동향과 상호 오해에 있었다"고 주장하고 있다.[122] 이토[유키오] 역시 지바와 마찬가지로 쓰노다의 러시아관을 강하게 비판하고 있다.

쓰노다 설에 대한 비판적 분위기는 러시아사가들에게도 나타났다. 이나바 치하루(稲葉千晴)는 몇 편의 논문에서 전쟁은 결코 불가피한 것이 아니었고 피할 수 있었다고 주장했는데, 그 역시 일본이 군인 주도의 상태였고 "일본이야말로 적극적으로 전쟁을 단행했다는 점에 의심의 여지가 없다"고 기술하고 있다.[123] 한편 영국의 외교문서를 검토해 논문을 쓴 히로노 요시히코(広野好彦)는 맥도널드 주일 공사에게 말한 고무라의 이야기를 토대로 "러시아와의 개전을 원했을 리도 없고, 적어도 러시아의 수정 대안이 올 때까지 고무라는 러·일 분쟁의 평화적 해결을 바라고 있었다고 단언할 수 있다"고 주장했다.[124]

이에 대해서 러시아·소련 외교의 전문가인 게이오(慶應義塾)대학의 요코테 신지는 2005년의 『러일전쟁사』(中公新書)에서, 세기 말 러시아의 랴오둥반도 조차와 마산항 일대의 차지(借地) 움직임에 접해 대러시아 유화론자 야마가타의 러시아관이 변했다는 점, 나아가 "일본의 정치지도부는 전쟁회피의 가능성을 추구하고 있"었지만 "일·러 양국이 한국을 둘러싼 이해의 대립은 마지막까지 극복할 수 없었다"는 점을 강조하고 있다. 요코테는 이 후자의 현상을 '안보 딜레마'라는 개념으로 설명했다. "대립하는 두 나라 사이에서는 한 쪽이 자국의 안전을 증대하려고 하면 다른 쪽은 불안을 증대시켜 악순환을 낳기 쉬운 상황이 생긴다." 러·일은 그 딜레마에 빠져 "지력(地力)에서 뒤지는 일본은 전쟁 이외에 유효한 해결책을 찾을 수 없었던 것이다."[125] 요코테는 당연히 지바와 이토의 '수정주의'에 비판적이다.

또 러일전쟁 100주년을 맞아 출간된 것으로 요코테의 연구 이외에도 같은 신서판인 야마무로 신이치(山室信一)의 『러일전쟁의 세기─연쇄 시점에서 본 일본과 세계』[126]가 시야의 폭이 넓다는 점에서 뛰어나다. 러·일 관계에서 종래에 알려져 있지 않던 새로운 사실들도 발굴하고 있다.

나의 러일전쟁 연구 역정(歷程)

나는 오래 전부터 러일전쟁에 관심이 있었다. 내가 1973년에 내놓은 최초의 책은 러일전쟁 시 러시아인 포로에게 혁명을 선전하기 위해 일본에 온 러시아인 망명자 니콜라이 수질로프스키-러셀의 전기였다.[127] 여기서는 러일전쟁과 러시아 국내 변혁과의 관계에 관심을 집중했다. 이 책에서 다룬 것은 러시아와 일본 사회주의자들의 연대와 모순, 전쟁에 승리하기 위한 아카시(明石)·질리아쿠스의 혁명공작, 일본 육군성 승인 하의 러셀의 포로수용소 내 혁명공작 등이다.

러일전쟁이 어떻게 시작되었는가 하는 문제는 당시부터 줄곧 나의 관심을 끌어 왔다. 그 점에 관해서 분명한 인식을 지니고 있지 않는 것은 러시아사가로서 치명적이라고 생각하고 있었다. 1980년대부터 현대 조선의 연구도 전문분야로 삼은 나로서는 일본과 러시아, 일본과 조선의 관계에 계속해서 강한 관심을 지니고 있었기 때문에, 아무래도 일본과 러시아가 조선을 둘러싸고 전쟁을 치른 역사에 관한 명확한 인식을 지니고 싶었던 것이다. 1984년의 일·소 역사학 심포지엄에서 나는 「일본인의 러시아관─선생·적·함께 고민하는 자」라는 논문을 발표했다. 물론 '적으로서의 러시아'라는 이미지는 일본인의

러일전쟁관에서 비롯한다. 그래서 시바 료타로의『언덕 위의 구름』에 나타난 러시아 인식과 조선 인식을 비판적으로 검토했다. 그리고『언덕 위의 구름』출간 10년 후에 시바가 리코르드와 다카타야 가헤에 (高田屋嘉兵衛)의 교섭에 관해 묘사한『평지꽃 핀 바다』(菜の花の沖)를 썼다는 점을 지적하고, "이 문학자의 작품 역정 속에서 우리는 희망을 본다"고 지적했던 것이다. 그러나 당시에는 그 이상 나아가지 못했다.[128]

러일전쟁에 관한 연구를 구체적으로 시작하게 된 계기는 결국 러일전쟁 100주년을 맞이하는 해였다. 2003년 1월 홋카이도대학 슬라브연구센터에서 러일전쟁 100주년을 염두에 둔 최초의 러일전쟁 재검토 심포지엄이 열렸다. 구미와 러시아에서 중요한 전문가들이 참가한 획기적인 회의였다. 그 심포지엄에서 상트페테르부르크에서 온 루코야노프가 '베조브라조프 일파'에 관해서 발표했고, 나는 그의 발표에 감명을 받았다.

러일전쟁 100주년을 기념하는 그 다음 심포지엄은 2004년 3월 야마나시가쿠인(山梨学院)대학의 페테르부르크 심포지엄이었다. 나는 거기에 참가해「일본인은 러일전쟁을 어떻게 보았는가」라는 논문을 발표했다.[129] 새롭게 시바 료타로를 검토했다. 2005년에는 두 건의 심포지엄이 예정되어 있었는데, 나는 요코테 신지가 조직한 게이오기주쿠(慶應義塾)대학의 심포지엄에 참가했다. 어떤 주제를 골라야 새로운 문서자료를 발견해 새로운 논점을 도출할 수 있을까 고민스런 문제였다.

여기서 다시 한 번『언덕 위의 구름』으로 돌아가 "이상하게도 러시아의 군인들 가운데 일본의 실력을 정당하게 평가한 자가 없었을 뿐 아니라 그것을 냉정하게 분석한 자 조차 없었다"라고 단언한 시바의 문장에 주목했다. 과연 그럴까. 바로 이것을 검토해야 한다고 생각해서 나는 "너의 적을 연구하라―일본의 러시아 주재 무관들"이라는 테마를 설정하고 연구했다. 일본군을 냉소한 콘스탄틴 보가크라는 주재 무관에 관해서 『언덕 위의 구름』에는 나오지 않았지만, 『고무라 외교사』에도 『기밀 일러전사』에도 특필되어 있었다. 우선 이 인물부터 조사해 보기로 했다.

나는 먼저 '나우카'가 작성한 '러시아·소련 일본연구 관련자료 마이크로 컬렉션'을 조사했다. '나우카'는 전후에 소련 서적을 일본으로 수입해 들여온 선구적인 업체로서 몇 해 전 도산했지만 많은 문화적 사업을 수행했다. 그 가운데서도 이 마이크로 컬렉션은 칭찬받을 만한 업적으로, 러시아·소련에서 출간된 모든 일본 관계 서적과 논문이 수록되어 있다. 나는 그 속에서 보가크의 청일전쟁 관찰보고서를 발견했다. 이를 읽어 보면, 보가크는 일본군이 얼마나 강력하게 조직된 군대인지를 경외하는 마음으로 기술하고 있음을 알 수 있다. 또한 그는 보고서에서 일본이 러시아의 특별한 경계를 요하는 적이 될 것이라고 진언했다. 일본이 지닌 보가크에 대한 관점은 정말로 잘못되어 있었던 것이다.

보가크가 베조브라조프 파에 가담한 사실은 이미 알려져 있었다. 거기서 곧바로 의문이 생겼다. 보가크가 이 정도로 일본을 아는 사람이라면, 어째서 베조브라조프 같은 모험주의자의 동료가 되었단 말인가? 그때 나는 '나우카'의 마이크로 컬렉션 속에 포함되어 있던 시만스키의 조서, 즉 일곱 부밖에 인쇄되지 않은 바로 저 환상적인 조서를 발견하는 뜻밖의 행운을 얻었다. 그것을 읽고, 거기서 베조브라조프 그룹에 관한 새로운 시각을 배우면서, 보가크가 그 그룹에서 중요한 역할을 했음을 알게 되었다. 그리고 2004년 9월, 11-12월과 2005년 4월에 러시아의 문서관 자료를 조사해 보가크와 해군 무관 루신의 자료를 입수했고, 2005년 5월 게이오기주쿠대학의 심포지엄에서 그 연

구결과를 발표했다. 이 연구결과는 영문으로 된 해당 심포지엄 보고서에 수록되어 있다.[130]

이 연구 보고가 러일전쟁의 개전과정 전체에 관한 새로운 시각을 끌어냈다. 나는 이 기회에 연구를 더욱 진행, 확대하기로 했다. 이를 위해서 2005년 11월과 2006년 4월, 9월, 그리고 2007년 7월과 9월에 다시 러시아의 문서관에서 조사를 계속했다. 이 모든 기간 동안 상트페테르부르크에서는 러시아 국립역사문서관의 재무성 관방문서, 내무성 장관 관방문서, 러시아 국립해군문서관의 해군 군령부 문서, 알렉세예프 문서, 루신 문서였고, 모스크바에서는 러시아연방 국립문서관의 니콜라이 2세 문서, 차르스코예 셀로 궁전 문서, 람스도르프 문서, 러시아 국립육군역사문서관의 쿠로파트킨 문서, 국립역사박물관 문서부의 시만스키 문서 등이다. 이 밖에도 홋카이도대학 슬라브연구센터 및 도쿄대학 사료편찬소(야스다 고이치(保田孝一)자료)가 소장하고 있는 러시아제국 외무성문서관 문서의 사본을 이용했다. 나는 외무성문서관에서는 자료조사를 하지 않았지만, 1903년에 관한 기본적인 문서는 거의 다 보았다고 생각한다. 1902년 이전에 관해서는 시만스키와 보리스 박 그리고 벨라 박의 연구들에 힘입었고, 외무성 문서를 어느 정도 볼 수 있었다는 정도다. 그래도 공식 출간되지 않은 러시아의 문서를 조사함으로써 시만스키, 로마노프, 루코야노프의 연구들에 나의 새로운 발견을 추가할 수 있었다고 생각한다.

이 책은 러일전쟁이 어떻게 일어났는가 하는 문제에 대해, 주로 러시아의 새로운 정보와 인식을 더한 것이라고 할 수 있다. 조선의 정보나 인식에 관해서도 러시아의 자료에서 얻을 수 있는 만큼 끌어내, 이미 이용할 수 있게 된 조선의 공식 출간 문헌 그리고 일본 외교문서의 검토결과를 결합했다. 러시아의 전통적인 전쟁 책임논쟁을 뽑아내고, 시만스키나 참모본부의 연구에 나타난 객관적인 사료분석을 계승해 개전을 향한 러시아의 움직임을 가능한 한 상세하게 밝혔다. 또한 개전을 향한 일본의 움직임에 관해서도 공개된 사료를 다시금 읽으면서 재해석을 시도했다. 개전 당시의 사람들부터 시바에 이르기까지, 이들이 러일전쟁의 개전과정을 어떻게 이해했는지에 대한 문제성(問題性)이 명확해졌다고 생각한다. 조선의 시각은 거의 국왕 고종의 시각에서 벗어날 수 없었고, 그 시각을 검토 대상 시기 전체에서 중요하게 보았다. 일본과 러시아가 전쟁에 이르는 역사의 과정을 양국 사이에 선 조선의 입장에서 보려고 노력했던 것이다.

이 책 내용의 일부는 2005년 '러시아사연구회' 대회에서 보고했고, 『러시아사연구』에도 발표했다.[131] 대회 당시 가노 다다시(加納格)가 쿠로파트킨 문서에서 발견한 중요한 사료에 관하여 발표하고[132] 가르쳐 준 점에 대해 감사한다.

주註

제1장 러일전쟁은 왜 일어났는가?

* 공식 출간되지 않은 문서관의 다음과 같은 원칙에 따라 표기했다. 1) 저자가 문서관에서 처음으로 발견, 사용한 것은 문서내용, 문서관과 그 문서번호만을 표기했다. 2) 선행연구에서 이미 사용된 문서를 저자가 문서관에서 열람하여 사용한 경우에는 문서내용, 문서관, 문서번호를 표기한 후, 선행연구의 해당 페이지를 표기했다. 3) 선행연구에 인용된 문서를 재인용한 경우에는 우선 선행연구의 해당 페이지를 표기한 뒤 문서내용을 그 다음에 적었다.

문서관 이름은 모두 약자일람에 들고 있는 약자로 표기했다. 저자명의 간략표기도 약자일람에 실었고, 또 처음으로 등장하는 곳에도 표기했다.

1 司馬遼太郎『坂の上の雲』1, 文藝春秋, 1969年, p. 316. 文春文庫(新裝版), 8, 1999년, p. 310.
2 위의 책, 1, p. 317-318. 문고판 8, p. 312.
3 위의 책, 2, 1969년, pp. 274-275. 문고판 8, pp. 321-322.
4 위의 책, 문고판 2, 1999년, pp. 48-49.
5 위의 책, pp. 353-354.
6 위의 책, p. 360.
7 위의 책, 문고판 3, 1999년, p. 66.

8 위의 책, p.176.

9 위의 책, p.173.

10 위의 책, p.173.

11 위의 책, 문고판2, p.50.

12 위의 책, p.401.

13 위의 책, p.402-403.

14 위의 책, 문고판3, p.94.

15 위의 책, p.177.

16 위의 책, 문고판2, p.405.

17 위의 책, 문고판3, p.98.

18 위의 책, p.95.

19 위의 책, pp.96-97.

20 위의 책, p.176.

21 위의 책, p.178.

22 위의 책, p.180.

23 위의 책, p.182.

24 각각의 출처는 外務省編『小村外交史』復刻, 原書房, 1966年, pp.315-316, 318. 谷寿夫『機密日露戦争史』原書房, 1966년, pp.31-32, 34.

25 谷, 앞의 책, p.31.『小村外交史』p.315에 거의 같은 문장이 있다.

26『小村外交史』p.316.谷, 앞의 책, p.32에 같은 문장이 있다.

27『小村外交史』p.358.谷, 앞의 책, p.34.

28『일러전사편찬사료』(日露戰史編纂史料)제23권은 후쿠시마(福島)현립도서관 사토(佐藤)문고에 소장되어 있다.

29 S.Iu. Vitte, *Vospominaniia*, Vol. 1-3, Berlin, 1922-23. 곧이어 소련판(版)이 나왔다. S.Iu. Vitte, *Vospominaniia*, Vol. 1-3, Petrograd-Moscow, 1923-24. 오히려 영역판이 더 빨리 출간되었다. *The Memoirs of Count Witte*, Translated from the original Russian manuscript and edited by Abram Yarmolinsky, London, 1921. 일본어판은 大竹博吉監修『ウィッテ伯回想記 日露戦争と露西亜革命』上中下, ロシア問題研究所, 1930年. 소련에서는 1960년에 책의 순서를 시계열에 맞춘 신판이 나왔다. S.Iu. Vitte, *Vospominaniia*, Vol. 1-3, Moscow, 1960. 페레스트로이카 이후에는 구술필기판도 나왔다. *Iz arkhiva S.Iu. Vitte. Vospominaniia*, Vol. 1. *Rasskazy v stenograficheskoi zapisi*, Part 1-2, Sankt-Peterburg, 2003; Vol. 2. *Rukopisnye zametki*, Sankt-Peterburg, 2003.

30 B.V. Anan'ich, R.Sh. Ganelin, *Sergei Iul'evich Vitte i ego vremia*, Sankt-Peterburg, 1999, pp.355-357.

31 *Dokumenty kasaiushchiesia peregovorov s Iaponiei v 1903-1904 godakh, khraniashchiesia*

v kantseliarii Osobogo Komiteta Dal'nego Vostoka[이하 DKPIa][Sankt-Peterburg], 1905. 이 자료는 배포 후 회수되었는데, 그래도 60권 정도는 배포되었다고 한다. P. Simanskii, Dnevnik generala Kuropatkina(Iz moikh vospominanii), *Na chuzhoi storone*, XI, Praga, 1925, p. 73. 이 책은 표지 색깔 때문에 '적서'(赤書, Malinovaia kniga)라 불리었다. 1910년에 베를린에서 망명자 부르쩨프가 '러일 전쟁의 책임자들'이라는 제목 하에 람스도르프의 의견서와 함께 이 '적서'를 편집 출간했다. V.I. Burtsev, *Tsar'i vneshneishaia politika: vinovniki Russko-iaponskoi voiny po tainym dokumentam. Zapiski gr. Lamsdorfa i Malinovoi knigi*, Berlin, 1910.

32 Ministerstvo Inostrannykh Del, *Zapiska po povodu isdannogo Osobym Komitetom Dal'nego Vostoka Sbornika dokumentov po peregovoram s Iaponiei 1903-1904 gg.*, Sankt-Peterburg, 1905. 이것은 1907년에 잡지에 전재되었다. L. Slonimskii, Graf Lamsdorf i "Kpasnaia kniga", *Vestnik Evropy*, 1907, No. 4, pp. 816-825.

33 A.M. Abaza, Russkie predpriiatiia v Koree v sviazi s nashei politikoi na Dal' nem Vostoke 1898-1904. December 1905, GARF, F. 601, Op. 1, D. 529, pp. 1-145.

34 *Obzor snoshenii s Iaponiei po koreiskim delam s 1895 goda*, Sankt-Peterburg, 1906, GARF, F. 568, Op. 1, D. 211, pp. 1-91.

35 A.N. Kuropatkin, *Otchet gen.-ad. Kuropatkina*, Vol. I-IV, Sankt-Peterburg-Warsaw, 1906-1907.

36 A.N. Kuropatkin, *Russko-iaponskaia voina 1904-1905 gg. Itogi voiny*, Sankt-Peterburg, 2002, p. 177.

37 Ibid., pp. 190, 192-193.

38 Ibid., pp. 129-131.

39 Ibid., pp. 174-175. 제4항의 비테 비판은 다른 곳(pp. 156-157)에서 찾아 보완했다.

40 Ibid., p. 176.

41 Aleksandr Rediger, *Istoriia moei zhizni. Vospominaiia voennogo ministra*, Vol. 2, Moscow, 1999, p. 19.

42 S.Iu. Vitte, Vozniknovenie Russko-Iaponskoi voiny, TsGIAM, F. 540, D. 299, 340. S.It. Vitte, *Vospominaniia*, Vol. 2, Moscow, 1960, p. 596(Kommentarii 36).

43 *Vynuzhdennyia raz'iasneniia grafa Vitte po povodu otcheta gen.-ad'iut. Kuropatkina o voine c Iaponiei*, Sankt-Peterburg, 1909, pp. 9, 11.

44 Ibid., pp. 36-39.

45 Ibid., pp. 42-46.

46 Ibid., pp. 46-47.

47 Ibid., pp. 47-69.

48 Ibid., pp. 70-77.

49 Ibid., pp. 77-83.

50 B.B. Glinskii, Prolog Russko-iaponskoi voiny(Arkhivnye materialy), *Istoricheskii zhurnal*, 1914, No. 1-12. 단행본은 *Prolog Russko-iaponskoi voiny: Materialy iz arkhiva grafa S.Iu. Vitte*, S predisloviem i pod redaktsiei B.B. Glinskogo, Petrograd, 1916. 출간 경과에 관해서는 Anan'ich, Ganelin, op. cit., p. 354.

51 Vitte, *Vospominaniia*, Vol. 2, Moscow, 1960, pp. 291-292. 인용례는 무수히 많다. 플레베 전기의 저자 저지는 플레베의 말을 직접 인용하는 것을 피하면서, 그렇게 "말했다고 한다"(allegedly made his remark)라고 기술하는 데 머물고 있는데(Edward H. Judge, *Plehve: Repression and Reform in Imperial Russia 1902-1904*, Syracuse University Press, 1983, p. 172), 나는 1994년에 플레베가 이 말을 했을 리가 없다고 부정했다(倉持俊一ほか編『ロシア史2』山川出版社, 1994年, p. 333).

52 뤼순 요새를 넘겨준 사건에 관한 군법회의는 1907년 12월 10일(11월 27일)부터 1908년 2월 20일(7일)까지 열렸다. 스테셀에 대한 사형판결은 금고형 10년으로 감형되었다. 기록은 *Delo o sdache kreposti Port-Artur iaponskim voiskam v 1904 g*. Otchet. Sostavil pod. red. V.A. Apushkina, Sankt-Peterburg, 1908. 동해 해전과 관련해서는 2개의 사건이 각각 1906년 7월 4일(6월 21일)과 11월에 군법회의에 회부되었다. V. Iu. Gribovskii, V.P. Poznakhirev, *Vitse-admiral Z.P. Rozhestvenskii*, Sankt-Peterburg, 1999, pp. 268-271.

53 E.I. Martynov, *Iz pechal'nogo opyta Russko-Iaponskoi voiny*, Sankt-Peterburg, 1906, p. 14.

54 Ibid., p. 27.

55 Ibid., p. 52.

56 Ibid., p. 64.

57 Ibid., p. 156.

58 Ibid., p. 157.

59 A. Svechin, *Russko-Iaponskaia voina 1904-1905 gg. po dokumental'nym dannym truda Voenno-istoricheskoi komissii i drugim istochnikam*, Oranienbaum, 1910, pp. 386-387. 이 책의 내용 검토는 Yokote Shinji, Between Two Japano-Russian Wars: Strategic Learning Re-appraised, *The Russo-Japanese War in Global Perspective: World War Zero*[이하 RJWGP], Vol. II. Brill, Leiden, 2007, pp. 123-129.

60 *Russko-Iaponskaia voina 1904-1905 g.g. Rabota Voenno-istoricheskoi komissii po opisaniiu Russko-Iaponskoi voiny General'nogo Shtaba*, Vol. I-IX, Sankt-Peterburg, 1910[이하 VIK, *Russko-Iaponskaia voina*].

61 시만스키의 직무이력서는 Posluzhnyi spisok P. N. Simanskogo, RGVIA, F. 409, Op. 1, D. 175323. 그의 저서는 *Iaponsko-kitaiskaia voina 1894-1895*. Per.

s nem., Sankt-Peterburg, 1896; *Suvorov. Kratkii ocherk zhizni i deiatel'nosti etogo znamenitogo vozdia russkikh voisk. Lektsii*, Moscow, 1899; *Voina 1877-8 gg. Padenie Plevny*, Sankt-Peterburg, 1903.

62 P.N. Simanskii, *Sobytiia na Dal'nem Vostoke, predshestvovavshie Russko-Iaponskoi voine(1891-1903 g.g.)*. Part I. *Bor'ba Rossii s Iaponiei v Koree; Part II. Bor'ba Rossii s Iaponiei v Kitae; Part III. Poslednii god*, Sankt-Peterburg, 1910. 이 저서의 집필 과정을 다룬 시만스키의 회고록이 있다. P.N. Simanskii, Dnevnik generala Kuropatkina(Iz moikh vospominanii), *Na chuzhoi storone*, XI, Praha, 1925, pp. 61-99.

63 이 경과에 관해서는 Simanskii, Dnevnik..., p. 64. 또한 V.A. Avdeev, "Sekrety" Russko-Iaponskoi voiny(Organizatsiia izucheniia istorii russko-iaponskoi voiny 1904-1905 gg. General'nym shtabom Rossii), *Voenno-istoricheskii zhurnal*, 1993, No. 9, pp. 83-89.

64 *Russko-Iaponskaia voina 1904-1905 g.g.* Rabota Istoricheskoi komissii po opisaniiu deistvii flota v voinu 1904-1905 gg. pri Morskom General'nom Shtabe, Vol. 1-4, 6-7, Sankt-Peterburg, 1912-1917[이하 IKMGSh, Russko-Iaponskaia voina]. 일본어 번역본은, 露国海軍軍令部編纂『千九百四五年露日 海戦史』海軍軍令部, 第1巻上下, 2-4, 6, 7巻, 1915年, 復刻, 上下, 芙蓉書房出版, 2004年.

65 *Russko-Iaponskaia voina 1904-1905 g.g. Deistviia flota. Dokumenty.* Izdanie Istoricheskoi komissii po opisaniiu deistvii flota v voinu 1904-1905 gg. pri Morskom general'nom Shtabe, Section I-IV, Sankt-Peterburg, 1907-1914.

66 外山三郎『日露海戦史の研究』上, 教育出版センター, 1985年, pp. 98-99.

67 「明治三十七八年日露戦史編纂綱領」은 후쿠시마현립도서관 사토문고에 소장 되어 있다. 이 사료에 관해서는 井口和起『日露戦争の時代』吉川弘文館, 1998年, pp. 163-166.

68 이 자료들도 모두 후쿠시마현립도서관 사토문고에 소장되어 있다.

69 外山, 앞의 책, 上, p. 98.

70 相沢淳「『奇襲断行』か『威力偵察』か？――旅順口奇襲作戦をめぐる対立」, 軍事史 学会編『日露戦争(2)』錦正社, 2005年, p. 71. Julian S. Corbett, *Maritime Operations in the Russo-Japanese War; 1904-1905*, 2 vols., Anapolis, 1994.『극비 메이지 37-38년 해전사』(極秘明治三十七八年海戦史)는 현재 일본 방위성 방위연구소 도서관에서 열람할 수 있다.

71 Yokote, op. cit, pp. 113-115. 원고본은 후쿠시마현립도서관 사토문고에 소장 되어 있다.

72 大江志乃夫『世界史としての日露戦争』立風書房, 2001年, pp. 358-360.

73 参謀本部編『明治三十七・八年秘密日露戦史』全3巻, 巌南堂書店, 1977年.

74 Dnevnik A.N. Kuropatkina, *Krasnyi arkhiv*[이하 KA], 1922, kn. 2, pp. 3-117.

75 Simanskii, Dnevnik..., p. 61.

76 A.N. Kuropatkin, Prolog manchzhurskoi tragedii, *Russko-Iaponskaia voina. Iz dnevnikov A.N. Kuropatkina i N.P. Linevicha*[이하 RIaV], Leningrad, 1925, pp. 3-53. 일본어 번역본은, クロパトキン「満州悲劇の序曲」, 大竹博吉監輯『独帝と露帝の往復書翰』ロシア問題研究所, 1929年, pp. 287-390.

77 로마노프의 경력에 관해서는: V.M. Paneiakh, *Tvorchestvo i sud'ba istorika: Boris Aleksandrovich Romanov*, Sankt-Peterburg, 2000.

78 B.A. Romanov, *Rossiia v Man'chzhurii*(1892-1906), Leningrad, 1928. 일본어 번역본은, 山下義雄訳『満州に於ける露国の利権外交史』鴨右堂書房, 1934年. 復刻, 原書房, 1973年. 원문도 명료하지는 않지만, 번역본 역시 거의 이해할 수 없는 문장투성이의 졸역(拙譯)이다.

79 Romanov, op. cit., pp. XI-X.

80 그의 경력은 2통의 직무이력서를 참조할 것. A.A. Svechin, *Predrassudki i boevaia deistvitel'nost'*, Moscow, 2003, pp. 319-326.

81 Ibid., pp. 24-248.

82 Ibid., pp. 132-133.

83 *Pravda*, 3 September 1945, p. 1.

84 B.A. Romanov, *Ocherki diplomaticheskoi istorii Russko-Iaponskoi voiny 1895-1907*, Moscow-Leningrad, 1955, p. 14.

85 A.L. Narochnitskii, *Kolonial'naia politika kapitalisticheskikh derzhav na Dal'nem Vostoke 1860-1895*, Moscow, 1956.

86 I.I. Rostunov(ed.), *Istoriia Russko-iaponskoi voiny 1904-1905 gg.*, Moscow, 1977. 일본어 번역본은, 及川朝雄訳『ソ連から見た日露戦争』原書房, 1980年。

87 Boris D. Pak, *Rossiia i Koreia*, Moscow, 1979; 2nd edition, Moscow, 2004.

88 Bella B. Pak, *Rossiiskaia diplomatiia i Koreia*, Vol. I. 1860-1888, Moscow, 1998; Vol. II. 1888-1897, Moscow, 2004.

89 Pak Chon Khio, *Russko-iaponskaia voina 1904-1905 gg. i Koreia*, Moscow, 1997.

90 I.V. Lukoianov, Bezobrazovtsy: put' Rossii k russko-iaponskoi voine 1904-1905 gg. A Paper presened to the symposium "Russia, East Asia, and Japan at the Dawn of 20th Century: The Russo-Japanese War Reexamined", 229-31 January 2003, Slavic Research Center, Hokkaido University; The Bezobrazovtsy, RJWGP, Vol. I, Brill, Leiden, 2005, pp. 65-86. 후자의 일본어 초역(抄譯)은, ルコヤーノフ「ベゾブラーゾフ一派──ロシアの日露戦争への道」, 日露戦争研究会編『日露戦争研究の新辞視点』成文社, 2005年, pp. 63-72.

91 Lukoianov, The Bezobrazovtsy, p. 86.

92 V.A. Zolotarev(ed.), *Rossiia i Iaponiia na zare XX stoletiia. Analiticheskie materialy otechestvennoi voennoi orientalistiki*, Arbizo, Moscow, 1994.

93 I.V. Lukoianov, Poslednie russko-iaponskie peregovory pered voinoi 1904-1905 gg.(vzgliad iz Rossii), *Acta Slavica Iaponica*, Tomus XXIII, 2006, pp. 1-36.

94 I.V. Lukoianov, *"Ne otstat' ot derzhav...": Rossiia na Dal'nem Vostoke v kontse XIX-nachale XX vv.*, Sankt-Peterburg, 2008.

95 A.V. Remnev, *Rossiia Dal'nego Vostoka: Imperskaia geografiia vlasti XIX-nachala XX vekov*, Omsk, 2004.

96 I.S. Rybachenok, *Rossiia i Pervaia konferentsiia mira 1899 goda v Gaage*, Moscow, 2005.

97 Andrew Malozemoff, *Russian Far Eastern Policy, 1881-1904: With Special Emphasis on the Causes of the Russo-Japanese War*, Berkeley, 1958; Reprint New York, 1997.

98 Ibid., pp. 222-223.

99 David MacLaren McDonald, *United Government and Foreign Policy in Russia 1900-1914*, Harvard University Press, 1992, p. 74.

100 『ロシア史2』pp. 332-333. 和田春樹「ロシアにとっての満州」, 中見立夫ほか編『満州とは何だったのか』藤原書房, 2004年, p. 387.

101 John Albert White, *The Diplomacy of the Russo-Japanese War*, Princeton University Press, 1964.

102 George A. Lensen, *Balance of Intrigue: International Rivalry in Korea and Manchuria 1884-99*, Vol. 1-2, Tallahassee, 1982. The Russo-Chinese War, Tallahassee, 1967.

103 Ian Nish, *The Origins of the Russo-Japanese War*, London, 1985.

104 David Schimmelpenninck *van der Oye, Toward the Rising Sun: Russian Ideologies of Empire and the Path to War with Japan*, Northern Illinois University Press, 2001.

105 Bruce W. Menning, Miscalculating One's Enemies: Russian Intelligence Prepares for War, RJWGP, Vol. II, pp. 45-80.

106 S.K. Synn, *The Russo-Japanese Rivalry over Korea*, 1876-1904, Seoul, 1981.

107 朴鍾涍편역『러시아国立文書保管所所蔵韓国関連文書要約集』), 한국국제교류재단, 2002년.

108 玄光浩『대한제국과 러시아 그리고 일본』, 선인, 서울, 2007년.

109 崔德圭『재정러시아의 한반도정책 1891-1907』, 경인문화사, 서울, 2008년. 러시아어판은, Choi Dokkiu, Rossiia i Koreia, 1893-1905, Sankt-Peterburg, 1997.

110 田保橋潔『近代日鮮関係の研究』上下, 朝鮮総督府, 1940年. 復刻, 上下, 文化資料
　　調査会, 1963-64年, 그 후 原書房, 1973年.

111 角田順『満州問題と国防方針』原書房, 1967年.

112 佐々木揚「ロシア極東政策と日清開戦」, 『佐賀大学教育学部研究論文集』第30集
　　第1号, 1982年, 「1880年代における露朝関係──1885年の『第1次露朝密約』を中
　　心として」『韓』106号, 1987年 등이 대표적인 업적이다.

113 森山茂徳『近代日韓関係史研究──朝鮮植民地化と国際関係』東京大学出版会,
　　1987年.

114 高橋秀直『日清戦争への道』東京創元社, 1995年.

115 위의 책, p.6.

116 위의 책, p.518.

117 千葉功「日露交渉──日露開戦原因の再検討」, 近代日本研究会編『年報近代日本
　　研究18』山川出版社, 1996年, p.317. 논문이 저서『旧外交の形成──日本外交
　　1900-1919』勁草書房, 2008年에 수록되면서, 이 인용의 전반부는 남고 후반
　　부는 삭제되었다(p.146). 주장의 취지에는 변함이 없다.

118 「露国の秘密文書(1)-(9)」, 『大阪毎日新聞』1907年1月 10-18日.

119 千葉功「満韓不可分論＝満韓交換論の形成と多角的同盟・協商網の模索」, 『史学
　　雑誌』第105編 第7号, 1996年7月, pp.40-41. 千葉, 앞의 책, pp.64-65.

120 井口, 앞의 책, pp.67-69. 原田敬一『日清・日露戦争』岩波新書, 2007年, p.208
　　에는 "러일전쟁은 양국에게는 싸우지 않아도 되었을 전쟁이었다"고 기술되
　　어 있다.

121 海野福寿『韓国併合史の研究』岩波書店, 2000年, p.98.

122 伊藤之雄『立憲国家と日露戦争』木鐸社, 2000年, p.204.

123 稲葉千晴『暴かれた開戦の真実──日露戦争』東洋書店, 2002年, p.63.

124 広野好彦「日露交渉(1903-1904)再考」, 『大阪学院大学国際学論集』第3巻 第2号
　　1992年12月, p.32.

125 横手慎二『日露戦争史』中公新書, 2005年, pp.22-26, 103, 112.

126 山室信一『日露戦争の世紀──連鎖点から見る日本と世界』岩波新書, 2005年.

127 和田春樹『ニコライ・ラッセル──国境を越えるナロードニキ』上下, 中央公
　　論社, 1973年.

128 和田春樹「日本人のロシア観──先生・敵・ともに苦しむ者」, 藤原彰編『ロシア
　　と日本──日ソ歴史学シンポジウム』彩流社, 1985年, pp.11-32.

129 和田春樹「日本人は日露戦争をどう見たか」, 『山梨学院創立周年記念誌 日露戦争
　　とポーツマス講和』山梨学院大学, 2006年, pp.17-31.

130 Wada Haruki, Study Your Enemy: Russian Military and Naval Attaches in
　　Japan, RJWGP, Vol.II, pp.13-43.

131 和田春樹「日露戦争 ——開戦にいたるロシアの動き」,『ロシア史研究』第78号, 2006年.
132 加納格「ロシア帝国と日露戦争への道 ——1903年から開戦前夜を中心に」,『法政大学文学部紀要』第53号, 2006年10月.

제2장 근대 초기의 일본과 러시아

막말유신(幕末維新) 전야의 일본과 러시아

보통의 러시아인에게 일본은 먼 나라였다. 다만 일본에 갈 수 있었던 소수의 사람만이 각자 강한 인상을 지니고 귀국하면서 인상적인 여행기를 남겼다. 구나시리(国後)섬에서 마쓰마에(松前) 부교[奉行, 행정 각 부처의 우두머리 격] 휘하의 자들에게 잡혀 죄수가 되었던 골로브닌 함장의 『일본유수기』(日本幽囚記, 1816년)와 일본과 국교수립 및 국경획정 임무를 띤 푸차친 사절단의 동행 작가 곤차로프의 『전함 팔라다』(1858년)는 특히 유명하다.[1] 러시아인들은 여러 세대에 걸쳐서 이 책들을 재미있는 읽을거리로 삼았지만, 일본이라는 나라에 특별한 관심을 보이지는 않았다.

다른 한편 일본인들은 쇄국시대부터 북방을 위협하는 러시아를 신경쓰고 경계했다. 러시아인들은 청나라 영토의 북쪽에서 동진해 캄차카 반도에 도달했고, 17세기 말에는 거기서 남하해 아이누인들의 섬인 쿠릴 열도를 따라 일본으로 접근해왔다. 18세기 후반에는 남쪽에서 쿠릴 열도 쪽으로 진출한 일본인들이 접근해오는 러시아인들을 확인한다. 1771년 캄차카에서 탈주한 헝가리인 정치범이 러시아가 일본 침략을 기도하고 있다는 경고문을 나가사키(長崎)의 네덜란드 상관장(商館長)에게 보내 일본을 뒤흔들게 된다. 다가오는 러시아, 적으로서 러시아의 등장이었다.

그런 가운데 지식인들은 네덜란드의 서적들을 통해 러시아를 연구했다. 러시아에 표류했다가 귀환한 자들에게서 정황도 청취했다. 그것들을 통해서 사람들은 표트르 대제의 공적을 알게 되었고, 막부 체제를 타도하는 변혁을 추구하는 데 러시아를 모범국, 선생의 나라로 생각하게 되었다.

쇄국시대에 일본은 네덜란드, 포르투갈과는 나가사키의 데지마(出島)를 통해서 교섭을 지속했다. 두 나라 말고 일본에 개국을 요구해 온 나라는 러시아였다. 러시아 사절로 18세기 말의 락스만에 이어서 1804년에는 정식 국서를 가지고 레자노프가 방일했다. 그러나 일본은 6개월간의 체제기간이 지난 후 거부의 회답과 함께 사절을 되돌려보냈다. 레자노프는 부하에게 사할린과 구나시리(国後) 섬의 일본인 거류지를 공격하도록 했고, 이에 분노한 일본이 5년 뒤 구나시리 섬에 온 함장 골로브닌을 체포 감금하는 사건이 발생했다. 이 사건은 골로브닌의 부관 리코르드와 상인인 다카타야 가헤에의 노력으로 해결되었지만, 이후 교섭은 오랜 기간 단절되었다.

19세기 중반 러시아는 연해주 지방으로 남하하기 시작했다. 아무르강의 북해 쪽 하구에 니콜라예프스크-나-아무례라는 마을이 생긴 것은 1850년이었는데, 러시아는 이때부터 또 다른 아이누의 섬인 사할린섬으로 진출하기 시작했다. 이미 이 섬의 남단에는 일본인들이 진출해 있었다.

이때 미국은 사절 페리를 일본에 보내 개국을 요구하고 나섰다. 러시아도 뒤질 수는 없었다. 사절 푸차친이 파견되었다. 흑선(黒船)을 대동한 페리는 어디까지나 위협적이었지만, 푸차친은 신사적이었다. 따라서 막부의 관리들은 위로는 로주[老中, 쇼군 직속 하에 정무를 통할한 에도시대 막부의 상임최고위직]로부터 아래로는 나가사키의 통역관(通詞)에 이르기까지 러시아인에게 호의적이게 되었다. 안세이[安政, 1854-60년]의 대지진에 이은 쓰나미로 기함이 침몰하는 고난을 견뎌내며 푸차친은 끈질기게 교섭했다. 그리하여 1855년 마침내 러일통교(通交)조약이 체결되었다. 러시아는 미국, 영국에 이어 세 번째로 일본과 국교를 맺었고, 이때 일본과의 국경획정 교섭에도 부분적으로나마 성공할 수 있었다. 사할린섬에서는 경계가 정해지지 않은 채 잡거가 인정되었지만, 쿠릴 열도에서는 일본과 러시아가 에토로후(択捉)와 우루프(Urup)섬 사이에 국경선을 긋는 데 합의했다. 이제 오랫동안 북방의 위협으로 인식되어 온 러시아는 적으로서의 이미지를 벗었고, 이후 기본적으로 일본과 러시아 사이에는 평화로운 시대가 찾아왔다.[2]

그런데 러·일 사이에 신시대가 도래했다고는 해도 새로운 문제들이 계속해서 발생했다. 아무르강 중류 지역에 하바로프스크라는 마을이 생겨난 것은 1858년의 일이다. 그리고 일본에서 '사쿠라다몬 밖의 변'(桜田門外の変)이 발생한 1860년에 러시아는 푸차친의 노력으로 베이징(北京)조약을 통해 청나라에게서 연해주 지방 전체를 획득했다. 그해 러시아인들은 태평양 쪽으로 열린 새로운 영토 최남단의 만 안쪽에 '블라디보스토크'(동방을 정복하라!)라는 이름의 거점을 만들었는데, 그 곳은 그때까지 중국인들이 '하이션웨이'(海参崴, 해삼의 언덕)라 부르던 작은 어촌이었다.[3]

러시아인들이 블라디보스토크에 서서 남쪽을 바라보면, 바다 건너편에는 또 다시 일본열도가 가로질러 있다. 그러한 일본을 통과하여 태평양과 동아시아로 나아가기 위해서는 사할린과 홋카이도의 사이에 있는 라·페루즈(소야, 宗谷) 해협, 홋카이도와 혼슈(本州) 사이에 있는 산가르스키(쓰가루, 津軽) 해협, 그리고 조선과 쓰시마 사이에 있는 브로우튼(조선) 해협을 통과해야 했다. 이곳의 안전 확보가 러시아 해군의 즉각적인 관심사가 되었다.

1860년 6월 2일(5월 21일) 청국 해역함대 사령관 리하초프는 해군 총재 콘스탄틴 대공에게 이들 세 지역의 중립성을 확보할 필요가 있으며, 그것을 가능케 하려면 쓰시마에 러시아 해군의 시설을 만들어 분함대의 정박과 체재를 인정하도록 해야 할 것이라고 제안했다. 대공은 형인 차르 알렉산드르 2세 및 외무장관 고르차코프와 협의해 "외교관계로 발전시키지 않는 범위 내에서 해군이 해당 지역의 일본 당국과 교섭한다"는 선에서 이야기를 진행할 것을 승인했다.[4]

이듬해 1861년 3월 13일 비릴료프 함장이 지휘하는 순양함 '포사드니크호가 쓰시마의 오자키(尾崎) 포구에 입항하여 군함 수리처의 설치, 목재와 식료품의 제공을 요구했다. 4월이 되자 리하초프 사령관이 탄 쾌속함 '나예즈드니크'호가 기항했고, 그 이후 비릴료프의 요구는 한층 강경해졌다. 수병들이 상륙했고, 섬의 일각을 점령하기까지 했다. 긴장이 고조되었다. 마침내 6월이 되어 막부(幕府)의 가이코쿠부교[外国奉行, 1858년 설치된 외교담당부서의 우두머리 격]가 쓰시마에 도착, 비릴료프와 담판을 시작했다. 가이코쿠부교는 군함의 수리는 인정하지만 수리장의 조차(租借)는 인정할 수 없다고 통고했다. 다른 한편 영국은 러시아의 이러한 행동에 반발해 8월에 영국 극동함대 사령관 호프가 소함대를 이끌고 쓰시마에 도착했다. 호프는 러일조약을 위반한 러시아의 행동은 에도에서 외국인 일반에 대한 반감을 강화하고 있으며, 즉각 '포사드니크'호는 퇴거하기 바란다고 요구했다. 1855년 조약에서 일본과 러시아는 하코다테와 시모다, 나가사키의 세 항구 개항에 합의한 것이 아니었느냐는 것이다. 호프는 리하초프에게도 같은 취지의 서한을 보냈다. 리하초프는 사태가 완전히 외교문제로 비화했다는 점을 이해하고, '포사드니크'호에 퇴거를 명했다. 1862년 3월 '포사드니크'호는 쓰시마를 떠났다.[5]

이 사건은 러시아가 조선해협[대한해협]에 대한 안전을 확보하기 위한 관심에서 시작되었지만, 그 작동과정은 안이한 전망에 기초한 것이었으며, 본질적으로는 한정된 의미밖에 없는 일종의 정세관측 행위였을 것이다. 그렇다고는 해도 일본의 입장에서 보면 이 사건은 러시아 군함에 의한 침략적 행위였으며, 이에 대해 아무것도 하지 못했던 막부에 대한 불신감이 일거에 확대되었다. 이 사건이 막부의 정치적 위기를 더욱 심화해 메이지유신의 직접적 전제가 되었다고 한다.[6]

메이지유신과 러시아

1868년 천황을 받드는 새로운 국가의 수립을 목표로 하는 군대가 구 막부 권력의 수도 에도에 입성, 유신혁명이 실현되었다. 이 혁명을 완수한 지도자들은 와타나베 가잔(渡辺崋山)이나 사쿠마 쇼잔(佐久間象山)을 통해서 표트르 대제의 업적을 공부한 사람들이었다. 메이지유신이 이루어지고 난 직후인 1871년 11월부터 신정부의 요인들은 1년 10개월에 걸쳐서 나라를 비우고 미국과 유럽 국가들을 방문했다. 외국인이 제안한 이 이와쿠라(岩倉) 사절단 파견의 아이디어를 그들이 받아들인 것도 표트르 대제가 권력을 장악한 직후 6개월 이상이나 나라를 비우고 유럽을 방문했다는 이야기가 알려져 있었기 때문이라고 생각할 수 있다. 러시아의 혁명적 지식인인 레프 메치니코프는 1872년 스위스에 유학 중이던 오야마 이와오(大山巖)를 만나 그에게서 일본에 가르침을 주러 와 달라는 요청을 받았다. 그는 다음과 같이 쓰고 있다.

"일본의 유신을 지도한 소수의 국가적 인물―1872년부터 1874년에 걸쳐 전 유럽과 아메리카합중국을 역방(歷訪)한 사절단의 단장 이와쿠라[岩倉具視, 이와쿠라 도모미], 몇 년 뒤 문부경(文部卿)이 되는 기도[木戶孝允, 기도 다카요시], 오랫동안 외무경으로 복무한 소에지마[福島種臣, 소에지마 다네오미]를 비롯해 그 밖의 많은 사람은 오늘날까지도『표트르 벨리키이[대제]』의 열렬한 팬이다."7

그러나 얄궂게도 이와쿠라 사절단은 일본이 러시아에 지닌 경의의 감퇴를 초래했다. 캄차카에 표착하고 시베리아를 횡단해 러시아 제국의 수도 페테르부르크에 도달했던 에도 말기의 상인 다이코쿠야 고다유(大黑屋光太夫)는 긴 여행 끝에 찬란한 예카테리나 여제의 도읍지를 보고 압도당했다. 그러나 이와쿠라 사절단은 우선 미국에 상륙하고 마침내 유럽으로 건너가 거기서 러시아를 방문했다. 런던, 파리, 베를린을 본 뒤에 러시아로 들어간 이와쿠라 사절단은 이미 러시아에 대해서는 놀라움도 경외감도 느끼지 않게 되었다. 수행원 가운데 한 사람은 유럽 5대국 가운데 "가장 웅대한" 나라가 영국과 프랑스라면, "가장 개발되지 않은(不開) 나라는 러시아"라고 수기에 썼다. 러시아는 외강내빈(外剛內貧)의 나라라는 인식이 생겼다. 적으로서의 공포감은 사라졌고, "탐욕스럽고 잔인한 러시아를 두려워하는 망상"을 버리고 평화로운 관계를 형성해야 한다는 생각이 생겼다.8

러시아에서는 분명 일본을 새로운 눈으로 보기 시작했다. 메이지 유신 직후부터 정교(正敎) 신앙을 일본에 포교한 니콜라이 주교, 군인 탐험가 미하일 베뉴코프, 도쿄외국어학교의 교사가 된 메치니코프 등이 일본을 소개하는 논문이나 저서를 써서 발표했다.9

사할린 문제

그런데 일본 주변에서는 문제가 계속되었다. 대체로 러시아의 새로운 영토 장악은 완만했다. 북쪽의 니콜라예프스크-나-아무례에서 블라디보스토크로 시베리아 함대의 기지를 옮긴 것은 1871년의 일이었다. 이름만은 당당했던 블라디보스토크로 이주하는 자도 좀처럼 늘지 않았다. 그러나 러시아는 사할린 획득에는 적극적이었다. 한편 메이지유신 전후 일본의 가라후토[樺太, 사할린] 경영은 약화되었다. 1869년에는 러시아 병사가 일본인이 거주하는 아니와 만의 하코토마리(函泊)에 초소를 만들고는 코르사코프라고 칭했다. 이에 일본은 사할린섬, 즉 가라후토가 일본 영토라는 주장을 관철할 것인가 아니면 포기할 것인가 하는 문제에 직면했다. 영국 공사 파크스의 조언도 있었고 또 미국에 중재를 요청하는 움직임도 있었던 데다가, 막신(幕臣)의 반란을 진압하고 홋카이도를 장악해야만 하는 신정부에게 사할린 문제는 상당히 골치 아픈 문제였다.[10]

1871년 1월에 이르러, 한 해 전에 개척차관으로 부임한 구로다 기요타카(黑田清隆)가 사할린섬 포기를 주장하는 상서(上書)를 제출했다. 그에 따르면 잡거(雜居)를 유지하고 결국 포기에 이르는 것은 하책이며, 분할협정을 체결하는 것은 중책이지만, 쓸모없는 땅에 힘을 쏟는 일 없이 포기하는 것은 상책이라고 할 수 있다는 것이었다. 정부 내에서는 이 의견이 점차 지지를 확보해 가게 된다.[11]

1872년에는 러시아의 대리공사로 뷰쪼프가 부임해 사할린 문제에 대해 교섭하자고 요구했다. 러시아는 사할린섬 전체의 영유를 일본이 인정하기를 희망했다. 소에지마 다네오미 외무경과의 교섭이 시작되었다. 소에지마는 사할린섬의 매각을 제안하기도 했고, 일본이 매입하겠다고 바꿔 제안하기도 했다.[12] 교섭이 진행 중이던 1873년

소에지마는 조선에 출병하고자 하니 러시아 영토를 경유해 병사를 보내는 것을 용인해 달라고 절충한 적도 있었다.[13] 사할린 현지에서는 러시아군이 진출한 하코토마리에서 충돌이 계속되었고, 1874년 7월에는 방화사건으로 심각한 사태가 발생하기도 했다.[14] 결국 교섭은 실패로 끝났고, 같은 해 11월에 뷰쪼프는 청국으로 떠났다.

뷰쪼프의 후임으로 부임한 사람이 스트루베였다. 발트 독일인 출신 외교관인 그가 초대 정식공사였다. 이때 일본의 초대 공사로서 러시아로 파견된 사람은 에노모토 다케아키(榎本武揚)였다.[15]

에노모토의 인사 배후에는 개척사장관(開拓使長官)이 된 구로다 기요타카가 있었다. 그는 하코다테(箱館)의 고료카쿠(五陵郭)에서 농성하며 자신에 대항해 싸운 반란군 장수 에노모토 다케아키를 일부러 개척사청(廳)으로 불러들여 자신의 부하로 삼아 왔다. 그 에노모토를 주 러시아 전권공사로 추천한 것은, 사할린에서의 충돌이 부담되기도 했고 또 이제는 사할린섬에 대한 관심을 버리고 홋카이도의 개발과 경영에 집중해야 한다는 의견 때문이었다.[16] 에노모토 역시 가라후토에 경계를 정해 러시아와 분할한다 해도, 아무래도 "경제적 이익과 변방의 방략"이 될 '전망'이 있는 곳은 아니며, 분할이 "장래의 득책"이 아닌 이상 "좋은 대체물"과 교환하는 것이 좋다고 생각했다.[17]

에노모토는 러시아 외무성 아시아국장과 교섭해, 1875년 5월 7일 페테르부르크 조약, 즉 세간에서 이야기하는 지시마-가라후토 교환조약(千島樺太交換条約)을 체결했다. 일본은 사할린섬 전체를 러시아령으로 인정하고, 그 대신 쿠릴 열도 가운데 우루프섬 이북을 양보받았다. 이 결과 이미 일본영토가 되어 있던 구나시리(国後), 에토로후(択捉), 시코탄(色丹)섬에 더해 쿠릴 전도(全島)가 일본영토가 되었다. 러시아는 오네코탄섬과 파라무시르섬 사이의 앙페리트 해협이 러시아 선박의 통행을 위해 필요하다면서 파라무시르섬의 할양에는 저항했지만,[18] 최종적으로는 양보했다.

페테르부르크 조약은 쌍방의 일부 민간인 사이에 강한 불만을 불러일으켰다. 일본인들에게는 북쪽 바다의 무인도 몇 개를 얻는 대신에 커다란 가라후토를 러시아에게 빼앗겼다는 의식이 생겼고 러시아에 대한 반감과 함께 러시아의 팽창주의에 대한 인상이 생겼다. 후일 후타바테이 시메이(二葉亭四迷), 하세가와 다쓰노스케(長谷川辰之助)가 러시아어를 공부하기 시작한 것이 이 조약 때문에 생긴 러시아에 대한 두려움에서 비롯했다는 것은 유명한 이야기다.[19] 러시아에게도 이렇게 되면 태평양으로 나아가는 모든 수로가 일본에 의해 막혀버린다는 불안감이 남았다. 체호프의 사할린 기행에는 러시아가 통 크게 줘버린 쿠릴 전도가 이제는 일본의 커다란 수입원이 되었다는 데 대한 불만의 감정이 나타나 있다.[20]

1875년 7월 러시아의 젊은 외교관이 지시마-가라후토 교환조약의 비준서를 들고 일본으로 왔다. 이 사람이 러일전쟁 개전 전야에 주일 공사로 근무하게 될 로젠 남작이다.[21] 스트루베 공사와 같은 발트 독일인으로 러시아 국가를 대대로 섬겨 온 가문의 인물이었다. 1847년생이므로 당시에는 아직 30세가 되지 않았다. 제립(帝立)법률학교를 졸업하고 외무성에 들어가 아시아국 일본담당으로서 맡은 최초의 업무가 지시마-가라후토 교환조약을 매듭짓는 일이었다. 이러한 그가 스트루베 공사를 보좌하는 대리공사로 임명되어 일본으로 온 것이다. 로젠은 "이 조약으로 양국 사이에 있을 수 있는 마찰의 유일한 원인이 제거되었고, 양국 관계는 가장 원만했다"라고 자신의 회고록에 썼다. 로젠은 메이지 정부의 요인 이토 히로부미(伊藤博文)와도 알게 되었고, 헌법연구에 관해서 묻기도 했다.[22]

또한 이 당시 러시아령인 쿠릴 열도를 양도하기 위해서 일본에 온

'이사관 마튜닌'은 연해주의 국경 코미사르[지방행정관]로서, 조선 주재 대리공사를 역임하고 후일 베조브라조프 그룹의 일원이 되는 인물[제4장, 제7장 참조]이다. 그는 일본 담당관과 함께 우루프, 슈무슈, 파라무시르섬으로 갔다.[23]

일부 민간인의 불만은 있었지만, 국경을 획정한 후 국가 간의 관계는 최종적으로 안정되었다. 일본은 겨울에 얼어붙는 블라디보스토크가 모항인 러시아 태평양함대가 이후 오랫동안 나가사키 항을 월동 항구로 이용할 수 있도록 승인했다. 1875년 러시아 해군은 나가사키의 민간인 사유지 1,115평을 10년 계약으로 임차해 군인휴양소(해군 병원, 선구船具수선소, 욕실)를 만들었다. 이 토지는 이나사(稲佐)의 촌장(庄屋) 격이었던 시가(志賀) 집안의 소유였다. 이 계약은 1886년에 면적을 784평으로 축소해 12년 기한으로 다시 체결되었다. 당시 시가 집안의 가장이 초기의 일본 측 러시아어 통역으로 활약한 시가 지카토모 우라타로(志賀親朋, 志賀浦太郎)였다. 이나사에는 러시아 해군 장병들을 상대하는 환락가가 출현했다.[24] 나가사키에는 러시아 영사가 주재했다.

1875년 어학 유학생 1호로 일본에 온 코스틸료프는 10년 동안이나 공사관에 머물면서 일본어를 익혔다. 그는 1885년에 나가사키 총영사로 부임했고, 3년 뒤에는 최초의 연구 성과인 『일본사개설』을 완성해 페테르부르크에서 공식 출간했다. 러시아 최초의 일본 통사(通史)로서 메이지유신 시기까지 서술되어 있다.[25]

조선에 대한 일본의 관심과 러시아

　메이지유신을 완수하고 근대화와 부국강병의 길을 걷기 시작한 일본은 러시아와의 국경획정과 병행해 오키나와(沖繩)를 영토로 편입함과 동시에, 타이완에도 출병해 청국과 영토 획정을 도모했다. 조선과는 새로운 국가관계의 확립을 지향했지만, 유신 직후부터 교섭은 난항을 거듭했다. 메이지유신에 의한 천황제 국가의 성립을 알리고자 문서를 보냈는데, 그 문서에 '황'(皇), '칙'(勅) 등의 문자가 포함되어 있었다. 조선은 이러한 문자는 청국만이 사용할 수 있다면서 수취를 거부했다. 1870년에는 벌써 최초의 조선출병론이 제안되었고, 1873년에는 정부 사절의 조선 파견이 결정되었다. 조선이 사절을 받아들이지 않으면 군대를 파견한다는 정한론(征韓論)에 기초한 결정이었다. 그러나 오쿠보 도시미치(大久保利通) 등 유럽파견사절단이 귀국하면서 이러한 결정은 백지화되었고, 사이고 다카모리(西鄕隆盛), 이타가키 다이스케(板垣退助) 등 정한론파가 하야하는 사태에 이르렀다. 그 후 일본 정부도 조선과의 교섭에는 뜻이 있었지만, 조선정부가 계속 응하지 않으면서 국교는 단절된 상태였다.[26]

　이와 같이 조선과의 교섭이 난항하던 시기는 일본정부가 사할린 문제로 고민하던 시기이기도 했기 때문에 조선과의 교섭 담당자들 사이에는 러시아가 조선에 손을 뻗쳐 올 것이라든지 조선이 러시아에 접근하지는 않을까 우려하는 기운도 있었다. 1870년 조선으로 파견된 최초의 조사원 사다 하쿠보(佐田白茅) 일행은 조사보고서에 "조선국의 거동, 러시아의 독바른 입술에 심취해 음(陰)으로 보호를 의뢰한다는 풍평(風評)"에 관해 조사했지만, "러시아에 의뢰하는 사정(事情)은 들어보지 못했음"이라고 썼다.[27] 일행의 일원이었던 모리야마 시게루(森山茂)는 보고서에서, 가라후토섬 전체를 양여하여 소득을 얻고 홋카이도 개발에 전념하는 것이 바람직하며, 또한 "가라후토 척지(拓地)에 써야 할 금력(金力)을 조선으로 돌리고, 국력을 여기에 쏟는다면 몇 달 안에 불변의 국리(國利)를 얻게 될 것"이라고 기술하면서, "어찌 일도(一島)를 버림으로써 이도(二島)를 보(保)하는 이치가 되지 않으랴?"라고까지 주장했다.[28] 실제로 러시아의 그림자는 조선에 미치지 않고 있었던 것이다.

모리야마는 1874년에 홀로 조선으로 파견되어 현지 조사에서 시작해 교섭까지 시도했는데, 그러던 8월 28일 부산의 초량공관을 방문한 조선 관리에게 러시아를 경계할 것을 설파하고 일본과 국교를 맺어야 하는 의의를 주장했다. "귀국(貴國)은 쓸데없이 변방 해안을 막는 일에만 신경 쓰고, 추호도 후방을 생각하지 않는 것은 어쩐 일인가?" "러시아는 산단(山丹)과 만주의 땅을 점령하고, 압록강에 연(沿)하여 장차 귀국의 경계로 접근해오려고 한다" "이제 만일 귀국이 러시아인들 때문에 해를 입는다면, 이것은 우리 또한 편안하지 않은 바" "따라서 귀국으로 하여금 병력을 배양함으로써 확실하게 견수(堅守)의 열매를 맺도록 하고자 한다. 이것이 대저 우리나라의 성의(盛意)다."[29] 러시아를 직접적인 위협으로는 보지 않았지만, 조선에게 관계를 다그치기 위해서 러시아의 위협을 거론했던 것이라고 생각된다. 이 논리는 이후 일본의 대조선 정책의 기조를 이루게 된다.

한편으로 일본은 러시아와 지시마-가라후토 교환조약을 체결하면서도 조선을 염두에 두고 있었다. 1875년 1월 11일 에노모토 공사는 데라시마 무네노리(寺島宗則) 외무경에게 보낸 보고서에 다음과 같이 썼다.

"러시아가…… 주로 주목하고 있는 것은…… 조선 국경에서부터 만주 해안의 신영지에 이르는 곳입니다. 이와 관련해 우리가 지켜야 할 변방의 요지는 그 인후(咽喉)라 할 수 있는 쓰시마섬과 이를 향해 있는 조선 쪽 대안(對岸)입니다." 러시아는 재력이 없기 때문에 앞으로 십 몇 년 동안은 아시아에서 세력을 떨칠 수 없겠지만, "러시아의 남침"에 대해서는 미리미리 주의해 두지 않으면 안 된다. 일본은 조선을 "훈도"(訓導)해 우호관계를 깊이 해야 한다. 만일 러시아에게 선수를 빼앗겨 쓰시마 건너편이 장악된다면 "우리의 해안 방어라는 커다란 목적"을 잃게 된다. 만일 조선이 "우둔하고 완고하여" 일본에 대해서 우호적이지 않으면, 일본은 "쓰시마섬의 대안"을 군사적으로 장악해야 한다는 것이었다.[30]

교섭의 난항으로 고민하던 모리야마는 1875년 4월 측량을 한다는 명목으로 군함을 조선 근해에 출동시켜 위협할 것을 외무경에게 제안했다. 에노모토 공사의 보고를 읽은 테라시마 외무경은 이 제안을 받아들여, 해군 다유[大輔, 조정의 관직으로 차관급 혹은 그 이상에 해당] 가와무라 스미요시(川村純義)와 협의한 후에 '가스가'(春日), '운요'(雲揚) 등 세 척의 함선을 파견하기로 결정했다.[31] 이리하여 지시마-가라후토 교환조약 조인 4개월 후인 1875년 9월 이노우에 요시카(井上良馨) 함장은 조선 서해안 항로를 탐구한다는 명목으로 군함 운요호를 수도의 해안 현관입구에 접근시켰다. 이노우에는 정한론자였다. 이노우에는 강화도 부근에서 수병을 상륙시키려고 하다가 포격을 당하자 이튿날 강화도 포대를 공격해 파괴했다. 또 그 다음 날 영종도 포대를 공격, 파괴한 뒤 상륙해 마을을 깡그리 불태워 버렸다. 불과 사흘 동안의 작전이었다. 나가사키로 귀환한 이노우에 함장은 이토(伊東) 소장 앞으로 "호기회"〈好機械, 원문 그대로〉이니 "반드시 조속 출병할 것을 희망"한다고 보고했다.[32]

이듬해인 1876년 2월 강화도사건[운요호사건]의 책임추궁을 내세우며 전권대사 구로다 기요타카(黑田淸隆)가 부(副)전권인 이노우에

가오루(井上馨)와 함께 서울까지 배를 타고 들어가 조일수호조규(朝日修交条規)를 체결시켰다. 이는 일본이 구미로부터 강요당한 것과 같은 불평등조약이었다. 이렇게 일본은 세계 어느 나라보다도 먼저 조선을 개국시키는 데 성공했다. 즉 일본은 사할린을 러시아에게 양보하고 조선에 손을 뻗쳤다. 사할린을 넘겨주는 대신 방위선을 아래로 내려 조선을 제압한 일본은 유사시에 조선해협[대한해협]을 봉쇄하는 길을 모색했던 것이다. 구로다, 에노모토 등 홋카이도 개척사였던 두 사람의 생각이 대 조선 정책을 주도했던 것이라고 생각할 수 있다.

한편 러시아는 사할린의 획득으로 일본과의 관계를 조정할 수 있었고, 이에 크게 만족했다. 일본이 조선에 대해서 야심을 품고 있다는 점은 알고 있었지만 대단한 것은 아니라고 생각하고 있었을 것이다. 따라서 일본이 조선을 마침내 개국시켰을 때도 러시아 정부는 움직이지 않았다. 조선에 대한 종래의 정책을 바꾸지 않았고, 국교수립을 위해서 움직이지도 않았다. 1876년 5월 25일(러시아력 13일)에 고르차코프 외상은 알렉산드르 2세에게 다음과 같은 의견서를 제출했다.

"대외통상관계를 위해 조선을 개국시키는 일은, 인접한 연해주가 가난하고 인구가 적기 때문에 우리나라와 이 나라와의 이웃국가 간 교섭의 발전에 직접적인 손해를 초래할 것으로 판단하며, 조선에 대해서는 기회를 기다리는 정책(待機政策)을 견지하고, 조선 정부와는 어떠한 공식관계도 맺지 않는 것이 러시아의 이해관계에 가장 적합하다고 본성[외무성]은 간주하고 있다. 이러한 행동양식의 전제가 되는 것은, 본성의 견해로는, 조선 신민이 우리 영토 내로 대량 이주함으로써 우리 연해주의 민정(民政) 발전이 다대한 혜택을 입고 있다는 점이다. 이 대량이주는 조선정부와의 조약과 공식 국교가 없기 때문에 비로소 가능한 것이다.""이번 일본의 조약 역시…… 아무런 새로운 조치를 취할 필요성을 불러일으키지 않으며, 본성은 이전부터 내려오는 대기정책을 이번에도 견지하려고 생각한다."[33]

러시아의 신영토인 연해주로는 1860년부터 1870년까지 4,444명이 러시아 중앙부에서 이동해왔다. 이에 대해서 1869년부터 이듬해까지 2년이 채 되지 않는 동안 조선 북부에서 기근 때문에 탈출한 이주민은 6,500명에 달했다.[34] 조선에서의 이민은 러시아가 연해주를 장악하는 데 필요한 농경민을 제공해 주었고, 이 편이 오히려 조선 자체로 진출하는 것보다 러시아에게 훨씬 더 중요했던 것이다.

러시아 황제 암살과 조선의 군란

1881년 3월 13일(1일) 러시아 황제 알렉산드르 2세는 수도의 노상에서 테러리스트가 던진 폭탄에 의해 살해되었다. 바로 한 해 전 일본 국내에서는 자유민권운동이 극성기를 맞이했고, 1881년 1월 31일부터 민권파의 신문 『도쿄아케보노신문』(東京曙新聞)이 "러시아의 열녀(烈女) 베라 사슐리치[원문 그대로] 규문(糾問)의 기(記)"이라는 제목의 기사를 연재하기 시작해 2월 17일에 막 끝낸 참이었다. 이 기사의 최종회는 "열녀 떨쳐 일어나 폭군혹리(暴君酷吏) 이를 두려워하니, 하늘이 이 열녀를 러시아에 내려 보내심이 어찌 우연이라고만 하겠는가?"라고 맺고 있었다. 베라 자술리치는 일본에서도 열광의 대상이 되어 갔는데, 황제 암살의 지휘자가 바로 이 한 명의 여성혁명가 소피야 페로프스카야였다. 그리고 일본에서도 그녀는 널리 알려지게 되었다. 황제 암살 후 『도쿄아케보노신문』은 3월 19일 '암살론'이라는 제목을 붙이고 다음과 같이 썼다.

"암살은 사람의 개인적인 생각에서 시작되는 것이며…… 구원할 수 없는 화(禍)를 행한다는 점에서 지극히 큰일이다." 그러나 "세상의 집권자에게 바라는 것은…… 힘없는 인민이야말로 그가 두려워해야 할 암살에 익숙한 자라는 것을 기억하고, 밤낮으로 그 정도(政道)를 행함에 경계하고 두려워한다면 아마도 다행히 암살의 폐해를 낳지 않을 수 있을 것이다."[35]

일본 정부는 황제 암살에 충격을 받아 국내에서 고조되고 있는 민권운동에 위협을 느끼고 있었다. 참의[参議, 차관급] 가운데 한 사람인 오쿠마 시게노부(大隈重信)는 같은 달에 국회개설을 요구하는 국민운동에 응하여 영국식 정당 내각제를 내용으로 하는 헌법을 즉각 제정하고, 1882년 말 내지 1883년 초에 국회를 개설하자는 의견서를 제출했다. 그리고 6월에 참의 이토 히로부미는 황실의 기초를 강고히 하고 천황의 대권을 중심으로 하는 국가조직을 지향할 것을 결의했다. 이토 등은 개척사 관유물불하(官有物拂下) 오직사건(汚職事件)으로 야기된 혼란을 이용했다. 10월 12일 혼란의 책임을 오쿠마 한 사람이 지도록 해 그를 참의직에서 파면함과 동시에 9년 후인 1890년에 국회를 개설한다는 조서(詔書)를 발포(發布)했던 것이다.

러시아에서는 황제가 암살되자 36세의 황태자가 즉시 제위를 계승해 알렉산드르 3세가 되었다. 새로운 황제는 5월 11일(4월 29일) 황태자 시절의 자신의 교육을 담당했던 포베도노스쩨프가 초고를 작성한 전제정체(專制政體) 호지(護持)의 조서를 발했다.

"우리가 커다란 비탄의 한 가운데에 있어, 신의 목소리는 짐이 통치를 하는 데 있어서 웅대하게 그리고 신의 대업에 의지해 전제권력을 강고히 하며, 진리를 향해 확신을 가지고 나아갈 것을 명했다. 국민의 행복을 위해서 모든 숨겨진 의도와 싸우며, 전제권력을 확립하고 지키는 일이야말로 짐의 사명이다."

새로운 황제는 로리스-멜리코프 장군 등이 마련하여 실현 직전의 단계까지 와있던 정치개혁안을 폐기하고 개혁파 대신들을 추방했다.

로리스-멜리코프 개혁의 좌절로 전제권력에는 어떠한 수정도 가해지지 않았다.[36] 즉 러시아는 내각제도 총리도 의회도 없는 상태로 20세기로 나아가게 된 것이다.

새로운 황제의 외상에는 전해부터 병을 앓고 있던 고르차코프를 대신해 외상대행을 맡고 있던 기르스가 1882년 4월 정식 취임했다. 고르차코프는 알렉산드르 2세의 전 통치기간에 걸쳐서 외상직을 수행했는데, 기르스 역시 새로운 황제의 치세 마지막 시기까지 외상직을 수행하게 된다. 기르스는 러시아 황제를 섬긴 스웨덴인 귀족의 손자로서 1820년 생이고, 루터 파 프로테스탄트였다. 차르스코예 셀로의 리쩨이(명문귀족학교)를 졸업하고, 열여덟 살 때부터 줄곧 외무성에서만 근무했다.[37]

1882년 5월 미국이 조선과 통상조약을 체결했다. 6월에는 영국과 독일이 잇달아 조선과 통상조약을 체결했다. 이렇게 되자 신 외상 기르스도 당연히 정책을 수정하지 않으면 안 되었다. 톈진 영사 베베르가 블라디보스토크로 파견되어 조·러 국교수립의 가능성을 모색했다. 이때 그는 남(南)우수리 지방의 국경 코미사르인 마튜닌과도 만나 여러 가지 정보를 얻었다.

이후 카를 베베르는 러시아와 조선의 관계에서 중요한 역할을 하는 인물이 된다. 1841년 생 발트 독일인인 그는 페테르부르크제국대학 동양어학부를 수료하고, 1866년부터 베이징에 유학해 중국어를 연마했으며, 현지 채용의 형식으로 외무성에 들어갔다. 1870년대 전반에는 일본의 하코다테(函館)와 요코하마(横浜) 부영사를 역임했고, 1876년부터 톈진의 현직에 있었다.[38] 그는 이 당시 연해주 여행에서 목격한 탈북 조선인 이민들을 절찬했다.

"조선인은 청국인과 반대로 좋은 이민의 모든 특질을 갖추고 있다. 그들은 근면한 일꾼, 훌륭한 농부이며, 좋은 가정인(家庭人)이다. 유연한 수용심(受容心)을 지니고 있고, 새로운 관습과 질서를 쉽게 자기 것으로 만들며, 러시아어 회화도 빨리 습득한다."[39]

이는 베베르가 조선에 호의를 지니기 시작한 최초의 계기였다.

베베르가 톈진으로 돌아온 후 조선에서는 임오군란이라 불리는 일대 사건이 발생했다. 1882년 7월의 일이다. 국왕 고종과 왕비 민비가 일본의 압력에 못 이겨 추진한 개국정책에 불만을 지닌 구식 군대의 병사들이 10년 전에 섭정의 자리에서 쫓겨난 국왕의 친부 대원군을 등에 업고 반란을 일으킨 것이다. 일본공사관은 불태워졌고, 신식 군대의 일본인 교관은 살해당했다. 분노의 표적이 된 민비는 궁전을 탈출해 몸을 숨기기에 이르렀다. 이 당시 장호원(長湖院)에 숨었던 민비와 왕궁의 고종 사이에서 연락책을 맡았던 하급관리가, 후일 고종의 측근이 되는 이용익(李容翊)이다. 부활한 대원군은 왕비의 사망을 선언하고 국장까지 치렀다. 그러나 이대로 끝나지는 않았다. 하나부사(花房) 공사가 최종적으로는 1개 대대에 달하는 호위병을 이끌고 서울로 진입했고, 사태를 중시한 청국은 종주국의 면목을 세운다면서 이를 상회하는 병력을 서울에 투입했다. 긴장이 고조된 가운데 청국은 사태를 수습하는 방향으로 선회해 대원군을 구속 납치해 톈진으로 압송했고, 고종의 권력을 부활시키고 민비를 궁전으로 복귀시켰다. 8월 30일 하나부사는 조선에 배상금 지불과 일본군 주둔 규정을 포함한 제물포조약을 조인하도록 했다.[40]

이웃나라에서 이와 같은 격동이 발생했지만, 러시아 정부는 계속해서 소극적인 태도를 유지하면서, 국교 수립으로 방향을 잡았다. 1883년 10월 23일(11일) 외상 기르스는 상주(上奏)의견서를 제출해, "우리가 이 문제와 관련해 취해온 대기적(待機的)인 행동양식"을 바꾸어서는 안 된다고 주장했다. "이렇게 하는 것이야말로 우리에게 장래의 행동의 자유를 보증해 주는 것이다." 그는 이렇게 주장하면서

미국을 본받아 러시아도 조선과 국교를 체결할 것을 제안했다.[41]

청국 주재 대리공사로 승진한 베베르는 일찍부터 청국에서 알게 된 조선국왕의 외교고문 묄렌도르프와 독자적으로 연락을 취하면서 준비를 해나갔다. 1884년 7월 베베르는 조선을 방문해 김옥균(金玉均)을 상대로 국교교섭을 시작했다. 7월 19일(7일) 러시아와 조선 사이에 통상조약이 체결되었고, 양국은 국교를 수립했다.

서울에서 텐진으로 복귀한 베베르는 조선에 관한 의견서를 외무성으로 보냈다. "조선은 부유한 나라는 아니다. 그러나 거기에 부유한 사람은 적지만, 중국에서 볼 수 있는 것 같은 그런 빈곤은 없다." "현국왕(매우 유쾌하며 공감할 수 있는 인품을 지니고 있다)의 좋은 의도 하에 민간 서비스의 개조 그리고 관리(官吏)의 침해에서 사유재산 보호로 진척될 수 있다면 현재의 국민성도 바뀔 것이다. 국민은 건전하다."[42]

일본의 러시아경계론

그러나 이와 같은 러시아의 뒤늦은 등장과 '대기(待機)정책'을 일본의 지도자들은 오히려 꺼림칙하게 생각했다. 조선을 노리고 있던 일본으로서는 당연히 러시아가 조선에 손을 뻗치려 하는 것이 아닌가 생각해, 정부 각 부처에서 조선을 둘러싼 대러시아 방벽(防壁)책을 논의하기 시작한 것이다.

그 대표적인 의견이 외무경(外務卿) 이노우에 가오루(井上馨)를 도와 임오군란을 처리했던 참사원(參事院) 의관(議官)인 이노우에 고와시(井上毅)가 야마가타 아리토모(山県有朋)의 뜻을 받들어, 임오군란 와중인 1882년 9월 17일자로 쓴 문서인 '조선정략 의견안'(朝鮮政略意見案)이다. 이노우에 고와시는 조선의 일은 "장래 동양 교제 정략에 하나의 커다란 문제"가 될 것이라면서 다음과 같이 썼다.

"만일 유럽의 어떤 나라가 조선을 점거해 안남[安南, 베트남] 또는 인도의 전례를 모방하려 한다면, 우리나라는 머리 위에 칼이 매달려 있는 것 같은 처지가 될 것이다. 만일 또 불행히도 러시아에 의해 조선을 빼앗기게 된다면, 동양의 대세는 전혀 손쓸 수 없는 상황이 될 것이다. 고로 동양에 균세(均勢)를 보전하기 위해서는 지나[支那, 중국]와 우리나라가 힘을 다해 조선의 독립을 보호하고, 러시아의 남침을 막아야만 한다."

그러나 현실은 "조선의 실상을 목격하건대 아무리 해도 동맹 합력(合力)할 만한 나라가 아니다. 또한 지나 역시 함께 일을 도모할 만한 나라가 못 된다. 고로 삼국동맹 설(說)은 하나의 몽상에 지나지 않는다." 따라서 남아 있는 일책(一策)은 "일본, 청국, 미국, 영국, 독일 이 다섯 나라가 상호 회동해 조선의 사태를 논의하고, 조선으로 하여금 하나의 중립국이 되도록 해…… 다섯 나라 공(共)히 이를 보호하는" 방책이라는 것이었다.[43]

러시아에게 조선을 빼앗겨서는 안 된다. 러시아를 제외한 5개국이 보장해 조선을 벨기에나 스위스 같은 중립국으로 하는 것이 대응책이 된다. 그리고 그것은 조선을 청국과의 종속관계에서 해방시키는 방책이기도 했다.

같은 무렵 일본 정부 고용(雇傭)외국인이었던 브와소나드도 조선의 '영구중립'에 관해서 의견서를 제출했다. 이 역시 러시아에 대한 경계심을 전면에 표출한 논의였는데, 브와소나드의 의견서는 청국에 대한 종속관계는 언급하지 않고, 일본, 청국, 러시아를 중심으로 한 국가들 사이에 조선의 중립을 보장한다는 안이었다. 이노우에 고와시의 의견은 이토 히로부미에게도 보내졌지만, 조선중립화안은 당분간 정책으로서 거론되는 일 없이 야마가타의 머릿속에 남았다.[44]

이 당시 야마가타는 정부 내에서 조선 내부의 독립파를 적극 원조한다는 구체적인 생각을 주장한 것으로 알려져 있다. 그러나 그 의견은 받아들여지지 않았고, 이노우에 가오루가 추진한 정부의 방침은 "동양 전국(全局)의 태평을 보전"하고, "장래에 우리의 국익을 보호"하는 것을 목표로 "국가의 해를 초래하지 않을 만큼의 원조를 제공한다"는 것, 즉 '소극적 간섭'론이었다고 다카하시 히데나오(高橋秀直)가 논증하고 있다.[45]

그러나 이러한 방침은 새로운 현실에 부딪쳐 지속할 수 없었다. 러시아가 나서기 전에 일본이 나서서 조선의 개혁파를 지렛대 삼아 조선을 친일개혁파의 나라로 만들려는 움직임이 나타났다. 조선 내부에서는 부활한 민비가 청국의 비호를 받아 왕권 강화를 도모했다. 이에 대해 친일개혁파는 일본의 원조를 기대하면서 행동하기 시작했다. 1884년 12월 4일 김옥균, 박영효(朴泳孝) 등은 대원군과 일본공사 다케조에 신이치로(竹添進一郞)의 지지를 등에 업고 일본군 150명이 출동한 가운데, 정치적 실권을 장악하고 있는 민비 일파를 배제하려는 쿠데타를 단행했다. 이때 민태호(閔台鎬), 민영목(閔泳穆), 조영하(趙寧夏) 등이 살해되었다. 이것이 갑신정변(甲申政變)이다. 친일개혁파 정권이 탄생했지만, 민비의 요청으로 청국군 1,300명이 왕궁을 공격해 쿠데타는 제압되었다. 개혁파 정권은 문자 그대로 3일천하로 끝났다. 이후 김홍집(金弘集) 등 친청파가 정권의 자리에 앉았다. 김옥균, 박영효 등 패배한 개혁파는 일본으로 망명했다.[46] 일본은 이노우에 가오루를 전권대사로 임명해 2개 대대의 병력과 함께 조선으로 파견했다. 조선정부는 일본인 거류민의 살해, 공사관 파괴에 대해서 보상할 것을 수락했다.

일본의 민간 여론에서는 청국에 대항하여 일본이 적극적으로 조선의 사태에 개입해야 한다는 목소리가 높아졌다. 1885년 3월 16일자

『지지신포』(時事新報) 지면에 후쿠자와 유키치(福沢諭吉)가 쓴 이른바 '탈아론'(脫亞論)은, 지나도 조선도 독립을 유지할 수 없다, "몇 년 지나지 않아 망국(亡國)이 될 것이며", 일본이 "이웃나라의 개명(開明)을 기다려 함께 아세아를 흥하게 할 여유"가 없다, "지나와 조선을 대하는 법"은 "서양인이 이들을 대하는 식에 따라 처분해야 할 뿐" "우리의 마음에서 아세아 동방의 악우(惡友)를 사절해야 할 것"이라고 주장했다.[47] 무엇보다도 일본은 청국에 신경 쓰지 말고 단독으로 조선의 내정개혁에 나서고, 이를 통해서 조선을 일본의 영향력 하에 두어야 한다는 것이다. 개혁파가 무기력하다면 일본이 직접 조선을 처분한다는 생각이었다.

이 방향으로 전개된 최초의 움직임이 이른바 오사카사건(大阪事件)이었다. 1885년 2월 자유민권운동의 지도적 인물인 오이 겐타로(大井憲太郎)와 고바야시 구스오(小林樟雄)가 만나, 조선에 건너가 반동적인 요인(要人)들을 살해하고 청국 세력을 쫓아내어, 조선을 순수한 독립국으로 만들고 개혁으로의 길을 열자는 계획을 세웠다. 가게야마 히데코(景山英子)도 권유를 받아 동지로 가담했다. 그러나 이러한 기도는 배신과 내부 분열로 같은 해 11월에 관계자들이 전원 검거됨으로써 막을 내렸다.[48]

정부 부처 안에도 강경론이 있었지만, 청국과의 정면충돌은 회피하지 않으면 안 되었다.[49] 1885년 4월 이토 히로부미는 전권대사로 청국에 부임해 에노모토 공사와 함께 리훙장(李鴻章)과 교섭했고, 4월 18일에는 이른바 톈진조약을 체결했다. 조약의 내용은 다음과 같았다. 양측은 4개월 이내에 조선에서 군대를 철수한다. 양국은 조선국왕에게 권유해 병사의 교련을 행하게 하고, "다른 외국의 무관 한 명 또는 여러 명을 선발 채용"하도록 한다. 그런 다음 양국은 "균등하게 인원을 파견하고, 조선에서 교련하는 일은 하지 않는다." "만일 앞으로 조선국에 변란 등 중대한 사건이 발생해 중·일 양국 또는 어느 한 국가가 파병을 할 때에는 우선 사전에 문서로 통보하기로 한다."[50]

장차 조선에 중대한 변란이 발생하면 중·일 양국 군대가 출병해도 좋지만, 그때는 상대국에 문서로 알려야 한다. 이러한 합의가 있었던 것이다.

러시아에 대한 고종의 기대

조선의 왕은 고종이었다. 1852년에 태어났으니까 메이지천황과 동갑이었고, 당시에는 32세였다. 12세에 즉위했지만, 아버지 대원군이 섭정으로 오랜 기간 정치적 실권을 쥐고 있었다. 고종의 비(妃)는 민씨 일족 출신으로 기가 센 여성이었다. 고종이 아버지에게 등을 돌리고 직접 정사를 다스리겠다고 선언한 것은 1873년으로 그의 나이 21세였다. 이 역시 민비가 말하는 대로 따른 것이라는 견해가 있다. 그러나 한국의 역사가 이태진(李泰鎭)은 고종이 '암약'(暗弱)한 인물이고 민비에게 완전히 좌지우지당하고 있었다는 통념을 비판하며, 고종을 재평가해야 한다고 주장한다.[51] 분명 고종은 아버지 대원군의 정치에 비판적인 시각을 지니고 있었고, 개명성도 갖추었으며, 백성의 생활에 대한 배려심도 있었다.

그러나 고종의 직접 통치는 좀처럼 쉽지 않았다. 10년이 지나면서, 이미 살펴본 바와 같이 잇달아 대원군을 등에 업은, 그러나 정치적으로는 정반대의 성격을 지닌 정변들이 발생했다. 청국과 일본이라는 외세가 나라의 정치에 공공연하게 간섭했고, 국왕의 권위는 갈기갈기 찢겨져 버리고 말았다.

이때 고종은 조선의 운명에 결정적인 정치적 선택을 하게 되었다.

고종은 일본과 청국에 휘둘려 표류하는 가운데 나라와 왕의 운명을 구원할 수 있는 길은 또 하나의 강대국 러시아에 의존하는 것이라 생각하기에 이르렀다.

고종이 러시아에 처음으로 밀사를 보낸 것은 갑신정변 이전인 1884년 5월이었다. 고종은 믿고 의지하던 김관순을 남우수리 지방 국경 코미사르인 마튜닌에게 보냈다. 러시아와의 조약을 조기에 체결하고 싶으며, 이를 위해서 대표를 인천으로 파견해 주었으면 한다고 요청했던 것이다. 당시 밀사는 "현재 청국과 조선의 관계는 전혀 우호적이지 않다"는 말을 되풀이하면서, 이웃나라 러시아에 대한 기대감을 은연중에 내비쳤다. 고종의 친 러시아 의식이 표명된 최초의 일이었다.[52]

고종에게 더욱더 그러한 방향으로 나아가도록 권유한 사람도 있었다. 청국의 추천으로 국왕의 외교고문이 된 독일인 폰 묄렌도르프였다. 그는 같은 독일인으로 오랫동안 알고 지내왔던 러시아 외교관 베베르와 함께 1884년 7월에 서울에서 논의하면서 모종의 확신을 하게 된 것으로 보인다. 통상조약 조인을 마치고 텐진으로 귀임하는 베베르와 동행해 청국으로 건너 간 묄렌도르프는 베이징 주재 러시아 무관 시네우르에게 자신의 최초 구상을 얘기했다. 조선을 러시아, 청국, 일본이 공동으로 보장하는 벨기에와 같은 중립국으로 해 주지 않겠는가? 청국과 일본의 신뢰도에는 문제가 있다. 청국 주재 영국 공사는 조선을 영국의 보호국으로 하겠다는 생각을 하고 있다. 러시아에 의해서 병탄되는 것을 막기 위해서다. 이를 들은 시네우르는, "조선이 러시아에 의한 정복을 두려워한다면, 러시아와 우호관계를 유지하는 것이 훌륭한 안전보장이 된다. 러시아는 멀리 떨어진 변경에 대해서는 명예로운 평화의 유지만을 원한다"라고 답하면서, 다국 간 공동보장이란 것은 음모의 장(場)을 만들 뿐이다, 최선의 길은 러시아

의 보호국이 되는 것이고, 그러한 사례가 바로 불가리아라고 충고했다.[53]

묄렌도르프는 같은 해 9월에도 즈푸(芝罘)에서 러시아 태평양함대 사령관 크로운 해군소장을 만나, 영국이 조선에게 자국의 보호국으로 해 주겠다고 제안했고 그 대가로 거문도(巨文島)을 건네라고 요구했다는 사실을 알려주면서 이에 대한 대안, 즉 영국, 러시아, 일본이 공동으로 조선을 '보호'하자는 구상을 제시했다. 그러나 묄렌도르프의 구상 역시 좀처럼 실현되기 어려운 것이었다. 크로운은 시네우르와 마찬가지로 우선 러시아 한 나라에게 이야기를 꺼내보면 어떻겠는가라고 답했다.[54]

이러한 보고를 받은 러시아 외무성은 당연히 당혹스러워했다. 묄렌도르프의 이야기는 정말로 뜬구름 잡는 이야기였다. 의심스럽기도 했다. 그래서 우선 조선정부에게 영국의 보호국이 되어서는 안 된다, 거문도를 영국에 제공해서는 안 된다고 요구만 하자는 선에서 끝냈다. 이와 같은 내용의 연락이 10월 1일 도쿄의 다비도프 공사에게 타전되었다.[55]

묄렌도르프가 조선을 러시아 단독의 보호국으로 하는 것이 좋겠다는 생각을 언제부터 하기 시작했는지는 알 수 없다. 그러나 1884년 12월 갑신정변의 격동이 지난 후 고민하던 고종은 묄렌도르프와 협의해 이 방향으로 나아갈 수밖에 없다고 생각했음에 틀림없다. 묄렌도르프는 나가사키의 러시아 영사를 통해서 도쿄의 러시아 공사 다비도프에게, 조선을 러시아의 보호국으로 삼아 주었으면 좋겠다, 인천에 러시아 함대를 파견해 국왕을 지켜주었으면 좋겠다고 요청했다.[56]

주일공사에게서 보고를 받은 기르스 외상은 심각하게 고민했다. 그러나 외상은 고민 끝에 마침내 한 걸음 더 나아간 생각에 도달했다.

영국이 조선에 개입한다면 러시아는 '방관자 역할'에서 벗어나야 한다. 그러나 청국과 일본의 다툼에는 어디까지나 중립을 유지한다. 무엇보다 일본이 조선의 항구를 점령하려 한다면, 해군을 움직여 이를 저지해야 한다. 외상의 문의를 접수한 셰스타코프 해군상은 중국 근해에 있는 러시아 함선을 하나하나 열거하면서, 어떠한 명령에도 응할 수 있다고 회답했다.[57]

이때 도쿄의 공사관은 공사 다비도프와 일등서기관 슈페이에르가 진용을 갖추고 있었다. 슈페이에르 역시 발트 독일인이었다. 외상의 지시에 따라 슈페이에르의 조선 파견이 결정되었다. 1884년 12월 28일 슈페이에르는 군함 '라즈보이니크'호를 타고 인천에 도착했다. 슈페이에르를 맞이한 묄렌도르프는 "조선 정부는 러시아가 자국을 보호국으로 하여 불가리아 후국(侯國)과 같은 상황이 될 때 비로소 편히 숨을 쉬고, 자국의 미래에 관해 안심할 수 있을 것이다. 이것이 불가능하다면 조선을 중립화해 아시아의 벨기에로 만드는 국제조약의 체결을 추구할 것이다"라고 쓴 문서를 건넸다. 이것이 조선에게 주어진 선택 가운데 유일하게 가능한 두 개의 길이고, 어느 쪽을 취할 것인가는 러시아에 달려 있다고 문서에는 쓰여 있었다. 묄렌도르프는 그 대가로 러시아에 조선의 항구, 예를 들어 운코프스키만(현재 포항이 있는 영일만)을 제공할 수 있으며, 그곳으로 가는 군대의 육상 이동로를 비밀조약으로 보증할 수 있다고도 했다.[58]

과감한 제안이었지만 불가리아 제후국 얘기는 타이밍이 약간 좋지 않았다. 러시아가 불가리아 보호국을 막 상실했기 때문이었다. 러시아는 러터전쟁에서 불가리아를 터키로부터 해방하고 그 통치자도 추천했으며, 헌법 제정도 지원하는 등 전면적으로 비호해왔다. 그러나 1885년 9월 불가리아 내부에서 혁명이 발생해 터키 제국 내 자치주로 남아 있던 남부 불가리아와의 통일을 선언했다. 알렉산드르 3세는 이에 강력히 반발해 육군장관을 소환했고, 불가리아 군에 복무하고 있던 러시아인 장교들의 전원 철수를 명했다. 이 결과 러시아는 불가리아를 상실했고, 불가리아는 오스트리아·헝가리의 영향력 하에 들어가게 되었던 것이다.[59]

묄렌도르프가 피력한 생각이 고종과 어디까지 합의한 것인지는 알수 없다. 그러나 1885년 1월 1일에 슈페이에르가 묄렌도르프를 따라가 국왕을 알현했을 때, 고종은 묄렌도르프가 전한 내용이 고종 자신의 생각이라는 점을 암시했다. 미국과 친교를 맺었지만, "우리의 강력한 이웃나라와의 우호를 짐(朕)이 얼마나 높이 평가하고 있는지와는 비교할 수 없다"라고 말했던 것이다.[60] 그러나 고종에게서 명시적인 보호 요청은 없었다.

1884년 12월 30일 즉 슈페이에르의 조선 방문과 거의 동시에 이노우에 가오루 외무경이 갑신정변의 사후 처리를 위해 군대를 이끌고 서울에 왔다. 그러나 그는 조·러 사이에 접근의 움직임이 있다는 사실은 전혀 감지하지 못했다.[61] 이러한 러시아와 조선의 비밀교섭은, 여기까지는 일본에게 전혀 알려지지 않은 채 진행되어 왔던 것이다.

그러나 러시아 외무성은 슈페이에르의 보고를 받고도 묄렌도르프의 요청에 간단히 응하지는 않았다. 기르스 외상은 1885년 1월 20일 (8일)의 상주보고서에서, 러시아가 조선을 보호국으로 하면 청국과 일본의 충돌에 말려들게 되지 않을까 하는 점을 우선 생각할 필요가 있다, 그 때문에 들여야 할 노력과 희생은 조선에서 선두에 섬으로써 얻을 수 있는 '비교적 작은 이익'과 수지가 맞지 않으며, 뿐만 아니라 조선이 자국을 지키기 위해서 어느 정도의 수단이 있을까 하는 점도 숙고해야 한다. 우리의 부담이 지나치게 크다, 라고 주장했다. 다른 한편으로, 외상은 조선이 접하고 있는 러시아의 태평양 해안 지방이 경제적으로나 군사적으로 발달이 늦었음을 지적하고, 조선에 외국의 우위가 확립되는 일이 없도록 신경쓰지 않으면 안 된다고도 주장했다. 결론은 러시아의 보호 하에 놓이고 싶다는 조선 정부의 요청에는 "계속해서 애매한 답변을 하고, 여하한 의미에서도 적극적인 약속은 하지 않지만, 그들에게서 우리의 지지 가능성에 대한 기대를 박탈하지 않도록 해야 한다"는 것이었다. 황제 알렉산드르 3세는 이러한 결론을 승인했는데, 기르스의 의견서 윗부분에 다음과 같은 문장을 써넣었다.

"이 모든 것이 아주 좋다. 되풀이해서 말하지만 이러한 기회를 놓쳐서는 안 된다. 전력을 다해 조선인들을 손 안에서 놓치지 않도록 하라."[62]

황제 자신이 외상의 신중함에 부족함을 느끼지 않는다고 시사한 것이다. 그러나 역시 그것을 정책화하라는 지시를 내린 것은 아니었다.

다음 달인 2월 고종은 일본의 침략적인 행동을 억제해 달라고 별도의 루트를 통해 러시아에 요청했다. 고종은 남우수리 지방 국경 코미사르인 베네프스키 대령에게 두 명의 사자를 보냈다. 프리아무르 주(州) 총독 코르프의 보고에 의하면 사자들의 이야기는 다음과 같다.

"일본과 모든 나라는 러시아가 공정하다는 것을 잘 알고 있다." "일본이 우리를 위협하는 행위를 중단하도록 동방의 공사들에게 전해 주기 바란다." "청국 군대에 응원을 요청하면 완전한 예속상태에 빠질 우려가 있기 때문에 왕은 러시아만의 응원을 원한다. 이 방법만이 우리를 위험한 상태에서 구원해 줄 수 있다고 믿고 있기 때문이다."[63]

이는 묄렌도르프가 알지 못하는 움직임이었을 것이다. 다음 달 묄렌도르프는 외교사절의 일원으로 도쿄를 방문했다. 그는 정식으로 러시아 공사 다비도프와 만나 독일어로 된 구상서를 건넸다.

"조선이 제안을 정리하는 것은 곤란하다. 러·조 관계를 확정하고 일·청에 대항해서 조선의 중립과 영토보전을 보호하는 협정으로 하든지, 그렇지 않으면 일·청과 공동으로 그러한 종류의 협정을 체결하든지, 아니면 군사적 방위 협정으로 하든지 또는, 조선의 영토보전을 보호하는 일반적 보호국 제도로 하든지, 그 의견을 표명하는 것은 러시아 정부에 맡길 수밖에 없다. 어떤 경우라도 조선에서의 러시아 영향력을 높이는 것이 유익하다."

뿐만 아니라 구상서에는 청·일 양국 군대가 조선에서 철군한 후에는 조선의 군대 조직과 유럽인 교관의 초빙이 필요하며, 4개 대대 2,000명의 병력을 만드는 데에는 4명의 장교, 16명의 하사관이 필요한데, 러시아에게서 그러한 인재를 초빙하면 금후 조선의 진로가 분명해질 것이라고 쓰여 있었다.[64]

묄렌도르프는 구두로 러시아가 거문도의 해밀턴 항을 점령하면 어떻겠는가 하고 촉구했다. 지금까지 언급된 안 가운데 어디까지가 고종과 합의된 것인지, 어디부터가 묄렌도르프의 지나친 의욕으로 인한 실수인지는 알 수 없다.

일본에서 돌아온 묄렌도르프가 독판교섭통상사무(督辦交涉通商事務) 김윤식(金允植)과 김홍집에게 러시아에 군사교관의 파견을 요청할 것을 진언했으나 이들은 찬성하지 않았다. 그들이 친청파였다는 점을 생각해 보면 당연한 반응이다. 그래도 묄렌도르프는 이후에도 코르프 총독에게 군사교관의 파견을 요청하는 서한을 보냈다.[65]

앞에서 언급한 바와 같이 1885년 4월은 이토와 리훙장 사이의 회담에서 갑신정변의 사후처리, 즉 톈진조약이 체결된 달이었다. 청·일 양국은 철군을 약속하고, 장래에 필요한 경우에는 서로가 통지한 후에 출병할 수 있다는 내용의 조약을 4월 18일에 체결했다. 조선을 완전히 무시한 조약이었다. 조약 체결 후 여드레가 지난 4월 26일 영국 함대가 거문도를 점령했다. 조선은 열강에 의해 정말로 분할될 지도 모를 위기에 직면했다. 이 사태에 직면하자 러시아 정부는 더는 입을 다물고 있을 수만은 없었다. 페테르부르크는 영국이 철군하지 않으면 러시아도 조선 어딘가의 섬을 점령할 것이라고 위협한다는 방침을 채택했다. 5월 18일에는 슈페이에르를 또 다시 조선으로 파견해 영국의 점령이 기정사실화하는 것을 막으라고 지시했다.[66] 외상 기르스는 군사교관을 파견할 용의가 있다는 점을 조선정부에 표명하자고 황제 알렉산드르 3세에게 진언했다. 황제는 "이미 2개월 이상 지났다. 시간을 헛되이 보내지 않도록 슈페이에르에게 이 일을 맡길 것을 짐은 제안한다"라고 회답했다.[67] 러시아로서는 숙적 영국이 적극적으로 행동하는 것에 대해 실력행사도 불사해야 했고 조선에 대한 정책도 적극적으로 전환하지 않을 수 없었던 것이다. 슈페이에르에게 보내는 훈령에는, 군사교관 파견을 약속하고 이들의 조선 체재에 관한 안을 작성할 것이 포함되었다. 그러나 안을 작성하는 것은 조선 국왕으로부터의 정식 요청이 있어야만 한다는 단서가 달려 있었을 뿐만 아니라 협정 내용을 정리하고 조인하는 전권까지는 주어져 있지 않았다.[68]

러시아에 활기를 띠게 한 영국의 행동은 그러나 조선을 겁에 질리게 했다. 영국 함선을 철퇴시키기 위해서는 우선 청국의 힘에 의지해야만 했던 것이다. 고종은 동요했다.

6월 9일 슈페이에르가 서울에 도착해 절충하려하자 이러한 사실이 즉시 분명해졌다. 묄렌도르프는 청국 군대의 철수를 준비하면서 리홍장이 조선 정부에 대해 독일인 군사교관을 초빙하면 어떻겠느냐고 조언했으며 조선 정부는 이에 대해 미국인 교관을 초청하는 이야기를 진행 중이라고 회답했다고 슈페이에르에게 알렸다. 이에 대해서 슈페이에르는 미국인과 러시아인이 협력할 수는 없다면서 러시아인 교관의 단독 파견이 러시아 정부의 생각이라고 답했다. 그러나 미국인 교관을 초빙한다는 조선 정부의 안은 리훙장의 지지를 받았고, 러시아인 교관을 부르는 안과 대립하게 되었다. 6월 18일에는 고종의 통역이 슈페이에르에게 미국과의 약속에 묶여 있기 때문에 러시아에 요청하는 일이 불가능하다는 왕의 속뜻을 전달했다. 슈페이에르는 놀라서 묄렌도르프에게 설명을 요구했고, 묄렌도르프는 왕의 뜻을 받아 자신도 교섭해왔다고 말했다. 6월 20일에는 고종이 보낸 세 명의 사자가 찾아와, 국왕을 알현할 때에는 군사교관 문제에 대해서 언급하지 않았으면 좋겠다, 미국에 대해서는 러시아 정부의 제안을 받아들이지 않겠다고 말하면서 교관을 파견하지 말아 달라고 말할 작정이다, 슈페이에르가 조선을 떠날 때 왕이 서명한 문서를 건넬 것이다, 거기에는 러시아 교관만을 받아들이며 러시아 교관이 조선에 도착하는 대로 정부에 이 건에 관한 협정에 조인하도록 명할 것이라는 점이 기술되어 있을 것이다, 라고 전했다.

알현은 6월 22일에 행해졌다. 알현하는 동안 슈페이에르는 굳이 러시아 정부의 제안을 설명했다. 고종은 정부에게 교섭하도록 명하겠다고 답했다. 그날 저녁 관리 한 명이 슈페이에르를 찾아와 정부의 멤버들을 설득해 달라는 왕의 요청을 전했다. 24일 슈페이에르는 독판교섭통상사무 김윤식과 교섭해 러시아인 군사교관의 파견은 러시아 정부에서는 이미 결정된 사항이며, 조선 정부가 나서서 동의한다면 즉시 실행될 것이라고 말하면서 확실하게 압력을 가했다. 슈페이에르의 행위는 분명히 훈령 위반이었다. 결국 7월 1일 조선 정부는 내부적인 협의를 거쳐 러시아의 군사교관은 사절한다는 방침을 굳혔다. 7월 13일 슈페이에르는 서울을 떠났지만, 결국 고종의 서명이 담긴 문서는 받지 못했다.[69] 슈페이에르의 조선 방문은 완전한 실패로 끝난 것이다. 그와 동시에 묄렌도르프의 게임이 드러났고, 분노한 리훙장의 명령으로 그는 외교고문직에서 해임되었다.

청국을 종주국으로 따르면서 일본이라는 새로운 제국의 야망 앞에 놓인 무기력한 조선의 왕으로서는 제3국인 러시아에게 비호를 구하는 일이 하나의 선택지이기는 했지만 그것 역시 위험한 길이기도 했다. 일본이 그러한 사실을 알게 된다면 일본과의 관계는 결정적으로 악화될 것이었다. 더욱이 정부 내의 대신들에게도 지지를 얻지 못하고 외국인 외교고문과만 손을 잡아 비밀리에 이야기를 진행한 것도 무리한 일이었다. 더욱이 러시아의 힘을 빌려 자신의 정부를 설득하려고 했던 것도 터무니없는 일이었다. 일단 시작했으면 철저하게 해야 했는데도, 러시아에게 먼저 제안하고 러시아가 이에 응하자 오히려 이야기를 없던 것으로 함으로써 결국 고종에게는 결단력이 없다는 인상만을 주위에 남겼을 뿐이었다.

더욱이 젊은 관료들 가운데에는 조선중립론을 구상하는 의견이 이미 존재하고 있었다. 1881년에 일본에 유학한 유길준(俞吉濬)이 1885년 12월에 주장한 '중립론'이 그것이다. 이것은 러시아의 위협을 강조하면서 일본에 대해서도 다소간의 경계를 표명한 뒤, 청국의 속방임을 인정하는 가운데 청·영·불·일·러와의 조약을 통해 조선의 중립을 인정받자는 안이었다.[70] 이는 오히려 이노우에 고와시의 안에 가까운 것이라고 평가되었고, 사실 고종과 묄렌도르프의 러시아 보호국화 안과는 배치되는 것이었다.

일본 정부의 격렬한 반응

러시아와 조선이 접근하는 것을 일본 정부는 좀처럼 눈치 채지 못했다. 1885년 6월 초 마침내, 묄렌도르프가 조선을 러시아의 보호 하에 두려 한다. 국왕을 가까이서 모시는 내관과 공모해 국왕에게 권유하여 블라디보스토크로 밀사를 파견했다는 보고를 곤도 마스키(近藤真鋤) 대리공사가 도쿄로 전했다. 이노우에 외무경은 이를 중대시하고 6월 5일 청국 공사 수청쭈(徐承祖)를 불러 회담했다.[71]

이노우에는 "조선국왕, 군신 간 관계, 정치의 체(體) 등은 거의 어린아이와 같아서" "깊이 우려하고 있었는데", 놀랄 만한 보고를 받았다고 말하며 그 내용을 들려주었다. 그리고 "한 시도 버려둘 수 없으니", 양국이 협력해 "방조(防阻)의 방법을 도모하지 않는다면, 그 나라외교의 졸렬함으로 인해 극히 짧은 시간 안에 귀국과 우리나라 양국에 화를 초래할 것이다" "따라서 조선 왕의 임정(臨政)을 약간 구속하고, 외교상의 망동을 하지 않도록 할 필요가 있다"고 말을 꺼냈다. 청국 공사가 조선 왕을 "구속한다고 하는 것은 매우 성가신 일이 될 것"이라고 소극적인 반응을 보이자, 이노우에는 다시 조선 정치의 혼란상을 부언하면서 자신이 조선을 방문했을 때 받은 인상을 설파했다.

"이 졸자(拙者) 예전에 조선에서 왕과 대면했을 때 가까이서 풍채를 들여다보니 올해 대략 34, 5세로 보였소. 그 나이에 일처리를 이따위로 한다면, 가령 그보다 현량(賢良)한 인물을 보내 잘 타일러 권유한다 해도 진선거악(進善去惡)할 수 없음을 알게 될 것이오."[72]

지금까지 연구자들은 이와 같은 이노우에의 감정에 대해서 전혀 주의를 기울이지 않았다.[73] 이노우에는 고종에 대해서 격앙했고 또 결정적으로 불신하고 있었다. 러시아와 손잡으려 했던 조선 왕을 어떻게든 눌러놓아야 하며, 교정 불능, 개량 불능이라고 단념하고 있었다. 이것은 결정적인 전환점이었다. 이노우에는 계속해서 청국이 접경하고 있는 러시아의 위협을 설파하고 그가 생각하는 대처방안, 즉 다음에 제시되는 8개조 대강을 설명했다.

그 후인 6월 10일 러시아, 영국에 대항해 청국과 공동으로 조선의 내정개혁을 단행한다는 방침을 굳힌 이노우에는 베이징의 에노모토 공사에게 다음과 같은 8개조를 리훙장과 교섭하라고 지시했다.

제1 조선에 대한 정책은 모두 극비의 절차를 거쳐 항상 리훙장 및 본관과 협의한 뒤 리훙장 씨가 이를 시행할 것.

제2 조선 국왕으로 하여금 내정에 있어 지금과 같이 스스로 정무를 집정하도록 하지 말고, 내관의 집권을 박탈해 그 정무에 관한 길을 끊을 것.

제3 나라 안에서 제1등급 인물을 골라서 그에게 정무를 위임하고, 그의 진퇴 문제에 관해서는 국왕이 반드시 리훙장의 승낙을 얻도록 할 것. 위의 제1등급 인물이란 김홍집(金宏集), 김윤식, 어윤중(魚允中)과 같은 사람들임.

제4 위의 인물에게 위임할 정무로는 외교, 군사, 회계의 세 가지 업무가 주요함.

제5 가능한 한 신속하게 묄렌도르프 씨를 물러나게 하고, 적당한 미국인이 그를 대신하게 할 것.

제6 천수탕(陳樹棠)은 비록 학문이 깊은 인물이나 재능이 부족한 사람이므로, 다른 유력자로 하여금 이를 대치하도록 할 것.

제7 위의 천수탕의 후임을 리훙장이 임명하고, 미국인을 조선에 추천한 뒤 장래의 정책에 관해서 충분한 훈령을 내리며, 그 자를 일본으로 보내어 본관[이노우에]과 면담하도록 할 것.

제8 천수탕의 후임자는 경성에 주재하는 일본 대리공사와 깊은 교의를 맺고, 모든 일에 관해 협의해 일을 처리하도록 할 것.[74]

무엇보다도, 나중에 에노모토가 리훙장에게 이를 제시했을 때에는

제3항의 말미에 "중당〈中堂, 리훙장〉은 다시 이노우에 백작과 함께 적절히 고려한다"는 문장이 들어가 있었다.[75] 위의 조항에 나오는 천수탕이란 조선에 주재하는 청국 대표자인 총판조선상무위원(總辦朝鮮商務委員)이다. 이노우에는 그의 교체를 요구했던 것이다.

또한 당시 이노우에는 에노모토가 이전부터 주장하던 조선에 대한 '일청양국합동보호'안에 새삼스레 반대하면서, 일본은 어디까지나 조선의 독립을 추구하기 때문에 조선을 속국으로 간주하는 청국과는 입장이 다르며, 현재 제안하는 조치는 긴급한 비밀계획이라고 설명했다.[76] 그러나 이러한 이노우에의 생각이 오히려 일본 단독 간섭의 길을 여는 것이었다고 볼 수 있다.

이노우에의 훈령을 받은 에노모토는 7월 2일부터 리훙장과 회담했다. 리훙장은 "지당하신 생각"이라고는 했지만, 청국으로서는 '권고'하는 데 그치겠다고 말했다. 나아가 동의할 수 없는 점도 있다면서, 제3항의 말미, 즉 인사에 관한 조항에서 이노우에의 동의를 요한다는 부분을 거론했다. "내가 이노우에 군의 지휘를 받는 지위로 전락하는 것과 같다." 에노모토는 이 부분에서 합의가 이루어질 수 없다고 판단했다.[77]

결국 이노우에도 제안을 철회하지 않을 수 없었다. 7월 15일 그는 에노모토에게, 청국에 제시한 8개조 "전체의 발의를 철회할" 필요가 있다, "이렇게 된 이상 나로서도 조선에 대한 정략을 일변해, 이를 방임하고 저절로 진행되어가는 상황을 방관하는 것 말고는 방법이 없다"라고 써 보냈다.[78] 그러나 그렇다고 해서 일본 정부가 조선에 대한 관심을 버릴 리가 없었다. 조선 국왕의 행동을 억누르고 조선의 내정에 결정적으로 개입해야 한다는 방침을 실현하는 일이 당장에는 불가능하기 때문에, 단지 때를 기다리기로 한 것에 지나지 않았을 것이다.

고종의 대러 접근 제2막

그러나 한 번 결단을 내린 러시아는 슈페이에르의 실패에도 좌절하지 않고 더 나아갔다. 제2막을 향해나아간 것이다. 제2막의 주역은 초대 조선 대리공사로서 서울로 부임하는 베베르였다. 그에게 1885년 5월 7일(4월 25일)자로 훈령이 내려졌다. 훈령에는 "우리 노력의 최종 목적은 다른 강대국이 얻은 것과 동일한 지위를 확보하는 것이 아니라, 이 나라에서 우세한 영향력을 확립하는 것이다"라고 새로운 방침이 명확하게 기술되어 있었다. "우리의 영향력을 확립하는 것을 허락하지 않기 위해서…… 행해지는 책동에 효과적으로 대항하기 위해서는 무엇보다 우선 조선 정부의 완전한 신뢰를 획득하고, 그들이 우리에게 자신들의 관심사와 제안 등 모든 것을 털어놓도록 가르치는(приучить) 일에 노력해야 한다. 이러한 점을 고려해 부임 초부터 제국 정부가 조선의 운명에 가장 활발하게 관여하겠다는 점, 이 나라의 독립 내지 영토보전을 위협할 수 있는 사태에 이르게 되면 정신적으로나 물질적으로 언제나 실제적 원조를 행할 용의가 있다는 점을 조선의 왕과 그 대신들에게 보증할 것을 귀관에게 위임한다."[79] 이러한 단정적 언사도 새로운 것이었다.

뿐만 아니라 이 훈령은 청국이 조선에 손을 뻗쳐오지 않는 것은 만주로의 한족(漢族) 유입을 막고 있기 때문이며, 만주에 한족이 쇄도하면 청국은 조선을 획득하기 위해 움직일 가능성이 있다고 지적하고 있었다. 또한 여러 나라의 집단적인 보장에 의해 조선의 독립을 유지하는 것도 어렵다고 지적하고, "아시아의 벨기에 같은 지위는 조선에는 적용될 수 없고, 조선의 안전을 위한 유일한 보장은 가능한 한 러시아와 긴밀하게 접근하는 데 있다"고 쓰여 있었다. 구체적으로는 러시아인 군사교관의 파견에 관해 언급하면서, 청일조약의 규정과 모순되지 않는다고 낙관하고 있었다. 묄렌도르프가 설명한 "보다 미묘한 문제, 즉 조선에 대한 우리나라의 보호국화(保護國化) 선언과 조선의 항구를 한 개 양도"하는 것에 관해서는 유리한 상황이 필요하며, 평화유지가 조건이라고 되어 있었다. 국왕과 묄렌도르프는 러시아의 태도를 알려고 하겠지만, 우리로서는 우선 조선이 그러한 제안에 대해 얼마만큼이나 진지한지를 비밀리에 탐색할 필요가 있다고도 지적했다.[80] 이 훈령의 어디에도 일본에 대한 배려 내지 경계심은 나타나 있지 않다. 영국에 대한 대항 심리로 인해 러시아가 적극적인 정책으로 전환했고, 그 정책이 전면적으로 전개되는 것이라고 볼 수 있다.

청국의 입장에서 보면 러시아와 조선의 접근 움직임은 '배청인아(背淸引俄) 정책'이 된다. 불쾌감을 느낀 리훙장은 묄렌도르프를 조선 국왕 외교고문의 직에서 해임하고, 또한 고종을 견제하기 위해 청국에 유폐되어 있던 대원군을 귀국시켰다. 고종과 민비는 대원군을 자택 연금 상태에 두지 않을 수 없었다.[81] 1885년 10월의 일이었다.

바로 이때 즉 10월 6일 베베르가 러시아의 초대 대리공사로서 서울에 부임했다. 조선에 대한 청국의 간섭이 한층 분명해졌기 때문에 앞의 훈령은 현실과 상당한 차이가 있었다. 때문에 부임하던 베베르에게 외무성으로부터 추가적인 지시가 하달되었다. 조선을 보호국화한다든지, 군사교관을 파견해 달라든지 하는 등의 조선 측 요청에 대해서는 "스스로 주도하여 교섭에 돌입하지는 않"도록 하고, 요청이 또 다시 있게 되면 외무성으로 전달하라는 지령이었다.[82]

고종은 청국의 반발을 무시했다. 베베르가 서울에 도착하자 고종의 사자가 찾아 와서, 왕은 청국이 꾸미는 쿠데타를 두려워하고 있다, 러시아가 몇 척의 군함을 인천항에 상주시켜주기 바란다고 전했다. 베베르는 문서로 요청할 것을 주문했지만 문서는 오지 않았다. 베베르는 사자가 왕이 보낸 자라는 점만을 확인하고 본국에 요청을 전달하면서, 군함 2척의 파견을 제안했다. 그러나 러시아 정부는 10월 28일(16일) 이를 거절하라고 타전했다.[83]

베베르는 조선의 정세를 관찰한 뒤, 11월 2일 최초의 의견서를 페테르부르크로 보냈다. 다음과 같은 내용이었다. 조선이 개국했을 때 이 나라에는 일본을 본받아 신질서를 도입하겠다고 생각하는 '일본당'이 생겨났다. 그러나 "일본의 정책이나 일본인 상인들 모두 조선인의 신뢰를 얻지 못했다." 갑신정변 후 일본은 그 위신을 잃었다. 그즈음부터 러시아가 조선을 보호국으로 하려 한다는 소문이 영국인에 의해서 유포되었다. 이것이 청국 정부를 자극했고, 조선으로 하여금 영국에게 접근하게끔 유도하는 계기가 되었다. 따라서 영국의 거문도 점령에 대해서 청국의 반응이 미지근했던 것이고, 대원군의 귀국도 이루어졌다. 대원군은 친러파인 고종을 대체할 의무를 지고 있다.[84]

11월 청국은 천수탕을 대신해 위안스카이(袁世凱)를 서울주재 정부대표, 즉 총리조선교섭통상사의(總理朝鮮交涉通商事宜)로 파견했다. 위안스카이는 고종과 조선 정부를 단단히 죄어 갔다. 베베르의 보고를 중시한 러시아 정부는 한 번 거절했던 군함파견안의 검토를 재개했다. 해군상 셰스타코프는 정치적으로 필요하다면 군함 2척의 파견도 가능하다는 의견을 외무성에 전했다. 기르스는 검토 결과를 황제에게 상주하고, 재가를 얻어 1886년 1월 28일(16일) 베베르에게 새로운 훈령을 발했다. 조선에 관한 청국의 입장은 러시아보다 훨씬 유리하기 때문에 그러한 이점이 발휘되는 사태를 피해야 한다는 것이었다.

"이 정부가 조선에 무력 개입하는 일은, 이 나라의 병탄을 초래할 수도 있기 때문에 우리에게는 매우 불리하며, 우리를 청국과의 충돌로 이끌 수도 있다." "대청 제국과의 어떠한 충돌도 우리에게 다대한 희생을 요구할 것이며, 전투 결과에 따라서는 그 희생을 도저히 만회할 수 없을 수도 있다."[85]

　군함의 파견에 관해서는, 조선 정부에게 환상을 심어주지 말라면서도 전면적으로 부정하지는 않았다. 영국의 거문도 점령에 반대하는 조선 정부를 모든 방법을 동원해 지지할 것을 지시하고 있었다.[86]

　청국의 압력을 견딜 수 없던 고종은 러시아의 지지를 기대하면서, 1886년 8월 5일 황후의 사촌형제인 민영익(閔泳翊)을 베베르에게 보냈다. 위안스카이의 압박을 호소하고 러시아의 원조를 요청하기 위해서였다. 민영익은 "만국(萬國) 가운데 러시아만이 조선을 출구없는 상태에서 구출할 수 있다. 국왕께서는 평화와 안정의 정착 그리고 나라의 발전을 위한 유일한 길이 러시아와의 긴밀한 동맹에 있다고 생각하고 계신다"고 말했다. 그리고 고종의 편지를 접수해 달라고 요청했다. 베베르가 이에 동의하자, 8월 9일 고종의 편지가 몰래 전달되었다.[87] 러시아의 역사가 벨라 박이 외무성 문서 속에서 이 편지를 발견했다. 러시아어로 번역된 텍스트인데, 다음과 같은 내용이었다.

　"우리가, 국가는 다른 나라의 영향에 굴하였고, 한편으로 치우치고 말았다. 한 사람의 독립된 군주가 있지만, 다른 강대국에 복종하는 것을 피할 수 없다. 짐은 왕으로서 부끄럽기도 하고, 이러한 일이 슬프다. 현재 짐은 힘을 기르고 향상하여 지금의 사태를 전적으로 고쳐나가서, 이제부터는 결코 타국에 복속하지 않도록 하며, 이와 관련한 불안이나 증오를 두려워하지 않기 위해서 전력을 다하고자 한다. 그러나 우리나라와 귀국의 우호와 협조가 순치보거(脣齒輔車)와도 같이 한층 강화되면, 조선과 타국과의 관계에도 변화가 생길 것이다. 짐은 깊이 기대하노라. 귀관이 귀국 정부에 보고해 러시아 정부가 짐을 비호(庇護)하고, 결코 짐을 버리는 일이 없도록 비밀을 지키면서 전력을 다해 줄 것. 짐이 왕으로서, 존재하는 군주들과 나란히 동등한 권리와 지위를 누릴 수 있도록. 만에 하나 다른 나라와 불화가 생긴다면, 귀국이 짐의 안전을 일시적으로 보장하기 위해서 군함을 파견해 주기를 기대하노라."[88]

이 편지는 위안스카이가 입수해 리훙장에게 보낸 것[89]과 내용이 거의 일치한다. 다른 사람도 아닌 바로 민영익이 위안스카이에게 '배청인아'(背淸引俄)의 움직임이 있다면서 이 편지를 건넸던 것이었다.

격노한 위안스카이는 즉각 리훙장에게 보고함과 동시에 "암군(暗君)을 폐하고" 다른 자를 왕위에 앉혀야 한다고 획책했다. 후보자로 부상한 것은 고종의 친형인 이재면(李載冕)의 아들 이준용(李埈鎔)이었다. 위안스카이의 비난을 받자 고종은 편지는 위조된 것이며, 인아(引俄)의 책에 관해서는 정부가 알지 못한다고 부정하고, 그 책임을 네 명의 고관에게 뒤집어씌워 유형에 처했다. 위안스카이는 베베르에게 보낸 편지를 회수하라고 요구했다. 그러나 러시아 쪽에서 그런 편지는 모른다고 하자 리훙장은 러시아 주재 청국 공사에게 타전하여, 러시아 정부에 대해 편지는 진짜가 아니라는 성명을 발표하도록 요구하라고 했다.[90]

이러한 사태에 대해서 일본이 어떤 반응을 보였는지는 알 수 없다. 첫 번째 조·러 접근 당시 이노우에가 격분하여 고종의 외교를 '구속'(拘束)해야 한다면서 청국과 조선 정부에게 강경조치를 요구한 것으로 미루어 보면, 두 번째 조·러 접근에서는 고종에 대한 불신을 한층 더 강화했을 것으로 생각된다. 그러나 청국이 이토록 강경해진 것을 보고 또 다른 불안감이 조성되었을지도 모른다. 일본은 침묵을 지켰다.

이러한 긴장 속에서 사태를 타개한 것은 러·청 직접 교섭이었다. 이 시점에 와서 리훙장은 조·러 결합의 움직임을 누르기 위해 러시아와 협정을 체결하는 것이 중요하다고 생각했다. 1886년 9월부터 텐진에서 리훙장과 러시아 공사관 일등서기관이자 임시 공사인 라디젠스키의 교섭이 시작되었다. 교섭에서 러시아는 청국의 조선 점령에 반대하고 러시아도 조선을 점령할 의사가 없으며, 그 독립을 존중할 것이라고 강조했다. 리훙장은 "일본이 조선 침략의 움직임을 보이면 러시아에 연락할 터이니 조선 점령이 행해지지 않도록 하자, 그렇게 한다면 일본도 침략의 손길을 거두어 들일 것이다"라고 하면서, 조선의 현상유지와 영토보전을 청·러 양국이 보증하는 협정을 맺자고 제안했다. 라디젠스키가 이에 응해 각서 교환의 합의가 이루어졌지만, 청국이 조선에 대한 종주국으로서의 지위를 협정 문안에 포함시키려 했기 때문에 각서의 교환은 이루어지지 않았고, 결국 10월 24일 교섭은 끝나고 말았다. 무엇보다도 거문도 문제에서 라디젠스키는 영국의 거문도 점령에 반대하자고 강경하게 요구했고, 영국이 철군하면 러시아는 조선의 어느 지점도 점령하지 않겠다며 구두로 보증했다. 청국이 이에 응해 교섭한 결과 영국의 함선은 1887년 2월 27일 거문도에서 철수했다.[91]

1886년에는 러시아가 다시 신중론으로 되돌아갔다. 극동 러시아의 당국자들은 소극적인 태도를 견지했다. 1886년 10월 프리아무르주 총독 코르프가 [외무성의] 아시아 국장 지노비예프에게 보낸 편지에서 극동 러시아 당국자들의 자세를 엿볼 수 있다. 코르프는 조선에서의 러시아 정책은 "여하한 이기적인 목적을 추구해서도 안 되며, 유일하게 바랄 수 있는 것이 있다면 그것은 조선의 보전과 가능한 한의 독립이다"라고 썼다. 그는 원산(元山)에 부동항을 획득한다는 생각에도 반대했다. 그렇게 하려면 러시아령과 원산을 지상으로 연결해야 하며, 원산뿐만 아니라 조선의 전 영토를 병합해야 하기 때문이라고 설명했다.[92]

러시아는 원산을 라자레프 항이라고 불렀는데 이의 획득에 대해서는 해군상 셰스타코프도 강력하게 반대해, 1886년 12월 24일(12일)의 각료협의는 셰스타코프의 원안대로 블라디보스토크 이외의 항구는 추구하지 않는다는 결론에 도달했다.[93]

1887년 2월 7일(1월 26일)에는 극동정세에 관한 특별협의가 있었다. 여기서도 코르프가 조선으로 영토를 확대하는 것에 반대하는 의견을 개진했다. 무엇보다도 청국 내지 일본에 의한 조선의 획득도 바람직하지 않기 때문에 반대해야 하지만, 평화적인 수단으로만 반대해야 한다는 것이었다. 그러나 협의에서는 극동 병력의 강화가 결정되었다. 연말까지 해군력을 배증하고 전투함을 12척까지 늘린다는 것이 그 내용이었다. 4월 29일(17일)에 기르스는 다른 나라들은 조선의 운명에 무관심하며, 청국의 강한 의지에 대해 러시아가 충돌하는 것은 전혀 바람직스럽지 않다고 황제에게 상주했다.[94]

그해 8월 청국에게서 자립을 추구하던 고종은 박정양(朴定陽)을 주미 공사로, 심상학(沈相學)을 영·독·러·불·이탈리아 공사로 임명했다. 외국으로 파견된 최초의 공사였다. 그러나 청국의 반대로 박정양은 1년 만에 소환되었으며 심상학은 유럽으로 건너가지도 못했다.[95] 이 건과 관련해 베베르는 1887년 10월 조선 정부를 지지하는 방책에 관해 외상의 생각을 문의했는데, 기르스는 "조선에게 공사 파견의 권리를 인정하도록 청국에 촉구하는 일은, 조선에 대해 자국의 이해관계를 지닌 다른 모든 열강이…… 함께 하겠다고 결단하는 경우에만 러시아도 그리 할 수 있다"라고 회답했다.[96] 완전히 소극적인 태도였다.

1888년 5월 8일(4월 26일) 외상 기르스, 아시아국장 지노비예프는 코르프 총독이 참석한 가운데 조선에 관한 문제를 협의했다. 이 협의의 결과를 정리한 의견서에는 다음과 같은 내용이 기술되어 있다. 우선 러시아의 조선 영유(領有)의 가부에 관해 논의하고, 영유론을 부정했다.

"조선의 획득은 우리에게 그 어떤 이점도 약속해 주지 않을 뿐만 아니라 지극히 불리한 결과를 반드시 초래할 것이다." 조선은 가난하며 시장으로서의 가치가 없다. 광물자원이 있는 것 같지만 개발비용이 늘어난다. 전략적으로는 러시아에게 유리한 거점이 될 수도 있지만 방위하기가 극도로 어렵다. "조선을 영유하는 일은, 청국뿐만 아니라 마찬가지로 그 나라에 의도를 지니고 있는 일본과 우리나라와의 관계를 파괴할 것이다. 청·일 연합을 생각하면 우리의 입장은 모든 면에서 곤란해질 것이다."[97]

다음으로 조선 측으로부터 위험이 대두하고 있다고 볼 수 있는 가에 관해서 고찰하고 있다. "조선은 그 세력이 약하기 때문에 이웃나라 어딘가의 지배하에 들어가면 우리에게 적대적인 목적의 도구가 될 가능성이 있다." 일본은 1884년 갑신정변 시에 청국에게 받은 저항으로 인해 조선관을 바꾸지 않을 수 없었다. 톈진조약에 의해 분쟁도 제거되었다. "그때부터 미카도 정부[도쿄 정부]는 조선에 대한 모든 독자적인 기도를 단념했을 뿐만 아니라, 일시적으로는 이 나라의 미래와 운명에 대해 완전히 무관심한 것처럼 보이는데, 최근에 와서야 겨우 새삼스럽게 청국의 침략으로부터 이 나라를 지키는 수단에 관해 관심을 보이게 되었다." "일본의 이러한 정책 방향은 우리의 견해와 완전히 합치하고 있으며, 우리는 이 방향으로 도쿄 정부를 지지하는 쪽으로 노력해야 한다."[98] 일본에 관한 러시아의 이러한 인식은 분명히 잘못되어 있었다. 아무튼 의견서는 계속된다.

청국은 조선에 대해 훨씬 강한 영향력을 행사하고 있으며, 조선의 내정조차도 자국의 통제에 따르도록 한다. 때가 되면 조선을 자국의 영토로 편입하려 하고 있다. 이 때문에 위안스카이의 정책에 강하게 반발하고 있는 것이다. 그렇다고 해도 "러시아와 공공연한 충돌에 이를 가능성이 있다는 우려"가 있기 때문에, 청국은 '조선예속화' 정책을 취하는 것을 계속 꺼리고 있다. 리훙장은 1886년 10월의 협정에서 러·청 모두 '조선의 불가침성'을 존중할 것을 약속했다. 러시아로서는 청국과 공공연하게 대항하는 것은 바람직스럽지 않다. 러시아는 "여하한 도발적 행동"도 하지 않을 것이고, 조선에 의도가 없다는 점을 청국에 설득한다. 조선에 대한 비호 정책이 전통적인 청·한(韓) 결속을 지키는 것에 한정되어 있다면 괜찮지만, 거기에는 조건이 있다. 조선이 구미 국가들과 체결한 조약으로 얻는 혜택을 누리는데 지장이 없어야 한다는 점을 전달해야 한다. 청국이 조선에 군대를 상주시켜 세력을 확립하려 함이 분명해지게 되면 "청국에 대한 압력을 가하는" 방향으로 나아가지 않을 수 없다. 러·청 국경에서 압력을 넣는 방법도 있다. 그러나 청국과의 전쟁은 바람직하지 않다. "러시아가 취할 수 있는 극한정책은 청국 영해 내에서 해군력으로 시위 (demonstration)하든지…… 조선 연안의 어딘가 한 지점을 점령하여, 청국이 조선에서 철병한다면 우리도 점령지에서 철퇴할 것이라고 성명을 발표하는 방법이 있다."[99]

벨라 박이 분명하게 지적한 것처럼 러시아 외무성은 "조선 독립의 주요 적은 청국이"라고 보았으며, "일본의 침입 위협을 과소평가하고 있었던" 것이다.[100]

조선 정부에 대해서는 보호국화의 의도를 전면 부정했다. "우리에게 아무런 이익도 되지 않는데 우리가 오로지 조선의 이해(利害)에만 전념하고 보호하는 것은 우리를 곤란한 상황으로 몰아넣을 수 있기 때문에, 조선 정부가 대외관계에서 지지를 요청해온다면 서울의 모든 외교사절에게 원조를 호소하도록 조언할 것이다. 조선 내정에 대한 우리의 간섭은 극도로 신중해야 하며, 국내의 곤란과 내란에 대처하는 경우로만 엄격히 한정해야 한다."[101]

메이지 초기의 일본과 러시아

이즈음 대부분 일본인이 지닌 러시아에 대한 경계심은 약했다. 러시아에 대한 관심도 낮았다. 러시아어 교육도 겨우 시작한 단계였다. 1873년에 정교(正敎)의 포교활동을 하던 니콜라이 주교가 도쿄에서 러시아어 교습을 시작했고, 도쿄외국어학교가 개설되어 러시아어 교육이 시작되었다.[102] 니콜라이의 신학교에서 러시아어를 배운 사람들 가운데는 후일 러시아 주재 무관의 통역을 하는 인물도 나왔는데, 도쿄외국어학교에서는 하세가와 다쓰노스케(長谷川辰之助), 즉 후일의 후타바테이 시메이(二葉亭四迷) 같은 인물을 배출했다. 그는 메이지유신 4년 전에 태어났으며 [마사오카] 시키([正岡]子規), [아키야마] 사네유키([秋山]真之)의 세대다. 1881년에 입학해, 1886년 5학년이 되었을 때 퇴학했다. 그는 러시아 문학에 매료되어 러시아 문학작품을 번역하는 동시에 소설을 쓰기 시작했다. 그런 그가 1889년 내각 관보국에 들어가 러시아 신문기사 번역 일을 하게 되었다. 그가 어떤 기사를 번역했는지 직접 알 수 있는 자료는 남아 있지 않지만, 『관보』(官報)에 게재된 러시아 신문의 기사 일람을 보면, 1889년에 33건, 1890년에 2건, 1891년에 127건 등 급격하게 증가하고 있음을 알 수 있다. 그 가운데 시베리아철도 관련 기사는 처음 2년 동안은 각 1건씩이었던 것이, 1891년에는 9건으로 급증했다.[103]

이를 러시아와 비교해 보면, 표트르 대제의 명으로 이르쿠츠크에 일본어학교가 설치된 것은 18세기의 일이었다. 페테르부르크제국대학에서는 일본인 교사의 일본어 교육이 1870년부터 시작되었다. 그러나 동양어학부에 일본어강좌가 설치된 것은 1897년이었다. 같은 시기에 블라디보스토크에 동양 각국의 언어 및 동양 각국의 사정을 교육하고 연구하는 동양학원이 개설되었다. 그 개설에 관한 정령이

발표된 것은 1899년이었다.[104]

주재 무관의 파견 역시 일본이 상당히 빨랐다. 육군 무관은 1879년부터 3년 동안, 해군 무관은 1880년부터 4년 동안 파견되었다. 그 후에 중단되었지만 1890년부터 해군 무관이 그리고 1892년부터 육군 무관이 다시 파견되었다. 러시아에서는 1893년까지 파견되는 자가 없었다.

일본 제국헌법 제정과 러시아

1885년 일본에서는 내각제도가 채택되었고, 이토 히로부미가 내각총리대신이 되었다. 당초에는 총리대신의 권한이 특히 강했는데, 1889년의 내각 관제에 따라 총리대신의 권한이 약화되었다. 각 국무대신이 개별적으로 천황을 보좌하며 연대책임을 지지 않는 단독 보필책임제가 채택되었다. 내각의 위에는 추밀원이 있었으며, 총리대신은 원로회의에서 선출되었다. 그렇지만 천황과 대등하게 대화할 수 있는 원로, 그리고 그 가운데서 윤번제로 선출된 총리대신이 정치체제를 공고히 했다고 할 수 있다. 이토의 지휘 하에 마련된 대일본제국헌법은 1889년 2월에 공포되었고, 제국의회 선거는 1890년 7월에 치렀다. 메이지유신으로 탄생한 근대국가가 더 굳건한 발걸음을 개시해, 일본은 총리대신제도, 내각제 그리고 의회 제도를 갖춘 국가가 되었다.

한편 러시아는 전제통치체제 상태였다. 황제는 전제군주로서 모든 사안을 최종결정했다. 장관은 한 사람 한 사람이 황제에게만 책임을 졌고, 장관들을 통할 지휘하는 총리는 존재하지 않았다. 중요한 문제는 황제의 지시로 여러 명의 장관 간 협의에 부쳐졌지만, 많은 결정이 장관들의 개별적인 상주를 받은 황제가 재가하는대로 실시되었다.

황제에게는 비서도 없었으며 정식 보좌관도 없었다. 주요 장관은 황제를 알현하고, 황제가 상주 보고를 직접 들은 뒤 황제의 의견을 들을 수 있었지만, 그 밖의 장관들은 모든 것을 문서로 상주하고 보고했다. 보고에는 장관들의 보고도 있었지만 외국에 파견되어 있는 공사나 변경의 총독이 하는 보고도 있었다. 황제는 그것들을 읽고 그에 대한 감상의 문장을 붙여 돌려보내곤 했다. 대단한 노동량이었다. 보좌관이나 고문이 절대적으로 필요했지만 전제권력의 특성상 그러한 자리는 허락할 수 없다고 생각되었다.

문제는 황제의 여행이었다. 알렉산드르 2세와 알렉산드르 3세 모두 매년 8월에는 수도를 떠나서 독일 황제 등과 만났고 크리미아의 리바디야 궁전으로 가서 거의 2개월을 그곳에서 보냈다. 10월에야 수도로 돌아왔다. 황제가 리바디야 궁전에 체류하는 동안 육군장관, 외무장관은 크리미아로 가서 황제의 자문에 응하는 것이 상례였다.

그리고 러시아에는 선거로 선발된 국민대표들이 모이는 협의기관, 즉 의회는 존재하지 않았다. 일간신문도 있었고 종합잡지도 있었지만, 황제든 장관이든 신문의 논조에 주의를 기울이는 일은 거의 없었다. 이들이 두려워하는 것이 있다면 젬스트보[zemstvo, 지방 자치공동체] 관계자들을 중심으로 한 자유주의운동과 반체제 사회주의자들의 혁명운동이었다.

1880년대 후반 일본에 주재한 러시아 공사는 셰비치였다. 그는 1887년 12월 4일(11월 22일) 일본 정부가 의회 소집을 둘러싼 어려움에 직면하고 있다고 보고했다. 황제 알렉산드르 3세는 이 보고서의 여백에 "그들에게 의회 소집에 착수하도록 강요하는 자는 누구인가― 그들이 공화국이 될까 우려스럽다. 이는 거의 틀림이 없을 것이다"라고 써넣었다.[105] 헌법 공포 일주일 전인 1889년 2월 4일(1월 23일)

셰비치는 구로다 기요타카 수상과 나눈 대화를 본성에 보고했다. 구로다는 헌법 제정을 자랑했다. "일본은 이 헌법 덕분에 국민의 진정한 필요와 발달 정도에 완전히 합치하는 대의제 통치형태를 갖게 될 것이다." 황제 알렉산드르 3세는 이 보고서의 여백에도 "불행하고도 순진한 멍청이들이다"라고 써넣었다.[106] 셰비치 자신도 입헌제 도입에 따라 행정 권력이 약해지고 사회적 혼란이 일어날 것이라고 보고했다.[107] 그는 황제의 감상평을 예상하고 있었을 것이다.

황제는 1881년 로리스-멜리코프의 개혁안을 물리치고 입헌제의 그 어떠한 진척도 막았을 때와 마찬가지로, 의회제도는 악(惡)이라는 생각을 조금도 바꾸지 않았다. 로리스-멜리코프는 1888년에 사망했는데, 생전에 신문기자에게 러시아는 앞으로 일본과 전쟁을 치르게 될 것이라고 말하고, "재생한 일본"의 힘에 주목하면서 러시아의 "경찰국가는 너무나 구식이다"라고 한탄했다고 한다.[108] 러시아는 거의 10년 전에 살릴 수 있었던 기회를 놓쳐버림으로써 약 15년 뒤에 이에 대한 뼈아픈 대가를 치르게 된다.

그러한 러시아에서도 종합잡지들은 일본의 변화에 어느 정도 주의를 기울이고 있었다. 자유주의적인 『러시아 사상』(Русская мысль)의 실질적인 편집장 빅토르 골쩨프는 매월 호 국제정세 난을 담당했는데, 1890년 4월호에서는 일본의 초등학교 수, 교원 수를 소개하고, "일본이 일부 유럽 국가를 추월하는 일이 없지는 않을 것이다", 바야흐로 일본에는 '여론'이 있으며, 금년에 "미카도는 의회를 소집하겠다고 인민에게 약속했다"라고 썼다.[109] 11월호에서는 철학자 솔로비요프의 논문 「일본―역사적 특징짓기」를 인용하여 일본 문명의 개방성을 지적하고, 일본은 기독교에 대해서도 완전히 관용적이라고 기술했다.[110]

비테의 등장과 시베리아철도 구상

러시아 극동정책의 변화는 전혀 다른 방향에서 발생했다. 러시아 장관들 가운데서도 지극히 자신만의 개성을 지닌 인물이 등장하면서 정책의 변화가 시작되었다.

1889년 3월 러시아의 재무성 철도사업국장에 세르게이 비테가 임명되었다. 비테는 이 자리에 임명되기 전까지는 남서(南西)철도라는 개인 소유 철도회사의 총지배인이었는데, 예사로운 경영자는 아니었다. 네덜란드에서 이주해 와서 차르를 섬긴 기술자의 자손이었고, 모친은 러시아 명문 귀족의 영양(令孃)이었다. 1849년에 태어난 비테는 오데사의 신(新)러시아 대학을 졸업했다. 경제학에 대한 소양이 깊었으며, 나라의 진로에 관한 경륜도 지니고 있었다. 철도사업국장에 임명된 바로 그 1889년에 자신의 저서 『내셔널리즘에 부쳐 — 국민경제학과 프리드리히 리스트』를 출간했다. 바로 이 인물이 러시아 중앙정부에 등장하면서 시베리아철도계획을 현실화했고, 러시아 극동정책은 새로운 양상으로 전개되었다.[111]

시베리아 극동에 철도를 건설한다는 생각은 1850년대에 한 외국인 기업가가 제안했었는데, 1870년대에는 처음으로 부분적인 조사 작업이 이루어졌다. 1884년에는 교통상(相) 포시에트가 사마라로부터 블라디보스토크에 이르는 철도 구상을 작성했다.[112] 1886년에 서시베리아와 동시베리아 총독이 톰스크—이르쿠츠크, 바이칼—스레첸스크 구간 철도의 전략적 필요성에 관해 문제를 제기했다. 1887년에는 우수리 구역의 철도 건설을 위한 재원을 확보해야 한다는 주장이 제기되었다. 그러나 모든 신경을 재정의 재건에 집중하고 있던 비시네그라츠키 재무상이 이끄는 재정 당국은 소극적인 태도로 일관했다. 그러한 소극적 태도가 일변한 것은 1890년 9월 청국과 조선 정부가 남만주의 철도 부설을 위해 영국인 기사에게 조사를 의뢰 했을 때였다. 1887년에 제시된 우수리 철도 건설안을 교통상 규베네트가 또 다시 제안했고, 알렉산드르 3세가 조기 건설을 지시했다. 외상 기르스도 '중국에서 러시아가 지닌 지위'라는 관점에서 시베리아철도 건설을 주장하기 시작했다. 이를 논의하기 위해 장관협의회가 열렸고, 1891년 2월에는 그 결론을 놓고 장관위원회가 다시 검토를 진행했다. 여기서는 전략적 견지에서 우수리 철도뿐만 아니라 시베리아철도 전선(全線)의 건설에 즉시 착수하자는 주장이 대세를 이루었다.[113] 이 과정을 강력하게 추진한 것이 재무성 철도사업국장 비테였다. 1891년 3월 29일(17일) 알렉산드르 3세는 대(大)시베리아철도 건설의 방침을 선언하는 칙서를 세계일주 중인 황태자 니콜라이 앞으로 보냈다.

"바야흐로 자연의 은혜가 풍성한 시베리아의 여러 주들을 내륙부의 철도망으로 결합하는 전 시베리아 관통 철도의 건설에 착수할 것을 명한 짐은, 동양 이국(異土)의 나라들을 시찰한 뒤에 러시아 땅으로 다시 입국할 너에게 짐의 그와 같은 의지를 고시할 것을 위임하노라. 그와 함께 국고 자금에 의거해 정부의 직접 명령으로 부설하라고 허가한 대 시베리아 철로 우수리 지구의 정초(定礎)를 블라디보스토크에서 행할 것을 너에게 과(課)하노라.

짐이 계획하는 실로 국민적인 사업의 개시에 네가 뜻깊게 참가하는 것은 제국의 다른 부분과 시베리아와의 교류를 용이하게 하고, 짐의 마음과 가까이 있는 이 지방에 대해서 인정 넘치는 배려를 한 짐의 마음은 평화적 번영을 위한 간절한 지향의 또 다른 증거가 될 것이다."[114]

물론 이 칙서에 관한 소식이 즉각 일본에 전해진 것은 아니었다. 그러나 시베리아철도 구상에 관해서는 이미 일본에 알려져 있었다. 일본에서 시베리아철도에 관한 이야기가 처음으로 화제가 된 것은 무려 4년 전인 1887년이었다. 런던『타임스』가 그해 6월 24일자 지면에 이때까지는 환상에 지나지 않았던 시베리아철도 구상에 관해서 보도했다. 이 기사를『조야신문』(朝野新聞)이 재빨리 번역해 8월 2일자에 '시베리아철도의 부설'이라는 제목으로 게재했다. 그리고 8월 12일과 13일에는 '시베리아 대철도와 동아 삼국과의 관계'라는 제목의 논설을 실었다. 논설의 필자는 "이 철도로 인해 발생할 사회적 또는 무역상의 변화 같은 것은 대저 지엽적인 문제다. 러시아가 주안을 두는 것은 용병(用兵) 상에 있고, 일·청·한 3국에 그 영향이 가장 심각하게 미칠 만한 것 역시 군사상의 문제다"라고 기술했다. 그리고 이러한 점에 있어서 "일본은 영·청과 합종(合從)해 러시아를 상대하거나 아니면 고립해 3국의 항쟁을 방관하거나, 대저 그것도 아니면 러시아와 연형(連衡)하여 자위(自衛)의 계(計)를 펼쳐야 할 것이다. 세 가지 가운데 그 어느 하나를 취해 우리나라의 정략을 정하지 않으면 아니 될 것이다"라고 단언했다.[115]

일본에서는 시베리아철도의 건설이 구체화하기 훨씬 전부터 경계의 움직임이 나타나기 시작했던 것이다.

러시아 황태자의 세계일주 여행

황제 알렉산드르 3세가 시베리아철도 건설의 칙서를 발했을 때, 황태자 니콜라이는 세계일주 여행의 마지막 목적지인 일본을 향하는 프리깃함 '아조프 기념'호의 함상에 있었다.

이 여행은 원래 부제(父帝)의 뜻에 따라 계획된 것이었다. 동방의 이웃나라 인도와 청국을 방문하라, 돌아오는 길은 아메리카를 빙 돌아와도 좋고 시베리아를 횡단해도 좋다, 이것이 본래의 생각이었지만 대체로 이와 같은 대여행이 가능할지 어떨지 하는 것 자체가 논란거리였다. 그러나 1890년 봄과 여름에 걸쳐서 이 여행이 실현 가능하다는 쪽으로 이야기가 진척되면서 최종 목적지가 일본으로 결정되었다. 가을인 10월, 22세의 니콜라이는 세 살 아래 남동생 게오르기 그리고 교육담당 군인 다닐로비치 등의 수행단과 함께 러시아를 출발했다. 처음에는 빈으로 갔다가 거기서 그리스로 내려갔다. 거기서 그리스의 둘째 왕자 게오르기오스(애칭은 조르지)와 합류했고 함께 여행하게 되었다. 조르지의 부친인 그리스 국왕 빌헬름(게오르기오스 1세)은 덴마크 왕실 출신으로 니콜라이의 외삼촌에 해당한다. 니콜라이와 조르지, 이 사촌형제는 나이도 비슷해 사이가 좋았다.[116]

일행은 우선 이집트로 갔다. 이집트에서는 카이로 주변에서 시작해 나일강 상류도 보았고, 기자의 피라미드도 세심하게 관찰했으며, 수에즈운하를 지나 인도양으로 나왔다. 12월 23일(11일)에는 인도의 봄베이에 도착했다. 인도와 실론에서 2개월을 보냈다. 그런데 동생 게오르기는 인도에 체류하던 중 고열이 발생하여, 프리깃함 '코르닐로프'호로 중도 귀국했다.[117] 이 배의 함장이 후일의 극동태수 알렉세예프였다.[118] 게오르기는 결핵을 앓고 있었는데, 8년 뒤 28세의 나이로 사망한다.

제국의회 개회일의 불상사

황태자 니콜라이가 세계일주 여행의 마지막 목적지로 일본을 선택하는 과정에 일본과의 외교 교섭이 필요했다. 1890년 10월에 셰비치 공사가 교섭을 진행하면서 외상 아오키 슈조(青木周蔵)에게 황태자의 신변 안전을 보장해 달라고 요청했다. 그렇지 않아도 1889년은 문부대신 모리 아리노리(森有礼)가 암살당하고 외상 오쿠마 시게노부가 테러리스트의 흉탄에 한 쪽 다리를 잃는 사건이 막 발생한 해였다. 물론 러시아 황태자에 대해서 그런 테러가 있으리라고 걱정할 이유는 없었기 때문에, 처음에는 의례적인 요청이었을 터였다. 그런데 여기서 한 가지 사건이 발생했다.

1890년 11월 29일은 일본 제국의회의 개회일이었다. 천황은 귀족원으로 행차했다. 목조 의사당은 히비야에 세워져 있었다. 오늘날의 재무성이 위치한 곳에 러시아 공사관이 있었는데, 바로 이 때문에 사건이 발생했다. 사쿠라다몬에서 외무성앞 도로, 그리고 러시아 공사관 옆쪽으로 길거리에 구경꾼이 가장 많이 모였다. 이때 공사관 안에 있던 한 러시아인 여의사는 나중에 출간한 일본방문기에 이날 목격한 것을 다음과 같이 썼다.

"우리는 공사 관저에서 현지의 구미 외교관들과 만났다. 모인 사람들 사이에 오고 간 대화의 화제는 단연 이날의 주요 사건인 의회의 개회 그리고 우리나라 공사관 건물 옆에서 발생한 사건이었다……. 사건은 이런 것이었다. 천황의 마차는 의회 방문 후 귀로에 올라 우리 공사관의 모서리를 돌아가게 되어 있었다. 그런데 이 모서리의 높은 담장 안쪽으로 석가산(石假山)이 있었고 그 위에 정자가 있어 공사관의 부인들이 행렬을 보기 위해 모여 있었다. 천황은 정자 곁을 지나다가 공사 부인을 알아보고는 모자를 벗어 허리 깊숙이 예를 갖추셨다. 그런데 폐하께서 모서리를 막 돌아가시자마자 군중 속에서 누군가가 러시아 부인들 쪽으로 냅다 돌을 던졌다. 석가산 위에 있던 공사의 하인이 경솔하게도 같은 식으로 돌을 던져 응수했다. 그러자 정자 쪽으로 돌팔매가 빗발치듯 날아 들어왔고, 부인들은 허겁지겁 도망쳤다. 그와 동시에 군중들이 공사관의 철문을 밀고 들어오려고 했다. 부랴

부랴 달려온 강력한 경찰대가 겨우 질서를 회복했고, 미쳐 날뛰던 군중들을 해산시켰다."[119]

그녀는, 어째서 이런 일이 일어났는지 이해할 수 없었다. 소시[壯士, 자유민권운동의 활동가]들이 관여한 것은 아닌가 하는 이야기도 있었지만 어째서 러시아 공사관이 표적이 되었는지 알 수 없었다고 쓰고 있다. 나중에 영자신문에서 천황의 행렬을 높은 곳에서 내려다봐서는 안 된다는 관행이 있기 때문이라는 설명을 읽고서야 조금 납득할 수 있었다고 한다.[120]

일본 신문들이 전하는 바 역시 별반 다르지 않다. 실제로 현장에서 체포된 사람은 23세의 청년과 시바이구라(芝飯倉)의 목수 등 두 사람이었는데, 처벌 받지 않고 석방되었다.[121] 셰비치 공사는 이러한 처분에 반발했다. 공사관 안에서 먼저 돌을 던졌다는 일본 경찰의 주장에 대해서도 항의했고, 오랫동안 양측 사이에 다툼이 있었다고 기록되어 있다.[122]

중요한 것은 황제 알렉산드르 3세가 이 사건에 관한 셰비치 공사의 보고서에 "이와 같은 반(反)외국인적이고 악의적인 행위는 황태자의 일본 방문과 관련해 짐을 조금 불안하게 한다"고 써넣었다는 점이다.[123] 셰비치가 새삼스럽게 황태자 방일 시의 경비와 안전 보장에 만전을 기하라고 강력하게 요구한 것은 당연한 일이었다.

당시의 외무대신은 아오키 슈조였다. 그는 1844년에 태어난 조슈(長州) 출신으로, 메이지유신이 있던 해에 독일에 유학해 외교관이 되었고, 독일 공사를 역임한 후 1886년에 외무차관이 되었다. 셰비치는 이 아오키 외상을 상대로 세세하게 교섭했다. 후일 오쓰사건(大津事件)이 발생한 다음 날 아오키 외상과 처음으로 얼굴을 마주했을 때 셰비치는 다음과 같이 말했다.

"일본의 정형(情形)상 안심할 수 없는 요소가 있다고 사료되므로, 황태자 전하의 도착에 앞서 미리 황태자 전하께서 안전하게 국내를 여행하실 수 있도록 보장해 줄 수 있는지를…… 물었을 때", 대신은 "이를 보장했다. ……그 후 29일의 사건 발생에 봉착했고, 이 때 또 다시 위의 보장에 관해서 요구하자 재차 이러한 보장을 했는데도……."[124]

야스다 고이치(保田孝一)가 러시아 외무성 문서에서 발견해 복사한 자료[125]를 보면 다음과 같은 사실을 알 수가 있다. 즉 셰비치는 1890년 12월 14일 아오키 외상에게 공사관사건 관련 범인의 재판결과를 통지해 달라고 요청했다.[126] 1891년 초 셰비치는 '소시'라 불리는 사람들의 활동 그리고 정부가 그것을 단속하지 못하는 모습에 강한 불안을 느끼고 있었다. 이대로라면 황태자가 도착했을 때 문제가 생기지 않을까. "나는 현지 정부가 고귀한 여행자의 안전을 무조건적으로 보호하기 위해서 필요한 방책을 취할 완전한 준비가 되어 있다는 점을 의심치 않았지만, 그럼에도 불구하고 각료들 특히 외상에게는…… 닥쳐올 사건에 대한 일정한 무관심이 엿보였다." 셰비치는 경계심을 높이기 위해 일본 잡지 『덴소쿠』(天則)에 실린 외국인 습격을 선동하는 논문에 대해 단속을 요구하는 비밀서한을 1891년 1월 8일 아오키 외상에게 보냈다. 이 서한에서 다시금 황태자의 신변 안전에 관한 명확한 보장을 요구했다.[127]

아오키 외상은 열이틀 후인 1월 20일 답신을 보냈다. "귀국 황태자 전하의 도래(渡來)"에 관해서 "우리 황제 폐하께서는 삼가 기뻐하시며 간절히 기다리고" 계신다. 본 대신 역시 "이를 계기로 양국 간의 집목(輯睦)이 더욱더 증진될 것"이라 생각한다. 이에 "본 대신은 각하의 희망에 따라 제국의 현 상황에서 외국인의 안녕에 대해 의구심을 일으킬 만한 것은 털끝만큼도 없으며, 이러한 뜻을 보장할 수 있음을 매우 만족스럽게 생각합니다." 『덴소쿠』의 논문에 대해서는, "상당한 겸제(箝制)를 가하기 위해서 우리 주무 관청이 적법절차에 따라 철저하게 집행할 것임을 본 대신은 확신하는 바입니다."[128]

셰비치는 이 회신의 내용에 대해서 "상당히 만족스럽게" 생각했다.[129] 그런데 그 직후에 셰비치는 11월 29일 사건의 처분 결과를 알려달라고 재촉했다. 시한을 제시하며 회답을 요구한 모양이었다.[130]

이에 대해서 아오키 외상은 1월 31일에 극비 회신을 보냈다. 여기서 그는 일본 형법에는 외국사절에 대한 모욕, 폭행에 적용할 만한 조항이 없다는 점을 새삼 확인했다. 그 후 관헌이 11월 29일 사건의 "주요 선동자를 탐지하려고 해도…… 다수의 사람이 군집해 있었기 때문에 용이하게 탐지할 수 없었다", 돌을 던지거나 공사관 안으로 무단 침입하려 한 자들을 모두 처벌한다면 "공중의 물의를 야기하는 것을 피할 수 없다"면서, 일본 정부는 "일부러 탐색하고 처벌하지 않는 것이 좋겠다는 의견"이며, 러시아 정부가 "이러한 진실한 해명에 만족할 것을 희망하는 바입니다"라고 썼다. 이것만으로는 역시 충분하지 않을 거라고 생각한 아오키는 일본 정부로서도 법의 불비를 메우기 위해서 제국의회에 제출한 형법개정안에 새로운 조항을 넣었다면서 그 조항을 소개했다.

"제151조 일본국의 빈객(賓客)인 외국의 군주, 황족, 대통령 또는 일본국에 주재하는 외국 사신에 대하여 모욕을 가한 자는 제156조의 예에 의(擬)하여 처벌한다."

제156조는 관리 및 의원을 그 직무 집행 시에 모욕한 자는 11일 이상 2년 이하의 금고에 처한다는 것이었다.

그리고 러시아 정부는 이 이상의 것을 바라지 말고 일본 정부의 공문을 접수해 주기 바란다고 요청했다. 그리고 그 공문은, 11월 29일의 사건을 "깊이 유감으로 생각한다", 사건 결과는 일본 정부로서는 "어처구니가 없는" 것이고 불만족스런 것이었다, 러시아 정부는 이러한 설명으로 "이 사건은 러시아 제국 정부에게 만족을 주는 적〈的, 원문 그대로〉으로 종결시키는 것(l'incident en question serait regardé comme définitivement clos à la satisfaction du Gouvernement Impérial en Russie)으로 간주해 주기 바란다"는 내용이 될 것이라고 설명되어 있었다.[131]

셰비치는 다음 날 회답했다. "설명이 솔직하다는 점, 새로운 입법 조치에 관한 일본 정부의 결정이 시의 적절하다는 점을 인정하고", 보내 준 자료를 본국 외무성에 전송하겠다. 본성이 자료를 신중하게 검토하여, 귀 대신이 "제안하신 해결(солюция)에 동의하고, 일본 정부에 대해 지니고 있는 화목의 정신과 우호적 감정을 다시 한 번 증명하기를 기대한다."[132]

그리고 2월 6일, 앞의 취지를 담은 공문이 아오키로부터 공사 앞으로 발송되었던 것이다. 맺음말에는 "지금 글을 맺으며 여기서 반복해 말씀드리고 싶은 것은 지난 해 11월 29일에 발생한 우연한 사건을 제국 정부가 깊이 유감스럽게 생각한다는 점입니다"라고 되어 있었다.[133]

이와 같은 서한 왕래를 해야 했다는 점 때문에 아오키는 셰비치에 대해 강한 반감을 지니게 되었다. 셰비치 역시 이렇게 해야 했는데, 사실은 그도 일본 정부와 아오키에 대한 불신을 억누를 수 없었던 것이다. 셰비치는 2월 8일자 장문의 전보에서 "일본 정부는 원래 처음부터 나의 요구를 이행할 의도가 전혀 없었으며, 내가 결국에는……정신적인 만족감만으로 끝낼 것이라는 숙명적 필연성 때문에 더 이상 반론하지 않을 것이라고 기대하고 있었다"라고 썼다.[134]

셰비치가 이만큼 공사관 사건에 매달렸던 것은 황태자가 방일했을 때 일본 정부가 취할 대응에 불안을 느끼고 있었던 것과 관계가 있을 것이다. 당시 일본 정부는 어디까지나 공사관 사건과 관련한 형법개정안의 의의를 강조하고 있었다.[135] 제151조에 예정되어 있던 벌칙은 최고 2년의 금고형에 지나지 않았다.

러시아 민간에서 이 사건에 어떤 반응을 보였는지 신문보도를 찾아볼 수는 없었지만, 종합잡지 『러시아 사상』지는 그 어떤 반응도 보이지 않았다. 1890년 12월호에서 골쩨프는 일본 최초의 의회선거 결과를 전하면서, "유럽 리버럴 사상과 유럽 과학의 좋은 영향을 받아 일본 국민의 국가적 발전이 극히 단기간 내에 어느 정도의 성공을 거두었는지에 관해 충분히 정확한 인식을 지니기 위해서"라며, 일본 학교교육의 발전, 교육예산에 관한 숫자를 다시 나열했다. "이와 같이 정치생활과 국민교육이 급속히 성장하면, 일본이 거대한 세계적 역할을 할 날이 멀지 않다."[136] 말할 것도 없이 이것은 러시아 정부의 실상에 대한 자유주의자의 우회적인 비판이었다.

러시아 황태자의 일본 도착

황태자 일행은 여행을 계속했다. 1891년 3월 20일에는 샴[타이]의 방콕에 기항했다. 5일간 샴에 체류하면서 국왕 라마 5세의 환대를 받았다. 국왕은 러시아와 연대함으로써 동쪽의 인도차이나를 지배하는 프랑스의 압박을 억제할 수 있으리라 생각했다. 출발 당일인 25일 국왕은 배에 동승해 니콜라이를 배웅하면서, 동생인 담론을 8월에 페테르부르크로 파견하고 싶다는 희망을 표명했다.[137] 물론 니콜라이는 샴 국왕의 바람을 이해하지 못했다. 이어서 일행은 청국에 기항해 광둥(廣東)에 상륙했다. 거기서 일본으로 왔다. 지리학자로서 아시아에서 러시아가 지닌 사명에 일가견이 있던 우흐톰스키 공작[138]이 니콜라이와 동행했지만, 니콜라이에게 이 여행은 이국적인 아시아를 돌아보는 만유(漫遊) 그 이상도 이하도 아니었다. 니콜라이는 그러한 여행의 마지막 기착지인 일본에 와서 보고는 이 나라를 매우 마음에 들어 했다.

니콜라이는 1868년생이었기 때문에, 마침 시바 료타로 작품의 주인공인 마사오카 시키, 아키야마 사네유키와 거의 나이가 비슷했다. 아키야마 사네유키는 이해에 해군병(海軍兵)학교를 막 졸업하고 소위 후보생이 되어 '히에이'(比叡)호에 승선해 있었다. 그리고 시키는 도쿄제국대학 1학년생이었다.

1891년 4월 27일(15일) 니콜라이의 함대는 나가사키에 입항했다. 그 날짜 니콜라이의 일기에는 다음과 같은 내용이 기록되어 있다.

"드디어 오전 7시가 지나자 멋진 햇볕이 비치는 날씨 속에 오래 기다리고 기다렸던 일본의 해안이 보였다. 당연히 모두 갑판으로 달려 올라갔다. 파펜베르크 섬을 지나쳤는데, 전언에 따르면 거기는 예전에 일본이 가톨릭 수도승들을 바다에 던져버린 곳이라고 한다. 왼편으로 돌아서 아름답고 좁은 수로로 들어섰다. 만의 깊숙한 안쪽으로 나가사키의 마을이 보였다. 여기에 군함 '블라디미르 모노마흐'호, '아드미랄 나히모프'호와 의용함대의 새로운 기선 '오룔'호가 있었다. 그밖에 일본의 배들도 3척이 닻을 내리고 있었다. '오룔'호에서는 러시아어로 '우라!'[만세!]라는 큰 함성이 들려 왔다. 블라디보스토크로 향하는 1,400명의 신병들이다. 거기에는 제독 페렐레시킨이 관광객으로 타고 있었다. 뿐만 아니라 블라디보스토크─하바로프스크 구간의 철도 건설 개시를 위한 철도위원회가 타고 있었다."[139]

나가사키는 러시아 극동함대의 월동항이었다. 사세보(佐世保)를 모항으로 하는 일본 해군의 함선들이 여기에는 모습을 나타내지 않는다. 따라서 나가사키는 얼핏 보기에 러시아화되어 있었다. 도착한 니콜라이에게는 그 어떤 긴장감도 없었다. 이날에는 일본인의 내방이 없었고, 니콜라이도 상륙하지는 않았으며, '오룔'호를 보러 갔을 뿐이었다. 밤에는 나가사키에 있는 해군 사관들이 니콜라이의 선실로 찾아왔다. 8명 정도였다.

"모두 소위들로 이나사(稲佐)의 러시아마을에 살고 있었으며, 거기에 이미 현지처를 데리고 있었다. 솔직히 말하면 나 역시 이들처럼 하고 싶다는 생각이 강했다. 그러나 부활제 전의 수난 주일이 다가와 있다는 점을 생각하니 부끄러워졌다."[140]

니콜라이에게는 정말로 꿈의 나라에 왔다는 느낌이었다. 다음 날에는 일본의 접대역인 아리스가와노미야 다케히토(有栖川宮威仁)가 니콜라이의 함선으로 예방했는데, 이 다케히토 친왕(親王)은 이미 1889년 갓치나[페테르부르크 남서부의 도시]를 방문해 니콜라이와 만난 적이 있었다.

니콜라이는 이날 2시부터 게오르기오스 등과 함께 상륙해 인력거를 타고 여기저기 상점을 돌아다니며 상당한 양의 물건을 샀다.

"나가사키의 거리와 집들은 훌륭했고 마음 편한 인상을 주었다. 어디든 아주 깨끗하게 청소가 되어 있었고 말쑥했다. 집에 들어가 보는 것이 즐거웠다. 정말로 일본인들은 남녀 모두 친절하고 붙임성이 있는 사람들이다. 청국 사람들과는 정말로 정반대다. 나를 특히 놀라게 한 것은 러시아어를 하는 사람이 많다는 점이었다. ……아침 식사 후 오른손에 용무늬 문신을 하기로 결심했다. 문신하는 데 밤 9시부터 새벽 4시까지 7시간이 걸렸다."[141]

일본은 이국적이고 아주 기분이 좋았다. 니콜라이의 기분은 완전히 관광객의 그것이었다.

5월 4일에는 나가사키에서 공식행사를 마쳤고, 6일(4월 24일)에는 가고시마(鹿児島)를 방문해 옛 번주(藩主)인 시마즈 다다요시(島津忠義)의 따뜻한 영접을 받았다. 다음 날 가고시마를 출발해 5월 9일(4월 27일) 고베(神戸)에 상륙했다.

니콜라이는 행복한 기분으로 여행을 계속했지만, 일본은 긴장하고 있었다. 니콜라이 도착 전부터 일부에서 러시아 황태자 니콜라이의 방문은 일본 침략을 위한 정탐이라는 풍설이 유포되어 있었다. 대륙으로 진출하자는 생각을 하는 일본인들은 러시아라는 거대한 제국과의 충돌이 필연적이라고 생각해 심리적인 긴장상태에 빠져 있었다. 시베리아철도의 이야기도 이런 심리적 긴장과 연결되었다. 그러한 긴장감이 흐르는 가운데 생겨난 풍설 가운데 하나가 세이난전쟁(西南戰爭)에서 죽은 사이고 다카모리는 사실 죽은 게 아니고 시베리아로 도주해 러시아의 비호를 받고 있으며, 이번에 러시아 황태자와 함께 일본으로 돌아올 것이라는 이야기였다. 이 풍설은 1891년 4월 1일자 『도쿄아사히신문』(東京朝日新聞) 1면에 가고시마 신문의 기사를 전하여 싣는 형태로 보도되었다.[142]

지나친 소문과 겁에 질린 분위기에 휩싸였기 때문에, 『도쿄아사히신문』은 여론을 진정시키기 위해서 노력했다. 4월 1일에는 '러시아 황태자 전하의 내유(來遊)'에 관해서 '여러 가지 풍설'이 있으며 "외빈을 환대하는 조심스런 분위기에 있어서는 안 될 말들"을 하는 자들이 있다, 방문에는 다른 뜻이 없다, '만유'(漫遊)다, 라고 설명했다. 4월 5일에는 '무엇을 그리 두려워하는가?'라는 논설을 게재했다.

"시베리아철도 공사가 진행된다는 것을 듣고 이를 두려워하고…… 황태자의 내유를 듣고는 이를 두려워하며…… 적어도 대장부라면 무엇 때문에 그저 오로지 두려워서 이를 축하하지 못하는가?"

"시베리아철도가 우리나라의 앞날과 관련된 것은 당연하다. 동양의 형세 여하에 관계되는 것은 당연하다. 그렇지만 어찌 단지 함부로 이를 두려워할 수만 있으랴. 시베리아철도의 완성으로 유럽-아시아 교통의 편리함이 늘어나는 것이 아닌가, 유럽-아시아 무역에 편의가 제공되는 것이 아닌가?"

이러한 이성적인 의견도 존재하고 있었다. 그러나 공포심 때문에 발생하는 사건을 막을 수는 없었다.

오쓰사건(大津事件)

고베에 상륙한 니콜라이는 상륙 당일 교토에 머물렀다. 교토의 숙소도, 기녀(芸妓)도, 니시진(西陣)비단 공장도 모두 훌륭했다. 그리고 5월 11일(4월 29일) 니콜라이는 동행한 그리스 황태자 게오르기오스, 주일 공사 셰비치 등과 함께 미이데라(三井寺)와 비와코(琵琶湖) 관광에 나섰고, 마지막으로 시가현(滋賀県) 현청을 방문하고는 귀로에 올랐다. 일행은 한 사람씩 인력거를 탔다. 니콜라이, 그리스 황태자, 아리스가와 다케히토 친왕의 순이었다. 일행이 오쓰 읍(大津町)의 고토자키(小唐崎)를 지나던 중 사건이 발생했다. 경호하던 경관이 사브르[洋劍]를 뽑아 황태자 니콜라이가 탄 인력거로 돌진해 니콜라이를 베었던 것이다. 니콜라이는 자신의 일기에 사건에 관해 다음과 같이 냉정하게 썼다.

"우리는 왼쪽으로 돌아서 길의 양쪽에 군중이 나란히 서 있는 좁은 길로 들어섰다. 그때 나는 머리의 우측, 귀 위쪽에 강한 타격을 느꼈다. 뒤를 돌아보자 순사(巡査)의 흉측스런 얼굴이 보였다. 그는 두 손으로 잡은 사브르를 치켜들더니 또 다시 덤벼들었다. 나는 단지 '무슨 짓이냐?'라고 외치고는 인력거에서 길 쪽으로 뛰어내렸다. 이 변질자가 내 쪽으로 오는데 아무도 그를 제지하지 않았다. 나는 상처에서 흐르는 피를 누르면서 내달렸다. 나는 군중 속으로 숨고 싶었지만 실패했다. 일본인들이 자기들끼리 몹시 허둥대면서 사방팔방으로 흩어졌기 때문이다. 달려가면서 또 다시 뒤돌아보니 나를 쫓아오는 순사를 게오르기오스가 추격하는 것이 보였다. 마침내 60걸음 정도 달려 길 모퉁이에서 멈춰 서서 뒤를 보았다. 그때는, 어휴, 모든 상황이 끝나 있었다. 게오르기오스—나의 구세주다—가 자신의 지팡이로 일격을 가해 변질자를 거꾸러뜨린 것이다. 내가 가까이 다가가자 우리의 인력거꾼과 순사 몇 사람이 이 사내의 발을 잡아끌고 있었다. 한 사람이 그의 사브르로 변질자의 머리 부분을 베고 있었다."[143]

니콜라이가 느꼈던 공포감은 상당했을 것이다. 출혈도 꽤 있었고, 상처는 두개골까지 미치지 않았지만, 9센티미터와 7센티미터 등 두 군데였다. 나중에 붕대를 풀었지만 니콜라이의 이마 윗부분에는 흉터가 남았다.[144]

니콜라이 일기의 내용을 처음으로 소개한 야스다 고이치는 니콜라이가 이 사건을 겪었는데도 일본에 대한 감정은 변하지 않았다고 일기에 써 두었다는 점에 주목했다.[145] 사건 이틀 후인 5월 13일(1일)의 일기에는 "일본의 모든 것들은 지금도 4월 29일(러시아력. 서력은 5월 11일) 이전과 마찬가지로 내 마음에 든다. 일본인 가운데 단 한 명의 광신자가 흉측한 행동을 했다고 해서 선량한 일본인들에게까지 화가 나 있지 않다"라고 썼다.[146] 나는 오랫동안, 타인이 볼 수 있는 황태자의 일기에 본심을 반드시 솔직하게만 쓴 것은 아니지 않을까 생각했지만, 전체적으로 니콜라이의 서술 스타일을 보면 자신의 감정을 숨긴 모습은 찾아볼 수 없다.

당시 그의 마음에 거슬렸던 것은 군중 가운데 누구 하나 흉한에게 덤벼들지 않고 모두 뿔뿔이 도망쳤다는 점이었다. "내가 이해할 수 없었던 것은, 어째서 게오르기오스와 나 그리고 그 광신자가 도로의 한가운데 남겨져, 군중 가운데 누구도 뛰어나와 나를 돕거나 순사를 제지하려 하지 않았는가 하는 점이다."[147] 군중은 범인이 제지당한 뒤에야 다시 거리로 돌아왔다. "길거리의 인민은 나를 감동시켰다. 대다수가 무릎을 꿇고 합장하면서 유감의 표시를 했다."[148] 니콜라이는 일본인이 얌전하고, 난폭한 데라고는 전혀 없는 사람들이라 본 것이다. 그는 아리스가와노미야를 비롯해 새파랗게 질린 얼굴을 하고 있는 일본인 수행원들을 동정하면서 앉지도 않고 선 채로 태연한 모습을 유지했다.

러시아 공사 셰비치는 사건 당일 본국으로 타전한 전보에 다음과 같이 썼다.

"상처는 뼈까지 도달해 있었지만, 우리 시의(侍醫)의 말에 의하면 고맙게도 위험하지는 않다. 폐하께서는 쾌활하게 계시고, 기분도 좋으셔서 여행을 계속하기를 바라고 계신다. 폐하께서는 몸소 냉정함을 잃지 않으시어 모든 자들을 감격케 하셨다."[149]

붙잡힌 범인은 시가현 순사인 36세의 쓰다 산조(津田三蔵)였다. 경찰의 취조에 쓰다의 아내는 산조가 정신이상의 징후를 보인 적이 있다고 진술했지만, 시가현에서 근무하던 지난 12년 동안 그런 징후를 보인 적은 없었던 것으로 밝혀졌다. 한편 쓰다의 손위 처남은 쓰다가 세이난전쟁에서 반란군 진압작전에 참가해 7등 훈장을 받았으며, 사이고를 비호해 일본에까지 데려온 러시아 황족의 경호를 지시받은 것이 불만스러워 흉행에 이른 것이 아닐까 한다고 진술했다.[150] 사이고의 귀국설도 하나의 요인이 되었을 것이다. 국민들 속에 확산하는 대러시아 긴장감이 쓰다와 같은 인간을 망가뜨려 충동적인 습격으로 몰아갔을 것이다.

일본 정부는 정말로 경악했다. 메이지천황은 정부의 뜻을 받아 이틀 후 병문안을 위해 교토(京都)로 갔다. 니콜라이는 '미카도'와 만난 인상을 다음과 같이 쓰고 있다. "그는 매우 흥분했고 걱정했다. 매우 괴상망측한 모습(странный урод)이었다. 대장 군복을 입고 멍한 표정을 하고 있었다."[151] 니콜라이는 이 당시 메이지천황에 대해서 예외적이라 할 만큼 반감에 가까운 인상을 받았다.

니콜라이는 시가현을 떠나 시즈오카(静岡)와 가나가와(神奈川)의 두 현을 방문하고, 도쿄로 갔다가 도호쿠(東北)의 여러 현들을 방문하도록 되어 있었다. 황제 알렉산드르 3세는 5월 12일(4월 30일)자 셰비치의 전보를 읽고, 범행이 단독범인지 아니면 음모에 가담한 다른 공범자가 있는지 어떤지가 확실하게 밝혀져야만 "아들의 더 이상의 일본 체류"가 가능한지 어떤지가 결정될 것이라고 보고서에 써넣었다.[152] 이틀 후 세비치는 천황이 사죄 특사를 러시아로 파견할 것을 명했다고 보고하면서, 황태자 니콜라이에 대한 특별조치가 "애국주의적 광신자의 분노를 불러일으키고 있기" 때문에 황태자의 더 이상의 체류는 "위험이 없지 않다"고 생각한다고 아뢰었다. 황태자 자신도 며칠 뒤에 블라디보스토크로 출발하는 쪽으로 마음이 기울어지신 것 같다고 덧붙였다.[153] 황제는 "상황이 그렇다면 체류를 계속할 수 없다"고 판단, 여행을 중단하고 귀국하라고 명했다.[154]

5월 16일 니콜라이는 부제(父帝)의 명에 따라 19일에 귀국하겠다고 천황에게 알렸다.[155] 이보다 앞선 5월 13일 천황은 마차에 니콜라이와 동승하여 교토 역으로 그리고 거기서 기차로 고베까지 가서, 부두에서 니콜라이가 '아조프 기념'호로 돌아가는 것을 배웅했다.

귀국일인 5월 19일(7일) 니콜라이는 '아조프 기념'호 함상의 조찬에 메이지천황을 초대했다. 일본 국민들 가운데는 러시아가 그대로 천황을 납치하는 것이 아닐까 하는 두려움을 느낀 사람들이 있었다. 그러나 니콜라이의 관찰에 따르면, 러시아 함상의 "천황은 기분이 매우 좋아보였고, 발걸음도 활기찼다. 다리는 분명 전보다 잘 움직였다."[156] 러시아 황태자는 끝끝내 일본 천황을 우스꽝스런 존재로 생각하는 자세에서 벗어나지 않았다. 니콜라이는 두 사람이 그로부터

13년 후에 선전포고를 발하고 전쟁을 하게 되리라고는 꿈에도 생각하지 못했을 것이다.

이리하여 니콜라이는 나가사키, 가고시마, 고베, 교토, 오쓰를 보았을 뿐, 나고야(名古屋), 요코하마(横浜), 도쿄를 보지 않고 귀국하게 된다. 도쿄를 둘러보지 않았다는 것은 일본의 근대화에 관한 이미지를 지니지 못했다는 것이다. 출발 당일의 일기에 그는 다시 "원래 처음부터 모든 것이 마음에 든 이 흥미로운 나라를 떠나면서 슬픔을 금할 길이 없다. 4월 29일의 사건조차 비애도 불쾌감의 흔적도 남기지 않았으니까"[157] 라고 썼다. 마지막까지 만사태평했던 것이다.

한편 일본 국민들이 러시아에 지닌 공포심은 더욱 커졌고, 러시아의 분노를 풀려고 필사적이었다. 니콜라이 일행이 떠나고 난 다음 날인 5월 20일 교토부청(府廳) 앞에서 한 여인이 면도칼로 목을 그어 자살했다. 지바(千葉)현 출신 24세의 하타케야마 유코(畠山勇子)라는 여성이었는데, 이혼 후 집을 나와 도쿄의 생선가게에서 더부살이를 하며 일하고 있었다. 러시아 관리 앞 그리고 일본 정부 앞이라고 쓰인 두 통의 유서를 남겼는데, 쓰다(津田)의 범행에 대한 일본인의 송구함을 표명한 행위였다. "행하는 것은 러시아를 위해, 다하는 것은 제국을 위해"라고 쓰여 있었다. 또 5월 13일, 야마가타(山形)현의 한 마을에서는 앞으로 촌민들은 쓰다(津田)라는 성과 산조(三蔵)라는 이름을 붙일 수 없다는 조례를 제정했다.[158]

정부 역시 계속해서 궁지에 몰려 있었다. 정부는 어떻게 해서든지 쓰다를 극형에 처하지 않으면 러시아의 분노가 풀리지 않을 것이라 생각했다. 그러나 그러기 위해서는 천황, 황후, 황태자에 대한 위해는 사형에 처한다는 형법 116조의 규정을 적용해야 했다. 정부는 그렇게 하기로 결정하고, 5월 12일 대심원 원장 고지마 이켄(児島惟謙)에게 동의를 요청했지만 고지마는 이를 거부했다. 그리하여 5월 18일,

마쓰카타(松方) 수상은 고지마를 내각으로 다시 불러 다음과 같이 설득했다. 즉 황태자의 방일이 통지되었을 때 러시아 공사는, 만일 일본 체류 중에 일본인에 의해서 "불경의 행위가 있을 때에는 귀국의 형법에는 이를 처벌할 만한 정확한 조항이 없다. 따라서 칙령으로 관련 법률을 설정해 달라"고 요청했었다. 그래서 "각의에서" 아오키 외상이 칙령에 의한 새로운 법은 필요가 없다, "만일 이와 같은 사태가 발생하면, 우리 황실에 대한 법률에 따라 처단해야 할 것"이라고 회답했었다. 이번 사태가 발생하고 "국제적으로 식언을 할" 수는 없기 때문에, 각의에서 결정해 아오키 외상이 러시아 공사에게 황실에 관한 형법 규정을 적용하겠다고 통지했다. 이와 같은 내각의 희망을 들어주기 바란다.[159]

마쓰카타는 고지마을 설득하기 위해서, 러시아가 요구해 이미 황실 규정의 원용을 약속했다고 거짓말을 한 것이 틀림없다. 이 거짓말은 셰비치에게 형법개정안에 외국 귀빈의 모욕에 대한 처벌규정을 집어넣겠다는 이야기를 했다는 점을 근거로 했을 것이다. 아오키는 셰비치를 싫어했다. 따라서 셰비치가 거만한 요구해왔다고 거짓말을 했던 것이다.[160]

아오키 외상은 사건이 발생한 후에 러시아 공사가 범인을 중형에 처해 달라고 서한을 보내 왔다고 자서전에 쓰면서, 자신은 그 요구에 일관하여 반대했던 것처럼 기술하고 있는데,[161] 이 또한 거짓말이다. 5월 16일의 시점에서 셰비치 공사에게 범인에 대한 사형 적용을 요구하는 문서를 제출해 달라고 구두로 요구한 것은 아오키였다. 셰비치 공사는 아오키에게 그러한 요청을 받았지만, 쓰다에 대한 사형의 적용을 일본 정부에 직접 요구하는 것은 거부할 작정이라고 본국에 청훈(請訓)했다. 그리고 황제 역시 그렇게 해도 좋다고 전하라고 했다.[162]

익히 알고 있는 바와 같이 대심원의 고지마 원장은 어디까지나 국권과 사법권 독립의 관점에서 내각의 요구를 줄곧 거절했고, 오쓰 지방재판소에서 열린 대심원 특별법정에 대해 일반의 통상적인 모살(謀殺) 미수로 재판하도록 지도했다. 공판은 1891년 5월 27일에 시작되어 비공개로 진행되었고, 개정 당일 무기 도형(徒刑)의 판결이 내려졌다.

러시아는 쓰다가 사형 판결을 받지 않은 점이 불만스러웠다. 외상 기르스는 6월 3일(5월 22일) 황제의 뜻을 존중하여 "쓰다 순사에 대한 재판의 전 과정 및 그 판결은 정부가 약하다는 점을 증명하고 있다, 정부가 자국의 주인이 되어 있지 못하다고 말할 필요가 있다"며 주일 공사에게 불쾌감을 표시하라고 지시했다.[163] 셰비치는 이러한 뜻을 담은 문서를 일본 외상에게 건넸다. 이 문서에는, 순사 쓰다 산조에게 "그가 짊어져야 할 최고형으로 징역형을 선고한 사실"에 관해서 러시아 정부는 "상황의 주인에게 충분하지 못하다(ne point être suffisamment maître de la situation)고 느껴지며, 일본 정부가 약하다(la faiblesse du Gouvernement Japonaise)는 징후를 발견하지 않을 수 없다"고 쓰여 있었다.[164] 이때 아오키 외상은 책임을 지고 사직했기 때문에, 에노모토 다케아키가 외상이 되어 있었다. 에노모토는 이런 표현을 문서에 적어 일본 측에 건네는 것은 삼가달라고 강력하게 요구했다. 지나치게 모욕적인 표현이라서 일본 여론을 자극할 것이라고 생각했던 것이다. 셰비치는 친러적인 에노모토의 말이니까 문서로 전달하지 않아도 좋다는 허가를 내려 주었으면 좋겠다고 요청했다. 외상과 황제 모두 그리해도 좋다고 회답했다.[165]

범인을 붙잡은 두 명의 인력거꾼에 대해서는 일본 정부로부터 훈8등 백색동엽장((勳八等白色桐葉章)이 수여되었다. 러시아도 같은 급의 소취[小鷲, 작은 독수리]훈장을 수여하고, 각각 2,500달러씩을 지급함과 동시에 종신연금 1,000엔씩을 약속했다. 6월에는 메이지천황의 명령에 따라, 러시아 황태자가 기적적으로 죽음을 면한 것을 기념하는 비를 오쓰사건 현장에 세우기 위한 모금이 시작되었다. 범인 쓰다 산조는 공판 전에 이미 식사를 거절하고 자살을 기도했던 것으로 알려져 있었는데, 투옥된 아바시리(網走)의 감옥에서 결국 이해 9월 29일 폐렴으로 사망했다.[166]

시베리아철도 착공

일본에서 블라디보스토크로 돌아온 황태자 니콜라이는 1891년 5월 30일(18일) 시베리아철도위원회 위원장의 자격으로 시베리아철도의 일부인 우수리철도의 기공식에 참석했다.

니콜라이가 탄 함선이 블라디보스토크로 입항한 것이 5월 23일(11일)이었다. 니콜라이는 29일(17일)에는 극동 러시아 획득의 공로자 네벨스코이 제독의 기념비 제막식에 참석했고, 30일(18일)에는 니콜라이라는 명칭의 건독[乾dock] 기공식에도 모습을 나타냈다. 이 가운데 자신의 이름이 붙여진 독에 대해서는 특히 깊이 생각하는 바가 있었던 모양이다. "나에게는 이 독이 미래의 위대한 항구 블라디보스토크와 굳게 연결되는 기반이 될 것이다."[167] 그런데 니콜라이는 시베리아철도에 대해서는 그다지 깊은 관심을 보이지 않았고, 극동의 땅을 문명화하는 러시아의 사명과 철도를 연결해 생각하지도 못했다. 5월 31일(19일) 우수리 철도 기공식 날 그는 일기에 다음과 같이 썼다.

"꽤 추운 날이어서 바람이 몸에 스몄다. 10시에 시외의 페르바야 레치카로 나갔다. 거기서 블라디보스토크까지 2.5베르스타[露里, 1베르스타는 1.067킬로미터]의 구간에 병사들과 죄수들이 최단기간에

노선을 개통시킨 것이다. 기도를 한 후에 손수레로 흙을 날랐다. 새로운 우수리 철도 기차를 타고 블라디보스토크까지 갔다. 기차 뒤를 모든 노동자들과 중국인들이 쫓아 달려왔다. 미래의 정거장 무라비요프-아무르스키에 도착, 기차에서 내려 짧게 기도한 후 대 시베리아철도의 종점에 요석(要石)을 세웠다. 정말로 중요한 일이다. 철도 기사들의 사무실에서 아침 식사를 한 뒤, 나는 커다란 텐트 안에서 시베리아철도 정초에 관한 아빠의 칙서를 낭독했다. 이밖에 코르프 남작이 매우 적절한 인사를 했다."168

이렇게 유럽 쪽 러시아와 극동 러시아를 잇는 장대한 사업인 시베리아철도의 건설을 만천하에 선언했다. 이 사업의 엔진이 된 재무성 철도사업국장 세르게이 비테는 1892년 2월 교통장관대행으로 임명되었고, 9월에는 재무장관에 임명되었다. 이해 11월 18일(6일) 비테는 상주보고 '대 시베리아철도 건설의 방법과 이 사업을 심의할 협의회 임명에 관하여'를 황제에게 제출했다. 상당한 장문의 이 보고서는 황제의 승인을 받았다. 그에 기초해 협의회의 소집이 진행되었고, 11월 25일(13일) 비테는 다시 장대한 의견서 '대 시베리아철도 건설의 방식과 방법에 관하여'를 작성, 배포했다. 이 두 편의 의견서는 비테의 시베리아철도관을 설명해 준다. 두 번째 의견서를 살펴보자.

비테는 시베리아철도가 "우리 조국뿐만 아니라 전 세계에서 금세기 최대의, 그리고 가장 중요한 기획 가운데서도 제1등의 지위를 점하는 권리를 지닌 사업"이라고 했다. "'전 시베리아 횡단' 철도는 넓은 의미에서 국가적 사업이며, 이 경우 시베리아 간선철도의 부설은 유일하고 올바른 관점에서 완전히 뒷받침되어야 할 뿐만 아니라, 그것이 해결된다면 우리 조국의 경제, 문화, 정치상 최대의 성공이 되는 제1급의 의의가 있는 과제라고 인정할 만하다."169

비테는 시베리아철도가 시베리아를 유럽 쪽 러시아와 연결함으로써 142만 평방 베르스타의 땅, 즉 독일, 오스트리아-헝가리, 네덜란드, 벨기에, 덴마크를 합한 규모 정도의 땅의 개발을 촉진하는 효과를 거둘 것으로 보았다. 시베리아철도는 시베리아의 농업발전에 유의미하고, 시베리아로의 이민을 촉진할 뿐만 아니라, 이에 더해 풍부한 시베리아의 천연자원, 광물자원의 개발도 이루어지며, 특히 금 채굴도 발전할 거라고 주장했다. 그리고 이를 넘어서 시베리아철도는 "유럽과 태평양 및 아시아 동방과의 사이에 단절이 없는 철도 연락체계를 확립함으로써 러시아의 상업뿐만 아니라 세계의 상업에 있어서도 새로운 길, 새로운 지평을 열 것"이라고 주장했다. 이렇게 함으로써 러시아는 "동방 아시아와 서방 유럽 사이의 생산물 교환의 중개자로서의 이점뿐 아니라 아시아적 동방의 여러 국민들에게 어느 나라보다도 가까이 위치하는 대(大)생산자, 대(大)소비자로서의 이점을 향유할 수 있고, 또 그래야 한다"[170]라고 주장했다.

비테는 특히 중국, 일본, 조선은 총 인구가 4억6천만 명 이상인데도 국제 상업에서 점하는 거래액은 5천억 루블에 지나지 않아 유럽과의 무역을 충분히 발전시키지 못하고 있다고 지적하고, 시베리아철도의 개통으로 러시아와 중국 사이의 통상관계가 크게 비약할 것이라고 첨언했다. 비테는 끝으로 시베리아철도의 전략적 의의에 관해 언급하면서, 통상관계의 발전이 평화우호관계를 증진할 것이다, 좋은 관계를 바라는 미국과 가까워진다, 그리고 태평양함대를 지탱할 수 있다는 세 가지 이점을 지적했다.[171]

비테는 시베리아철도의 건설은 공사구간을 나누어 동시에 개시한다는 방침을 분명히 했다. 첫째로, 서(西)시베리아의 첼랴빈스크에서 오비강 사이 1,328베르스타의 공사, 오비강에서 바이칼 호 서안의 이르쿠츠크까지 1,754베르스타 구간의 공사, 그리고 1891년부터 시작된 블라디보스토크에서 그라프스카야까지 378베르스타 구간의 공사이다. 이는 기본적으로 1893년부터 시작해 1900년까지 완성한다. 둘째는 그라프스카야부터 하바로프스크까지의 북(北)우수리 철도(347베르스타)와 자바이칼의 미소바야부터 스레첸스크까지 1,009베르스타 구간이다. 이 구간의 공사는 1895년부터 시작해 전자는 1898년에 완성하고 후자는 1902년에 완성한다. 셋째는 환(環)바이칼호(湖)선 292베르스타와 스레첸스크에서 하바로프스크까지 2,000베르스타 구간인데, 이 부분의 착공과 완성 시기는 미정이었다.[172]

비테는 첫 번째 그룹의 총 건설비로 1억 5천만 루블을 산출했다.[173] 비테는 이 재원을 국내외의 기채(起債)로는 충당할 수 없다면서, 지폐의 증쇄로 자금을 조달하는 비상조치를 제안했다.

장관협의회는 비테의 보고를 승인하고, 건설비의 지출 역시 인정했다. 의사록은 1892년 12월 22일(10일) 황제에게 제출되어 승인을 받았다. 1893년 1월 26일(14일) 시베리아철도위원회 설치가 포고되었고, 의장에 황태자 니콜라이가 임명되었다. 나중에 의장대리에 전 재무장관 분게, 사무국장에 쿨롬진이 임명되었다.[174] 비로소 전면적인 건설이 시작된 것이다.

러시아 제국 내에서도 시베리아철도의 건설 개시는 아시아에서 지녀야 하는 러시아의 사명이라는 논의를 자극했다. 이런 논지를 주장한 인물로는 부랴트-몽골인인 잠사란 바드마예프가 있다. 그는 바이칼 호 가까이서 자랐고, 페테르부르크제국대학의 동양어학부를 나와 러시아 외무성에서 근무했다. 한편으로 형에게 배운 티베트 의술로 많은 환자를 치료했다.[175] 그러한 바드마예프가 1893년 2월 비테에게 접근해 알렉산드르 3세에게 아시아 동방에서의 러시아의 정책에 관한 의견서를 제출했다. 동양의 여러 민족, 몽골, 티베트, 한족(漢族)은 만주왕조의 지배에서 벗어나 러시아 제국, 즉 '하얀 차르'의 비호를 요청하고 있다면서, 동방에서의 러시아의 사명을 강조했다. 구체적으로는 사명의 실현을 위해 시베리아철도의 지선(支線)을 간쑤(甘肅)까지 부설하자고 제안했다.[176] 비테는 여기에 자신의 의견을 더해서 알렉산드르 3세 앞으로 보냈다. 비테는 바드마예프의 구상을 채택할 생각은 없었지만, 시베리아철도 건설 의의를 보강하는 하나의 재료라고 생각했던 것이다.[177] 황제는 보고서를 회송하면서 "이 모든 것이 신기(神奇)하며, 흔치 않은 환상적인 이야기이고, 성공 가능성을 믿기 어렵다"라고 썼다.[178]

러시아가 시베리아철도 건설에 착수했다는 뉴스는 오쓰사건으로 충격받은 일본 정부와 국민의 주의를 다시 끌었다. 그러나 그 반응은 다양했다.

1891년 8월 유럽에서 돌아온 정치평론가 이나가키 만지로(稻垣満次郎)가 『시베리아철도론』(西比利亜鉄道論)을 출간하자 그해 안에 재판이 나올 정도로 판매량이 많았다.[179] 그는 동방문제에서의 영·러 대립이 동양으로 파급되어 오는 것과 관련해 일본의 외교과제를 논한 영문 저서를 영국에서 저술했고, 그 일본어 번역판 『동방책』(東方策)을 1891년 6월에 출간했다. 그 책에서 벌써 "우리 일본인은 러시아의 시베리아철도 건설을 지나치게 두려워한다"라고 지적하고, "이 철도의 건설이 성취되면, 우리 일본인은 이를 헛되이 두려워하기보다 오히려 이를 이용하는 것이 가장 낫다"라고 하면서, 이 철도의 개통에 의해 "일본은 전 세계의 중점에 설 수 있는바, 동양의 항해 및 기타 제반(諸般) 전권을 쉽게 장악하게 될 것이라 말해야 한다"[180]라고 선언했다.

『시베리아철도론』은 상당히 상세한 분석서였으며, 나아가 일본이 이에 대해서 취해야 할 정책까지 논한 것이었다. 이나가키는 "동양에 대한 러시아의 정책은 영국을 간접적으로 공격하는 정략일 뿐이다.

러시아의 목적은 일본도 아니고 지나(支那)도 아니며, 바로 영국이다. 고로 시베리아철도의 성공은 우리 일본인이 구태여 두려워할 일이 아니다"라면서,[181] 러시아는 "재정상의 곤란" 등을 안고 있어 정략상 일본과 친화하는 길 이외에는 도리가 없으며, "저들의 러시아는 결코 미워할 나라가 아니고, 또 두려워해야 할 나라도 아니다, 아니 그것을 두려워하는 것 같은 짓은 매우 어리석다 하지 않을 수 없다. 우리나라 는 모름지기 그것을 잘 이용해…… 영국과 같은 자를 억제하는 큰 책략을 강구해야 한다. 고로 나는 시베리아철도가 하루빨리 성공하기를 희망하는 것이다"[182]라고 지적했다.

이러한 생각은 앞에 언급한 『도쿄아사히신문』 4월 5일자 논설과도 상통한다. 이와 같은 냉정한 러·일 협조론, 러일동맹론이 시베리아 철도와 관련해 설파되었고, 널리 관심을 모았었다는 사실을 잊어서는 안 된다.

다른 한편으로 불안감에 사로잡힌 사람들도 있었는데, 그들은 시베리아철도를 유럽 쪽 러시아에서 극동까지 군대를 수송하는 전략철도선으로 생각했다. 그와 같은 경계론의 대표적인 예가 1891년 3월 총리대신 야마가타 아리토모(山県有朋)가 쓴 '외교정략론'이다. 여기서 야마가타는, 일국에는 '주권선'과 '이익선'이 있는데 "우리나라의 이익선의 초점은 실로 조선이다"라며 다음과 같은 주장을 전개했다.

"시베리아철도는 이미 중앙아시아로 진출해, 몇 년 지나지 않아 완공 되면 러시아의 수도를 출발하여 십 수일 만에 흑룡강에서 말에게 물을 먹일 수 있게 된다. 우리는 시베리아철도가 완성되는 날이야말로 조선에 많은 일이 일어날 때라는 점을 잊지 말아야 한다. 또 조선에 많은 일이 일어날 때가 바로 동양에 일대 변동이 일어나는 시기라는 점을 잊지 말아야 한다."[183]

야마가타는 "우리나라의 이해(利害)에 더욱 긴절(緊切)한 것은 조선

국의 중립이"라며, "조선의 독립은 시베리아철도가 완성을 알리는 날
과 함께 박빙의 운명에 처하게 될 것"이라고 했다. 그에 대한 대책으
로 일·청 양국이 톈진조약을 유지하든지, "그보다 한 걸음 나아가 연
합 보호의 책을 함으로써 조선으로 하여금 공법상 항구중립의 위치
를 갖도록 할 것인지"를 생각해야 한다고 주장했다. 또한 일본이 주
도해 조선중립화를 도모하는 것은 어렵기 때문에 영·독 두 나라에게
청·일 사이의 중재자가 되도록 해 달라는 것이 좋다. 이것이 실현된
다면 간접적인 이익도 크다. "일·청 양국이 조선의 공동보호의 주체
가 됨으로써 동양의 균세를 이루고, 상호 교의(交誼)를 기대하면서 친
밀하게 될 터, ……류큐(琉球)문제와…… 같은 것 또한 자연스럽게 소
멸해 흔적도 없이 사라질 것이다."[184]

1882년의 이노우에의 조선중립화안이 여전히 살아 있는 셈이었는
데, 시베리아철도에 대한 경계론에서 비롯해 현실적인 문제로 부상
한 러시아의 침략에 대한 대항수단으로서, 청국의 속국으로 간주되
는 조선의 운명에 일본이 적극적으로 개입한다는 자세에 주의할 필
요가 있다.[185]

다른 한편 야마가타 내각의 외무대신 아오키 슈조는 야마가타보다
여섯 살 아래였는데, 그야말로 노골적인 침략주의자였다. 이해 5월
15일 오쓰사건 직후에 쓴 의견서 '동아시아 열국의 권형(權衡)'에서
그는 러시아를 적으로 보는 훨씬 더 노골적인 팽창주의론을 전개했
다. "유럽 각국 가운데 가장 맹렬하고 사나우며 언제나 위험의 근원
이 되는 것은 러시아다"라고 단정하고, '사이베리야' 철도가 극도로
위험하다고 주장했다. 그 역시 일·청이 "서로 협력하고 연합해" 러
시아를 '사이베리야'에서 떠나도록 하는 것이 중요하다고 했다. 그런
데 만일 청국이 러시아와 대항한다면, '사이베리야' 전체를 "청국의
판도"로 하는 수밖에 없다. 일본이 청국과 손을 잡는다면 그것이 "성

공했을 때 과분한 부담과 책임에 대해 역시 과분한 보수(報酬)를 요구할 권리"를 지니게 되는 것은 당연하다. 그 보수는 "일본이 아시아 대륙으로 움직여 나아가기 위한 기초를 창정(創定)하는" 일이다.[186] 구체적으로는 동경 124도에서 '사이베리야'를 분할하는 것이며, 그 기초를 위해서 먼저 해야 할 일은 "조선을 일본의 판도 안으로 귀속시키는" 것이라고 주장했다.[187] 124도라면 바이칼 호의 동쪽, 야쿠츠크의 약간 서쪽이다.

아오키는 러시아와는 전쟁을 치르게 되겠지만 청국과 독일 또는 영국과 동맹을 맺는다면 문제가 없을 것이라고 주장했다. 그러나 전쟁은 뒷날의 이야기고, 당장은 조선에 대한 정책이 문제였다. 아오키는 조선에 대해서는 "강경한 수단을 취해 간섭주의를 시행한다. 그 목적은 조선 정부 및 인민으로 하여금 점점 더 일본에 결탁(結託) 의뢰하는 것이 이익이라는 점을 알게끔 하는 것이다. 마침내 이로써 일본의 구원(救援)을 바라도록 해야 할 것이다"라고 했다. 또 "과수원의 농부가 과일나무를 배양하는 방법을 본받아 우리의 이익을 조선에 심고 우리의 은혜를 그들 인민에게 베풀어, 시기가 오면 평온하게 이를 우리의 손 안에 거둬들일 수 있다"라고도 주장했다.[188]

아오키는 이 의견서를 각료들에게 배포했는데, 체신대신이었던 고토 쇼지로(後藤象二郎) 이외에는 찬성하는 자가 없었다. 아오키는 의견서를 육군 참모차장 가와카미 소로쿠(川上操六), 육군차관 가쓰라 다로(桂太郎)에게도 전했다. 나중에 육군 내부에서 자신의 의견에 찬성한다는 말을 들었다고 아오키는 자서전에 썼다.[189] 아오키의 후임 외상 무쓰 무네미쓰(陸奥宗光)는 아오키와 동갑내기였다.

노불동맹(露佛同盟)의 성립

일본과 러시아의 관계가 황태자의 방일과 시베리아철도의 착공을 둘러싸고 대대적으로 전개된 1891년은 유럽에서 러시아와 독일의 관계가 최종적으로 소멸되고, 러시아와 프랑스의 동맹관계가 형성된 결정적인 전환의 해였다. 전제군주제의 나라 러시아와 프랑스 혁명으로 탄생한 공화정의 나라 프랑스가 동맹을 맺는 것은 의외였지만, 어떤 의미에서는 필연적이었다. 보불전쟁(普佛戰爭)에서 패한 프랑스는 독일에게 강렬한 적의가 있었고, 그 대항논리에서 러시아와의 동맹을 추구하는 것이 자연스러웠다. 외상으로 재직하던 시절 러시아와의 동맹을 모색했던 프레시네가 1890년에 수상이 된 것이 결정적이었다.[190]

러시아는 독일과 오랫동안 동맹국이었고, 황제나 외무성 모두 전통적으로 친독적이었다. 외상 기르스와 그의 보좌역 람스도르프도 개인적으로는 친독적이었다. 전제정치를 보호, 유지하기 위해서는 전쟁을 피해야 했고, 그를 위해서 독일과의 동맹이 필수불가결했다.[191] 그러나 1880년대 불가리아 위기의 결말은 러시아가 전쟁까지 해서 독립을 원조한 불가리아가 오스트리아, 즉 독일의 세력권으로 편입되어버린 것이어서 그에 대한 반발이 강화되었다. 여기에 무역에서의 대립도 있었다.[192] 황제 알렉산드르 3세는 보수적이지만 침착한 그리고 균형 잡힌 인물이었고 장관들의 의견을 자주 청취했지만, 독일을 혐오한 덴마크 왕실 출신 황후의 영향도 그를 반(反)독일 쪽으로 기울게 했다.[193]

1890년 1월부터 2월에 걸쳐서 러시아의 외채가 파리에서 판매되었다. 금융 면에서의 유대는 결정적이었다. 1891년 8월 3일(7월 22일) 외상 기르스는 프랑스와의 협정을 황제에게 제안했다. 다음 날 황제는 이 상주보고를 승인했다.[194] 기르스와 프랑스 외상의 교섭이 시작되었다. 여름휴가도 반납한 채 교섭을 진행했다. 9월 8일(8월 27일)에 노불협정서의 문안이 정리되었다. 최종 협정문은 양국 외상의 왕복 서한 형태를 띠고 있었는데, 양국이 평화를 위협하는 문제에 관해서 협의할 것, 평화가 위험에 노출되는 경우 즉각 그리고 동시에 취해야할 필요한 조치에 관해서 양국은 협정을 맺을 것을 약속한다고 되어있었다.[195]

노불동맹의 성립은 러시아로서는 독일, 오스트리아를 견제하고 서방 국경의 안전보장을 강화하는 조치였으며, 그러한 의미에서는 극동 즉 동북아시아에서 러시아의 어느 정도 적극적인 행동을 가능하게 하는 것이었다. 그러나 이 동맹은 결국 러시아와 독일 및 오스트리아를 전쟁으로 이끌어간 것이기도 했다.

주註

제2장 근대 초기의 일본과 러시아

1 [V.M. Golovnin], *Zapiski flota kapitana Golovnina o prikliucheniiakh ego v plenu u iapontsev v 1811, 1812 i 1813 gg.*, Part 1-9, Sankt-Peterburg, 1816. 이후 1819, 51, 64, 69년에 각각 신판이 나왔다. 일본어 번역본은 井上満訳『日本幽囚記』岩波文庫, 上中下, 1943-46年. I. A. Goncharov, Fregat Pallada. Ocherki puteshestvii Ivana Goncharova, Vol. 1-2, Sankt-Peterburg, 1858. 이후 1862, 86, 95년에 걸쳐 5판까지 판을 거듭했다. 일본어 번역본은 井上満訳『日本渡航記』岩波文庫, 1941年, 高野明·島田陽訳, 雄松堂書店, 1969年.

2 이 과정에 관해서는, 和田春樹「日本人のロシア観 ─ 先生·敵·ともに苦しむ者」, 藤原彰編『ロシアと日本 ─ 日ソ歴史学シンポジウム』彩流社, 1985年, 和田春樹『開国 ─ 日露国境交渉』日本放送出版協会, 1991年, 和田春樹『北方領土問題 ─ 歴史と未来』朝日新聞社, 1999年을 참조할 것.

3 原暉之『ウラジオストク物語』三省堂, 1998年, 또한 Iu Khe Dzhon, Evropeiskii gorod v Azii Vladivostok, Rossiia i ATR, No. 1(27), March 2000, pp. 44-57을 참조할 것. 1874년의 단계에서 일본의 주러 공사는 블라디보스토크 인구에 관해서 '해군 수부와 해병'이 2,500명, 상인이 4,000여명이라고 보고했다. 榎本武揚から寺島外務卿へ, 1874年 10月 12日,『日本外交文書』第8巻, p. 170. 原, 앞의 책, p. 101에 의하면 1878년의 블라디보스토크 인구는 8,393명이었다.

4 『大日本古文書』幕末外国関係文書, 第48巻, pp. 9-24. *Dnevnik Velikogo Kniaz'ia Konstantina Nikolaevicha*, Moscow, 1994, p. 259. 伊藤一哉『ロシア人の見た幕末日本』吉川弘文館, 2009年, pp. 157-160. 이것은 공식 출간되지 않은 문서에 의한 연구다.

5 保田孝一編著『文久元年の対露外交とシーボルト』吉備洋学資料研究会, 1995年, pp. 9-23. 麓慎一「ポサドニック号事件について」,『東京大学史料編纂所研究紀要』第15号, 2005年3月, pp. 189-197. 伊藤, 앞의 책, pp. 170-199.

6 宮地正人「明治維新の変革性」, 第7回 韓・日歴史家会議報告書, 2007年.

7 メーチニコフ(渡辺雅司訳)『亡命ロシア人の見た明治維新』講談社学術文庫, 1982年, p. 25.

8 久米邦武『米欧回覧実記(4)』岩波文庫, 1980年, pp. 106, 109.

9 Nikolai ieromonakh, Iaponiia s tochki zreniia khristianskikh missii, Russkii vestnik, 1869, No. 9. 일본어 번역본: ニコライ(中村健之介訳)『ニコライの見た幕末日本』講談社学術文庫, 1979年. M. Veniukov, Oche춘가 Iaponii, Sankt-Peterburg, 1869. L. Mechnikov, Era prosveshcheniia Iaponii(Mei-Dzi), Delo, 1876, No. 1-2. 일본어 번역본: メーチニコフ(渡辺雅司訳)『亡命ロシア人の見た明治維新』講談社学術文庫, 1982年.

10 真鍋重忠『日露関係史 1697-1875』吉川弘文館, 1978年, pp. 312-318.

11 秋月俊幸『日露関係とサハリン島 ——幕末明治初年の領土問題』筑摩書房, 1994年, pp. 197-198. 구로다 기요타카의 1870(메이지3)년 10월의 건의, 1873(메이지6)년 2월의 '가라후토 건의'(樺太事奏議)는 加茂儀一『榎本武揚』中央公論社, 1960年, pp. 181-183, 210.

12 秋月, 앞의 책, pp. 199-203.

13 Bella B. Pak, Rossiiskaia diplomatiia i Koreia, Vol. I. 1860-1888, Moscow, 1998, pp. 40-41.

14 秋月, 앞의 책, pp. 206-213.

15 이하 본문에 소개하는 러·일 대사관원들의 이름과 부임기간은 모두 다음 연구서에 따름. George A. Lensen, Russian Representatives in East Asia, Tokyo, Voyagers' Press, 1968 및 George A. Lensen, Japanese Representatives in Russia, Tokyo, Voyagers' Press, 1968.

16 加茂, 앞의 책, pp. 211-213.

17 榎本公使から寺島外務卿へ, 1875年1月3, 11日,『日本外交文書』第8巻, pp. 168, 172.

18 榎本から寺島へ, 1875年1月11, 15日, 위의 책, pp. 175, 179.

19 二葉亭四迷「予が半生の懺悔」,『二葉亭四迷全集』第10巻, 岩波書店, 1953年, p. 35.

20 チェーホフ(原卓也訳)「サハリン島」,『チェーホフ全集』13, 中央公論社, 1977年, pp. 285-286.

21 Struve to Terashima, 13/25 July 1875,『日本外交文書』第8巻, pp. 243-244.

22 Roman Rozen, Forty Years of Diplomacy, Vol. 1, London, 1922, pp. 17-28.

23 Struve to Terashima, 27 August 1875,『日本外交文書』第8巻, pp. 266-267. 時任
　理事官の千島受取手続書, 1875年 10月 12日, 위의 책, p. 277.

24『稲佐と露西亜人』(長崎県立図書館蔵), 그리고 沢田和彦「志賀親朋略伝」,『共同研
　究 日本とロシア』第1集, 1987年, pp. 40, 48.

25 V. Ia. Kostylev, *Ocherk istorii Iaponii*, Sankt-Peterburg, 1888.

26 田保橋潔『近代日鮮関係の研究』上, 原書房, 1973年, pp. 149-182 참조.

27『日本外交文書』第3巻, p. 134.

28 위의 책, p. 142.

29『日本外交文書』第7巻, pp. 391-392. 이 점에 관해서는 2009년 2월 5일 제1회
　슬라브-유라시아 연구·동아시아 컨퍼런스의 후모토 신이치(麓慎一) 발표
　(Fumoto Shinichi, Japan's East Asia Policies during the Early Meiji Era: Changes in
　Relations with Korea)에서 시사를 받았다.

30 榎本から寺島へ, 1875年 1月 11日,『日本外交文書』第8巻, pp. 173-174. 이 자료
　의 의의를 지적하고 있는 것은, 芝原拓自「対外観とナショナリズム」,『対外観
　(日本近代思想大系12)』岩波書店, 1988年, p. 475.

31 田保橋, 앞의 책, 上, pp. 393-395.

32 사건에 관해서는 '운요'호 이노우에 요시카 함장의 보고서(1875년 10월 8일)가
　알려져 있지만, 최근에 일본사가 스즈키 준(鈴木淳)이 개정, 개변하기 이전인 9
　월 29일자 보고서를 발견하여 발표했다. 이 보고서와 스즈키의 분석에 의거한
　다. 鈴木淳「『雲揚』艦長井上良馨の明治8年9月29日付けの江華島事件報告書」,『史
　学雑誌』第111編 第12号, 2002年 12月, pp. 64-67. 이 보고서의 의의에 관해서는,
　中塚明『現代日本の歴史認識』高文研, 2007年, pp. 146-181도 참조할 것.

33 Bella Pak, op. cit., Vol. I, pp. 42, 43.

34 S. Anosov, *Koreitsy v Ussuriiskom Krae*, Khabarovsk, 1928, pp. 5-6. 和田春樹「ロ
　シア領極東の朝鮮人 1863-1937」,『社会科学研究』第40巻 第6号, 1989年 3月,
　pp. 238-239.

35 和田春樹「自由民権運動とナロードニキ」,『歴史公論』1976年 1月号, pp. 63-67.

36 和田春樹『テロルと改革――アレクサンドル2世暗殺前後』山川出版社, 2005年.

37 러시아 장관의 경력에 관해서는 이하 모두 D.N. Shilov, *Gosudarstvennye deiateli
　Possiiskoi Imperii 1802-1917. Biobibliograficheskii spravochnik*, Sankt-Peterburg,
　2001에 의거한다. 따라서 개별적인 각주는 생략하기로 한다.

38 Bella Pak, op. cit., Vol. I, pp. 72-73. 일본에서의 근무에 관해서는 렌슨의 연구
　를 참고했다.

39 Ibid., p. 75.

40 田保橋, 앞의 책, 上, pp. 770-786. 이용익에 관해서는『한국인명대사전』신구
　문화사, 1995년, p. 686 그리고 角田芳子『閔妃暗殺』新潮文庫, 1993年, pp. 154-

155.

41 Bella Pak, op. cit., Vol. I, p. 85.

42 Ibid., p. 104.

43 『対外観(日本近代思想大系12)』p. 53.

44 長谷川直子「壬午軍乱後の日本の朝鮮中立化構想」『朝鮮史研究会論文集』第32集, 1994年10月, pp. 143-150, 155.

45 高橋秀直『日清戦争への道』東京創元社, 1995年, pp. 65-70.

46 田保橋, 앞의 책, 上, pp. 946-990.

47 『福沢諭吉選集』第7巻, 岩波書店, 1981年, pp. 223-224.

48 福田英子『妾の半生涯』岩波文庫, 1958年, pp. 22-26, 42.

49 高橋, 앞의 책, pp. 163-167.

50 『日本外交文書』第18巻, p. 309. 田保橋, 앞의 책, 上, pp. 1097-1125.

51 이태진『고종시대의 재조명』태학사, 2000년, pp. 95-134. 李泰鎮(鳥海豊訳 『東大生に語った韓国史』明石書店, 2006年, pp. 61-67.

52 Bella Pak, op. cit., Vol. I, pp. 95-96. 田保橋, 앞의 책, 下, p. 6에는 국왕이 파견한 것은 전 영령관(營領官)권동수(權東壽), 김용원(金鏞元)등 네 명이었다고 되어 있다. 佐々木揚「1880年代における露朝関係――1885年の『第一次露朝密約』を中心として」, 『韓』第106号, 1987年, p. 11.

53 Bella Pak, op. cit., Vol. I, pp. 110-112. 사료는 Shneur's report, 20(8)August 1884, RGVIA. 佐々木, 앞의 논문, p. 13.

54 A.L. Narochnitskii, *Kolonial'naia politika kapitalisticheskikh derzhav na Dal'nem Vostoke 1860-1895*, Moscow, 1956, pp. 370-371. 사료는 Kloun's telegramm, 20(8) September 1884, RGAVMF. 佐々木, 앞의 논문, pp. 13-14.

55 Narochnitskii, op. cit., p. 371. 사료는 Girs to Davydov, 19 September/1 October 1884, AVPRI. 佐々木, 앞의 논문, p. 14.

56 Boris D. Pak, *Rossiia i Koreia*, 2nd edition, Moscow, 2004, p. 82. 사료는 Davydov to Girs, 2/14 December 1884, AVPRI. 이 기술에 주목하여 묄렌드로프의 구상이 이 때 비로소 러시아 단독의 조선 '보호'의 형태를 띠게 되었다고 지적한 것은, 岡本隆司『属国と自主のあいだ――近代清韓関係と東アジアの運命』名古屋大学出版会, 2004年, p. 160이다.

57 Boris Pak, *Rossiia i Koreia*, pp. 82-83. 사료는 Girs to Aleksandr III, 16/28 December 1884, AVPRI. Girs to Shestakov, 16/28 December 1884 and Shestakov to Girs, 17/29 December 1884, RGABMF. 佐々木, 앞의 논문, p. 15.

58 Bella Pak, op. cit., Vol. I, p. 118. 佐々木, 앞의 논문, p. 16.

59 和田春樹『ニコライ・ラッセル――国境を越えるナロードニキ』上, 中央公論社,

1973年, pp. 156-157.

60 Bella Pak, op. cit., Vol. I, p. 121. 佐々木, 앞의 논문, pp. 16-17.

61 『日本外交文書』第18卷, pp. 351-358. 佐々木, 앞의 논문, p. 18.

62 Bella Pak, op. cit., Vol. I, pp. 125-126. Boris Pak, *Rossiia i Koreia*, 2nd edition, pp. 149-150. 사료는 Girs to Aleksandr III, 8/20 January 1885, AVPRI. 佐々木, 앞의 논문, pp. 18-19.

63 Bella Pak, op. cit., Vol. I, p. 127. 사료는 Korf's telegram, 3/15 February 1885, AVPRI. 佐々木, 앞의 논문, pp. 19-20에도 인용되어 있지만, 이것은 Boris Pak, *Rossiia i Koreia*, Moscow, 1979, p. 86에 의거한 것이다.

64 Narochnitskii, pp. 372-373. 佐々木, 앞의 논문, p. 21과 岡本, 앞의 책, p. 161에 도 인용되어 있지만, 번역이 혼란스럽다.

65 Bella Pak, op. cit., Vol. I, pp. 129-130.

66 Ibid., p. 131.

67 Ibid., p. 131. Girs to Aleksandr III, 10/22 May 1885, AVPRI.

68 Ibid., pp. 132-133. Introduction to Shpeier, 19/31 May 1885, AVPRI.

69 Ibid., pp. 133-139. 佐々木, 앞의 논문, pp. 27-31은 중국 측 자료도 참조하여 거의 같은 흐름을 설명하고 있다.

70 月脚達彦 『朝鮮開化思想とナショナリズム──近代朝鮮の形成』 東京大学出版会, 2009年, pp. 37-40.

71 회의록은 『日本外交文書』 明治年間追補 第1册, 1963年, pp. 352-356. 이 사료에 관해서는 佐々木, 앞의 논문, p. 49에 극히 일부가 언급되어 있고, 高橋, 앞의 책, pp. 190-191이 비로소 본격적으로 다루고 있다.

72 『日本外交文書』 明治年間追補 第1册, p. 354.

73 田保橋, 앞의 책, 下, p. 19는 『光緒中日交涉史料』 卷8부터 이노우에와 수(徐) 공 사의 면담기록을 사용했는데, "조선국 내정을 개혁하고, 장래의 화근을 절멸 해야 한다는 의견을 개진하고"라고만 기술한 정도이다. 高橋, 앞의 책, p. 191도 같은 『日本外交文書』 明治年間追補 第1册을 사용하고 있지만, "곤도에게서 온 우(右)의 보고를 보여주고 난 뒤, 조선 정치에 대한 개입의 필요를 설파했다"고 간단하게 설명하고 있을 뿐, 고종에 대한 이노우에의 감정은 일체 들여다보고 있지 않다. 佐々木, 앞의 논문, p. 49는 면담의 기본적 내용에 대해 언급하고 있 지 않다.

74 井上外務卿から榎本公使へ, 1885年 6月 10日, 『日本外交文書』 明治年間追補 第1 册, pp. 356-361. 8개조는 pp. 359-360. 高橋, 앞의 책, p. 191이 이 자료를 처음 으로 사용했다.

75 榎本から井上へ, 『日本外交文書』 明治年間追補 第1册, p. 380.

76 井上から榎本へ, 1885年 6月 10日, 위의 책, p. 360. 에노모토의 생각은 5월의 건

의에도 기술되어 있다. 독일, 영국 공사들의 의견이기도 하다면서, 러시아에 대항하기 위해서는 일·청 합동보호가 필요하다, 텐진조약을 발전시키면 그렇게 된다, 합동보호로 자립시키지 않으면 스위스나 벨기에 같은 중립국이 될 수 없다고 주장했었다. 榎本から井上へ, 1885年 5月 6日, 위의 책, pp. 349-351.

77 榎本から井上へ, 1885年 5月 6日, 위의 책, pp. 379, 381-383.

78 井上から榎本へ, 1885年 7月 15日, 위의 책, p. 384. 高橋, 앞의 책, p. 194는 이 자료에 기초하여, 이노우에가 '방임정책'을 주장했다고 기술하고 있다. 그러나 이것은 정확한 표현이 아니다. 다카하시 자신도 러시아에 대한 조선의 접근 저지가 일본의 대 조선 정책의 제1목표가 되었다고 지적하고 있기 때문이다. 崔碩莞『日淸戰爭への道程』吉川弘文館, 1997年, p. 137은 이노우에의 이 말이 청국이 보일 태도에 대한 판단 미스를 후회하는 것에 지나지 않으며, 대 조선 정책의 포기를 의미하지는 않는다고 주장하고 있는데, 적절한 평가이다.

79 Introduction to Veber, 25 April 1885, *Rossiia i Koreia: Nekotorye stranitsy istorii (konets XIX veka)*, Moscow, 2004, pp. 38-39.

80 Ibid., pp. 40-42.

81 묄렌도르프는 베베르의 부임을 기다리고 있었지만, 지지를 받지 못했기 때문에 텐진으로 떠났다. Bella Pak, op. cit., Vol. I, p. 161. 그리고 후일 닝보(寧波) 세관장이 되었다. 고종과는 연락을 취하면서 조언을 하고 있었던 모양이다. 『駐韓日本公使館記録』 12, p. 101. 대원군의 귀국에 관해서는, 佐々木, 앞의 논문, pp. 35-36.

82 Bella Pak, op. cit., Vol. I, p. 154. 佐々木, 앞의 논문, p. 34.

83 전거(典據)에 차이가 있다. Narochnitskii, op. cit., p. 390은 Veber to Girs, 21 October/2 November 1885에 의거하고 있으며, Bella Pak, op. cit., Vol. I, p. 157은 Veber to Girs, 17/24 October 1885에 의거하고 있다. 佐々木, 앞의 논문, p. 36.

84 Bella Pak, op. cit., Vol. I, pp. 157-158.

85 Ibid., p. 159.

86 Ibid., pp. 159-160.

87 Ibid., p. 162.

88 Ibid., p. 163. 이 사료는 Veber to Girs, 6/18 August 1886, AVPRI.

89 "密啓者, 敝邦偏在一隅, 雖獨立自主, 而終未免受轄他國, 我大君主深爲恥悶, 今欲力加振興, 悉改前制, 永不受他國轄制, 惟不免有所憂忌, 敝邦與貴國, 睦誼尤篤, 有脣齒之勢, 與他自別, 深望貴大臣, 稟告貴政府, 協力黙允, 竭力保護, 永遠勿違, 我大君主與天下各國一律平行, 或他國有所未叶, 望歸國派兵艦相助……." 田保橋, 앞의 책, 上, p. 36.

90 『高宗時代史』, 第2卷, 국사편찬위원회, 1970년, pp. 860-862.

91 佐々木揚「日清戦争前の朝鮮をめぐる露清関係──1886年の露清天津交渉を中心として」,『佐賀大学教育学部研究論文集』第28巻 第1号, 1980年. Bella Pak, op. cit., Vol. I, pp. 166-175.

92 Bella Pak, op. cit., Vol. I, p. 176.

93 Ibid., pp. 177-178.

94 Ibid., pp. 178-179.

95 岡本, 앞의 책, pp. 170-171.

96 Bella Pak, op. cit., Vol. I, p. 183.

97 Zhurnal Osobogo Soveshchaniia, 26 April 1888, KA, 1932, kn. 3(52), p. 55. "마찬가지로 그 나라에 의도를 지니고 있는 일본과도"라는 부분이 공표된 텍스트에는 "……영국과도"로 되어 있다. 문장 중에 영국은 조선에 의도를 가진 존재로는 나오지 않는다. '영국'은 '일본'의 오기인 것으로 보인다. 벨라 박 역시 공표된 텍스트에 의존했지만 '일본과도'라 쓰고 있다. Bella Pak, op. cit., Vol. I, p. 186. 사사키 요(佐々木揚)는 공표된 텍스트를 의심하지 않고, 영국이라는 요인을 중시하는 설명을 하고 있다. 佐々木揚「イギリス・ロシアからみた日清戦争」,『黒船と日清戦争』未来社, 1996年, p. 171.

98 KA, 1932, kn. 3, pp. 55-57.

99 Ibid., pp. 57-60.

100 Bella Pak, op. cit., Vol. I, p. 185.

101 KA, 1932, kn. 3, pp. 60-61.

102 日本ロシア文学会編『日本人とロシア語』ナウカ, 2000年을 참조할 것.

103 「官報局時代の仕事」,『二葉亭四迷全集』第10巻, 岩波書店, 1953年, pp. 191-222.

104 原, 앞의 책, pp. 218-229.

105 Narochnitskii, op. cit., p. 552.

106 Dnevnik V. N. Lamsdorfa(1886-1890), Moscow, 1926, p. 159.

107 保田孝一「大津事件と被害者ニコライ」,『危機としての大津事件』関西大学法学研究所, 1992年, p. 107. 야스다(保田)의 주장은 러시아외무성 문서의 검토를 바탕으로 하고 있다.

108 和田春樹『テロルと改革』p. 320.

109 Russkaia mysl', 1890, IV, pp. 244-245.

110 Ibid., 1890, VIII, pp. 159-160. 솔로비요프의 이 논문에 관해서는, Vasilii Molodiakov, Obraz Iaponii v Evrope i Rossii vtoroi poloviny XIX-nachala XX veka, Moscow-Tokyo, 1996, pp. 116-117.

111 다음을 참조할 것. 和田春樹「エス・ユ・ヴィッテ」,『歴史学研究』第253号, 1961年 5月. Theodore H. von Laue, Sergei Witte and the Industrialization of

Russia, Columbia University Press, 1963(菅原崇光訳『セルゲイ・ウィッテとロシアの工業化』勁草書房, 1977年). B.V. Anan'ich, R.Sh. Ganelin, *Sergei Iul'evich Vitte i ego vremia*, Sankt-Peterburg, 1999.

112 I.V. Lukoianov, Sibirskaia zheleznaia doroga, *S.Iu. Vitte, Sobranie sochinenii*, Vol. 1, kn. 2, part 1, Moscow, 2004, pp. 123-125.

113 B.A. Romanov, *Rissiia v Man'chzhurii (1892-1906)*, Leningrad, 1928, pp. 51-53.

114 B.B. Glinskii, *Prolog Russko-iaponskoi voiny: Materialy iz arkhiva grafa S.Iu. Vitte*, Petrograd, 1916, XXXV, January 1914, p. 8.

115 『対外観』(日本近代思想大系12), pp. 242-248.

116 조르지의 탄생년도는 일본 측 자료로 알 수 있다. 1869년생으로 니콜라이보다 한 살 아래이다. 「露国皇太子御遭難之始末」, 『大津事件関係史料集』上, 山梨学院大学社会科学研究所, 1995年, p. 155.

117 Aleksandr Bokhanov, *Imperator Nikolai II*, Moscow, 1998, pp. 57-58.

118 *Imperator Aleksandr III i Imperatoritsa Mariia Fedorovna. Perepiska*, Moscow, 2001, p. 190.

119 A.A. Cherevkova, *Ocherki sovremennoi Iaponii*, Sankt-Peterburg, 1898, p. 143. 이 사건에 관해서는, 山室信一『日露戦争の世紀』岩波新書, 2005年, pp. 35-36.

120 Ibid., pp. 144-146.

121 사건에 관해서는, 『東京朝日新聞』1890年 11月 30日号. 체포자의 석방에 관해서는, 같은 신문, 같은 해 12月 2日号.

122 Narochnitskii, op. cit., p. 553.

123 V.N. Lamsdorf, *Dnevnik 1891-1892*, Moscow-Leningrad, 1934, p. 7.

124 青木外相から岡部外務次官へ, 1891年 5月 12日, 『日本外交文書』第24巻, p. 133. 같은 취지의 문장이 Shevich to Aoki, 12 May 1891, 위의 책, p. 131에도 있다.

125 이하 오쓰사건 관련 러시아외무성 자료는 야스다 고이치가 발견, 획득한 것으로서, 그의 사후 도쿄대학 사료편찬소에 기증되었다.

126 青木からシェーヴィチ公使へ(公文), 1891年 2月 6日, AVPRI, Missiia v Tokio, Op. 529, 1891 g., D. 397, L. 30. 야스다 문서(保田文書).

127 Shevich to Girs, 9/21 January 1891, AVPRI, Missiia v Tokio, Op. 529, D. 42, L. 13-14. 위의 문서.

128 青木からシェーヴィチへ(極秘), 1891年 1月 20日, Ibid., L. 21-23. 위의 문서.

129 Shevich to Girs, 9/21 January 1891, Ibid., L. 14ob. 위의 문서.

130 이것은 1891년 1월 23일(11일)의 편지인 모양이다. Shevich to Girs, 27 January/8 February 1891, Ibid., L. 14. 위의 문서.

131 青木からシェーヴィチへ, 1891年 1月 31日, AVPRI, Missiia v Tokio, Op.

529, 1891 g., D. 397, L. 20-23. 프랑스어 번역은 Ibid., L. 16-19. 위의 문서. 이 사료에 기초하여, 아오키 외상이 일본의 형법에 외국귀빈모욕죄 추가를 약속했다는 것은 保田, 앞의 논문, p. 105가 처음으로 밝혀냈다.

132 Shevich to Girs, 27 January/8 February 1891, Ibid., L. 13-13ob. 위의 문서.

133 青木からシェーヴィチへ, 1891年 2月 6日, Ibid., L. 30-32. 위의 문서.

134 Shevich to Girs, 27 January/8 February 1891, Ibid., L. 14ob. 위의 문서.

135 保田, 앞의 논문, p. 105는 형법개정안을 니콜라이의 방일에 대비한 경계안이라고 보고 있지만, 옳지 않다.

136 *Russkaia mysl'*, 1890, XII, pp. 229-230.

137 Nikolai II's Diary, 8-12 March 1891, GARF, F. 601, Op. 1, D. 225, pp. 92-107.『東南アジア史』山川出版社, 1999年, p. 414.

138 우흐톰스키의 아시아관에 관해서는, Schimmelpenninck van der Oye, *Toward the Rising Sun: Russian Ideologies of Empire and the Path to War with Japan*, Northern Illinois University Press, 2001, pp. 42-60.

139 Nikolai II's Diary, 15 April 1891, GARF, F. 601, Op. 1, D. 225, pp. 160-161. 야스다의 번역은, 保田孝一『最後のロシア皇帝ニコライ二世の日記』増補, 朝日新聞社, 1990年, p. 20.

140 Ibid., p. 162. 保田, 앞의 책, p. 21.

141 Ibid., 16 April 1891, Ibid., pp. 163-164. 保田, 앞의 책, pp. 23-24.

142 이에 관해서는 山室, 앞의 책, pp. 37-38에 지적되어 있다.

143 Nikolai II's Diary, 29 April 1891, GARF, F. 601, Op. 1, D. 225, pp. 190-191. 保田, 앞의 책, pp. 11-12.

144 Nikolai II's Diary, 18 May 1891, Ibid., D. 226, p. 3.

145 保田, 앞의 책, p. 16.

146 Nikolai II's Diary, 1 May 1891, Ibid., D. 225, p. 195. 保田, 앞의 책, p. 48.

147 Ibid., p. 192.

148 Ibid., p. 193. 保田, 앞의 책, p. 12.

149 Shevich to Girs, 29 April 1891, AVPRI, F. 133, Op. 470, 1891 g., D. 94, L. 20.

150 『大津事件関係史料集』上, pp. 301, 337-338.

151 Nikolai II's Diary, 1 May 1891, GARF, F. 601, Op. 1, D. 225, p. 196. 이 부분도 保田, 앞의 책, p. 49에 있는데, "심려한 나머지 얼굴이 몹시 추하게 보일 정도로 야위어 있었다"라는 것은 창작이다.

152 Aleksandr III's resolution, Shevich to Girs, 30 April/12 May 1891, AVPRI, F. 133, Op. 470, 1891 g., D. 94, L. 25. Girs to Shevich, 13 May 1891, 『日本外交文書』第24卷, pp. 145-146.

153 Shevich to Girs, 2/14 May 1891, AVPRI, F. 133, Op. 470, 1891 g., D. 94, L. 35-35ob.

154 Aleksandr III's resolution, Ibid., L. 35.

155 皇太子の電報, 『日本外交文書』第24巻, pp. 144-145. 『大津事件関係史料集』上, pp. 202-203.

156 Nikolai II's Diary, 7 May 1891, GARF, F. 601, Op. 1, D. 225, p. 205.

157 Ibid., p. 205. 保田, 앞의 책, p. 58.

158 『大津事件関係史料集』上, pp. 128-132.

159 『児島惟謙 大津事件手記』関西大学出版部, 2003年, p. 30.

160 부인들끼리도 아오키와 셰비치의 감정적 대립에 끼어들었는데, 이에 관해서는 외무차관이었던 하야시 다다스가 기록을 남겨놓고 있다. "공사와 외무대신이 서로 미워하는 험악한 관계였다는 것은 진작 알고 있는 바였다"(林董『後は昔の記他』平凡社, 1970年, p. 246). 아오키도 셰비치의 거만함에 대해서 말하면서, 노골적으로 그 반감을 드러낸 기술을 남겼다. 『青木周蔵自伝』平凡社, 1970年, p. 247.

161 『青木周蔵自伝』p. 251.

162 Shevich to Enomoto, 5 June 1891, 『日本外交文書』第24巻, p. 186.

163 Girs to Shevich, 22 May 1891, AVPRI, F. 133, Op. 470, 1891 g., D. 94, L. 55.

164 Shevich to Enomoto, 5 June 1891, 『日本外交文書』第24巻, pp. 186-187.

165 Shevich to Girs, 25 May/6 June 1891, AVPRI, F. 133, Op. 470, 1891 g., D. 94, L. 62-62ob. 셰비치의 요청문에서 일본에게 굴욕적인 문언을 제외해 달라는 에노모토 신 외상이 요구하여 공사가 본국의 허가를 얻으려 했다는 것은 일본의 외교문서에는 나오지 않는다. 이에 관해서는 러시아 사료에 기초한 保田, 앞의 논문, pp. 111-112이 밝히고 있다.

166 『大津事件関係史料集』上, pp. 111-113. 北海道庁長官より榎本外相へ, 1891年 10月6日, 『日本外交文書』第24巻, p. 199.

167 Nikolai II's Diary, 18 May 1891, GARF, F. 601, Op. 1, D. 226, p. 1.

168 Ibid., pp. 3-4.

169 Vitte's report "O poriadke i sposobakh sooruzheniia Velikogo Sibirskogo zheleznodorozhnogo puti", 13 November 1892, S.Iu. Vitte, Sobranie sochinenii, Vol. 1, kn. 2, part I, Moscow, 2004, pp. 184-185.

170 Ibid., pp. 203-204.

171 Ibid., pp. 207-209.

172 Ibid., p. 214.

173 Ibid., p. 216.

174 Sibirskie pereseleniia, Vyp. 2. Komitet Sibirskoi zheleznoi dorogi kak organizator

pereselenii. Sbornik dokumentov, Novosibirsk, 2006, pp. 72-74, 84-86.

175 바드마예프에 관해서는, Boris Gusev, Moi ded Zhamsaran Badmaev. Iz semeinogo arkhiva, *Novyi Mir*, 1989, No. 11, pp. 199-206.

176 Badmaev's memorandum, 13 February 1893, *Za kulisami tsarizma(Arkhiv tibetskogo vracha Badmaeva)*, Leningrad, 1925, pp. 49-75.

177 Vitte's memorandum, Ibid., pp. 77-81.

178 Aleksandr III's resolution, Ibid., p. 81.

179 稲垣満次郎『西比利亜鉄道論 完』哲学書院, 1891年 8月.『再版 西比利亜鉄道論』 1891年 12月.

180 稲垣満次郎『東方策』第1篇, 活世界社, 1891年, pp. 58, 59.

181 『西比利亜鉄道論 完』p. 189.

182 위의 책, p. 197. 이나가키의 시베리아철도론에 주의를 기울인 것은, 山室, 앞 의 책, pp. 43-45이지만, 이나가키의 주장을 반드시 정확하게 파악하고 있지 는 않다.

183 『山県有朋意見書』原書房, 1966年, p. 197.

184 위의 책, pp. 198-199.

185 高橋, 앞의 책, p. 238도 "외교정략론"은 "조선에 대한 내정간섭 주장이기도 했다"고 쓰고 있다. 중립화라는 것이 러시아에 접근하는 조선왕국에 대한 압 력을 의미한다고도 지적하고 있다. 1885년 이노우에의 고종 부정론은 야마가 타도 공유하고 있었을 것으로 생각된다.

186 青木周蔵「東亜細亜列国ノ権衡」,『日本外交文書』第23巻, pp. 539-540. 종래의 연구자들은 이 의견서를 문제 삼지 않았다.

187 위의 책, p. 541.

188 위의 책, p. 543.

189 『青木周蔵自伝』pp. 109-110.『도쿄아사히신문』주필 이케베 산잔은 1903년 5 월 14일 일기에 '아오키 자작의 대륙경략설'에 관해서 논급하고 있다.『文学者 の日記3 池辺三山(3)』博文館新社, 2003年, p. 145.

190 A.Z. Manfred, *Obrazovanie Russko-Frantsuzskogo soiuza*, Moscow, 1975, p. 235.

191 Ibid., pp. 226-227.

192 Ibid., pp. 228-231.

193 Ibid., pp. 228, 312-313.

194 Ibid., p. 324.

195 Ibid., pp. 329-330.

제3장 청일전쟁과 전후 일본 · 조선 · 러시아 관계

주재 무관 보가크와 동학농민운동

마침내 러시아군 쪽에서도 극동의 군사정세에 관한 관심이 높아졌고, 정보수집을 위해 청국에 주재 무관을 파견했다. 최초로 부임한 인물은 콘스탄틴 보가크 중령이었다.[1] 그는 1892년 4월에 발령받아 톈진에 부임했다. 그리고 이듬해인 1893년 3월에는 일본 주재 무관직도 겸하라는 사령(辭令)을 받았다.

보가크는 1859년생으로 겸직 발령 당시 34세였다. 스웨덴 태생의 귀족이었으며, 부친 이폴리트 보가크는 해군 중장으로 발트함대 사령관 대리직까지 역임한 인물이었다.[2] 아들 보가크는 니콜라이 기병사관학교를 졸업하고 1878년에 임관해 우란스키 근위연대에 배속되었다. 3년 뒤 니콜라이참모본부대학교에 입학했고, 1884년에 졸업한 후에는 빌리노군관구에서 참모로 근무했다. 1889년부터 참모본부의 군무국원으로 근무하다가 극동으로 파견된 것이다.

보가크는 톈진에 상주하면서, 1년에 2개월 동안만 일본에 체류했다. 그가 최초로 일본에 온 것이 1893년 언제쯤이었는지는 확정할 수 없다. 보가크는 일본에 있는 니콜라이 주교의 러시아 정교회에 도움을 요청해 통역을 확보하고, 정보수집을 시작한 것으로 보인다.

당시 러시아에서 주재 무관의 보고는 참모본부 병참총감부 통계과에서 접수했다. 보가크의 보고 역시 이곳으로 보내졌으며, 당시 참모본부 군무국이 출간하던『아시아에 관한 지리, 통계자료집』에 수록되어 있다.[3] 보가크는 1895년 이전 극동에 존재하는 유일한 주재 무관이었기 때문에 당연히 그가 관찰해야 하는 대상에는 청국, 일본, 조선이 포함되어 있었다. 텐진에서 그가 보낸 보고 가운데 최초로 공표된 것은 1893년 5월 28일(16일)자의 보고였다. 조선의 대반란 움직임을 알리는 것이었다.

"현지에서 수취한 최초의 정보에 따르면 운동은 주로 선교사 특히 미국인을 타깃으로 하고 있다고 했다. 그러나 최신 정보에 의하면 전혀 그렇지 않고, 조선의 쟁란은 훨씬 더 넓은 영역에서 벌어지고 있는 것이 분명해졌다. 문제의 소요는 이미 금년 초에 서울에서 감지되었다. 나중에 분명해진 바에 의하면 이는 동학당이라는 결사(結社)를 필두로 한 몇 개인가의 비밀결사의 소행이었다. 동학당은 불과 4, 50년 전에 창립되었을 뿐이지만, 회원은 이미 20만 명 가까이에 달한다. 대다수 회원은 열렬한 광신도로 종교적인 동시에 정치적인 목적을 추구한다. 이 결사는 불교, 유교, 다신교가 혼합된 새로운 종교를 설파하는 한편, 조선을 모든 외국인에게서 해방시킬 것을 요구하고 있다."[4]

보가크는 운동이 지방에서 시작되어 중앙정부에 자신들의 요구를 전하기 위해 24명의 총대(總代)가 서울로 파견되었으며, 그들이 전원 체포되자 4월에는 1만 명의 회원이 수도로 몰려들었다고 설명하고 있었다. 이것은 부정확한 정보였지만, 1893년 3-4월에 동학교도의 행동이 일어난 것은 확실하다. 보가크는 일본의 움직임에도 주목했다. 그에 따르면 일본은 1880년대 중반에 조선을 병탄하려는 기세였지만 청국의 개입으로 텐진조약이 체결되어 일본의 움직임에는 제동이 걸렸다. 그러나 일본의 경제 진출은 멈출 줄을 몰랐고, 이 분야에서 방곡령사건(防穀令事件)이 발생, 일본의 보상요구로 조·일 사이에는 긴장감이 팽배했다. 일본에서는 의회의 다수파와 유력 신문들 모두가 정부의 대 조선 정책이 저자세라고 비난하고 있다. 그들은 조선에서 청국의 영향력을 일소하라고 요구하며, 러시아에 대해서는 "북쪽에서 밀고 내려와 조선 왕국을 병탄하려고 준비하는 허수아비이자 적"이라고 보고 있다.

발생한 소요사건에 대해서 조선 정부는 "고도로 소극적인 태도"를 취하고 있다. 탄압할 힘이 없기 때문에 청국의 리훙장에게 원조를 요청하고 있다. 보가크는 입수된 정보만으로는 아무것도 결론 지어 이야기할 수 없다고 했다. 다만 "본질적으로 이 모든 사정은, 어느 정도 악화된다면 조선문제의 발생, 보다 정확히 말해서 조선문제의 재생으로 이어질 수도 있는, 그러한 종류의 일이라는 점만은 말할 수 있을 것이다."[5]

일본의 조선 출병 결정

보가크의 분석은 선견지명을 보여주고 있었다. 1894년 초부터 동학농민운동은 본격화했고, 조선문제는 정말로 전 극동, 동북아시아의 초점이 되어갔다. 조선의 남부 전라도 지역을 제압한 농민부대가 북상해, 도의 중심 전주를 점령한 것은 1894년 5월 31일이었다. 6월 1일 조선 정부가 청국에 출병을 요청했다는 스기무라 후카시(杉村濬) 대리공사의 전보가 일본 외무성에 도달했다. 무쓰 무네미쓰 외상은 이대로 두면 조선은 "청국이 하는 대로 맡겨둘 수밖에 없게" 되어버린다면서, 청국이 출병한다면 일본 역시 톈진조약에 기초해 상당수의 병사를 파견해야 한다고 주장했다. 6월 2일 참모총장과 차장의 출석을 요구하며 소집된 각의는 무쓰 외상의 제안을 듣고 공사관과 거류 일본인을 보호할 목적으로 조선에 출병할 것을 결정했다. 파견병력은 혼성 1개 여단이었다.[6] 조선 정부에게서 받은 요청이 전혀 없었는데도, 조선의 요청으로 청국이 출병하는 사태에 대항해 조선에 군대를 투입하는 결정을 내린 것이다.[7]

이 각의 결정이 내려지기 하루 전날 저녁, 가와카미 소로쿠 참모차장이 외무성으로 무쓰 대신을 찾아왔다. 여기에 배석한 차관 하야시 다다스(林董)의 회고에 의하면 "15년〈임오군란〉·17년〈갑신정변〉에 뒤진 것을 만회하기 위해서 이번에는 반드시 승리를 거둘 필요가 있다. 아산의 청국 병사는 많게 잡아 5,000명 정도 될 것이다. ……우리의 출병 소식을 듣게 되면 필경 그들이 먼저 습격해 올 것이다. 그때 필승을 기하기 위해서는 우리도 6,000~7,000명의 병력이 필요하다. 따라서 우선 혼성여단을 보내면 될 것이다"라는 이야기가 있었다. "어떻게 싸움을 일으키고, 어떻게 이길 것인가 하는 것을 상의했다."[8]

이 회고에는 의문점도 있다. 6월 1일에는 청국 병사들이 아직 아산에 도착하지 않은 상태였다. 그럼에도 외무성과 군부가 출병이라는 핵심 내용을 결정한 것은 있을 수 있는 일이라 생각된다. 1882년의 임오군란 시에는 1개 대대 500명, 1884년의 갑신정변 시에는 2개 대대 1,000명을 투입했다. 이번에는 혼성 1개 여단 8,000명의 투입을 고려했다. 이는 엄청나게 많은 병력이었고, 완전히 전쟁을 하겠다는 자세였다.

보가크의 다음 보고는 6월 4일(5월 23일)에 있었다. 이번에는 3월에 상하이에서 발생한 조선인 망명자 김옥균의 암살에 관한 상세한 보고였다. 김옥균은 "1884년 혁명운동의 두목 가운데 하나"이며, 거사가 실패한 후 일본으로 망명했다. 조선 정부가 그의 인도를 요구했지만, 일본 정부는 정치범이라면서 오가사와라 제도(小笠原諸島)와 홋카이도에서 거주하도록 했다. 그 후 도쿄로 나오는 것이 허락되었지만, 조선 정부의 앞잡이 이일식(李逸植)이 그를 상하이로 유인했고 거기서 이일식의 수발을 들던 홍종우(洪鍾宇)에게 살해되었다. 김옥균의 유체는 청국 정부에 의해 조선 정부로 인도되었다. 서울에서는 공개된 곳에서 김옥균 시체의 사지를 찢어 효수한 후 머리 이외의 부분은 강에 버렸다. 머리는 다시 지방에서도 공개되었는데, 결국 누군가가 훔쳐가 그 이후로 발견되지 않았다. 이러한 상황을 보가크는 상세하게 기술했다.

"이 살해사건은 일본에서 큰 파장을 불러일으켰다. 이미 오래 전부터 정부에 대해 적대적인 감정을 지니고 있던 모든 자유주의파 신문 잡지들이 일치해, 일본의 보호 하에 있던 인물이 살해된 사건 대해서 정부가 불법적이고 극히 저자세적인 태도만을 취한다고 맹렬하게 비난하기 시작했다. 이들은 이 사건에서 보여준 조선과 청국의 행동양식에 대해서 강하게 분개해야 하며 부끄러워해야 할 구석이 있다고도 소리 높여 지적했으며, 지금도 지적하고 있다."[9]

보가크는 이러한 반응에 일본 사회의 분위기가 잘 나타나 있다고 생각했다. 또 김옥균 살해사건이 지금 시작되고 있는 조선 내부의 소요를 한층 더 자극할 것이라고 예상했다.

보고의 후반부는 청국의 조선 출병에 관해 입수된 정보의 분석으로 채워졌다. 위안스카이의 요청에 답하여 리훙장이 파병 준비를 명령했다는 것이다. "조선의 진정을 위한 청국군의 파견부터 이 왕국의 점령까지는 불과 한 걸음이다." 보가크는 이 사태는 러시아에게 분명 "바람직하지 않다"고 지적했다. 일본은 반드시 반발할 것이다. "정부는 여론에 양보하지 않을 수 없으며, 조선문제에 대해 제국의 존엄에 적합하게끔 관여하지 않을 수 없게 된다." 일본이 부산을 점령하기라도 하면, 러시아가 "조선에서 일어난 사태에 대해 단지 방관자로만 머물" 수는 없을 것이다.[10] 보가크는 조선문제가 "매우 중대하고도 첨예한 국면"으로 들어섰으며, 가령 이번에는 충돌로 발전하지 않는다고 해도 조만간 "조선문제는 이 해체되고 있는 왕국의 운명에 관심을 보이는 국가들의 참여에 의해 최종적으로 [어떤식으로든] 해결되지 않을 수 없을 것"이라고 보았다. 그러나 청국군이 파견되면 조선문제 해결의 지연은 "이미 불가능해질 것"이라고 결론짓고 있었다. 보가크는 일본 정부가 벌써 조선 파병의 움직임을 시작했다는 사실을 알 수 없었지만, 사태의 전개에 관한 그의 전망은 정확했다.[11]

청국의 병력은 동학세력의 진압을 위해 6월 8일 서울의 남쪽 충청도 아산에 상륙했다. 약 2,500명이었다. 이에 대해 혼성 1개 여단 8,000명의 출병을 결정한 일본 측에서는 선발 1개 대대가 6월 9일에 일본을 출발했다. 이 선발대 1,000명은 13일에 인천에 상륙해 서울로 진격했다. 이어서 본대 제1진 3,000명은 6월 10일부터 11일에 걸쳐서 우지나(宇品)를 출항하여 16일에 인천에 상륙했는데, 서울 진격은 잠시 지연되었다. 후속 4,000명의 일본 출발 역시 늦춰졌다. 서울로 귀임한 오토리 게이스케(大鳥圭介) 공사의 판단이었다.[12]

오토리는 1833년에 태어났다. 서양식 병법을 공부하고 막부의 보병 부교(奉行)가 되었으며, 에노모토의 부대에 합류해 하코다테에서 관군에 대항했다. 그 뒤 신정부에 참여하는 것을 허락받고 청국 공사를 역임한 후 1893년부터 조선 공사로 있었다.[13]

보가크는 6월 14일(2일)자 보고에서, 휴가를 떠날 청국주재 공사 카시니를 대리하기 위해 서울에서 베이징으로 온 베베르와 리훙장이 만난 모습을 전했다. 리훙장이 조선 왕의 요청으로 파병했다고 설명하자 베베르는 왕이 그런 요청을 했다면 그것은 오직 위안스카이의 주장에 따라 그리한 것으로 확신한다고 단언했다. 그리고 "조선의 불가침성은 청국에 의해서도 그리고 러시아나 일본으로서도 평등하게 존중하지 않으면 안 된다"라고 말하고, 청국의 조선 개입정책은 "좋은 일이 될 수 없다", 조만간 조선에 관심을 지닌 제3국의 개입을 초래할 것이라면서, 파병을 중단하라고 요청했다는 것이다.[14] 출병 요청이 위안스카이의 강요에 의해서 이루어졌다는 점은 오늘날 한국의 역사가들에 의해서 확인되어 있다.[15]

그리고 보가크는 일본의 청국 주재 무관이나 도쿄에 있는 자신의 정보원들을 통해 일본의 출병 결정에 관해서도 정보를 입수해 보고했다. 일본 무관은 자국민 보호를 위한 출병이라고 설명했지만, 보가크는 "일본의 조선 파병은…… 역시 조선과 관련해 일본이 청국에 대해 품고 있는 선망(羨望)과 시샘에 기인한 것이라는 생각을 지울 수 없다"고 단언했다.[16]

일본 정부의 기본 방침

본디 일본 정부 내에도 무쓰 외상의 의견에 위구심(危懼心)을 느끼는 자가 있었다. 다름 아닌 이토 수상이었다. 그는 6월 13일의 각의에서 일·청 양군은 공동으로 반란 진압에 임하고, 반란 진압 후에는 양국이 상설위원을 파견해 조선의 내정개혁을 단행하자는 일·청협조안을 제안했다. 무쓰 외상은 이날은 결정을 보류했지만 6월 15일의 각의에서 청국과의 교섭이 어떻게 진행되든 조선의 내정개혁을 완수할 때까지는 병력을 철수하지 않으며, 청국이 동의하지 않을 때에는 일본 단독으로 조선의 개혁을 진행한다는 두 가지 조건을 이토의 제안에 덧붙여 결정하게 했다.[17] 이에 따라 일·청협조안은 청국과 대결해 조선을 지배하는 안으로 의미가 바뀌었던 것이다. 무쓰의 강경노선이 이토의 협조노선을 제압하는 순간이었다.

이 각의 결정에 기초해 일본은 우선 청국에게 공동으로 조선 정부에 내정개혁을 요구하자고 제안했다. 6월 21일 청국 정부는 반란이 진압되었기 때문에 양군은 철수해야 하며, 개혁은 조선 정부에 맡겨야 한다고 회답했다. 이에 대해서 무쓰는, 조선이 "독립국으로서 책임과 자격(責守) 갖추고 있지 않다, 일본은 조선에게 중대한 이해가 있으므로 수수방관하는 것은 "이웃나라의 우의"에 반하며 "우리나라 자위의 길"과도 어긋난다, 따라서 철병은 하지 않겠다고 통고했다. 무쓰는 이를 청국에 대한 '제1차 절교서'라고 불렀다.[18]

바야흐로 청국과 일본은 결정적인 대립의 길로 들어서고 있었다.

전쟁을 회피하기 위해 움직이는 러시아

이 시점까지 러시아 정부는 사태를 관망하고 있었다. 도쿄의 공사는 전년도에 막 부임한 미하일 히트로보였다. 그는 포르투갈 대사로 있다가 갑작스레 일본으로 전출된 사람으로, 극동 정세는 물론 일본 정치에 관해서도 어두웠다. 그러나 위와 같은 사태의 한가운데서 그는 열심히 무쓰 외상과의 회견을 요청했다. 6월 7일 처음으로 무쓰를 만나 설명을 들었다. 무쓰는, 일본은 톈진조약에 기초해 출병한 것이며, 그 목적은 "조선에 있는 일본인들의 생명과 재산의 보호 및 일본 공사관과 영사관의 방위일 뿐"이라고 설명했다. 그러나 일본인들은 농민운동에 동정하고 있으며, 유혈 탄압을 가하는 청국군과의 사이에서 중립을 지킬 수 있을지는 알 수 없다. "또한 상하이에서 조선인 망명자 김옥균이 살해된 일 그리고 도쿄에서 발생한 또 다른 조선인 망명자 박영효에 대한 암살미수 사건으로 인해, 여러 해 동안 쌓인 청국 정부와 조선 정부에 대한 일본인의 증오심이 최근에 와서 더욱 자극을 받아 강화되었다." 그러므로 일·청 양군 사이에 아주 작은 계기로 인해 충돌이 일어날 가능성이 있다. 히트로보는 무쓰의 이런 이야기에 아무런 코멘트를 달지 않고 러시아의 수도로 보고했다.[19]

6월 22일(10일) 유럽에 있던 카시니 주청 공사가 귀임했다. 그는 베이징으로 향하던 도중에 톈진에서 리훙장을 만났다. 리훙장은 러시아 정부가 일본에 대해서 청·일 군대가 동시에 철퇴하는 선에서 교섭을 해 주었으면 좋겠다고 카시니에게 요청했다.[20] 이틀 후 카시니가 리훙장과 두 번째 만났을 때 리훙장은 다음과 같이 말했다.

"일본은 청국에게 몇 번씩이나 공동으로 조선의 내치를 장악하자고 제안해왔다. 이 제안에는 일본이 조선에 최종적으로 세력을 확립하겠다는 결연한 의도가 담겨 있다는 점이 분명하게 나타나 있다. 청국은 1886년 러시아에게 구두로 약속한 바를 성실하게 지킬 작정이므로 일본에게 분명하게 노[No!]라고 말한 것이다. 이제 와서 일본이 위의 제안을 받아들이지 않는 한 자국의 군대를 서울로부터 철퇴시키지 않겠다고 선언했다. 사태는 극도로 긴장되어 있다. 청국은 평화적인 활로를 찾는 유일한 희망으로서 러시아의 결정을 일일천추(一日千秋)의 마음으로 기다리고 있다."[21]

이제 와서야 리훙장은 청국군의 파견이 어떤 분쟁을 초래하게 되었는지를 이해한 것이다.[22]

보고를 받은 외상 기르스는 황제의 지지를 얻어 히트로보 공사에게 리훙장의 요청대로 일본 정부에 공작을 펼치라고 훈령했다.[23] 6월 25일 히트로보가 무쓰를 만났을 때, 무쓰는 "일본은 여하한 보증도 없이 군대를 철퇴시킬 수 없다" "청국이 직접 도발하지 않는 한 어떠한 경우에도 일본은 군사행동을 시작하지 않을 것이다"라고 말했다. 히트로보는 "현 내각은 일본에서 한창 타오르고 있는 조선문제에 너무 깊숙이 들어가 있기 때문에 그럴 듯한 구실이나, 거짓일지라도 모종의 성과가 없으면 후퇴는 할 수 없을 것"이라는 인상을 받았다.[24]

같은 날인 독판교섭통상사무 조병직(趙秉稷)은 국왕의 명령으로, 남부의 반란이 종식되었다는 점, 외국 군대가 주둔하고 있다는 이유로 소요가 발생할 가능성이 있다는 점, 청·일 양국이 합의해 철군하는 것이 바람직하다는 점을 외국 사절들에게 전하고, 본국 정부에 보고해 줄 것을 요청했다. 6월 10일 전주의 동학군과 정부군 사이에 화약(和約)이 성립하고 동학군이 전주에서 철수했다는 사실이 이러한 요청의 배경이었다. 조선 정부의 이러한 요청에 관한 보고가 러시아 정부에도 도달했다.[25] 이를 접수한 외상 기르스는 리훙장이 요구하는 정식 중개에 관해서는 현재 다투고 있는 양국의 합의를 얻을 수 없기 때문에 보류하기로 하고, 조선 정부의 이러한 요망을 지지한다고만 일본 정부에 통고하고자 한다며 황제의 허가를 요청했다.[26]

6월 30일 히트로보는 기르스 외상의 지시에 따라 조선 정부의 요망을 전하고 그 요망에 따라 철군을 촉구하는 문서를 무쓰 외상에게 건넸다. 문서에는, "조선 정부는 동국(同國)의 내란이 이미 진정되었다는 뜻을 공개적으로 동국 주재 각국 사신들에게 알렸고, 또 청병(淸兵) 및 일본병(兵)을 철수시키는 일과 관련해 해당 사신들에게 원조를 청했다. 따라서 본관의 군주이신 황제 폐하의 정부는 본관에게 명하여 일본제국 정부에게 조선의 청구를 수용할 것을 권고하고 또한, 일본이 청국 정부와 동시에 조선에 있는 병력을 철수시키는 것에 대해 지장을 주는 일이 있다면 이에 대해 중대한 책임을 져야 한다는 점을 충고한다"라고 되어 있었다.[27] 명백한 위협을 내포하고 있는 것이었다.

일본군의 서울 점령

이때 파견된 일본군은 6월 23일에 인천에 있던 본대 제1진이 서울 용산으로 진입한 데 이어, 혼성 제9여단의 잔여부대가 27일 인천에 상륙해 29일에는 용산에 들어가 있었다.[28] 이리하여 서울에 주둔하고 있는 일본군은 8,000명에 달했다. 이 병력을 배경으로 일본은 조선 정부에 대해 결정적인 요구를 들이댔다.

무쓰는 가토 마스오(加藤增雄) 외무서기관으로 하여금 오토리에게 보낼 훈령을 지니고 혼성 제9여단 잔여부대와 동행해 조선으로 가도록 했다. 그 훈령에는, 조선에게 개혁할 것을 권고하고, 앞으로 실정 (失政)이 없도록 '엄격한 태도로 이야기'하라고 되어 있었는데,[29] 실은 구두로 내훈을 전하는 일이 가토의 임무였다. 그 내용은 "오늘날의 상황 전개상 개전을 피해서는 안 되며" "어떤 수단을 택하든 개전의 구실을 만들어야 한다"는 것이었다. 이것이 무쓰의 진짜 지령이었다.[30] 오토리 쪽에서는 조선 정부와 개혁문제를 협상하고 있었는데, 청국에 대한 종속문제가 해결되지 않는 한 개혁은 진행되지 않을 것이어서 종속 문제를 앞세우는 편이 좋을 것이라는 게 그의 의견이었다.[31]

무쓰가 행동에 나선 것은 6월 27일이었다. 이날의 어전회의에서 오토리 공사에게 보내는 훈령안이 각의에서 결정되었다. 일본은 조선과의 '구교(舊交), 인호(隣好)'를 중시했고, 솔선해 조약을 체결해 '평등한 권리'를 확실히 했으며, 조선이 '독립국'이라는 점을 세계에 분명히 밝혔다. 그러나 조선은 옛 제도와 문물을(舊章) 고집스게 지키고(墨守) '숙폐'(宿弊)를 제거하지 않아 내란이 잇달았고, 마침내 '자주독립의 근기(根基)'가 와해되어 "큰 걱정을(大憂) 동양 대국(大局)에 미치는 일이 발생하게 되었다." 그래서 일본 정부는 조선 정부에 대해서 "독립자주의 열매를 거두고 왕실의 존영(尊榮)을 영원히 유지하는 장계(長計)"를 요구하는 것이다. 그 이외에 이하의 사항을 권고한다. 1. 지방관리의 교정, 1. 대외교섭의 전문직 존중, 1. 재판의 공정, 1. 회계의 엄정화, 1. 병제 개량, 경찰제도 채용, 1. 폐정의 개정, 1. 교통의 개선, 철도, 전신선의 부설.[32] 이 기밀훈련은 이날 안으로 오토리 공사에게 보내졌다.

6월 27일 서울에 도착한 가토 서기관에게서 무쓰의 내훈을 들은 오토리 공사도 긴장해 28일 조선 정부를 압박할 두 개의 안을 수립했다. 우선 갑안. 조선 정부에 대해서 6월 6일의 청국 정부문서에 있는 '보호속방'(保護屬邦)이라는 네 글자를 인정할 것인가 아닌가를 밝히고, 속방이 아니라는 회답을 얻었을 경우에는 청국군은 조선의 독립을 침해하는 것이므로 국내에서 철퇴시켜야 한다, 독력으로 할 수 없다면 "우리 병력으로 귀국을 도와 이를 축출해야 할 것"이라고 조선 정부를 압박한다. 청국 공사에 대해서는 군대를 철퇴시켜라, 만일 주저한다면 "우리 병력으로 이를 끌어낼 것이라는 뜻을 통지해야 한다." 조선 정부가 속방이라고 회답하면, 일본을 기만한 죄를 물어 보상을 요구한다. 이어서 을안. 국왕에게 내정개혁이 필요하다고 제안하고 정부에 개혁안을 제시하여 실행할 의지를 확인한다. 조선 정부가 오토리 공사의 개혁 권고에 따른다면 "조리(條理)가 허하는 한에서 공갈과 위협(恐嚇)의 수단을 취하여 그 실행을 촉구해야 한다"는 것이었다.[33]

오토리는 이 제안을 인편을 통해 본성으로 보냈기 때문에, 이것이 본성에 도착한 것은 7월 5일이었다. 본성으로부터 회답을 받기 전에 오토리는 자신의 판단으로 6월 28일 당일 조선 정부에 '보호속방' 문제에 관해 문의했다. 회답을 다음 날까지 하라는 강제적인 협상이었다. 회답이 오지 않아서 30일 스기무라 후카시 일등서기관이 외무독판에게 면회를 요구하자 조선 정부는, 조선은 '자주의 방(邦)'이며 중국에 원조를 청한 것은 "우리나라의 자유로운 권리"라고 회답했다.[34]

이때 일본으로부터 6월 28일자 무쓰의 전보가 들어왔다. 속국이라는 용어를 공식문서에서 제외하라고 요구할 것, 청국군을 쫓아내는 것은 "현하(現下)의 정략과 배치되"므로 당장은 조선 정부에 개혁 문제를 들이대라는 것이었다.[35]

통신 사정이 나빠서 본성과 서울의 공사관은 제각기 움직이고 있었지만, 아무튼 이것은 무쓰가 오토리 공사에게 브레이크를 걸어 온 것이라기보다는 오토리에게 보다 적극적으로 행동하라고 요구한 것이라고 봐야 한다.

러시아 정부의 제안에 대한 반응

러시아가 조선 정부의 요청을 전하면서, 만일 이를 이행하지 않으면 일본의 책임을 묻겠다는 의사를 표시해온 것은 바로 이 시점이었다. 무쓰는 극도로 긴장했다. 그는 오토리 공사에게 "폭력적인 조치를 취하기 전에 다음 훈령을 기다리라"고 타전해 두고,[36] 이토 총리를 찾아갔다. 사태를 설명하자 이토는 "우리가 이 마당에 와서 어찌 러시아의 지적에 응하여 우리 군대를 조선에서 철수할 수 있겠는가?"라고 단호하게 말했다. 무쓰는 크게 기뻐하며, 금후의 일은 우리 둘이서 책임을 지도록 합시다, 라고 말하고 이토 앞에서 물러났다.[37]

히트로보는 무쓰와의 회담에서 받은 인상을 다음과 같이 기르스에게 보고했다. "말로 하는 설득은 무의미하다. 자신의 의견에 취한 일본인을 제정신으로 되돌려 놓을 교훈은 불가피하게 청국이 줄 수밖에 없다. 일본인들은 일시적인 성공을 거둘 수 있을지 몰라도 최후의 승자는 청국군이 될 것이다."[38] 히트로보는 전쟁이 일어나면 청국군이 이길 것이라고 생각했다. 히트로보는 문제의 해결이 서울에서만 가능하다면서 "조선 정부가 일본군의 철퇴를 요구하고, 스스로 나서서 청국, 일본, 러시아 3국의 코미사르 감독 하에 내정개혁을 하겠다고 제안하는 것이 좋겠다"라고 썼다.

한편 카시니는 7월 1일 리훙장과 다시 회담한 결과를 외상에게 보고했다. 리훙장은 조선의 내정개혁이 필요하다는 것은 인식하고 있지만, 이 문제는 서울이나 톈진에서 러시아, 청국, 일본의 전권대표들이 협약을 체결함으로써만 해결할 수 있을 것이라고 말했다. 이렇게 하는 것이 러시아에게는 유리하지만, 일본은 러시아를 배제할 생각일 것이다. 카시니는 이에 대한 지시를 요청했다.[39] 그러나 카시니는 이날 보낸 두 번째 타전에서, 일본이 청국의 대표를 조선에서 축출하고 일본의 보호국이 되는 것을 인정하라며 조선 왕국에게 최후통첩을 했다는 이야기를 리훙장에게서 또 들었다고 보고했다. "사태는 거의 출구가 없는 상태로 전개되고 있다." 카시니 역시 암울한 기분이었다.[40]

무쓰는 러시아 정부에 대해 정식으로 거부하는 회답을 준비하고 있었다.[41] 서울에서는 오토리 공사가 무쓰의 지령을 받아 다시금 개혁을 요구하는 쪽으로 전환해 일본 정부가 앞선 각의에서 결정한 조선내정개혁안을 7월 3일 조선 정부에 요구했다. 조선 정부는 좀처럼 회답하지 않았다.[42]

톈진의 보가크도 세심한 주의를 기울이며 정세를 관찰했다. 7월 6일(6월 24일)의 보고서에, 조선에서 들려오는 정보에 의하면 일본 공사는 조선 국왕에게 청국의 보호를 거절하고 일본의 보호 하에 들어오도록 하라, 위안스카이는 귀국시켜라, 하고 요구한 모양이라고 썼다.

"일본은 조선에 대해서 일본의 보호국이 되는 것을 인정하라고 직접적으로 요구하고 있다. 바야흐로 일본의 전쟁준비는 진행되고 있고, 중국에 대한 강한 분노가 지배하고 있으며, 불과 사반세기 전에 진보의 길에 들어섰을 뿐인 일본이 어떤 나라가 되었는지 전 세계에 보여주라고 국민이 정부에게 요구하고 있기 때문에, 일본은 아무래도 타협적이 될 수는 없을 것이며 극동의 우리 대표의 입장에서는 사태를 원만한 결말에 이르도록 하라는 임무는 극도로 곤란하다."[43]

보가크는 일본 정부가 생각하고 있는 바를 완전히 간파하고 있었다.

러시아, 일본 정부의 회답을 받다

러시아 정부 내에서는 청국이 양보하도록 해야 한다는 생각도 있었던 모양이다. 1888년의 협의회 의사록에 나타났던 구상, 즉 조선 연안의 지점을 점령해 청국에 압력을 넣는다는 전략이 다시금 거론되고 있었다. 외상은 6월 26일(14일)에 그럴 필요는 없다는 의견을 육군상 반노프스키에게 문서로 보냈는데,[44] 육군상은 7월 1일(6월 19일) 외상에게 회신을 보내서, 청국이 위험하지 않다는 것은 알겠지만 청국과 일본에 주재하는 무관의 보고, 즉 보가크의 보고에 의하면 조선 정세가 극도로 중대하기 때문에, 만일 육군의 시위 작전이 요망되는 경우에는 구체적으로 움직여야 할 병력의 숫자 등을 구체적으로 검토하도록 하자고 제의했다.[45]

일본 정부의 회답은 7월 6일에 히트로보에게 수교되었다. 다음과 같은 내용이었다. 히트로보의 제의를 무엇보다도 신중하게 검토했다. 조선 정부의 성명은 시기상조이며, 반란의 원인은 제거되지 않았고 반란 자체도 아직 진압되지 않았다. 조치를 강구하지 않으면 재발할 것이다. 조선에 평정이 회복되었다고 확신하면 일본군은 철수할 것이다. 러시아 정부의 친절하고도 우호적인 조언에 감사한다. 히트로보는 이 내용을 본성에 보고하고,[46] 카시니에게도 전달했다. 카시니는 "일본은 우리의 제의를 은근하지만 단호하게 거절했다"면서, 일본이 "러시아와 청국의 참가를 배제한 채 조선의 운명을 자기 멋대로 지배하려 하고 있다"고 보았다. 이러한 일본의 움직임을 인정할 수 있을지를 결정해야 할 때가 왔다면서, "의심할 것도 없이 일본은 우리에게 바람직하지 않은 대륙의 이웃이다"라고 단언했다. 그리고 그는 재차 본성의 지시를 요구했다.[47]

기르스 외상은 여전히 청·일 양국의 충돌을 피하고 싶어 했다. 그러나 그는 양국에 더하여 러시아가 조선의 개혁에 관여하는 것이 합목적적이라고는 생각하지 않았다. 카시니에게 그러한 취지를 7월 7일과 7월 10일에 써서 보냈다.[48] 그는 7월 9일에 일본 정부에게 침략적 목적이 없고 신속하게 철병할 용의가 있다는 것을 알게 되어 만족스럽다, 일본은 청국과 즉각 교섭해야 한다, 조선의 사건에 무관심하게 있을 수는 없지만 청·일의 충돌 가능성을 제거하기를 마음으로부터 바라고 있다는 것을 일본 정부에 표명하라고 히트로보에게 지시했다.[49] 일본과의 충돌을 회피하자는 생각이었다.

히트로보는 7월 13일이 되어서야 무쓰에게 러시아 정부의 회답을 전달했다. 무쓰는 "제국 정부가 그의 성명에서 보여준 신뢰에 대해 깊은 감사를 표하며, 천황에게 저의 구상서(口上書)의 내용을 즉각 전하겠다고 말했다."[50] 러시아의 제의에 긴장했지만, 무쓰는 이렇게 된 이상 러시아에 대해 신경 쓸 필요가 없다고 생각했을 것이다.

그런데 이때 러시아의 적극적인 개입을 경계한 영국이 불·독·러·미에게, 청·일 양국 정부에게 직접 교섭을 행할 것을 권고하는 연합 간섭을 제의했다. 그러나 열강은 이에 대해 반응을 보이지 않았고, 영국의 제창은 결실을 맺지 못하고 끝나고 말았다.[51]

조선 정부에 대한 일본의 요구

마침내 7월 7일이 되어 조선 정부는 오토리 공사에게 세 명의 개혁 조사위원을 임명했다는 연락을 해왔다. 오토리는 이날 다시 문서를 보내 독촉했다.[52] 7월 10일 오토리는 무쓰에게 보내는, 결정적인 방침이 담긴 제안서의 초안을 작성했다. 조선이 일본의 요구에 만족할 만한 회답을 주지 않을 경우에는 "우리의 모든 권고를 거절한 것으로 간주하고," 일본군을 동원해 서울의 각 성문과 왕궁의 각 문을 제압한 다음, 요구를 관철시키자는 안이었다. 제기할 요구는 다음과 같았다. 갑안은 조선의 '정돈되지 않은 내정'이 일본에 '위험'을 초래할 것이기 때문에 '내정의 개혁'을 요구하는 것이었다. 을안은 청·한의 종속관계를 제거할 것 그리고 청국에 부여된 권리 특권을 일본에게도 부여할 것을 요구하는 것이었다. 오토리는 양안 모두 무리한 안이라는 점은 알고 있었지만, 그래도 하나를 고른다면 을안으로 밀고 나아가는 것이 좋을 것 같다고 썼다. 왕궁 제압의 방침은 공사관이 서울 교외를 점령한 일본군과 협의해 나온 안일 것이다. 이 기밀보고를 도쿄로 보내는 데에는 시간이 필요했다.[53] 그 사이 7월 10일부터 개혁 조사위원들과 오토리 공사 사이의 회담이 실현되었다.

여기서 러시아에 이은 영국의 개입에서 해방된 무쓰가 서울의 행동을 재촉하고 나섰다. 그는 "지금의 불확정한 상태를 언제까지나 지속할 수는 없다"고 생각하고, "지금 이 기회에 어떻게든 일·청 사이에 충돌 하나를 야기하는 것이 득책"이라고 생각하기에 이른 것이다.[54] 무쓰는 7월 11일 오토리에게, 요구를 일괄 제기하고, 그러한 요구는 "조선에 압력을 가하는 수단으로서는 물론, 청국을 도발하는 수단으로서" 시행되어야 한다는 훈령을 보냈다.[55] 12일에는 "영국의 중재가 실패했다는 점에서도 지금은 단호한 조치를 펴야할 필요가 있다" "세상의 비난을 초래하지 않을 구실을 찾아서 실제 운동을 시작해야 한다"고 연락했고,[56] 또한 같은 날 개혁 요구를 진행함과 동시에 서울-부산 간 철도와 전신 건설, 목포의 개항 등 "물질적인 권익의 확보에도 노력을 아끼지 말아야 할 것"이라고도 타전했다.[57]

오토리와 개혁조사위원 사이의 회담은 15일까지 세 차례 있었는데, 7월 16일 외무독판과 조사위원에게서 문서로 회답이 왔다. 외무독판의 회신은 일본이 철병한다면 개혁에 착수하겠다는 내용이었고, 개혁조사위원회의 회답은 일본이 철병하고 제안을 철회한다면 개혁에 착수하겠다는 내용이었다. 18일 오토리는 이 "만족스럽지 못한 회답의 틈새를 이용하여…… 제2의 수단으로 옮겨 가는 편"이 '호방략(好方略)'일 것이라고 보고했다.[58]

19일 오토리는 조선에 일본군을 위한 병영을 건축해 달라고 요구했고, 또 20일에는 "속방 보호의 구실로 청국병(兵)이 장시간 조선 국내에 주둔하는 것은 조선국의 독립을 침해하는 것이기 때문에 내쫓아야(驅逐) 한다"고 요구했다. 그리고 회답 기한으로 7월 22일을 지정했다.[59] 이것이 그가 말한 제2의 수단이었다. 개혁 요구가 거절되자 청국과의 절연, 청국과의 대결을 요구한 것이다. 이것은 정말로 강도(强盜)의 논리라 하지 않을 수 없다.

도쿄의 무쓰는 오토리의 18일자 전보를 받고서 "각하[귀하]는 스스로 정당하다고 생각하는 수단을 취해야 할 것"이라 지시하고, 또한 "우리의 병력으로 왕궁 및 한성을 굳게 장악하는 것은 득책이 아니므로 이를 실행하지 않기 바란다"고 19일에 타전했다.[60] 왕궁을 제압하자는 안은 오토리가 7월 10일에 정리해 무쓰에게 보낸 안이었는데, 그것이 17일에 본성에 도달했던 것이다. 무쓰가 하지 말라고 한 것은, 외무대신으로서는 반대해 두었지만 현지의 판단으로 해버렸다는 외양을 가장하기 위해서 한 말이라고 생각된다. 달리 오토리의 구상이 없는 이상 스스로 판단해서 실행해 달라고 한 것은, 즉 왕궁의 점령으로 나아가라는 의미일 것이다.

무쓰는 이 전보에서, 청국군의 원군이 조선으로 추가 파견될 것이라는 정보를 언급하면서, 그렇게 되면 청국군이 적대적으로 나온다는 것이 되므로 이에 대한 수단을 "취하는 것 말고는 달리 도리가 없을 것"이라고 덧붙이고 있었다. 이 사태로부터도 결정적인 군사작전이 시작되는 것이다.

러시아는 이러한 상황을 관찰하고 있었다. 7월 15일(3일) 보가크는 청국과 일본의 전쟁준비에 관해 보고했다. "청국인은 일본이 군사적인 면에서 어떤 존재인지, 일본의 육해군은 어느 정도인지에 관해서 완전히 무지하다." "청국인이 아무리 행동하려고 해도 그들은 일본과의 일대일 승부에서 패배할 것이라는 점이 내게는 불변의 진리처럼 보인다." (강조는 원문. 이하 동일) 다른 한편 일본에는 "미증유의 흥분상태가 지배하고 있다. 모든 현에서 조선으로 보내 달라는 지원병 부대가 결성되고 있다." "모든 신문이 정부의 정책을 시인하고, 일부 신문은 일본이 극동문제에서 큰 목소리를 낼 권리를 지니고 있다는 점을 세계에 보여주기 위해서라도 정부는 더욱더 큰 정력을 쏟으라고 요구하고 있다."[61]

7월 18일 베베르 대리공사는 서울에서 다음과 같은 전보를 본성으로 보냈다. "우호적인 중재는 성공하지 못했다. 일본군은 시의 각 문을 점령했다. 계엄 상태가 시작되었다. 물건 부족, 패닉, 도주. 국왕과 백성은 러시아의 중재에 유일한 희망을 걸고 있다. 더 이상 아무것도 하지 않는다면 우리의 위신은 땅에 떨어져 버릴 것이다."[62]

21일 카시니는 베이징으로부터 리훙장이 한 말을 보고했다. 일본이 영국에 중재를 부탁한 모양이지만, 청국은 러시아에 중재를 의뢰했다고 명언한다. 영국이 직접 제안한다 해도 같은 답을 할 것이다. 일본이 철군하지 않으면 전쟁은 불가피하다.[63]

7월 23일 사변―조선전쟁의 개시

1894년 7월 23일 서울의 일본군은 마침내 행동을 개시했다. 무쓰는 회고록에서 이 행동개시에 관해 다음과 같이 설명했다.

"오토리 공사는…… 우리의 권리를 신장하기 위해 뜻하지 않게 병력을 사용해도 어쩔 수 없다고 언명해 두고, 다른 한편으로는 오시마(大島) 여단장과의 협의에 집중해, 다음 날인 23일 새벽을 기해 용산 군영에 있던(在營) 약간의 병력을 급히 서울로 불러들였다. 그때 왕궁 근방에서 돌연 한병(韓兵)이 먼저 발포했기 때문에 우리 군은 이들을 추격해, 성문을 밀어 열고 궐내로 침입했다. 조선 정부의 낭패는 이루 말할 수 없었다."[64]

이 설명이 허위라는 점은 오늘날 완전히 밝혀졌다. 참모본부의 청일전쟁사 초고를 검증해 이를 명확히 밝힌 것은 나카즈카 아키라(中塚明)이다.[65]

『메이지 27, 8년 청일전사 제2책 결정초안』(明治二十七八年日清戦争第二册決定草案)에 의하면 이 행동은 다음과 같이 준비되었다. 7월 19일 혼성 제9여단장 오시마 요시마사(大島義昌)에게 대본영으로부터 내의(內意)가 전달되었다. 도쿄에서 귀임한 후쿠시마(福島) 중좌가 그에게 전한 내용은, "청국이 장래에 만약 군병을 증강한다면 독자적으로 판단해 일을 처리하라"는 것이었다. 아산의 청국군 공략에 거의 모든 관심을 집중시켜 온 여단장은 군대를 남하시킬 계획을 수립했다. 그런데 7월 20일 오후가 되어 공사관의 모토노 이치로(本野一郎) 참사관이 오토리 공사의 뜻을 전해왔다.

"최근 들어 조선 정부는 갑자기 강경하게 기울어져 우리의 철병을 요구해왔다. 따라서 우리의 요구 일체를 거부한 것으로 간주하고, 단호한 처치에 나서기 위해 오늘 이 정부에 대해 청병을 철수시키라는 요구를 제출하고, 그 회답 기일을 22일로 한정했다. 만일 기한에 이르러 확실한 회답을 얻지 못하면 우선 보병 1개 대대를 경성으로 투입해 위협(威嚇)하고, 그래도 우리의 뜻을 만족시킬 수 없다면 여단을 진군시켜 왕궁을 포위한다. 그런 연후에 대원군을 밀어 입궐시키고 그를 정부의 수령으로 삼아 그로 하여금 아산의 청병 격퇴를 우리에게 촉탁하도록 할 수 있다. 따라서 여단의 출발은 잠시 유예한다."[66]

이 연락 직후에 대본영에서 전해진 전령(電令)도 있었다.

"우리 함대는 23일 사세보를 출발해 조선 서해안의 풍도(豊島) 또는 안면도에 근거를 점(占)할 것인 바, 청국이 만일 조선에 증원군을 파견한다면 진격해 그 군함운송선을 파쇄(破碎)할 것을 명한다."[67]

대원군을 끌어들이는 일은 스기무라 일등서기관이 중심이 되어 준비하고 있었다. 밤사이에 오카모토 류노스케(岡本柳之助), 호즈미 도라쿠로(穂積寅九郎), 스즈키 시게모토(鈴木重元), 통역 스즈키 준켄(鈴木順見)을 대원군에게 파견하고, 하기와라(萩原) 경부(警部)가 호위하도록 하고 보병 1개 중대가 지키도록 하는 등 왕궁에 대한 절차를 정했다. 그러나 오카모도는 대원군을 좀처럼 설득하지 못했고, 22일이 되어서도 승낙을 얻지 못하고 있었다.[68]

이 명령을 받은 오시마 여단장은 7월 20일 각 부대장을 소집한 비밀회의에서 행동 계획을 '조선왕궁에 대한 위협적 운동'이라 이름 짓

고 그 시책을 하달했다. 보병 제11연대의 3개 대대와 제21연대의 2개 대대를 주력부대로 한 것이었다. 계획의 핵심은 제21연대의 제2대대와 공병 1개 소대를 움직여, "이들로 하여금 불의에 기동하여 왕궁으로 침입하고, 한병(韓兵)을 내쫓은 뒤 국왕을 확보하고(国王ヲ擁シ), 이를 수호하는 데 있다"는 것이었다. 나카즈카의 연구에 의하면, "국왕을 확보하고"라는 말이 제3초안에서는 "국왕을 포로로 잡아"(国王ヲ擒ニシ)라고 되어 있었다고 한다. 이것이 원안이었을 것이다.[69]

7월 22일, 즉 회답 기한의 날 심야 12시에 조선 정부의 회답이 도착했다. 그 취지는 다음과 같은 것이었다. "우리나라가 자주의 나라라는 것은 조·일 조약에서 약속된 바와 같다. 또한 우리나라의 내치와 외교가 자주라는 점은 청국도 알고 있다. 청장(清將)이 고시한 조항 중에 보호속방 등의 문자가 있다지만, 조선 정부는 이를 알지 못한다. 청군은 우리의 요청에 따라 내원(來援)했고, ……아직 물러나지 않은 것 또한 귀국의 병사들이 지금도 여전히 주둔하고 있는 것과 같다. 뿐만 아니라 청국 정부에 청하여 신속하게 퇴병하도록 해야 한다고 하지만 우리의 조회에 대해서는 도무지 요령부득이다."[70]

이 거부 회신을 받고 일본군 공격작전의 결단을 내린 것은 오토리 공사와 스기무라 일등서기관이었다. 스기무라는 대원군에 대해 영향력이 있는 인물을 감금 상태에서 구출하여 공사관으로 데려와 대원군을 설득해 달라고 부탁했다.[71]

7월 23일 당일의 행동은 다음과 같이 진행되었다. 오전 0시 30분 오시마 여단장은 공사의 연락을 받고 부대에 출동 명령을 내렸다. 오시마 자신은 막료들을 거느리고 공사관으로 갔다.

다케다(武田) 중좌가 이끄는 보병 제21연대 제2대대는 서대문 쪽에서 궁전 서쪽의 영추문(迎秋門)으로 향했다. 도착하자 "문이 굳게 잠겨 있어 들어가지 못했다. ……그래서 영추문을 파괴하기로 결정했"다. 공병이 폭약으로 폭파하려 했지만 성공하지 못했고, 도끼를 썼는데도 목적을 달성하지 못했다. 그래서 담장에 사다리를 세우고 궐내로 진입해 안에서 문을 열도록 했지만, 그것도 잘 되지 않아 "결국 문 안팎에서 협력해 톱으로 자물쇠를 절단한 후 도끼로 문을 부수고 간신히 열 수 있었다. 그것이 오전 5시 경이었다."

그리고 제7, 제5 중대가 진입했는데, 특히 "제7중대는 함성을 지르며 즉각 광화문으로 진출해 수비하는 한병을 내쫓고 이를 점령한 후 안쪽에서 개문했다." 이어 건춘문(建春門)으로 진출해 문을 열었다. "이 사이에 수비하던 한병은 단 한 명도 저항하지 않았으며, 모두 북쪽으로 도주했다."

별동 제6중대는 남대문 방면에서 출격해 오전 4시 20분에 궁전 동쪽의 건춘문에 도달했는데, "문 밖에 한병이 있었다. 이들이 중대를 향해 사격했다. 중대가 즉각 응사했고," 5시가 지나서 제7중대 병사들이 안쪽에서 문을 열었기 때문에 문 안으로 들어갔다. 제6중대는 왕궁 내부를 북진해 왕궁 동북쪽 모서리에 있는 춘생문(春生門)으로 향한 바, 북쪽의 소나무 숲에 있던 한병들의 사격을 받고 응사했다. 이 격렬한 총성을 들은 광화문의 다케다 연대장은 야마구치(山口) 대대장에게 제5중대를 이끌고 지원에 나서도록 했다. "제5중대가 지원을 위해 도착하자 지금까지 제6중대에 저항하던 한병은 속속 왕궁 북쪽 위벽(圍壁)을 벗어나 백악[白岳, 북악산] 방향으로 패주했고, 쌍방의 총격전은 점차 줄어들었다." 오전 7시 반의 일이었다. "이미 왕궁 내의 한병들을 대개 내쫓거나 제거했고, 위벽은 사방 모두 일본병의 점령 하에 들어왔다. 이제 이 작전의 핵심으로 남은 것은 오직 왕궁 내부를 수색해 국왕의 소재를 발견하고, 국왕을 확보하는 일뿐이었다."

고종과 민비는 왕궁 안쪽 깊숙한 곳에 있는 함화당(咸和堂)에서 총성을 듣고 불안감에 떨고 있었다. 야마구치 대대장이 수색을 명하자, 제5중대장이 돌아와서 "국왕은 옹화문(雍和門) 내에 있다. 한병이 이를 수호하고 있다"라고 보고했다. 옹화문은 왕들이 지내던 건물이 있는 구역 외곽의 문일 것이다. 야마구치 대대장이 옹화문에 도달하자 조선 측 관리는 지금 외무독판이 오토리 공사에게 가서 담판하고 있다, 그가 돌아올 때까지 문 안에 일본군을 들이지 않기를 바란다고 말했다. 야마구치는 "문 안에 다수의 한병들이 보인다. 만일 그들의 무기를 내게 넘겨주지 않으면 이에 응할 수 없다"며 무장해제를 요구했다. 조선은 거부했다. 그러자 "대대장이 즉시 칼을 빼들고 병사들을 질타하면서 문 안으로 돌입하려 했다. 저들이 크게 놀라 이를 저지하며 국왕의 재결을 얻을 때까지 유예를 요청했지만", 곧 문 밖으로 나와 무기를 인도하겠다고 했다. 왕궁의 수비병들은 이렇게 완전히 무장해제되었던 것이다.

야마구치 대대장은 문 안으로 들어가서 국왕 고종과 대면하고, 다음과 같이 구두로 전했다. "지금 의도치 않게 양국 군병이 교전해 전하의 마음(宸襟)을 괴롭게 한 것은 다른 나라의 신하된 자로서 유감스러운 일이다. 그렇지만 귀국 병사들이 이미 자신들의 병기를 우리에게 인도했다. 우리 병사들은 옥체를 보호하고, 결코 전하에게 위해를 미치지 않을 것을 약속드린다. 부디 전하께서 이 점을 양해하시라." 고종이 어떻게 답했는지는 기록되어 있지 않다. 국왕은 일본군의 포로가 되었다.

일본군은 조선병 일소와 무장해제를 완료하고, 궁전 주위에 초병을 세웠다. 이렇게 오전 9시가 지났을 즈음 국왕과 왕비는 확보되었고, 경복궁은 일본군이 완전히 제압했다.[72]

통상적으로 청일전쟁이라 부르는 전쟁은 바로 이때 시작되었다. 멀리는 히야마 유키오(檜山幸夫) 최근에는 하라다 게이이치(原田敬一)

가 이 왕궁 공격에 관해서 '일·조 전쟁' 내지 '7월 23일 전쟁'이라 부르고 있다.[73] 나는 '조선을 노린 전쟁' '조선에서의 전쟁'이라는 의미에서 '조선전쟁'의 시작이라고 부르고자 한다.

　대원군을 설득하는 것은 극도로 어려웠다. 왕궁의 전투가 끝난 후 스기무라가 직접 대원군의 저택으로 가서 일본의 행동은 '조선의 중흥'을 위한 것, '동양의 평화'를 위한 것이라고 재차 설득했다. 대원군은 회담 말미에 "귀국의 이번 거사가 정말로 의거라 한다면, 성사된 후 우리의 땅 한 조각이라도 잘라 내어놓으라고 하지 않겠다고 귀국 황제 폐하를 대신해 약속할 수 있느냐"고 다그쳤다. 스기무라는 오토리 공사를 대신하여 서약한다면서 서약문을 쓰고 서명 날인하여 건넸다. 대원군은 마침내 움직이는 데 동의했지만, 왕명이 없으면 안 된다고 해서 그를 위한 공작이 진행되었다.[74]

　왕궁을 점령당한 고종은 일본 공사의 입궐을 요청하고 협의하려 했는데 입궐이 늦어졌고, 오토리 공사는 오전 11시쯤 왕궁에 도착했다. 그때는 이미 대원군도 왕궁에 도착해 있었고, 대원군이 고종의 정치를 비난하고 고종이 사과하는 사태가 전개되고 있었다. 오토리가 고종을 배알하기 전에 대원군이 나와서는 "나는 대군주의 명에 따라 이제부터 정무를 통할할 것이다. 그와 관련해 이 나라의 내정개혁의 일은 추후 귀 공사와 자세히 협의"하게 될 것이라고 말했다. 그래서 오토리 공사는 고종을 만나지 않고 그대로 물러갔다.[75] 패배한 조선에서 일본이 바라던 대원군의 집정이 실현된 것이었다.

러시아인의 관찰

　이 당시 보가크는 조선에 있었다. 그가 서울 시내를 관찰하고 인천으로 돌아온 것은 7월 14일이었다. 그는 인천에 상주하고 있는 포함 '코레예츠'의 함장에게 서울에 머무르는 일본 병사들이 어느 정도가 어디에 있는지 알려주었다. 병사의 총수는 약 1만 1,000명으로, 전신 부설 부대가 1,200명, 인부가 약 300명이다. 병사는 한강 연안과 서울 주위 세 곳의 진지에 있다. 시내에서는 공사관 구내에 있다.[76] 보가크 는 그대로 인천에 10일간 머물렀다. 어딘가 몸 상태가 좋지 않은 데가 있어 쉬었는지도 모른다.

7월 23일 일본군이 공격을 감행한 날 서울의 베베르 대리공사는 아침 5시에 잇단 총소리에 잠에서 깼다. 서둘러 옷을 입고 침실에서 나오자, 국왕의 고문 르 장드르(Le Gendre)가 보낸 편지가 도착해 있 었다. "일본인이 왕궁을 공격하고 있다." 베베르는 "가련한 왕은 어디 에 있을까?"하고 생각했다고 보고서에 썼다. 무슨 일이 일어났는지 모르는 상태에서 9시가 되자 왕궁으로 와 달라는 고종의 요청이 미·러·독·영·불 공사에게 도달했다. 오후 3시에 왕궁으로 향했는데, 시내에는 지나다니는 사람도 없었고 경비하는 일본병사의 모습밖에 보이지 않았다. 왕궁에 도착해 일본병사의 허가를 받아 국왕 앞으로 나아갔을 때 그 곳의 광경은 "우리가 포로의 손님으로 와 있구나 하 는 인상" 바로 그것이었다고 베베르는 쓰고 있다. "마침내 우리는 국 왕을 배알했다. 그리고 대원군도 만났다. 국왕은 새파랗게 질려있었 는데, 아침에 발생한 사건에 강한 인상을 받았음이 분명해 보였다. 그 가 입은 옷은 보통 실내복이었고 왕의 공식 복장은 아니었다. ……그 는 우리에게 외국 여러 나라가 자기를 도와주어 지금의 출구 없는 상 태에서 조선을 구출해 달라고 애원했다."[77]

이날 오후 서울 영사관의 케르베르크가 베베르 대리공사의 요청을 전하러 인천에 왔다. '코레예츠' 함장의 보고에는 다음과 같이 쓰여 있다.

"서울에서 발생한 일본군의 왕궁 공격에 관해 케르베르크에게서 들은 이야기는 다음과 같다. 일본 공사 오토리는…… 다른 나라 외교 대표들의 질문에 대해서, 일본군은 공격 같은 것은 생각지도 않고 있었다, 서울의 반대쪽 진지를 점령하기 위해 군대로 하여금 시내를 종 단하도록 했는데 조선 경비대의 총격을 받았기 때문에 공격으로 전 환하지 않을 수 없었던 것이다, 라고 말했다. 일본인들은 왕과 그 가 족들이 자신들의 포로가 되었다는 것을 부인하고 있으며, 외교단 대 표들에게 왕과의 알현을 허락했다. 그러나 이때 왕은 정말로 비참한 모습이었다. 조선 정부는 형식적으로는 여전히 존재하고 있다. 그러 나 총리대신에게서 나오는 서류들의 내용을 보면, 이것은 일본인이 구술하고 필기하도록 한 것임이 분명하다. 오토리 공사가 취하는 행 세의 특징은 정말 부끄러운 줄 모르는 거짓이며, 조선에서 일본인 자 신들의 역할을 한정하겠다고 다른 열강 대표자들에게 했던 약속에 대한 신뢰를 결정적으로 깨뜨리는 것이다. 일본인들의 모든 행동에 서 현저하게 나타나는 것은, 조선에서는 그 누구의 적극적인 저항도 받지 않기 때문에 자신감이 과잉되어 있어서, 예절바르고 겸손함의 가면을 홱 벗어던지고 아시아인적(的) 난폭함을 노골적으로 발휘하 고 있다는 점이다."[78]

보가크도 이 이야기를 함께 듣고 공감했을 것이다. 7월 25일(13일) 보가크는 연락 임무를 띠고 프랑스 군함 '리용'에 승선해 즈푸(芝罘) 로 떠났다. 26일, 40명의 수병(水兵)이 인천과 서울의 공사관 방위를 위해 파견되었다. 케르베르크 등 5명은 말을 타고 서울로 돌아갔다.[79]

조선전쟁에서 청일전쟁으로

일본군의 왕궁 점령 후 고종과 왕비는 왕궁 내 동쪽 가장자리의 한 궁전에 살았고, 이웃 궁전에는 대원군이 입주했다. 그 구역의 외곽은 한병들이 호위 경비했는데, 왕궁의 그 밖의 외곽에는 일본군이 주둔, 통제했다. 일본군이 통제하는 구역 안에 정부 건물이 있는 모양새였다. 일본군은 7월 23일부터 한병 각 부대를 무장해제시키고, 무기를 압수하기 시작해 25일까지 완료했다. "조선 정부는 단번에 왕궁 호위병이 소지하는 것 말고는 단 하나의 무기도 소유할 수 없게 되었다"고 평가되었다.[80] 이렇게 하여 조선은 완전히 피점령국, 패전국의 양상을 띠게 되었다.

대원군과 일본 공사의 지휘 하에 우선 정부가 개조되었다. 최고실력자 민영준(閔泳駿)을 비롯해 많은 민씨 일족이 정부의 요직에서 해임되어 외딴 섬이나 그 밖의 조치를 받아 추방되었다. 대원군은 민비를 폐비할 생각이었지만, 오토리, 스기무라 등 일본이 반대해 실현되지 않았다. 그 대신 정권의 중심에 자리를 잡게 된 것은 일본파, 개혁파의 면면으로 우선 김홍집이 영의정이 되었다. 또한 김학우(金鶴羽), 박정양(朴定陽), 조의연(趙義淵), 안경수(安駉壽), 김종한(金宗漢), 김윤식(金允植), 어윤중(魚允中), 김가진(金嘉鎭), 유길준(俞吉濬), 이윤용(李允用) 등이 등용되었고, 이들이 모인 합의체 행정기관인 군국기무소회의(軍國機務所會議)가 설치되었다. 이 회의의 원외서기(員外書記)는 일본공사관의 시오카와(塩川) 서기생이었다.[81]

일본은 이 신정권에게 청국으로부터 독립할 것을 강요했다. 7월 25일 오토리 공사가 대원군, 조병직(趙秉稷)과 교섭했지만, 두 사람은 좀처럼 결단을 내리지 못했다. 그러나 오토리의 강경한 요구에 따라 두 사람은 마침내 굴복했고, 이날 중으로 청국 대표에게 청한통상삼장정 (淸韓通商三章程)의 파기를 통고했다. 청국 대표는 그날 바로 인천을 통해 출국했다.

다음 과제는 조선 정부로 하여금 국내에 주둔하고 있는 청국군의 추방을 선언하도록 하고 그 실행을 일본 정부에 의뢰하도록 하는 일 이었다. 조병직은 어디까지나 동의하지 않았다. 그러나 오토리는 독립을 선언했다는 것은 이와 같은 의뢰가 있었다고 간주할 수 있다고 판단, 외무독판의 기명 조인(記名調印)이 있었으니 의뢰가 있었던 셈이라며, 7월 26일 오시마 여단장에게 통지했다. 그러나 기명 조인한 그런 문서는 존재하지 않았다.[82] 무쓰는 나중에 "이미 7월 23일의 사변에 편승하여 조선 정부(韓廷)로부터 아산(牙山)의 청국 군대를 국외로 내쫓아 달라는 위탁을 강취하기에 이르렀다"[83]고 인정했다.

여기서부터 조선전쟁은 청일전쟁으로 발전해 갔다. 이틀 후인 7월 25일 해상에서 먼저 군사 충돌이 발생했다. 아산 근처의 풍도(豊島) 앞바다에서 청국 보충병력 1,100명을 수송하던 영국 선적의 전세 선박과 그것을 호위하던 청국 해군의 전함 '지위안'(濟遠)과 '광이'(廣乙)에 대해 일본 해군의 순양함 '요시노'(吉野), '아키쓰시마'(秋津洲), '나니와'(浪速) 등 3척이 공격을 가했다. '지위안'은 도주했고, '광이'는 좌초해 항복했다. 이 전투에 관해서는 청국이 먼저 발포했기 때문에 일본이 응전했다고 공식적으로 설명되어 왔지만, 하라다 게이이치는 그러한 설명이 허위라는 점을 논증했다.[84]

전투 종료 후 청국 병사들을 태운 영국 선박에게는 '나니와'를 따라오라는 사령관의 명령이 있었지만, 청국 병사들은 선장이 그리하는 것을 허락하지 않았다. 그래서 '나니와'는 경고한 뒤 수뢰를 발사, 이 배를 격침시켰다. 그 자리에서 '나니와'가 구조한 것은 영국인 선장 이하 3명에 지나지 않았다. 근처의 섬까지 헤엄쳐 도망친 160명

정도를 제외하고, 나머지 900명 이상의 청국 병사들은 바다 속으로 사라졌다.[85]

육군의 경우, 서울의 제9여단의 2개 연대 3,500명은 7월 25일부터 남하해, 7월 29일 아산 북쪽 성환(成歡)의 청국군 2,500명을 공격했다. 청국군은 사망자 100명, 부상자 400명의 피해를 입고 북쪽의 평양을 향해 도주했다.[86] 이 전투에서 총탄을 맞으면서도 나팔을 손에서 놓지 않은 나팔수의 미담이 탄생했다. 이 나팔수의 이름은 시라가미 겐지로(白神源次郞)라고 알려졌는데, 10년 뒤 수신(修身) 교과서에서는 기구치 고헤이(木口小平)의 이야기로 바뀌었다.[87] 이들 전투는 모두 선전포고가 있기 전의 일이었다.

일본이 청국에 선전포고를 한 것은 아산 전투 3일 후인 8월 1일의 일이었다. 근대 일본 국가가 발한 최초의 선전포고, 즉 개전의 조칙(詔勅)이었다.[88] 이 조칙은 다음과 같은 문장으로 시작하고 있었다.

"하늘의 도움으로 선조 대대로 황위를 계승해온 가계에 속하는 대일본 제국의 황제는 충실하고 용감한 너희 국민들에게 다음과 같이 알린다. 짐은 이 문서에서 청국에 대하여 전쟁을 행할 것을 포고한다."

각의에서 심의한 6개의 문안 가운데 2개는 "청국 및 조선국에 대하여"라고 되어 있었다고 하는데, 결국 청국에게만 선전포고하는 것으로 되었다.[89] 개전 조서의 핵심 부분은 다음과 같다.

"조선은 제국이 그 처음부터 계몽 인도해 열강의 대오에 선 하나의 독립국이다. 그러나 청국은 언제나 스스로 조선을 속국이라 칭하며 음으로 양으로 그 내정에 간섭했고, 거기서 내란이 발생하자…… 조선에 출병했다."

"짐은…… 병사들을 보내 변(變)에 대비하도록 했고, ……우선 청국에게 협력해 사태에 임하자고 했지만, 청국은…… 이를 거부했다.

이에 제국은 조선에 대해 그 비정(秕政)을 개혁하라 권하고…… 대외적으로는 독립국의 권리와 의무를 다할 것을 권했다. 그러나 조선이 이미 이 권유를 기꺼이 승낙(肯諾)했는데도 청국은 시종 뒤에 숨어 백방으로 그 목적을 방해했고…… 나아가 대군을 조선 땅에 보내 우리 함선을 조선 해역에서 요격했지만, 거의 파멸의 지경에 이르렀다. ……제국이 솔선해 여러 독립 국가들의 대열에 서게 만든 조선의 지위를, 이 사실을 표명한 조약과 함께 어둠 속에 묻어버림으로써 제국의 권리와 이익이 손상되었고, 따라서 동양의 평화를 영구히 담보할 수 없게 되었다는 점에 의심의 여지가 없다. 청국의 소행에 관해서, 모계(謀計)가 있는 것이 아닐까 곰곰이 그리고 깊이 생각해보면, 실로 애초부터 평화를 희생하더라도 그 비상한 야망을 성취하려 했다고 말하지 않을 수 없다. 이미 일이 이런 상황에 이르렀다. ……짐은 공식적으로 전쟁을 선포하지 않을 수 없게 되었다. 국민의 충실함과 용맹함에 기대어 속히 평화를 영원히 회복하고, 제국의 광영을 보전할 것을 결의한다.”

조선의 ‘독립’, 조선은 ‘독립국’이라는 말이 세 차례나 사용되었고, 청국의 압박에서 바로 그것을 방위하기 위해서 선전포고하는 것처럼 되어 있다. 조선의 수도를 점령하고 왕궁을 점령하여, 국왕을 ‘포로’로 잡아 그 군대를 무장해제한 일본이 내놓은 조칙은 정말로 기만적이었다.

같은 날 청국의 개전 선언도 있었는데, 이 선언은 사실을 담담하게 기술하고 있었다.

“조선이 우리 대청(大淸)의 번병(藩屛)이 된지 어언 200여년…… 최근 열 몇 해 동안 이 나라에 때때로 내란이 빈발했다. 조정은 이 소국을 가련히 여겨 보호하려고 누차 파병해 진군 평정했다. ……금년 4월 중에 조선에서 또 토비(土匪)의 변란이 있어, 조선의 국왕은 병력을 보내 소탕을 도와달라고 요청했다. 상황과 요청이 긴박해 즉시 리흥장에게 지시하여, 병사를 다스려 원조에 임하도록 했다. 처음에 아산에 도달하자 비도(匪徒)들은 뿔뿔이 흩어졌다. 그럼에도 왜인들은 아무런 이유 없이 병력을 더하여 한성으로 돌입했다.""일본은 조선과 조약을 수립해 국가와의 관계를 맺었는데도, 또 다시 중병(重兵)으로 이를 기만, 제압하고는 강제로 정무를 혁신하려 한다. 이는 실로 이치에 닿지 않는다. 각국의 공론 모두 일본의 출병은 명분이 없으며 정리(情理)에도 맞지 않는다고 하면서 철병과 평화협상을 권고했지만, 끝내 포악하게 이를 들으려 하지 않았다." 그리고 우리가 다시 병사들을 보냈지만 "왜선 여러 척이 있어, 우리가 준비되어 있지 않음을 이용해 아산만 앞바다에서 포문을 열어 굉격(轟擊)함으로써 우리 운반선에 상처를 입혔다."

중국은 이 선언으로 "일본은 조약에 따르지 않고 공법을 지키지 않으며, 제 멋대로 치장(鴟張)하면서 오로지 간사하게 남을 속이려는 꾀만을 일삼고 있다"고 비난했다.[90] '치장'은 삼국지(三國志) 오서(吳書)의 "동탁(董卓)은 죄를 두려워하지 않고, 방자하게 위세를 부리며(鴟張) 큰소리를 친다"에서 유래한다. 올빼미가 날개를 펴고 맹렬한 기세를 보이는 것을 가리키는 말이다.

바야흐로 일본과 청국은 조선 영토로 잇달아 병사들을 보냈다. 제9여단을 보내고 난 후의 제5사단 잔여 병력은 부산에 상륙해 북진했고, 이어서 제3사단의 별동 부대가 원산에 상륙했다. 청국군은 평양 집결을 목표로 했다. 무쓰는 이렇게 썼다. "조선 국토를 남북 양대 부분으로 분할해 일본과 청국의 군대가 각기 그 절반씩을 점령하는 형세가 되었다. 해당 각 지방은 행군 준비, 군수 징발을 위해 어수선하고 분주하기 짝이 없었다. 조선 전토가 거의 전쟁터나 다름없었다."[91]

조선전쟁은 조선전쟁으로서의 청일전쟁으로 바뀌어갔던 것이다.

일본의 조선 취급 방침

청·일이 싸우는 단계로 진입하는 가운데, 일본은 조선으로 하여금 청국에서의 독립을 선언하도록 한 뒤 조선을 어떻게 할 것인가 하는 기본방침을 명확히 해야 했다. 8월 1일 오토리 공사는 "일·한 양국의 관계는 지난달 23일의 사변으로 이미 그 국면이 일변했"기 때문에 신속하게 가(假)조약을 체결해야 한다고 생각해, 하루 전부터 다음과 같은 안으로 교섭을 시작했다고 보고했다. 그 안은 일본 정부가 권고한 개혁의 실시, 일본 정부에 의한 철도 건설, 일본 정부가 건설하는 전신의 존치, 일본인 정무법률고문, 군무교사의 채용, 7월 23일의 건을 불문에 부칠 것, "독립 보호에 관한 일체의 사무"를 양국 대표가 협의 결정할 것 등이 포함된 것이었다.[92] 이 보고를 받은 무쓰는 8월 7일에 우선 각의 결정안을 이토 총리에게 보냈다. "7월 23일의 사변 이래…… 조선 군대의 병기를 거둬들였고 또한 그 경찰권 역시 어느 정도 억누르는 상황이 되었기 때문에, 사실상 일국의 독립권을 침범하는 형적이라" 이 점에 관해서 러시아 정부가 비판의 시선을 보내고 있다. "조선의 독립에 관해 변동을 초래하는 것과 같은 일"이 생기면, "러시아는 결코 묵과하지 않을 것"이라는 내용이었다. 따라서 "조선국 독립의 체면을 보전하고, 더불어 동맹의 결실을 얻는 일이 눈앞의 급선무라 생각한다." 이러한 취지를 조선 현지에 통지할 필요가 있다. 각의에서는 이를 받아들여 조선에 대한 무기의 반환을 결정했다.[93]

그리고 8월 15일 무쓰는 또 다시 진전된 각의의 결정안을 이토 총리에게 제출했다. 이제 "실제에 있어 조선국은 어디까지나 일·청 양국의 전장 또는 전장에 도달하는 통로와 같은 꼴이 되었"는데 일본군은 국제공법 상 "다른 강대국의 비난을 초래해" 그 해명이 궁해지는 일은 피해야 한다, 또한 "오늘날 조선국의 지위는 우리 동맹이지 적국이 아니다" "조선이 지닌 독립국으로서의 면목을 현저하게 훼손하는 것 같은 행동, 즉 그 강토를 실제로 약취(略取)하는 것 같은 형적은 가능한 한 피하고", 조선 정부가 불만에 가득 찬 나머지 각국 공관에 호소하는 일이 있어서는 안 된다. 주의사항은 다음 세 가지다. 첫째, 군사적으로 불편하더라도 "조선국의 독립권을 침해하는 것 같은 행위"는 "가능한 한 피할 것", 둘째, 조선 정부에 대한 요구는 "조선 정부 독립의 체면"상 "견딜 수 있을 만한 정도로 한정하고", 끝내 "견딜 수 없다고 느끼지 않도록 충분히 주의할 것" 셋째, 군사적으로 필요한 물품에 대해서는 대가를 지불하고, "침략의 형적이 없도록 깊이 주의할 것."[94] 이 안도 각의에서 채택되어 무쓰는 8월 23일에 오토리에게 훈령으로 통보했다.[95]

그러나 무쓰는 이것으로 충분치 않다고 생각했다. 이틀 후인 8월 17일에 세 번째 각의 결정안의 초고를 작성해 이토에게 보냈다. 거기에는 조선에 대한 네 가지 안이 명확하게 제시, 검토되어 있었다.

갑, (일본 승리 후에도 조선을) 여전히 일개 독립국으로 하고, 그 자치와 자주를 전적으로 방임하며 우리가 간섭하지 않는다.

을, 명의상 독립국으로 공인하지만, 제국이 직접적·간접적으로 영원히 또는 장시간 그 독립을 보익부지(保翼扶持)하여 다른 나라의 업신여김을 당하지 않도록 노력한다.

병, 조선 영토의 안전은 일·청 양국이 이를 보장한다.

정, 조선으로 하여금 세계의 중립국이 될 수 있도록 우리나라가 구미 국가들 및 청국을 불러들여, (벨기에, 스위스와 같은 지위에 설 수 있도록 한다).[96]

각각의 안에 대해서 장단점이 설명되어 있었지만, 각의는 결정을 내리지 못했다. "아주 당분간은…… 우선 을안의 대의를 목적으로 하고, 다음에 다시 묘의(廟議)를 확정하기로 결의했다."[97] 을안 즉 보호국안이었다.

이 사이에 오토리 공사는 조선 정부와 양국의 관계를 규정하는 가조약을 체결하기 위해 교섭하고 있었는데, 8월 20일 외무대신 김윤식과 잠정 합동조관(條款)을 체결했다. 그 내용은 1. 일본 정부는 조선 정부가 개혁하기를 바란다, 1. 서울-부산 간 및 인천-서울 간 철도 건설은 조선의 재정 궁핍의 문제가 있으니 일본 정부 내지 민간 기업과 '정약'(訂約)해 기공할 것을 희망한다, 1. 일본군이 서울-부산 간 및 인천-서울 간에 가설한 군용 전신은 나중에 조약을 정약하여 그 존류(存留)를 도모할 것, 1. 7월 23일의 사건은 "피차 간에 이를 추궁하지 않을 것", 1. 일본 정부는 조선의 '독립자주의 업'의 성취를 바라며, "장래 조선국의 독립자주를 공고히 하는 것"에 관해서는 협의한다, 1. "시의 적절한 때를 가늠해 대궐을 호위하는 일본 병사들을 일률적으로 철수시킬 것" 등이었다.[98] 이 가운데 마지막에서 두 번째 항목은 8월 1일의 원안에는 "장래 조선국의 독립보호에 관한 일체의 사무"라 되어 있던 것을 '보호'라는 말을 꺼린 조선의 저항으로 이렇게 수정했다. 마지막 항의 '대궐'은 왕궁을 의미한다. 즉 왕궁 점령의 해제를 의미하는 것이다. 이는 8월 21일에 실시되었다.[99]

또한 일본군의 존재와 관련해 "일본은 청국에 대해서 공수(攻守)의 전쟁을 담당하고, 조선국은 일본 병력의 진퇴 및 그 식량준비를 위해서 힘닿는 만큼 편의를 제공한다"는 것을 규정한 '대일본, 대조선 양국 동맹'이 8월 26일 조인되었다.[100]

개혁을 촉진하는 것에 관해서 오토리 공사는 곤란한 상황에 처해 있었다. 군국기무소가 7월 28일 개회 당초에 매일같이 회의를 열어서 구폐 타파의 방책을 잇달아 결정했고, 일본 공사가 군사력으로 협박하면서 개혁을 요구했지만, 우선 정부의 최고위직에 있던 71세의 대원군이 일본이 하라는 대로 간단히는 따르지 않았다. 따라서 정부의 중심부에 등장한 김홍집 등 친일적인 개명파가 대대적으로 의욕을 보이고 전면에 나서면서 대원군과 충돌하는 일이 많았다. 뿐만 아니라 실권을 빼앗긴 고종과 민비도 저항을 강화했다. 이 밖에 보수적인 고참 관료들도 사보타주를 했다. 마침내 10월 31일 법무대신대리였던 중립파의 김학우(金鶴羽)가 암살되기에 이르렀다.[101]

오토리 공사도 개전 전 한때 청·일 간 충돌을 회피하려 했기 때문에 평판이 나빴는데, 개전 후 군인들의 비판이 한층 더 심해졌다. 오토리는 '인습에 얽매여 있다'(因循)든지 '노망이 들었다'(老耄)든지 하는 말을 들어야 했다. 결국 일본 정부는 혼란의 한 원인이 오토리 공사의 무능력에 있다면서 그를 경질하고, 내무상 이노우에 가오루(井上馨)를 후임으로 보내기로 결정했다.[102]

이오누에 가오루는 조슈(長州) 출신으로 야마가타 아리토모나 이토 히로부미보다도 연상이었고, 일찍이 영국에 유학한 뒤 귀국하여 4국 함대의 시모노세키 포격사건의 사후처리 과정에 활약했다. 막부 타도운동(倒幕運動)에 참가했고, 메이지유신 후에는 지조(地租)개정, 질록(秩祿)처분 과정 등에서 활약했다. 제1차 이토 내각에서는 외무대신을 역임했다. 1885년에는 러시아에 접근한 고종에게 강한 반감을 품고, 그의 외교를 '구속'하려고 획책했었다는 것은 이미 소개한 바 있다. 원로의 한 사람이며 조선외교를 담당해온 그러한 거물이 이토 총리의 요청으로 조선에 부임하게 된 것이었다. 이노우에는 10월 25일 인천에 도착했다.

개전과 러시아

러시아의 중재도 헛되이 전쟁이 시작되었을 때, 러시아 정부의 생각은 급속하게 바뀌었다. 이 전쟁으로 러시아의 이해가 손상되지 않는 방향으로 움직이기 시작한 것이다.

8월 7일(7월 26일) 기르스 외상은 개전과 함께 수정되어야 할 러시아의 정책판단에 관한 상주 의견서를 작성했다. "우리는 일본이 조선반도를 완전히 공략하고, 그렇게 함으로써 우리에게서 일본해[동해]쪽 출구를 절취하는 것을 허락할 수 없다." 일본이 승리하면 이 점에 관해 일본과 협정을 맺어야 한다. 전쟁을 국지화하고, 청국에서 러시아의 권익을 지켜야 한다. 러시아는 청·일 양국에 대해서 군대를 조선 북부에 투입하지 말고, 고시케비치 만(웅기항을 포함한다)과 라자레프항(원산)이 위치한 함경도 내에서는 군사행동을 하지 않을 것을 요구하고, 일본이 러시아의 국경에 가까운 조선 연안의 해군 거점을 점령하지 않을 것을 요구할 필요가 있다는 것이었다. "일본해[동해]에서 우리의 가장 중요한 이해는 쓰시마—부산 사이의 브로우튼 해협〈조선해협〉 항행의 자유다." 이 해협은 "극동의 보스포루스"라 간주되고 있다. 러시아의 동의 없이 태평양으로의 자유항행 문제는 결정하지 않겠다는 것을 일본에게 약속시킬 필요가 있으며, 그를 위해서는 러시아가 전쟁 중인 청·일 양국의 '불화'에 개입하지 않고, 조선의 여하한 부분도 점령하지 않을 것을 '우리의 약속'으로 삼는다.[103] 이 의견서에 황제는 "많은 점에서 옳다"고 써넣음으로써 찬성을 표했다.

8월 21일(9일) 특별협의회가 열렸다. 참석자는 외상 기르스, 육군상 반노프스키, 해군상 서리 치하초프, 재무상 비테였고, 여기에 외무차관 시시킨과 아시아국장 카프니스트가 가세했다.[104] 회의 첫머리에 외상은, 전쟁에 대해서 러시아가 어떤 행동양식을 취하면 좋을지,

승자가 나와서 조선의 영토적 보전을 손상하는 행동에 나서면 어떻게 해야 할지 논의하는 것이 협의의 목적이라고 말했다. 기르스는 리홍장의 요청으로 도쿄 주재 공사가 일본 정부에 접촉을 시도했지만 일본이 거부했다는 사실을 보고했다. 리홍장은 러시아도 조선의 내치에 관여시키려고 생각했던 모양이지만, 러시아는 "조선의 개혁에 직접 개입하는 것이 적절하지 않다고 생각하여" 리홍장의 제안을 거절했다고 말했다. 일본이 요망에 응하지 않으므로 구미 정부와도 연락을 취했더니, 영국 정부는 청·일 양국에게 병력을 조선의 남북으로 각각 떨어뜨려 놓을 것을 권유하는 것도 포함해 충돌 회피를 위해 노력하는 것에 찬성했다. 그런데 그 사이에 양국이 선전포고를 발해 개전해 버린 것이다. 러시아는 이 전쟁에는 참가하지 않고 신속하게 양국이 정전해 평화협정을 체결하도록 노력할 것이다. "협정의 기초에는 조선의 status quo[현상]을 유지하는" 것이 필요하다. "일본이 조선반도의 남부를 공략하게 되면…… 브로우튼 해협은 일본의 수중에 떨어진다. 일본해[동해] 통행자유의 유지를 생각하더라도 그것은 우리로서는 허락하기 어려운 일이다. 그러나 청·일 양국 모두가…… 조선의 영토보전을 파괴하는 것을 바라지 않고 있는 이상, 조선의 status quo의 유지는 실현 가능할 것으로 보인다."[105]

비테 재무상은 전쟁에 개입하지 않는다는 데에는 찬성했지만, 전쟁의 결과로 승자가 성과를 얻을 때 영국이 이기적인 목적으로 개입해 올 수가 있다, "이 개입을 허락해서는 안 되며, 따라서 영국이 이기적인 의도를 나타낼 경우에는 반격할 준비를 해야 한다"고 주장했다. 치하초프 해군상은, 영국이 개입할 경우 러시아는 이에 대항하기 위해 조선령 내의 곤차로프 섬(마양도, 馬養島)을 점령할 수 있지만, 조선에서 영토를 획득하는 것은 커다란 이익이 없고 오히려 경제적으로는 커다란 부담이 될 것이기 때문에, 될 수 있는 대로 회피해야 한다고 말했다. 육군상 반노프스키는, "조선의 status quo 유지가 극동에서 우리나라의 현재 정책의 주요한 과제가 되어야 한다. 일본에 의한 조선 정복은 우리에게는 특히 불리하다"고 했는데, 한편으로는 극동 러시아의 병력 증강을 시작해야 한다고 주장했다.[106]

협의회의 결론은, 청일전쟁에 개입하지 않는다, 그러나 중립은 선언하지 않는다, 전쟁의 귀결로는 조선의 현상(status quo) 유지를 추구한다, 군비증강에 관해서는 육군상과 재무상의 협의를 요한다는 것이었다.[107] 러시아의 태도는 신중했고 또 군이 말하자면 소극적인 것이었다.

보가크의 첫인상과 평양 대회전(大會戰)

인천에서 즈푸로 건너간 보가크는 거기서 풍도 앞바다 해전에 관해서 들었다. 그는 서둘러 인천의 '코레예츠'호 함장에게 일본 해군이 청국의 상선을 침몰시켰다는 편지를 보냈다.[108] 텐진에서 그 후에 전개된 전쟁의 양상을 본 뒤, 8월 후반에 그는 도쿄로 떠났다. 이때 러시아 해군도 서둘러 임시 주재 무관으로 시반크 중위를 도쿄로 파견해왔다. 보가크는 도쿄에서 시반크를 만나 조선에서 자신이 관찰한 것도 전하고 통역도 소개했다.[109]

보가크는 일본의 철저한 비밀주의 때문에 고민하면서도, 가와카미 소로쿠 참모차장을 만나 자료를 받아 분석했다. 그는 전쟁을 관전하고 싶었지만, 러시아의 무관에게 제1선 부대의 작전을 보여주는 것을 주저한 육군 수뇌부가 그를 도쿄에 묶어두었을 것이다.

도쿄에서 러시아의 참모본부로 보내는 제1신은 9월 10일(8월 29일)에 나왔다. 조선으로 파견된 청국군의 병력 분석이었다. "나는 이 모든 부대가 평양에 도착했는지 어떤지는 보고할 수 없다. 청국군이 평양에 집결해 대동강 부근의 강력한 진지에서 일본군에게 반격을 가할 것으로 기대하고 있다."[110]

한편 9월 15일(3일) 보가크는 일본군에 관해 정리된 판단을 베이징의 카시니 공사에게 보냈다. 이것이 외무성으로 보고되었고, 거기서 황제 알렉산드르 3세에게도 보고되었다.

"나의 생각으로는, 우리는 일본이라는 극도로 위험한 이웃과 함께하고 있다. 이 나라에 대해서는 앞으로도 몇 번이고 중시해야 할 것이며, 이 나라는 어떤 상황에서 우리나라에 많은 불편을 끼치고 곤란한 상황을 초래할 것이다. 지금까지 우리는 항상 주로 청국과 영국에 대항해 극동에서의 지위를 강화해야 한다고 생각해왔다. 그러나 내가 보기에 이제는 적어도 사태가 바뀐 것 같다. 일본이 현지의 주요한, 매우 중대한 존재(данная)라는 말이다. 극동의 향후 운명에 거대한 영향을 끼칠 것으로 보이는 새로운 힘이 일본에 생겨난 것이다."

이 편지를 읽은 황제는 이 마지막 문장에 밑줄을 치고, "전적으로 옳다"라고 써넣었다.

보가크는 계속해서 썼다. "일본의 참모본부는 우리가 현지에 어느 정도의 병력을 지니고 있는지 알고 있다. 일본이 조선문제에서 우리를 무시하는 것처럼 행동하고 있는 상황이 이를 뒷받침하는 것이 아니면 뭐란 말인가? 나는 정치에는 관여하지 않으며 순전히 군사적 측면에만 관여할 뿐이다. 일본은 만주에서 작전을 수행할 작정이다. 그런데도 러시아 측에 대비할 걱정을 하지 않고 있다. 자신들의 작전 라인을 위협할 자는 아무도 없다고 확신하고 있는 것 같다. 이 확신이 우리나라와의 조약에 입각한 것이 아닌 이상, 우리가 중립을 선언하지 않는 이상, 그것은 프리아무르 지방의 우리나라 군사상황을 일본이 알고 있다는 것으로만 설명할 수 있다. 일본이 앞으로도, 강화조약 체결 시에도 우리를 계속 무시한다고 해서 놀랄 일이 있겠는가?"

황제는 이 문단 전체에 밑줄을 긋고, "매우 실무적이고 명쾌하다"고 적어 넣었다.[111] 보가크가 이 전보를 발신한 9월 15일은 조선전쟁 최대의 회전인 평양 대회전이 치러진 날이었다.

대동강 근처의 평양은 높은 성벽으로 둘러싸인 도시였다. 압록강을 넘어 남하한 청국군은 평양에 집결해 있었다. 아산 전투에서 도주한 부대도 여기에 모여 있었다. 청국군의 병력은 1만 5,000명을 상회했다. 평양 시내와 주변에는 27개의 보루가 만들어져 있었다. 나중에 이곳을 시찰한 보가크는, 준비 여하에 따라서는 평양이 일본군에게 러터전쟁 시의 난공불락 요새 플레브나가 될 가능성이 있다는 결론을 내렸다. 그러나 청국군은 6주 동안의 유예기간을 살리지 못했고, 평양을 그러한 요새로 바꾸는 작업을 하지 않았던 것이다.[112]

일본군은 남쪽의 중화(中和)에서 오시마 소장이 이끄는 혼성 제9여단이 그리고 그 뒤에서는 노즈(野津) 중장이 이끄는 제5사단 본대가 진군했다. 원산에 상륙한 오사코(大迫) 소장의 제3사단의 지대(支隊)가 덕양(德陽)에서 성천(成川)을 거쳐 북쪽에서, 그리고 동쪽에서는 삭령(朔寧)에서 대안(隊安)을 거쳐 공격해 올라온 다쓰미(立見) 소장이 이끄는 제10여단이 평양으로 접근했다. 총 병력은 1만 6,500명이었다.

공격은 9월 15일 새벽부터 오시마 부대의 포격으로 시작되었다. 이어서 다쓰미 부대가 돌진했지만, 청국이 보루에서 맹렬하게 포격해 퇴각하지 않을 수 없었다. 북쪽에서 공략해온 오하코 부대는 현재 공항이 있는 순안(順安)을 함락시키고, 북쪽의 모란대(牡丹臺) 보루를 공격해 마침내 현무문을 부수고 들어가 평양성을 함락시켰다. 이때 문쪽 벽을 기어 올라가 길을 연 하라다 주키치(原田重吉)라는 병사의 용감한 행동이 선전되었다. 청국군의 북쪽 방면 사령관 줘바오귀(左寶

貴)는 용감하게 싸우다가 전사했다. 오시마 부대는 평양의 남쪽에 있는 외성(外城)의 보루를 격렬하게 공격해 함락시키고, 그 다음으로 대동강 좌안 선교리(船橋里)의 보루를 공략했다. 보루의 벽은 약 5미터나 되어서, 이를 부수는 것은 쉬운 일이 아니었다. 전투는 10시간에 걸쳐 계속되었는데, 마침내 저녁 5시 청국군 총사령관인 예즈차오(葉志超) 제독은 항복했다. 청국군은 무기를 인도할 시간을 달라고 한 뒤, 그 사이에 도주했다. 남겨진 사망자는 2,000명, 부상자는 4,000명, 포로가 700명이었다. 일본 측 희생은 사망 102명, 부상 438명, 행방불명 33명이었다.[113]

함락된 평양 위에 한가위의 밝은 달이 걸려 있었다.

기나긴 밤 대동강을 건너나니
전진하라, 전진하라 진군나팔 소리에 달이 오른다
들로 산으로 전진하나니, 달의 삼만 기(騎)

이것은 병 때문에 종군하지 못했던 신문 『닛폰』(日本)의 기자 마사오카 시키가 평양 전투를 상상하며 묘사한 구절이다.[114] 이 전투를 묘사한 다른 작가도 있다.

"나는 전쟁을 생각하고, 평화를 생각하고, 하얗게 포연이 작렬하는 야산을 생각했다. 나도 가보고 싶다고 생각했다. 아산의 싸움, 경성과 인천 점령, 그리고 평양의 저 거대한 전쟁이 치러졌다. 달 밝은 밤에, 십오야의 아름다운 밤에……."[115]

평양회전의 승리는 청일전쟁의 승패를 결정했다. 일본에서는 '평양대첩'이라고 해서 국민의 기억 속에 각인되었다. 하라다 주키치는 국민적인 영웅이 되었다.

이틀 후 이번에는 해군이 황해회전에서 승리했다. 일본의 함대는 딩루창(丁汝昌) 제독의 베이양(北洋)함대 주력과 조우하여 12척 가운데 4척을 격침했다. 일본은 한 척도 가라앉지 않았다.

보가크의 일본군 종군 관찰

이와 같은 일본군 연승 보도를 접한 뒤, 보가크는 10월 4일(9월 22일) 참모본부로 타전한 제2신에서 일본군의 전시체제를 자세하게 소개했다.

"동원과 군대의 철도, 해상 수송이 말끔하고 훌륭하게 이루어졌고, 유럽의 어느 강대국이 부러워할 정도라고 해도 전혀 이상하지 않다. 육군성은 예비역과 지방군의 소집에 있어서 어떤 곤란에도 봉착하지 않았다. 출두하지 않는 자의 비율은 예상보다 훨씬 적다. 많은 지원자가 몰려들었고 몰려들고 있다. 이것은 지금의 전쟁이 나라 전체에 불러일으킨 열광의 결과다."

"철도는 훌륭하게 작동하고 있다." "승차는 내가 아직껏 본 적이 없을 정도의 완전한 형태로 진행되고 있다."[116] "군대의 해상 수송도 잘 진행되고 있다." "요컨대 만사가 기름을 칠한 듯 매끄럽게 흘러가고 있고, 일본의 참모본부는 달성한 결과를 문자 그대로 자랑할 수 있다."

보가크는 9월에 카시니에게 써 보낸 말을 되풀이했다. "나는 우리가 일본이라는 위험한 이웃과 함께하고 있다고 생각한다. ……극동의 운명에 거대한 영향을 지니게 될 새로운 힘이 일본에 생겨난 것이다."[117]

보가크는 이 전쟁에서 "일본이 승리자가 될 것"이라는 결론을 내렸다. 일본은 "시베리아철도가 완성되기 전에 즉 우리를 두려워하게 할만큼의 힘을 손에 넣기 전에" 적극적인 세력이 되려 한다고 보았다. 그는 일본 참모본부가 러시아의 병력을 알기 위해 많은 "일본군 비밀에이전트"를 러시아 영내로 잠입시키고 있다고 썼다. "일본인은 적과 그 적의 힘에 관한 지식이 지니는 거대한 의미를 매우 잘 인식하게 되었다."[118]

이 직후에 보가크는 참모본부가 붙여준 이케다 중령과 함께 겨우 도쿄를 출발, 히로시마의 대본영(大本營)으로 향했다. 10월 9일(9월 29일)의 일이었다.

보가크는 히로시마에서 참모총장에게 전해 달라면서 공사관으로 타전했다. "천황을 비공식적으로 배알했다. 일본인은 매우 붙임성이 좋고 또 경계심도 있다. 가와카미(참모총장)는 러시아가 일본의 전투 능력을 믿고 주목할 만하다고 생각해 주면 좋겠으며, 또 극동에서 자연스런 국경을 인정해 달라고도 말했다. 왜냐하면 공통의 적은 영국이기 때문이라는 것이었다."[119] 보가크는 참모본부로 보내온 전보에, 메이지천황이 그에게 중국 땅에서의 전쟁 방식에 관해서 조언해 달라고 말했다고도 쓰고 있다.[120]

10월 15일 우지나에서 제1사단의 승선이 시작되었다. 수송선 33척이 집결해 있었다. 그것을 관찰한 보가크는 "일본인은 이 분야에서도 유럽 어느 나라 육군에 비해 손색이 없다"고 생각했다. 승선 과정은 "안정되고 조용했다."[121] 10월 20일(8일) 보가크는 오야마 이와오의 제2군에 속하는 제1사단과 동행해 수송선 히메지(姬路)호를 타고 우지나를 출발했다.[122]

보가크는 배에서 닷새를 보냈다. 일본 병사들은 놀라울 정도로 조용했고, 노래도 부르지 않았으며, 내기나 싸움도 없었다. 많은 병사가 전황을 전하는 책자를 읽고 있었다.[123] 인천에 도착하자 서울의 공사관에서 서기가 와서 조선 정세를 들려주었다. 일본이 의도한 개혁은 주민의 반발과 불만 때문에 난항하고 있다. 실패의 첫 번째 원인은 일본인들이 김홍집 등 일본파에 의존하며 국왕을 무시하고 있다는 점이다. 서울의 정세는 심각하다. 러시아의 영향력은 매일같이 줄어들고 있다.[124]

보가크는 같은 배로 그대로 대동강 하구까지 갔다. 제1사단은 이미 랴오둥반도에 상륙하고 있었다. 보가크는 압록강 도하 작전을 관전하고 싶다고 요청했지만, 10월 25일(13일)에는 그것도 이미 끝난 상태였다. 일본군은 도하를 마치고 만주로 들어갔고, 청국군은 펑톈 방면으로 퇴각 중이라는 것이었다. 그래서 평양의 전투 전적지를 참관하기로 하고 배에서 내렸다. 10월 29일(17일) 보가크는 평양 시내를 시찰했다.[125] 여러 사람에게서 이야기를 듣고 평양전투에 대한 평가를 한 뒤에 11월 15일(3일)에 보고했다. 보가크는 노즈 제5사단장의 작전지도에 관해서도 비판적인 의견을 썼지만, 청국군에 대해서는 극도로 부정적인 평가를 했다. "장군부터 일개 병졸에 이르기까지 모두가 분명 자기밖에 생각하지 않는다. 전투의 목적도 우군 병사를 구출하는 것도 그들에게는 관계없는 일이었다. 적이 멀리 있을 때에는 발포한다. ……그러나 적이 가까이 다가오면, 우선 생각하는 것이 도망치는 일이다."[126] 보가크는 11월 10일(10월 29일)이 되어서야 겨우 압록강에 도달, 주롄성(九連城)에 이르렀다.[127]

전쟁은 이제부터 만주에서 치러지게 되었지만, 조선 내부에서는 항일, 반개화의 기치 아래 전봉준이 이끄는 제2차 동학농민운동이 일어나고 있었다. 이에 대해서 일본군은 미나미 고시로(南小四郎) 대령이 이끄는 후비보병독립 제19대대를 조선군과 함께 진압에 출동시켰다. 10월 27일에 가와카미 소로쿠 병참총감은 "동학당에 대한 처지는 엄렬(嚴烈)해야 한다. 앞으로 전부 모조리 살육하라"고 명령을 내렸다. 농민군은 10월과 11월 두 차례에 걸쳐서 수만 명의 병력으로 충청도의 중요 도시인 공주(公州)를 공략했지만, 결국 이를 함락시키지 못하고 패배의 궁지에 몰렸다. 일본군은 농민군을 철저하게 살육했다. 12월에는 전봉준이 배신을 당해 체포되어 일본군에 인도되었다. 이 작전은 조선전쟁의 가장 잔혹한 한 페이지다.[128]

이노우에 공사의 개혁 지도

1894년 10월 26일 서울에 도착한 이노우에 가오루 공사는 자신의 높은 지위와 명성에 강한 자부심을 지닌 채 일본 점령군의 힘을 배경으로 조선 정부의 개조를 강력하게 추진하고자 했다. 이노우에는 27일에 우선 외무대신 김윤식을 만나, "일·청 사건의 원인"은 조선의 독립을 돕는 데 있으며 "내정개혁에 나서서 실효를 거두지 못하면" 목적이 달성될 수 없을 것이라고 강조했다. 조선 정부는 "협화 일치, 참된 정성으로 국사에 진력하고, 서로 사사로운 무리(私黨)를 둬 시기하고 다투면서(猜疑爭鬪) 국가의 대업을 그르치는" 일이 있어서는 안 된다고 강조하고, 고종에게 내알현(內謁見)을 요구했다.[129] 28일 궁전에 안부를 묻는 과정에 고종과의 공식 알현이 허락되었다. 이노우에의 입장에서 보면 1885년 러시아에 접근을 시도하는 고종의 움직임을 알고 분노에 떨면서 그의 행동을 구속하기로 결심했던 때부터 벌써 10년 가까운 세월이 흘렀다. 지금은 일본이 이 나라를 점령하고 고종도 일본에 대한 굴복을 맹세했다. 상황이 변한 이상 새로운 생각으로 고종을 조종해 가려는 것이 이노우에의 의도였을 것이다. 이노우에는 고종을 향해서 "동양의 대세"부터 이야기를 시작해서, 러시아의 위협을 강조한 후에 영·독·불의 움직임을 설명했다. 그러한 환경 속에서는 "귀국의 내정을 신속하게 개량하고, 독립의 열매를 거두어 그 기초를 공고히 하지 못하면" 불행한 일이 발생할 수 있다고 말했다. 이노우에가 여기서 내정개혁에 있어서는 우선 왕실을 강고히 하는 것이 중요하다고 강조한 것이 고종에게는 긍정적인 인상을 주었다. 고종은, 유신의 원훈(元勳)인 이노우에에게 기대하겠다, 경험에 기초해 조언해 달라, 나 자신은 이노우에가 "아뢰는 말을 기쁘게 받아들이고 금후 고문관으로서 종종…… 만나는 날이 많을 것"이라고 응대했다.[130]

이노우에는 10월 29일에 공사관에서 대원군과 회견했다. 이노우에는 대원군에게 엄격한 태도로 임하면서, 태도와 생각을 고치라고 요구했다. 대원군은 이노우에의 주장에 시종 얼버무리는 태도로 임함으로써 이노우에를 분노케 했다. 이노우에는 끝으로 "만일 불행하게도 각하와의 논의가 서로 맞지 않으면, 앞으로 어떤 결과를 낳게 될지 예측하기 어렵다"고 협박했다.[131] 이노우에는 11월 2일에 총리인 김홍집을 만나서, 대원군이 멋대로 정치에 개입하는 일이 없도록 해야 할 것이라고 특별히 강하게 요청했다.[132]

11월 4일에는 마침내 고종과의 내알현이 이루어졌다. 내알현이란 대신들을 물리치고 고종 및 황태자 하고만 만나는 것이다. 이노우에는 도중에 민비와 이야기를 하게 해 달라고 요청했다. 고종이 이를 허락하자 민비는 다음과 같이 말했다. 이노우에가 자신의 나라에 '충애'(忠愛)하는 선비라는 점도, "우리에 대한 충정"도 잘 알고 있다. 왕께서는 이노우에의 말을 듣고 "그것이 쓰든 달든 우선 반드시 이를 힘써 실행하려 하고 있으니" 이 점 양해해 달라. 나로서는 "군권의 중대함"이 제일의 관심사다.[133] 또한 고종과 민비는 번갈아 가며, 이 나라가 "중환자라는 비유"는 "오늘날의 시세에 적절하다"고 동의하고, 이노우에에 관해서 "우리나라 제일의 양의(良醫)를 얻은 것과 마찬가지"라고 칭찬했다.[134]

이와 같은 회담을 대충 마친 뒤 이노우에는 맨 먼저 대원군이 정치에 관여하지 않도록 하는 일부터 착수했다. 이노우에는 대원군이 동학당을 통해서 자신들을 교사하고 있다는 증거를 잡고, 이에 더해 일본군의 평양 점령 시 대원군이 청국 장군에게 보낸 편지를 압수한 것을 함께 제시하며 조선 정부를 압박했다.[135] 제아무리 대원군이라도 결국 두 손 들고 굴복할 수밖에 없었다. 11월 12일 대원군은 이노우에 공사를 만나 편지 건을 사죄하고, "모든 것을 의뢰할 테니까 어떻게든 매듭을 지어 주시오" "나는 노인이라…… 사정을 잘 모르기 때문에 정사에도 간섭할 수 없어 각하에게 부탁드리는 것이오"라고 말했다.[136]

이어서 이노우에는 11월 20일에 총리 이하 각 대신들이 열석한 가운데 고종을 배알하고 개혁 강령을 강요했다. 우선 다음의 9개 조였다.

제1 정권은 모두 하나의 원류에서 나올 것(즉 고종의 '친재'(親裁)에 의할 것).

제2 대군주는 정무를 친재할 권리가 있음과 동시에 법령을 지킬 의무도 가질 것.

제3 왕실사무를 국정사무로부터 분리할 것.

제4 왕실의 조직을 정할 것.

제5 의정부 및 각 아문의 직무권한을 정할 것.

제6 조세와 기타 일체의 공납 등은 탁지아문으로 통일하여 귀속케 하며, 인민에게 과하는 조세는 일정한 비율로써 하고, 그 이외에 어떠한 명의와 방법으로도 이를 징수하지 않을 것.

제7 세입세출을 계산하고 재정의 기초를 정하며, 왕실 및 각 아문에 필요한 비용의 액수를 미리 정할 것.

제8 군제를 정할 것.

제9 모든 일에(百事) 허식을 없애고, 과대한 폐(弊)를 교정할 것.[137]

다음 날인 21일에는 "제10 형률을 제정할 것" 이하 "제19 유학생을 일본에 파견할 것"까지 10개 조가 새로 추가되었다.[138] 이 모든 것은 국가로서 필요한 개혁임에 틀림없다. 고종은 이노우에가 거론한 항목 하나하나에 대해서 "지당한 말이다" "지극히 당연하다. 그리 해야 할 것이다"라고 말하고, 모든 것을 채택하겠다고 회답했다.

이 결과에 만족한 이노우에가 대신들에게 "같은 주의(主義)의 사람들을 모아서" 대신 협판, 즉 차관을 임명하도록 한바, 11월 27일에 4명의 협판 즉 차관들이 발령을 받았다. 이는 고종과 왕비의 독단으로 이루어진 것이어서 대신들도 전혀 모르고 있었다. 이노우에는 고종을 배알하여, "대군주는 어느새 본사[本使, 이노우에]를 신용할 수 없는 자라고 생각하시는데", 저 자신도 "귀국의 장래에 희망이 없는 것으로" 단념했다면서, 개혁도 중지하자고 제의했다. 고종은 이노우에를 향해, 이 임명은 잘못이었다, 앞으로는 "반드시 왕비로 하여금 정무에 간여하지 못하게 하겠다"고 표명하고, 개혁을 도와 달라고 말했다. 그러나 이노우에는 이날은 굽히지 않았다.[139] 12월 8일의 내알현에서 이노우에는 민비가 듣고 있는 가운데, "왕비의 국정 관여는 정치적 혼란의 원인이다"라고 말하고, "자기가 말한 것을 지키는 한" 왕비와 황태자에게 어떠한 위험도 없을 것이라는 점을 보증한다고 말했다. "왕비는 금후 정치에 관여하지 않겠다고 단언했고, 왕은 개혁을 실시할 결심을 굳힌 것처럼 보였다." 이리하여 타협이 성립되었고, 고종은 박영효, 서광범(徐光範) 등 갑신정변 관계자의 사면을 실시하기로 했다.[140]

12월 17일 내각이 개조되었고, 인사에 변화가 있었다. 총리대신 김홍집, 외무대신 김윤식, 탁지대신 어윤중, 학무대신 박정양은 재임되었고, 조의연이 군무대신, 사면된 박영효가 내무대신 그리고 서광범이 법무대신이 되었다.[141] 일본군 점령 하에 이노우에 공사의 지휘에 따라서 드디어 조선에 개혁정부가 탄생한 것처럼 보이는 순간이었다.

러시아 황제의 죽음과 신 황제 니콜라이

러시아에서는 중대한 사태가 벌어지고 있었다. 1894년 11월 2일(10월 21일) 황제 알렉산드르 3세가 급사한 것이었다. 신장병이었다. 그날 바로 황태자 니콜라이가 즉위해 니콜라이 2세가 되었다. 26세의 젊은이였다. 조부 알렉산드르 2세가 즉위했을 때 37세, 아버지인 3세도 36세였던 것에 비하면, 분명 인간적으로 미숙하고 정치 경험도 부족한 나이였다.[142] 게다가 이제 막 약혼했을 뿐 아직 결혼도 하지 않은 상황이었다. 교육담당 포베도노스쩨프로부터 전제군주의 몸가짐에 관해서는 배웠지만, 전제군주는 어떻게 해야 하는지를 아직 배우지 못한 상태였다. 군복무를 하면서 단지 세계일주 관광여행을 했을 뿐으로, 정치적 훈련은 거의 없었다.

약혼자는 독일의 헤센-다름슈타트 공의 딸 알릭스였는데, 영국 빅토리아 여왕의 손자손녀 가운데 하나였다. 그녀는 기가 셌는데, 시아버지 황제가 위독하자 벌써 니콜라이의 일기에 "의연하게 하세요"(Be firm)라고 써 두고 있었다.[143] 알렉산드르 3세가 죽은 다음 날 그녀는 정교로 개종하여 알렉산드라 표도로브나가 되었고, 장례가 끝난 뒤 가족끼리만 모여 결혼식을 치렀다. 그래도 이 시기에 황후는 정치적인 문제에는 일절 관여하지 않았다.

니콜라이를 둘러싸고 있던 것은 전에 없이 많은 수의 대공이었다. 그 중에서는 부제(父帝)의 동생들, 즉 숙부들이 중요하다. 블라디미르 대공(1847년 생)은 육군대장으로 근위군과 페테르부르크군관구의 사령관이다. 알렉세이 대공(1850년 생)은 해군총재, 세르게이 대공(1857년 생)은 육군중장이자 모스크바 총독, 파벨 대공(1860년 생)은 육군소장으로 근위기병 연대장이다. 조부의 형제 쪽으로는 니콜라이 니콜라예비치 대공(1856년 생)이 육군중장으로 근위 제2기병사단장으로 있었다. 알렉산드르 미하일로비치 대공(1866년 생)은 아직 해군중위였지만, 니콜라이의 여동생 크세니야와 결혼했고, 니콜라이와는 특히 친했던 인물이다.

니콜라이는 아버지의 장관들을 그대로 물려받아 정치를 시작했다. 72세의 육군상 반노프스키는 아버지의 치세가 시작될 때부터 재임해 벌써 14년 동안 그 자리에 있었다. 엄혹한 재정사정 때문에 군사비가 최소한으로 제한되어 있는 상황에서, 병력의 현상유지 노선을 견지해온 보수적인 노인이었다. 한편 45세의 재무상 비테는 재임 3년째였지만, 이미 정부 내에서 주축이 되어 있었다. 재임 5년차인 내무상 이반 두르노보는 군인 출신으로서 1870년에 현 지사, 1882년에 내무차관이 된 인물이었다. 국내에서는 정책의 전환 특히 젬스트보 억압책의 전환과, 더 나아가 젬스트보 대표의 의견을 국정에 반영할 것을 새로운 황제에게 요청하는 움직임이 일어났다. 이해 연말에 트베리 현회(縣會)는 자치기관의 의견 제시 가능성과 권리를 요구하는, 로지체프가 초고를 작성한 청원서를 채택했다. 정부는 이에 대해 격렬하게 반발했고, 로지체프는 징벌을 받았다.

해가 바뀌어 1895년 1월 29일(17일), 니콜라이는 귀족단, 젬스트보, 도시 자치체 대표들을 상대로 연설했다. "짐이 알기로는 최근 일부 젬스트보 현회에서 내치에 젬스트보 대표가 참가하는 것과 관련해

바보 같은 몽상에 빠져 있는 사람들의 목소리가 들린다." "짐은 백성의 행복을 위해 전력을 바치면서, 짐이 잊지 못하는 돌아가신 아버님처럼 전제의 원리를 의연하게, 해이해지지 않고 수호할 것이다." "바보 같은 몽상"이라는 표현에 사람들은 쇼크를 받았다. 젊은 지식인이 초안을 작성한 '니콜라이 2세에게 보내는 공개장'이라는 문서가 유포되었는데, 거기서는 이 연설이 "가장 작은 희망"조차도 깨부쉈다고 지적했다.[144]

전제권력의 원리에 충실하다는 점에서는 니콜라이는 아버지 알렉산드르 3세와 다르지 않았다. 두뇌의 정도도 아버지와 그다지 차이가 없었을 것이다. 그러나 인격적인 면에서 니콜라이에게는 듬직한 맛이 없었고, 다른 사람의 영향을 쉽게 받았으며 변덕도 심했다. 이 점에서 그는 아버지와는 전혀 다른 사람이었다.

새로운 외무장관

그런데 1876년부터 실질적으로 외무장관의 역할을 하고 있었고, 죽은 황제의 전 치세를 통해서 그 자리에서 황제를 섬겨온 기르스가 마치 황제의 뒤를 따르기라도 하는 것처럼 1995년 1월 26일(14일) 사망했다. 75세였다. 묘하게도 지금까지는 한 황제의 치세에 한 명의 외상이라는 체제가 계속되었다. 변함없는 외상은 외교정책의 안정성을 보증하고 있었다. 니콜라이 1세의 외상은 네셀로데, 알렉산드르 2세의 외상은 고르차코프, 알렉산드르 3세의 외상은 기르스였다. 따라서 이제까지 거의 80년 동안 외상은 세 사람이었는데, 이 이후 6년 동안에는 세 사람의 외상이 등장한다.

눈이 핑핑 돌 정도로 빠르게 바뀌는 외상의 일번타자로 등장한 것은 로바노프-로스토프스키 공작이었다. 그는 1895년 3월 10일(2월 26일)에 임명되었다. 알렉세이 로바노프-로스토프스키는 공작의 가문에서 태어나 가정교사에게 배웠을 뿐, 학교 교육을 전혀 받지 않았다. 20세에 외무성에 들어가 12년 동안 근무하고, 터키의 임시공사직을 수행했을 때인 1866년 내무성으로 자리를 옮겼고, 이듬해 내무차관으로 임명되었다. 10년 후 외교 분야로 돌아와 터키 공사가 되었다. 그 후에 영국 공사, 오스트리아 공사, 독일 공사를 역임하고 외상의 임무를 맡게 된 것이다. 경력은 흠잡을 데가 없었다.

비테는 로바노프-로스토프스키에 대해서 "당당한 풍채의 소유자이고 모든 면에서 인물이지만, 그를 외상으로 선택한 것은 실패였다는 것이 내 생각이다. 왜냐하면 그는 매우 진지한 외상은 될 수 없었기 때문이다"라고 평가했다.[145] 비테는 이 인사(人事)가 국가평의회 의장인 미하일 니콜라에비치 대공이 자신의 오른팔인 폴로프쪼프가 미는 인물을 추천한 결과일 것이라고 쓰고 있다. 해당 인물인 폴로프쪼프의 일기를 보면, 알렉산드르 3세가 즉위했을 때부터 이미 로바노프-로스토프스키를 외상으로 미는 사람이 있었고,[146] 장관이었던 기르스 스스로 재삼 "뒤를 부탁할 사람은 자네밖에 없다"고 말하고 있었음[147]을 알 수 있다. 폴로프쪼프는 분명히 로바노프-로스토프스키와 친했고, 그를 "가장 소중한 오랜 친구"라 불렀는데,[148] 두 사람은 러시아 국내외 정치의 "서글픈 상황"에 관해서도 이야기를 나누는 사이였다.[149] 로바노프-로스토프스키는 러시아가 "유럽에서 완전히 고립되어 있어서" 전쟁도 할 수 없다, 우리나라를 공격하는 일 같은 것은 그 누구도 생각하지 않고 있다고 써 보냈다.[150] 아시아에 관해서는 전혀 아는 바가 없었다는 비테의 비판은 적절하다고 생각되지만, 로바노프-로스토프스키가 판단력 있고 견실한 인물이었다는 점은 틀림없을 것이다. 문제는 황제에게 있었다.

이 뒤에 극동정세는 격동하고, 러시아의 정치와 외교에는 격렬한 진동이 내습한다. 젊은 차르는 신중함을 결여했고, 단지 안이한 변화만을 요구하게 된다.

전쟁의 종장을 둘러싼 움직임

1894년 10월에 벌써 영국은 강대국들이 조선의 독립을 보장하고 청국은 일본에 군비를 상환한다는 두 가지 조건으로 일본에 전쟁 중지를 제안한다는 생각을 했다. 이를 토대로 독·불·러와 접촉하는 동시에 일본정부에도 의사를 타진한 적이 있었다. 그러나 독일이 참가를 거부했고, 러시아도 영국의 제안에는 소극적이었다. 강대국들이 조선의 독립을 보장한다고 해도 그것이 결국 영국의 개입을 본격화하는 수단이 되지 않을까 하는 의구심이 앞섰던 것이다. 러시아는 기회를 기다린다는 자세를 견지했다.[151]

일본은 다른 열강이 어떻게 반응하는지 탐색했다. 도쿄의 공사들은 본국에서 아무런 훈령을 받지 못했다고 회답했다. 무쓰는 특히 히트로보의 태도에 관해, 러시아 공사는 "영국이 제안하는 내용의 주된 의미가 매우 막연해서 일본 정부도 이에 응하기 어려울 것이라고 냉평(冷評)했다"고 썼다.[152] 무쓰는 이토 총리와 협의한 뒤 10월 23일에 가서, 전쟁은 여전히 진행중이며 "전쟁을 종결시킬 수 있는 조건에 관한 의견을 발표하는 일은 삼가야 한다"는 회답을 영국으로 보냈다.[153]

11월 12일 러시아 주재 니시 도쿠지로(西德二郞) 공사는, 러시아 정부가 우려하고 있는 것은 단 하나, "일본이 조선을 영구 점령하지 않을까" 하는 것이며, 특히 군인들 사이에서는 이에 대한 반대론이 강하고, 이 점에서 "번거로운 일을 일으키지 않"도록 주의를 바란다고 타전해왔다.[154] 또한 12월 1일에 보낸 장문의 전보에서는, 러시아의 외무차관이 내밀하게 말한 바에 따르면 청국 공사가 러시아에게 전쟁의 중재를 요청했지만, 열강의 동의가 없으면 중재할 수 없어 거절했다는 소식을 전해왔다. 11월 30일 외상 기르스를 방문했을 때 그는 "일본 정부는 조선의 독립과 배상금의 지불만으로 만족하지 않는 것처럼 보인다"고 말했는데, 그때 그가 여러 국가의 이해를 손상하지 않는 것이 필요하다는 생각을 하고 있음을 엿볼 수 있었다. 일본에 호의적인 우인 몇 사람은 다른 열강의 간섭 때문에 영토획득은 어려울 테니까, 조기에 정전하고 가능한 한 많은 배상금을 받는 것이 좋을 것이라는 의견을 말해 주었다. "본 공사가 보는 바에 의하면, 전쟁에서 도에 지나친 결과를 거둘 수 있을지 의심스럽다. ……우리나라의 이익을 도모할 때에는 청국과 화해를 체결하고, 더 나아가 할 수만 있다면 군사적인 보상 가운데 타이완의 양여를 추가할 수 있는 기회를 재빨리 잡는 것이 득책이다. 타이완의 양여에 관해서는 이의가 없을 것이라고 본 공사는 생각한다."[155]

이것이 타당한 의견이라고는 할 수 없지만, 외교관으로서 절도 있는 판단이었다고는 할 수 있을 것이다. 이 정도라면 러시아의 입장을 자극하지 않을 것이라고 정확하게 보고 있었다.

12월 22일 무쓰는 히트로보 공사와 회담했다. 히트로보는, 본국 외상에게서 전보로 훈령을 받았다, 일본이 제시하는 요구에 관해서는 "조선국의 독립을 해하지 않는 한은 이에 간섭"하지 않겠다, 개인적인 의견이지만 타이완 점령에는 이의를 제기하지 않을 것이다, 라고 말했다.[156] 무쓰는 "이제 와서 일본이 조선의 독립과 배상금 지불만으로는 만족할 수 없다"는 점을 이해시키려고 했다. 회견에서 돌아온 히트로보는 태평하게, "조선의 자주성에 대한 침해를 걱정할 이유가

없다", 일본은 타이완의 할양을 요구할 것이다, 라고 보고했다.[157]

전투의 종결

이 사이 1894년 11월에 일본군은 랴오둥반도의 뤼순과 다롄을 점령했다. 마지막 작전은 웨이하이웨이의 점령이었다. 1895년 1월 일본군은 산둥반도의 해군기지와 웨이하이웨이의 공략 작전을 개시했다. 1월 9일 다롄만을 출발한 육군부대는 그날 상륙해 31일까지 모든 포대를 점령했다. 이 상륙작전을 참관한 보가크는 2월 초 뤼순에서 도쿄로 "훌륭하게 실시된 상륙작전을 관찰했다. 일본군은 웨이하이웨이의 북쪽과 동쪽의 모든 보루를 제압했다"는 내용의 보고를 보냈다.[158]

보가크는 도중의 뤼순 전투에 관해서도 상세하게 보고하면서, 커다란 문제가 되었던 뤼순 학살사건에 관해 언급했다. 일본군이 "정말로 무익한 진짜 살육을 저질렀다는 점은 의심의 여지가 없다", 학살이 전투 마지막 날에 일어났을 뿐만 아니라 그 후에도 이틀 동안이나 계속되었다는 것도 사실이라고 보가크는 인정했다. 그러나 병사들이 청국 병사들의 포로 능욕에 격앙한 것도 무리가 아니라고 보고, 분노한 병사들이 무차별 살육으로 치달았다고 썼다. 보가크는 뤼순 학살사건과 관련된 보도가 과장되었다고 생각해 사건을 크게 보도한 미국인 저널리스트 크릴먼도 만났는데, 그 역시 여성의 시체는 2구 밖에 보지 못했다고 말했다고 보고서에 썼다. 이 같은 일은 모든 군대에서 일어날 수 있는 일이라면서, 같은 일을 이후에도 이틀 동안이나 계속하는 것을 제지하지 않은 제2연대 사령관을 견책해야 마땅하지만, 1개 연대의 행동으로 일본군 전체를 비난해서는 안 된다고도 썼다. "이른바 '뤼순의 학살'은 어느 군대에서나 일어날 수 있는, 슬퍼해야 할 부분적인 사례에 지나지 않는다"[159]는 것이 그의 결론이었다.

전쟁이 종결되어 가면서, 보가크는 1895년 2월 28일(16일)자 보고에서 일본군의 힘에 관해서 최종적인 평가를 내렸다.

"우리가 완전한 주의를 기울여야 할 일본이라는 이웃나라를 갖게 되었다는 사실에 대해 나로서는 어떤 의심도 하고 있지 않다. ……일본군은 지금 이미 훌륭하게 조직되어 있다, 훈련과 교육을 매우 잘 받은 우수한 병사들로 구성되어 있으며 자신의 임무에 완전히 헌신하고, 부러울 정도로 자신의 직무에 애정과 합리적 열정을 쏟는 장교들이 지휘하는 인상적인 세력이다. 군대에서의 책임감, 애국주의에 관해서는 뭐라 더 말할 것이 없다. 일본인들의 이 자질은 타고난 것이다. 국민적인 특징이다. 나는 일본군이 동절기에 극도로 곤란한 조건 속에서 행군하는 것을 보았고, 상대가 중국 병사들이라 해도 매우 격렬한 포화를 뒤집어쓰면서도 싸우는 것을 보았다. 그리고 그들에게 마음속에서 우러나오는 경의를 표하고 그들을 전적으로 칭찬하면서 평가할 수밖에 없었다. 후방 조직, 수송 서비스, 작전의 사전준비에 관해서는, 특히 전장의 곤란한 조건과 주요한 기지에서 떨어져 있는 거리를 고려한다면, 뭐라 더할 말이 없다. 모든 것을 미리 예상하고 모든 것을 준비해 무엇 하나 빠뜨린 것이 없다. 현대적인 작전의 가장 복잡하고 섬세한 문제들을 이렇게도 선명하게 해결하고 있다는 점에 대해, 그 어느 유럽국가의 군 참모본부라도 경의를 표할 것이라는 데에 의심의 여지가 없다. 의무대는 비할 데가 없다. 전장에서 의료구조를 제공하는 면에서 그리고 병원의 개설과 후송 등의 면에서 유럽의 어떤 군대도 이를 따라갈 수 없다."[160]

그리고 그는 히로시마로 철수한다. 전쟁은 일본의 승리로 끝났다고 말할 수 있는 데까지 왔다. 바야흐로 강화의 내용이 문제가 될 시기였다.

전쟁 종결의 조건

전쟁이 끝나면 일본으로서도 조선의 처분과 청국과의 강화 조건이 문제가 된다. 조선을 실질적인 보호국으로 삼고 있을 작정이라고 해도, 국제공법상 독립국으로 대우하는 이상 군대를 주둔시킬 수 없었고, 철수시켜야 한다. 또 건설해둔 전신선의 권리와 철도 부설의 권리 확보도 문제가 될 것이었다.

이 단계에서 일본 정부는 각의에서 일한(日韓)신조약 또는 철도전신조약안을 결정했고, 1월 17일 이노우에 앞으로 '일한 전선설치조관(條款) 속약(續約) 개정안'을 보내 교섭할 것을 요청했다. 그리고 21일에는 철도에 관한 '일한조약 초안'을 보내서 교섭할 것을 요청했다.[161] 전신에 관해서는 조선 측이 "업무를 적절하게 시행할 수 있을 때까지" 일본 정부가 "조선 정부를 대신해", 모든 기존에 설치된 전선과 이제부터 건설될 전선을 "관리하고 또 통신 업무를 시행한다"는 것이었다. 조선 정부가 건설한 전신선은 대가를 지불받고 "일본 정부에 양도할 것"이라 되어 있었다. 조선의 전신사업을 일본이 완전히 독점하겠다는 안이다. 철도에 관해서는 부산-경성 간, 경성-인천 간 철도를 일본 정부 내지 일본 정부가 지정하는 회사가 건설한다, 소유권은 조선 정부에 속하지만 건설비용을 상환할 때까지는 일본이 관리한다, 이익의 일부는 조선 정부에 증여하기로 한다, 이렇게 되어 있었다. 즉 이미 '잠정합동조관'에서 얻은 것을 국가 간의 항구적 조약으로 만들려고 한 것인데, 이노우에가 이 문제를 조선의 외무대신과 교섭했을 때, 철도조약에 관해서는 이의를 제기하지 않았지만 전신조관개정안에 대해서는, "불충분하지만 종래 우리나라에서도 생도를 양성하여 이를 취급해왔으니, 금후에도 취급할 수 없지는 않을 것이라 생각한"다, 이와 같은 "조선의 독립권을 훼손"하는 조약이 "우리

내각의 동의를 얻을 수 있을지…… 심히 걱정된다"는 대답을 들었다. 이노우에는 철도와 전신 모두를 취하는 것은 "조선인의 감정을 해한 다"면서, 전신에 관해서는 재정의 정리가 끝나는 대로 전부 양도하는 것으로 하고, 비밀조약에서 전시에 필요한 경우에는 "임시로 우리 관 원을 파견해 관리한다"는 것으로 하면 어떻겠는가 하고 2월 25일 본 국에 제안했다. 그 내용에 새롭게 바뀐 조약인 '조·일 전신조약'안이 추가되어 있었다.[162]

이에 대해서 무쓰는 3월 1일 자신이 보는 바로는 "장래의 정략상 전신만은 이번에 반드시 우리 손에 넣어 둘 필요가 있다고 믿는"다, "오늘날의 좋은 기회를 이용해 조선의 모든 전신선을 우리의 관리 하 에 두기" 위해서 담판해 주었으면 한다고 요청하는 전보를 보냈다.[163] 그러나 이노우에는 이 생각에 따르지 않았다.[164]

이노우에는 러시아의 주장에 주의를 쏟고 있었다. 그 점에서는 무 쓰도 마찬가지였다. 도쿄의 러시아 공사와 그러한 이야기를 거듭하 고 있었기 때문이다. 3월 2일(2월 18일) 히트로보는 페테르부르크에 다음과 같이 보고했다.

"무쓰는 내게 전했다. 일본 정부는 만족스럽게 나의 전달을 받아들 이고, 조선에 대한 일본 정부의 정책은 어떠한 변화도 없으며, 일본 정부는 명목상으로나 실질적으로 조선의 독립을 인정한다고 언명하 는 것을 주저하지 않겠다고."[165]

이즈음 이노우에는 조선 정부에 자금을 제공하는 문제를 생각하 고 있었다. 1895년 1월 8일 그는 무쓰 외상에게, [조선]정부는 군인들 에게 5개월씩이나 급료를 지불하지 않고 있다, 이래서는 개혁도 진행 하기 어렵다, 긴급하게 500만 엔을 군사비에서 지출해 대부하는 것 을 생각해야 한다, 의회에서는 사후승낙을 받을 수 있을 것이다, 라 고 제안했다. 이노우에는 "Answer me simply yes or no. If no, I could not do any thing more."['예스'냐 '노'냐 간단히 답하라. '노'라면 난 더 이상 할 수 있는 게 없다]라며 퉁명스럽게 보고를 맺었다. 전쟁을 해서 조선에 올라타고 있는 건데, 이 정도도 못할 리가 없다고 생각했을 것이다.[166] 그러나 무쓰는 10일에 총리와도 상의해 보겠다, 그러니 결론은 기다려 달라는 내용의 회신을 보냈다.[167] 이노우에는 12일에 더 이상 이 "국채문제가 해결되지 않으면 조선 정부는 해를 넘기기가 어렵고, 공사 자신도 그 자리에 있을 수가 없다"는 전보까지 보냈다.[168] 마침내 2월 3일이 되어서 무쓰에게서 조선 공채는 "이제 의심의 여지없이 가능하다"는 전보가 들어왔다.[169] 그러나 거기서부터도 난항이었다.

조선 정부 안에서도 혼란이 계속되었다. 1894년 12월의 정부 개편에서 일본 세력을 등에 업고 정부에 들어간 박영효, 서광범 등의 신파는 고종, 민비에게도 접근해 그들의 신뢰를 얻었고, 정부 내에서 현저하게 세력을 강화했다. 박영효 등은 정부 내의 구파와 격렬하게 대립했다. 1895년 2월이 되자 구파와 신파의 알력은 "양립할 수 없는 모양새"가 되었다. 사이토 슈이치로(斉藤修一郎) 내부고문관과 호시 도루(星亨) 법부고문관 등 일본인 고문들도 이 과정에서 자신들의 생각대로 움직이면서 "막후 인물들이 되어, 정권을 장악하려는 희망을 품었으며", 구파를 타도하고 신파에게 정권을 독점시키려고 했다. 그 전술로서 그들은 박영효 등에게 내각 총사직을 권했다. 구파 역시 이것이 이노우에 공사의 지시에 의한 것이라고 생각해서 사표를 내는 방향으로 나아갔다.[170] 그런데 2월 12일 내알현의 자리에서 이노우에 공사는 이 총사직 움직임을 맹비난했다. "본 공사는 이제는 거의 귀국의 일이 밉고 싫어져서 견딜 수 없게 되었다." 나라의 주인인 대신들이 전망이 없다고 떠난다면, "객(客)인 본 공사가…… 이를 어찌할 수 있단 말인가." 이노우에는 국왕이 총사직을 인정하지 않는다고 말하고 총리에게 이노우에와 만나서 그의 의견을 들으라고 명해 줄 것을 요청했다.[171] 김홍집이 이노우에와 만난 후에야 사직 소동은 수그러들었고, 대신들은 유임되었다.

결국 조선공채(公債)안은 제대로 진행되지 못했고, 2월 22일 무쓰는 일본은행의 대출금으로 300만 엔을 처리하자는 안을 전달했다. 이것이 의회에 제출되어 승인을 받았고, 3월 30일 조선 정부와 협정이 체결되기에 이르렀다.[172]

4월 8일에는 이노우에가 '일·청 평화수립 후의 대한국 방침 규정'에 관한 의견서를 무쓰에게 보냈다. 종래의 방침은 "청국의 간섭을 뿌리부터 잘라버리고" "조선의 독립과 권리를 보전한다"는 것이었다. 이를 위해서는 "장래 조선국이 부강해져서 스스로 나라를 지킬 수 있을 때까지는 우리나라가 이를 보호하는 것을 의무로 하지 않을 수 없다." 그러므로 철도와 전신도 일본이 가설 관리하고, 수비병도 존치시켜야 하며, 정치는 부패했기 때문에 다수의 고문관을 채용하게 해 "강박적으로 간섭해야 한다." 그러나 이런 조치는 "조선의 독립권을 다소 손상할 것이 틀림없음"으로, 일본은 "표면상 조선의 독립을 주창하더라도 사실상 이를 속국으로 하려는 야심이 있다는 의심을 품게 하여" 열강의 비난을 받을 수 있다. 그래서 이노우에는, 수비병을 철거할지, 철도전신조약을 어디까지 획득할지, 내정개혁에서 손을 뗄지 말지 등 이 세 가지에 관해서 정부의 방침을 결정해 달라고 요청했던 것이다.[173]

강화 교섭과 러시아

이때 러시아의 장관들은 1895년 2월 1일(1월 20일)에 두 번째 협의를 진행했다.[174] 이번에는 해군총재 알렉세이 대공이 주재했다. 기르스 외상 사망 후 일주일밖에 지나지 않은 시점에 열린 이 협의에는 외상대행 시시킨이 참석했다. 전쟁은 이미 끝을 향하고 있었다. 러시아로서는 강화에 대비해 지금까지와 같은 신중한 태도를 취할 것인지 아니면 독자행동을 취할 것인지가 협의의 주요 내용이었다.

협의회에서는 육군상 반노프스키가, 만일 강화조건에서 러시아의 이해가 손상된다면 거제도(갈곶도)라도 대항 점령하는 것이 합목적적이지만, 이것은 "비상의 경우에만" 실시할 수 있으므로 신중하게 생각해야 한다고 말했다. 이에 대해서 외상대행 시시킨은 그와 같은 점령 구상에는 반대라고 말했다. 치하초프 해군상은, 뤼순이나 웨이하이웨이가 일본의 수중에 떨어지면 러시아가 극동에서 지니고 있는 이해가 훼손된다, 하물며 일본의 조선 영유는 러시아의 이익에 반한다는 일반적인 의견을 개진했을 뿐이었다. 그런데 해군총재 알렉세이 대공이 거제도 점령안을 지지하면서, 이를 위해 육해군의 증강이 필요하다고 말하자, 해군상은 즉시 거제도 점령안에 찬성했고, 나아가 더 좋은 것은 만주의 일부를 점령하는 것이라고 말했다. 여기에 육군상이 견제에 나섰다. 참모총장도 점령안에 반대했다. 재무상은 강화와 관련한 일본의 대청 요구가 아직 분명하게 밝혀지지 않았기 때문에 이에 대해 의논하는 것은 무의미하며, 당분간 러시아는 '불개입' 입장을 견지해야 할 것이라고 주장했다.[175]

이에 대해서 아시아국장 카프니스트가 다음과 같이 말했다. 즉 일본의 요구는 알 수 없지만, 만일 그것이 우리의 '본질적인 이해'에 저촉된다면 '불개입 정책'은 지속할 수 없다. 그러나 일본에 '권위 있는 접촉시도'를 가능케 하는 충분한 병력이 우리나라에는 없기 때문에, 다른 열강 특히 영국과 협조하는 것이 바람직하다. 모든 열강이 조선의 독립을 보장하는 일도 있을 수 있다. 이 의견에 대해서는 해군총재가, 영국으로서는 일본의 조선 점령이 대단한 의미를 지니지 못하는 것이 아닌가 하는 의문을 제기했지만, 카프니스트는 일본이 몇 번이나 표명했던 약속에 비춰 보면 일본이 조선의 독립을 빼앗는 것은 "개연성이 낮으며", 일시적으로 점령하는 경우에는 열강들과 함께 기한을 정하도록 압박할 수 있다는 낙관적인 의견을 피력했다. 육군상이나 참모총장도 영국과의 협조에 찬성이라고 말했는데, 주목할 만한 것은 비테 재무상조차도, 카프니스트의 의견에 찬성하며, "당분간은 영국과 협력해 행동하는 것 말고는 방법이 없다"고 말했다는 점이다. 다만 해군상만은, 영국은 일본이 조선을 정복하더라도 경제를 발전시킨다면 반대는 하지 않을 것이라고 말하고, 유럽의 여러 나라가 조선을 공동으로 보호하게 되면 러시아로서는 조선의 항구에 군함을 정박시키는 것이 어려워질 것이라면서 난색을 표했다. 나가사키에 한 번에 정박할 수 있는 것은 두 척까지라는 일본 정부의 새로운 규칙도 소개되었다. 카프니스트는 이 의견에 대해서도, 영국의 성의를 의심할 근거는 없다고 배척했다.[176]

결국 외무성이 영국과의 협정이 가능하다고 한다면 외무성에게 맡겨라, 하는 알렉세이 해군총재의 말로 결론이 정해졌고, 다음의 세 가지를 확인했다. 1. 일본 해군을 능가할 수 있도록 극동의 해군을 증강한다. 2. 일본이 강화에서 러시아의 중요한 이해를 훼손하는 요구를 할 경우에 영국, 프랑스 등과 협조해 일본에 압력을 넣을 준비를 하는 업무는 외상에게 위임한다. 3. 그러한 노력이 실패할 경우 극동에서 러시아의 행동양식을 어떻게 할 것인지는 새로운 협의회에서 검토한다.[177]

일본과 청국의 교섭은 3월 20일부터 시모노세키(下關)에서 시작되었다. 24일에는 리훙장 청국전권이 폭한에게 피스톨로 저격당하는 사건이 발생해 사람들을 놀라게 했다. 보가크는 히로시마로 돌아가 있었는데, 그는 "리훙장에 대한 저격사건과 뤼순에서의 학살은 이 전쟁 과정에서 일본이 치른 두 개의 실패임에 의심의 여지가 없다"고 보고했다.[178] 다행히 리훙장의 상처는 깊지 않았고, 교섭은 계속되어 3월 30일에 우선 휴전협정이 조인되었다. 이어서 강화교섭이 시작되었다. 4월 1일 무쓰 외상은 다음과 같은 일본의 요구를 제시했다. 1. 청국은 조선이 "완전무결한 독립자주의 나라임을 확인한다", 2. 랴오둥반도를 포함한 남만주, 타이완 전도(全島) 및 평후(澎湖)제도의 할양, 3. 배상금 3억 냥 지불, 4. 일·청 신조약의 체결, 5. 3개월 후의 철병 6. 배상금 지불 종료 시까지 펑텐부(奉天府)와 웨이하이웨이의 보장 점령.[179] 이것은 지나치게 강탈적인 요구였다. 리훙장은 이 내용을 즉각 영·러·불 세 나라 공사에게 전하고, 일본의 요구를 비판했다. 할양을 요구받은 남만주는 평황성, 슈옌(岫巖), 랴오양, 안산(鞍山), 뉴좡(牛莊), 잉커우가 모조리 들어가는 광대한 지역이었다.

이 요구에 관해서 무쓰 외상은, 해군은 "랴오둥반도의 양여보다는 오히려 타이완 전도의 양여를 필요로 한다"고 했지만 육군이 "랴오둥반도는 우리 군이 유혈폭골(流血暴骨)로써 약취한 것"이라 주장하면서, 나아가 이 반도는 "조선의 등 뒤를 쓰다듬고 베이징의 목을 누르고 있어 국가의 장기적 계획상 반드시" 영유하지 않으면 안 된다고 주장했다고 썼다.[180] 전장에서의 승리에 의기양양해진 군이 영토요구를 강력하게 주장했고, 내각이 이에 굴복한 것이다.

이와 같은 일본의 요구에 대해서 청국은 4월 5일 장문의 반론을 보냈다. 조선의 독립에 관해서는 일본도 인정한다는 규정을 넣을 것, 영토의 할양에 관해서는 "청국 국민의 분노"를 불러일으켜 청·일 양국의 평화적 관계를 손상할 것이다, 수도를 위협하는 곳에 군사기지를 제공할 수 없으며 조상의 땅을 넘겨줄 수 없다, 배상에 관해서는 본래 배상요구는 부당하지만 "이성적인 배상" 조항은 수용하겠다, 등을 주

장했다.[181]

일본의 요구를 알게 된 러시아 정부도 즉시 검토를 시작했다. 4월 6일 (3월 25일) 로바노프-로스토프스키 외상은 두 건의 상주서를 제출했다. 랴오둥반도의 할양은 "베이징에게는 물론 조선에게도 부단한 위협이 된다." "우리의 이해라는 견지에서 보면 그것은 극도로 바람직하지 않은 사태다." 일본이 이를 단념하게끔 하기 위해서는 "무언가 강제적인 조치"가 필요하다. 그러나 영국, 프랑스, 독일 모두 힘을 행사하는 데에는 소극적이다. 따라서 당분간은 한없이 우호적인 태도로 일본을 설득할 수밖에 없다.[182] "우리는 다른 열강들 특히 영국과 연대해, 일본이 지나치게 강해지지 않도록 우려를 표명할 수 있다. 동시에 다른 열강과는 달리 일본에 대해서 이것저것 적대적인 행동을 하는 것은 삼가야 한다." 황제 니콜라이는 이 상주서에 다음과 같이 적어 넣었다. "러시아에게는 1년 내내 자유롭고 개방된 항구가 무조건 필요하다. 이 항구는 대륙(조선 동남부)에 있어야 하며, 우리나라의 지금까지의 영토와 반드시 육지로 연결되어 있어야 한다."[183]

4월 1일(2일)에도 외상은 거듭 상주서를 올려 프랑스 공사 몬테벨로와의 대화 내용을 전했다. 프랑스는 일본이 평후제도를 획득하는 데 불만이며, 러시아와 공동으로 일본에 압력을 가하는 데 찬성하지만, 그렇게 할 경우 영국이 일본 쪽으로 기울어지지 않을지 불안하다는 것이다. 그래서 만일 일본의 강화조건 획득에 저항하지 않을 경우에는 무언가 보상을 각각 획득하려는 생각도 있다는 의견이었다.[184]

니콜라이는 이 상주서에도 보상을 획득한다는 생각에 찬성한다면서, "프랑스와 함께 일·청 강화조약의 실시에 저항하지 말고, 어떠한 일이 있어도 자유항이라는 형태로 우리가 원하는 보상을 얻는다는 제2안에 찬성이다"라고 써놓았다.[185]

이 사이 4월 8일 로바노프-로스토프스키 외상은 각국에 일본의 뤼순 등의 획득에 반대한다는 의견을 전했다. 4월 9일 리훙장은 강화회의에서 청국의 대안을 제시했다. 1. 중·일 양국은 조선의 독립자주를 인정한다. 2. 영토 할양은 펑톈성 남쪽의 안둥(安東), 콴뎬(寬甸), 평황성, 슈옌 등 네 개 현(縣), 청(廳), 주(州)와 평후제도에 한정한다. 3. 배상금은 1억 냥으로 한다. 이것이 주된 내용이었다.[186] 즉 랴오둥반도와 타이완의 할양은 수용할 수 없다는 것이었다. 일본은 10일 즉각 재수정안을 제출했다. 조선의 독립에 관해서는 청국이 승인한다는 원안을 수정하지 않는다, 영토에 관해서는 어디까지나 타이완은 요구한다, 펑톈성 남부에 관해서는 펑황성에서부터 하이청(海城)과 잉커우를 포함하는 곳까지 한정하고, 랴오둥반도는 어디까지나 요구한다, 배상금은 2억 냥으로 하고, 보장점령은 웨이하이웨이로 한정한다는 내용이었다.[187]

간섭을 위한 장관 협의

러시아 정부는 각국의 반응을 확인한 후 4월 11일(3월 30일)의 특별협의회에서 다시 대책을 협의했다. 이 협의회를 앞두고 참모총장 오브루체프는 의견서를 작성했다.[188] 오브루체프는 1879년부터 참모총장직에 있었다. '러시아의 몰트케'라 불릴 정도의 수완가였다. 노인인 육군상 반노프스키를 도와 러시아 육군을 책임지고 있다고 자타가 공인하는 인물이었다. 그는 의견서에서, 태평양 연안에서 러시아를 안정시키기 위해서는 이 기회를 이용해 "숭가리강[쑹화강, 松花江] 유역을 포함한 만주 북부와, 두만강 유역의 셰스타코프항[신포, 新浦]을 포함하는 조선 북부의 일부 점령"을 실현할 필요가 있다고 주장했다. 청국에게는 만주 북부의 점령은 일시적인 것이라고 설명하고 일본에게는 남만주를 점령해도 좋으며, 조선 본체를 보호국으로 해도 좋다, 그것을 인정할 테니 러시아의 행동도 인정하라고 말하면 좋겠다는 것이었다. 오브루체프는 러시아가 움직일 수 있는 병력으로는 일본을 조선과 만주에서 축출하는 것, 일본 본체를 공격하는 것도 불가능하다고 판단했다. 설사 "일시적인 성공"을 거둔다고 해도 "우리는 일본이라는 최악의 적을 만들어 내게 될 것이다." 러시아에게는 유럽과 중앙아시아에 충분히 많은 적이 있다. 서방과 카프카스에서 전략적 안전이 보장되어 있지 않은 이상 극동에서의 분쟁은 극도로 위험하다. 그러니까 "결론적으로 현재 우리는 일본과 싸워서는 안 되고, 일본과의 협정에 의거해 가능한 한 우리의 이해를 만족시키는 것이 타당하다. 일본에게 만주에서 철수해야 한다고 우호적으로 충고하고, 그것이 거절당하더라도 괜히 일본을 압박해 영국의 손 안에 몸을 던지게 하는 일이 절대로 없도록 하면서, ……대가에 관한 교섭을 시작해야 하는 것이 아닐까?" 이 의견서는 육군상과 해군상, 해군총재 알렉세이 대공에게 회람되었을 것으로 생각된다.

오브루체프의 의견은 일본이 남만주와 조선 남부를, 그리고 러시아가 북만주와 조선 북부를 취한다는 분할안이었다. 나중에 보는 바와 같이 오브루체프는 당시 터키를 공략해 보스포루스 해협을 점령한다는 의견서를 작성하고 있었다. 그에게는 흑해해협 문제가 훨씬 더 중요했던 것이다.

4월 11일의 협의회에서는 로바노프-로스토프스키 외상이, 영국은 개입에 불참한다는 것을 확실히 했지만, 독일이 갑자기 적극 정책으로 돌변했고, 프랑스는 종래대로 러시아에 동조하고 있다고 보고했다. 회의를 주재한 알렉세이 대공은, 일본과 좋은 관계를 유지해야 한다, 그렇게 해야만 "우리의 적 영국"에 대항할 수 있다면서 대일 유화론을 폈다. 다른 한편으로는 부동항의 획득이 중요하며, 셰스타코프 항구(신포)가 적당하다고 말했다. 이것은 오브루체프의 의견이기도 했다. 육군상 반노프스키는 조선의 독립이 중요하며, 일본이 남만주를 점령하려면 조선에서 나가라는 요구를 해야 한다고 말했다. 또한 "일본의 남만주 점령은 러시아에게는 직접적 위협이다. 이 지역은 일본이 우리의 프리아무르 지방에 대해서 행동할 때 거점 기지가 될 것이기 때문이다"라고 강변했다. 일본을 남만주에 들여보내는 정도라면 조선의 남부를 일본에 양보하고 러시아는 조선 연안 어딘가의 항구를 하나 점령하는 것으로 하는 편이 유리하다고 말했다. 외교적으로 그것이 불가능하면 힘에 호소해야 한다는 것이었다. 육군상은 기본적으로 참모총장의 의견에 찬성하지 않았던 것이다. 알렉세이 대공이 일본과의 협력론을 다시 설파하자, 외상이 반대하며 "일본과의 우호를 기대하는 것은 어떤 경우에도 불가능하다"고 주장했다.[189]

그런데, 여기서 비테 재무상이 체계적인 의견을 진술해서 강한 인상을 남겼다.

"비테는 일본이 기도한 전쟁은 우리가 시작한 시베리아철도 건설의 결과라고 생각하고 있다. 유럽의 모든 나라와 마찬가지로 일본 역시 분명 가까운 장래에 중국이 분할될 거라고 생각하고 있으며, 시베리아철도가 그와 같은 분할 시에 우리의 기회를 극대화시킬 것이라 보고 있다. 일본의 적대적 행동은 주로 우리를 향해 있다. 일본이 제안하는 남만주의 점령은 우리에게는 위협이며, 아마도 일본은 조선 전체를 병합할 것이다. 청국에게서 6억 루블의 배상금을 획득한다면, 일본은 점령 지역에 뿌리를 내려서 매우 전투적인 몽골인과 만주족을 같은 편으로 삼을 것이다. 그리고 새로운 전쟁을 시작할 것이다. 이렇다면 수년 후에 미카도가 청국의 황제가 되는 것도 있을 수 없는 일은 아니다. 만일 현재 우리가 일본을 만주에 들여보낸다면, 우리 영토와 시베리아철도의 방위를 위해서 수십만의 군대가 더 필요하고 우리 해군의 대대적인 증강도 필요해진다. 왜냐하면 조만간 우리와 일본의 충돌이 불가피해질 것이기 때문이다. 여기서 문제가 발생한다. 우리에게는 어느 편이 좋을까─일본의 남만주 점령을 수용하고, 시베리아철도의 건설을 완료한 후에 무언가 보상을 얻는 것일까? 아니면 지금 그러한 점령을 적극적으로 막는 일에 전념하는 것일까? 재무상의 의견으로는, 지금 우리는 곧바로 적극적인 행동양식을 취해, ……우리는 일본에 의한 남만주의 점령을 허락할 수 없다, 우리의 요구가 이행되지 않을 경우에 우리는 해야 할 조치를 취할 수밖에 없을 것이다, 라고 결연하게 성명하는 것이 보다 유리하다. ……만일 기대에 반해서 일본이 우리의 외교적인 주장에 귀를 기울이지 않으면, 우리 해군에게…… 일본 해군에 대한 적대적 행동을 시작하고 일본의 항구를 포격하도록 명해야 한다."[190]

외상은 이 정연한 강경론에 눌려, 러시아의 육해군 병력으로 일본과 싸울 수 있느냐고 육군상에게 물었다. 이에 대해 반노프스키 육군상은 목하 1만 2,000명 내지 1만 5,000명의 육군을 움직일 수 있는 데 지나지 않지만, "일본의 지상군도 현재 우리에게는 해가 되지 않는다. 왜냐하면 그들은 충분한 수송 수단을 갖추고 있지 못하며 기병도 없어서, 일보도 전진할 수 없기 때문이다"라고 답했다. 일본 육군의 힘에 대한 잘못된 과소평가였다. 치하초프 해군상도 일본은 신용할 수 없다고 말하면서, "우리 태평양함대는 강하고, 일본 함대에 대해서 정신적인 우위를 점하고 있다"고 주장했다.[191]

알렉세이 대공을 지지하는 형태를 취하면서 일본과 전쟁을 치러서는 안 된다고 역설한 것은 참모총장 오브루체프였다. 그는 1만 베르스타 떨어진 곳에 있는 인구 4천만 명, 공업이 발달한 문명국가와 전쟁을 할 수는 없다고 말했다. 서쪽에서나 카프카스 쪽에서도 안전이 확보되어 있지 않은 상황에서 극동에서 전쟁은 할 수 없다, 그러므로 외교적 수단을 취해 일본과 협조하자고 주장했던 것이다. 이 발언에 대해서 반노프스키 육군상이 반론을 제기했지만, 무책임한 발언에 불과했다.[192]

그러나 이와 같은 논쟁 후에도 비테의 의견은 변하지 않았다. 그는 이렇게 주장했다. "전승국 일본에게 타이완, 펑후제도, 뤼순까지도 줄 수 있다. 극단적인 경우에는 조선의 남부를 가져도 좋다. 그러나 만주를 가져가는 것만은 안 된다." 그는 또 이렇게 말했다. "우리가 결연하게 말하면, 일본은 자발적으로 우리의 요구에 동의할 것이다."[193] 비테에게 완전히 압도된 외상이, 만주에 관해 평화적인 교섭으로 일본과 협정에 도달할 수 있을지 의심스럽다면서 간접적으로 비테를 지지했다.

회의의 결론은 다음과 같다. 일본이 만주의 남부를 점령하는 것을 단념시킨다, 일본이 거절하면 우리는 행동의 자유를 확보해, 우리의 이해에 따라 행동하겠다고 선언한다, 그리고 이를 구미 국가들과 청국에 전한다.[194] 결국 비테의 제안이 채택되었다.

오브루체프 의견서에 관해서 말하자면, 그의 안으로 만주에 관한 러·일 간 타협을 시도했을지도 모른다. 하지만 조선에 관해서는 조선의 독립을 대의명분으로 삼아 전쟁을 하고 있는 일본이 조선 북부까지 점령한 당시의 시점에서 러시아가 조선의 일부를 점령하겠다고 나서면 러·일 간에 충돌이 발생할 수도 있었다. 이런 점에서는 비테의 안이 당면의 요구로서는 현실성이 있었다. 그러나 영·일의 접근을 경계하고 러·일의 협조를 주장하는 오브루체프 안의 골자는 현실적인 노선이었고, 비테 노선의 위험성에 대한 충분한 경고였다. 그 오브루체프의 안이 배척되었던 것이다.

4월 16일(4일) 니콜라이가 주재하는 가운데 알렉세이 해군총재, 외상, 육군상 반노프스키, 해군상 치하초프, 재무상 등 5명의 협의회가 열렸다. 참모총장은 제외되었다. 비테의 회고록에는 이렇게 나와 있다. "나는 다시 내 의견을 되풀이했고, 다른 자들은 전혀 반론하지 않거나 반론했어도 아주 미약했다. 결국 폐하께서는 내 의견을 채택하는 데 동의하셨다."[195] 니콜라이는 일본이 만주의 남부를 취한다면 러시아는 조선의 어딘가에 부동항을 얻음으로써 보상을 받을 수 있다는 생각을 로바노프-로스토프스키의 의견서에 써넣은 바 있다. 그러나 이제 비테의 강경한 의견에 눌려버렸다. 황제는 분명 불안했다. 일기에 이렇게 썼다.

"일본이 만주 남부와 뤼순에서 철퇴하는 것을 정력적으로 주장하고, 만일 그 조언이 관철되지 않는다면 힘으로 그것을 강제하기로 결정했다. 신이시여! 전쟁에는 말려들지 않도록 해 주십시오. 1시간의 협의회가 끝난 뒤 산책을 했다."[196]

러시아 해군, 즈푸에 집결하다

실제로 알렉세이 해군총재는 2월 협의회의 결론에 입각해서 황제의 승인을 얻어, 그달 중으로 즈푸에서 태평양함대 사령관이었던 티르토프 중장을 사령관으로 하는 연합함대를 편제할 것을 명령했다. 여기 태평양함대에 더해서 지중해함대가 합류하기로 했다. 나가사키항에 정박하는 순양함 '아조프 기념'호에는 티르토프 제독의 기가 게양되었다. 로제스트벤스키가 함장이 된 순양함 '블라디미르 모노마흐'는 2월 7일 피레우스를 출발해 4월 26일(14일) 즈푸에 도착했다. 새로이 태평양함대 사령관으로 임명된 알렉세예프도 산둥반도에서 즈푸로 왔다. 그는 로제스트벤스키의 함선에 자신의 기를 게양했다. 또한 지중해함대 사령관 마카로프는 전함 '황제 니콜라이 1세'를 타고 4월 18일 나가사키에 도착해 있었다. 1889년에 진수하고 1891년에 취역한 배수량 9,594톤의 일등 전함이었다.[197] 지중해함대에서는 그 밖에도 순양함 '아드미랄 나히모프' '아드미랄 코르닐로프' '린다' '라즈보이니크'가 도착했다. 태평양함대의 순양함 '자비야크'도 왔다. 이 함선들이 4월 후반에 즈푸에 집결해 일대 시위를 했던 것이다. 이것이 일본에 강한 인상을 심어 주었다.

당시 일본 해군은 전함이 없었고, 연합함대를 구성할 기함 '마쓰시마'(松島) 이하 '이쓰쿠시마'(嚴島), '하시다테'(橋立), '요시노'(吉野), '나니와'(浪速), '다카치호'(高千穂), '아키쓰시마'(秋津洲) 등은 모두 순양함이었지만, 대부분 장갑함은 아니었다. 따라서 러시아 해군의 이 집결은 압도적인 인상을 주었던 것이다.

또 이와 관련해 1895년 4월 3일(3월 22일)에 알렉세이 해군총재의 주재로 1896년부터 1900년까지의 건함계획에 관한 특별협의회가 열렸다. 1881년의 특별협의회에서 논의된 1883년부터 1903년까지의 건함계획은 그 중심이 흑해함대의 증강에 있었다. 이것의 전환을 논의하게 된 것이다. 협의회에 제출된 로멘 중장의 의견서는 일본 해군의 태평양함대 증강이야말로 대항해야 할 문제라고 지적하면서, "건조 완료된 모든 전함과 건조 중인 전함을 태평양으로 회항시켜" "태평양함대의 함수와 전투력이 일본 해군에 대해서 무조건적 우위를 점할 때까지 유지해 가는" 것이 필요하다는 결론을 내리고 있었다. 협의 결과 재무상과 해군상의 상주로 1896년의 해군 예산을 5,750만 루블로 하고, 이후 매년 1902년까지 연간 50만 루블씩 증액해 갈 것이 결정되었다.[198]

삼국간섭

4월 12일 리훙장은 일본의 재수정안에서 배상액이 낮춰진 것을 환영하면서도, 그 액수가 아직은 청국에 과대한 부담을 강요하는 것임을 지적하고, 일본 병사들이 밟지도 않은 타이완을 요구하는 것, 남만주를 여전히 요구하는 것도 비판했다.[199] 그러나 결국 청국의 저항은 여기까지였다. 4월 17일 일본의 재수정안을 기초로 한 시모노세키 조약이 조인되었다.[200] 일본 국민은 새로운 영토를 획득한다는 환희에 흠뻑 젖었다.

엿새 후인 4월 23일 러시아, 독일, 프랑스 세 나라의 공사들은 각각의 서한을 일본 외무차관에게 직접 건네고, 랴오둥반도 획득의 포기를 요구했다.[201] 이른바 삼국간섭이다. 러시아의 요구는 다음과 같은 것을 지적했다. 랴오둥반도를 일본이 장악하면 "청국의 수도에 대한 부단한 위협이 되며, 동시에 조선의 독립은 환상으로 끝나 버린다. 따라서 그것은 극동의 항구적인 평화 실현에 부단한 장해가 될 것이다." 그러므로 랴오둥반도의 확정적 영유를 포기하라고 충고하는 것은 일본 정부에 대한 러시아제국 정부의 "성실한 우정의 새로운 증거"다.[202]

청일전쟁을 처음부터 추진한 일본 외상 무쓰 무네미쓰는 병상에 있었다. 그는 유럽의 강대국들이 간섭을 할지도 모른다고 생각은 하고 있었지만, 실제로 간섭을 받게 되자 충격에 휩싸였다. 특히 러시아는 "작년 이래 군함을 속속 동양에 집결시켜, 바야흐로 강대한 해군력을 일본과 지나 연해에 갖추고 있을 뿐만 아니라", 다양한 "유언비어"도 떠돌았다. 특히 "러시아 정부가 이미 이 방면의 항구들에 정박하는 자국 함대에 대해 24시간 언제라도 출항할 수 있도록 준비를 해 두라는 취지의 내밀한 명령을 내렸다는 것은 틀림없는 사실일 것이라고" 생각했다. 나아가 이미 체결한 조약의 일부를 포기해 버리는 양보를 할 경우, "우리 육해군이 얼마나 격동할 것이며, 우리의 일반 국민은 얼마나 실망하겠는가" 하고 생각했다. "바깥에서 오는 화기(禍機)는 이를 경감할 수 있다고 해도, 안에서 발하는 변동은 어떻게 이를 억제할 수 있단 말인가?" 무쓰는 일단 삼국의 권고를 거부하고, 그들의 "저의의 깊고 얕음" "우리 군과 백성"의 "추세와 경향"을 탐색하기로 결심했다.[203]

이토 수상은 우선 육해군에 의견을 제출하라고 요구했다. 해군성 자료에 의하면, "육해군 대신 등은 이토 총리대신의 자의(諮議)에 대하여, 현재의 상태에서 우리 육해군은 신예의 그리고 현 세계 열강 가운데 서로 백중을 겨루는 이 세 나라를 상대로 대항 투쟁하는 것은 결코 득책이 아니라는 등등의 내부 사정을 답신하기에" 이르렀던 것이다.[204]

이토 수상은 4월 24일에 히로시마에서 어전회의를 열기로 결정했다. 이 통지를 받은 무쓰는 "차제에 일단 우리의 위치와 지위를 유지하고, 일보도 양보하지 않으며, 또한 앞으로 저들의 거동 여하를 보고서 다시 묘의(廟議)를 다해야 할 것이라고 생각한다"고 타전했다.[205] 야마가타 육군상, 사이고 해군상이 출석한 어전회의에서는 이토 수상이 제안한 3개 안, 즉 삼국간섭을 거부하는 안, 조약을 국제회의에 제출하고 결정을 기다리는 안, 간섭을 수용하여 랴오둥반도를 반환하는 안을 둘러싸고 논의가 진행되어, 결국 제2안, 즉 국제회의를 요청하자는 안에 합의가 이루어졌다. 이토는 25일 마이코(舞子)에서 요양 중인 무쓰를 찾아가 이 결정 내용을 전했는데, 무쓰는 이에 단호하게 반대했다. 두 사람은 결국 3국의 요구를 어느 정도 수용할 것인지 교섭을 진행한다는 데 합의했다.[206]

무쓰는 러시아의 니시 공사에게 교섭을 지시하고 러시아 정부의 태도를 탐색했다. 이후, 니시 공사에게 4월 30일 펑톈반도(랴오둥반도)에 대해서는 진저우청(金州廳, 뤼순과 다롄) 이외에는 완전히 포기한다, 포기한 영토에 관해서는 상당의 금액을 받는다, 청국이 일본에 대한 의무를 완수할 때까지는 점령을 유지한다, 는 회답을 러시아 정부에 건네라고 지시했다.[207] 5월 3일 니시는, 러시아 정부가 이 회답에는 만족할 수 없고, 일본이 뤼순을 영유하는 것은 장해가 된다고 통지해 왔다면서 회신을 보내왔다.[208] 이렇게 되자 무쓰는 결국 삼국 정부에 대해서 "일본 제국 정부는 러·독·불 3국 정부의 우의어린 충고에 기초해 펑톈의 토지를 영구히 점령하지 않겠다는 것을 약속한다"고 회답했다.[209]

5월 13일 랴오둥 반도의 반환에 관한 조칙과 함께 강화조약이 공표되었다. 일본 국민들은 그제서야 삼국간섭에 관해 알게 되었다. 각 신문사들은 호외를 발행해 조칙을 보도했다. "짐이 항상 평화를 애지중지하며 보살펴 온바…… 청국과 전쟁을 하기에 이른 것도 진정 동양의 평화를 영원히 공고한 것으로 하려는 목적 이외에는 다른 뜻이 없었다. 그리고 삼국 정부가 우의로써 권고하고 격려하는바 그 뜻 역시 여기에 있다." "사단을 벌이고 시국을 어렵게 하며, 평화 치세의 회복을 지연시킴으로써 민생의 질고(疾苦)를 조성하고 국운의 신장을 저해하는 것은 진정 짐의 뜻이 아니다." "이제 대국적으로 생각해 넓고 큰 도량으로 일을 처리해도, 제국의 영광과 위엄을 훼손한다고 보지 않는다. 이에 짐은 우방의 충언을 받아들이기로 하고, 정부에 명해 삼국 정부에 이러한 취지로 답하도록 했다."

『도쿄아사히신문』 5월 14일자는 다음과 같이 썼다.

"장막이 벗겨졌다. 비밀은 마침내 그 모습을 드러냈다. 러·독·불 3국이 랴오둥반도의 할괴(割壞〈원문 그대로〉)['할양'의 오기]에 대해 이견을 품고, 우리 정부에게 충고했다는 것은 이미 세상 사람들의 입과 귀를 통해서 흘러 나왔다. 이른바 중요 문제로서 그 설이 분분했는데, 이제 조칙을 통해 분명하게 그 내막이 알려졌다. 랴오둥반도 일대의 땅은 패배한 청국에 반환되었다. 진정으로 더 할나위 없는(無上) 은혜라 할 이 도량에 태산은 물론 강이나 바다도 그 크기에서 비교가 되지 않을 것이다. 청국의 위아래 관민들은 한 결 같이 감읍하고 감사해야 할 것이다."

기본적으로 일본의 감정에 관해서는 아무런 언급도 없었다. 사설도 없었고, 그 다음 날에도 반응을 싣지 않았다 그러나 국민감정은 격렬해져 있었다. '와신상담'(臥薪嘗膽)이라는 말이 눈 깜짝할 새에 퍼졌다.[210]

오스기 사카에(大杉栄)는 니가타현(新潟県) 시바타(新発田)의 고등소학교 생도였는데, 친구 몇 명만 모여도 랴오둥반도의 반환이 화제였다고 회고록에 썼다. "나는 『쇼넨세카이』(少年世界)의 투고란에서 본 와신상담론이라는 것을 그대로 연설했다. 모두가 정말 눈물을 흘리며 와신상담할 것을 맹세했다. 나는 모두에게 랴오둥반도 반환의 칙유를 암송하자고 제의했다. 그리고 나는 매일 아침 일어나자마자 그것을 큰소리로 낭독하기로 결심했다."[211]

중앙의 오피니언 리더들은 한층 더 격렬했다. 『고쿠민신문』(国民新聞)의 주필 도쿠토미 소호(徳富蘇峰)는 신영토가 되었다고 생각했던 랴오둥반도를 재빨리 방문하고 있었는데, 이 보도에 충격을 받았다. "이 랴오둥반도의 반환은 나의 거의 모든 일생을 지배했다고 해도 과언이 아니었다. 이 소식을 들은 이후 나는 정신적으로 거의 다른 사람이 되었다."[212]

일본 정부는 이 간섭을 예상할 수 있었는데도 랴오둥반도를 요구하고 청국에 강요해 받아들이게 했지만, 결국 이번에는 일본이 간섭을 받아 반환을 강요당함으로써 체면을 상실하게 되었다. 5월 15일

러시아주재 니시 공사는 로바노프-로스토프스키 외상을 만나러 갔다. 러시아 정부가 일본 정부에게 조선에서 그 독립을 훼손하지 않도록 행동해야 한다고 권고할 것이라는 소문을 듣고, 그 진의를 확인하러 간 것이다. 외상은 그럴 계획은 없다고 답했지만, 서울에서 온 전보에 의하면 일본 정부는 조선의 통치에 "뻔뻔스럽게" 개입하고 있으며, 광산과 철도의 이권을 수중에 넣으려 하고 있다, 때문에 조선 전체가 불만을 품고 있으며 나쁜 인상을 주고 있다고 한다, 라고 말했다. 니시 공사는, 자기가 이에 대해 반론은 했지만, "그러한 소문이 진짜 이야기가 되지 않도록 조선에서 우리는 더없이 신중하게 행동하기를 바란다"고 보고해왔다.[213]

러시아 외상의 이 말에 이토 총리는 민감하게 대응해야 한다고 생각했다. 이토는 특히 일본이 광산 및 철도사업 등을 독점한다는 이야기는 "사실무근"이라는 점을 솔직하게 전할 필요가 있다고 외상에게 지시했다.[214] 그러나 무쓰는 철도사업을 "일본이 독점적으로…… 진행하려고 하는 것을 덮어 가릴 수 없을 것이다", 그러니까 금후의 방침을 결정하지 않으면 니시 공사에게 무엇을 말하라고 할 수 없다고 회답했다.[215] 그는 여전히 강경했다.

니시가 전한 러시아 외상의 이야기는 서울의 이노우에에게도 알려졌다. 5월 19일 이노우에는 무쓰에게 전보를 보냈다. "경성에 있는 우리의 일거수일투족이 러시아의 감정을 깊이 움직인다는 점은 본 공사도 익히 알고 있었습니다." "평화가 발표되면 조선인들이 일본 혼자 하고 싶은 대로 하는 사태가 없어야 한다고 지각하는바, 이렇게 되면 어느 당파라도 간섭을 시도할 것이고, 그렇다고 이를 책하는 등의 일을 하면 반드시 외국 공사의 도움을 부르게 될 것입니다." 이노우에는 간섭의 정도, 즉 조선 정략의 대강을 결정해 둘 필요가 있으며, 협의를 위해서 귀국하고자 한다고 타전했다.[216]

조선 정부와 이노우에 공사

조선에서는 한 달 전인 4월에 대원군의 손자 이준용(李埈鎔)이 김학우(金鶴羽) 암살 건으로 체포되는 대사건이 발생했었다. 이준용은 일본군의 궁전 습격 이후 내무협판(內務協辦)이 되어 대원군의 친정을 위해 일했고, 왕비의 폐비 등을 획책하고 있었는데, 중립파인 김학우가 입바른 소리를 하며 방해한 것에 분노해 1894년 10월 그의 암살을 지시했던 것이다. 이것이 발각되자 조선 정부는 1895년 4월 18일 그를 체포해 재판에 회부했다. 이노우에 공사는 이준용이 대원군 집안 인물이니 신중하게 하라고 권고했다지만, 애초에 대원군의 동학당 및 청국 장군과의 비밀접촉을 폭로한 것이 이노우에였고, 또 그 비밀접촉을 실행했던 것이 이준용이었기 때문에, 사건은 흡사 이노우에가 깔아놓은 레일 위를 달리는 열차처럼 진행되었다. 박영효 파는 사형판결을 요구했지만 이노우에는 극형에 반대했고, 결국 5월 13일의 판결로 이준용은 10년 유형을 선고받았다.[217]

이 당시 4월 23일에 발생한 삼국간섭과 일본의 굴복은 조선의 조야에 러시아의 힘에 대해 강한 인상을 심어주었고, 일본의 권위는 급속하게 저하되었다. 5월이 되자 박영효는 군무와 경무(警務)를 장악하기 위해 군부대신 조의연을 파면으로 몰아넣는 공작을 시도했고, 마침내 5월 17일 조의연은 파면되었다. 이 과정에서 조의연의 파면에 반대하며 고종의 분노를 산 김홍집 총리도 사표를 내야 했고, 어윤중, 김윤식도 뒤를 이었다. 고종이 그대로 사표를 수리할 기세여서 이노우에가 개입을 시도했지만 결국 실패했다. 김홍집은 해임되었고 잠시 박영효가 대리했지만, 결국 5월 29일 박정양이 총리로 임명되었다.[218]

이노우에 가오루가 일본으로 일시 귀국을 신청한 것은 바로 이 소동이 한창이던 5월 19일이었다. 무쓰는, 정부의 방침이 정해지지 않으면 이노우에의 귀국은 적절하지 않다, 조선을 "국가들 연합의 담보"로 할지 아니면 "우리가 물러설지" 둘 중 하나일 것이다, 어느 쪽으로든 결정해야 한다고 이토 총리에게 건의했다.[219] 이토가 어떤 반응을 보였는지 알 수 없지만, 5월 25일 무쓰는 재경 각료들과 회합을 갖고, "조선의 독립을 장래 영속화하는 것은 각국 일반의 이해에 관계되는 것이다", 따라서 일본은 단독으로 책무를 지지 않고 "다른 국가들과 협력해 조선국의 상황을 개선한다"는 결의를 채택했다.[220] 분명 무쓰도 물러서지 않으면 안 될 것이라고 생각했던 것이다. 무쓰는 이 결의를 이토에게 보내, 찬성이라면 즉시 여러 외국에 선언하는 것이 좋겠다고 제안했다. 5월 26일 이토는 귀경하고 나서 상담하자고 회답했다.[221]

5월 31일 마침내 이노우에에게 귀국 명령이 내려졌다. 그리고 이보다 뒤인 6월 4일 각의에서 대한(對韓) 정책안이 새로이 논의되었다. 토의 결과 "장래의 대한국 정략은 가능한 한 간섭을 멈추고, 조선으로 하여금 자립하도록 하는 방침을 취해야 한다. 그러므로 달리 움직일 방침을 취할 것을 결정하기"로 했다. 뿐만 아니라 "이 결의의 결과 한국의 철도와 전신의 건에 관해서 무리하게 실행하지 않기"로 할 것도 결의했다.[222] 전면적인 후퇴였다.

그리고 이노우에가 돌아왔다. 6월 11일 인천을 출발한 그는 20일 요코하마에 도착했다. 귀국한 이노우에는 7월 1일에는 사이온지 외상대리에게 장문의 의견서를 제출했다. 이 의견서의 존재를 지적하고 이노우에의 대한정책론의 의의에 주목한 것이 김문자(金文子)의 새로운 연구다.[223]

의견서의 제1항은 공채(公債)문제였다. 이노우에는 조선 정부가 300만 엔의 대부금을 도저히 변제할 수 없기 때문에 청국으로부터 받는 배상금에서 500만 엔 정도를 조선 정부에 혜여(惠與)하는 안과 3년 거치로 하고 4년차부터 20년 동안 분할상환하는 안, 등을 6월 25일에 제안했다. 이노우에는 "아산을 비롯해 평양, 의주는 청·일의 아수라장이 되었고, 부산, 인천, 원산의 세 항구는 아군의 상륙장소가 되었다. 따라서 8도 거의 전부가 진군의 땅이 되어" "끔찍한 지경에 이르렀다", 그러니까 일본이 500만 엔 정도는 내도 괜찮지 않은가? 라고 주장했다.[224]

제2항은 철도문제였다. 이노우에는 조약안을 실현하는 것이 어렵다면서 경성-인천 간 노선은 조선 정부가 기공하게 하고, 자재와 기술자는 모두 일본에게 맡기는 것이 좋겠다고 했다.[225]

제3항 전신문제에 관해서는, 철도보다 이론(異論)이 많아 희망대로 가지는 않을 것이라고 주장했다. 인천-경성 간, 경성-의주 간 전선은 원래 조선의 것이니까 반환해야 하며, 경성-부산 간 군용전선은 일본이 관리하게 되면 "상응한 노선보호 병력"이 필요해지므로, 조선 정부에게 혜여하는 것이 좋겠다고 주장했다.[226]

제4항은 경성수비병 문제였다. 현재의 병력은 후비병이기 때문에 상비 병력으로 교체해야 하는데, 이를 위해서는 조선 정부로부터 "대군주의 명"에 의한 의뢰 공문을 받아야 한다는 것이었다.[227]

이 의견서의 내용은 6월 4일의 각의결정과 그다지 차이가 없는 듯 보이지만, 문장에는 조선의 개혁지도에 좌절감을 느껴 더 이상 조선의 독립성을 훼손하는 일을 해서는 안 되겠다는 이노우에의 기분이 잘 표현되어 있었다. 이에 대해서 일견 소극적인 것처럼 보이는 정부 방침의 이면에는 여전히 사태를 만회해야 한다는 의지가 숨어 있었을 것으로 생각된다. 그러한 정부의 입장에서 보면 이노우에 공사의 의견서는 수용할 수 없는 것이 아니었을까?

주둔군 문제와 조선 정부의 위기

이노우에의 일본 도착(6월 20일)과 동시에 일본군 주둔문제가 시작되었다는 사실은 김문자가 2009년에 처음으로 밝혔다. 이노우에와 회담한 요시카와(芳川) 법무상이 야마가타와 무쓰에게 보낸 6월 20일 자 서한이 있는데, 김문자는 이것이 민비 살해계획 등과는 관계가 없고, 서한에 나오는 "결행 방침"이란 것은 일본군 주둔문제의 해결을 의미한다고 지적한 것이다.[228] 타당한 해석이다. 또한 그녀의 실증에 의하면, 천황을 알현하고 내각에 보고한 이노우에는 6월 22일 서울의 대리공사 스기무라 후카시에게, 박영효와 상의해 "대군주의 명을 받고" 나서 일본군 주둔에 관한 조선의 의뢰공문을 받아야 한다고 지시했다. 26일 스기무라는 박영효에게서, 내각회의에 상정한 결과 "이론(異論)이 생겨…… 결정하지 못했다", 국왕은 "우리 병사의 주둔을 좋아하지 않는" 것 같다고 들었다며 연락해왔다. 그러나 스기무라는 29일에, 서울에 2개 중대, 부산과 원산에 각각 1개 중대, 총 1개 대대의 주둔을 희망한다는 외부대신의 의뢰공문을 접수했다. 도쿄로 발송해도 좋은가, 하며 물어왔다. 이 의뢰서는 "국왕이 전혀 모르는 상태에서 제출된 것"이라고 김문자는 지적하고 있다.[229]

그런데 이 문제는 조선 정부의 위기 상황에서 발생했고, 그 위기의 한 요소가 되었다. 궁중의 친위대는 700-800명으로 미국 교관 다이 등이 훈련시킨 것이었다. 궁정 밖에 있는 훈련대는 2개 대대이며 약 800명으로 일본인 장교가 훈련시킨 부대였다. 박영효는 이 훈련대를 궁중으로 불러들이고, 친위대는 밖으로 내보내서 다시 훈련시킨다는 계획을 추진했다. 당초 박영효가 고종의 속뜻을 물었을 때 이의가 없는 것 같았으므로 내각에서 결정을 내렸다. 그러나 군부대신대리 이주회(李周會)가 그 실행을 상주하자 고종은 재가하지 않았다. 이주회가 몇 번이나 재가를 요청하자 국왕은 격노해 6월 25일 박정양 총리를 호출했다.[230] 고종은 "왕궁을 호위하던 구 병력을 폐하는 것은 원래 짐이 바라지 않았다. 대신들이 무리하게 사정을 아뢰어도 그 뜻을 얻을 수 없을 것이다"라고 말했다. 총리가 이 건은 이미 폐하께서 동의하신 것이라고 아뢰자, 고종은 더욱더 화를 내며 지난 해 6월 이래의 칙령은 "모두 짐의 뜻이 아니며, 이를 취소해야 할 것"이라고 말했다. 그리하여 박정양 총리는 황공해하고 사표를 제출했다. 그러나 사표는 수리되지 않았다.[231]

스기무라는 이 당시의 전보에도 "이것은 전적으로 왕비가 민씨의 세력을 회복하려는 저의를 가지고, 몰래 사람을 써서 러시아 공사와 내통해 그 근본을 굳히고 이렇게 나온 것"이라고 쓰고 있다.

바로 이 격돌이 발생한 후에 스기무라는 박영효에게 요구해 주둔의뢰서를 받았던 것이다. 국왕이 이 사실을 알았다면 당연히 반대했을 것이다. 6월 29일 스기무라는 이노우에게 다음과 같이 타전했다.

"박정양의 사표는 일단 각하되었지만, 박정양 본인은 어디까지나 사직할 결심이라고…… 수비대 주둔의뢰는 국왕이 다시 재가를 취소함에 따라서 서광범, 박영효의 두 사람이 교대로 그것이 불가한 이유를 아뢴 끝에 겨우 승낙을 얻었다고 들었다. 이와 같이 사사건건 충돌하는 형국이 되었고, 박영효도 내심 상당히 곤란하여 차제에 일시적으로 몸을 뒤로 물리고 정황을 엿보아야겠다고 어젯밤 아사야마(浅山)에게 털어놓았다."[232]

아사야마 겐조(浅山顕蔵)는 박영효의 비서로 일하고 있던 일본인이다.[233] 실은 이 29일 베베르와 미국공사 실(Sill)이 스기무라 대리공사를 방문했다. 박영효에 대해서 일본이 책임을 지라고 말하러 왔던 것이다. 베베르는 박영효의 행동이 "항상 포악하고 위험하여 이 땅의 치안을 방해하는" 것이었는데, 최근에는 더욱 악화되어 이대로 두면 "화란(禍亂)을 야기할 것"이라고 비난했다. 박영효는 결국 일본의 "보장과 도움"을 받아 권부에 들어간 만큼 그를 물러나게 하는 것도 "귀국의 힘에 달려있다"고 생각한다고 말했다. 신문에서는 자기와 그가 가까운 것처럼 떠들고 있어서 난처하다고도 말했다. 스기무라는 박영효를 다시 데려온 것은 대원군이라고 말하며 둘러댔다. 실 공사는 여하튼 권고해 달라고 요청했다. 베베르는 박영효가 구 호위병들을 대신하는 신병들을 왕궁 안으로 들이려 하고 있는 것도 비판했다. 스기무라는 이에 대해서 "규율도 없는 구 병사들 대신에 정식으로 훈련받은 병사들로" 왕궁을 호위하는 것은 당연하지 않느냐며 반론을 폈다. 베베르는 양자의 차이는 없으며, 또 원래 1,000명이나 2,000명의 병력으로 지킬 수 있는 것이 아니고, "폐하를 잠시 안심시키기 위한 도구"이다, "폐하는 구 병사들이라면 안심할 것이다"라고 말했다. 그래서 스기무라는 박영효와 이야기해 보겠다고 약속했다.[234]

다음 날 30일 스기무라는 박영효를 만나서, "왕궁에 대해 과격한 수단을 쓰는 것은 화를 재촉하는 것으로써 매우 불가한 일"이라고 설득했다. 즉 훈련대를 왕궁 안으로 들여서 실력으로 친위대를 배제하려는 술책을 쓰려는 것이 아닌가 의심했던 것이다. 그리고 그렇게 되면 고종이 "외국 수병", 즉 러시아의 수병들을 왕궁으로 불러들여서 호위로 삼을지도 모른다고 우려했던 것이다.[235]

이러한 혼란의 와중에 스기무라는 수취한 일본군의 주둔을 의뢰하는 공문을 일본으로 보냈다. 스기무라는 보고서에, "국왕이 동의하지 않는 것을 억지로 재가 받은 것이라면, 다시 결정이 바뀔 것을 우려하여"라고 쓰고 있는데,[236] 아무튼 그것조차도 확신할 수 없다는 것을 잘 알고서 하는 짓이었던 것이다.

도쿄에서도 민비가 러시아 세력을 끌어들이려 하고 있기 때문에 혼란이 발생한 것이 아닐까 의심하고 있었다. 사이온지는 29일 스기무라에게 전보를 보내서, "왕비가 민씨의 세력을 회복하기 위해 그 방법을 러시아 공사와 몰래 꾸미고 있다는 풍설이 분분하니" 박영효에게 물어 보라고 지시했다.[237] 박영효의 대답은 그 둘의 "관계를 밝혀낼 수는 없어도…… 틀림없다"는 식의 근거 없는 단정이었다.[238]

7월 2일에는 각의에서 친위대 교대 건은 당분간 보류하기로 결정되어서,[239] 약간 긴장이 풀린 느낌이었다.

7월 3일 스기무라는 고종을 내알현했다. 고종은, 박영효 내부대신과 어 탁지부대신의 말에 따르면 일본 군대는 곧 철수할 것이라고 하는데 "과연 그러한가?" 하고 물었다. 스기무라는, 결국 철수하겠지만 군대의 일은 대본영의 지휘명령에 따르는 것이기 때문에 그 명령이 내려지지 않는 동안에는 추정하기 어렵다며 한 발 뺐다. 그러자 고종은 "만일 일본 군대가 대신들의 말처럼 모두 철수할까봐 매우 마음이 놓이지 않는다. 그러므로 짐이 바라기로는 당분간 1개 중대 정도의 병력을 공관 호위 등의 명목으로 주둔시키는 것으로 했으면 한다"고 말했다.[240] 고종은 1개 중대 정도의 주둔은 인정하겠지만, 그 이상의 주둔은 인정하지 않겠다고 말한 것이었다. 그런 만큼 일본 정부에게는 박영효가 유일한 버팀목이었다.

7월 4일 스기무라는 박영효로부터 온 전보를 도쿄로 전송했다. "본관은 일보도 물러설 생각이 없다. 사이토(斎藤), 호시(星) 이 두 분과는 긴밀하게 상의하고 있다. 왕비와 러시아 공사는 어느 정도 관계가 있는 것 같다. 탐지하는 대로 스기무라 씨와 상의하여 알릴 것이다."[241]

사이토와 호시란 내부고문관 사이토 슈이치로(斎藤修一郎), 법부고문관 호시 토루(星亨)를 말한다. 이들은 박영효와 짜고 정치적으로 '한정(韓庭)의 막후'처럼 움직이는 일본인 고문들이었다.[242]

이틀 뒤 중대사건이 발생했다. 7월 6일 고종은 왕궁으로 대신들을 소집해, 박영효를 해임하며, 이들에게 모반의 혐의가 있다고 선언했다. 모반이란 왕비를 살해하려 했다는 것으로, 그 증거가 되는 일본인 사사키 류조(佐々木留蔵)의 진술서가 국왕의 손에 있다는 것이었다. 7월 7일 경무청에 박영효의 체포 명령이 내려졌다. 이 사실을 박영효에게 몰래 전한 사람이 있어서, 그는 옷을 바꿔 입고 당나귀를 채찍질 해 일본공사관으로 달려갔다. 박영효는 스기무라의 도움을 받아 그날 중으로 일본으로 탈출했다. 이렇게 정부의 최대 실력자이자 일본이 가장 신뢰하던 박영효는 간단히 실각해 버렸다.[243]

박영효는 결국 러시아 공사와 결탁한 민비에게 당했다고 생각했겠지만, 스기무라가 7월 13일에 일본으로 보낸 보고서에는, "궁중과 러시아공사관 사이에 깊은 관계가 있다고 말하는 것은 오직 박영효 일파만이 주장하는 것이며 오늘까지 밝혀진 설은 없다"고 냉정하게 쓰여 있었다.[244]

베베르와 히트로보의 견해

서울의 러시아공사관은 확실히 일본 비판을 강화하고 있었다. 7월 1일(6월 19일) 베베르 대리공사는 본국의 외상에게 이렇게 보고했다. "일본은 시모노세키 강화조약에 따라 조선의 독립을 엄숙히 선언했지만, 현실적으로 이 성명은 일본의 행위와는 그다지 맥락을 같이 하고 있지 않다. ……조선 정부와 이곳의 사건에 관심을 보이는 다른 국가들의 의지에 반해서, 조선의 진보 추진자 역할을 자임한 일본은 조선 왕의 주권적 권리를 전부 유린하고, 대신들을 임명하거나 파면하는 등 나라의 행정부를 수중에 넣고 위두르고 있으며, 적어도 감시역으로 붙여 둔 일본인 고문관들과 조수들 덕분에 서울의 정부기관에 대한 주요한 통제권을 지니고 있다. ……조선의 독립이란 것은 사실상 픽션이다."

조선의 외부대신이 일본공사관에 일본군의 철수가 시기상조라는 의견을 개진한 것에 관해서는 고종이, 그가 이러한 의사를 표명한 것은 "그의 의지와 이해에 반해" 행해진 것이며, 고종 자신은 스기무라 대리공사에게 "일본군이 더 이상 주둔하는 것은 무익하고 바람직하지 않다"고 했다고 베베르에게 말했다는 것이다.[245]

박영효 실각 후인 7월 10일(6월 28일) 베베르는 외상에게 "왕은 나라의 개조를 진심으로 원하지만, 그의 처지는 극도로 어렵다. ……일본인들은 개혁의 실시라는 명목으로 통치의 고삐를 다시 손에 넣으려 하고 있다. 저들이 국왕에게서 모든 권위를 빼앗으려고 노력할 가능성이 없다고는 할 수 없다. 일본 정부에게 조선의 독립을 존중하겠다고 되풀이해 말한 약속을 상기시키고, 그 행동양식을 이 약속과 일치시킬 필요성에 대해서, 우호적으로 주의를 환기시켜 주기 바란다"고 써 보냈다. 니콜라이 2세는 이 편지에다 "우리는 이 문제를 매우 진지하게 주시해야 한다. 우리에게는 일본의 조선 탈취가 저들의 랴오둥반도 점령보다 훨씬 중요하다"고 적어 넣었다.[246]

한편 도쿄의 히트로보 공사는 조선 사태를 성가신 것이라 보고, 일본과 협력할 길을 모색할 생각이었다. 7월 11일 사이온지 외상과 만난 히트로보는 조선의 일은 "양국에 커다란 관계가 있는데도…… 달리 협의에 부칠 것 없다" "장래 귀국과 우리나라 사이에 충돌을 피하기 위해서"는 "의견을 교환해 두는" 것이 유익할 것이라고 말했다. 주목할 만한 것은 "조선 정부의 언행에 관해서는 추호도 믿음을 두지 못하겠다"고 한 것이었다. 일본군의 주둔에 관해서 오늘은 요청하더라도 내일은 철수를 요구할 수도 있고, 그렇게 되면 "러시아는 당연히 조선 정부의 요구에 찬성하지 않을 수 없다", 그러니까 양국은 "의견을 교환해 둘 필요가 있다고 믿는다"라고 히트로보는 말했다.[247] 이것은 러시아가 조선에 간섭하겠다는 뜻은 아니었다. 일본과의 협조를 추구하려는 히트로보의 제스처였다.

황제가 적어 넣은 것이 영향을 주었는지, 로바노프-로스토프스키 외상은 고종과 베베르의 의견에 맞춰 일본에 요청할 것을 결단하고, 히트로보에게 훈령을 보냈다. 7월 31일 히트로보는 사이온지 외상대리를 방문하여 자국 외상의 문서로 요청했다.

"조선 국왕은 필요한 개혁을 실시할 의향이 있지만, 왕은 신민에 대한 자신의 권위가 일본 정부의 간섭 때문에 감쇄(減殺)되고 있다고 믿고 있다. 따라서 러시아제국 정부는 일본제국 정부에 대해서, 조선의 명실상부한 독립과 관련해 이제까지 행한 선언을 상기시키고, 일본제국 정부가 스스로의 선언을 행동으로 지킬 것을 기대한다."

엄격한 요청이었기 때문에 히트로보 공사는 개인적인 의견이라면서, 또 다시 장래의 오해를 피하기 위한 협의를 희망했다.[248] 그가 본국에 보낸 보고는 다음과 같았다.

"사이온지 공작은 나의 성명을 내각에 전하고, 회답하겠다고 약속했다. 같은 날 나는 내각 수상과 장시간 회담했다. 이토 백작은 정부가 조선의 독립을 결코 침해하지 않겠다는 굳은 의도를 지니고 있다는 점을 보증하고, 조선문제나 다른 모든 문제에서 우리나라와 완전한 합의를 달성하기를 원하고 있다고 몇 번이나 되풀이해 말했다. 그렇지만 정말로 본심을 털어 놓게 하려고 모든 노력을 쏟았는데도, 나는 그것을 달성할 수 없었다."[249]

미우라(三浦) 공사의 등장

조선 정부 내 일본당의 중심인물이었던 박영효의 실각은 일본에서는 대체로 민비와 러시아 세력의 승리로 받아들여졌다. 바야흐로 청일전쟁의 성과는 무위에 그친 것처럼 보였고, 러시아의 영향력이 날로 강해지고 있다고 생각해 관계자들은 공포에 떨었다. 이노우에 공사의 정책이 실패한 것이 분명해졌다는 분위기가 굳어지면서 공사 경질을 요구하는 목소리가 높아졌다. 그런 중에 이노우에를 대신할 새로운 공사로 미우라 고로(三浦梧楼)의 이름이 떠올랐다.

미우라는 1846년생으로 그해 49세였고, 조슈 기병대[奇兵隊, 무사와 서민으로 구성된 비정규군] 사관 출신이었는데, 유신 후에는 야마가타의 병부성에 들어가 세이난전쟁에 참가했다. 1881년에는 다니 다테키(谷干城)와 함께 '사장상주[四将上奏, 다니와 미우라 등 4명의 장군이 구로다 기요타카 등의 '홋카이도 관유물 불하사건'과 관련한 정치적 부패를 천황에게 상주한 사건]'에 가담해 문제가 되었지만 문책을 받지는 않았다. 그러나 1886년에 또 다시 과격한 병제개혁안을 주장했고, 결국 예비역으로 편입되었다. 그 후 단기간 가쿠슈인(学習院) 원장으로 있다가, 1889년에는 다니와 함께 오쿠마 외상의 조약개정안에 반대하는 운동에 가담했다. 그리고 이후 정치활동을 하게 되었던 것이다.[250]

이런 미우라가 공사로 선택된 경과는 수수께끼였다. 미우라를 공사로 추천하는 문서는 단 하나, 1895년 7월 5일에 다니 다테키가 이토 총리에게 보낸 편지가 알려져 있다.[251] 거기에는 "일찍부터 말씀 올린대로" 미우라 고로의 채용이 일본을 위해서 "바람직한 일"이라고 쓰여 있다. 다니가 이전부터 미우라를 이토에게 추천해왔다는 것을 알 수 있다. 왜 이노우에를 대신해 미우라를 공사로 임명해야 하는지에 대해서는, "금후 조선에 대한 정책은 명명백백한 간섭을 피하고…… 정(情)과 이(理)로써 강한 독수리〈러시아〉에 의존하는 것이 부득이한 방책임을 냉정히 깨닫고…… 조선을 내 것처럼 하는 거동을 피해"야 하기 때문이라고 지적했다. 즉 이노우에의 지나친 간섭정책을 전환해야 한다는 것이다. 미우라의 장점은 "심리의 학"을 터득하고 있으며, "인품의 높이와 지조의 깨끗함"은 크게 향상되었다는 점과, 박영효와도 친한 사이이며, 시바 시로(柴四朗)가 손발이 되어 일할 것이라는 점을 들었다. 편지에는 "일견 쓸모없어 보이지만 뜻밖에 요긴하게 쓰일 사람"으로 기대하고 있다고 쓰여 있었다.

미우라는 오랜 동안 다니의 동지였고, 편지 속의 시바 시로는 다니의 농상무대신 시절 비서관이었는데, 그가 1887년 이노우에 가오루의 조약개정안에 반대했을 때부터 동지였다. 다니의 편지가 작성된 배경에는 조선에 대한 시바의 후원이 있었다. 이것은 기존 연구에서는 간과되었던 점이다.

시바 시로, 그는 『가인의 기우』(佳人之奇遇)의 저자 도카이 산시(東海散士)다. 김옥균, 박영효와는 1880년대부터 친우였다. 1892년 제3대 의회에서 후쿠시마 현 선출 국회의원이 되었다. 청일전쟁이 시작되자 망명해 있던 박영효가 1894년 8월에 귀국한다. 시바는 의원으로 재선된 직후인 9월 조선으로 가서 박영효의 부활을 위해 일한 모양이다. 그 후 박영효는 내부대신이 되었다. 1895년 5월, 박영효가 러시아에 접근하고 있다는 소문을 듣고, 시바는 삿사 도모후사(佐々友房)와 함께 다시 조선으로 갔다. 다니 다테키, 미우라 고로 등과의 협의에 따라서 조선으로 갔다고 한다. 시바는 박영효와 많은 이야기를 나누고, 공사관에서는 대리공사 스기무라 후카시와도 이야기를 주고받았을 것이다. 시바 일행은 6월 하순 일본으로 돌아왔다. 그런데 그 직후 박영효가 정권에서 밀려나 또다시 일본으로 망명해온 것이다.[252] 박영효는 고종과 민비 그리고 그 배후에 있는 러시아에 대한 결정적인 대립감정을 시바에게 전했다. 시바는 일본이 조선을 잃게 된다고 생각해 근본적인 대책을 마련해야 한다고 결심했을 것이다. 나중에 시바는 『러일전쟁 하네카와 로쿠로』(日露戦争羽川六郎)라는 미래소설을 썼는데, 거기서 자신의 조선정세론을 펴고 있다.

"때는 랴오둥반도의 반환으로 우리가 위력을 상실하고, 이노우에 백작의 세밀한 간섭으로 그에 대한 혐오와 미움을 야기해, 우리가 지난 날 공수동맹을 맺어 획득한 경부, 경의, 경원 철도 부설의 권리도 포기했을 때였다. 러시아의 세력은 기세 좋게 궁중으로 침투해 들어갔으며 박영효 등은 학살의 음모를 피해 국외로 탈출했다. 이때 미우라 자작이 새로이 이노우에 백작의 뒤를 이어 공사가 되었던 것이다."253

여기서 보이는 정세론을 시바가 미우라에게 들이대면서 그의 [공사] 출마를 설득했을 것이라고 생각된다. 그리고 미우라가 동의하자 다니에게 말하여, 이토 총리에게 미우라를 추천하도록 했을 것이다. 다니의 추천 이유는 미우라와 시바가 조선에서 하려고 하던 것과는 분명 달랐다. 시바는 자신의 생각을 다니에게 충분히 설명하지 않은 채 미우라를 추천하도록 했던 것이다.254

이토로부터 정식으로 의뢰를 받은 미우라는, "흔들리지 않는 대한 정책"이 필요하다면서, 다음의 제 방책 중 어느 하나를 취할지 지령해 달라는 의견서를 정부에 제출했다. 첫째는 "조선을 동맹 독립왕국으로 인정하고, 장래 우리가 독력으로 전국의 방어 및 개혁을 부담할 책임을 진다", 둘째는 "구미 여러 나라의 공평한 자들과 모의해, 공동으로 보호하는 독립국으로 한다", 셋째는 "단호한 결의를 지닌 하나의 강대국과 고려반도(高麗半島)를 분할 점령"한다.255 시바는 출발 전 송별연에서 미우라의 세 가지 방책과 같은 내용을 말하면서, "영구불

변의 방침을 확정하여" 나아가야 한다고 호소했다. 미우라의 의견서 는 시바의 작품이었을 것이다.[256]

정부는 답을 내지 않았고, 회답도 주지 않았다. 그래서 미우라는 공 사직을 사퇴했다고 한다. 그러나 야마가타는 3대 정책은 숙려를 요하 기 때문에 결국 어느 쪽으로든 결정하겠지만, 지금은 "하루라도 빨리 한국으로 건너가 달라"고 설득했다. 그래서 미우라는 "자신이 임기응 변으로 자유롭게 하는 것 말고는 달리 도리가 없다고 결심하고" 공사 직을 받아들였다고 회고록에 쓰고 있다.[257] 발령 날짜는 8월 17일이 었다.

미우라가 공사로 결정되고 나서 부임할 때까지의 기간 동안, 퇴역 장군인 미우라에게 접근한 것이 군부였을 것으로 생각된다. 김문자 는 상세한 사료 발굴에 기초해 일본군의 철수문제, 일본군 부설 전신 선의 권리문제, 철도건설 이권문제 등에서 군부가 받아들일 수 없는 방침을 제시했던 이노우에에게 불만을 더하고 있던 가와카미 소로쿠 참모차장 등이 미우라와 깊은 관계를 맺었다는 점을 분명히 규명했 다.[258]

이노우에 공사의 귀임

이노우에는 7월 중순에 서울로 돌아갔다. 이노우에는 그때까지 유 지하면 개혁 강제의 자세를 완전히 바꿔 국왕에게 300만 엔의 기부 를 제안하고 일본과의 관계를 개선시키려고 노력했지만, 결국 일본 정부는 이 안을 취소했다.[259] 어느덧 이노우에는 완전히 버림받고 있 었던 것이다.

7월 16일, 일본과의 관계가 좋은 궁내부협판 김종한(金宗漢)이 해임되었고, 베베르와 가까운 미국인 르 장드르가 궁내부 고문으로 임명되었다.[260] 7월 17일에는 궁중 경비 시위대(侍衛隊)가 신설되어, 국왕과 가까운 홍계훈(洪啟薰)이 훈련대 연대장으로 임명되었다.[261]

이 사이에 베베르는 국왕과 더욱 가까워졌다. 8월 10일(7월 29일)이 되자 외상 앞으로 보고서를 보내서, "조선의 왕은 자기 힘만으로는 일본과 싸울 수 없다는 것을 확실하게 자각하고 있어서, 러시아의 결정적이고 강고한 지원에 모든 희망을 걸고 있다"라고 썼다.[262] 그는 이 기대에 부응해야 한다고 생각했다. 고종이 요청하는 러시아인 교육자의 파견, 함경도 개발을 위한 광산기사 2명의 파견, 러시아인 의사와 여의사의 파견 등에 응해야 한다고 했는데, 특히 조선 정부가 요청해온 로스포포프의 궁내부 고문으로의 파견에 적극적으로 응해야 한다고 주장했다.

로스포포프는 도쿄 공사관의 제1호 어학 유학생 코스틸료프 다음으로 1891년에 일본에 온 제2호 어학 유학생이었다. 서울로 파견되어 조선 측과도 교섭을 했을 거라고 여겨진다. 그를 마음에 들어 한 고종이 파견을 희망했던 것이다.

이렇게 되자 외상은 갑자기 신중해졌다. 8월 13일 외상은 베베르에게, 왕의 희망에 대해서는 "조선 정부와 다른 나라 국민들과의 관계가 첨예해지지 않도록 더 없이 신중하게" 대해야 한다, "만일 이 임명이 특정 이유로 이 나라의 내정에 대한 우리의 직접적 간섭으로 해석될 우려가 있다면, 적당한 구실을 붙여서 더 적당한 시기까지 연기하는 편이 신중하다 할 것이다"라고 써 보냈다.[263] 이에 대해서 베베르가 어디까지나 고종의 요망에 응해야 한다고 주장하자, 베베르의 활동을 위험시해 7월에 그를 멕시코 공사로 부임하라고 명하기에 이르렀다. 후임으로 임명된 인물은 1889년까지 도쿄 공사관의 일등서기관이었던 슈페이에르였다. 고종은 베베르의 유임을 원한다는 편지를 러시아 황제에게 보냈지만,[264] 결정은 바뀌지 않았다. 다만 슈페이에르가 1898년 1월에 부임할 때까지는 베베르가 서울에 머물 수 있게 허용되었다. 베베르를 경질한 러시아 정부의 결정은 당분간 비밀에 부쳐졌다.

8월 23일 박정양이 총리직을 그만두고 내부대신이 되었고, 김홍집이 총리로 복귀했다.[265]

미우라 공사 도착

새로운 공사 미우라 고로는 1895년 9월 1일 서울에 부임했다. 고문인 시바는 9일에 도쿄를 떠났기 때문에 20일 경에 도착한 것으로 보인다.[266] 미우라가 서울에 오기 전, 이미 10월 8일의 행동방침을 갖고 있었는지는 알 수 없다. 서울에 와서 시바 시로와 함께 일등서기관 스기무라 후카시, 주재 무관 구스노세 유키히코(楠瀬幸彦) 등과 협의해 사태를 분석하고, 취해야 할 방침을 세웠다고 보는 것이 자연스럽다.

그런데 이제까지도 간혹 중요한 역할을 맡아 온 일등서기관 스기무라 후카시는 원래는『요코하마마이니치신문』(横浜毎日新聞)의 기자였다. 고향 가나가와(神奈川) 현의 현령이었던 노무라 야스시(野村靖)의 소개로 주한 공사 하나부사 요시모토(花房義質)를 만났고, 1880년에 방한한 적이 있었다. 이후 외무성에 들어가 9년 동안 조선에서 일했다. 특히 최근 4년간의 격동기에는 수석서기관, 임시 대리공사 직을 수행하고 있었다.[267] 그러한 그가 미우라의 방침에 깊숙이 관여한 것은, 그의 입장에서 보면, 이것이 일본이 지닌 대한 정책의 마지막 언어라고 생각했을 법하다. 무관인 구스노세는 초대 러시아주재 무관이었고, 1894년 12월에 러시아에서 조선으로 왔다. 아마 철저한 반

러시아파였을 것이다. 조선에서는 훈련대 양성에 임했고, 조선 정부의 군무고문직도 맡고 있었다. 그는 시바 시로의 동생 시바 고로(柴五郎)와 육사 동기생이었다.[268]

도착하자마자 미우라는 가와카미와 전보를 주고받았다. 9월 6일 가와카미 소로쿠 참모차장이 미우라 공사에게, 4개 중대의 주둔에 더해 전신선 수비를 위한 헌병 약 250명을 파견하려는 생각이 있다, 조선 정부의 승낙을 받아야 할 것이다, 이 건으로 공사의 의견을 듣고 싶다, 라는 내용의 전보를 보냈다. 이 전보는 13일에 도착했다.[269] 15일에 미우라는, 갑작스런 철병은 좋지 않다, 서서히 교체하는 것이 좋지 않겠는가 하는 전보를 쳤다.[270] 19일이 되자 돌연 미우라는, 지방에서 반란이 일어나면 러시아에게 가세해 달라고 부탁할 가능성이 있으므로, 이에 대항하는 과정에 대본영에 연락하지 못하고 병력을 움직일 필요가 있을지도 모른다, 그러니까 "본관의 통지에 응해 언제라도 출병할 수 있도록 미리 병참사령부에 훈령하"고 그 취지를 외무대신을 거쳐 자기에게 통지해 달라고 요청했다.[271]

이 시점에서 미우라에게는 가까운 장래의 행동을 위해서 경성수비대의 지휘권을 장악할 필요가 있었을 것이다. 이를 알게 된 사이온지 외상대리는 9월 24일 미우라에게 불쾌감을 표명했다.[272]

이 사이 9월 17일 이노우에는 귀국했다. 그 뒤에 시바 시로가 서울에 도착해, 본격적인 준비가 시작되었을 것이다. 미우라, 시바, 스기무라 등은 결정적인 행동을 결단하기에 이르렀다.

나중에 사건 직후 정오가 조금 지났을 무렵 왕궁에서 공사관으로 돌아온 미우라는 우치다(內田) 영사가 설명을 요구하자, 자신의 행동 동기에 관해서 다음과 같이 설명했다.

"근래 왕비를 비롯한 민당(閔黨)의 무리가 러시아와 결탁해 점점 더 세력을 넓히고, 내정개혁의 업은 서서히 모조리 파괴되었다. 우리

장교들이 양성하는 훈련대 역시 민당이 획책해 일부러 순검 등과의 쟁투를 야기하고, 이를 구실로 결국 훈련대를 해산한 뒤, 그 장교들은 모두 체포하여 살육하고, 민영준(閔泳駿)에게 국정을 맡겨 만사를 러시아에 의뢰해 우리로부터 이반하려고 계획했다. 바야흐로 오늘 우선 훈련대의 해산에 착수하려 했기 때문에 더 이상 주저할 때가 아니라고 생각하여……"[273]

시바도 『러일전쟁 하네카와 로쿠로』에서는 "이에 돌연 가공할 음모가 발견되었다. 즉 러·한 사이의 비밀조약이 막 체결되려 하고 있었는데, 그 조인에 방해가 있자 단연 일본 장교들에게 훈련받은 신영군(新營軍)을 해산하고, 뒤 이어 일본당의 대신들을 암살하려는 것이 바로 이것이었다"[274]고 썼다.

러시아가 결정적으로 조선 왕비의 후원자가 되어 고종을 일본에 대항하는 길로 몰아세우려 했다는 판단은 분명 잘못된 것이었다. 고종과 민비는 신뢰가 두터운 베베르 공사에게 이동 명령이 내려진 것을 다시 생각해 줄 것을 바라고 있었지만, 러시아 정부가 그것을 인정하지 않았던 것이 실제로 벌어진 상황이었다. 훈련대를 해산한 것도, 결국은 왕에게 가까운 인물이 훈련대 연대장으로 투입된 것에 훈련대가 반발하자 이를 해결할 필요가 있었던 것이다. 과연 실제로 훈련대 해산 명령이 내려졌는지도 의문이다.

우치다 영사에 의하면 9월 27일에 훈련대 대대장 우범선(禹範善)은 동 교관 미야모토(宮本) 소위에게, 훈련대는 열흘 이내에 해산되고 장교들은 엄벌에 처해질 것이라고 호소했다. 우범선은 28일에는 이시모리(石森) 대위에게도 찾아와 무언가를 이야기했고, 또 다시 10월 3일 우마야하라(馬屋原) 소좌, 이시모리 대위와 함께 미우라 공사를 방문했다. 우치다는 이 3일 쯤에 구스노세 중좌도 이 건에 관여한 것이 아닐까 하고 추정했다.[275]

어찌 되었든 미우라 등이 도달한 결론은, 대원군을 업고 쿠데타를 해 친러 반일 세력을 일소한다, 그 과정에 민비를 살해하고 고종을 극한까지 위협 해 일본에 복종케 하겠다는 방침이었다. 민비 살해는 조선인 병사들에게 시키는 것이 좋지만, 어쩔 수 없으면 재조선 일본인 유지(有志)들을 시켜서 한다는 생각이었을 것이다.

이 방침은 이웃나라 조선을 지나치게 모멸하는 방침이었고, 일본이라는 나라 깊숙한 곳에 도사린 질병의 표출이었다. 이런 행동을 공사관이 나서서 실행한다는 것이 국제사회에서 허용될 리가 없었다. 그리고 러시아를 비롯한 각국에서 비판을 받아 궁지에 몰리면 어떻게 할 도리도 없었을 터인데, 그런 생각은 하지도 않았던 모양이다.

실행부대는 이미 동원되어 있었다. 미우라 공사와 스기무라 그리고 시바는 우선 일본이 조선의 궁내부 고문관으로 들여보내 놓은 오카모토 류노스케와 『한성신보』(漢城新報) 사장 아다치 겐조(安達謙蔵)를 음모에 끌어들였다. 아다치는 『한성신보』 주필인 구니토모 시게아키(国友重章), 같은 회사 사원 히라야마 이와히코(平山岩彦), 고바야카와 히데오(小早川秀雄), 『고쿠민신문』 특파원 기쿠치 겐조(菊池謙譲) 등을 끌어들였다. 이 가운데 아다치, 구니토모, 히라야마, 고바야카와, 기쿠치는 모두 구마모토(熊本)현 출신인데, 서울에는 구마모토현 출신자 그룹이 있었다. 결국 나중에 히로시마 지방재판소에서 재판을 받은 사건관계자 47명 가운데 구마모토 출신자가 21명이나 되었다.[276] 영사관원 호리구치 구마이치(堀口九万一, 시인 호리구치 다이가쿠(堀口大学)의 아버지)를 동원한 것은 스기무라였을 것이다. 수비대와 훈련대 쪽은 구스노세가 준비했다.

민비 살해

10월 5일 미우라는 오카모토 류노스케를 대원군에게 보냈다. 다가올 행동을 미리 알리기 위해서였다. 『민비 암살』(閔妃暗殺)의 저자 쓰노다 후사코(角田房子)는 대원군이 미우라의 요청을 받아들이겠다는 명확한 대답을 하지는 않은 것으로 보고 있다. 미우라는 10월 10일에 결행한다는 계획을 세우고 있었다. 10월 7일, 내일 훈련대가 해산될 것이라는 통지가 들어왔다. 훈련대가 해산되면 행동에 지장이 생긴다. 미우라, 시바, 스기무라는 예정을 앞당겨 이날 중으로 일을 결행하기로 결정했다. 왕궁 돌입 시간은 10월 8일 새벽 4시로 정했다. 저녁에 미우라는 영사관원 호리구치 구마이치를 불러 대원군을 입궐시킬 테니, 하기와라(萩原) 경부와 함께 용산으로 가서 오카모토 류노스케를 만나 함께 대원군의 저택으로 가라고 지시했다. 두 사람은 말을 타고 출발했다.[277]

7일 오후 7시부터 우치다 사다쓰치(內田定槌) 경성 총영사가 미우라 공사 환영회를 열 예정이었다. 미우라는 카무플라주로 매우 적절하다면서 환영회에 참석했다. 스기무라는 물론 우치다의 부하인 호리구치도 참석하지 않았기 때문에 미우라만이 우치다 부부와 식사를 했던 것이다. 우치다에게는 아무것도 알리지 않았다.

실행부대에게 지령이 떨어지고, 저녁부터 거점인 영산(靈山)에 사람들이 모여 대기하고 있었다. 40명 정도였다. 대원군을 맞이하러 가는 임무를 부여받은 오카모토 류노스케가 이 집합 장소에 도착한 것은 7일 심야 12시가 다 되어서였다. 아다치 겐조, 고바야카와 히데오, 호리구치 구마이치 등이 맞이했고, 거기서 전원 공덕리에 있는 대원군 저택으로 출발했다. 통역으로 스즈키 준켄(鈴木順見)이 동행했다. 대원군의 저택에서는 오카모토와 호리구치가 통역 스즈키와 함께 대원군의 침실로 들어가 행동을 설명하고 설득했다. 오전 3시 마침내 대원군은 결심했고, 궁전으로 가는 가마에 올랐다. 문 앞에서 오카모토가 사람들에게, 대원군을 호위하여 왕궁으로 간다, "여우는 임기(臨機) 처분하라"고 훈시했다. 민비 살해 지시였다.

일행이 시내로 들어가자 서대문 근처에서 일본군 수비대 140명이 나와 맞았다. 10월 8일 날이 밝을 즈음 일행은 광화문에 도착했다. 시바 시로의 숙소에서 대기하고 있던 구니토모 시게아키 등 십 수 명도 합류했다. 일본인 수비대와 훈련대는 훈련대 연대장 홍계훈의 제지를 뿌리치고 광화문 안으로 돌입했다. 홍계훈은 참살(斬殺)되었다. 대원군은 강녕전(康寧殿)에서 가마를 세우고 거기서 멈췄다. 일부 호위 병력을 남기고 나머지는 왕궁 안쪽으로 쇄도했다. 그리고 마침내 일본인들은 고종과 민비가 거주하는 건청궁(乾淸宮)에 도달했고, 거기서 참극을 일으켰던 것이다.

우치다 영사의 보고에 의하면 일본인들은 민비가 거주하는 곤녕각(坤寧閣)에 침입해, 복장과 용모가 우아하고 아름다운 여성 세 명을 살해했다. 그러나 왕비의 얼굴을 알아볼 수 있는 자가 아무도 없었기 때문에, "왕비는 어디 있느냐"고 궁녀들에게 칼을 들이대며 협박하는 모습도 보였다. 이윽고 소시(壯士)들은 국왕의 거실이 있는 장안당(長安堂)으로 난입하려 했다. 하기와라 경부가 "여기는 국왕 폐하의 신전(宸殿)이다. 들어가면 안 된다"고 외치며 제지했다. "국왕과 세자는 몸을 떨며 하기와라의 두 팔에 매달려 연신 보호해 달라고 부탁했다."

그러던 중 궁녀의 증언으로, 민비가 살해된 세 사람 가운데 하나라는 사실이 확인되었다. "왕비의 주검은 미우라 공사의 입궐 후…… 하기와라의 지시에 따라 조선인으로 하여금 소나무 숲으로 옮기도록 했고…… 이를 불태워버렸다." 건청궁 동쪽에 있는 소나무 숲이다. 왕비의 허리에 매달린 주머니 속에서 러시아 황제에게 베베르의 유

임을 요청하는 고종과 민비의 편지 원고가 발견되었다.[278]

이 밖에 건청궁 뜰에서는 궁내부대신 이경직(李耕稙)이 참살되었다. 왕비를 살해한 자는 일본군인이었다는 설이 있다고 우치다는 쓰고 있는데, 이에 관한 자료를 검토한 김문자는 그 군인은 훈련대 교관 미야모토 다케타로(宮本竹太郎) 소위였을 것으로 추측하고 있다.[279]

살해의 목격자들

그 와중에 참극을 목격하고 증언을 남긴 러시아인이 있다. 세레진-사바친이다. 그는 1883년에 상하이에서 조선으로 임시 고용되어 온 외국인이었는데, 마지막에는 건축가로서 고종을 위해 일했다. 1888년에 왕과 왕비가 거주하는 건청궁 안에 2층짜리 양옥인 관문각(觀文閣)을 건축했다. 인천의 만국공원 안에 있는 제물포 클럽의 건축에도 관여한 것으로 알려져 있다. 그는 블라디보스토크의 신문『달료키이 크라이』(Далёкий край)에 익명으로 조선으로부터의 통신을 보내고 있었다.[280] 그는 전날 왕궁 안을 둘러보고 있을 때, 남문 부근에서 조선의 신식 병사와 일본군 병사가 서로 노려보다가 조선인 병사가 무언가 소리를 지르는 것을 들었다. 숙사로 돌아오자 조선인 지인이 찾아 와서 내일 저녁에 무슨 일이 있을 것이라고 경고했지만, 그 내용은 알려 주지 않았다. 그날 오후 7시에 왕궁 안을 둘러보았지만 아무 일도 없었다. 10월 8일 해뜨기 전 오전 4시, 궁정경비대의 시위대 장교 이낙윤이 와서 왕궁은 반란군이 포위하고 있다고 말했다. 잠시 후 미국인 군인 다이가 왔기에, 함께 문까지 가보자고 제안했다.

그들은 우선 서쪽의 영추문(迎秋門)으로 갔다. 문 앞에는 일본군 병사들이 정렬해 있었다. 거기서 동쪽의 건춘문(建春門)으로 가자 거기에는 300명 정도의 훈련대 병사들이 있었다. 중대한 사태라고 깨달은 그들은 궁전(건청궁)으로 되돌아와 경계조치를 취했다. 하지만 장교들이 없었기 때문에 병사들을 움직일 수가 없었다. 새벽 5시에 서쪽에서 총성이 들렸고, 담장에 사다리를 놓고 훈련대 병사들이 침입해왔다. 보초들은 첫 총성을 듣고 모두 달아났고, 남은 시위대도 도망가 버렸다. 다이는 그들을 멈춰 세워보려고 했지만 헛일이었다. 이 때 세레진-사바친은 건청궁 내의 국왕과 왕비의 거실로 통하는 문에 모여든 사람들 속에서 평복을 한 여러 명의 일본인을 보았다. 그들은 왔다 갔다 하면서 누군가를 찾고 있는 듯했다.

"왕비의 거실이 있는 구내는 일본인들로 꽉 찼다. 20명 내지 25명 정도였다. 그들은 평복차림이었고, 칼도 지니고 있었다. 일부는 칼을 빼들고 있었다. 그들을 지휘하고 있던 것은 긴 칼을 지닌 일본인이었다. 아마 그들의 대장이었을 것이다. 일부의 일본인들은 궁전 구석구석까지, 또 다른 건물 내부도 분주하게 찾고 있었다. 다른 자들은 왕비의 방에 난입해 거기 있던 궁녀들에게 달려들어 머리채를 잡고 창에서 끌어내 떨어트려서는 땅에 질질 끌고 가면서 무언가 추궁했다."

"나는 원래 장소에 머물면서, 일본인들이 왕비의 어전 안에 있는 모든 것을 뒤집어 놓는 것을 지켜보고 있었다. 두 사람의 일본인이 한 명의 궁녀를 잡아채어 집 안에서 끌어내 계단 아래로 질질 끌고 내려갔다."[281]

세레진-사바친은 바로 왕비 습격사건의 한 가운데에 서 있었던 것이다. 얼마 안 있어 일본인 행동대원이 그를 붙잡아 왕비의 건물 앞으로 데려가서, 왕비가 어디에 있는지 말하라고 다그쳤다. 영어로 "왕비는 어디에 있나? 우리에게 왕비 있는 곳을 대라"고 말했다. 그리고 나서 지휘관이 오더니 "왕비를 못 찾았다. 너는 왕비가 어디에 있는지 모르느냐? 어디 숨어 있는지 대라"고 다그쳤다.[282] 나는 왕비를 만난 적도 없다, 모른다고 버티자 놓아주었다. 이 두 사람에 관해서는 우치다의 보고에도 나와 있다.

대원군과 신정부의 성립

고종이 느낀 공포감은 실로 엄청났을 것이다. 그는 옆 궁전에 있는 왕비가 살해된 사실을 곧바로 알았을 것이다. 그는 일본인의 증오와 살의가 자기에게도 향하고 있다는 것을 통감했다. 그 공포감 그리고 분노가 아직 완전히 사그라지기 전에 공사 미우라가 고종을 방문했다. 오전 8시가 지나서 미우라와 스기무라가 와서 고종을 만났다. 알현 도중 미우라는 자리를 떠 민비의 유해를 확인하고 하기와라에게 소각을 지시했던 것이다. 대기하고 있던 대원군이 불려 와 고종, 대원군, 미우라의 3자회담이 시작되었다. 미우라는 이미 대원군과의 사이에 합의되어 있던 방침을 고종에게 수락케 했다. 김홍집 총리와 김윤식 외부대신이 유임되고, 유력한 친일파가 배치된 내각의 면면이 결정되었다. 군부대신 안경수, 학부대신 이완용(李完用), 농상공부대신 이범진(李範晉), 경무사 이윤용 등이 해임되었고, 이재면(李載冕)이 궁내부대신, 김종한이 궁내부협판, 조의연이 군부대신, 서광범이 학부대신, 정병하(鄭秉夏)가 농상공부대신, 유길준(兪吉濬)이 내부협판으로 임명되었다. 또한 미우라는 고종으로 하여금 "국정에 간섭하고 정치를 어지럽힌 왕후 민씨를 폐비해 서인으로 낮춘다"는 칙서에 서명할 것을 약속하게 했다. 그것은 고종으로서는 평생 잊지 못할 굴욕이었을 것이다. 시위대를 축출한 훈련대가 왕궁 경호를 맡게 되었고, 칙령에 따른 훈련대의 시위대 흡수를 발표하기로 결정되었다.[283] 바야흐로 일본이 조종하는 대원군 쿠데타가 실현된 것이었다.

러시아 공사의 추궁

참극이 있던 날 밤, 베베르는 공사관에 있었다. 새벽에 조선의 궁내
부협판이 심부름꾼 복장으로 뛰어 들어왔다. 그는 궁중에서 "일본인
들이 학살을 하고 있다. 아마 왕비를 죽일 작정인가보다"라고 호소했
다. 국왕이 미국과 러시아 공사에게 서둘러 궁전으로 와 달라고 간절
히 바라고 있다는 것이었다. 얼마 안 있어 세레진-사바친도 탈출해
와서 보고했다. 그 이야기를 듣고서 베베르는 미국공사관 일등서기
관 앨런과 함께 궁전으로 달려갔다. 도중에 일본공사관에 들렀지만,
미우라 공사는 부재중이었다. 궁전에서는 다이 장군, 르 장드르, 그레
이트하우스, 세무장관 브라운, 그리고 대신들을 만났다. 베베르와 앨
런은 고종의 어전으로 갔다. "여러 명의 유럽인들이 왕의 침소에 들
어가자 숙연한 침묵의 광경이 펼쳐졌다. 그 어떤 말보다도 사건의 진
상을 분명히 보여주었다. 국왕은 밤사이 발생한 사건에 깊은 충격을
받아 말할 기력도 없었으며, 눈물을 참지 못하고 의례에 맞지 않게,
한 사람 한 사람에게 다가가 손을 잡았다. 자기를 홀로 남겨두지 말아
달라는 희망을 표명하는 것 말고는 달리 할 수 있는게 없었다."[284]

그리고 두 사람은 대원군을 만났고, 이어서 일본 공사를 찾아서 만
났다. "내가 무슨 일이 있었는지 그에게 묻자, 그는 일어난 일과는 전
혀 관계가 없는, 이전에 발생했던 훈련대 병사들과 경찰의 충돌에 관
해서 장황하게 늘어놓기 시작했다. 우리가 반론을 제기하자, 결국 모
두의 요청에 따라 오후 3시 반의 회합에 출석할 것에 동의했다."[285]

오후 3시 반에 열린 재경 외교사절 회합에는 모든 나라의 공사들이
모습을 나타냈다. 베베르는 계속해서 다음과 같이 보고서에 기록하
고 있다.

"일본 공사는 정말로 태연한 모습으로 긴장하지 않고, 끝없이 지껄

였다. 사태에 관해서는 조금도 언급하지 않고, 또 다시 훈련대 병사들과 경찰의 충돌 이야기를 장황하게 설명하기 시작했다. 마치 그것 때문에 궁전 안에서 이 모든 소동이 일어난 것처럼. 하는 수 없이 나는 동료들의 이름으로 그의 말을 가로막고, 그런 것은 사태와 관계가 없다, 왜냐하면 궁전 내에는 경찰이 전혀 없었기 때문이라고 지적했다. 그리고 어떤 이유에서인지 거기에는 부당하게도 일본인들이 있었고, 바로 그들이 살해를 주도했다는 점에 주목하라고 촉구했다. 미우라 자작은 분명 당혹해 하면서, 일본의 관습으로는 군대에 약간 명의 마부를 둔다, 분명히 말해서 이런 일은 중시할 만한 가치가 없다고 말하고, 또 다시 사태 판단에서 도망치려고 했다. 하는 수 없이 나는, 문제가 된 것은 몇 명의 마부가 아니라 잘 갖춰진 차림새의 무장한 3, 40명의 일본인 무리다, 증인도 있다, 필요하다면 일부의 자들의 초상화를 그리게 할 수도 있고 직접 만나 본인 여부를 확인할 수도 있다고 강력하게 언명했다. 나아가 나는 미우라 자작에 대해서, 첫째로 궁전 내에서 소동을 일으키고 살해를 행한 일본인들의 성명을 밝힐 것, 둘째로 궁전 내의 사건과…… 대원군을 데려오는 데 일본 군대가 가담한 것인지 분명히 할 것을 요구한다고 말하고 다그쳤다. 미우라 자작은 어떻게 대답해야 할지 몰라서, 사건은 반드시 조사하겠다, 궁전 내의 완전한 평정을 회복하겠다고 보장하는 데 그쳤다. ……이 회합이 끝난 뒤 각국 외교대표들이 받은 인상은, 이 전대미문의 끔찍한 사건은 전적으로 일본인들이 한 짓이라는 것이었다."[286]

베베르는 정말로 분노하고 있었다. 보고서의 마지막 부분에 그는 다음과 같이 썼다.

"우리는 세계사에 전례가 없는 범죄적인 사실과 마주하고 있다. 평상시에 타국 국민이 자국의 군대 그리고 아마도 공사관의 비호 아래, 아니 더 나아가 그 지도하에 대거 왕궁에 난입하여 왕비를 살해하고 그 유체를 소각한다. 그리고 더욱이 일련의 추악한 살인과 폭행을 저지른 뒤 많은 사람이 둘러싸고 보는 가운데 자기들이 저지른 짓을 뻔뻔스럽게 부정한다. 이런 일은 여태까지 한 번도 본적이 없다. 분명 일본인들은 유럽 열강들이 조선에 대해 무관심하고, 전혀 벌을 받을 우려가 없다는 점을 기화로, 더 이상 그 어떤 법에도 구속될 필요가 없다고 생각하는 것이다."[287]

일본 국내의 반응

이날 10월 9일 아침, 일본의 신문들은 이른바 '경성사건'을 다음과 같이 보도했다.

"오늘 아침 5시 대원군이 훈련대 2개 대대를 이끌고 왕궁에 돌입했다. 위병은 이를 막을 수 없었다. 왕비의 소식은 아직 알 수 없다. 미우라 공사는 즉시 입궐했다."

"두 병력이 상호 발포하고 막 일대 사건으로 커지려는 찰나, 우리의 미우라 공사가 대군주 폐하의 부르심에 따라 약간 명의 일본 병사들을 인솔하고 입궐한 바, 두 병력은 겨우 4, 5발 발포했을 뿐 진정되었고……." "대원군이 왕성으로 진입하자 왕비의 종적이 확실하지 않았다. 훈련병에 의해서 살해되었는지, 그렇지 않으면 어딘가 숨었는지, 오후 2시 경까지는 판단할 수 없었다."[288]

이것은 사건 당일 오전 11시, 미우라 공사가 도쿄의 외무대신 임시대리 사이온지 긴모치(西園寺公望)에게 보낸 제1보와 완전히 일치한다.[289] 이것이 미우라가 유포한 사건의 공식설명이었던 것이다. 8일 오후 8시 5분에 스기무라가 도쿄의 이노우에 가오루의 문의에 답하여 보낸 전보는 다음과 같았다.

"일본 병사들이 훈련대를 교사한 흔적은 보이지 않는다. 고문관 가운데 오카모토는 대원군과 관계가 없지는 않다. ……오늘 아침 공사가 입궐한 것은 국왕이 매우 급히 사람을 보내 안정시켜(鎭撫) 줄 것을 의뢰했기 때문이다. 왕비는 아마도 살해되었을 것이다."[290]

이것은 완전히 도쿄를 기만하는 허위 보고였다.

미우라는 10월 8일 밤 10시 반에 처음으로 깊이 있는 설명을 외상에게 보냈다.

"오늘 아침의 사변은…… 표면적으로는 조선인들의 일이지만, 이면에는 다소의 일본인들이 가담했고, 그리고 사실 본관이 묵시한 것이었다."[291]

마침내 사건의 실상이 밝혀진 것은 8일 한밤중 12시 경에 타전된 미우라의 전보였다. 그것은 8일 오후 러시아 공사로부터 미우라가 추궁을 당했던 회의에 관한 보고였다. 미우라는 직접 긍정하지는 않았지만, 러시아 공사의 추궁으로 보면 일본인이 왕비를 살해한 것이 분명했다. 깜짝 놀란 사이온지 외상 대리는 9일 일찍부터 고무라 정무국장을 서울로 파견해 조치를 취하기로 결정했다.[292]

한편 서울에서는 10월 10일에 왕비를 폐하는 조칙이 내려졌다. 그것은 일본의 신문들도 보도했다.

"짐이 보위에 오른 지 32년, 다스림과 가르침이 널리 미치지 못하고 있는 사이에 왕후 민씨가 자기와 가까운 무리들을 끌어들여 짐의 총명함을 가리고 백성을 벗기고 빼앗으며, 짐의 정령을 어지럽히고 벼슬을 팔아 탐학이 지방에 퍼지니 도적이 사방에서 일어 종사(宗社)가 위태로워졌다. 짐이 그 극악함을 알면서도 이를 처벌하지 못한 것은 짐이 밝지 못했기 때문이기도 하고, 또한 그 무리를 불러일으킬 것이기 때문이었다. 짐이 이를 억누르기 위해 작년 12월에 종묘에 맹세해, 후빈과 종척이 국정에 간섭하는 것을 허하지 않는다고 하면서 민씨의 뉘우침을 바랐지만, 민씨는 구악(舊惡)을 고치지 않고 그 무리와 소인배들을 몰래 끌어들여 짐의 친족(同姓)을 차단 격리하고, 국무대신을 만나는 것을 방해했다. 또한 짐의 군대를 해산한다며 짐의 뜻을 고쳐 난을 격화해 사변이 일어나자, 짐을 떠나 그 몸을 피해 임오년의 지난 일을 답습하며 찾아도 나오지 않았다. 이는 왕후의 작위와 덕에 적합하지 않을 뿐만 아니라 그 죄악이 그득하다. 짐은 하는 수 없이 짐의 가문의 고사(故事)를 삼가 본받아 왕후 민씨를 폐하여 서인(庶人)으로 삼는다."[293]

왕비가 죽임을 당한데다가 왕비를 모욕하는 이러한 조칙의 발표까지 강요받은 고종이 마음속으로 일본을 절대로 용서하지 않겠다는 기분이었을 것이라는 점은 상상하기 어렵지 않다.

고무라 조사단의 사건 처리

10월 15일 고무라 주타로 정무국장를 책임자로 하는 사건조사단이 서울에 도착했다. 조사단 멤버는 안도(安藤) 검사정[檢事正, 지방검찰청장], 해군 대좌 이슈인 고로, 육군 중좌 다무라 이요조(田村怡与造) 그리고 인천의 영사관보 야마자 엔지로(山座円次郎)였다.[294] 나중에 러일전쟁 전야에 고무라는 외상, 야마자는 외무성 정무국장, 이슈인은 해군 군령부장, 다무라는 육군참모차장이 되어 러일전쟁을 주도하는 얼굴들이 된다.

10월 17일 정부는 미우라에게 귀국 명령을 내리고, 고무라를 후임 공사로 임명했다. 고무라는 이번 사건과 정부는 관계없다면서, 사건에 관련된 것으로 의심받는 공사관원, 민간 지사(志士)들을 모두 한국에서 퇴거시켜 법의 처분을 받게 한다는 방침을 갖고 있었다. 우선 지사들이 소동을 일으키지 않도록 먼저 퇴거시켰다. 18일에는 오카모토 류노스케 이하 20여 명에게 한국에서 퇴거할 것을 명했고, 22일에는 배에 태워 우지나로 보냈다. 그들은 우지나에서 차례차례 구속되어 재판에 회부되었다. 모두 44명이었다.[295]

10월 20일 러시아 외상은 휴가에서 돌아와 니시 공사와 만났다. 외상은 일본 군대가 조선에서 철수하는 것이 좋지 않겠느냐고 공공연하게 말했다. 왜냐하면 "조선인은 일본인을 싫어하고 있으며, 사건의 결과 일본인에 대해 더욱더 적대적이 되어 간다는 설이 있기 때문이다."[296]

10월 21일 일본 정부는 위문사절로 전 조선 공사 이노우에 가오루를 서울로 보냈다. 미우라의 인상을 어느 정도 부드럽게 하려고 했던 것이다. 10월 25일 사이온지 외상대리는 다음과 같은 성명을 발표해 각국에 주재하는 공사들을 통해서 각국 정부에 전달하게 했다.

"일본국 군대가 조선에 주둔하는 것은 목하 일본국의 점령과 관계가 있는 평톈반도와의 사이에 조선 국내를 경유하는…… 교통노선을 유지하고 안녕을 담보하며, 우리 공사관과 영사관 그리고 신민들을 보호하기 위함이다. ……이러한 군대 주둔의 필요성은 일본 군대가 평톈에서 철병할 때 비로소 사라질 것이다. ……조선국 개혁의 사업은 그 시작을 한 것에 불과하므로 그 걸음을 진행함에 따라서 조선국은 머지않아 단독으로 질서를 유지하고 외국인을 보호할 수 있게 될 것이다. 그렇게 될 경우 이들을 보호하기 위해 조선국에 주둔하는 군대를 소환할 것이다. 일본국은 조선국에 대해 결코 다른 뜻을 지니고 있지 않으므로 군대의 주둔을 영구히 길게 끌고 나갈 생각이 없으며, 오히려…… 이 뜻에 관해 일체의 책임이 해제되면 무엇보다 기쁠 것이다. 목하의 형세에서 조선국 내정 사무에 관해서는 일본국 정부의 정략은 무간섭 방침을 취하는 것이며, 흔연히 다른 조약국들과 함께 장래를 기대한다는 생각을 하고 있을 뿐이다."[297]

왕비 살해와 같은 폭거를 자행한 결과 이제는 군대를 주둔할 수도 없게 되었다.

각국 공사들의 새로운 회합이 10월 25일 미국 공사관에서 열렸다. 미국, 러시아, 영국, 프랑스, 독일 그리고 일본 공사가 모였다. 회의 서두에 미국 공사 실은, 고종이 계속해서 생명의 위기를 느끼고 있는 이 비상사태를 어떻게 할 것인가라는 주제를 제기했다. 고무라가 발언을 거부한 후, 베베르가 이상한 사태의 근원은 10월 8일 반란의 "하수인들이 모두 권력의 자리에 있다"는 점이라고 지적하며, 김홍집 내각의 해산과 훈련대의 왕궁 철수가 필요하다고 주장했다. 고무라는 이에 대해서 훈련대를 왕궁에서 내보내면 질서와 평온이 보증되겠느냐고 반론했다. 베베르는, 시내는 평온하며 소요는 궁전 안에서 발생한 것이라면서, 서서히 훈련대를 왕궁 바깥으로 내보낼 것을 거듭 주장했다. 실 미국 공사는 "국왕은 왕비를 살해한 자들의 수중에 있다", 왕비를 죽인 동기가 있다면 왕과 황태자의 말살까지 노릴 가능성이 있다고 지적하고, 고무라에게 일본공사관이 책임을 져야 한다고 다그쳤다. 고무라가 가능한 일이라면 할 용의가 있다고 말하자, 베베르는 국왕의 안전을 위해서는 군부대신 조의연의 경질과 훈련대 해산이 필요하다고 제안했다. 그러나 영국 공사 힐리어는 훈련대를 퇴거시키는 데 반대하는 고무라에게 동조했다. 실 미국 공사는 베베르를 지지했지만 결국 일치된 결론에는 이르지 못했다.[298]

이 간담회의 보고도 고무라에 의해서 간략하게 도쿄로 전해졌는데, 고무라는 보고서에, 일본의 병력으로 실행하라는 압박을 받았기 때문에 자신은 숙고해 보겠다며 물러섰다고 썼다.[299]

11월 5일 우치다 사다쓰치(内田定槌) 총영사는 장문의 보고서 '메이지 28년 10월 8일 왕성사변의 전말'을 사이온지 외상대리에게 보냈다. "의외의 곳에서 의외의 일을 기도하는 자들이 있어, 오직 소시 무리들뿐 아니라…… 당 영사관원 및 수비대까지 선동해 역사상 고 금 미증유의 흉악한 행동을 하기에 이른 것은 우리 제국을 위해서 실 로 유감스럽기 그지 없을 따름입니다." 김문자도 지적하는 바와 같이 이 보고서는 암흑 속에서 빛을 내뿜는 양심적인 고발 문서였다.[300]

같은 11월 5일 이번에는 일본공사관에서 각국 공사 간담회가 열렸 다. 이노우에가 주재했다. 이 간담회에 관해서는 다음 날인 6일 이노 우에와 고무라 두 사람이 연명으로 보고했는데, 러시아의 자료와 그 다지 차이는 없다. 미국 공사가 대표해, 국왕의 몸에 닥친 위험을 제 거하기 위해서 군부대신이 장악하는 왕궁호위병을 "강력하게…… 왕궁 밖으로 축출하고, 또 그 목적을 달성하기 위해서 일본 병사들을 왕궁에 들이는 일이 촌각을 다투는 급선무다"라고 제안했다. 이노우 에는, 일부 대신들과 왕궁호위병을 축출하는 것이 필요하다는 점에 관해서는 미국 공사와 "대체로 같은 의견이다"라고 말했지만, 일본 병력으로 강력한 수단을 사용하면 온갖 갈등이 일어날 우려가 있다, 따라서 "각국 대표자들이 무언가 협동의 처치를 취하는 것이 득책이 다"라고 주장했다.[301]

이 자리에서 이노우에는, 서울로 돌아와 미우라 공사의 행동이 조 선인에게나 각국 공사들에게 "일본의 행동에 대한 의심을 품게 했 다"는 것을 알았다고 말했는데, 이 발언은 공사들의 기분을 어느 정 도는 완화시켰을 것으로 생각된다. 회의의 결론은, 일본군의 힘으로 왕궁호위병을 왕궁에서 축출할 것, 그러면서 왕을 만날 때 외국인 대 표자를 동석시킬 것, 일본군은 목적을 완수하면 곧 철수할 것 등이 합 의되었다. 공사들은 본국 정부에 훈령을 청했다.[302]

이 회의가 끝난 뒤 베베르와 실은 국왕에게 호출되었다. 국왕은 다 음과 같이 말했다. 내일 6일 이노우에에게 알현을 허락했는데, 군부대신인 조의연이 10월의 사건에 일본인은 관계가 없으며 일부 조선인 장교들의 범죄라고 이노우에에게 말하라고 요구했다. 그대로 따르지 않으면 목숨을 보장할 수 없다고 협박했다는 것이었다.

그래서 두 사람의 공사는 6일 아침 일본공사관으로 이노우에를 방문해, 고종이 무슨 말을 하더라도 본심이 아니라 누군가 시킨 말을 하는 것이다, 10월의 사건 이야기가 나오면 말을 자르고 왕에게 아무 말도 하시지 않도록 해 달라고 요청했다. 이노우에는 알겠다고 답하고 고종을 배알한 뒤 자기 아들을 러시아 공사관으로 보내 문제의 화제에 대해서는 언급하지 않았다고 전했다. 그러나 이날 이노우에는 김홍집 총리를 만났고, 그 대화 기록을 각국 공사관에 배포했다. 거기서 이노우에는 "전례 없는 폭력"이라고 추상적으로만 말하고, 구체적으로는 민비 폐비의 조칙은 "조선역사의 가장 어두운 오점"이라고 비난했다.[303]

그 사이에 러시아 외상은 베베르의 보고에 대해서 "국왕 구출을 위한 모든 방책"을 지지하겠다는 답신을 보내왔다.[304]

11월 12일 러시아, 미국, 영국의 세 나라 공사들이 고무라 공사를 방문했다. 우선 베베르는, 10년 전에 이 나라에 부임해 "전력을 다해서 〈조선의〉 평화와 화목 및 국왕과 그 나라의 복지를 도모하라"는 훈령을 실천해왔지만, 이 나라의 "평화와 화목은 과거 15개월 동안 적어도 네 번이나 파괴되었다"고 말했다. "나는 일본공사관 덕분에 권력을 얻은 대신들에 의해서 왕비가 폐비되었다는 사실에 주의를 환기하고자 한다. 왕비를 살해하려는 분명한 목적을 지닌 모(某) 외국의 신민들에 의한 왕궁 공격은 이 나라의 역사에서 왕비의 폐비 이상으로 커다란 검은 오점이다." 베베르는 일본 정부의 행위를 이렇게 준엄하게 비판했다. 그런 후에, 일본 정부는 이 사태의 발생에 책임이 있다, 따라서 행동하는 것은 의무라고 지적했다. 그는 러시아 정부도

이 의견에 동의했다고 덧붙였다.[305]

미국 공사와 영국 공사는 훨씬 애매한 말밖에 하지 않았지만, 일본 측으로서는 이들 세 사람의 공사가 일치해 "일본 정부가 일시 일본 병사로 왕궁을 호위하고 질서를 회복하며, 국왕의 안전과 자유를 공고히 하기 위해 솔선하는 조치를 취해야 할 것"이라고 주장하고 있음을 알았다. "국왕 또는 외국 대표자들이 불필요하다고 인정할 때까지"의 일시적인 대책이라는 것이었다.[306]

이렇게까지 궁지에 몰린 이노우에 가오루는 어떻게 답하면 좋을지 알 수 없었다. 일본 정부는 더 이상 병력을 움직일 생각이 없었고, 여하한 조치도 취하지 않을 방침이었다.[307] 11월 13일 그는 "더 이상 체재하는 것이 무용하며 또 곤란한 상황이다"라면서 귀국 허가를 청했다.[308] 사이온지는 즉각 귀국을 승인한다고 타전했다.[309] 한편 이날 이토 총리는, 이 사이의 전보들을 보면 "이노우에 대사가 우리 병력을 왕궁에 들인 장본〈인〉이라고 간주되고 있음이 분명하다"면서 사이온지 외상대리에게 귀국을 명하라고 전했다.[310]

랴오둥반도 반환조약의 조인과 러·청 접근

11월 8일 일·청 양국은 랴오둥반도 반환조약에 조인했다. 청국은 펑톈성 남부의 땅을 반환하는 대가로 일본에게 은 3천만 냥(4,935,147파운드, 44,907,469엔)을 제공할 것을 약속했다.[311] 또한 이 조약을 교섭할 때 일본은 "청국은 앞 조항의 반환지를 결코 어떤 타국에게도 양여하지 않을 것을 약속한다"는 조항을 포함시킬 것을 제안했는데, 전권 리훙장이 최종적으로 "조약 가운데 자국의 영토를 타국에 양여하지 않는다고 기재하는 것은 이 또한 마찬가지로 국위를 손상하는 것"

이라고 주장해 삭제되었다.[312]

그리고 조인 이틀 전 니시 공사가 로바노프-로스토프스키 외상을 만났을 때, 외상이 삭제될 이 조항에 관해서 다음과 같이 말했다는 사실은 주목할 만하다.

"이상의 내용은 전적으로 삼국의 제의 범위 밖에 속하며, 또한 각국이라고는 하지만 그 말 속에서 해당 조건은 암암리에 러시아를 가리키는 것처럼 보이므로, 우리에게 다소 불쾌한 느낌을 주었다. 그렇지만 러시아는 이 반도를 약취할 의사가 결코 없기 때문에, 청국에서 이를 긍낙하든 부인하든 우리와 추호도 관계가 없다."[313]

삼국간섭 이후 청국도 러시아에 호의를 느꼈다. 실제로 청국은 시모노세키 조약에서 2억 냥 그리고 랴오둥반도의 반환으로 3,000만 냥이라는 막대한 배상금을 일본에 지불해야 했기 때문에 러시아에 의지하지 않을 수 없었다. 청국은 배상금 지불을 위한 외채를 모집함에 있어서 러시아의 보증을 요청했던 것이다.

청국은 시모노세키 조약 조인 후 즉각 베를린, 런던, 파리의 은행 업계와 접촉을 시작했다. 영국과 독일 정부도 움직임을 보였지만, 결국 국제적인 은행단을 만드는 중심에는 파리-네덜란드 은행(Banque de Paris et les pays bas) 등 프랑스 은행들이 서게 되었고, 러시아 정부가 기채의 원금과 이자 지불 보증을 서기로 했다. 비테는 회고록에 오히려 자기가 청국을 위해서 프랑스 은행과 모채(募債) 교섭을 했다고 쓰고 있지만,[314] 프랑스와 러시아 쌍방이 협력을 추구한 동기가 있었을 것이다. 러시아 측에는 감춰진 생각이 있었던 것이 틀림없다. 로바노프-로스토프스키 외상은 외무심의관 람스도르프에게 이렇게 말했다. "프랑스인은 우리의 친구지만, 그보다 더 좋은 친구에게도 자기 생각을 밑바닥까지 성급하게 열어 보일 필요는 없다."[315] 5월 23일(11일) 외상은 주프랑스 공사 모렌게임에게 타전했다. "우리의 구상에 있어

서 똑같이 중요한 것은, 청국을 우리에게 일정 정도 종속시키고, 영국
이 거기에서 영향력을 확대하지 못하도록 하는 것이다."[316]

결국 1895년 7월 6일(6월 24일) 러시아 정부가 보증을 서고 프랑스
와 러시아 은행이 추진하는 대청 4억 프랑, 금 1억 루블 차관의 외채
모집 협정이 성립되었다. 러시아의 외상, 재무상과 청국 공사 사이에
조인이 이루어진 것이다. 이 기채 액수는 영국의 파운드로는 1582만
파운드에 해당했고, 일본 엔으로는 약 2억 엔이었다. 이자 4퍼센트,
상환기한 36년이었다.[317]

계속해서 비테는 러시아의 국제은행장 로트시체인의 중개로 기채
에 가담한 프랑스 은행의 요망에 부응해 이해 12월 22일(10일), 러청은
행을 설립했다. 파리-네덜란드 은행, 크레디-리요네 국제은행이 중심
적인 주주가 되었다. 자본금은 6백만 루블로, 러시아가 8분의 3, 프랑
스가 8분의 5를 부담했다. 본점은 페테르부르크에 두었고, 이사회 의
장에는 비테와 가까운 우흐톰스키 공작이 임명되었는데, 실질적인 은
행장은 로트시체인이었다. 로트시체인은 독일 국적의 유대인이었다.
이 은행의 톈진지점 책임자로는 포코틸로프가 임명되었다. 이 러청은
행은 이후 러시아의 중국 진출에 주요한 에이전트가 된다.[318]

11월 28일 사건

베베르는 일본을 몰아붙여 현재의 조선 정부에게 무기를 향하도록
압박했지만, 결국 바라던 것을 얻지 못했다. 러시아공사관으로 피신
해 있던 전 대신 이범진도 같은 기분이었을 것이다. 베베르는 11월 중
순 고종으로 하여금 러시아 황제에게 보낼 서한의 초고를 작성하게
했다. 고종은 왕비 살해 후의 상황을 설명하고, "귀국 공사에게 전보

를 보내서 나의 호위를 위해 군사력을 행사하라고 명령해 달라"고 요청했다.[319] 페테르부르크는 이것에도 반응하지 않았다.

11월 26일 고종은 각국 공사를 만났다. 고종은 이 자리에서 민비 폐비의 칙령을 취소했으며 사건의 범인은 체포한 뒤 처분하도록 담당 대신에게 명했다고 말했다. 군부대신 조의연과 경무사 권영진(權泳鎭)은 파면되었고, 이도재(李道宰)가 새로운 군부대신으로 임명되었다는 사실이 밝혀졌다. 친위대, 즉 원래의 훈련대에 대해서는 국왕이 "그대들에게는 죄가 없으니, 더욱 충성스럽게 근무하라"는 칙유가 내려졌다.[320]

이것은 고종을 달래려는 일본공사관과 조선 정부의 책략이었지만, 고종과 친러파를 만족시키지는 못했다. 이범진이나 미국대사관으로 피신해 있던 이완용, 이윤용 등은 고종을 구출하기 위해 실력행사를 하기로 했다. 여기에는 베베르 외에도 미국공사관 서기관 앨런 그리고 전 친위대 교관 다이 등이 가담하고 있었던 모양이다. 국왕을 구슬러 현 정권에 잡아둔 시위행위 이틀 뒤에 행동이 시작되었다. 11월 27일부터 28일에 걸친 밤 오전 1시 반 경, 시위대(侍衛隊) 병사 200명, 자객 상당수가 왕궁으로 밀려와 춘생문을 통해 안으로 돌입하려고 했다. 그러나 친위대 측에 이미 정보가 누설되었기 때문에 친위대는 준비하고 기다리고 있었다. 때문에 침입자들은 격파되어, 선두에 선 대대장 등 장교 3명, 병사 5명, 그리고 자객 4명이 체포되었고, 나머지는 담장 밖으로 쫓겨났다. 미국인 다이와 르 장드르, 선교사 언더우드 등 6명은 왕궁 안으로 진입하려다 저지당했다. 베베르와 앨런도 왕궁에 도착했지만, 습격부대가 문에서 격퇴되어 버렸기 때문에 아무것도 하지 못하고 돌아가야만 했다.[321]

행동 그룹에서 두 사람의 사자가 일본공사관으로 와서 행동을 예고하고, 일본군 부대가 개입하지 않도록 조처해 달라고 요청했는데,

고무라는 이미 행동이 있을 것을 알고 있었다. 그래서 두 사람의 대표 가운데 한 사람을 현장으로 보내서 진압을 위해 일본군을 출동시킬 것이니까 신속히 해산하라고 전하도록 했다. 행동은 실패로 끝났다.

위기감을 느낀 조선 정부와 일본공사관은 시책의 실시를 서둘렀다. 왕비 살해의 범인으로서 이주회(李周會), 윤석우(尹錫禹), 박선(朴銑) 세 사람을 체포하여 재판에 회부했고, 12월 29일 사형판결을 내렸다. 그리고 적극적인 개혁책을 추진했다. 내부대신 유길준의 의견에 따라 12월 30일 단발령을 내렸다. 이와 더불어 의복을 외국풍으로 바꿔 입어도 좋다는 고시를 발표했다.[322] 이것은 표트르 대제의 명령과 같은 방식의 서구화 조치였는데, 조선에서는 러시아 이상으로 격렬한 반발을 불러일으켰다. 그것이 민비 살해로 인해 높아지고 있던 분노와 연결되어 반란으로 발전했던 것이다.

1896년 1월 4개 도(道)에서 의병이 들고 일어났다. 춘천의 의병장 이소응(李昭應)은 '새벽에 팔도의 각 읍에 고함'이라는 격문을 발표했다. 왜로(倭虜)와 적신(賊臣)들이 국모를 시해하고 임금의 머리털을 강제로 깎았다(단발)면서, 이들을 토벌하기 위해 궐기할 것을 촉구했다.[323] 이리하여 정세는 더욱더 유동적이 되었다.

일본과 러시아의 군비증강 계획

전쟁에 승리한 결과로 획득했다고 생각한 랴오둥반도를 러시아, 독일, 프랑스의 간섭으로 반환했고, 뿐만 아니라 일본의 세력 하에 확실하게 두었다고 생각했던 조선도 이제 러시아 쪽으로 기울어지고 있는 데 대해서 가장 분하게 생각한 것은 일본의 군 수뇌부였다. 육군에서는 야마가타 육군상과 가와카미 소로쿠 참모차장, 해군에서는 사이고 쓰구미치(西鄕從道) 해군상과 야마모토 곤베에(山本權兵衛) 군무국장이 그런 자들이었다. 이들은 전쟁이 끝나자 주저하지 않고 군비의 대 증강 계획을 추진했다.

해군에서는 야마모토 군무국장이 사이고 해군상의 명을 받아, 철갑전함은 1만 2,000톤 급의 '후지'(富士), '야시마'(八島)에 더해 신규 계획으로 1만 5,000톤 급 4척을 그리고 일등순양함은 모두 신규 계획으로 9,000 내지 1만 톤 급으로 6척을 건조한다는 계획을 세웠다. 이른바 6·6함대의 구상이었다. 이를 10년 동안 실현하는 것으로 계획했다. 이 계획은 1895년 7월 사이고 해군상이 각의에 제출해 승인을 받았다. 안은 2기로 나뉘어졌는데, 제1기의 안이 같은 해 12월 의회에 제출되어 승인을 받았다. 철갑전함 1척, 일등순양함 2척을 건조한다는 계획이었으며, 1896년부터 시작될 예정이었다.[324]

육군은 야마모토 육군상이 각 사단의 병력을 배증시키는 '군비확충 의견서'를 작성했는데, 실제로 증강은 지금까지의 근위 1개 사단과 보병 6개 사단 병력은 그대로 두고, 새로이 6개 사단을 증설한다는 구상에 따라 시행되었다. 이것이 각의의 결정을 거쳐 의회에 제출된 것은 1896년 초였다. 이 증강안을 둘러싸고 크게 분규가 일었지만, 결국 실행에 옮겨지게 되었다.[325]

일본 해군의 계획을 꿰뚫어 보고 있던 러시아도 대항계획의 입안을 서둘렀다. 그러나 여기에는 커다란 난관이 있었다. 당시 유럽에서는 독일 해군이 증강을 계속하고 있었는데, 독일에 대항하기 위해서 발트해함대를 증강해야 한다는 의견도 러시아에는 존재했다. 해군상 치하초프는 발트함대 중시론자였다. 해군총재 알렉세이 대공도 해군상의 의견을 존중했다. 또한 재무장관 비테는 재정적인 입장에서 해군 증강에 소극적이었다. 한편 극동해군 증강론의 선봉에 섰던 것은 알렉산드르 미하일로비치 대공이었다. 그리고 황제가 이를 지지하고 있었다.

1895년 11월 알렉산드르 미하일로비치 대공 주재 하에 특별협의
회가 열린 것은 황제가 지지했기 때문이었다. 이 협의회에서 알렉산
드르 대공이 보고했다. 전함 6척, 연안 방위함 4척, 일등순양함 9척을
건조한다는 안이었다. 이에 대해서 비테가 반대했다. 대륙 러시아는
일본의 뒤를 쫓아갈 수가 없다. 중요한 것은 육군의 급속한 동원이며,
이를 위해서 시베리아철도를 완공하는 것이 급선무다. 치하초프 해
군상의 입장도 있었기 때문에 1895년의 계획에서는 극동해군의 증
강을 크게 진전시킨다는 결론을 내리지는 않았을 것으로 생각된다.
그러나 니콜라이 2세는 협의회의 보고서에, "짐의 생각으로는 태평
양함대를 1척도 약화시키지 않도록 발트함대의 일부를 지중해에 유
지하는 편이 좋겠다"고 써넣었다.[326]

러시아 군부의 청일전쟁 연구

청일전쟁에서 일본의 승리는 각국의 일본 관찰자들이 그간 지니고
있던 이해를 일변시켰다고 할 수 있다. 러시아에서도 주재 무관 보가
크는 일본의 힘을 가장 예민하게 파악했던 사람이었다. 그의 보고를
받은 육군 참모총장 오브루체프는 일본과의 군사적 충돌을 회피해야
한다는 생각을 하게 되었다.

육군대학에서도 청일전쟁에 강한 관심을 보였다. 1896년에 참모
본부 대위 시만스키는 독일인 장교 본 뮐러가 1895년에 출간한 세
권짜리 팸플릿을 이용하고 여기에 다른 자료도 보충해『청일전쟁
1894-1895』를 내놓았다.[327] 그는 결론 부분에서 다음과 같이 주장
했다.

"일본인들의 결함이 어떻든 그들의 적극적 장점은 중요하며, 최종적 결론으로서 다음과 같이 말해도 그르지 않을 것이다. 우리 러시아인들은 엄격한 감시를 하지 않으면 안 되는 이웃을 일본에 얻은 셈이다. 1억 2천만 인구를 가진 제국으로서 위험은 없다고 해도 그 이웃은 러시아가 극동에서 과제를 실시하는 것을 곤란하게 만들 가능성이 있다." "육체적으로 일본 병사들은 젊고 쾌활하며, 충분히 육체적인 힘을 지니고 있고 인내심도 강하다. 일본인의 특성으로서 각기병(脚氣病)이 있다. 정신적인 면에서는 일본 병사들은 많은 적극성을 지니고 있다. 명예심이 있고, 달성된 승리를 자랑하며 새로운 승리를 꿈꾸고 있다. '단체교육과 정신'의 면에서는 아직 미숙하다. 군대의 규율은 여전히 견고하지 않다. 지휘관은 봉건시대의 교육을 받은 자들로서 일신할 필요가 있다. 파벌정신이 문제다."

"일본은 이중 현상을 나타냈다. 군사의 초보적, 기술적, 기계적인 측면(병사, 하사관이라는 소재, 군대와 후방, 수송, 의료의 조직, 기술개량, 작전의 사전준비)에 관해서는 거의 나무랄 데가 없다. 거꾸로 군사의 **창조적 콤비네이션** 측면(전략의 최고 창조 부분의 문제들의 해결, 목적의 설정, 작전라인의 선택과 이 라인의 확보, 군 최고지휘부의 올바른 문제 해결)에서는 여전히 개선해야 할 점들이 많다. 독일 학파의 제자인 일본인들은 많은 것을 교사들에게서 차용했다. 양측에 결함이 있고, 장점도 있다. 양측 모두 창조성, 영감, 대담하며, 결정적인, 빛나는 콤비네이션의 결여가 있다."[328]

마찬가지로 참모본부의 중위인 르제부스키는 76쪽짜리 소책자이지만 새로 쓴 통사 『청일전쟁』을 출간했다. 그 역시 결론 부분에서 다음과 같이 기술했다.

"이번 전쟁은 일본이 문화면에서 주목할 만한 발전을 이루었다는 것을 보여주었다. 그 국가제도, 경제상태, 군대를 보면 일본은 구미

국가들의 대열에 낄 권리가 있다. 일본이 그렇게 짧은 기간 내에 이룩해 중국과의 전쟁에서 증명한 힘 때문에도 특히 러시아는 일본을 무시할 수가 없다. 러시아에게 일본은 바야흐로 동방의 위험한 이웃나라인 것이다." "이렇게 오랜 동안 잊힌 지역에서의 러시아의 이해에 관한 생각 때문에라도 우리나라 정부는 이 지역에 대해 눈을 돌릴 것이고, 지금 그리하고 있다. 이러한 생각의 영향으로 시베리아철도가 탄생한 것이며, 시베리아의 광대한 황무지에 식민이 이루어지고, 군사력이 강화되고 있는 것이다."[329]

그러나 군 상층부의 장군들은 이러한 일본 인식과 위기의식을 공유하지 않았다. 이러한 현상은 반노프스키 육군상이 퇴임하고 쿠로파트킨이 후임이 되고 나서부터 일종의 반동 내지 일본군의 힘에 대한 경시(輕視) 풍조가 나타나는 것으로도 뒷받침된다.

해군 쪽에서도 주재 무관 시반크의 보고를 진지하게 받아들이는 사람들이 있었다. 1896년에는 해군 군령부 해군연구과가 『해군문제 자료집』 제1권으로 『청일전쟁』을 출간했다. 이 과의 과장이었던 도모지로프 해군대령이 편집하고, 시반크의 보고, 태평양함대 소속 순양함 '아드미랄 나히모프'호, '린다'호, 포함 '코레예츠'호의 함장들, 청국의 외국인 전문가, 독일 주재 무관의 보고서들로 청일전쟁의 전모를 밝힌 충실한 내용의 442쪽 짜리 대작이었다.[330]

해군사관학교 교관 클라도는 『청일전쟁 시의 해상 전투행동』을 출판했다. 해군성 인쇄국에서 찍었다. 이 책은 1895년 12월에 해군사관학교에서 행한 강연이다. 클라도는 일본의 승리가 절찬을 받고 있지만, 그러한 인상이 만들어진 계기를 제공한 대부분의 공식 출간 자료가 일본 자료이기 때문에, 인상에 압도되면 일본의 경험을 맹종하는 결과가 될 수도 있다고 지적했다. 일본에게는 결과가 모든 것이었다. 그러나 "이 전쟁에서 유익한 교훈을 끌어낼 것을 바라고 있는 우리에게 이 결과는 대부분이 아무래도 좋은 것이며, 극도로 중요한 것은 이 결과를 어떻게 해서 얻을 수 있었는지를 아는 일이다.ᵃ³³¹ 이것이 올바른 태도일 터이다.

그러나 일본 해군에 대한 이와 같은 진지한 주목이 해군 수뇌부에 의해서 어느 정도 중요시되고 있었는지는 이 또한 의문이다. 다만 해군에게는 태평양함대 근무가 기본적인 임무였으며, 많은 사관이 나가사키에서 월동 근무를 경험했기 때문에 일본의 해군력에 대한 관심은 육군보다 높았을 것이라고 생각된다.

러시아 지식인과 청일전쟁

정부나 군부와 달리 러시아 지식인들이 이 전쟁에 보인 관심은 그다지 강하지 않았다. 1894년 개전의 해에는 거의 반응이 없었다. 『노보에 브레미야』지 주필 수보린도 이해에는 자신의 고명한 칼럼에서 청일전쟁에 관해 언급하지 않았다. 그런 가운데 예외적으로 두 사람이 중요한 반응을 보였다.

우선 철학자 블라디미르 솔로비요프가 있었다. 그는 과학과 철학 그리고 종교를 통일하고, 서구 세계와 동방 세계를 통일하여 신인(神人)이라는 전일적(全一的) 지식으로 고양하려 한 사람이었다.

솔로비요프는 처음에는 1890년에 시 「Ex Orientes lux」(빛은 동방에서)를 썼고, 논문 「일본—역사적 특징짓기」를 썼다. 그는 "일본사의 동적이고 전진적인 성격"에 주목하고, 그것을 중국과 대비해 일본은 기독교로 교화할 것이라고 보았다. 그는 일본과 인연이 있었다. 당시 일본 공사 히트로보의 처 소피야 페트로브나는 솔로비요프가 평생 마음에 둔 연인이었다. 나아가 히트로보와도 친구가 되었고, 그가 죽

었을 때에는 추도문을 잡지에 기고했다.[332]

그런 솔로비요프가 청일전쟁을 계기로 일본을 경계하게 되었다. 1894년 10월 1일, 그는 시 「범(汎) 몽골리즘」을 썼다.

말레이의 바다에서 알타이의 산까지
동쪽 섬의 수령들이
무너지기 시작한 청나라의 담장 아래에
자신들의 어둠의 군세(軍勢)를 모았다.[333]

이것은 일본의 위협을 지적한 것이다. 그는 일본이 반기독교 세력이라는 점을 인식했다. 1900년에 사망하는 그의 마지막 작품 「안티그리스도에 관한 짧은 이야기」, 「전쟁, 진보, 세계사의 종말에 관한 세 가지 이야기」에서 그는 기독교 세계를 공격하는 몽골의 내습으로서 일본의 움직임을 묘사했다. "모방이 특기인 일본인은 놀랄 만한 속도로 그리고 성공적으로 유럽 문화의 물질적 형태를 채용하고 또 일부 낮은 수준의 유럽 사상도 자기 것으로 흡수했다. 신문이나 역사교과서를 통해서 서방에 범헬레니즘, 범게르만주의, 범슬라브주의, 범이슬람주의 등이 있다는 것을 알고 저들은 범몽골주의의 대사상을 선언했다. 즉 자신들의 선도 하에 다른 인종, 즉 유럽인에 대해서 도전할 목적으로 동아시아의 모든 민족을 하나로 모을 것을 선언한 것이다."[334] 솔로비요프는 황화론(黃禍論)의 단초를 연 사람으로 여겨진다.

이에 대해서 나로드니키 계열의 종합잡지 『러시아의 부』(Русское богатство)에 기고하는 평론가 세르게이 유자코프는 청일전쟁을 중시하며 다른 각도에서 일본을 비판했다. 그는 1849년생으로 비테와 함께 신러시아대학을 졸업했다. 학생운동을 하다 체포된 경력도 있는

데, 저널리스트가 되어『오데사통신』의 부편집장으로 있었다. 1879년에 체포되어 동시베리아로 유형되었다가 1882년에 형기를 마치고 오데사로 돌아와 집필한 것이 중앙의 인정을 받아『북방통신』지의 편집부로 영입되었다.[335]

그 후 1891년부터 92년에 걸쳐서 1년 반 정도 블라디보스토크에서 보냈다. 그렇게 오고가다 나가사키에 들러 최초의 일본방문기를 썼다. 그것은「일본 훑어보기 — 여행의 인상으로부터」라는 제목으로『러시아의 부』1893년 제9호에 게재되었다. 이것은 황태자 니콜라이가 일본에 대해서 품었던 것과 동질의 시각이었다. 이 당시의 유자코프에게도 일본은 이국적인 세계였다. 그에게 최대의 문제는 일본의 매춘제도였다. 그는 나가사키 사관들의 현지처에도 관심을 보였다.[336]

그러나 유자코프의 일본관은 청일전쟁으로 일변했다. 그는 전년도부터 동인지가 된『러시아의 부』1895년 제1호의 칼럼난에「1894년 — 현대 일지로부터」를 썼다. 그는 "작년 1894년은 지나가고 있는 19세기 역사상 기념할 만한 해로 20세기의 역사가들에 의해서 몇 번이고 그 서문에서 언급될 것이다"라고 선언했다.[337] 그가 문제 삼았던 것은 "국제경제투쟁"으로 향하는 세계사의 움직임이었다. 그는 세 개의 그룹을 검출했다. "경제적으로 지배하는 그룹"(영국, 네덜란드, 벨기에, 프랑스), "과도적인 그룹"(독일, 미국, 북유럽), "경제적 후진국"(오스트리아, 이탈리아, 러시아, 발칸 국가들, 스페인, 포르투갈, 멕시코, 중남미, 아시아, 아프리카)의 셋으로 나누어 분석했다. 그 3자의 관계에 커다란 변화를 가져온 것이 청일전쟁이라는 것이다. 현재의 국제경제제도는 "경제적 지배국에 의한 경제적 종속국의 수탈에 감춰진 메커니즘"인 것이다. 제3그룹의 국가들에게 존재하는 것은 다음 둘 중의 하나다.

"경제적 지배국을 타도해 그 지위를 점하고, 그 밖의 후진적 세계를 경제적으로 종속시켜서 다른 국가 국민들의 노동 위에 자국의 부를 쌓아올리든지, 아니면 여러 국민들의 경제적 자립성을 빼앗아 그들을 주인과 사용인으로 나누는 제도 그 자체를 폐지하든지이다. ……작년은 경제적 후진국이 하는 그러한 시도의 지극히 선명한 예증을 우리에게 제공해 주었다. 청국에 대한 일본의 공격이 바로 그것이다. ……만일 서구 선진국의 경제 진화를 경제정책의 규준으로 삼는다면, 즉 경제적으로 가장 약한 이웃나라를 경제적으로 종속시켜 그 종속의 틀 안에서 경제적 자립성의 쇠퇴와 세계시장의 조건에의 종속 때문에 창출된 국내 위기의 해결을 추구하는 것을 과제로 삼는다면, 조선과 중국에 대한 공격은 일본의 국내경제상태의 자연스런 귀결이다."[338]

유자코프는 경제적 후진국이 선진국의 대열에 들어가기 위해서 경제적인 약자를 지배하는 길―그것이야말로 일본의 길이라고 보았다. 그리고 그는 같은 경제적 후진국 러시아는 그 길을 취해서는 안된다고 호소했다. 러시아는 이탈리아나 일본이 앞질러 달려간 경제진화의 단계를 그렇게까지 빨리는 나아갈 수 없다. 러시아에서도 "같은 진화가 일어나고 있다. ……그러나 그 진화는 아직, 다른 길을 택하는 것이 불가피할 정도까지 진행되어 있지 않다." 그러므로 러시아는 다른 길을 택해야 한다. "이 길은 중국의 길이어서도 일본의 길이어서도 안 된다." 유자코프는 러시아의 맑스주의자들을 "일본형 경제정책의 옹호자들"이라고 규정하고, "후진국의 경제 프로그램은 특별히 농촌적·농업적이어야 한다"고 주장했다. 유자코프는 "진정으로 문화적이고 계몽적인 제3의 길"이 있다고 주장했다. 자국 인민의 희생과 영락이 아니라, "그 이익과 전반적 복지를 위해서 그리고 이웃과의 평화적이고 연대적인 교류를 위해서, 문화와 진보를 뿌리박는 것을 목적으로 하는" 길이다.[339] 러시아는 그 길을 가야 한다.

그러나 유자코프가 설파하는 러시아의 길, 그 내용은 정말로 애매했다. 1896년에 낸 책에서도 "러시아는 사물의 힘에 의해서 국제관계 속에서 노동을 대표하고, 경제적 계층 분화, 자본의 지배로 고통 받는 여러 국민들 중 하나다"라고 말했을 뿐이었다.[340] 아무튼 러시아의 지식인이, 표트르 대제를 모델로 근대화를 추진해온 일본의 새로운 달성, 청일전쟁의 승리를 중대한 움직임이라고 보면서, 그것을 부정하고 일본의 길을 반면교사로 삼게된 것은 흥미로운 역사의 역동적 측면이다.

러시아 제국 내의 지식인으로서 러시아 제국에 도전할 수 있는 국가로서의 일본에 기대를 거는 자세는 청일전쟁에서 비롯되었다. 대표적인 인물은 핀란드인 저널리스트 코니 질리아쿠스다. 그는 1855년 생으로 30대 전반에 조국을 뒤로 하고 세계여행에 나섰다. 남미의 코스타리카에서 철도를 건설하는 현장에서 일했고, 시카고에서는 저널리스트로서 성공했다. 그리고 일본으로 와서 2년 반 체재했다. 거기서 청일전쟁을 치르는 일본을 목격했다. "중국에 대한 일본의 전쟁 준비를 보고, 또 특히 강화 후에 일본 국내 전체에서 넘쳐흐르는 격분을 목도했다. 그 분노는…… 러시아를 향해 있었다"고 그는 회고록에 썼다.[341] 일본이 러시아와 싸울 때 핀란드인들에게 기회가 올 것이라고 그는 생각했던 것이다.

그러나 일반적인 러시아 지식인 사회의 주류는 일본에 대한 전통적인 시각을 바꾸지 않았다. 빈정거리고 경멸하는 시각도 나타났다. 그러한 시각의 일본론이 1895년에 나온 외교관 펠리칸의 저서 『진보하는 일본』이었다. 필자는 1879년부터 84년까지 요코하마 총영사를 역임했다. 청일전쟁 당시에는 극동에 없었다.

펠리칸은 일본에서 일어난 서구문명화의 변혁이 "진정한 계몽의 과실이 아니라, 일본인의 고도로 숙달된 모방심의 결과일 뿐이다"라고 규정했다.[342] 의회주의를 모방한 결과 생겨난 것은 "인민의 진정한 소망에 따라 나라를 통치하는 수단"이 아니고, "안전판"에 지나지 않는다. 천황도 "심벌에 불과하며", 진정한 권력은 올리가르히야(과두적 지배층)에 있다. 이렇게 주장하면서 펠리칸은 청일전쟁과 같은 모험으로 나라를 몰아넣은 올리가르히야의 행동은 범죄적이라고 비난했다.[343] 청국군을 상대했기 때문에 전쟁이 낙승으로 끝난 것이라면서, "청일전쟁은 일본군의 절대적인 전투 자질에 관해서 판단할 수 있는 재료를 제공한 것이 아니고, 그 대신 이 전쟁은 일본의 운명을 지도하는 사람들에게 정치적 분별력과 기지(tact)가 전적으로 결여되어 있다는 것을 말해 주고 있다"고 혹평했다. 어째서 이 전쟁에서 일본이 실질적인 이익을 끌어내는 것을 유럽이 인정할 것이라고 생각했을까? 펠리칸은 결론적으로, 이러한 실패는 "일본인의 극도의 경솔함, 놀라울 정도의 자신과잉, 어리석은 자만심에 그 답이 있다"고 주장했다.[344]

이 책 전체를 통해서, 일본의 서구화는 국가생활의 외면적 형태의 변화에만 나타났고 올리가르히야만이 그와 관련되어 있으며, 전 국민의 가정생활, 사회생활에는 변화가 약하고, 진정한 문화적 성장, 지적 개화는 없다고 주장했다. "일본의 물질적 진보가 그 문화적 성장을 증명하지 않는 것처럼, 그들의 지적 개화는 환영(幻影)이며 국민적 욕구에 조응하지 않았다."[345] 펠리칸의 일본관은 분명히 메이지유신 후의 일본의 변화를 과소평가하는 경향을 보이고 있었다.

그래도 전쟁 2년째 접어든 단계에서 특히 러시아가 삼국간섭에 적극적으로 나선 시점부터 신문과 잡지의 반응은 바뀌기 시작했다. 『노보에 브레미야』지 주필 수보린은 1895년 2월 23일(11일) 자신의 칼럼에, 패배하는 청국의 입장을 동정하며, 톨스토이의 비폭력주의를 실천하고 있는 것은 청국인들이라고 썼다. "청국인들은 바로 그렇게 하고 있는 것이다. 몸을 전혀 지키지 않는다. 그런데도 일본인들은 진격하고, 죽이고, 요리사가 닭을 자를 때처럼 특별한 만족감을 느끼며 포로를 베어 죽였다."[346]

3월 16일(4일)에는 일본에 대해 주목할 것을 촉구했다. "일본의 운명에 대해 우리는 관심을 두지 않을 수 없다. 일본은 우리의 이웃이며, 우리의 적이 될 가능성이 있다. 우리는 네만강에서 태평양 연안까지 광대하게 퍼져 있어서, 극동에는 이 태평양 이외에는 장해가 없다고 생각해왔다. ……그러나 실제로는 일본인이라는 장해가 나타났다. 이 작은 체구의 노란색 얼굴을 하고 수염을 거의 기르지 않는 사람들, 수족은 작지만 모름지기 지성은 커다란, 근면하고 검약한 사람들이다." "생각건대 커다란 일이 우리 외무성을 기다리고 있다. 문제를 주의 깊게 연구할 필요가 있으며, 의연한 행동 계획도 필요하다."[347]

5월 23일(11일)에는 젊은 일본인과의 대화에 관해서 썼다. 그 젊은 일본인은 "일본에게 조선의 독립이 sine qua non(불가결의) 조건이다"라고 말했다. 그러나 조선이 독립할 수 있을 때까지는 조선을 점령할 생각이라고 한다. "그건 괜찮다—나는 말했다—자네들은 조선을 점령해라, 우리는 뤼순을 점령하겠다."[348] 이것이 삼국간섭으로 일본이 뤼순을 단념한 직후에 나온 말이라는 점에 주의할 필요가 있다.

종합잡지도 이것저것 주장하기 시작했지만, 유자코프 만큼 날카로운 관심을 보인 자는 없었다. 온건한 자유주의라 할 수 있는 『러시아 사상』(Русская мысль)의 국제정세 난을 담당하는 골쩨프는 3월호에서 청일전쟁의 이야기부터 시작했다. 일본이 승리에 도취해서 배외주의에 물든다 해도 걱정할 것 없다는 결론이었다. "우리 조국 및 유럽 여러 나라의 의연하고 이성적인 정책이, 새롭게 생겨난 일본의 배외주의에 넓은 행동의 장을 제공해 주지 않을 것이라고 생각하는 근거가 된다."[349] 5월호에서는 삼국간섭의 성공에 찬의(贊意)를 표명하고, 러시아는 "이제 외교교섭으로 태평양 연안에 부동항을 획득하고, 일본과 적대관계를 형성하지 않으면서, 우리나라의 정치적·군사적 지위를 완전히 강화할 수 있는 가능성을 찾았다"고 초낙관주의를 설파했다.[350]

마찬가지로 온건 자유주의적인 『유럽통신』(Вестник Европы)지는 3월호의 국제정세 난에서 독일의 『쾰른신문』이 "바야흐로 러시아 정계의 모든 관심은 조선의 사태 진행에 쏠려 있다"고 쓴 것에 대한 반론을 전개했다. 지금 집단적 간섭으로 일본이 거둔 승리의 결과를 제한하는 행위를 했는데, 어떤 나라가 조선의 군사점령을 책동하는 일이 있을 수 있겠는가? "그러한 요구는 물론 존재하지 않으며 존재할 수도 없다." 이 필자는 신문들이 "러시아에게 때때로 훨씬 중요한 문제"에 침묵을 지키고 있다고 비난하고, "발칸 민족들의 이해관계에 대한 무관심"에 항의했다.[351]

일반의 논조는 사태의 심각성을 명확하게 이해하지 못하고 있었다. 일본의 힘을 정당하게 평가할 수 없었던 것이다.

제3장 청일전쟁과 전후 일본·조선·러시아 관계

1 보가크의 직무이력서 Posluzhnyi spisok은 RGVIA, F. 409, Op. 1, K. 183718
에 있다. 이것을 처음으로 찾아내어 그 경력을 소개한 것은, V.B. Kashirin,
"Russkii Mol'tke" smotrit na vostok, *Russko-Iaponskaia voina 1904-1905: vzgliad
cherez stoletie*, Moscow, 2004, pp. 152-162. 또는 E.V. Dobychina, Russkaia
agenturnaia razvetka na Dal'nem Vostoke v 1895-1897 godakh, *Otechestvennaia
istoriia*, 2000, No. 4, pp. 161-162.

2 KA, 1922, kn. 2, p. 114.

3 *Sbornik geograficheskikh, topograficheskikh i statisticheskikh materialov po Azil*[이하
SGTSMA], Vyp. LX, LXI, Sankt-Peterburg, 1895.

4 Vogak's report, 16/28 May 1893, SGTSMA, Vyp. LX, pp. 1-2.

5 Ibid., p. 10.

6 杉村から陸奥へ, 1893年 6月 1日, 『日本外交文書』 第27卷 第2冊, pp. 152-153. 陸
奥宗光 『蹇蹇録』 岩波文庫, 1941年, pp. 15-16. 각의 결정문 전문은, 中塚明 『日清
戦争の研究』 青木書店, 1968年, p. 115에 인용되어 있다.

7 高橋秀直 『日清戦争への道』 東京創元社, 1995年, p. 319는, 각의 결정의 문면으
로 보면 "대항 출병이 아니라, 일본이 독자적으로 청에 앞서 즉시 선행한 출병
이었다"라면서 3일의 무쓰 훈령에서는 '대항 출병 방침'으로 바뀌었다고 쓰고
있는데, 그러한 분석의 의미를 이해할 수 없다.

8 林董 『後は昔の記他』 平凡社, 1970年, p. 75. 하야시의 이 회고의 증언적 가치에
관한 고증은, 中塚, 앞의 책, p. 121을 참조. 이 판단을 지지한다.

9 Vogak's report, 23 May/4 June 1894, SGTSMA, Vyp. LX, pp. 23-24.

10 Ibid., p. 27.

11 Ibid., p. 28.

12 병력 수에 관해서는, 原田敬一『日清戦争』吉川弘文館, 2008年, pp. 24-25. 中塚, 앞의 책, pp. 127-128.

13 高崎哲郎『評伝大鳥圭介——威ありて, 猛からず』鹿島出版会, 2008年, 杉村濬『明治廿七八年在韓苦心録』1932年, p. 14.

14 Vogak's report, 2/14 June 1894, SGTSMA, Vyp. LX, pp. 35-36. 나로츠니쯔키는 보가크와 베베르의 의견을 청국의 조선 지배에 대한 경계심의 표현이라고 단순화하여 이해했다. A.L. Narochnitskii, *Kolonial'naia politika kapitalisticheskikh derzhav na Dal'nem Vostoke 1860-1895*, Moscow, 1956, p. 606. 나로츠니쯔키에 의거한 佐々木揚「ロシア極東政策と日清開戦」,『佐賀大学教育学部研究論文集』第30集 第1号 1982年, p. 59의 기술도 마찬가지이다.

15 이태진, "1894년 6월 청군 출병과정의 진상——자진청병설 비판",『한국문화』24, 1999년 12월.『고종시대의 재조명』서울, 태학사, 2000년에 수록.

16 Vogak's report, 2/14 June 1894, SGTSMA, Vyp. LX, p. 37.

17 『日本外交文書』第27巻 第2册, pp. 206, 207. 陸奥, 앞의 책, pp. 36-37. 高橋, 앞의 책, p. 356은 이 결정으로 "이토 내각은 대청 개전방침을 결의했다"고 평가하고 있다.

18 『日本外交文書』第27巻 第2册, pp. 235-237. 陸奥, 앞의 책, p. 42.

19 Khitrovo to Girs, 27 May/8 June 1894, KA, 1932, kn. 1-2, p. 12.

20 Kassini to Girs, 10/22 June 1894, Ibid., p. 16.

21 Kassini to Girs, 12/24 June 1894, Ibid., p. 17.

22 Vogak's report, 14/26 June 1894, SGTSMA, Vyp. LX, pp. 41-42, 47-48.

23 Khitrovo to Girs, 13/25 June 1894, AVPRI, F. 133, Op. 470, 1894 g., D. 96, L. 23-23ob. KA, 1932, kn. 1-2, p. 18.

24 Khitrovo to Girs, 13/25 June 1894, AVPRI, F. 133, Op. 470, 1894 g., D. 96, L. 29-31. KA, 1932, kn. 1-2, pp. 18-19. 陸奥, 앞의 책, pp. 61-62.

25 Kerberg to Girs, 13/25 June 1894, KA, 1932, kn. 1-2, p. 19.

26 Girs to Aleksandr III, 16/28 June 1894, Ibid., pp. 19-20.

27 『日本外交文書』第27巻 第2册, pp. 284-285.

28 原田, 앞의 책, pp. 24-25.

29 陸奥から加藤増雄へ, 1894年 6月 23日 그리고 陸奥から大鳥公使へ, 1894年 6月 23日,『日本外交文書』第27巻 第1册, pp. 558-559.

30 杉村, 앞의 책, p. 24.

31 大鳥から陸奥へ, 1894年 6月 26日,『日本外交文書』第27巻 第1册, pp. 561-562.

32 위의 책, pp. 569-570. 陸奥, 앞의 책, pp. 52-53.

33 위의 책, pp. 573-576. 陸奥, 앞의 책, pp. 54-55.

34 大鳥から陸奥へ, 1894年 6月 29日,『日本外交文書』第27巻 第1册, pp. 582-583. 杉村, 앞의 책, pp. 27-28. 田保橋潔『近代日鮮関係の研究』下, 原書房, 1973年, pp. 364-365.

35 Mutsu to Otori, 28 June 1894,『日本外交文書』第27巻 第1册, pp. 577-578.

36 Mutsu to Otori, 30 June 1894, 위의 책, p. 583.

37 陸奥, 앞의 책, pp. 62-63.

38 Khitrovo to Girs, 19 June/1 July 1894, KA, 1932, kn. 1-2, pp. 22-23.

39 Kassini to Girs, 19 June/1 July 1894, Ibid., p. 22.

40 Kassini to Girs, 19 June/1 July 1894, Ibid., p. 25.

41 陸奥, 앞의 책, pp. 64-65.

42 大鳥から陸奥へ, 1894年 7月 9日,『日本外交文書』第27巻 第1册, pp. 586-588.

43 Vogak's report, 24 June/6 July 1894, SGTSMA, Vyp. LX, pp. 58, 60.

44 KA, 1932, kn. 1-2, p. 25.

45 Vannovskii to Girs, 19 June/1 July 1894, Ibid., pp. 25-26.

46 Khitrovo to Girs, 24 June/6 July 1894, Ibid., pp. 28-29.

47 Kassini to Girs, 25 June/7 July 1894, Ibid., pp. 29-30.

48 Girs to Kassini, 25 June/7 July 1894, Ibid., p. 29. Girs to Kassini, 28 June/10 July 1894, Ibid., p. 32.

49 Girs to Khitrovo, 27 June/9 July 1894, Ibid., pp. 31-32. 이 내용은 이날 아시아 국장이 니시 도쿠지로(西德二郎)공사에게 전했다. 니시는 그날 중으로 도쿄에 타전했다. 高橋, 앞의 책, pp. 407-408.

50 Khitrovo to Girs, 3/15 July 1894, AVPRI, F. 133, Op. 470, 1994 g., D. 96, L. 63ob.『日本外交文書』第27巻 第2册, pp. 300-302.

51 佐々木揚「イギリス極東政策と日清開戦」,『佐賀大学教育学部研究論文集』第29集 第1号, 1981年, pp. 31-32.

52 杉村, 앞의 책, p. 32.

53 大鳥から陸奥へ, 1894年 7月 10日,『日本外交文書』第27巻 第1册, pp. 592-593. 이 기밀전신이 본성에 도달한 것은 7월 17일이었다.

54 陸奥, 앞의 책, p. 57.

55 Mutsu to Otori, 11 July 1894,『日本外交文書』第27巻 第1册, p. 595.

56 Mutsu to Otori, 12 July 1894, 위의 책, p. 596. 陸奥, 앞의 책, p. 57.

57 Mutsu to Otori, 12 July 1894, 위의 책, pp. 596-597.

58 大鳥から陸奥へ, 1894年 7月 18日, 위의 책, pp. 606-607.

59 Otori to Mutsu, 20 July 1894, 위의 책, pp. 615-616.

60 陸奥から大鳥へ, 1894年 7月 19日, 위의 책, p. 612.

61 Vogak's report, 3/15 July 1894, SGTSMA, Vyp. LX, pp. 67-68, 71.

62 Veber to Girs, 6/18 July 1894, KA, 1932, kn. 1-2, p. 41.

63 Kassini to Girs, 9/21 July 1894, Ibid., pp. 43-44.

64 陸奥, 앞의 책, p. 58.

65 나카즈카 아키라(中塚明)는, 「『日淸戰史』から消えた朝鮮王宮占領事件——参謀本部の『戰史草案』が見つかる」, 『みすず』第399号, 1994年 6月, pp. 43-58에 후쿠시마 현립 도서관 사토문고(佐藤文庫)에서 발견한『明治二十七八年日淸戰史第二冊決定草案』의 제11장 전문을 공표했다. 그에 관한 분석은, 中塚明『歷史の僞造をただす』高文硏, 1997年, 또는 中塚明, 『現代日本の歷史認識』高文硏, 2007年에 있다.

66 『明治二十七八年日淸戰史第二冊決定草案』(福島県立図書館佐藤文庫蔵), pp. 14, 16-17. 나카즈카 아키라의 공표, pp. 48, 49.

67 『日淸戰史第二冊決定草案』p. 17. 나카즈카의 공표, p. 49.

68 杉村, 앞의 책, pp. 46-48.

69 『日淸戰史第二冊決定草案』pp. 22-29. 나카즈카의 공표, pp. 51-53.

70 杉村, 앞의 책, p. 49.

71 위의 책, p. 50.

72 『日淸戰史第二冊決定草案』pp. 30-34. 나카즈카의 공표, pp. 54-56.

73 檜山幸夫「7·23京城事件と日韓外交」, 『韓』第115号, 1990年 6月, pp. 81-84. 原田, 앞의 책, pp. 36-38.

74 杉村, 앞의 책, pp. 51-54.

75 大鳥から陸奥へ, 1894年 7月 23, 25日, 『日本外交文書』第27巻 第1冊, pp. 618-619, 622.

76 Domozhilov(ed.), *Sbornik materialov po voenno-morskim voprosam*, Vol. 1. *Iaponsko-kitaiskaia voina*[이하 SMVMV], Sankt-Peterburn, 1896, p. 77.

77 Bella B. Pak, *Rosiiskaia diplomatiia i Koreia*, Vol. II, Moscow, 2004, p. 83. Veber to Girs, 1/13 August 1894, AVPRI.

78 SMVMV, Vol. 1, pp. 87-88.

79 Ibid., pp. 86, 88.

80 杉村, 앞의 책, pp. 55-56.

81 위의 책, pp. 56-57, 61-65.

82 田保橋, 앞의 책, 上, pp. 446-449.

83 陸奥, 앞의 책, p. 108.

84 原田, 앞의 책, pp. 51-60.

85 『日淸戰史第二冊決定草案』pp. 84-88.

86 原田, 앞의 책, pp. 81-85.

87 위의 책, pp. 90-94.

88 『東京朝日新聞』付録, 1894年 8月 3日号.

89 檜山, 앞의 논문, pp. 117-118. 原田, 앞의 책, p. 95.

90 『日清戦争実記』博文館, 1895年, p. 40.

91 陸奥, 앞의 책, pp. 127-128.

92 『日本外交文書』第27卷 第1册, pp. 633-634.

93 위의 책, pp. 640-641.

94 위의 책, p. 646.

95 陸奥より大鳥へ, 1894年 8月 23日, 위의 책, pp. 650-652.

96 위의 책, pp. 646-649.

97 陸奥, 앞의 책, p. 130.

98 『日本外交文書』第27卷 第1册, pp. 653-654. 히야마 유키오(檜山幸夫)는, 이 잠정합동조관의 체결에 의해서 '일조전쟁'(日朝戦争)은 종결되었다고 보고 있다. 檜山, 앞의 논문, p. 123.

99 大鳥から陸奥へ, 1894年 8月 31日, 위의 책, pp. 657-658.

100 中塚明『日清戦争の研究』pp. 177-178.

101 杉村, 앞의 책, pp. 63-74.

102 위의 책, pp. 86-87.

103 Narochnitskii, op. cit., pp. 609-610. 자료는 Girs to Aleksandr III, 26 July/7 August 1894 g., AVPR, MID, kitaiskii stol, Vsepodanneishie doklady, No. 12, L. 152-155. 보리스 박은 그의 저서 개정판에서 거의 동일한 자료를 인용하면서, 8월 8일(7월 27일)자 상주의견서라고 하고 있다. Boris D. Pak, *Rossiia i Koreia*, Moscow, 1979; 2nd edition, Moscow, 2004, pp. 210, 453. 이 점에 관해서는, 佐々木揚「ロシア極東政策と日清戦争」, pp. 66-67, 72.

104 Zhrunal Osobogo soveshchaniia, 9 August 1894, KA, 1932, kn. 3, pp. 62-67.

105 Ibid., p. 64. 佐々木, 앞의 논문, p. 68에서는 기르스의 연설에 대한 설명이 옳지 않다.

106 Ibid., p. 65.

107 Ibid., p. 66.

108 Ienish's report, 27 July 1894, SMVMV, Vol. 1, p. 97.

109 Vogak's report, 2/14 October 1894, SGTSMA, Vyp. LX, p. 87.

110 Vogak's report, 29 August/10 September 1894, Ibid., p. 76.

111 Narochnitskii, op. cit., p. 662. Vogak to Kassini, 3/15 September 1894, AVPRI.

112 Vogak's report, 3/15 November 1894, SGTSMA, Vyp. LX, p. 132.

113 I. Rzhevuskii, *Iaponsko-kitaiskaia voina 1894-1895 gg.*, Sankt-Peterburg, 1896, pp. 32-35.

114 『日清戦争実記』第4編, p. 82. 司馬遼太郎『坂の上の雲』文春文庫(新装版), 2, 1999年, p. 124에도 이 중 두 구절이 인용되어 있다.

115 田山花袋『東京の三十年』岩波文庫, 1981年, p. 58. 원저는 1917년 출간.

116 Vogak's report, 22 September/4 October 1894, SGTSMA, Vyp. LX, pp. 80-81.

117 Ibid., p. 83.

118 Ibid., pp. 84-85.

119 Khitrovo to Girs, 5/17 October 1894, AVPRI, F. 133, Op. 470, 1894 g., D. 96, L. 164. 나로츠니쯔키는 이 편지를 인용하면서 히트로보가 일본의 호의에 기고만장해졌다고 비판하고 있는데, 이는 지나치다. Narochnitskii, op. cit., p. 663.

120 Vogak's report, 2/14 October 1894, SGTSMA, Vyp. LX, p. 90.

121 Vogak's report, 6/18 October 1894, Ibid., p. 109.

122 Vogak's report, 14/26 October 1894, Ibid., p. 112.

123 Ibid., p. 114.

124 Ibid., p. 116.

125 Vogak's report, 30 October/11 November 1894, Ibid., pp. 118-120.

126 Vogak's report, 3/15 November 1894, Ibid., p. 147.

127 Vogak's report, 30 October/11 November 1894, Ibid., p. 120.

128 趙景達『異端の民衆反乱 ── 東学と甲午農民戦争』岩波書店, 1998年, pp. 303-317.

129 井上公使, 金允植大臣の談話報告, 1894年 10月 27日, 『日本外交文書』第27巻 第2冊, pp. 7-11.

130 井上公使, 高宗謁見報告, 1894年 10月 28日, 위의 책, pp. 15-21.

131 井上公使, 大院君の談話報告, 1894年 10月 29日, 위의 책, pp. 25-34.

132 井上公使, 金弘集総理大臣の談話報告, 1894年 11月 2日, 위의 책, pp. 35-43.

133 井上公使, 高宗との内謁見報告, 1894年 11月 4日, 위의 책, pp. 46-47.

134 위의 책, p. 50.

135 杉村, 앞의 책, pp. 90-95.

136 『日本外交文書』第27巻 第2冊, p. 77.

137 위의 책, pp. 91-99.

138 위의 책, pp. 100-107.

139 杉村, 앞의 책, pp. 105-109.

140 Inoue to Mutsu, 10 December 1894, 『日本外交文書』第27巻 第2冊, pp. 119-

120.

141 위의 책, pp. 121-122.

142 니콜라이의 미숙함과 경험부족에 관해서는, Andrew M. Verner, *The Crisis of Russian Autocracy: Nicholas II and the 1905 Revolution*, Princeton University, 1990, pp. 37-38; Dominic Lieven, *Nicholas II: Emperor of all the Russias*, London, 1993, pp. 39, 42(小泉摩耶訳『ニコライII世──帝政ロシア崩壊の真実』日本経済新聞社, 1993年, pp. 73, 77).

143 *Dnevniki Imperatora Nikolaia II*, Berlin, 1923; 2-e ed., Paris, 1980, p. 83.

144 K.N. Uspenskii, Ocherk tsarstvovaniia Nikolaia II, *Nikolai II. Materialy kharakteristiki lichnosti i tsarstvovaniia*, Moscow, 1917, p. 6.

145 S.Iu. Vitte, *Vospominaniia*, Vol. 2, Moscow, 1960, p. 29.

146 *Dnevnik gosudarstvennogo sekretaria A.A. Polovtsova*, Vol. 2, Moscow, 1966, p. 50.

147 Ibid., Vol. 1, p. 187; Vol. 2, p. 441.

148 Ibid., Vol. 2, pp. 230, 393.

149 Ibid., Vol. 1, p. 99.

150 Ibid., Vol. 2, p. 53.

151 Narochnitskii, op. cit., pp. 646-647.

152 陸奥, 앞의 책, pp. 168-171.

153 Mutsu to Trench, 23 October 1894, 『日本外交文書』第27巻 第2冊, p. 485.

154 Nishi to Mutsu, 12 November 1894, 위의 책, p. 498.

155 Nishi to Mutsu, 1 December 1894, 위의 책, pp. 510-512.

156 陸奥から西公使へ, 1894年 12月 23日, 위의 책, pp. 519-520.

157 Khitrovo to Girs, 11/23 December 1894, AVPRI, F. 133, Op. 470, 1894 g., D. 96, L. 209-209ob.

158 Khitrovo to Girs, 22 January/3 February 1895, Ibid., Op. 470, 1895 g., D. 108, L. 6.

159 Vogak's report, 16/28 March 1895, SGTSMA, Vyp. LXI, 1895, pp. 46-49.

160 Vogak's report, 16/28 February 1895, Ibid., pp. 107-108.

161 이들 조약안에 주의를 기울인 것이, 金文子 『朝鮮王妃殺害と日本人』高文研, 2009年, pp. 53, 91-92. 1월 17일, 21일자 무쓰의 전보는, 『駐韓日本公使館記録』 5, 国史編纂委員会, 1990年, pp. 413-417.

162 『駐韓日本公使館記録』 5, pp. 419-420. 원문에는 3월 1일이라고 되어 있는데, 나중의 무쓰의 회신으로부터 2월 25일 발이라는 것을 알 수 있다.

163 陸奥から井上へ, 1895年 3月 1日, 위의 책, p. 422.

164 井上から陸奥へ, 1895年 3月 24日, 위의 책, pp. 425-427.

165 Khitrovo to Shishkin, 18 February/2 March 1895, AVPRI, F. 133, Op. 470,

1895 g., D. 108, L. 20.

166 Inoue to Mutsu, 8 January 1895, 『日本外交文書』第28巻 第1册, pp. 315-316.

167 Mutsu to Inoue, 10 January 1895, 위의 책, p. 316.

168 井上から陸奥へ, 1895年 1月 12日, 위의 책, pp. 317-318.

169 陸奥から井上へ, 1895年 2月 3日, 위의 책, p. 328.

170 杉村, 앞의 책, pp. 120-122.

171 內謁見の記錄, 1895年 2月 12日, 『日本外交文書』第28巻 第1册, pp. 390-395.

172 陸奥から井上へ, 1895年 2月 22日, 위의 책, p. 343. 井上から伊藤, 陸奥へ, 1895
年 3月 31日, 위의 책, pp. 352-353.

173 井上から陸奥へ, 1895年 4月 8日, 위의 책, pp. 396-398.

174 Zhurnal Osobogo soveshchaniia, 20 January 1895, KA, 1932, kn. 3, pp. 67-74.

175 Ibid., pp. 67-70. 로마노프는 외무성이 거제도 점령을 제안했다고 썼
는데, 이는 오류이다. 또 비테의 영국 제휴론에 카프니스트가 찬성했
다고도 쓰고 있는데, 사실은 그와 정반대이다. B.A. Romanov, *Rossiia v
Man'chzhurii(1892-1906)*, Leningrad, 1928, p. 68.

176 Zhurnal Osobogo soveshchaniia, pp. 70-73.

177 Ibid., pp. 73-74. 로마노프는 비테-카프니스트의 의견에 군인들이 반대했다
면서, 해군성과 육군성의 의견 차이를 파악하지 못하고 있다. Romanov, op.
cit., p. 68.

178 Vogak's report, 21 March/2 April 1895, SGTSMA, Vyp. LXI, p. 52.

179 『日本外交文書』第28巻 第2册, pp. 331-334.

180 陸奥, 앞의 책, pp. 183-184.

181 『日本外交文書』第28巻 第2册, pp. 339-341.

182 제1의 상주서이다. Lobanov-Rostovskii to Nikolai II, 25 March 1895, KA,
1932, kn. 3, pp. 74-75.

183 제2의 상주서이다. Ibid., pp. 75-76. Nikolai's comment, Ibid., p. 76.

184 Lobanov-Rotovskii to Nikolai II, 2 April 1895, Ibid., p. 77.

185 Nikolai II's comment, Ibid., p. 71.

186 『日本外交文書』第28巻 第2册, pp. 350-352.

187 위의 책, pp. 355-357.

188 이 의견서는 러시아의 젊은 역사가 카시린이 발견했다. 전문은, Kashirin, op.
cit., pp. 174-179.

189 Zhurnal Osoboi soveshchaniia, 30 March 1895, KA, 1932, kn. 3, pp. 78-83.

190 Ibid., pp. 80-81.

191 Ibid., p. 81.

192 Ibid., p. 82.

193 Ibid., pp. 82-83.

194 Ibid., p. 83.

195 Vitte, op. cit., Vol. 2, p. 47.

196 *Dnevniki Imperatora Nikolaia II*, Moscow, 1991, p. 72. 로마노프는 비테가 자신의 의견밖에 제시되지 않았다고 회고록에서 주장함으로써 황제가 제기한 보상으로서의 부동항 획득론을 무시하고 있다고 지적하고 있다. Romanov, op. cit., pp. 76-77. 올바른 지적이다.

197 Gribovskii, op. cit., pp. 77, 79-80. S. Gurov, V. Tiul'kin, *Bronenostsy Baltiiskogo flota, Kaliningrad*, 2003, p. 18.

198 Choi Dokkyu, Morskoe ministerstvo i politika na Dal'nem Vostoke (1895-1903), *Angliiskaia naberezhnaia 4. Ezhegodnik RGIA*, Sankt-Peterburg, 1999, pp. 151-152.

199 『日本外交文書』第28卷 第2册, pp. 358-359.

200 위의 책, pp. 363-366.

201 林次官から陸奧大臣へ, 1895年 4月 23日, 위의 책, pp. 4-15.

202 Khitrovo to Mutsu, 23 April 1895, 위의 책, p. 16.

203 陸奧, 앞의 책, pp. 252-253.

204 『山本權兵衛と海軍』原書房, 1966年, p. 98.

205 陸奧から佐藤書記官へ, 1895年 4月 24日, 『日本外交文書』第28卷 第2册, p. 26.

206 陸奧, 앞의 책, pp. 253-256.

207 陸奧から西, 靑木, 曾禰公使へ, 1895年 4月 30日, 『日本外交文書』第28卷 第2册, pp. 65-66.

208 西から陸奧へ, 1895年 5月 3日, 위의 책, p. 79.

209 陸奧から林次官へ, 1895年 5月 5日, 위의 책, pp. 80-81.

210 이 말의 기원과 그 의미 변화에 관해서는, 朴羊信『陸羯南 ── 政治認識と対外論』岩波書店, 2008年, p. 229.

211 大杉栄『自叙伝・日本脱出記』岩波文庫, 1971年, p. 56.

212 ビン・シン(杉原志啓訳『評伝 德富蘇峰』岩波書店, 1994年, p. 75. 『蘇峰自伝』(1935年)의 한 구절이다.

213 Nishi to Mutsu, 15 May 1895, 『日本外交文書』第28卷 第1册, pp. 413-414.

214 鍋島から陸奧へ, 1895年 5月 18日, 위의 책, p. 418.

215 陸奧から鍋島へ, 1895年 5月18日, 위의 책, p. 418.

216 Inoue to Musu, 19 May 1895, 『日本外交文書』第28卷 第1册, pp. 420-422.

217 杉村, 앞의 책, pp. 127-130.

218 위의 책, pp. 131-137.

219 陸奥から伊藤首相へ, 1895年 5月 22日, 『日本外交文書』第28卷 第1冊, pp. 423-424.

220 위의 책, pp. 434-435.

221 陸奥から伊藤へ, 1895年 5月 25日, 위의 책, p. 435. 陸奥から原へ, 1895年 5月 26日, 위의 책, p. 436.

222 위의 책, p. 441.

223 金文子, 앞의 책, pp. 64-72. 이노우에의 의견서는, 『伊藤博文文書』第12卷, ゆまに書房, 2007年, pp. 384-406.

224 『伊藤博文文書』第12卷, pp. 385-393.

225 위의 책, pp. 393-394.

226 위의 책, pp. 394-396.

227 위의 책, pp. 396-397.

228 金文子, 앞의 책, pp. 74-76. 요시카와의 편지는 국립 국회도서관 헌정자료실에 소장되어 있는 것으로, 한국인 영화감독 정수웅(鄭秀雄)이 발견한 것인데, 민비 살해계획과 관련이 있다고 해서 『아사히신문』 지상에 보도되었다(2008년 6월 28일자). 그런데 김문자에 따르면 이것은 이미 『조선일보』 2005년 10월 6일자에서 다루어진 것을 재론한 것이다.

229 위의 책, pp. 72, 76-80. 井上から杉村へ, 6月 24日受け取り, 『駐韓日本公使館記錄』7, 国史編纂委員会, 1992年, p. 494. 杉村から井上へ, 6月 26日, 위의 책, p. 495. 杉村から井上へ, 6月 29日(1), (2), 위의 책, pp. 497, 499.

230 金文子, 앞의 책, p. 143.

231 杉村から西園寺へ, 1895年 6月 26日, 『日本外交文書』第28卷 第1冊, p. 444.

232 杉村から井上へ, 1895年 6月 29日, 위의 책, p. 447.

233 아사야마라는 이름은 몇몇 사료에 등장한다. 위의 책, pp. 428, 462, 467.

234 杉村から西園寺へ, 1895年 7月 4日, 『日本外交文書』第28卷 第1冊, pp. 452-456.

235 杉村から西園寺へ, 1895年 6月 30日, 위의 책, pp. 447-448.

236 杉村から井上へ, 1895年 7月 1日, 『駐韓日本公使館記錄』7, p. 501.

237 西園寺から杉村へ, 1895年 6月 29日, 『日本外交文書』第28卷 第1冊, p. 447.

238 杉村から西園寺へ, 1895年 7月 1日, 위의 책, p. 448.

239 杉村の日記, 『駐韓日本公使館記錄』7, p. 398.

240 杉村から西園寺, 井上へ, 1895年 7月 4日, 『駐韓日本公使館記錄』7, pp. 393-394.

241 杉村から西園寺へ, 1895年 7月 4日, 『日本外交文書』第28卷 第1冊, pp. 449-450.

242 杉村, 앞의 책, pp. 121, 136.

243 杉村, 앞의 책, pp. 143-150.

244 杉村から西園寺へ, 1895年 7月 13日, 『日本外交文書』第28卷 第1册, p. 474.

245 Bella Pak, op. cit., Vol. II, pp. 117-118. Veber to Lobanov-Rostovskii, 19 June 1895, RGVIA.

246 이 편지의 내용을 히트로보에게 전하는 외상 서한의 초안은, Lobanov-Rostovskii to Khitrovo, 8 July 1895, AVPRI, F. 133, Op. 470, 1895 g., D. 108, L. 173-173ob. 니콜라이의 메모는, Bella Pak, op. cit., Vol. II, p. 119.

247 『日本外交文書』第28卷 第1册, pp. 464-465.

248 위의 책, pp. 480-482.

249 Khitrovo to Lobanov-Rostovskii, 20 July/1 August 1895, AVPRI, F. 133, Op. 470, 1895 g., D. 108, L. 100-101.

250 미우라의 회고록이 있다. 三浦梧楼『観樹将軍回顧録』政教社, 1925年.

251 谷から伊藤へ, 1895年 7月 5日, 『谷干城遺稿』下, 靖献社, 1912年, pp. 599-601.

252 시바 시로에 관해서는, 柳田泉「『佳人之奇遇』と東海散士」, 『政治小説研究』上, 春秋社, 1967年, pp. 431-433.

253 東海散士『日露戦争羽川六郎』有朋館, 1903年, p. 49.

254 다니의 추천장과 미우라의 행동 사이의 차이에 관해서는, 朴羊信『陸羯南』p. 102가 분명하게 지적하고 있다.

255 三浦梧楼意見書, 『日本外交文書』第28卷 第1册, pp. 482-484.

256 柳田, 앞의 책, p. 435.

257 三浦, 앞의 책, pp. 319-320.

258 金文子, 앞의 책, pp. 107-109. 김문자는 가와카미가 이토에게 이노우에 경질을 요청했고, 그 요청에서 이노우에의 후임으로 미우라를 결정한 것이 아닐까 추측하고 있지만, 거기까지는 논증된 것이 없다.

259 杉村, 앞의 책, pp. 157-160.

260 内田から西園寺へ, 1895年 7月 17日, 『日本外交文書』第28卷 第1册, p. 479.

261 『高宗時代史』第3卷, pp. 920, 922.

262 Bella Pak, op. cit., Vol. II, p. 121. Veber to Lobanov-Rostovskii 29, July 1895.

263 Ibid., p. 123.

264 Kozhon to Nikolai II, June 1995, Rossiia i Koreia, p. 62. 고종이 재차 보낸 전보는 7월 23일(11일)자 히트로보 전보를 통해 전달되었다. Khitrovo to Lobanov-Rostovskii, 23/11 July 1895, AVPRI, F. 133, Op. 470, 1895 g., D. 108, L. 95-95ob.

265 『高宗時代史』第3卷, p. 958.

266 柳田, 앞의 책, p. 435.

267 杉村, 앞의 책, 자서(自序), p. 1-2.

268 金文子, 앞의 책, pp. 205-214.

269 『駐韓日本公使館記録』7, p. 524. 金文子, 앞의 책, pp. 125-126.

270 『駐韓日本公使館記録』7, p. 524. 金文子, 앞의 책, p. 126.

271 『駐韓日本公使館記録』7, p. 525. 金文子, 앞의 책, p. 127.

272 『駐韓日本公使館記録』7, p. 526. 金文子, 앞의 책, p. 134.

273 内田定槌領事の報告「明治二十八年十月八日王城事変ノ顛末」, 1895年 11月 5日, 『日本外交文書』第28巻 第1冊, p. 554.

274 東海散士, 앞의 책, p. 49.

275 内田領事の報告, p. 559.

276 피고인 명부는, 杉村, 앞의 책, pp. 185-194.

277 이 행동의 과정에 관해서는, 内田領事の報告, pp. 552-562, 広島地方裁判所予審終結決定書, 杉村, 앞의 책, pp. 185-198, 角田房子『閔妃暗殺』新潮文庫, 1993年을 참고했다.

278 内田領事の報告, pp. 557-558.

279 위의 책, p. 558. 金文子, 앞의 책, pp. 254-257.

280 Bella Pak, op. cit., Vol. II, p. 245. 李泰鎮(鳥海豊訳)『東大生に語った韓国史』明石書店, 2006年, pp. 96-98. ゲ・デ・チャガイ編『朝鮮旅行記』平凡社, 1992年, p. 340.

281 이 증언은, *Rossiia i Koreia*, pp. 284-289에 있다. 원본은, AVPRI, Fond Iaponskii stol, Op. 493, God 1895-1896, D. 6, L. 73-75. 인용 부분은 pp. 287-288. 또한 세레진-사바친이 *Sankt-Peterburgskie vedomosti*, 4/16 May 1896에 실은 통신도 참고했다. 이것은 *Koreia glazami rossiian, Moscow*, 2008, pp. 14-22에 수록되어 있다.

282 *Rossiia i Koreia*, p. 288.

283 角田, 앞의 책, pp. 407, 413-414. 『高宗時代史』第3巻, pp. 990-991.

284 Veber to Lobanov-Rostovskii, 30 September 1895, *Rossiia i Koreia*, p. 290.

285 Veber to Lobanov-Rostovskii, 27 September 1895, *Rossiia i Koreia*, pp. 278-279. 이것은 베베르가 보낸, 사건에 관한 최초의 보고서이다.

286 Ibid., pp. 279-280. 미우라는 이 회합에 관해서 도쿄로 보고했다. 三浦から西園寺へ, 1895年 10月 8日, 『日本外交文書』第28巻 第1冊, pp. 494-495.

287 Ibid., pp. 280-281.

288 『東京朝日新聞』1895年 10月 9日号, p. 1.

289 三浦から西園寺へ, 1895年 10月 8日, 1894年 6月 23日, 『日本外交文書』第28巻 第1冊, p. 491.

290 杉村から井上へ, 1894年 10月 8日, 위의 책, p. 492.

291 三浦から西園寺へ, 1895年 10月 8日, 위의 책, p. 493.

292 西園寺から小村へ, 1895年 10月 10日, 위의 책, pp. 499-500.

293 『東京朝日新聞』1895年 10月 12日号. 러시아 외무성문서 중에 이 조칙의 러시아어 번역이 있다. Bella Pak, op. cit., Vol. II, p. 144.

294 内田領事の報告, p. 561. 角田, 앞의 책, p. 416.

295 『小村外交史』pp. 73-74.

296 西から西園寺へ, 1895年 10月 20日, 『日本外交文書』第28卷 第1冊, p. 521.

297 西園寺から独仏英伊墺駐在公使へ, 1895年 10月 25日, 위의 책, pp. 525-526.

298 Bella Pak, op. cit., Vol. II, pp. 150-152. 이 간담회의 기록은 벨라 박이 발견했다.

299 小村から西園寺へ, 1895年 10月 25日, 『日本外交文書』第28卷 第1冊, pp. 526-527.

300 内田領事の報告, 위의 책, p. 562.

301 井上, 小村から西園寺へ, 1895年 11月 6日, 위의 책, pp. 563-564.

302 Bella Pak, op. cit., Vol. II, pp. 153-154. 11월 5일 회의의 기록은 벨라 박이 발견했다.

303 Ibid., pp. 154-155. 이 대화 기록도 벨라 박이 러시아 외무성 문서 속에서 발견했다.

304 Ibid., p. 156.

305 Ibid., pp. 156-158. 이 회담의 기록도 외무성 문서에서 벨라 박이 발견했다.

306 小村から西園寺へ, 1895年 11月 13日, 『日本外交文書』第28卷 第1冊, pp. 576-578.

307 Saionji to US Minister, 13 November 1895, 위의 책, pp. 579-582.

308 井上から西園寺へ, 1895年 11月 13日, 위의 책, p. 578.

309 西園寺から井上へ, 1895年 11月 13日, 위의 책, p. 579.

310 伊藤から西園寺へ, 1895年 11月 13日, 위의 책, p. 581.

311 위의 책, pp. 515-517.

312 日本側条約案, 『日本外交文書』第28卷 第2冊, pp. 480-481. 「奉天半島還付条約談判筆記」, 위의 책, pp. 497-498.

313 西から西園寺へ, 1895年 11月 6日, 위의 책, p. 514.

314 Vitte, op. cit., Vol. 1, p. 47.

315 V.N. Lamsdorf, *Dnevnik 1894-1896*, Moscow, 1991, p. 187.

316 Narochnitskii, op. cit., p. 765. Lobanov-Rostovskii to Morengeim, 11/23 May 1895, AVPRI.

317 『日本外交文書』第28卷 第1冊, pp. 704-710.

318 Romanov, op. cit., pp. 89-91. 우흐톰스키와 로트시체인의 관계는, David Schimmelpenninck van der Oye, *Toward the Rising Sun: Russian Ideologies of*

Empire and the Path to War with Japan, Northern Illinois University Press, 2001, pp. 52-53, 231.

319 Bella Pak, op. cit., Vol. II, pp. 163-164.

320 小村から西園寺へ, 1895年 11月 26日, 위의 책, p. 589. 『東京朝日新聞』 1895年 11月 28日号.

321 小村「11月28日王城事変ノ顛末詳細報告」, 1895年 12月 30日, 『日本外交文書』第 28巻 第1冊, pp. 603-619. 『東京朝日新聞』 1895年 11月 28日号. 러시아 측 자료에 의한 설명은, Bella Pak, op. cit., Vol. II, pp. 163-164.

322 『高宗時代史』第3卷, pp. 1047-1048.

323 위의 책, 第4卷, p. 28.

324 『山本権兵衛と海軍』原書房, 1966年, pp. 99-101, 346-360.

325 大江志乃夫『日露戦争の軍事史的研究』岩波書店, 1976年, pp. 9-11.

326 L.G. Beskrovnyi, *Russkaia armia i flot v XIX veke, Voenno-ekonomicheskii potentsial Rossii*, Moscow, 1973, p. 521. V.A. Zolotarev, I.A. Kozlov, *Russko-iaponskaia voina 1904-1905 gg. Bor'ba na more*, Moscow, 1990, pp. 43-44.

327 Simanskii (sost.), *Iaponsko-kitaiskaia voina 1894-1895. Perevod s nemetskogo*, Sankt-Peterburg, 1896.

328 Ibid., p. 238.

329 I. Rzhevuskii, *Iaponsko-kitaiskaia voina 1894-1895 g.g.*, Sankt-Peterburg, 1896, pp. 72-73.

330 *Sbornik materialov po voenno-morskim voprosam*, Vyp. 1. *Iaponsko-kitaiskaia voina*, Sankt-Peterburg, 1896.

331 N. Klado, *Voennye deistviia na more vo vremia Iapono-kitaiskoi voiny*, Sankt-Peterburg, 1896, p. 3.

332 Vasilii Molodiakov, *Obraz Iaponii v Evrope i Rossii vtoroi poloviny XIX-nachale XX veke*, Moscow-Tokyo, 1996, pp. 114-115, 117.

333 Ibid., pp. 117-118.

334 Ibid., p. 120.

335 그의 경력에 관해서는, *Entsiklopedicheskii slovar' "Brokgaus-Efron"*, Vol. 81, Sankt-Peterburg, 1904, p. 287. *Sovettskii istoricheskii slovar'*, Vol. 16, Moscow, 1976, col. 769-770. 그의 세계인식과 일본관에 관해서는, T.H. von Laue, The Fate of Capitalism in Russia: Narodnik Version, *American Slavic and East European Review*, Vol. XII, No. 1 (February 1954), pp. 25-27. 佐々木照央「自由主義的ナロードニキの日本観──S. N. ユジャコーフの場合」, 『埼玉大学紀要』 (外国語学文学篇), 第20巻, 1986年 11月, pp. 55-74를 참조.

336 S. N. Iuzhakov, Mimokhodom v Iaponii. Iz putevykh vpechatlenii, *Russkoe*

bogatstvo, 1893, No. 9, otd. 1, p. 108.

337 S.N. Iuzhakov, 1894 god. Iz sovremennoi khroniki, Ibid., 1895, No. 1, otd. 2, p. 186.

338 Ibid., p. 196.

339 Ibid., pp. 199-200, 201.

340 S.N. Iuzhakov, *Sotsiologicheskie etiudy*, Vol. 2, Sankt-Peterburg, 1896, p. 340.

341 和田春樹『ニコライ・ラッセル──国境を越えるナロードニキ』上，中央公論社，1973年，pp. 243-245.

342 A. Pelikan, *Progressiruiushchaia Iaponiia*, Sankt-Peterburg, 1895, p. 5.

343 Ibid., pp. 6-8.

344 Ibid., pp. 11-12.

345 Ibid., p. 162.

346 Aleksei Suvorin, *V ozhidanii veka XX. Malen'kie pis'ma 1889-1903 gg.*, Moscow, 2005, p. 478.

347 Ibid., p. 486.

348 Ibid., p. 508.

349 Russkaia mysl', 1895, No. 3, p. 212.

350 Narochnitskii, op. cit., p. 709.

351 *Vestnik Evropy*, 1895, No. III, June, pp. 860-862.

제4장 러시아의 뤼순 점령과 조차(1896-99)

고종의 아관파천

1896년 1월 8일 베베르의 후임 대리공사 슈페이에르가 서울에 도착했다.[1] 베베르는 여전히 서울에 머물러 있었다. 1월 14일, 히로시마의 제5사단 군법회의는 구스노세(楠瀨) 중좌 이하에 대해서 무죄 판결을 내렸다. 그리고 히로시마 지방재판소 예심에서는 미우라 고로이하 44명의 피고 전원에게 증거불충분으로 면소의 판결이 내려졌다. 조선으로서는 분노했을 것이다. 베베르 등도 같은 생각이었다.

1월 27일(15일) 슈페이에르는 페테르부르크로 전해 달라면서 도쿄로 전보를 보냈다. "국왕은 우리에게 자기 권력의 부활, 대신들이 지녀야 할 자유선택권의 부활을 기대하고 있다. 조선 인민과 좋은 사람들은 자기편이지만, 스스로 이를 달성할 수단은 전혀 갖고 있지 못하다. 모든 사람이 일본의 압박을 미워하고 있다. ……일본이 내세운 살인자 대신들로부터 조선을 해방하기 위해 러시아의 강력한 말을 기대하고 있다. 베베르와 나는 감히 생각하건대, 우리의 개입으로 분규가 초래된다 해도, 조선을 일본에 완전히 양보하는 것이 바람직하지 않다면, 이곳의 상황에서 우리는 적극적인 역할을 거부할 수 없을 것이다." 이 전보에서 슈페이에르는 일본군 수비대에 필적하는 러시아군 병력의 파견을 요청했다.[2]

히트로보는 이 전보를 중계하면서, 사이온지에게 들은 바로는 고무라는 "전혀 다른 투로 사태를 묘사하고 있으며, 대신들에 대한 왕의 신임은 날이 갈수록 두터워지고 있다고 단언했다"고 한다고 썼다. 물론 "미우라에 대한 코미디 같은 재판"을 보면 일본인의 보증은 "전혀 신뢰할 가치가 없다"고 부언했지만, "그럼에도 불구하고 일본과는 협정의 모든 수단을 미리 시도해야 한다고 생각한다"라고 주장했다.[3]

서울 공사관과 도쿄 공사관의 생각과 방침은 완전히 달랐다. 전보를 받은 페테르부르크의 외상은 군대 파견을 거절했다. "현 시점에서 순전히 조선의 내정적인 문제를 자극하는 것은 적절하지 않다."[4]

그러나 서울에서는 사태가 진행되고 있었다. 고종은 2월 2일 단발령에 반대하는 반란이 일어나고 있는 것을 이용해 자신들의 생명을 빼앗으려는 움직임이 있기 때문에 황태자와 함께 러시아공사관으로 피신하고 싶다면서, 러시아공사관으로 피신해 있는 이범진을 통해서 베베르와 슈페이에르에게 편지를 보냈다.[5] 군주가 수도 안에서 외국 공관으로 도주한다는 것은 전대미문의 행동이다. 슈페이에르 등은 닥쳐올 위험을 걱정했지만, 이범진의 주장에 눌려 받아들이겠다고 회답했다.

벨라 박은 이 내용이 즉각 본국으로 보고되었고 페테르부르크의 지지도 확보했다고 보고 있다. 슈페이에르의 2월 2일(1월 21일) 전보에 차르가 "우리나라의 커다란 군함 한 척이 인천으로 파견되기를 기대한다"고 적어 놓았다는 것이다.[6] 고종은 2월 9일에 결행하겠다고 연락했다가, "공사관을 지키는 수병의 수가 모자란다"고 연기하면서 "수병을 많이 불러 모아 달라"고 슈페이에르에게 요청해왔다. 그래서 베베르와 슈페이에르의 요청으로 2월 10일, 인천에 정박 중인 순양함 '아드미랄 코르닐로프'호에서 사관 5명, 무장한 수병 107명이 상륙했고, 이들은 대포 1문과 함께 서울의 러시아공사관으로 들어왔다.[7] 그리고 다음 날인 2월 11일 계획은 실행에 옮겨졌다. 조선 국왕 고종이 황태자와 함께 왕궁을 탈출하여 러시아공사관으로 옮긴 것이다. 이를 '아관파천'(俄館播遷)이라 부른다.

이때 러시아공사관에는 지난해 12월부터 조선 남부를 시찰한 참모본부의 코르네예프 대령이 체재하고 있었다. 그의 보고서에 기재된 바에 의하면 이날 아침부터 일어난 사건은 다음과 같이 진행되었다.[8] 새벽녘 공사관에 숨어있던 친러파의 거두 이범진이, 자기한테 온 연락에 따르면 국왕이 왕궁을 탈출해 공사관으로 올 것이라고 밝혔다. 공사관 안에 긴장감이 흘렀을 것이다. 무장 수병들은 엄중 경계태세에 돌입했을 터이다. 오전 7시 반 공사관 담장 동쪽에 있는 샛문 부근으로 두 대의 가마가 도착했다. 샛문은 즉시 열렸고 가마는 공사관 현관으로 운반되었다. 가마 하나에는 국왕과 시중드는 궁녀가, 또 다른 가마에는 수발드는 궁녀와 황태자가 타고 있었다. 코르네예프는 "국왕에 대한 감시는 극도로 엄중했기 때문에, 만일 궁녀들과 장교 한 명…… 의 헌신적인 도움이 없었더라면 왕궁에서 탈출하는 것은 도저히 불가능했을 것이다"라고 썼다.

나중에 일본공사관은 지난해 11월의 사건 이후 궁녀들은 가마에 탄 채 왕궁을 출입할 수 있었기 때문에 위병들이 검문할 수 없었다고 결론지었다.[9]

러시아공사관은 부지가 넓었고, 안에는 커다란 본관과 약간 작은 건물 4개 동이 있었다. 본관의 좌익에는 전 공사 베베르가 살고 있었고, 새로 부임한 공사 슈페이에르는 우익에 살고 있었다. 베베르는 친한 벗인 국왕에게 자기가 사는 본관 좌익의 건물 방 2개를 제공했다.

도착한 고종은 즉시 조칙을 발표했고, 이것은 시중에 내붙여졌다. "국운이 불행하여 난신적자(亂臣賊子)들이 매년 화(禍)를 만들었다", 이번에도 수상쩍은 일이 발생했고 해서 러시아공사관으로 피했다면서, 역적의 괴수로서 조의연, 우범선 등 6명을 거명하고, 이들을 즉각 참수해 머리를 바치라고 촉구하는 것이었다. 이제까지의 내각은 파면되었고, 새로 김병시(金炳始)가 총리에, 이재순(李載純)이 궁내부대신, 박정양이 내부대신, 조병직이 법부대신, 이완용이 외부대신, 이윤용이 군부대신, 윤용구(尹用求)가 탁지부대신으로 임명되었다.[10] 이 가운데 이완용과 이윤용은 미국공사관에 숨어있었던 자들로서 형제지간이었다.

오전 8시 30분, 슈페이에르 공사는 국왕의 위탁에 기초해, "조선 국왕 폐하께서는 이 나라의 현하 정치정세가 매우 중대하며, 더 이상 왕궁에 머무르는 것이 스스로의 개인적인 안전에 중대한 위험을 수반한다고 생각하시어, 황태자 전하와 함께 우리 공사관으로 보호를 청하셨다"고, 모든 외국 대표들에게 통고했다. 오전 11시에는 신임 외부대신 이완용의 이름으로 미국 공사 실에게, 정오에 각국 공사들이 국왕을 알현할 수 있도록 허락하셨다는 것을 각국 공사들에게 연락해 달라고 요청했다.[11]

오전 9시가 지나서 공사관 본관 앞에 러시아 수병들이 정렬했고, 고종이 이를 열병했다. 왕은 수병들에게 감동해 슈페이에르에게 러시아인이 조선 군대의 교육을 맡아주지 않겠느냐고 요청했다. 얼마 지나지 않아 조선군이 도착해 본관 앞에 4열로 정렬했다. 이들은 왕에게 받들어총 경례를 하고 왕의 말씀을 들은 뒤 공사관 밖으로 나갔다.

일본공사관에는 10시에 궁내부의 관리가 달려와서, 왕과 세자의 러시아공사관 행을 알렸다. 고무라는 즉시 통역관 고쿠부(国分)를 내각으로 보냈다. 고쿠부가 가서 보니 총리 김홍집 이하 대신들이 모여 있었다. 내부대신 유길준은 모두 사직할 것을 주장했다. 그러나 김홍집 총리는 우선 러시아공사관으로 가서 왕에게 충간(忠諫)하겠다고 하면서 나갔다. 도중에 그는 경무청에서 파견된 순검들에게 체포, 연행되었다. 농상공부대신 정병하도 체포되었다. 경관들은 두 사람을 경무청 문앞으로 끌어내 살해하고, 그후 그 시체를 종로에 내걸었다. 살해된 두 사람 이외의 전직 대신들 가운데 유길준 내부대신, 조의연 군부대신, 장박(張博) 법부대신은 겨우 체포를 면하여 일본공사관 비호 하에 일본으로 탈출했다.

정오, 미국 공사 실 이하 각국 공사들이 찾아와 국왕을 배알했다. 고무라 공사도 왔다, 사태에 충격을 받았을 텐데도 태연한 모습이었다고 코르네예프는 쓰고 있다. 고무라 자신이 외무성에 보낸 보고서에 의하면, 그가 러시아공사관에 도착했을 때에는 각국 공사들이 이미 물러난 뒤여서 그는 혼자서 고종을 배알했다. 고종은 "목하 궐내에 있어도 위험하므로 한시라도 빨리 당 공관으로 들어왔다"고 평온한 태도로 말했다. 고무라는 슈페이에르에게 일·러 병사들 사이에 충돌이 일어나지 않도록 하자고 말하고는 돌아갔다.[12] 2월 13일(1일) 슈페이에르는 본국에 "제국 공사관의 정신적 지지 하에 국왕이 단행한 평화적 쿠데타가 무사히 성공했다고 평가할 수 있다"고 타전했다.[13]

일본이 받은 충격

이 사건은 일본에게 커다란 충격이었다. 고무라 공사는 사건 당일 외무대신에게 보고했다.

"국왕과 세자는 오늘 새벽 궁 안 관리들의 틈을 엿봐 러시아공사관으로 잠입했고, 동시에 시내 각 곳에 조칙이라고 칭하며 다음과 같은 내용을 게시했다. 또한 내각원들도 경질했다.""인심은 약간 불온하지만 어떠한 변동의 징후도 없다. 일본당이라 불리는 세력은 절반 이상이 쫓겨났다. 일이 이미 이렇게 된 이상 이제 병력을 사용할 수밖에 없다. 그리고 병력을 사용할 때에는 러시아와 충돌을 피할 수 없을 것이다. 그러나 현 시점과 상황에서는 이러한 충돌을 일으키는 것이 적절하지 않다고 믿으므로, 귀 대신에게서 어떤 훈령이 있을 때까지는 어디까지나 온화한 수단으로 나설 각오다."[14]

러시아와 손을 잡은 고종의 반격으로 일본은 매우 심각한 타격을 입었다. 고무라는 병력을 움직여 대항에 나서고 싶다는 충동을 간신히 누르고 있었다. 닷새 후 조금은 안정을 되찾은 고무라는 제3신에서 정세에 관한 또 다른 분석을 타전해 보냈다. 우려스러운 점이 세 가지 있다. 첫째, 일본의 소시들이 격앙해 보복 행동에 나서는 일, 둘째, 조선인들이 일본인에게 폭행을 가하는 일, 셋째, 일·러 사이의 갈등이다. 고무라가 가장 중시한 것은 일·러 간의 갈등이었다. "일·러 관계는 목하 극히 절박한 상태라고 생각된다. 따라서 우리 정부는 조선을 각국의 보호 하에 두든지, 아니면 러시아와 협의를 수행하든지, 아무튼 러시아에 대해서 조선문제를 결정하는 일은 촌각도 미룰 수 없는 긴요한 사건이라고 생각한다."[15]

청일전쟁을 치른 청국을 배제하고 조선을 사실상의 보호국으로 삼았어야 했는데, 삼국간섭을 당하게 되자 곧바로 조선 국왕도 말을 듣지 않게 되었으며, 당황한 미우라 공사가 선두에 서서 민비 살해의 폭거에 나섰기 때문에 설 자리가 완전히 사라져 버렸다. 그리고 고무라가 나서서 어떻게든 만회해왔다고 생각한 순간, 왕을 러시아공사관에 빼앗겨 버린 것이다. 조선에서의 일본의 권익은 이제 바람 앞의 등

불 신세이며, 러시아의 힘은 압도적이다. 따라서 러시아와 대화를 해서 어떻게든 이 땅에 일본 세력이 발붙일 곳을 남겨놓지 않으면 안 된다. 고무라는 그렇게 생각하게 되었다.

2월 14일 일본 국내에서는 각 신문들이 '조선의 일대 변동'을 보도했다. 『도쿄아사히신문』은 15일자 사설에서 "러시아공사관은 바야흐로 조선 국왕과 세자가 친림해 신내각의 조직을 상담하는 장소가 되었다. 이제 우리의 대한 정책이 결국 실패로 끝났음을 우리는 슬퍼하지 않을 수 없다"고 썼다. 19일자 1면에는 '금후의 대한 정책'이 실렸다. 국왕을 왕궁으로 돌려보낸 뒤에 취해야 할 정책으로서, 러시아에 대항하는 세 가지 방책을 제시했다. 제1책은 각국 공사들이 연합해 신정부를 승인하지 않는다고 표명하고, 러시아를 견제하는 방책, 제2책은 조선을 "열국 협동 보호국"으로 하는 방책, 제3책은 조선과의 관계를 포기하고 '수수방관책'을 취하며 '와신상담'해 후일을 도모하는 방책이다. 그러나 역으로 "러시아와 협동해 조선에서 세력의 균형을 유지함으로써 분규를 억제할 수 있는" 방안도 있다고 주장하고, 제2책이 가장 좋겠지만 "결국 제3책으로 나아가도 앞날을 예측하기는 어렵다"는 등 다소 비관적이었다. 바야흐로 민간 쪽이 낙담하고, 무기력해져 있었다.

페테르부르크와 도쿄에서의 교섭

사이온지 외상 임시대리는 러시아 주재 니시 도쿠지로 공사에게 러시아 정부의 의향을 물어 정확히 파악할 것을 지시했다. 도쿄의 히트로보 공사가 2월 14일(2일)자 전보에서 "나는 서울에서 전혀 통지를 받지 못하고 있다. 전신 연락도 1월 24일(2월 5일)부터 끊어졌다"

고 썼을 정도로,[16] 서울과 차단되어 있었다. 2월 17일 니시 공사는 로바노프-로스토프스키 외상과 면담한 결과를 보고했다. 러시아 외상은 서울의 공사가 보내 온 전보는 세 통에 불과하다면서 그것을 제시하고, "러시아의 장래 방침은 어떤 외국의 간섭도 없이 신속하게 조선에서 안녕이 확정되는 것을 희망하는 것 뿐"이라고 말했다. 니시는 외상이 "본 사건의 진실을 잘 알지 못하며," "이번 사건은 러시아 정부가 아무것도 모르는 상황에서 일어난 것 같다"고 평했다.[17]

고무라 공사는 2월 18일이 되자 러시아 공사가 러시아 병력을 이용해 왕궁을 호위하는 짓은 하지 않을 모양이다, 러시아에는 개전의 결심이 없는 것 같다면서 다음과 같이 제안했다. "우리 정부가 러시아에 대해 조선문제를 결정하는 데 있어서, 아직 일시적인 유예가 있음을 믿는다." "조선 독립의 공동보장과 조선 내정의 공동감독이라는 두 개의 기초에 의거해 러시아와 협의하는 것이 가장 빠른 방법이다."[18] 청일전쟁 중인 1894년 8월 무쓰 외상의 제안으로, 일본은 갑. 자유방임, 을. 보호국, 병. 청일 양국 공동보장, 정. 열국(列國)의 보장에 의한 중립이라는 대 조선 정책 4개 안 가운데, 을 안으로 나아간다는 방침을 결정하고 그것을 견지해왔지만, 이제 고무라는 병 안의 변형, 즉 러·일 양국의 공동보장 안으로 물러설 것을 제안한 것이었다.

다음 날 19일 사이온지는 히트로보 공사와 회담하고, "오해를 미연에 방지할 수 있는 최선의 방법은 피아 양 정부 사이에 대화를 하는 것이다"라고 설득했다. 그러자 히트로보도 이번 사건은 "러시아 정부가 아무것도 모르는 상태에서 일어난 것이라고 믿는다"면서, 제안을 받아들일 수 있다고 답했다. 이에 사이온지는 이제부터 일본과 러시아 모두 조선에 있는 공사들에게 훈령을 발할 때에는 사전에 상대국 정부에 알리도록 하자고 제안했다. 히트로보는 이런 무리한 제안에도 찬성했다.[19] 이 제안에는 러시아 외상 로바노프-로스토프스키도

찬성했다.[20]

이에 용기를 얻은 사이온지는 닷새 후 히트로보에게 서한을 보내, 서울의 양국 공사들이 국왕에게 왕궁으로 돌아가도록 조언할 것, 공평한 사람들로 구성된 신정부를 만들도록 조언할 것, 권력을 지닌 조선인들이 정적에게 잔혹한 징벌을 가하는 일이 없게끔 조언할 것, 등을 제안했다. 왕이 일본군에게 불안감을 느끼고 있다면, 일본군은 일본공사관과 재류일본인의 보호 그리고 필요하다면 왕의 보호를 위해서만 이용하겠다는 약속을 일본 정부가 할 용의가 있다고도 썼다.[21]

히트로보는 이에 찬성하고 본국으로 타전했다. 로바노프-로스토프스키 외상이 검토한 결과는 3월 2일, 다섯 가지 새로운 제안의 형태로 히트로보로부터 사이온지에게 전달되었다. 제1 제안은 "국왕은 가능하다고 판단했을 때에는 언제든지 자유롭게 궁전으로 돌아갈수 있다. 러시아의 대리공사는 틀림없이 그것에 반대하지 않을 것이다"라고 약화되어 있었다. 제2 제안은 온건한 대신들과 자비의 정신을 조언한다는 것으로 일본의 두 번째 제안과 같은 것이었다. 제3 제안은 전신선의 보호를 위해서 외국 군대가 필요한지 어떤지를 조사해야 한다는 항목이었고, 제4 제안은 양국의 공사관과 영사관을 보호하기 위해 취해야 할 조치에 관해 양해해야 한다는 항목이었으며, 제5 제안은 "상호 화해의 정신"을 규정한 것이었다.[22] 사이온지는 이 합의를 고무라에게 알리고, 서울에 있는 러시아 임시공사와 몇 가지를 논의하라고 지시했다.[23]

서울의 판단은 전혀 달랐다. 슈페이에르가 본성으로 보낸 전보를 보면 이를 잘 알 수 있다. 그는 2월 15일(3일)에 국왕이 조선에 러시아인 주임고문관을 임명해 달라고 했으며, 군사교관을 보내 달라고도 요청했다는 내용의 전보를 보냈다.[24] 21일(9일)에는 국왕이 요청에 대한 회답을 계속해서 기다리고 있다, 일본군이 체류하는 데 위험을 느끼고 있으며 러시아 수병의 경호가 없으면 왕궁으로는 돌아갈 수 없다고 한다, "우리 두 사람은 이 요청을 실행하는 쪽으로 기울어졌다"는 전보를 보냈다.[25]

야마가타의 러시아 방문 구상

21일자 슈페이에르의 전보에는 "우리나라와의 협정에 대한 확신 있는 지지자인 야마가타 원수가 특사로 임명되었다는 것은 중대한 의의가 있다"는 기대감이 기술되어 있다. 야마가타 아리토모의 방러 구상이 일찍부터 전해져 있었던 것이다.

1896년 5월, 즉 같은 해 모스크바에서 니콜라이 2세의 대관식이 거행될 예정이라는 것은 이미 밝혀져 있었고, 일본에서도 후시미노미야(伏見宮)가 천황을 대리해 참석하기로 정해져 있었다. 이토 총리는 대관식 참석을 명목으로 전권대사를 러시아에 파견해 조선문제에 관해서 러시아와 합의해야 한다고 생각했다. 혹시 아관파천 전에도 그런 생각을 했는지는 모르지만, 사건이 일어난 후에는 틀림없이 보다 더 절박하게 그럴 필요를 느꼈을 것이다. 처음에는 이토 총리 자신이 직접 러시아를 방문할 생각이었다고 한다. 그러나 총리가 직접 간다는 데 대해서는 당연히 이론이 나올 수밖에 없다. 그래서 이토는 각료가 아닌 원로 야마가타 아리토모에게 눈을 돌렸다. 야마가타는 처음에는 고사했지만, 결국 승인했다. 각의의 결정에 의해서 야마가타 전권대사의 방러가 결정된 것은 2월 21일이었다.[26]

원래 야마가타에게는 내가 가지 않으면 안 된다는 강한 의욕이 있었다. 야마가타는 1882년에 이노우에 고와시(井上毅)에게 '조선정략 의견안'을 작성하도록 한 이래 "조선의 독립을 보호하고, 러시아의 남침을 막는" 데 뜻을 두고 준비해왔다. 처음에는 청·일의 제휴를 통해 그것을 실현하려고 했지만, 그런 생각은 급속히 사라졌고 청일전쟁에 이르렀다. 야마가타는 청일전쟁의 주력군, 즉 제1군 사령관이 되어 인천에 상륙, 의주를 거쳐 압록강을 도하하여 주롄성(九連城)까지 갔다. 거기서 1894년 11월 7일, '조선정책 상주'의 초고를 작성해 히로시마의 대본영으로 보냈다. 그 안에서 그는 이 상주문에 "조선의 국토를 청국 병사들이 유린하는 일이 없도록 하는 일은 이미 완수했다"고 썼으며, 조선의 독립 가능성에 관해서는 매우 부정적이었다.

"현재 조선 국내의 형세를 관찰해 보면, 거의 모든 사람이 낙담할 것이다." 인천에서 의주까지 50일, 150리[일본의 1리는 약 3.927킬로미터]를 보면 오곡이 풍성하지 않은 토지가 없으며, 산천이 수려하고 아름답지 않은 곳이 없다. 그러나 "그 백성들은 대개 어둡고 우매할 뿐만 아니라 산업에 힘을 쏟지도 않는다. 게다가 몽매하여, 순박한 기풍은 극히 드물다." "국민 모두에게 진취적인 기상이 결여되어 있고, 당장 눈앞의 안일함만을 좇아 미래는 생각하지 않는데, 배불리 먹으면 곧바로 잠자는 풍습이 있기 때문이다. 이 나라를 도와서 명실상부한 독립을 갖추도록 하는 것은 정말로 어려운 일이라고 말하지 않을 수 없다."[27]

야마가타는 여기서 솔직하게, "하물며 이 나라를 독립시킴으로써 동양에서 우리의 이익을 보전하는 방편으로 삼는 데 있어서는"이라며, 조선의 독립이 일본의 이익을 도모하는 '방편'임을 인정했다. 그렇게 하는 것이 곤란하다면, 필요한 것은 무엇인가?

"가장 급선무는 다음의 두 가지 방책이다. 첫째, 부산에서 경성을 거쳐 의주까지 철도를 부설하는 일, 둘째, 평양 이북 의주까지 이르는 길의 중추가 되는 지역에 일본인을 이식(移植)하는 일이다." 부산-의주 간 철도는 "동아 대륙으로 통하는 큰 길"이며, "지나를 횡단해 곧

바로 인도에 도달하는 도로"가 될 것이라서, 일본이 "동양에서 패권을 장악해 오래도록 열강들 사이에서 웅시(雄視)하고자 한다"면 이 철도가 꼭 필요하다. 조선 북부로 일본인을 이주, 정착시키면 청국과의 경계가 공고해지고, "점차 그 지역의 상업과 농업의 권리를 장악함과 동시에, 현지 주민을 유도해 순수한 문화 지역으로 향하도록 하여 청국의 영향을 완전히 두절시켜야 한다"는 것이다.[28]

이것은 기본적으로 조선의 전 국토를 일본의 지배하에 두겠다는 구상이다. 그러나 전쟁 중에 품었던 그런 구상이 전후에 순식간에 무너졌다. 야마가타에게는 그렇기 때문에 더욱, 어떻게든 러시아와 협정해 조선에서 일본의 지위(地步)를 일부라도 지켜야 한다는 집착이 있었다.

야마가타의 방러가 결정된 뒤 히트로보 공사는 2월 27일(15일) 본성으로 전보를 보냈다. "이토 공을 대신해 야마가타 원수가 특명전권대사로 임명되었다는 것은 특별히 중대한 의의를 지니고 있으며, 이곳의 국가 상층부에서 우리와의 직접적이고 전면적인 협정이 필요하다는 의견이 승리했다는 점을 증명하고 있다."[29]

히트로보는 야마모토보다 앞서서 출발해 귀국했다. 히트로보가 부재할 때 도쿄의 대리공사로는 슈페이에르가 임명되었다. 그 결과 대리공사를 그만두었어야 할 베베르가 서울의 단독책임자가 되었던 것이다.[30] 출발 전인 3월 5일, 히트로보는 이토 총리와 회담했다. 그는 야마가타의 사명에 관해서 듣고 싶다며 질문했다. 이토는 그것에 대해서는 직접 대답하지 않고, 다음과 같이 말했다.

"나도 히트로보 씨와 마찬가지로 조선국은 자립할 수 있는 나라가 아니라서 반드시 다른 자의 도움이 필요하다고 생각한다. 이에 관해서 일본국과 러시아가 서로 협의하는 것이 가장 바람직하다."

이에 대해서 히트로보도 다음과 같이 말했다.

"내 의견으로는 ……조선은 자기 단독의 힘으로는 독립할 수 없는 나라이므로, 러시아와 일본국이 협의함으로써 조선을 존립시키는 데 필요한 하나의 잠정협정(modus vivendi)을 체결하는 것이 바람직하며, 또…… 러시아가 조선에 관해서 희망하는 바는 해당국이 다른 강대국의 손아귀로 들어가 러시아에 대한 하나의 무기가 되지 않아야 한다는 것이다."

이토는 이에 대해서 찬성의 뜻을 표했다.

"러시아의 진의가 그러하다면, 양국 사이의 협의는 충분히 검토할 수 있을 것으로 믿어지며, 더욱이…… 일본국은 조선을 침략할 뜻이 없으며, 또 이 나라에서 일본 단독으로 전권을 쥐겠다는 욕심도 없다."[31]

한편 사이온지 외상대리와 야마가타의 회담에서 특사에 대한 훈령과 내훈의 초안이 작성되어 3월 13일에 결정되었다. 훈령에는 "일·러 양국이 상호 공동 제휴함으로써 그 독립을 부지(扶持)하든 또는 피아 양국 외에 다른 관계 국가에게 권유해 그 독립을 보증하든, 어느쪽 방책이든 적어도…… 조선 건국의 기초를 공고히 하고 확실한 것으로 하는 길을 강구하는 데 있어서 제국 정부는 기꺼이 러시아 정부와 준비, 주획, 경영(籌劃經營)할 것이다"라고 되어 있었다.[32] 주(籌)라는 것은 "일을 꾀하다"는 뜻이니까, 여기서는 러시아 정부와 지혜를 짜내 노력한다는 의미일 것이다.

내훈에는 일·러가 협정, 협력해야 할 6항목이 나열되어 있었다. 정부의 조직, 재정의 개혁 정리, 군대, 경찰제도의 정비, 소요의 진압, 외국 침략으로부터의 방위가 그것이다. 특히 소요를 진압하기 위해서는 "일·러 양국 또는 그 어느 한 국가에서 상당한 군대를 파견, 주둔시킴으로써 예측 못한 사태에 대비할 것"이라고 정하고, "조선 국내의 질서와 안녕을 보전 유지하기 위해서, 만일 일·러 양국에서 각 군대를 파견할 경우에는 조선 국내에 구획을 정해 각각 주둔시킨다. 그리고 조선에서 양국 병사들의 주둔 장소에는 상당한 거리를 둘 것"이라고 되어 있었다.[33] 이것은 거의 완전한 일·러의 조선 공동관리안이며, 일·러 세력영역 분할안의 싹을 내포하고 있었다.

야마가타 일행은 3월 15일 요코하마를 출발했다. 쓰즈키 게이로쿠(都筑馨六)가 수행원으로 참가했다. 일행은 미국을 경유해 유럽으로 돌아서 갔다.[34] 조선에도 니콜라이 2세 대관식의 초대장이 도착했기 때문에, 고종은 이 기회에 사절을 파견해 러시아에 대해 전면적인 원조 요청을 할 생각이었다. 베베르가 이를 실현하는 데 협력한 것이 분명하다. 민영환이 특사로 임명되었고, 그 고문 자격으로 윤치호(尹致昊)가 동행하기로 했다.[35]

고무라―베베르 각서 조인

3월 중순부터 서울의 고무라는 도쿄의 지령에 기초해 러시아 공사와 접촉했다.[36] 고무라는 베베르와 한두 번 회담하고 나서, 자신이 생각하는 네 개 항목의 합의안을 베베르에게 건넸다. 제1항, 양 공사가 국왕에게 왕궁으로 돌아갈 것을 권고한다. 왕궁 앞의 일본 병사들은 퇴거시킨다. 제2항, 온화한 인물을 대신으로 임명하도록 양 공사가 권고한다. 제3항, 서울의 일본군을 2개 중대, 400명으로 줄이고 부산과 원산의 각 1개 중대와 함께 국내가 평온상태로 돌아갈 때까지 주둔시킨다. 제4항, 전신선 보호 부대는 철퇴시키고 헌병으로 교대하며, 헌병의 총수는 200명을 넘을 수 없다. 베베르는 "대체로 특별한 이의는 없지만, 여전히 다소 수정하고 싶은 곳이 있다"고 말하고는 갖고 돌아갔다. 그러나 일주일이 지나도 연락이 없었다.[37]

답장이 온 것은 4월 5일이었다. 제1항에 관해서 국왕의 신변이 안전하다고 판단되면 왕궁으로 돌아가도록 권고한다. 제2항은 현재의 대신은 "자유진보주의적인 사람"으로 문제가 없다. 제4항은 헌병 200명으로 교체하는 것은 괜찮지만 이들도 점차 철수시켜야 하며, 일본이 독립국 조선의 전신선을 점유하는 것은 "기이한 사태"인 이상, 전신선의 매도를 추진해야 한다. 제3항은 서울에 2개 중대, 부산과 원산에 각 1개 중대의 일본 군대를 두는 것은 당장에는 괜찮지만, 습격이 없어지면 철수해야 하며, 러시아공사관과 영사관 보호를 위해서 수비병을 두는 것은 러시아의 뜻에 따른다는 내용이었다.[38]

고무라는 이 내용을 거의 다 받아들일 수 있을 것으로 생각했다. 굳이 다른 것이 있다면, 일본 공사도 국왕의 왕궁 귀환을 권고하고 있다는 점을 제1항에 부가하는 것 그리고 전신선의 매도에 관한 기술은 삭제해야 한다는 것 정도의 의견이었다.[39]

도쿄에서는, 이대로 좋지만 다만 제4항의 "러시아 병사 주둔의 건에 관해서는 그 수가 우리 병사의 수를 초과하지 않도록 정하고, 또한 조선의 사태가 평온상태로 돌아간 다음에는 철병하도록 정해야 한다"며 또 다시 지시를 보내왔다.[40] 고무라는 베베르에게 이 지시를 4월 22일 자로 전했지만 답이 오지 않았다. 30일이 되자 베베르는 제1항, 제2항은 이미 러·일 정부 사이에서 협정한 것이므로 우리는 실행할 뿐이라면서, 러시아의 병사 수를 제한하는 문제는 본국 정부의 훈령을 기다려야 한다고 회답해왔다. 고무라는 베베르가 "원래 우리와 공동으로 무언가를 하겠다는 생각을 털끝만큼도 하고 있지 않았을 뿐만 아니라, 대체로 이를 싫어하는 쪽이어서" 이 상태로는 교섭이 어렵다고 도쿄로 타전했다.[41]

일본 정부는 도쿄의 슈페이에르 그리고 러시아 외무성과도 접촉해, 베베르에게 고무라의 제안을 받아들이도록 압력을 넣어달라고 요청했다. 그러한 요청이 결실을 맺었는지, 5월 13일 베베르는 고무라의 안을 거의 그대로 수용하겠다는 회답을 보내 왔다.[42]

1896년 5월 14일, 고무라 공사와 베베르 전 대리공사는 각서에 조인했다. 그 내용은 다음과 같다.

1. 조선 국왕 폐하가 왕궁으로 환어(還御)하는 문제는 전적으로 폐하 스스로의 재단에 맡기지만, 폐하가 왕궁으로 환어해서 그 안전에 관해서 의구심을 품지 않을 수 있을 때가 되면, 일·러 양국 대표자는 환어할 것을 충고한다. 또 일본국 대표자는 일본 소시의 단속과 관련하여 엄밀한 조치를 취할 것을 보증한다.

2. 현임 내각의 대신들은 폐하의 뜻에 의해서 임명된 자들로서, 많은 수가 지난 2년 동안 국무대신 또는 그 밖의 현직에 있었고, 관대하고 온화주의로 알려진 사람들이다. 일·러 양국 대표자는 폐하가 관대하고 온화한 인물을 내각의 신료로 임명하고, 또 이들이 관대함과 인자함으로 그 신민을 대하도록 폐하에게 권고하는 것을 항상 그 목적으로 한다.

3. 러시아 대표자는 아래의 사항들과 관련해 일본국 대표자와 전적으로 의견을 같이한다. 즉 조선국의 현황으로는, 부산-경성 사이의 일본 전신선 보호를 위해서 어떤 장소에 일본국 위병을 둘 필요가 있을 것이고, 또 현재 3개 중대의 병정들로 구성된 곳의 호위병은 가능한 한 신속하게 철수하고, 이를 대신해 헌병으로 다음과 같이 이를 배치할 것. 즉 대구에 50명, 가흥(可興)에 50명, 부산과 경성 사이의 10개 파출소에 각 10명으로 한다. ……헌병대의 총수는 결코 200명을 초과해서는 안 된다. 그리고 이들 헌병도 장래에 조선 정부가 안녕과 질서를 회복하면 각지에서 점차 철수한다.

4. 만일 조선인들이 습격해오는 경우에 대비해서, 경성과 각 개항장에 있는 일본인 거류지를 보호하기 위해 경성에 2개 중대, 부산에 1

개 중대, 원산에 1개 중대의 일본 병력을 둘 수 있다. ……러시아공사
관 및 영사관을 보호하기 위해 러시아 정부도 역시 위의 각지에 일본
병사의 수를 초과하지 않는 위병을 둘 수 있다…….[43]

이 각서가 체결되는 과정에 일본 정부는 러시아 정부가 협조적이
라는 사실을 확인했다. 그런 가운데 조선 국왕과 깊이 연결된 베베르
전 대리공사를 페테르부르크와 도쿄에서 고립시키는 데 성공한 것이
다.

고무라는 이 조인을 마치고, 귀국 명령을 받아 5월 31일 서울을 떠
났다. 그 전날 밤 고무라는 외부대신 이완용에게 1월 이후 조선 각지
에서 살해된 일본인 43명, 부상자 19명의 피해에 대한 보상으로 일본
은화 146,000엔을 지불하라고 요구했다.[44] 물론 민비 살해에 관해서
는 어떠한 표명도 하지 않았다.

귀국 후, 고무라는 가쓰 가이슈(勝海舟)를 만났다. 가쓰가 고무라의
대한선후책(對韓善後策)을 묻자 고무라는 "막말(幕末) 시기에 각하께
서 처했던 상황과 같다"고 답했다. 가쓰가 의아해 하자 고무라는 이
어서 "천자[天子, 황제]를 빼앗겨서 모든 게 끝났다"(萬事休矣)라고
말했다고 한다.[45]

고무라는 외무차관으로 승진했고, 조선 공사에는 하라 다카시(原
敬)가 임명되었다.

러·청 비밀동맹조약과 동청철도협정

야마가타가 들어간 러시아에서는 또 다른 중대한 교섭이 러시아와
청국 사이에 진행되고 있었다.

시베리아철도 건설을 추진해온 재무상 비테는 청국과의 관계를 잘

유지해 획득하고 싶은 것이 있었다. 그가 시베리아철도의 바이칼 호를 기준으로 동쪽(以東)과 아무르 지역에 관해서 의견서를 제출한 것은 1895년 2월의 일이었다. 이 지구(地區)의 공사가 난관이라는 점을 고려해 노보쭈루하이투이에서 만주 북부를 횡단, 메르겐을 거쳐 블라고베센스크로 빠지는 노선을 생각했던 것이다. 그런데 삼국간섭이 성공하자 비테도 보다 대담한 만주횡단철도안을 구상했다. 합리적으로 생각하면 치타에서 블라디보스토크를 잇는 만주 횡단 철도 노선이 가장 짧고 가장 빠르며, 만주 개발로도 이어지기 때문이다. 비테는 10월에 그 만주횡단철도에 관한 제안을 정리해 황제에게 상주했다. 재무성은 이 안을 청국 정부에 제안하려고 공사 계획을 작성했다.[46]

러시아의 안은 민간회사에 부설 권리를 인정해 달라, 청국은 80년 후에 재매입할 권리를 지닌다는 것이었다. 비테는 우흐톰스키와 함께 이 안을 추진하면서 페테르부르크에서 교섭을 시작했지만, 베이징의 카시니 공사에게 청국 정부와 교섭시킬 필요성이 생겼다. 로바노프-로스토프스키의 훈령으로 실제로 베이징에서 교섭이 시작된 것은 1896년 2월이었다. 청국 정부는 철도는 자신들이 건설하겠다고 하면서 러시아의 희망을 거절했고, 카시니의 교섭은 난관에 부딪쳤다.[47]

그래서 비테는 니콜라이 2세의 대관식에 청국 대표로 참석할 리훙장을 맞이해 페테르부르크에서 교섭하려 했고, 황제의 승인도 얻었다. 우흐톰스키에게 리훙장을 맞이하러 포트사이드까지 가게 했다. 곧장 러시아로 직행시켜 페테르부르크로 안내하도록 했던 것이다.[48] 5월 1일(4월 19일) 우흐톰스키는 황제를 배알하고 리훙장의 도착을 보고했다.[49]

교섭을 행한 것은 외상이 아니라 비테였다. 리훙장은 청국이 러시아의 자금으로 철도를 건설하는 안과 러·청 동맹조약안을 가지고 왔다. 교섭은 난항을 거듭했다. 세부적으로 살펴보면 러시아식 광궤를 채용할 것, 명칭은 만주철도가 아니라 동청철도, 즉 중국동방철도로 할 것, 재매입 기간은 80년에서 36년으로 단축할 것을 합의했다. 그러나 기본적인 대립이 해소되지 않았다. 5월 4일(4월 22일) 니콜라이는 리훙장에게 알현을 허락했다. 니콜라이는 일기에 이렇게 썼다. "고명한 리훙장을 만났다. 수행원을 대거 이끌고 왔다. 당당한 풍채의 노인이다."[50] 황제는 사흘 뒤에도 리훙장과 만났다. "리훙장을 만났다. 그는 내게 청국 황제가 보낸 선물과 자기 자신의 선물을 건넸다. 그리고 집무실에서 그의 아들 리 공작(公爵)의 통역으로 장시간 대화했다."[51] 니콜라이는 러시아가 어떤 영토적 야심도 지니고 있지 않음을 강조해 리훙장에게 좋은 인상을 남겼다. 러청교섭을 연구한 루코야노프는 리훙장이 황제의 이 말을 듣고 러시아의 조건을 받아들일 결심을 했다고 보고 있다.[52] 다음 날 비테는 황제에게 상주했다. 그 다음 날에는 시베리아철도 건설위원회가 열렸다.[53] 교섭 담당자와 관계 장관 그리고 황제가 긴밀하게 협의하고 협력하여 교섭을 추진하고 있었음을 알 수 있다. 이 교섭은 당시 러시아로서는 가장 중요한 교섭이었다.

리훙장은 동맹조약을 체결하고, 그 안에 철도문제를 포함하려 했다. 즉 일본의 침략으로 청국과 러시아가 동맹을 맺고 대항하기 위해서, 러시아군을 운송하는 철도의 건설을 인정하겠다는 논리였다. 비테와 로바노프-로스토프스키의 입장에서는 일본을 적으로 하는 조약을 청국과 체결하는 것이 바람직하지 않았겠지만, 철도 이권을 획득하기 위해서는 동맹을 받아들일 수밖에 없었던 것이다. 동맹은 비밀에 부친다는 데 합의했다.

이렇게 해서 만주의 철도를 둘러싼 교섭은 리훙장의 논리가 반영되어 뜻밖의 모양새를 띤 조약 교섭이 되었다. 널리 '카시니 밀약'이라고 불리게 된 러·청 비밀동맹조약과 한 세트로 동청철도협정이 체결되기에 이른 것이다. 1896년 6월 3일(5월 22일)에 페테르부르크에서 리훙장과 비테, 로바노프-로스토프스키가 조인한 러·청 비밀동맹조약은 러시아 측 자료를 번역하면 다음과 같다.

러시아 황제 폐하와 청국 황제 폐하는 다행스럽게도 극동에서 회복된 평화를 공고히 하고, 외국의 또 다른 침입으로부터 아시아 대륙을 방위하기를 바라면서 방위동맹을 체결하기로 결정하고, 여기에 이 목적을 위해서…… 를 전권으로 임명했다.

제1조 일본이 동아시아의 러시아령, 청국과 조선의 영토를 공격하면, 그 공격이 어떻든 본 조약을 즉시 적용하는 계기로 간주할 것이다. 이 경우 양 조인국은 그 시점에 소유하고 있는 모든 육해군 병력으로 상호 지지하며, 이들 병력에 각종 장비를 보급하는 데 가능한 한 상호 원조를 행할 의무를 진다.

제2조 양 조인국이 공통의 행동을 시작하면, 어느 한 쪽이 다른 쪽의 동의를 얻지 않고 적과 강화조약을 체결할 수 없다.

제3조 군사행동 시에는 청국의 모든 항구는 필요한 경우에 러시아 함선에 개방되며, 이들 함선은 청국 당국에서 필요한 지원을 받아야 한다.

제4조 공격의 우려가 있는 지점에 러시아군이 도착할 수 있으며, 이 군대의 존재를 위한 수단을 확보할 수 있도록 청국 정부는 만주를 통하는 철도의 부설에 동의한다. 그 경우 이 부설의 모든 조건은 페테르부르크의 청국 공사와 러청은행과의 교섭에 의해 계약의 형태로 확정된다.

제5조 군사행동 시에는 러시아는 자국의 군대 수송과 보급을 위해서 이 철도를 자유롭게 이용할 권리를 지닌다. 평시에도 러시아는 같

은 권리를 행사한다. 오직 그 지방의 이송 요구에 따라서만 정체가 발생할 수 있다. 조약이 효력을 발하는 것은 상기 계약을 청국 황제가 승인하는 날이며, 이후 15년간 유효하다. 그 기한 종료 6개월 전에 쌍방은 그 이상의 연장 협정을 체결하게 될 것이다.[54]

동청철도협정은 1896년 9월 8일(8월 27일) 베를린에서 우흐톰스키와 로트시체인이 주러시아 청국 공사와 조인했다.[55] 이에 따라 러시아는 치타-블라디보스토크 사이를 최단거리로 잇는 철도를 부설할수 있었고, 그 부속지를 조차해 거기에 경찰 및 경비병을 배치할 수있게 되었다. 철도의 건설 주체는 러시아 정부가 아니라 러시아의 민간 기업이어야 했기 때문에, 러시아는 동청철도회사를 설립하게 되었다.

러시아의 야마가타 아리토모

야마가타 일행은 5월 중순에 프랑스를 출발해 모스크바로 향했다. 야마가타를 맞이한 러시아의 분위기에 관해서는 자료가 빈곤하다. 외무성 넘버 쓰리에 해당하는 상급 심의관 람스도르프의 일기의 단편적인 기록만이 그나마 단서가 된다. 5월 13일(1일) 람스도르프는 로바노프-로스토프스키 외상의 호출을 받았다. 외상은 리훙장과의 긴 회담을 막 마친 상태였다. 그는 조약이 기본적으로 정리되었다고 말했다. 외상은 상기된 표정으로, "자네, 알고 있나? 일이 잘 되면 이건 대사업이 되는 거라네"라고 말했다. 람스도르프는 계속해서 일기에, 귀국한 주일 공사 히트로보에 관해 그는 일본과의 긴밀한 협정을 해야 할 필요성과 가능성을 확신하고 있다고 썼다. "히트로보의 의견으로는 대관식에 오는 야마가타 원수는 일본의 걸출한 정치가 가운데 한 사람이며, 러시아와 마음에서 우러나는 합의를 달성하는 것이 반드시 필요하다고 확신하고 있다.” 그리고 람스도르프는, 프랑스에 있는 주재 무관의 보고에 의하면 파리를 거쳐 온 일본 대표는 러시아가 청국에게 친밀감을 느끼면서도 매우 불안감을 느끼고 있으며, 이 사람[야마가타]과 후시미노미야 모두 러시아에서 당연한 대접을 받지 못하는 것이 아닐까 하고 걱정하고 있다, 고 썼다.[56]

분명 로바노프-로스토프스키 외상은 청국과의 교섭을 중시했고, 일본과의 교섭에 관해서는 아무런 준비도 하지 않았다. 람스도르프도 걱정은 했지만, 그 이상은 아무것도 하지 않았던 것이다.

5월 20일(8일) 모스크바에서 로바노프-로스토프스키 외상과 야마가타와의 최초의 상견례가 행해졌다. 야마가타는 교섭을 바라는 진의를 전달했지만, 외상은 하루 이틀 동안은 여유가 없으니 대관식이 끝난 뒤에 페테르부르크에서 교섭하고 싶다고 말했다.[57] 대관식은 모스크바의 크렘린에서 거행되는데, 그것은 6일 뒤로 다가와 있었다. 리훙장처럼 페테르부르크를 거쳐 온 자도 있었지만, 야마가타처럼 직접 모스크바에 온 외국의 빈객도 많았다. 따라서 외상의 변도 무리는 아니었지만, 이러한 대접은 외상의 일본 경시, 야마가타를 경시하는 태도였다.

황제 니콜라이는 5월 18일(6일)에 페테르부르크에서 모스크바로 들어와 있었다. 19일(7일)에는 바덴-뷔르템부르크 공국의 왕자와 함께 후시미노미야를 접견했다. 22일(10일)에는 각국 사절을 접견했다. “프랑스, 미국, 스페인, 일본 그리고 조선 모두 대인원이었다.”[58] 야마가타도 이때 황제를 배알했다. 러시아의 황제는 일본 정부 대표인 야마가타에게 단독 알현의 기회를 부여한다는 생각은 없었던 것이다.

마침내 히트로보 공사가 도착해 야마가타가 묵고 있던 호텔을 찾아왔다. 그는 외상이 대관식 후 휴양지에서 잠시 요양할 작정인 것 같다, 초조해하지 말고 천천히 교섭할 결심을 굳히는 것이 좋겠다고 권유했다. 그러나 아먀가타는 그리 느긋한 기분이 아니었다. 그는 거듭 요청했고, 결국 5월 24일에 니시 공사와 함께 로바노프-로스토프스키 외상과 첫 회담을 했다.[59] 품에는 6개항의 협정안을 넣어두고 있었다. 중요한 것은 제1조와 제5조였다.

제1조 일·러 양국은 조선국의 독립을 상호 담보할 것.

제5조 내우외환으로 조선 국내의 안녕과 질서가 심하게 어지러워지거나 어지러워질 우려가 있으면, 일·러 양국은 정부 간 협의를 한 후에…… 이미 동 국가에 주둔하고 있는 군대 이외에 군대를 추가로 파견함으로써 동 국가를 도와줄 필요가 있다고 인정할 때에는, 일·러 양국은 양국 군대의 충돌을 피하기 위해 각각 그 군대 파견 지역을 분획한다. 한 쪽은 그 군대를 동 국가 남부로 파견하고, 다른 한 쪽은 북부로 파견한다. 또한 예방적 차원에서 양국 군대 사이에 상당한 거리를 둘 것.[60]

즉 조선의 독립을 존중하면서 조선을 남북으로 나누어 각각을 일·러의 세역(勢域), 즉 세력영역으로 한다는 구상이었다. 다른 항목은 제2조가 조선의 재정 균형과 외채 모집에 일·러가 협력할 것, 제3조는 군대와 경찰조직 유지에 일·러가 협력할 것, 제4조는 일본이 소유하는 전신선은 조선이 구입할 때까지는 일본이 관리한다, 제6조는 장래 문제가 생기면 일·러가 "화합과 충심(衷心)의 숙의"로 해결할 것 등을 담고 있었다. 조선의 완전한 일·러 양국 공동관리제, 즉 일·러 세력영역 분할을 제안한 것이었다.

이 안을 구두로 설명하자 로바노프-로스토프스키 외상은 "쌍방이 바라는 바가 동일하다면 대체적으로는 이의가 없다고 생각한다"고 말했지만, 문면을 보여주자 우선 제1조에 반응했다. 독립을 '담보'(гарантие)한다는 것은 조선을 양국의 '보호국'으로 하자는 것인가 하고 질문했다. 야마가타는 이것은 6개조의 '첫머리'에 둔 것일 뿐 깊은 의미는 없다고 한 발 뺐다. 제5조까지 눈이 갔을 때, 로바노프-로스토프스키와 야마가타는 서로의 얼굴을 바라보고는 웃었다. 니시 공사는, 이것이 "남북으로 나누어 갖기"로 하자는 것인가라고 생각했기 때문일 것이라고 추측했다. 병력을 보내는 것은 국왕이 요구했을 때인가? 하고 외상은 물었다.[61]

야마가타의 제안은 중대한 제안이었다. 그러나 러시아 측에게는 그것을 받아들이고 생각할 준비는 전혀 되어 있지 않았다. 대관식은 이틀 뒤로 다가와 있었다.

대관식과 그 후의 교섭

5월 26일(14일) 크렘린 안의 우스펜스키 성당에서 니콜라이 2세의 대관식이 거행되었다. 니콜라이는 일기에 이렇게 썼다.

"거대하고 장엄한 하루, 그러나 알릭스, 엄마, 그리고 나에게는 정신적으로 아주 괴로운 하루였다. 아침 8시에는 벌써 정렬하고 있었다. 우리의 행진이 시작된 것은 10시 반이었다. 날씨는 다행스럽게도 놀라울 정도로 화창했다. 정면의 입구는 빛나고 있었다. 우스펜스키 성당 안에서 일어난 일은 모두 진짜 꿈속의 일처럼 생각된다. 그러나 평생 잊지 못할 것이다."[62]

후시미노미야, 야마가타 등의 일본 대표는 리훙장, 민영환 등 청국과 조선의 대표들과 함께 성당 안에 있었다.

이튿날에도 행사는 계속되었다. 밤에는 모든 외국 손님들이 크렘린 안에 있는 그라노비타야 궁전의 연회에 초대되었다. 사흘째에는 군대의 축하가 있었고, 나흘째에는 밤에 볼쇼이 극장에서 글린카의 오페라 '황제에게 바치는 목숨'이 상연되어 황제 이하 모두가 관람했다.

닷새째인 5월 30일(18일)에는 교외의 호두인카 벌판에서 국민이 참가하는 축하행사가 거행되었다. 빵과 신황제 이름의 이니셜이 새겨진 컵이 배급될 예정이었다. 그런데 여기에 50만 명의 인파가 몰려들었고, 군대 훈련용으로 파 놓은 구덩이에 사람들이 떨어져 공식 발표로만 1,389명이 사망하는 대참사가 발생했다. 물론 이것이 황제의 책임은 아니었다. 그러나 그날 밤 마치 아무 일도 없었다는 듯 프랑스 공사 몬테벨로가 주최하는 축하 무도회가 열렸고, 황제와 황후가 여기에 참석한 것에 대해서 격렬한 비판이 쏟아졌다. 반정부파는 니콜라이 2세를 "피의 황제"라 부르며 규탄했다.

30일에 야마가타는 아시아국장 카프니스트와 히트로보 공사가 러시아 장교의 파견을 인정한다는 항목을 일본의 제안으로 추가하든지, 아니면 협정에 덧붙이는(付記) 항목으로 그러한 취지를 추가하든지 하기를 바라고 있다는 것을 알고, 일본은 그러한 조항에는 동의할 수 없다는 것을 납득시키려고 노력했다. 일본에서도 조선 정부가 러시아 정부에게 장교 파견을 요청했다는 소문이 있다는 전보를 받고 있었다.[63]

6월 2일(5월 21일) 로바노프-로스토프스키 외상은 황제에게 상주했다.[64] 청국과의 조약 교섭은 결착을 보았고, 다음 날 조인하게 되었으므로 그것에 대한 승인을 받는 것은 당연한 일이었지만, 일본과의 교섭에 관해서도 분명 보고가 올라갔을 것이다.

6월 6일 제2차 러·일 회담이 열렸다. 로바노프-로스토프스키 외상은 제안된 이 협정을 공표할 작정인지 아니면 비밀에 부칠 작정인지 물었다. 야마가타는 재정에 관한 조항 이외에는 "이를 공개할 필요가 없다고 생각한다"고 답했다. 그러자 외상은 러시아의 역제안을 제시했다. 제5조의 근본적인 수정과 러시아 장교에 의한 왕의 호위병

훈련을 인정한다는 새로운 조항을 추가하는 것이 그 내용이었다. 제1조의 독립의 "담보"를 독립을 "승인한다"(reconnue)로 바꾸고, 전신의 조항에는 러시아도 전신선을 건설할 수 있다는 수정 내용을 추가했다. 제5조에 관해서는 '남' '북'의 두 자를 삭제했다. 이에 대해서 야마가타가 그 이유를 묻자 역으로, 남북이라고 하면 어디를 경계로 구분할 작정인가 하는 질문이 돌아왔다. 야마가타는 "대체로 그 나라의 가운데 정도인 대동강 변으로 하면 되지 않을까" 생각하고 있다고 답했다.[65] 대동강 부근이라면 평양 근처 즉 북위 39도 근처가 된다. 평양은 러시아의 세력영역 안에 넣겠다는 생각이었을 것이다. 그러나 아무튼 러시아는 조선을 남북으로 나누어 각각을 세력영역으로 한다는 일본의 안을 거절했다.

후일 1903년 5월에 당시의 교섭이 논의의 대상이 되었다. 러시아 정부의 대일정책을 비판하는 전 청국주재 무관 보가크는 의견서에서 조선반도에서 일본과의 이웃나라 관계를 조절하기 위한 "최선의 시점은 시모노세키 강화조약 시, 즉 청일전쟁 직후 일본의 힘이 약해지고 타협적이었을 때였겠지만 당시 그렇게 하지 않았다. 마찬가지로 러시아는 대관식을 위해서 방러한 야마가타 원수가 조선에 관한 일정한 협정 체결을 진심으로 바라고 있던 1896년에도 이 건에 관한 교섭을 거절했다"고 비판했다.[66] 이에 반론을 펼치면서 람스도르프 외상은 다음과 같이 썼다.

"주지하다시피 실제로는 1896년에 대관식 참석을 위해 모스크바로 온 일본의 야마가타 원수는 우리나라와 조선 분할 협정의 체결 가능성을 지적하고자 했다." "러시아가 이 방향으로의 의견교환을 거부한 중대한 근거는 달리 있었다. 첫째, 바로 1년 전 러시아는 조선의 완전한 독립 원칙을 선언하고, 러시아의 요청에 의해 시모노세키 조약 제1조에 그것이 포함되었던 것이다. ……둘째, 조약에 따라서 일본에게 조선반도의 남단부를 양보한다면, 형식적으로 러시아는 전략상이나 해군 관계의 면에서나 조선의 가장 중요한 부분을 영구히 포기하는 것이 되고, 미래에 스스로의 행동의 자유를 자발적으로 속박해 버리는 것이다. 모든 면에서 러시아가 태평양 연안에 강고하게 정착할 때까지는, 러시아의 직접적 이해는 조선이 전체로서 통일(全一性)을 유지하는 것과 독립의 원칙을 지지하는 데 있다."[67]

두 번째 근거는 마산 문제에 대한 배려 때문에 제동이 걸렸다는 것인데, 외무성으로서는 일관하여 이 마산의 획득에 반대해왔기 때문에 그것을 논거로 삼는 것은, 이 변명이 관료적인 책임 회피론이었다는 점을 보여주고 있다.

그래도 첫 번째 근거를 수긍할 수 있는 이유는, 바로 이보다 3일 전에 막 조인된 러·청 비밀동맹조약의 제1조에서 러시아는 조선의 영토에 대한 일본의 공격에 대항할 것을 서약했다는 점이었다. 그 조약에 서명한 펜의 잉크가 채 마르기도 전에 조선의 분할점령 건으로 일본과 합의하는 것은 곤란하다고 생각했을지도 모른다. 아무튼 러시아는 깊이 생각해 보지도 않은 채 조선을 둘러싸고 일본과 합의할 수 있는 중요한 찬스를 놓치게 되었다. 일의 전말을 생각해 보면 이것이 마지막 기회였을 터였다. 보가크의 지적은 옳았다.

6월 8일 세 번째 교섭이 있었다. 제1조의 독립의 '담보'에 관해서 러시아가 저항했기 때문에 제1조를 없애기로 했다. 러시아 장교에 의한 훈련의 문제도 가장 분규가 있는 부분이었다. 일본은 "우리나라의 감정"으로는 받아들일 수 없다고 하면서, 일본인도 러시아인도 아닌 제3국의 장교에게 훈련을 의뢰하는 편이 좋겠다고 주장했지만, 러시아가 조선국왕이 안심할지 어떨지가 문제라면서 일·러가 협동해 조선문제를 도모함에 있어 제3국의 인간을 끌어들이는 것은 좋지 않다고 주장해 의견이 정리되지 않았다. 마지막으로 러시아는 러시아 사관이 왕의 호위병 훈련에 임할 때에는 일본의 사관이 별도의 부대 훈련을 하게 하는 것으로 타협하자고 제안했다.[68]

야마가타-로바노프 협정 조인

6월 9일(5월 28일) 모스크바 교외 세르게이 대공의 영지 일리인스코예에서 요양중인 니콜라이에게 로바노프-로스토프스키 외상이 방문하여 긴급 상주를 올렸다.[69] 정리된 러일교섭을 보고하고 의정서 조인의 인가를 받았을 것이다.

이 결과 이날, 즉 1896년 6월 9일(5월 28일), 야마가타와 로바노프-로스토프스키는 '조선문제에 관한 모스크바 의정서'에 조인했다. 그 내용은 다음과 같다.

제1조 일·러 양국 정부는 조선국의 곤란한 재정을 구제할 목적으로 조선국 정부에 대해서, 일체의 헛된 비용을 없애고 또한 그 세출입의 평형을 유지할 것을 권고할 것…….

제2조 일·러 양국 정부는 조선국 재정상 및 경제상의 상황이 허락하는 한, ……내국인으로 조직하는 군대 및 경찰을 창설하고 또한 이를 유지하는 것을 조선국에 일임하는 것으로 할 것.

제3조 조선국과의 통신을 용이하게 하기 위해서 일본국 정부는 현재 점유하고 있는 전신선을 계속해서 관리할 것. 러시아는 경성으로부터 그 국경에 이르는 전신선을 가설할 권리를 보유한다…….

제4조 전기(前記)의 원칙에 대해서 한층 더 정확(精確)하고 상세한 정의를 필요로 하든지 또는 후일에 이르러 상의(商議)를 필요로 할 만한 다른 사항이 생길 때에는, 우의(友誼)적으로 이를 타협할 것을

양국 정부 대표자에게 위임할 것.

그리고 여기에 비밀조항이 붙어 있었다.

제1조 원인의 내외(內外)를 불문하고 만일 조선국의 안녕과 질서를
어지럽히거나 또는 장래에 어지럽혀질 위구(危懼)가 있으면, ……
그 합의에 따라서 추가로 군대를 파견해 내국 관헌을 원조할 필요
가 인정될 때에는, 양 제국 정부는 그 군대 사이에 모든 충돌을 예
방하기 위해서 양국 정부의 군대 사이에 전혀 점령되지 않은 공지
(空地)가 존재하도록 각 군대의 용병(用兵) 지역을 확정할 것.
제2조 조선국에서 본 의정서의 공개 조항 제2조가 언급하는 내국
인의 군대를 조직할 때까지는 조선국에서 일·러 양국 동수의 군
대를 둘 권리와 관련하여, 고무라 씨와…… 베베르 씨가 기명한 가
(假)결정은 그 효력을 가질 것. 조선국 대군주의 호신과 관련하여
현재 존재하는 상태도…… 균일하게 이를 계속할 것.[70]

니시 도쿠지로는 1896년 7월에 당시를 되돌아보면서 이 교섭의 결
과 다음과 같은 것들을 알 수 있었다고 썼다. 첫째, 러시아에게는 일
본과 공동이든 단독이든 조선을 보호국을 삼으려는 "의사가 없다는
것"이다. 둘째, 러시아에게는 "현재의 상태에서 일본과 함께 조선을
남북으로 분할할 의사가 없다"는 것이다. 여기에는 "상태가 일변하게
되면, ……이를 불사할 것"이라는 단서를 달았지만, 이것은 의미 없
는 사족이다. 상황이 변하면 정책은 변할지도 모르며 변하지 않을지
도 모르는 것이다. 요컨대 일본의 외교관은 러시아가 조선을 보호국
으로 한다든지 일본과 분할한다든지 하는 결정적인 행동을 할 의욕
이 없음을 간파했던 것이다. "러시아가 현재 조선에 대해 지니고 있

는 소망은 이미 형성된 것을 유지하는 데 지나지 않으며, 자동적으로 이를 장악한다든지 이를 보호국으로 한다든지 하는 등의 계획을 꾸미지는 않을 것"이다. 니시는 당장에는 러시아와의 협조를 유지하고, "양국 화합의 정신"에 기초하여 위험을 회피해 갈 것을 주장했다. 그리고 "저들도 충돌을 바라지 않는다는 것을 잊지 말고", 간단히 양보하지는 말 것이며, 다른 면에서 해군의 확장을 서둘러서 러·불 함대에 대항할 실력을 축적해야 할 것이라고 주장했다. 그리고 "러시아도 원하지 않는 충돌을 우리도 빨리 이를 두려워하지 않을 수 있는 지위에 도달해 현재의 상태가 일변하고 주객의 위치가 바뀌게 되면, 충돌은 자동적으로 피하게 될 것이다. 조선문제에 대한 결론 역시 우리가 바라는 바에 가까워지게 될 것이다."[71]

러시아는 조선을 어떻게 해보려는 의욕이 없기 때문에 일본이 힘을 기른다면 조선을 일본의 보호국으로 할 수가 있다. 이것이 니시가 이끌어 낸 결정적인 결론이었다. 그런 의미에서 야마가타가 러시아를 방문해 꺼낸 제안이 러시아에 의해 거부된 이 시점이 일본, 러시아, 조선의 3국 관계에 결정적인 분기점이 되었다고 하겠다.

러시아 정부는 이번 의정서의 비밀조항이 아닌 부분도 공개하지 않기를 바랐다. 7월 8일 히트로보는 사이온지 외상대리에게 모스크바 의정서의 비공개라는 "굳은 희망"을 전하고, 일본 정부는 다음 날 하는 수 없이 알았다고 회답했다.[72] 그러나 8월에 일본 정부는 고무라-베베르 각서와 야마가타-로바노프 의정서를 모두 공표하고 싶은 생각이 들었고, 재교섭을 시도했다.[73] 그러나 러시아는 이를 거부했다. 그래도 사이온지는 8월 7일에 이것을 비밀로 한 채로 있으면 일본이 매우 곤란한 처지에 놓이게 될 것이라면서 슈페이에르에게 주선을 요청했다.[74] 이러한 과정에는 분명 러시아가 일본을 낮추어 보는 태도가 나타나 있다.

조선 사절의 교섭

조선 사절 민영환 일행도 야마가타 일행과 거의 같은 시기에 모스크바에 도착했다.[75] 대관식에 참석한 뒤 일행은 6월 5일 페테르부르크로 갔다. 거기서 민영환은 러시아 정부에 요망서를 제출했다. 5개 항목의 요구가 열거되어 있었다. 1. 조선군이 형성될 때까지 왕의 안전을 러시아군의 힘으로 지켜 줄 것. 2. 충분한 수의 군사교관을 파견할 것. 3. 세 명의 고문(궁내, 내각, 산업철도의 분야)을 파견할 것. 4. 300만 엔의 차관을 공여할 것. 5. 조선과 러시아 사이의 전신선을 부설할 것. 이때 민영환은 더 나아가 베베르를 조선에 남겨 달라는 희망도 제시했던 모양이다. 양국 사이의 교섭은 야마가타와 로바노프-로스토프스키 외상 사이에 의정서가 조인된 지 나흘 뒤인 6월 13일에 로바노프-로스토프스키 외상과의 회담에서 이루어졌다.[76]

민영환은 로바노프-로스토프스키 외상에게 일·러 협정 조인 소문이 있던데 이것은 사실인가 물었다. "이 두 나라의 모든 공동행동은 양국에게는 유리한 것인지 몰라도 조선에게는 최대의 재난이다. 조선 정부는 러시아에게 자국을 독점적인 보호 하에 두든지 공동행동을 단적으로 거절하든지 어느 한 쪽을 선택해 달라고 요청했다." 로바노프-로스토프스키 외상은 조선에 대한 원조를 거부하지는 않겠지만 일본과 싸우고 싶지도 않다고 대답했다.[77]

최종적으로 러시아는 5개 항목의 요구에 응해서 5항목의 회답을 제시했다. 이 문서는 로마노프가 발견하여 공표된 것이다.

1. 국왕은 러시아공사관에 머무는 동안은 러시아 병사가 지킨다. 러시아공사관에는 필요한 한 머물러도 좋다. 국왕이 궁전으로 돌아갈 때에는 그 안전에 관해서 러시아 공사는 도의적 책임을 진다.

2. 군사교관 문제에 관해서는 가까운 시일 내에 고위급 장교 1인을 파견한다. 그에게는 당면 국왕의 경비대를 조직하는 것을 맡긴다. 재정문제에 관해서도 마찬가지로 러시아에서 전문가를 파견한다.

3. 고문 파견에 관해서는 제2항에서 기술했다.

4. 차관의 체결은 나라의 경제상황이 분명해진 후에 행한다.

5. 전신선의 건설에 노력한다.[78]

민영환은 이것만으로는 불만이었다. 그는 러시아와 조선의 동맹조약 체결을 제안했지만, 로바노프-로스토프스키는 여기에 응하지 않았다. 민영환 일행은 8월 하순까지 3개월 동안 러시아에 체재했지만, 위의 5항목 회답 이외에는 아무런 회답을 받지 못했다.[79] 원래 황제는 조선에 대해서 배려하는 자세를 보이려고 했다. 니콜라이의 일기에는 7월 14일(2일)자로 다음과 같은 내용이 있다. "다시 조선의 사절을 접견했다. 그들은 마침내 떠나려고 한다."[80]

러시아인 군사교관과 재정고문의 파견 문제

일본인 군사교관을 퇴거시킨 고종은 계속해서 러시아인 군사교관 파견을 요청했다. 이에 응해 서울에 체재하고 있던 참모본부의 코르네예프 대령은 보병 3개 대대, 포병 1개 중대, 기병 반개 중대를 창설하기로 하고, 이들의 지도를 위해 러시아인 장교 12명, 하사관 63명을 5년 동안 파견한다는 구상을 수립했다. 파견 비용은 215,000루블로 계산되었다.[81]

이 구상에 대해서 러시아 육군성은 신중했다. 1896년 4월 17일(5일) 육군성 내에서 오브루체프 참모총장 주재 하에 검토회의가 열렸다. 여기서는 국왕의 경비대를 1개 대대 1천 명 규모로 하면, 장교 6명 하사관 14명을 파견하는 것으로 충분하다는 계산이 나왔다. 비용은 연간 38,000루블로 충분했다. 이 러시아 육군성의 안에 관해서 고종은 우선 그것으로 시작해도 좋지만, 최종적으로는 4,000명의 조선군 훈련까지 확장해 주기 바란다고 요청했다. 안을 구체화하기 위해서 러시아 참모본부 아시아과장 보좌이며, 청국에서 6년 동안 주재 무관을 지낸 푸차타 대령을 서울로 파견하기로 했다.[82]

이와 동시에 러시아 정부는 조선에 차관 원조를 할 경우에 변제능력을 알 필요가 있었다. 그래서 재정고문 파견 준비의 일환으로, 베이징에 가 있는 재무성 에이전트 포코틸로프를 1896년 여름에 파견했다.[83]

그러나 실제로 이야기가 진행된 것은 군사교관 파견과 조선군대 양성에 관한 것이었다. 1896년 10월 21일(9일) 포함 '그레먀시이'에 탑승한 푸차타 대령과 2명의 장교, 그리고 10명의 병사가 도착했다. 이들은 즉시 장래의 경비대원 800명의 훈련을 개시했다. 푸차타는 조선의 고관과 대신들을 모아 군사 문제의 해명을 위한 소위원회를 설치했다. 이 소위원회 작업의 결과가 12월 2일의 푸차타안이었다. 푸차타는 조선에 6,000명 규모의 군대를 조직해야 한다면서, 거기에 29명의 장교와 131명의 병사를 러시아에서 파견해야 한다고 주장했다. 통역 48명을 포함하면 그 비용은 연간 92,640원이 들 것이었다. 유년학교, 사관학교, 하사관학교 등을 설치하는 것도 필요하다고 했다. 초청 기간은 5년이다. 푸차타안에는 교관이 러시아에서만 초청되는 것으로 되어 있었다. 고종은 이 안에 전적으로 동의했다. 베베르도 이를 지지했고, 이 의견을 페테르부르크로 보냈다.[84]

재정고문 문제는 난항을 거듭했다. 조선 정부는 일본에 지고 있는 전년도 차입금 300만 엔을 변제하기 위해 러시아의 차관을 요청했다.

일본에 대한 재정적 종속을 바라지 않는 고종의 의지였다. 이 건을 담당한 것은 러시아 재무성이었다. 차관인 로마노프는 7월 7일(6월 25일)이 문제는 "조선의 재정 원천을 해명해야 비로소 가능하다"고 회답했다. 조선은 관세수입을 차관의 담보로 하겠다고 설명했다. 이권의 매각도 실시했다. 후일 문제가 되는 상인 브리네르에 대한 압록강 삼림이권의 매각도 이즈음(9월 10일)의 일이었다. 포코틸로프는 300만 멕시코달러의 차관을 제공할 것을 강하게 진언했다. 그러나 비테는 11월까지는 아무것도 할 수 없다며 냉정하게 거절했다. 연말에 고종은 이 문제를 6개월 연기하는 데 동의했다. 베베르는 차관을 서두르라고 끊임없이 압박했다.[85]

해군상의 경질, 외상의 죽음

이즈음 러시아 정부 내에 중요한 장관 인사가 있었다. 해군상과 외상이 교체되었다.

1896년 전반기에 페테르부르크 시내에 괴문서가 돌았다. 익명의 필자는 해군총재 알렉세이 알렉산드로비치 대공과 치하초프 해군상을 비판했다. 치하초프는 즉각 사표를 제출했다. 그는 다음과 같이 말했다고 전해진다. "나는 누구와도 싸울 각오가 되어 있다. 그러나 나에 대한 음모의 중심에 대공이 서 계신 것이라면 나는 직에서 물러나겠다." 이 공격의 주체는 알렉산드르 미하일로비치 대공이었다. 알렉산드르 대공은 해군성의 주도권을 둘러싸고 16세 연상의 사촌형 알렉세이 대공과 다투고 있었던 것이다. 태평양함대의 증강 문제도 그 다툼의 일환이었다고 생각된다.[86]

치하초프는 1896년 7월 25일(13일)에 사표가 수리되었고, 티르토프가 후임 해군상으로 임명되었다. 그는 1890년에 군령부장 임시대행으로 근무한 뒤 1892년에는 태평양함대 사령관으로 임명되었다. 1893년부터는 건함보급총국장으로 임명되어 있다가 1895년 태평양연합함대 사령관으로 임명된 인물이었다. 일본통이라고 여겨졌다.

외상의 교체는 사망에 따른 것이었다. 외상 로바노프-로스토프스키의 죽음은 황제의 여행 과정에 일어났다. 니콜라이 2세는 1896년 8월 27일(15일) 빈에 도착해 오스트리아 황제 프란츠 요셉 1세의 환영을 받았다. 대관식을 마친 젊은 러시아 황제로서 66세의 노(老)황제에게 인사하러 갔던 것이다. 2박 3일간의 빈 방문을 마치고 황제와 황후는 키예프로 돌아왔다. 8월 30일(18일), 동행하고 있던 외상 로바노프-로스토프스키가 키예프에 도착하기 직전 로브노 근처의 차 안에서 심장마비로 사망했다.[87]

황제는 다음 날 키예프에 도착했고, 며칠 동안 키예프와 그 외의 지역에서 다양한 행사에 참석했다. 9월 5일(8월 24일)에는 다시 독일의 브레슬라우에 도착했다. 여기서 독일군 열병식을 참관하고 빌헬름 2세와 회담했다.[88] 이후 9월 9일(8월 28일)에는 코펜하겐으로 가서 덴마크 국왕을 방문했다. 모태후의 고향이다. 니콜라이는 여기서 12일 동안 체재했다. 덴마크 주재 공사는 무라비요프 백작이었다. 접촉의 기회가 많았을 것이다. 니콜라이가 무라비요프에게 호감을 지닌 것은 확실했다.

이 다음에 황제는 영국으로 빅토리아 여왕을 방문했고, 파리를 방문한 뒤 마지막으로 황후의 탄생지 다름슈타트로 가서 오래도록 머물렀다. 러시아로 돌아온 것은 10월 31일(19일)이었다.[89]

보스포루스 해협 점령 문제

이즈음 유럽에서는 터키를 둘러싸고 아르메니아 문제와 크레타 섬 문제를 중심으로 한 긴장이 고조되고 있었다. 우선 1895년부터 터키 동부에서 아르메니아인들에 대한 학살이 일어나 수많은 아르메니아 인이 러시아령으로 탈출했다. 이 사태는 1896년까지 계속되었다. 한편 크레타 섬에서는 1895년에 기독교도가 아닌 이슬람교도인 총독이 부임하자 기독교 주민들은 자치의 획득, 그리스와의 통합을 추구하며 행동을 개시했다. 1896년 5월에는 기독교도 학살사건이 발생, 그리스에서 병사들이 크레타로 이동했고 함대도 파견되었다. 이에 유럽 열강이 개입했고, 터키에게 크레타의 자치를 인정하게 하려 했지만 터키는 이를 거절했다.[90]

러시아에서는 터키의 국제적 지위가 흔들리는 이 상황을 이용해 러터전쟁에서 달성하지 못했던 오랜 바람(願望), 즉 보스포루스 해협의 확보를 위해서 군사행동을 일으켜야 한다는 생각이 대두했다. 그 중심에 참모총장 오브루체프가 있었다.

청일전쟁이 끝날 즈음 참모총장 오브루체프가 일본과의 군사적 충돌을 회피할 것을 요청하는 의견서를 제출했다는 점에 관해서는 이미 기술한 바 있다. 그 배경에는 오브루체프가 지니고 있던 러시아 국가정책에 대한 인식 그리고 그동안 몰래 간직해왔던 군사행동의 제안이 깔려 있었다.

1895년 7월 7일(6월 25일)에는 그가 작성한 의견서 '흑해의 우리나라 군사력'을 토대로 장관협의가 열렸다. 이 의견서에서 오브루체프는 1881년 9월의 장관협의에서 도출된 흑해지방의 육해군 증강 방침이 훌륭하게 실행되었다고 주장했다. 이제 명령이 떨어지면 12시간 안에 보스포루스 해협을 점령하기 위해서 3만 5,000명의 병사, 전함

5척, 수송선 다수를 보낼 수 있다. 루마니아가 건국되어 불가리아와의 관계가 악화하고 오스트리아·헝가리와 부단한 적대관계에 있기 때문에 지상으로 병사들을 보낼 수는 없다. 터키의 수도를 해상에서 공격할 필요성은 러터전쟁 후 당시의 황제 알렉산드르 2세가 인정했고, 황제 알렉산드르 3세 치하에서 현실적 방침으로 자리 잡았던 것이다. 보스포루스 해협을 점령하면 다르다넬스 해협의 통행권 등은 외교교섭으로 획득할 수 있다. "보스포루스 해협 통행을 확보함으로써 러시아는 자국의 역사적 과제 가운데서도 가장 위대한 것을 실현하게 된다. 영국을 압박하고 발칸반도의 완전한 주인이 되어, 어느 덧 흑해연안도 카프카스도 걱정할 필요가 없어진다." 가진 병력을 모든 국경에 나눠 배치해 독일과 오스트리아와의 국경도, 극동도 지킬 수 있다.[91]

이 협의에 외상은 불려가지 않았다. 람스도르프는 이 의견서에 대해서 오브루체프 특유의 "정치적 환상의 뉘앙스로 뒤덮여 있다"고 평가했다. 니콜라이 2세는 이 의견서에 찬의를 표하고, 가을에 솔스키 주재로 재무상과 외상도 참석한 가운데 협의를 진행하라고 지시했다.[92] 그러나 가을에 협의회는 열리지 않았다. 극동 정세에 대한 대응 문제에 관심을 집중해야 했기 때문이다.

1896년 들어 터키주재 공사 넬리도프가 보스포루스 해협의 획득을 위한 행동에 나설 것을 강경하게 제안, 고집했다. 황제 니콜라이 2세는 그 의견에 따랐다. 외상대행 시시킨은 가슴아파했다. 11월 15일 (3일) 람스도르프는 시시킨이 한 말을 자신의 일기에 적어 놓았다. "젊은 군주는 무서운 속도로 생각이 바뀐다."[93] 16일(4일)의 일기에는 또 다시 다음과 같이 썼다.

"시시킨은, 제 뒤에 폐하를 배알할 우리 공사〈넬리도프〉는 러시아의 독립적 행동을 주장하고, 적절한 심리적 시점에 보스포루스로 흑해함대를 직접 부르는 데 대한 허가를 폐하께 요청할 작정입니다 하고 폐하께 말씀드렸다. 폐하께서는 이전에는 그러한 생각에 반대였는데, ……오늘은 폐하께서 말씀하셨다. '그렇지? 어떤가, 이것을 허락해도 좋겠네.' 그리고 덧붙이셨다. '얘기를 잘 들어보겠네.' 시시킨은 분별이라는 것에 관해서 이야기하려고 했다. 외상대행은, 지금 현재 우리의 입장에는 나무랄 데가 없습니다, 우리에게 반대하는 것은 영국뿐입니다, 그렇지만 조금이라도 실패하면 우리는 동방에서 1854년과 같은 상황에 직면할 수 있습니다, 라고 말했다. 폐하께서는 반박하셨다. '누구도 감히 반대하는 자는 없을 것이다.' 그리고 덧붙이셨다. '그렇게 하면 해치워 버릴 거야.' 이런 지시에는 반론이 불가능하다."[94]

시시킨은 육군장관 반노프스키와 함께 차르스코예 셀로예까지 갔을 때의 이야기도 했다. "폐하에 대한 육군상의 평가는 '전투적이고 자신과잉인' 사람이라는 것이었다. 시시킨이, '그렇지만 중요한 것은 폐하께는 의견의 안정성이 없다는 것이다'라고 말하자 육군상은 '그래, 폐하께선 누구와도 상담하신다. 숙부, 숙모, 모후, 게다가 다른 여러 사람들과. 폐하는 젊기(юн) 때문에 마지막에 이야기를 한 사람의 의견에 영향을 받는 거다'라고 덧붙였다."[95]

이럴 때에 정면에서 의견을 말하는 것이 비테 재무상이었다. 11월 24일(12일) 그는 터키제국에 관해서 자신의 생각을 말하고, 평화적 정책이 옳으며 힘을 행사하는 것을 피하는 제안을 담은 의견서를 황제에게 제출했다. 그러나 12월 3일 넬리도프 공사의 의견서가 제출되었다. 넬리도프는 터키의 불안정한 상황에 주목해 보스포루스 해협지대를 점령할 것을 정식으로 제안했다.[96] 1896년 12월 5일(11월 23일) 넬리도프의 제안을 받아들여 해협문제 협의회가 열렸다. 황제 외에 육군상 반노프스키, 참모총장 오브루체프, 외상대행 시시킨, 해군상 티르토프, 재무상 비테, 그리고 터키주재 공사 넬리도프가 참석했다.[97] 비테에 의하면, 이 협의에서 넬리도프는 무언가 러시아군의 해협 점령을 가능하게 할 사건을 일으킬 필요가 있다고 제안했다. 참모총장과 육군장관이 이에 찬성했다. 외상대행 시시킨은 "거의 침묵하고 있었는데, 확실한 표현을 담지 않은 발언을 했다"고 한다. 해군상 티르토프는 육군의 의견에 관해서 "특별히 찬의를 표하는 일은 분명히 하지 않았다." 해군으로서 실행할 경우에 조건이 있다고 말했을 뿐이었다. "따라서 단 한 사람, 아주 집요하게 그리고 결정적으로 이 계획에 이의를 제창한 것은" 비테뿐이었다. 그런 짓을 하면 "끝내는 유럽 전쟁이 될 것이고, 선제들께서 남기신 훌륭한 정치적·재정적 지위를 흔들 것이다"라며 반대한 것이다. 황제는 아무런 의견도 말하지 않고 다만 몇 가지 질문을 했을 뿐이었지만, 마지막에는 공사 넬리도프의 의견에 동의한다고 말했다.[98]

이렇게 해서 보스포루스 해협 상륙작전이 결정되었고, 그 준비가 시작되었다. 결행의 날짜는 넬리도프의 판단과 신호를 기다리기로 했다. 비테는 포기하지 않고 황제의 숙부 블라디미르 대공과 황제의 선생이었던 포베도노스쩨프에게 호소했다. 이들은 아무 말도 하지 않았지만, 포베도노스쩨프는 협의회 의사록을 읽고 나서 비테에게 "주사위는 던져졌다(Jacta est alea). 신의 자비를"이라는 편지를 보내왔다. 그런데 대공인지 포베도노스쩨프인지, 아니면 이들 이외의 다른 누군가가 설득을 했는지, 황제는 보스포루스 작전을 단념했다.[99]

마지막에 단념했기 때문에 구제되기는 했지만, 황제의 판단 하나로 러시아는 극동에서 일본과 분규하면서 서쪽에서 터키와의 전쟁에 돌입할 뻔 했다.

고종의 환궁

조선에서는 1896년 초, 갑신정변을 주도한 개화파 중심인물 서재필(徐載弼)이 망명지인 미국에서 귀국했다. 그는 미국 국적을 취득하고 있었다. 4월에 그는 인민의 계몽을 위해서『독립신문』을 창간했다. 이 신문이 지지자를 넓혀가는 가운데, 7월에는 청국과의 관계를 상징하고 있던 영은문(迎恩門)을 부수고 그 자리에 독립문을 건설하는 사업이 시작되었다. 그리고 이를 계기로 애국계몽을 추구하는 독립협회가 설립되었다. 국가적 사업이라고 해서 회장에는 안경수, 위원장에는 외부대신 이완용이 취임했고, 많은 고급관료가 이름을 올렸다. 서재필은 고문을 맡았다. 독립문은 1897년 11월 완성되었다. 지금도 서울 시내에 남아 있다. 더불어 모화관(慕華館)도 개수되어 독립관이 되었다. 독립협회는 1897년에 들어서 이완용 등이 떠나고 상하이에서 돌아온 윤치호가 참여했으며, 중견 이하 관료들과 지식인들이 많이 모이는 정치토론클럽으로 발전했다.[100]

1897년에는 국왕이 러시아공사관에 망명이나 마찬가지의 상태로 머물러 있는 것이 굴욕적이라고 생각하는 다양한 계층의 사람이 고종의 귀환을 요구하며 상소를 올리거나 러시아공사관 문 앞에 내내 서 있거나 했다. 당초 독립협회는 국왕이 파천했던 당시와 상황이 변하지 않은 이상 왕궁으로 귀환해도 보호할 방법이 없다며 귀환 주장에 비판적이었다. 그러나 정부가 움직였다.

1897년 2월 18일, 의정부 고관들과 대신들이 비밀회의를 열어 고종의 안전한 귀환을 보증하라고 푸차타에게 대표를 보냈다. 푸차타는 전력을 다하겠다고 말하고, 고관들은 이것으로 충분하다고 판단, 고종에게 귀환을 청했다. 2월 20일 드디어 고종은 375일 동안의 러시아공사관 체재를 마치고, 세자와 함께 경운궁(慶雲宮, 德壽宮)으로 귀

환했다. 경비를 위해 수행한 것은 러시아인 군사교관이 양성한 1개 대대의 조선군이었다.[101]

무라비요프 외상의 등장

1897년 1월 로바노프-로스토프스키 외상의 급사(急死)로 공석이 된 외상직에 덴마크 공사 미하일 니콜라예비치 무라비요프 백작이 임 명되었다. 그의 아버지는 빌리노[현재의 빌니우스] 현의 백작으로 고브 노 현과 랴잔현 지사를 역임한 사람이었다. 무라비요프는 중학교를 졸업한 후 하이델베르크대학에서 청강생으로 공부한 적이 있었다. 19 세에 외무성에 들어가 독일과 스웨덴, 네덜란드의 공사관에서 근무 했다. 1884년에 베를린의 공사관에서 참사관으로 승진해 1893년에 코펜하겐의 공사가 되었다. 덴마크는 황태후 마리야 표도로브나 의 모국이어서 황족이 종종 방문하는 곳이었다. 거기서 덴마크주 재 공사에게는 황태후를 비롯해 황제, 황후와도 친해질 기회가 많 았다.

비테는 무라비요프가 덴마크 공사가 되었다는 사실이 4년 후 외상 으로 발탁된 이유였다고 단정했다. 그것은 맞는 말이었다. 비테는 무 라비요프가 지적인 수준은 낮고 호주가일 뿐만 아니라, 일하는 것을 싫어하는 '도락가'였다고 혹평하고 있다.[102] 그러나 전임 외상의 친 구였던 폴로프쪼프는, 무라비요프가 "자신의 허영심과 자기애를 충 족시키는 일만 생각하고, 그것을 위해서는 여하한 수단도 불사하는" 인물이었다고 평했지만,[103] 무능한 인간이라고는 보지 않았다. 신 외 상은 황제의 신뢰를 이용해 무언가 공적을 쌓을 수 있지 않을까 생각 하며 머리를 굴리는 야심가였을 것으로 생각된다.

무라비요프 외상은 조선과 일본에 대해 신중한 태도를 취했다. 그는 취임하자마자 푸차타안에 반대했다. 1897년 3월 6일(2월 22일) 무라비요프는 육군상에게 의견을 보냈다. 일본이 러시아인 군사교관에 반대하고 있는 상황에서 "서울에 우리 장교들을 즉시 파견하는 데 현재의 정치적 시점이 전적으로 적절하다고는 할 수 없다.""하다못해 일정 기간이라도 이를 뒤로 미루는 것이 보다 신중한 자세라고 생각된다." 지금은 고종이 왕궁으로 막 돌아간 시점이니까, 상황을 볼 필요가 있다. 일본과 막 체결한 야마가타-로바노프 의정서를 준수할 필요가 있다. 무라비요프는 도쿄에 로젠이 부임하고, 슈페이에르가 서울로 복귀한 단계에서 잘 검토할 것을 제안했다. 또한 푸차타안의 내용에도 개입해, 6,000명 규모는 조선의 재정으로 보아 현실적이지 않다, 3,000명이 적당하다고 했다. 또한 일본을 자극하지 않기 위해서 러시아인 군사교관만을 초청한다는 규정도 폐지하는 것이 좋겠다고 주장했다.[104]

육군상 반노프스키는 이 의견에는 분명히 반대했다. 그의 의견을 듣고 무라비요프는 약간의 수정을 시도했다. 그는 3월 30일(18일)과 4월 8일(3월 27일)에 서울의 베베르에게 훈령을 보내서, 군사개혁은 전면적으로 러시아의 손에 맡긴다는 확약을 고종에게서 받아내라고 지시했다.[105]

러시아 군사교관의 활동

베베르는 군사교관의 초청 문제로 조선 정부와 교섭을 진행하고 있었다. 1897년 4월에는 조선의 대신들도 기본적으로 푸차타안을 받아들이는 데 합의했다. 그러나 일본의 집요한 공작이 대신들을 동요케 했다. 고무라 공사를 대신한 가토 마스오 대리공사는 조선 정부에게 반러시아 선전을 강행하면서, 군사교관에 관한 협정에 반대하는 공작을 추진했다.

그러나 국왕 고종은 푸차타안의 추진을 강력하게 지시했다. 4월 30일(18일) 푸차타안에 기초한 협정은 의정원의 논의에 부쳐졌다. 참석자 다수는 협정안에 찬성했고 반대한 것은 소수였지만, 일본 측의 위협에 눌려서 결국 이 자리에서는 결론을 내리지 못했다. 그러나 고종은 밀고 나갔다. 5월 4일(4월 22일) 페테르부르크로부터 추가적인 지시가 있을 때까지 교섭을 중단하라는 지령이 베베르에게 보내졌는데, 이미 이 전보가 도달하기 전인 5월 5일(4월 23일) 푸차타안의 내용인 6,000명 부대 창설안과 러시아 군사교관 장교 13명, 그 외에 8명을 초청한다는 문서에 서명했던 것이다.[106]

그러나 일본의 반발은 강력했다. 5월 1일 슈페이에르는 도쿄에서 본성으로 타전했다.

"군사교관문제와 관련해 서울에서 추진하고 있는 우리의 교섭 때문에 이곳에서 발생한 흥분상태는, 우리 정부로서는 조선의 요청을 실행하는 것이 모스크바 협정의 정신에 반하는 것으로서 추진하고 싶지 않다는 보도가 페테르부르크에서 이곳으로 전달되면서 비로소 진정되었다."[107]

무라비요프는 이 이상 교섭을 진행해서는 안 된다는 태도를 견지했다. 5월 26일(14일) 그는 육군상에게 다음과 같이 보냈다.

"이 멀리 떨어진 지방에서 정치적 사건이 진행되는 것을 주의 깊게 추적해 보면, 조선에서 우리나라가 내딛는 모든 발걸음이 당연히 일본의 시의심(猜疑心)을 불러일으키고, 일본은 이 결과 군비 강화에 착수할 것이다. 우리가 그러한 행동을 계속한다면, 멀지 않은 장래에 불가피하게 일본과의 군사적 충돌이 일어날 것이다. 다른 한편, 일본과의 투쟁에서 현재 우리의 준비가 얼마나 되어 있는지를 검토해 볼 것까지도 없이, 우리의 정치적 이해로 보면 보다 초미의 급선무인 다른 문제가 해결되지 않은 상황에서 러시아의 주의와 힘을 극동으로 분산시키는 것은 허락할 수 없다. 이 결과 우리에게 바람직한 것은 쓸데 없이 일본을 화나게 하는 일이 아니라, 극동에서의 평화적인 대기 상태를 유지하는 일이다."[108]

그러나 푸차타 등은 일을 추진하고 있었다. 1,000명 규모로 조직된 경비대는 훈련 중이었다. 5월 11일(4월 29일) 베베르는 타전했다. "알렉세예프 제독과 나는 왕의 경비대 병사의 훈련에서 우리나라의 교관들이 거둔 근사한 성공에 납득했다." 6월 9일(5월 28일) 국왕, 대신들과 외국사신들, 그리고 주재 무관들과 그 밖의 많은 내빈이 출석한 가운데 최초로 경비대 사열식이 열렸다. "훈련의 모든 측면에서 성취한 성과는 모든 참석자에게 강한 인상을 남겼다."[109]

새로운 주일 공사 로젠 발령

새로운 외상 아래서 일찍부터 로젠은 세르비아 공사에서 일본 공사로 보직이 변경되었다. 1883년에 그가 일본을 떠났을 때와는 상황이 일변해 있었다. 바야흐로 일본과 러시아의 관계는 긴장이 고조되고 있었다. 로젠은 극동 정세의 한복판에 있었다. 베오그라드에서 페테르부르크로 돌아온 로젠은 외상을 만나, 극동 정세에 관해 조사하고 장문의 의견서를 완성했다. 로젠은 푸차타 대령이 진행하는 조선군 편제 안에 커다란 문제가 있다고 느끼고 있었다.[110] 1897년 4월 25일 (13일) 제출된 로젠 의견서는 다음과 같은 내용이었다.

"세계 제국으로서 러시아가 지니는 극동에서의 현실적 의의는 해군력에 기초하고 있다. 그 자연스런 대항국은…… 영국일 것인데, 사실이 그러했고 앞으로도 그러할 것이다. 태평양에서 영국의 우위에 대해서 성공적으로 싸우기 위해서 우리는…… 청국과의 동맹에서는 충분한 의존처를 찾을 수 없으며, 더구나 인구 500만 명의 몹시도 가난한 나라 조선을…… 보호국으로 삼는다고 해도 의지할 만한 것이 못 된다. 이 투쟁을 위해서는 별도의 해군 국가와의 동맹이 필요하다. 우리에게 그러한 동맹국이 될 수 있는 나라는 일본뿐이다. 일본과의 동맹은 영국과의 전쟁 시 우리 태평양 변경의 안전을 보장하고, 그 변경에서 우리의 문화적 공작을 안정된 상태에서 지속할 수 있도록 해주며, ……우리나라의 육해군력의 증강을 위한 견고한 기초를 마련해준다. ……마지막으로, 적어도 우리나라가 이미 유지하고 있던 일본과의 우호적인 관계를 부활시키는 일은 극동의 해군 강국으로서 지니는 우리의 정책에 제1급의 중요성을 띠는 관심사다. ……그렇다면, ……이 지고(至高)한 국가적 이해가…… 조선군의 조직 구상 실현 때문에 희생되어서는 안 된다."[111]

분명 이것은 1880년대 말부터 청일전쟁까지의 정세 변화를 모르는 구세대 일본외교 담당자의 변(辯)이었다. 일본과의 동맹을 그렇게 낙관적으로 생각하는 것 자체가 이미 불가능한 일이었다. 물론 조선에 대한 러시아 정책의 위험성을 지적했다는 점에서는 이 의견서도 경청할 만한 가치가 있었다. 로젠은 다음과 같이 주장했다. 러시아는 조선에서 일본의 세력을 축출하려 하고 있지만, 그 경우에 의지가 되는 것은 군사교관과 재정고문이라는 "덧없는"(эфемерный) 힘이다. 다른 한편 일본에게는 청일전쟁에서 승리한 8만 명의 병사가 있으며, 해군은 러시아의 두 배다. 조선에는 수만 명의 일본인이 살고 있고, 영국의 지지도 받고 있다.[112] 이것은 이치에 맞는 주장이었다.

결국 5월 26일(14일) 로젠에게 하달된 무라비요프 외상의 훈령에는 다음과 같은 내용이 쓰여 있었다. 러시아는 "조선의 병합을 희망하지 않으며" "러시아와 땅을 맞대고 있는 국가"인 "조선에서 정치적 영향력을 확립하는 것만을 원한다." "조선이 다른 어느 강대국의 영향 하에 떨어져서, 우리에게 위험하지는 않더라도 정치적 분쟁이 발생할 수 있는 가능성을 고려해야 하는 이웃이 되지 않도록 하기" 위해서다. 우리는 일본이 조선에서 상업적 지배권을 지니는 것에 반대하지 않는다. "일반적으로 우리는 조선문제와 관련한 우리의 행동양식에서 일본과의 관계가 한층 더 날카로워지는 구실을 줄 수도 있는 일체의 것들을 회피하기를 바라고 있다." "이전부터 지니고 있던 일본과의 우호관계의 부활"이라는 로젠의 생각도 채택되었다. 지령은 절충적인 것이었다. "조선의 군사를 우리의 손에 넣는 것은 본질적으로 중요하"지만, 일본과의 관계를 악화시키는 것은 바라지 않는다. 그러므로 "그 이상의 관계 강화 교섭을 조선 정부와 행하지 않고, 군사교관의 증파도 하지 않는다. 이미 파견된 군사교관으로 3,000명의 병사를 교육하게 한다."[113]

군사교관의 증파와 베베르의 이한(離韓)

그러나 실제로는 서울로 군사교관이 증파되었다. 베베르의 압력이 계속해서 작용한 것이다. 그는 5월 22일(10일) 러시아 정부가 군사교관의 증파를 중단했다는 신문 보도에 관해서 페테르부르크에 이렇게 써 보냈다. "이러한 보도는 이곳에서는 강한 인상을 창출한다. 군사교관의 문제와 우리의 지위는 밀접히 연결되어 있다. 양보는 우리의 영향력과 우리의 지지를 기대하는 국왕의 입장에 파멸적으로 반영된다." 7월 3일(6월 21일) 군사교관의 제2진, 즉 장교 3명, 병사 10명을 파견하는 결정이 내려졌다. 블라디보스토크를 출발한 이들은 7월 28일(16일) 인천에 도착했다. 그러나 이들에게는 군사 교련에 관여하는 것이 허락되지 않았다. "조선 대신들의 일상적인 음모"였다.[114] 원래 중요한 것은 일본의 반대였다. 베베르는 8월 14일(2일)자 전보에서 이렇게 말했다. "새로운 군사교관들이 도착했기 때문에 일본인들은 또 다시 조선인에 대한 협박 시스템을 가동했다. 군사교관은 아직 군대를 훈련시키지 못하고 있다."[115]

이즈음 로젠이 드디어 도쿄에 부임했다. 오쿠마 외상은 로젠의 부임을 기뻐하며 신속하게 제안했다. 서울에서의 정보에 의하면 베베르는 슈페이에르가 도착하기 전에 조선 정부와 군사교관의 계약을 체결시키기 위해 기를 쓰고 있다. 이것은 러시아 외무성의 훈령에 위반하는 행위다. 현재 일·러 사이에 새로운 협정을 맺는 것을 바라고 있는데, 그러한 계약이 체결되면 양국 사이의 협정에 장해가 된다. "오쿠마는 내게, 베베르의 조선 정부에 대한 요청을 그만두게 해 달라는 자신의 바람을 [러시아 외무]장관에게 전해 달라고 요청했다." 오쿠마는 새로운 조선문제 협정안을 9월 초에는 제시하겠다고 덧붙였다고 한다.[116]

오쿠마와의 다음 번 회견에서 로젠은, 조선의 안정을 위해서는 왕이 의지할 수 있는 군사력이 필요하며 러시아로서는 왕의 요청으로 군사교관을 파견하고 있다, 조선문제에서 러·일의 우호적인 협정은 쌍방이 서로의 이해를 존중할 때 비로소 가능해진다, 조선과 경계를 접하는 이웃나라 러시아의 이해관계로 보면 이 나라의 군사력 조직을 러시아의 손에 맡기는 것은 필요하다는 등의 설명을 오쿠마에게 한 모양이다. 그러면서도 로젠은 군사교관의 제2진을 협정 교섭 개시 전야에 보내는 등의 행동은 일본인들이 자신들에 대한 경멸적인 태도의 징표라고 받아들여, 러시아에 대한 불신감만 강화할 뿐이라고

본성에 경고했다.[117]

로젠의 부임과 함께 슈페이에르는 도쿄를 떠나 본래의 임지인 서울로 옮겼다.[118] 베베르에게는 최후의 순간이 온 것이다. 그는 멕시코행을 명받고 있었지만, 어디까지나 서울에 잔류할 것을 희망해 봄부터 움직였다. 그는 민영환이 방러 했을 때 러시아 정부에 요청해 달라고 했지만 물론 효과가 없었다. 그렇게 되자 베베르는 외무성을 그만두고 조선왕의 궁내부 고문으로서 머문다는 생각을 했던 모양이다. 그것을 간파한 일본공사관은 본성에 연락해 방해공작을 전개했다. 결국 베베르는 조선에 머무는 것을 단념하고, 1897년 9월 15일 서울을 떠났다.[119]

이렇게 초대 조선주재 공사 베베르의 10년 동안의 조선 체재는 끝났다. 그의 활동은 러시아의 국익을 수호하기보다는 조선의 국왕 고종을 지탱하는 쪽으로 기울어져 있었다고 해도 좋을 것이다. 임지인 멕시코에 도착한 그는 1900년까지 공사로 근무하게 된다.[120]

그러나 베베르가 떠났어도 군사교관의 업무는 계속되었다. 제2진은 9월 말에 경비대의 제2그룹 1,000명의 훈련을 개시했다. 11월 23일 (11일) 슈페이에르는 외무성에 보고했다.

"조선군의 훈련을 전적으로 인수한 결과, 그 규모와 관계없이 우리는 그 일만으로도 분명 일본의 중대한 불만을 불러일으켰다. 그러나 이제 한편으로는 우리는 이 사활이 걸린 문제에서 여하한 원칙적 양보도 생각할 수 없으며, 다른 한편으로는 일본이 자발적으로 우리에게 이 권리를 인정하는 일도 없을 것이기 때문에, 푸차타안을 전적으로 받아들이든지 축소하든지 하는 문제는 우리의 재정적 고려나 조선의 현실적 요청에 따라서 결정될 수밖에 없다."[121]

명성황후(明成皇后)의 국장(國葬)

이런 가운데 조선에서는 고종이 국가의 권위를 높이는 일련의 국가적 행사를 추진했다. 우선 1897년 8월 14일 연호를 광무(光武)로 개원(改元)했다.[122] 10월에 고종은 국호를 대한제국으로 하고 스스로 황제의 칭호를 채용했다. 10월 12일 원구단[환구단]에서 즉위식이 거행되었다. 다음 날 발표된 고종의 송조문(頌詔文)에는 "독립의 기초를 창건하고 자주의 권리를 행하게 한다"는 한 구절이 있었다.[123]

마지막으로 명성황후라는 칭호가 부여된 민비의 국장이었다. 이것은 11월 21, 22일에 거행되었다. 11월 21일 각국 공사는 오전 5시 반부터 참석했다. 일본 공사 가토, 미국 공사 앨런, 러시아 공사 슈페이에르 등은 오전 7시, 관을 실은 큰 상여를 짊어진 200명의 무리와 장례 행렬이 경운궁에서 출발하는 의식에 참석했다. 상여 양쪽에는 '러시아식' 의장대가 나란히 도열했다. 고종의 가마 네 귀퉁이에는 러시아인 하사관이 4명씩 호위하고 있었다. 장례 행렬은 한 시간에 걸쳐 계속되었다. 그 후 인화문(仁化門) 바깥에 가설된 편전에서 고종은 각국 공사들에게 알현을 허락했다. 일본 공사 가토는 조의를 표하고 일본 제실(帝室)이 보낸 향로를 증정했다. 고종은 "이번 장례의식과 관련하여 일본 제실이 미려한 향로를 보내 준 것에 대해 짐은 특히 감사하는 바이다. 짐은 경에게 짐의 이 뜻을 신속하게 귀국의 제실에 전해 주기를 바라노라"라고 답했다. 오후 2시 청량리에 만들어진 홍릉(洪陵)에서 매장 의식이 거행되었다. 오후 4시 반 관이 능 안의 정자각(丁字閣)으로 옮겨졌고, 고종 이하 모두 분향했다. 21일 한밤중 그러니까 22일 오전 3시 반부터 각국 사절들이 분향했다. 4시 반 관은 능으로 옮겨졌고, 고종이 곁을 따르며 매장식을 거행했다. 아침 9시 20분 고종은 묘소 안의 편전에서 각국 사절에게 알현을 허락했다. 참석에 감사하고, "이처럼 불완전한 가설 가옥에서 날씨도 차가운 때에 하룻밤을 밝혀 준 데 대해 짐은 시종 마음이 편치 않았다"고 말했다. 가토는 공사들을 대표하여 인사했다. 오후 1시 고종은 위패를 실은 신련(神輦)과 함께 왕궁으로 돌아갔다.[124]

러시아인 재정고문의 파견

재정고문을 파견하는 문제는 재무성이 파견한 포코틸로프의 보고에 기초해 재무성 내에서 검토를 진행한 결과, 5월에 우선 K. 알렉세예프가 서울 파견 재정고문으로 결정되었다. 그는 9월 25일(13일)에야 서울에 도착했다. 알렉세예프는 러시아 재무성 관세국 관방주임으로 근무하던 인물이었다.[125] 그는 고종을 배알했을 때 조선의 세관장으로 근무하는 영국인 브라운의 실패를 지적했다. 고종은 격노해 브라운의 파면을 요구했고, 외부대신에게 재정 전반의 관리를 알렉세예프에게 위임하도록 지시했다. 영국이 두려웠던 대신은 저항했다. 브라운은 영국 정부의 지원을 배경으로 사임하지 않았다.[126]

11월 5일(10월 24일) 슈페이에르 공사는 외부대신과 알렉세예프에 관한 계약을 체결했다. 알렉세예프는 정식으로 재정고문이 된 것이다.

그 후 비테는 브라운의 파면을 요청하면서 외상에게 재차 삼차 교섭을 요청했다. 그러나 무라비요프는 12월 8일(11월 26일), 세관은 브라운에게 남겨둘 수밖에 없다, 이 이상을 요구해서는 안 된다는 의견을 말했다. "왕과 대신들에 대해서 알렉세예프를 조선의 세관 총지배인으로 할 것을 고집하지 말고, 지금 당장은 승리해 얻은 결과에 만족할 수 있도록 하자."[127] 11월 23일(11일) 러한은행의 정관이 대신위원회의 토의에 부쳐졌다. 그것을 니콜라이가 승인한 것은 12월 17일(5

일)의 일이다.[128]

그렇게 지지부진한 발걸음이 계속되는 동안 사태를 근본적으로 바꾸는 사건이 발생했다. 1897년 12월 15일의 일이다.

독일의 자오저우만(膠州灣) 점령과 러시아

1897년 7월 28일(16일) 독일 황제 빌헬름 2세가 황후와 함께 러시아를 방문했다. 황제와 황후는 페테르고프 궁전에서 2주 정도 체재했다.[129] 이 당시 빌헬름 2세는 38세였고, 29세의 니콜라이 2세와는 연령차가 꽤 있었다. 그의 어머니는 빅토리아 여왕의 장녀였고, 니콜라이의 비 알렉산드라의 어머니는 이 여왕의 차녀였기 때문에, 두 사람의 황제는 친척관계로 연결되어 있었다. 원래 러시아는 프랑스를 동맹국으로 삼고 있었고, 독일과의 관계는 미묘했다. 그러나 빌헬름은 니콜라이에 대해서 친애의 정을 지니고 있었다.

페테르고프에 체재하는 동안 빌헬름은 니콜라이에게 러시아가 산둥반도의 자오저우만에 의도를 지니고 있느냐고 물었다. 니콜라이는 이 만에 입항을 확보하는 것에 관심이 있지만, 그것은 더 북쪽에 있는 평양의 자유사용을 확보할 수 있을 때까지의 이야기라고 답했다. 평양 운운한 것은 엉뚱한 이야기였지만, 러시아가 자오저우만과 관련이 있었던 것은 사실이었다.[130]

독일은 팽창하고 있는 자국의 극동 해군을 위해 1895년 이래 해군기지의 획득을 생각하고 있었다. 1896년 6월 리훙장이 니콜라이의 대관식을 위해 러시아를 방문했다 돌아오는 길에 독일에 들렀을 때에도 독일 외상은 해군기지 문제에 관해 타진하면서 자오저우만을 화제에 올렸었다. 1897년 봄이 되자 독일은 자오저우만이 최적이라

고 결심하기에 이른 것이다.[131]

러시아의 사정은 이랬다. 즉 삼국간섭 후 러·일 관계가 긴장되었을 때, 러시아함대는 나가사키 이외의 다른 곳에서 월동항을 찾아야 했다. 태평양연합함대 사령관 티르토프가 눈독을 들인 곳이 외국 함선에 개방되지 않았던 자오저우만이었다. 그는 베이징의 러시아공사관에 교섭을 요청했고, 1895년 겨울 동안의 기항은 인정한다는 회답을 받았다. 그러나 청국도 마지못해 내린 결정이었기 때문에 러시아 함선은 한 척만 그것도 며칠 동안 기항한 것에 지나지 않았다. 그 후 1896년부터 1897년까지의 겨울에는 나가사키에서 월동할 수 있게 되었고, 러시아의 함선은 자오저우만에 기항하지 않고 나가사키를 계속 이용했다.[132] 러시아로서는 그 정도의 이야기였다.

그러니까 독일 황제가 독일 해군의 기항지가 없기 때문에, 필요한 경우 러시아 해군의 허가를 얻어서 자오저우만에 정박(投錨)하고 싶다, 문제는 없겠는가 하고 물은 것이고, 니콜라이는 문제없다고 답한 것이다. 이때 무라비요프 외상은, 러시아는 자오저우만을 취하고자 하는 의도는 없다, 다른 항구를 확보할 때까지는 독일과 공동으로 이용하고 싶다, 또한 넘겨주게 되면 독일 소유로 하는 데에 반대하지 않겠다고 말했던 것이다.[133]

1897년 11월 1일 산둥반도의 장자장(張家庄)에 있는 독일 가톨릭 교회가 중국인의 습격을 받아 선교사 2명이 살해당하는 일이 발생했다. 산둥에는 115개의 교회와 작은 집회소가 있었고, 독일인 선교사 66명이 있었는데, 이는 독일 정부의 후원을 받는 특별한 종교 활동이었다.[134] 이것이 중국인의 반감을 불러일으켰던 것이다. 독일 정부는 즉각 이 사건을 자오저우만으로의 함대 파견과 점령의 구실로 이용했다. 11월 6일 함대의 출동을 명한 빌헬름 2세는 니콜라이 2세에게 암호 전보를 보내서, "페테르고프에서의 개인적 교섭에 따라 우리 함대를 자오저우만으로 보내, 거기서 약탈자에 대해 행동하는 것을 그대가 인정해 줄 것으로 기대한다", 응징이 필요하다, 모든 기독교도에게 플러스가 될 것이다, 라고 써 보냈다.[135] 니콜라이는 이 전보를 11월 7일(10월 26일)에 받았고, 그날 중으로 답신을 보냈다. 니콜라이는 "독일의 행동에 찬성한다고도 안 한다고도 말할 수 없다. 이 만은 1895년부터 1896년에 걸쳐서 일시적으로 러시아의 수중에 있었다는 사실을 최근에야 알게 되었기 때문이다"라고 썼다.[136]

무라비요프 외상은 11월 8일과 9일, 독일 함선이 자오저우만에 들어오면 러시아도 함선을 보낼 것이다, 왜냐하면 러시아는 1895년 이래 이 항구에 정박할 우선권을 지니고 있기 때문이다, 라고 독일 정부에 통고했다. 이는 러시아가 자오저우만을 다른 나라가 빼앗는 것을 인정하지 않겠다는 태도를 표명한 것으로 받아들여졌다.[137] 러시아와 독일 사이에 긴박한 교섭이 진행되었다. 독일 측도 동요했지만, 자국의 입장을 관철하면서 독일 함대는 11월 13일에 자오저우만으로 입항, 상륙, 점령했다.[138] 러시아 또한 이러한 사태를 인정하지 않으면서 자국 함대에게 자오저우만으로 향하라고 명령했다. 그러나 결국 11월 20일에 니콜라이와 무라비요프 외상은 이 명령을 취소하고, 독일 함대의 자오저우만 점령을 묵인하기에 이르렀다.[139]

사실 이 당시 러시아의 태평양함대는 자오저우만에는 관심이 없었고, 조선의 항구에 관심을 기울이고 있었다. 신임 태평양함대 사령관 두바소프는 조선에 해군기지를 얻을 수 없을지 탐색하기 위해 항해에 나서고 있었다. 11월 10일에 블라디보스토크를 출발해 우선 부산에 기항하고, 11월 20일(8일)에는 마산에 기항했다. 그는 마산과 거제도를 점령하면 러시아 해군의 고민이 일거에 해결될 것이라고 생각하게 되었다. 이어 서울을 방문해 슈페이에르 대리공사과 협의하여 그의 지지를 얻었다.[140] 마산은 분명 전략상 결정적으로 중요한 지점이었다. 그런 만큼 이곳을 점령하면 일본과의 결정적 대립을 초래할 것은 필지의 사실이었다.

자오저우만을 점령당한 청국으로서는 우선 생각할 수 있는 것이 러·청 비밀동맹조약으로 러시아의 힘을 빌려 독일을 제지하는 것이었다. 리훙장은 이 방법을 주로 생각했다고 한다.[141] 어떤 형태로든 청국의 보호 요청이 있었을 것이라는 점은 이제부터 살펴볼 무라비요프의 의견서 내용을 보아도 분명하다.

이 시점에서 무라비요프 외상이 나섰다. 독일의 자오저우만 점령에 대항해 러시아도 행동해야 한다는 제안을 내놓은 것이다. 1897년 11월 23일(11일) 무라비요프는 황제에게 의견서를 제출했다.[142] 이 의견서에서 무라비요프는, 자오저우만에 관해서는 해군성이 불필요하다는 의견을 지니고 있는 이상 독일과 다투는 것은 무의미하다고 주장했지만, 삼국간섭 이후의 상황을 미루어 봤을 때 예측할 수 없는 사태에 대비해 함대의 월동기지를 확보하는 것은 더욱더 필요해졌다고 강조했다. 그리고 조선 연안의 항구들 가운데 부산을 들어, 이 항구는 너무나 일본의 관심의 표적이 되어 있으며 러시아와는 동떨어져 있기 때문에 여기를 태평양함대의 기지로 삼을 수는 없다면서, 러시아 함대에게 필요한 부동항으로서 랴오둥반도의 다롄만(Talien-ban) 획득을 제안했다.

"일본이 적대행동을 취하더라도 랴오둥반도에 항구를 영유하고 있으면, 우리 함대의 함선들은 황해를 통해서 완전히 자유로운 출구를 확보할 수 있다. 그 경우에 우리의 시베리아철도를 특별 철도지선으로 지린(吉林)이나 펑톈과 연결하는 데 다롄만이 매우 편리할 것이라는 점을 고려하면, 조선의 여러 항만에 관심을 두기보다는 차라리 다롄이 철도의 주요 간선에 가깝다는 사실에 주목해야 한다."[143]

그리고 무라비요프는 베이징 공사관의 일등서기관 파블로프의 전보를 인용하면서, "청국 정부는 자오저우만에서 독일이 취한 행동 때문에 확실히 낭패했고, 따라서 우리의 옹호와 비호를 요청하고 있다. 그러므로 우리는 베이징에 대해 우리가 다롄만을 점령하려는 것은, 태평양에서 청국에게 한층 더 바람직하지 못한 사태가 발생할 경우에 대비해서 우리의 함대를 위한 강고한 지점(支點)을 갖고자 바라기 때문이라고 용이하게 설명할 수 있을 것이다."[144]

이와 같은 모험적인 행동을 제안하면서 이 외교관은 다음과 같은 철학을 개진했다. "역사의 경험이 우리에게 가르쳐주는 것은, 동양의 여러 국민은 무엇보다도 힘과 위세를 존중한다는 점이다. 이 국민들의 권력자 앞에서 어떠한 제언이나 충고를 늘어놓더라도 목적은 달성하지 못한다. 최근 청국의 행동은 역사가 가리켜 보여주는 것을 무엇보다도 확실하게 재확인시켜 주고 있다. ……우리가 총리아문[總理衙門, 청조 말기 대외교섭을 담당한 부처]에서 제언이나 우호적 설득으로 시간을 낭비하고 있을 때, 다른 모든 유럽 국가는 독일 정부가 산둥반도의 남쪽에 자국의 함선에 편리한 항구를 성공적으로 획득하는 데 사용한 방법으로, 자신들이 추구하는 목적을 달성하려 하고 있는 것이다."[145]

청국이 보호 요청을 알려오는데도, 독일에 이어서 러시아도 청국 영토를 점령하겠다고 하는 것은 노골적인 제국주의의 표출이다. 무라비요프가 돌연 이와 같은 의견서를 제출한 것은 분명 독일 황제와 겨뤄보려는 황제 니콜라이의 뜻을 받아서 한 것이라고 생각된다.

이렇게 추측할 수 있는 이유는, 이 의견서를 수취한 니콜라이가 그날 바로 답신을 썼는데, 결론 부분에 완전히 동의한다, 시간을 허비하지 않도록 사흘 후인 11월 26일(14일)에 육군상, 해군상, 재무상과 넷이서 협의회를 열 것을 명한다, 라고 하면서 세 장관에게 의견서를 송부하라고 지시했기 때문이다. "짐은 항상 미래의 우리의 열린 항구가 랴오둥반도나 조선만의 북동쪽 구석 가운데 어딘가가 되어야 한다는 의견을 지니고 있다."[146]

26일에 열린 네 장관 협의회에서는 우선 무라비요프 외상이 자신의 제안을 설명했다. 러시아는 태평양 연안에 해군기지를 확보하는 것을 오래도록 원해왔다. 어디의 항구가 좋을지를 판단할 권한은 내게 없지만, 독일이 자오저우만을 점령한 현재는 "우리가 다롄만과 뤼순을 점령할 수 있는" 절호의 기회다. "앞으로 다시 없을지 모를 이 기회를 놓칠 수는 없다."

비테는 이 의견에 강하게 반대했다. 그는 조선과 청국에 대한 일본의 침략에 공동으로 대항하자는 러·청 비밀동맹조약 이야기를 꺼냈다. 이러한 조약을 체결한 이상 청국의 영토를 침략할 수는 없다. 독일의 행위가 러시아에 손해를 끼친다면 러시아 함대를 자오저우만으로 파견해 독일 함대의 퇴거를 요구하면 되는 것이지, 러시아까지 청국에 대해서 같은 행동을 하면서 대가를 얻으려 하는 것은 전혀 수미일관한 태도가 아니다. 이러한 올바른 주장에 대해서 무라비요프는, 러·청 조약은 일본의 침략에 반대하는 것이지 유럽 국가들의 행위에 반대하는 것이 아니다, 이 조약은 러시아의 뤼순 점령을 가로막는 것이 아니다, 라며 독일의 행동에 반대할 수는 없다는 등의 왜곡된 논리를 전개했다. 이에 대해서 비테는 또 다시 반론했다. 러시아가 이런 식으로 본을 보인다면, 다른 열강 특히 일본으로 하여금 같은 행동에 나서게 할 위험성도 있다. 뤼순 점령은 어떤 식으로든 커다란 리스크를 수반한다. 러시아는 동청철도를 건설 중인데, 뤼순을 이 간선과 연결하려면 또 다시 새로운 지선을 끌어내야 하고 막대한 비용과 세월을 요하게 된다. 그러는 동안 뤼순은 러시아와 동떨어진 상태로 남아 있게 된다. 이러한 주장에 대해서 외상은 뤼순을 점령해도 분쟁은 일어나지 않을 것이며 오히려 러시아가 점령하지 않으면 영국이 점령할 것이라고 응수했다.

여기서 반노프스키 육군상이, 해군을 위해서는 태평양 연안에 기지가 필요하다, 뤼순은 좋은 기지라고 생각한다고 말하면서 외상의 제안에 찬성했다. 그러나 티르토프 해군상이 반대했다. 뤼순이 해군성의 요구를 충족시키는 항구인지 어떤지 의심스럽다면서, "해군성의 필요에 보다 더 잘 부응하는 항구는 조선 연안에 있다"고 지적했다. 해군상은 재무상의 논거가 중요하다고 지적했다.

비테는 시베리아철도와 러시아를 위해서도 태평양으로 나아가는 출구를 갖는 것이 바람직하다고 주장하면서, 거기에는 시간이 필요하다, 부동항의 획득은 폭력에 의해서가 아니라 우호적인 협정으로 추진해야 한다고 지적했다. 새로운 것을 기획하기 전에 이제 막 착수한 만주횡단철도 건설을 완성해야 한다. 이것이 끝나면 경제 베이스에서 태평양으로의 출구도 찾을 수 있다. "청국에게 유럽 국가들은 외래자이지만, 우리는 어느 정도 이웃사람이다. 우리는 유럽인의 방식을 따라서는 안 된다."

비테의 이 주장은 정론(正論)이었다. 게다가 해군장관이 뤼순의 가치를 인정하지 않은 것도 불리하게 작용했다. 그래서 외상은 침묵하지 않을 수 없었고, 황제는 뤼순과 다롄 점령을 단념하지 않을 수 없었다.[147] 이날의 니콜라이 일기에는 "나의 집무실에서 독일인들이 자오저우만을 탈취한 것과 관련한 청국 문제로 네 장관의 협의가 있었다. 이 협의가 늦게 끝나는 바람에 산책을 나갔을 때에는 벌써 어두워져 있었다"[148]고 적혀 있다. 황제는 불만이었다.

러시아 분함대(分艦隊), 뤼순으로

비테가 회고록에서 술회한 바에 따르면, "그 회의가 있은 후 며칠 뒤" 니콜라이 황제에게 상주보고 했을 때, 니콜라이는 "짐은 뤼순과 다롄을 취하기로 결정해 육군 병력과 함께 우리 함대를 이미 그곳으로 파견했다"고 하면서, 그렇게 결정한 이유는 외상이 영국 함대가 뤼순과 다롄 근처에 있어서 "만일 우리가 빼앗지 않으면 영국인들이 빼앗을 것"이라고 했기 때문이라고 설명했다고 한다.[149] 이것이 널리 알려진 설명이기는 한데, 우선 무엇보다도 불과 며칠 사이에 결론이 뒤집어졌다는 것은 분명 어딘가 이상하다.

이듬해 초 무라비요프가 육군상 후보인 쿠로파트킨에게 말한 바에 따르면, 그는 "다음 번 상주 때 폐하께 문제를 제기했다. '중국인들이 자발적으로 우리에게 뤼순 점령을 요청해온다면 어떻겠습니까?' 폐하께서는 동의하셨다."[150] 여기에서 무라비요프는 개입의 돌파구를 찾아냈는데, 실제로는 두 가지 사정이 영향을 미쳤다.

첫째 사정은 이런 것이었다. 즉 러시아 외무성은 미개방 항구에 러시아 함선이 기항하는 문제를 놓고 청국과 교섭을 하고 있었다. 청국이 이를 승인했다는 사실을 12월 5일(11월 23일) 파블로프 대리공사가 보고했다. "중국인들은 자신들의 무력함을 자각하고, 독일에 무력 저항할 생각을 최종적으로 포기했다. ……대신들은 이제 다른 외국인들에게 개방하지 않은 항구를 언제든지, 모두 예외 없이 우리나라의 함선에 대해서 개방하는 데 무조건 동의한다고 표명했다." 즉 이것을 활용할 수 있게 된 것이다. 또 다른 하나는 영국의 움직임이었다. 독일의 움직임에 자극을 받은 영국은 함대를 즈푸로 이동시켰다. 거기서 뤼순으로 향하는 것이 아닐까 하는 정보가 흘러나왔다. 12월 7일(11월 25일)에는 파블로프 대리공사가 그러한 취지로 타전했다.

이틀 후에는 즈푸의 영사도 전보를 보내 왔다. 이것을 무라비요프가 이용했던 것이다.[151]

12월 8일(11월 26일) 무라비요프는, 청국 정부가 지금까지 기항을 허락하지 않았던 항구에 기항하는 것을 승인할 것이며, 창고와 무기고의 이용도 인정할 것이라고 전해왔다고 황제에게 보고하고, 어딘가의 항구를 러시아가 점령하는 것은 청국에게 바람직하지 않은 사건이 일어났을 경우에 대비하기 위한 것이라고 설명할 수 있다는 의견서를 또 다시 올렸다.[152]

여기서 황제가 오케이 신호를 보냈던 것이 아닐까? 청국의 승인에 따라 뤼순·다롄으로 러시아의 함선을 파견하는 것이라는 형태를 취할 수 있었던 것이다. 물론 황제의 의지는 점령이었지만, 형태를 바꾸었기 때문에 장관협의에서의 반대론을 무시해도 관계없었던 것이다. 영국의 움직임이 있다는 소문 때문에 거제도가 중요하다고 보았던 해군상과 해군총재 알렉세이 대공도 생각을 바꿔야만 했을 것이다. "소문이 맞다면, 물론 뤼순으로 강력한 함대를 파견해야 한다"면서 해군총재는 해군상의 의견서에 반응했다. 그리고 12월 10일(11월 28일) 해군총재가 황제에게 뤼순으로의 함대 파견 허가를 요청하게 되는 것이다.[153] 황제는 다음 날 함대 파견을 허가했다. 무라비요프는 베이징의 파블로프 대리공사에게 타전했다. "동의를 얻었다는 점을 염두에 두고, 레우노프 소장이 이끄는 우리 소함대는 즉각 뤼순을 향해서 출격한다. 소함대를 우호적으로 맞이하라는 지령을 내려야 한다."[154]

태평양함대 사령관 두바소프는 전혀 다른 생각을 하고 있었다. 12월 9일(11월 27일) 그는 페테르부르크의 해군장관에게 조선의 항구인 마산과 거제도를 점령하자는 제안의 전보를 쳤던 것이다. 두바소프는 베이징의 파블로프가 영국 함대가 뤼순으로 움직인다는 사실을 알려왔지만, 이것이 "우리의 손을 풀어줄 사안"이라면서 "마산항과 거제 군도의 점령"이야말로 우리의 전략과제를 일거에 해결해 줄 것이라고 주장했다. 자신이 직접 이곳을 보았으며, 슈페이에르와 주재 무관의 지지도 받아냈다, 그러니 명령을 기다린다는 것이었다.[155] 이는 뤼순 점령 이상 가는 모험주의였다.

두바소프의 전보가 페테르부르크에 도착한 것은 12월 12일(11월 30일) 저녁 무렵이었다. 그러나 11일(29일) 심야 3시에 나가사키의 두바소프에게 뤼순으로 출동하라는 해군장관 명령이 전해졌다. 결국 두바소프의 제안은 검토되지도 않았다. 한 번 명령이 떨어지면 달리 도리가 없었다. 두바소프는 출동명령을 내렸고, 12월 13일(1일) 레우노프 소장이 이끄는 소함대가 나가사키를 떠나 뤼순을 향해 출발했다.[156]

12월 14일(2일) 무라비요프 외상은 베를린주재 공사 오스첸-사켄에게 전보를 보냈다. "독일의 자오저우만 점령에 대해서 황제 폐하께서는 청국 정부의 허가를 얻어 태평양함대의 한 분견대에게 뤼순에 정박하고, 새로운 명령이 있을 때까지 일시 정박하라는 명령을 내리셨다. 폐하께서는 러시아와 독일이 손잡고 극동으로 진출해야 하며, 그렇게 할 수 있다고 확신하고 계신다. 이 점을 빌헬름 황제 폐하께 미리 알리는 일이 귀하에게 위임되었다."[157]

러시아 함대의 뤼순 입항

1897년 12월 15일(3일), 두바소프 제독이 파견한 러시아 소함대는 뤼순에 입항했다. 영국 함대는 그림자도 보이지 않았다. 다롄에 입항하라는 추가적인 명령이 이날 두바소프에게 하달되었다. 12월 20일(8일)

순양함 '드미트리 돈스코이'가 다롄으로 입항했다.

12월 19일(7일) 니콜라이는 일기에 썼다. "최근 며칠을 긴장 속에서 보냈다. 현재 동방에서 중대한 사건이 벌어지고 있다. 태평양의 우리 함대가 뤼순을 점령했고, 다롄으로 들어갈 예정이다. 우리가 이렇게 해야만 했던 것은 독일인들이 용서할 수 없는 행동, 즉 자오저우만을 탈취했기 때문이다."[158] 이 흥분한 문장이 독일의 행동에 맞서 러시아도 적극적인 행동을 취할 것이라는 황제의 고조된 정신 상태를 전하고 있다. 이와 같은 문장이 이 시기에 예외적으로 몇 번씩이나 황제의 일기에 등장하고 있다. 이는 뤼순작전이 명백하게 황제 자신이 추진한 결정이라는 사실을 보여준다.

분명 황제는 뤼순과 다롄을 점령하고 탈취할 작정이었지만, 내려진 명령은 청국 정부의 허가에 의한 러시아 함선의 기항이었다. 대외적으로도 그렇게 설명되었다. 일본에서는 11월에 오쿠마가 외상을 사임하고, 그 후임에 러시아 공사를 그만두고 귀국한 니시 도쿠지로가 임명되어 있었다. 그래서 12월 17일 로젠 공사는 니시 외상에게 "독일 함대가 자오저우의 점령한 것을 고려해, 폐하께서는 우리 태평양함대의 1개 분대를 일시 정박을 위해 뤼순으로 보내야 한다고 생각하셨다. 이에 대해서는 이미 청국 정부의 동의도 얻고 있다"고 통지했다.[159] 19일에는 청국 정부도 일본 공사의 문의에 대해서, 뤼순의 할양 같은 문제가 아니고 러시아와의 우호관계에서 뤼순의 이용권을 러시아에 인정한 것에 지나지 않는다고 회답했다.[160]

다음 날 20일 일본 정부는 러시아 공사에게, "귀하의 통지대로 일시적인 일이라고 충분히 믿으며, 각하의 통지를 접수하기로 했다"고 회답했다.[161] 로젠 자신은 이 회견에 관해서, 니시가 "일본 정부는 러시아아의 우호관계를 소중히 하며, 우리〈러시아 정부〉의 의도를 신뢰하기 때문에 여론의 흥분상태를 억제하기 위해 노력할 작정이다"라고 말했지만, 일본 정부는 이번 사건의 "진정한 의미를 아직 잘 모르고 있기 때문에, 당분간 대기적(待機的)인 입장을 견지할 것이다." 그러므로 "앞으로는 어떠한 결정이 내려질지 예상하는 것은 불가능하다"고 지적했다.[162]

하지만 일본 신문들은 훨씬 더 뚜렷한 전망들을 내놓고 있었다. 12월 20일부터 '러시아 함선 출항' '중대한 외교문제' '청국 분할에 대한 두 번째 착수' 등의 제목으로 상황을 보도했다. "어딘가 믿는 구석이 있는 것 같은 러시아의 태연한 태도로 단정할 수 있는 것은, 오늘의 사태는 뤼순항을 해군의 근거지로 삼겠다는 것 이외에 다른 뜻이 없는 것은 물론, 지나[중국] 정부도 또한…… 오늘날 어쩔 수 없이 이를 승인했음은 결코 의심의 여지가 없는 사실임에라."[163]

한편 뉴촹의 일본 영사는 1898년 1월 12일자 보고에서, 뤼순에서 돌아온 영국인과의 대화라면서 뤼순항에는 러시아 함이 항구 안에 4척, 항구 바깥에 4척이 있다, "8척의 러시아 군함은 평화롭게 이 항구 안팎에 정박하고 있을 뿐, 지상의 포대 등은 아직 쑹(宋) 제독이 이를 지키고 있다"고 전했다.[164]

같은 무렵, 러시아가 부산항 밖에 있는 절영도(絶影島)에 손을 뻗친 것이 일본을 자극했다. 이 이야기의 발단은 1897년 8월 주한 러시아 공사가 이 섬에 석탄창고용 토지를 조차하고 싶다며 조선 정부에 요청하고, 조선 정부는 승낙할 수밖에 없다고 말한 것이 도쿄로 보고된 일이었다. 일본 정부는 표면적으로는 반대할 수 없지만, 가능하다면 조선 정부가 거절하도록 "내밀하게 상당한 수단을 취하라"는 지시를 주한 공사에게 즉각 내렸다. 러시아는 현지로 사람을 보내 조차할 토지를 선정했는데, 그 단계에서 일본의 공작이 성공했는지 부산항 책임자가 이를 인정하지 않아 다툼이 계속되었다.[165] 1898년 1월 21일 군함 '시부치'가 입항했고, 수병들이 즉시 절영도로 상륙해 러시아가 조차하기를 희망하는 구역에 소나무와 삼나무 묘목을 심는 모습을 연출했다.[166] 이것이 한국 국내에 알려지면서 엄청난 논쟁을 불러일으켰다.

비테의 기회

러시아 함선이 뤼순에 입항한 12월 15일의 하루 전날, 리훙장은 비테에게 1억 냥의 차관 보증을 요청해왔다. 그것이 없으면 차관이 성립할 수 없기 때문이었다. 이 요청을 받은 비테는 즉시 12월 16일, 다음의 세 조건을 리훙장에게 제시하라고 포코틸로프에게 타전했다. 첫째, 만주와 몽골의 모든 성(省)에서 러시아에게 철도, 산업상의 독점적 특권을 부여할 것, 둘째, 동청철도회사에게 황해 어딘가의 항구(잉커우에서 동쪽)까지 철도 지선을 부설할 이권을 제공할 것, 셋째, 이 항구에 러시아 모든 함선의 입항, 정박 권리를 인정할 것. 로마노프는 비테가 이미 뤼순 점령이 기정방침이 되었다는 사실을 알고 있었을 것이라고 추측하고 있다.[167]

1898년 1월 4일(1897년 12월 23일) 무라비요프는 한 걸음 더 나아가 청국과의 교섭에 돌입했다. 이날 베이징의 파블로프에게 총리아문에 다음과 같은 요구를 전하라고 지시했던 것이다. 첫째, 우리는 영토 획득을 추구하지 않는다. 상황이 허락한다면 뤼순과 다롄에서 철수할 것이다. 둘째, 러·청 사이의 우호를 고려해 즈리만(直隸灣), 조선만에 나가사키를 대신할 정박지를 제공해 달라. 로마노프는 외무성 라인까지는 비테의 교섭에 관해서 알려져 있지 않았을 것이라고 추측하고 있다. 청국은 황해 쪽으로 나가는 철도선은 청국이 건설한다는 생각으로 대응했다. 즉 리훙장은 압록강 하구에 청국이 철도를 부설하

겠다는 생각을 비테에게 전했다.[168]

쿠로파트킨 육군상의 등장

그런데 당시는 육군장관 반노프스키의 사표가 수리되어 장관직을 떠나기 직전이었다. 76세의 노인은 이미 17년이나 육군상으로 재직했다. 분명 기력도 쇠하여 그만둘 때가 되었다. 후임에 관해서 반노프스키는 참모총장 오브루체프를 제1순위로 추천했는데, 그는 한 번도 부대를 지휘한 적이 없으며, 오히려 군사학자 내지 군사고문이라고 할 만한 인물이라고 설명했다. 제2순위에는 육군성 관방장 로프코의 이름이 거론되었다. 그 역시 부대 지휘의 경험이 없다는 점이 지적되었다. 마지막으로 자카스피해 주(州) 장관 겸 군 사령관 쿠로파트킨이 거론되었다. 젊은 장군이었기 때문에, 잠시 오브루체프나 로프코를 육군상으로 하고 그 다음에 쿠로파트킨에게 넘겨주면 좋겠다는 것이 반노프스키의 의견이었다. 참모총장 오브루체프는 육군상으로의 승진을 기다리고 있었다. 그는 자기의 힘에 대해 자신감이 있었다.[169] 그러나 황제는 68세의 고집쟁이 노인을 존경했지만 가까이 하지는 않았다. 황제가 선택한 것은 약삭빠른 50세의 쿠로파트킨이었다. 이러한 황제의 의사는 이미 정부 내 중추에는 밝혀져 있었다.

쿠로파트킨의 일기를 통해서 당시 러시아 정부 중추부의 분위기를 자세히 엿볼 수 있다. 반노프스키는 12월 23일(11일) 크라스노보츠크의 쿠로파트킨에게 전보를 보내 수도로 호출했다. 뤼순 입항 후 영국의 대항조치를 막기 위해서 아시아 전역에서 영국에 압력을 넣고 아프가니스탄 방면에서 작전을 시작하는 것이 가능한지 쿠로파트킨의 의견을 듣고자 했던 것이다. 쿠로파트킨은 1898년 1월 1일(1897년 12월

20일) 페테르부르크에 도착하자마자 곧바로 육군상에게 갔다. 그러나 육군상은 부재중이었다. 그래서 그는 참모총장 오브루체프를 방문했다. 쿠로파트킨은 자신이 무엇 때문에 호출되었는지 모르고 있었다.

오브루체프는 "우리는 뤼순으로 몰래 들어갔단 말이다. 영국과 일본이 반격에 나서 조선을 점령할지도 모른다. 영국인을 막지 않으면 안 된다. 반노프스키가 폐하께 아시아에서 저들을 위협할 것을 제안했는데, 폐하께서 동의하셨다는 것이다"라고 상황을 설명했다.[170]

쿠로파트킨은 그 다음에 비테 재무상을 방문했다. 비테는 자기가 청국과의 교섭을 담당하고 있으며, 전 외상 로바노프-로스토프스키의 협력을 얻어 어떻게 실적을 올렸는지 설명했다. 그리고 이번 뤼순 점령에 관해서, 최초의 장관 협의에서는 뤼순 점령은 하지 않는다는 결론을 내렸는데, 그것이 이틀 뒤에 뒤집어져 점령하기로 결정된 것은 무라비요프 외상이 "청국이 우리에게 뤼순을 점령해 달라고 요청하고 있다고 설득하면서 폐하를 속였"기 때문이라고 말했다. 지금은 영국을 위협하는 것을 생각하고 있는데 무엇 때문인가, 그 어떤 근거도 없다. 오히려 독일이 문제다. 전쟁을 한다면 독일과 하게 될 것이다. 청국과는 관계가 악화되어 버릴 것이다. 점령은 중단해야 한다.

나아가 비테는 이 신임 육군상에게 자신의 생각을 분명하게 밝혔다. "폐하께는 의연한 의지가 없다. 아직 준비가 되어 있지 않다. 잘 생각해 보지도 않고(с плеча) 결정을 내리신다. 이것저것 결정하려면 준비 작업이 중요하다는 사실을 이해하지 못하고 계신다. 폐하께서는 여러 가지 면에서 쉽게 영향을 받으신다. 이 건으로 흥분한 기색이다. 지금은 퇴각하기를 원치 않으신다." 비테는 쿠로파트킨을 아슈하바드[자바이칼 주의 주도이자 군사도시, 현재의 투르크메니스탄 수도]에서 호출한 것은, 아마도 지지해 달라는 생각에서였을 것이라고 말했다.

비테는 독일의 카이저에 대해서 몹시 화가 나 있었다. 폐하의 의견에 반대하면 일정 기간 악감정을 초래하는 것이 보통이라고도 말했다. 비테는 외상에 대해 심한 험구를 늘어놓았다. "알맹이가 없는 그냥 수다쟁이"라고도, "사교계의 남자"이지 일을 할 인간은 아니라고도 했다.[171]

비테는 쿠로파트킨을 자기편으로 만들 작정으로 이런저런 비밀문서를 건넸다. 그 중에는 무라비요프의 11월 23일(11일) 의견서도 있었다.

1898년 1월 2일(1897년 12월 21일) 쿠로파트킨은 이번에는 외상을 방문했다. 무라비요프는, 니콜라이 황제가 브레슬라우에서 독일 황제에게 독일의 자오저우만 점령을 승낙했다고 말했다. 장관 협의 후에 청국이 러시아의 뤼순 점령을 바라고 있다고 황제를 설득했다는 점을 강조했다. 뤼순이 빌미가 되어 전쟁으로 비화하는 일은 없을 것이라는 게 외상의 의견이었다. 전쟁으로 비화한다면 양보해서는 안 된다. 무라비요프는 조선의 사태를 더 걱정하고 있었다. 재정고문의 건을 지나치게 서두르고 있다. 슈페이에르는 "너무 뜨거워지고 있다. 지나치게 정력적이다. 막아야 한다"는 것이었다.[172]

쿠로파트킨은 티르토프 해군상과도 만났다. 티르토프는 뤼순과 다롄에 만족하지 않았다. 뤼순항은 "너무 협소하고 개방적"이라는 것이었다. 해군상은 "점령한 항구 문제로 전쟁을 시작해서는 안 된다고 보고 있었다. 이 두 항구는 없는 것보다는 낫다고 할 정도의 것들이다."[173]

마침내 만날 수 있었던 반노프스키 육군상은, "우리는 오랫동안 항구를 점령하려고 했다", 해군성은 이런저런 의견을 내놓고 있는데, "지금 기회를 놓치면 회복할 수 없는 거다. 비테는 사람을 혼란에 빠트린다. 폐하께서는 빌헬름에게 항구를 약속하셨다. 우리는 일본에 대한 우리의 요구를 연해주 군구(軍區)의 4만 5,000명의 군대로 뒷받침할 수 있다"고 말했다. 사임하는 육군상은 쿠로파트킨에게 "러시아인으로서 점령한 항구를 끝까지 지켜내도록 하라는 내용의 충고를 해 주었다."[174]

드디어 1월 5일(12월 24일), 쿠로파트킨은 차르스코예 셀로에서 황제와 황후를 배알했다. 쿠로파트킨은 황제에게 병력의 집결이 아직 확보되어 있지 않기 때문에 결렬은 피해야 한다고 말했다. 니콜라이는 "당장은 만사가 순조롭게 진행되고 있으며, 나는 여하한 분규도 일어나지 않으리라고 기대하고 있다"고 말했다. 그리고 반노프스키의 사임 요청을 수락하기로 했으며 후임으로 쿠로파트킨을 선택했다고 말했다. 쿠로파트킨은 일어서서 신임해 주셔서 감사합니다 라고 말하고는 그 임무에 적합하지 않은 것은 아닐까 생각한다고 덧붙였다. 황제는 참모총장 인사에 관해 이야기하면서, 사하로프를 천거하는 사람이 있다고 말했다. 쿠로파트킨은 "사하로프에게는 좋은 두뇌와 좋은 마음이 있습니다. 그는 어디서나 사랑받고 존경받아 왔습니다. 음모와는 거리가 멉니다. 때로 외견상 거칠기는 하지만 말입니다"라고 말했다. 황제는 "음모가보다는 낫겠지"라고 했고, 참모총장은 사하로프로 결정되었다.[175]

1월 13일(1일) 쿠로파트킨은 육군장관 서리로 임명되었다. 정식으로 육군상이 되는 것은 7월이다. 사하로프 중장은 참모총장이 되었고, 관방장도 8월에 레지게르로 대체되었다.[176]

한편 여기서 등장한 육군상 쿠로파트킨은 1848년생으로 직업군인의 아들이었다. 아버지의 계급은 대위였고, 세습귀족 신분이었다. 그는 유년학교를 나와 1866년에 사관학교에 입학했는데 거기서 1년도 보내지 않고 같은해 10월에 투르케스탄의 보병대대로 배속되었다. 이후 30년 동안, 도중에 러터전쟁 시기를 제외하고는, 그의 근무 현장은 줄곧 중앙아시아였다. 1871년부터 1874년까지 니콜라이군사대학교로 파견되었고, 졸업 후에는 독일, 프랑스, 알제리를 시찰했다. 러터전쟁에서는 스코벨레프 장군 휘하에서 싸웠고, 플레브나 요새 포위전에도 참가했다. 전후에는 1년 정도 참모본부 아시아부장으로 근무했는데, 1879년 투르케스탄 여단장으로 임명된 후에는 4년 정도 중앙아시아에 머물렀고, 1883년 이후에는 참모본부에서 서부, 남서부, 남부로 파견되어 군을 지도했다. 1890년에 중장으로 진급하면서 자카스피해 주장관, 같은 주 군사령관에 취임했던 것이다.

참모총장이 된 사하로프는 나이는 쿠로파트킨과 같았지만 1866년에는 이미 사관학교를 졸업했기 때문에 오히려 선배가 된다. 니콜라이군사대학교는 1년 늦게 졸업했다. 바르샤바, 오데사 군관구 등 남서부 방면에서 활동하고 있었다.

쿠로파트킨 육군상은 황제와 전임 육군상의 방침에 따라 뤼순, 다롄에 대한 적극책을 지지하게 된다.

러·일 신협정을 요구하는 움직임

일본의 여론은 러시아 함선의 뤼순 입항에 반발했지만, 정부는 냉정했다. 물론 이것이 러시아의 설명대로 "일시적 정박"이라고는 보지 않았다. 그러나 니시 외상도 그리고 지난 해 11월 니시의 뒤를 이어 주러 공사가 된 하야시 다다스도 냉정한 계산을 할 수 있는 사람이었다. 이들은 러시아가 랴오둥반도를 취하는 것을 받아들이고 그 보상을 한국에서 취하려고 했다. 러시아와의 사이에 현안으로 되어 있는 신협정을 체결해 거기에 일본의 권익을 일층 확대하는 수밖에 없다고 생각했던 것이다.

1898년 1월 하야시 공사는 무라비요프 외상과의 면담 결과를 도쿄로 타전했다. 외상은 비밀 이야기라고 전제하고 황제의 말을 전했다. 한국에서 러·일이 계속 마찰을 일으키는 것은 양국에 이익이 되지 않는다. 한국에서는 러시아보다도 일본이 더 큰 이해관계를 지니고 있다는 사실을 염두에 두면 장래의 분쟁을 피하기 위한 합의를 도출할 수 있지 않겠는가. 무라비요프 외상은 황제의 이 말을 전제로, 일본이 한국의 독립을 존중한다고 선언한 것은 좋은 일이고 이 점에서 일치한다면 그 다음은 어떻게든 될 것이다, 다시 검토해 제안을 할 작정이다, 라고 말했다. 그래서 하야시는 양국 관계를 부드럽게 하기 위한 협정에 찬성한다고 답했다. 하야시는 니시에게 다음과 같은 전망을 전했다. 러시아 정부가 랴오둥반도에서 계획을 실행하기 위해서 한국에서 일본의 행동의 자유를 인정함으로써 일본을 달래려고 한다면, 반대는 없을 것이다(free from opposition). 일본은 한국에서의 영향력뿐만 아니라 그 이상의 "이성적이고도 보다 건실한 보상"(resonable, but more solid compensation)을 주장할 수 있다. 하야시는 러시아의 랴오둥 진출을 억지하는 것은 "필요도 없고, 현명하지도 않다"고 보고 있었다. 이 의견에 찬성이라면 한국에서는 어떠한 점을 획득해야 하는지, 랴오둥반도에 대한 보상으로서는 무엇을 획득해야 하는지 지시해 달라고 하야시는 요청했다.[177]

1월 15일 이번에는 로젠이 니시 외상을 방문해 러·일의 협정 가능성에 관해서 이야기를 꺼냈다. 로젠은 러시아가 일본이 한국에서 상공업상의 이해관계를 지니고 있다는 것을 인정할 용의가 있는 것처럼 말했던 모양이다. 니시는 군사교관과 재정고문 건과 관련해 러시아가 생각을 바꾸지 않는다면 합의는 불가능하다고 주장했다.[178]

그 후 1월 26일이 되어 니시 외상은 하야시 공사에게, 군사교관과 재무관리의 포기는 "의견교환을 위해"서 내놓은 것이지 조건은 아니니까, 오히려 이 가운데 어느 것 하나를 일·러가 나눠 갖는 것이 바람직하다는 선에서 교섭하라는 지시를 보냈다.[179]

27일에는 이에 대한 회신으로 하야시 쪽에서도 주목할 만한 제안을 보내 왔다. 러시아 정부의 태도는 "우리와 화해해서 친구를 늘리겠다는 것은 아니라고 해도, 그래도 적을 줄이고 싶다는 바람"을 나타내고 있다. 그러니까 우리는, [러시아가] 한국에서 상당한 양보를 함으로써 "일본 국민 대중과 군부의 분노를 완화시키는 것이 바람직하다고 그들에게 솔직히 말하고 그들을 이해시킬" 수가 있다. "이 베이스에 입각해 교섭하면서, 우리가 획득할 수 있는 것을 획득하도록 노력하는 것이 바람직하다. 그러나 우리는 러시아가 한국 정부에서 완전히 배제되어야 한다고 주장할 수는 없다. 우리에게는 그런 요구를 할 권리도 강제력도 없기 때문이다. 따라서 우리는 획득할 수 있는 것에 만족하겠다고 결심해야 할 것이다. 일부 사람이 순수한 센티멘털리즘에 사로잡혀 이에 반대할지도 모른다. ……그러나 한국에서 센티멘털한 정책을 취했어도 결국 실패해왔기 때문에, 지금은 센티멘털리즘을 포기하고 우리의 관심을 엄밀하게 이해관계에 한정해야 할 때다."[180] 이는 외교관으로서 훌륭한 자세라고 할 수 있다.

그 후 하야시 공사와 니시 외상 사이에 전보가 오고 갔는데, 마침내 2월 16일(4일) 하야시는 무라비요프 외상에게 일본의 의정서 골자를 건넸다. 1. 일·러는 한국의 독립을 유지한다, 2. 군사교관은 러시아 정부에 일임한다, 3. 재정고문은 일본 정부에 일임한다, 4. 상공업상의 이익에 관해서는 오해를 피하기 위해서 신규조치를 취할 때에는 미리 조정한다. 이러한 내용이었다.[181] 일본으로서는 상당히 소극적인 제안이었다.

한국에서 반러시아 운동이 일어나다

이 시점에 한국의 국내 정세가 급변했다. 1898년 2월 22일, 이 나라의 정치에서 커다란 힘을 휘둘러 왔던 대원군이 서거했다. 4일간의 복상이 선언된 이날 독립협회는 집회를 열어 고종에게 올리는 상소문을 채택했다. "나라가 나라됨에는 두 가지가 있으니 자립(自立)해 타국에 의뢰치 않는 것과 자수(自修)해 정사(政事)와 법을 일국(一國)에 행하는 것이다." 상소문은 이와 같은 문장으로 시작하고 있었다. "재정은 마땅히 남에게 사양(辭讓)치 아니하여야 할 것인데 이를 남에게 사양하고 병권(兵權)은 마땅히 자조(自操)해야 할 것인데 남이 잡게 하여"라는 것은 러시아의 재정고문과 군사교관 초청에 대한 공공연한 비판이었다. "장전(章典), 법도(法度)가 없으면 이것은 나라가 아니다. 국(國)이 이미 국(國) 아니면 인심은 자연히 타국에 의뢰하려 하고 타국이 또한 그러함을 기약치 아니하고 내정에 간예(干預)하는 것이다." 상소문은 황제 폐하의 3천리 1,500만 적자[赤子, 백성]들이 바라는 것은 "정장(定章)을 실천하고 밖으로는 타국에 의뢰치 아니하여 아(我) 황상의 권(權)을 자립하고, 아 일국의 권을 자립"하는 일이라고 호소했다.[182] 이것은 확실히 널리 국민의 마음을 사로잡는 힘을 지닌 문장이었다.

당초에는 신중한 태도로 러시아와 일본을 보고 있던 독립협회는 1897년에는 점차 정부가 지나치게 러시아 쪽으로 기울어지고 있다는 비판적인 생각을 품게 되었다.[183] 러시아인 군사교관에 이어 재정고문까지 부임하게 되자, 마침내 비판의 목소리가 전면에 나오기 시작했다. 그러나 일본과 러시아 사이에 낀 나라로서 자립의 어려움에 관한 충분한 이해가 되어 있다고는 할 수 없었다. 획기적인 국민적 움직임이 시작되려 하고 있었지만, 그 출발점에는 너무나도 소박한 반

러시아 감정이 놓여 있었던 것이다.

이 상소문에는 독립협회 회장 안경수를 비롯해 130여 명이 서명했다. 그날 밤 전 러시아공사관 통역이었고, 러시아 국적을 가지고 서울의 부윤[府尹, 시장]까지 지내며 관직의 브로커가 되어, 주위에 빌붙는 자가 많아서 "집 뜰이 시장과 같다"(門庭如市)는 평을 받고 있던 김홍륙(金鴻陸)이 러시아공사관 앞에서 누군가의 습격을 받았다. 슈페이에르 공사는 격분해 23일, 한국 정부에 김홍륙 모살미수사건 범인의 체포와 처벌을 요구했다.[184]

슈페이에르는 독립협회를 미국 국적의 서재필이 만든 것이라고 보고 있었는데, 바야흐로 한국에서 러시아의 힘이 세지자 독립협회가 반러시아 운동의 중심에 선 것이라고 생각했다. 이제는 당연히 독립협회의 배후에 일본공사관이 있다고 의심하고 있었다.[185] 분에 못이긴 슈페이에르는 제정신을 잃고서, "한국 독립의 원칙을 버리고, 그 북부의 여러 도를 우리 군대를 동원해 점령할 것을 결의하자"고 페테르부르크에 제안하기에 이르렀다. 당연히 무라비요프 외상은 이를 일축했다. "황제 폐하의 계획에는 우리 군대의 조선 북부 점령은 없다. 그렇게 하는 것은, 우리가 재삼 선언해온 이 나라의 독립 원칙에 대한 명백한 위반이다. 그 독립을 지키는 것이야 말로 우리가 부단히 배려해야 할 대상이다."[186]

한편으로 일본의 대리공사 가토 마스오는 "김홍륙사건 및 독립협회 등은 일본인과 추호도 관계가 없는 일이니 안심하라" "러시아는 점점 더 압박 수단을 이용하고, 한국은 점점 더 격앙하는 경향이 있다"[187]고 본국에 보고했다. 처음에는 독립협회를 일본 비판 단체가 아닐까 하고 의심했던 가토는[188] 이와 같은 상황 전개에 기쁨을 감추지 못했다.

독립협회는 러시아가 절영도에 석탄창고를 만들 계획을 추진하고 있다는 점에도 주의를 돌려 논의의 표적으로 삼았다. 3월 1일에 한러 은행이 영업을 시작한 것도 커다란 동요를 불러 왔다.[189] 이 모두가 러시아의 지배에 저항하며 자립을 추구하는 움직임이었던 것이다.

로젠 의견서

이달에는 일본 국내의 분위기도 악화되었다. 1898년 2월 26일(14일) 로젠 공사는 러시아 함대의 뤼순 점령으로 시작된 러·일 관계의 전망에 관해서 장문의 의견서를 외상에게 보냈다.[190]

지난달 1월에는 "현저한 진정 국면"이 조성되어 정부와 여론의 대러관이 "일시적일지도 모르지만 아무튼 개선되었다는 데에는 의심의 여지가 없다." 일본의 분노가 고조된 것은 러시아 함선의 뤼순 입항이 그 계기가 되었다. 일본 정부는 이를 앞으로 "있을 수 있는 위기의 전조"로 받아들였다. "그러나 이 경우 일본 정부가 주로 주목할 것은 어디까지나…… 조선문제다."[191]

로젠이 보기에는, 일본의 진지한 정치가라면 분명 조선 정복의 야망이 헛되다고 확신할 것이고, 그 가운데는 러시아에게 접근하고 협정을 맺는 것이 최선의 길이라고 생각하고 있는 사람이 많다. 그런데도 일본 정부가 조선에 대한 자국의 요구를 포기하고, 러시아가 조선을 보호국으로 삼는 것을 인정하는 협정의 체결을 지지하는 사람은 있을 수 없었다. 러시아가 추구하는 방향에 대해서는 힘이 닿는 한 저항한다는 것이 일본 정부의 변함없는 방침이며, 그것은 1897년 1월에 두 배 이상 높아진 군비증강 계획을 보면 알 수 있다. 그것은 우리가 조선에 대해 취한 조치와 관계가 있는 것이다. 러시아와 협정이 체결될 가능성이 없다는 것을 알게 되면 될수록, 일본은 준비가 되는 대

로 시기를 골라서 군사적 해결에 나설 것이다.[192]

러시아 함선의 뤼순 입항은 그러한 시기가 될 수 있었다. "우리 함대의 출현은 일본이 군사행동의 준비를 시작할 구실이라기보다는 신호이며, 그 준비가 12월에 정신없이 시작된 것이다." 유럽 정부들 사이의 의견 교환의 정황에 따르자면 일본군의 조선 상륙이라는 사태로 발전했을 수도 있다고 생각한다.[193]

로젠은 또 하나의 다른 측면에도 주의를 기울였다. 러시아가 뤼순 획득의 방향으로 나아가면 부동항을 얻을 수 있기 때문에, 조선에 대한 러시아의 태도 "변화"(перемен)가 있다고 일본이 생각할 가능성이 있다. "러시아가 일본과의 완전하고 최종적인 협정을 맺는 것은 쉽사리 달성할 수 있는 과제가 아니다."[194]

그래서 나로서는 다음과 같이 생각한다. 즉 "이 건으로 청국 정부와 교섭을 행할 것이라면, 랴오둥반도에서 우리의 지위가 최종적으로 확실해질 때까지 일본과의 교섭을 지연하고, ……필요하다면, 일본이 랴오둥반도에서 우리의 지위를 인정함으로써 조선문제에서 우리에게서 어떤 양보를 끌어낼 가능성을 유지하는 것이 무익하다고는 할 수 없을 것이다."[195]

즉 로젠은 러시아는 랴오둥반도, 일본은 조선이라는 식의 해결로 접근하는 것이 "러·일 양국의 불가피한 투쟁을 완전히 제거하는" 길일지도 모른다고 생각했던 것이다. "일본과 정말로 우호적인 관계를 확립함으로써 우리나라의 옆구리 부분을 완전히 평온하게 하는 것은, 우리나라의 극동 정책에서 가장 중요한 과제다"라고 하면서, "용서 없는 사건 전개의 논리라는 면에서 보면 만주에서는 그러한 과제의 실시가 대기하고 있어서, 다년간에 걸쳐서 우리는 모든 힘과 모든 주의력을 최대한 쥐어짜고 집중하지 않으면 안 될 것이다"라고 예언했다.[196] 즉 러시아가 뤼순을 취해 놓고, 다른 곳에서 양보하지 않으면 매우 긴박한 대립상황으로 들어서게 될 것이라 보았던 것이다.

러시아, 랴오둥반도를 조차하다

자오저우만을 점령한 독일은 러시아의 뤼순 점령으로 더욱 대담해져서 1897년 12월 24일 청국에 자오저우만 조차를 요구했다. 1898년 1월 청국은 기본적으로 독일의 요구를 인정했고, 마침내 3월 6일 자오저우만 조차조약이 독일과 청국 사이에 조인되었다.

러시아도 독일의 움직임을 주시하고 있었다. 이 시점에 청국이 대일 배상금을 지불하기 위해 러시아의 보증을 요청하면서 비테와 교섭 중이었다는 사실이 중요한 의미를 지니게 되었다. 비테의 동청철도 남부지선에 관한 조건에 반발한 리훙장은 러시아의 조건을 영국에 알리고, 영국의 태도를 타진했다. 그러나 영국은 영국 나름대로 차관의 보증에 대한 대가로서 한층 더 큰 권익을 요구했다. 거기에는 다롄의 개방도 포함되어 있었다. 난처해진 리훙장은 또 다시 러시아에 연락을 했다. 1898년 1월 11일(1897년 12월 30일) 무라비요프 외상은 베이징의 교섭담당자 파블로프에게 조선에 관한 지령을 새로이 내려 보냈다. 요구는 동청철도 남부지선에 관한 것으로 비테가 제시한 것과 기본적으로 다르지 않았다.[197] 청국은 러시아와 영국을 대립하게 해 목적을 달성하겠다는 생각이었지만, 결국 2월 1, 2일(1월 20, 21일), 러시아와 영국에 차관 보증을 요청하겠다는 생각을 단념했다. 그리고 국내 기채를 시작했다. 그러나 이것은 성공하지 못했다. 그래서 3월 2일에는 영국과 독일의 은행 그룹과 협정을 체결하고, 강대국의 보증 없이 외채를 모집했다.[198]

여기서 먼저 나선 것은 러시아였다. 러시아 정부는 이제 요구에서 일치해 있었다. 동청철도 남부지선에 더해서 뤼순·다롄의 조차를 요구하기에 이른 것이다. 뤼순·다롄의 조차와 동청철도 남부지선에 관한 러시아 정부의 요구는 3월 3일(2월 19일) 파블로프 대리공사의 청국 정부에 대한 요구로 나타났다. 회답 기일은 3월 8일이었고, 최종 협정 조인의 목표일은 3월 27일(15일)이었다.[199]

이와 동시에 러시아 정부는 태평양함대의 강화를 추진했다. 3월 7일(2월 23일) 황제가 주재하는 가운데 태평양함대의 건함 촉진을 위한 협의회가 열렸다. 참석자는 알렉세이 대공, 티르토프 해군상, 비테 재무상이었다. 전함 5척, 순양함 16척, 구축함 36척을 건조한다는 해군성의 계획이 승인되었다. 이 시점에 태평양함대에는 전함은 없었고, 순양함 8척('블라디미르 모노마흐' '아드미랄 나히모프' '드미트리 돈스코이' '아드미랄 코르닐로프' '류리크' '라즈보이니크' '자비야크' 등), 포함 2척, 구축함 10척의 진용이었기 때문에 상당히 야심찬 확장계획이었다. 이것이 완성되면 전함은 일거에 5척, 순양함은 3배인 24척, 구축함은 약 5배인 46척이 되어, 전함 8척, 순양함 12척, 구축함 7척인 일본 해군에 대해서 압도적인 우위에 서게 될 것이었다.[200] 황제는 이날 일기에 이렇게 썼다.

"오늘이라는 날을 나는 소중한, 우리나라 해군의 역사상 특필해야 할 날이라고 생각한다. 수년 내에 해군은 두 배로 증강될 것이다. 이 협의회가 끝나고 난 뒤 온종일 나는 흥분상태로 돌아다녔다."[201]

해군성은 1895년의 일반 해군건함계획과 1898년의 극동건함계획을 하나로 묶어 1905년까지 완성하기로 결정했다.

다음 날인 3월 8일(2월 24일)에는 계속해서 랴오둥반도 문제 특별 협의회가 열렸다. 해군총재 알렉세이 대공이 주재하고, 재무상, 외상, 해군장관 티르토프, 군령부장 아벨란, 육군장관 쿠로파트킨, 참모총장 사하로프가 참석했다. 협의회는 필요하다면 청국과의 교섭을 군사력으로 뒷받침하기 위해서 블라디보스토크에서 뤼순으로 보병 1개 대대, 대포 4문, 기병 1개 소대를 파견하기로 결정했다.[202]

베이징에서는 파블로프가 교섭을 거듭하고 있었다. 청국은 저항했다. 다롄의 조차는 받아들였지만, 뤼순의 조차에 관해서는 양해하지 않았던 것이다. 러시아는 모든 면에서 청국에 압력을 가하고 있었다. 결정적인 순간이 다가오고 있었다.

일본의 여론도 이미 사태를 주시하며 파악하고 있었다. 『도쿄아사히신문』은 3월 12일자 1면에 랴오둥반도 반환 조칙 전문을 게재하고, 러시아가 일본의 랴오둥반도 영유에 대해서 "동양의 평화에 도움이 되지 않는다"는 이유로 반대했다면, 오늘날의 "러시아가 랴오둥반도를 영유하는 것도 마찬가지로 동양의 평화에 도움이 되지 않는다"라고 지적했다. "그러나 러시아는 마치 4년 전의 일을 잊어버리기라도 한 것처럼 돌연 이러한 강제적 요구를 했다. 우리 일본으로서는 모름지기 일찍이 러시아에게서 들은 우의적인 충고를 오히려 러시아에게 되돌려 충고해야 할 것이다." 논설의 필자는 랴오둥반도의 반환을 결정했을 때나 지금이나 이토가 수상이었다면서 이토의 책임을 추궁했다. 그리고 다음과 같은 결의를 표명하는 것으로 문장을 맺고 있었다.

"우리가 아는 바로는, 병력을 이용하고 이용하지 않는 것은, 이 역시 실로 의리에 입각해서 결정하지 않으면 안 된다. 우리 일본의 병력은 랴오둥반도를 반환했을 당시에 비해서 더 강해지지는 않았고, 우리 일본의 경제도 당시에 비하면 더 부유해지지는 않았지만, 유독 우리 일본 국민의 충용의열한 적개심은 당시에 비해서 그 정도가 적이 높아졌다. 만일 출병 명령이 발동된다면 나아가 위험을 무릅쓰지 않을 자 몇이나 되겠는가?"

마침내 청국이 러시아의 요구에 굴복하는 때가 왔다. 3월 23일(11일) 태평양함대 사령관 두바소프에게 육전대를 뤼순으로 상륙시키라는 명령이 내려졌는데, 그날 베이징 정부는 러시아의 요구를 전면적으로 받아들이겠다고 회답했던 것이다.[203] 이 회답이 왔다는 보고를 듣고 니콜라이는 매우 기뻐했다. 3월 25일(13일)의 일기에 그는 다음과 같이 썼다.

"러시아에 대한 뤼순과 다롄의 할양에 관한 우리의 교섭 진전과 조기타결에 관해서, 나를 기쁘게 하고 안심시키는 통지를 청국에게서 받았다. 때마침 오늘은 햇볕이 내리쬐는 날이어서, 기분이 좋고 정신적으로도 힘이 났다."[204]

1898년 3월 27일(15일) 러시아와 청국은 랴오둥반도의 조차에 관한 조약을 체결했다. 러시아는 해군 근거지로서 뤼순, 다롄 및 부근 해상을 25년간 조차했고, 동청철도 간선에서 다롄 만에 이르는 지선의 부설권을 부여받았다.[205] 다음 날 일기에 황제는 이렇게 썼다.

"어제 오랫동안 바라던 일이 이루어졌다. 러시아는 태평양 연안에 뤼순이라는 부동항과 시베리아철도의 자연적인 출구를 획득했다. 무엇보다 안심한 것은 여하한 혼란도 없이, 즉 중요한 것은 귀중한 러시아인의 피를 한 방울도 흘리지 않고 일이 끝났다는 점이다. 주께서 인도해 주셨다."[206]

니콜라이의 흥분은 절정에 달했다. 이 랴오둥반도에서의 성공을 생각하며 독일과 겨룰 작정이었고 결국 일본은 안중에도 없었다. 이 행위가 자기에게 얼마나 치명적인 것인지 전혀 이해하지 못했던 것이다.

다음 날인 3월 28일(16일) 두바소프 제독이 이끄는 러시아함대는 뤼순과 다롄에 입항하여 해병대를 상륙시켰다. 이때 보가크는 일시적으로 관둥군 참모장으로 임명되었다.[207]

한국 정세의 급변

서울에서는 독립협회의 반러시아 캠페인이 정세를 바꾸어 놓았다. 슈페이에르 공사는 완전히 용기를 잃고 있었다. 그는 3월 3일이 되자 페테르부르크측에, 한국 정부에 러시아의 원조가 필요한지 따져볼 것을 제안했다.[208] 3월 4일에는 가토 대리공사를 방문해, 러시아에 대한 태도가 "매우 협악〈험악〉해져서 다소의 과격한 수단을 사용하지 않으면 바로잡기 어려울 것 같다"고 말했다. 그는 "한국은 도저히 독립할 수 없다는 점"에 관해서 말하고, "이를 러·일 양국이 분할 보호하는 것"이 필요하다고 주장했다.[209] 민비 살해사건 이래 슈페이에르는 베베르와 함께 일본에 대항해 한국의 독립을 위해서 일해왔던 셈이다. 군사교관도 그리고 재정고문도 고종의 요청에 부응해서 노력해왔던 것이 아닌가? 서울 가두를 뒤덮은 반러시아 열기를 슈페이에르는 배신당했다는 생각으로 바라보고 있었다. 사태가 이렇게 되자 슈페이에르는 '일·러 분할보호'라는 말을 입에 올리기에 이르렀던 것이다.

한편 고종은 러시아에 의지하겠다는 생각에 변함이 없었던 모양이다. 이즈음 그는 러시아와 손을 끊으라는 반러시아 파의 압박에 일신이 위험해졌다고 슈페이에르에게 말했다. 슈페이에르는 다시 한 번 러시아공사관으로 피신하면 어떻겠느냐고 권했다. 그러나 이를 본국의 외무성이 인정하지 않았다.[210] 본국에서는 한국 정부로 하여금 태도를 표명하도록 하는 데에는 찬성했던 모양이다. 마침내 3월 7일 슈페이에르는 한국의 외부대신에게, 러시아를 비판하는 무뢰한 무리의 행동을 괘씸하다고 하면서, 우리는 한국의 요청을 받아 군사교관과 재정고문을 파견했다, 러시아 황제 폐하의 명을 받들어 묻고 싶다, 귀국의 대 황제 폐하와 귀 정부는 "러시아의 원조를 받을 뜻이 있는가,

없는가?" 하고 추궁했다. 슈페이에르는 24시간 이내에 회답하라고 요구했다.[211] 이는 러·한 관계의 결정적인 전기였다.

고종은 당혹했다. 처음에는 "회답할 필요 없다", 내 기분은 러시아 정부도 공사도 알고 있을 터이다, 라고 답했지만 결국 3일간의 유예를 요청했다.[212]

3월 10일 서울 종로에서는 독립협회가 가두연설회인 '만민공동회'를 개최했다. 8,000명이 운집했다. 군사교관과 재정고문을 외국인에게 맡긴다는 것은 2천만 동포의 치욕이며 분노의 대상이라는 연설이 있었고, 외부대신에게 결의를 전달하기로 결정했다.[213]

한국 정부는 엉거주춤 도망치려는 자세였다. 3월 12일 내각회의에서 논의한 끝에 마침내 러시아 공사에게 회답을 보냈다. "2년 동안 러시아가 후의를 베풀며 노력해 주어 병제와 재무에서 한결같이 많은 진보가 있었다" "이제부터 병제와 재무에 관해서는 귀국이 이미 해준 지도에 의해서 그리고 그 가르침에 따라서, 전적으로 우리나라 사람이 관장하고 담당하게 하여, 무릇 외국의 고문장교는 일절 고용하지 않기로 결정했다. 이것이 원로대신들 및 정부가 바라는 바이다"라고 전했는데, 실질적으로 러시아 군사교관과 재정고문의 철수를 희망한다는 점을 표명했던 것이다.[214]

러시아 정부는 재정고문 알렉세예프에게는 귀국을 명했지만, 군사교관에게는 잠시 더 머물라는 지령을 내렸다. 서울의 불온한 상황을 생각했기 때문이었다. 3월 18일에는 『관보』에 공보가 발표되었다. "러시아의 원조에 의해 강화된 젊은 국가가 국내 질서도, 완전한 독립도 스스로 지킬 수 있을 것이라고 기대할 수 있다면 그야말로 러시아는 이제부터 조선에 대해서 일체의 활동적인 관여를 삼갈 수 있다."[215]

3월 16일 러시아 외상 무라비요프는 하야시 공사를 만났다. 무라비요프는, 러시아 정부는 러시아의 요원들이 조선에서 철수한 뒤에 한국 정부가 다른 외국인을 고용하는 것을 용서하지 않을 것이다, 러시아와 일본은 같은 기반에 서게 될 것이라고 표명했다. 하야시는 재류 일본인이 많아서 보호해야 한다고 말했다. 무라비요프는, 그런 점에서는 러시아도 같은 생각이다, 이제부터 러시아와 일본은 조선에서 평화적인 관계를 맺어갈 수 있을 것으로 기대한다고 표명했다.[216]

러시아는 한국 정부와의 특별한 원조관계는 멈추지만, 조선을 일본에 넘긴다는 생각은 추호도 없었으며, 일본도 같은 입장에서 조선을 대할 생각이었다.

니시-로젠 의정서

한편 일본 정부는 이 기회를 이용하려고 했다. 3월 19일 니시 외상은 로젠 공사에게 구상서를 건네면서, 일본은 러시아와 함께 한국의 주권과 독립을 확인하고 내정간섭을 하지 않을 것을 약정할 용의가 있지만, "한국이 외국의 조언 및 조력을 필요로 할 경우"에 제3국에 의뢰하는 것은 양국의 이익상 바람직하지 않으며, 또한 "국토의 접근성 및 현재 보유하는 이익"을 고려하면 "조언 및 조력을 제공하는 의무는 일본에게 일임해야 할 것으로 생각한다"고 제안했다. 나아가 러시아가 이를 인정한다면, 일본은 "만주 및 그 연안을 전적으로 일본의 이익 및 관계의 범위 밖에 있다고 생각할 것"이라고도 덧붙였다.[217] 만한교환론이었다. 이토 수상과도 합의를 끝낸 제안이었을 것이다.

니시는 하야시에게 이 제안의 의미를 설명했다. 청국의 동부 상황이 변하지 않는다면, 일본은 한국에서의 권익을 러시아와 평등하게 나누어 갖는 것으로 만족할 수 있다. 그러나 지금 러시아는 만주와 그 지역의 항구에서 활동을 넓히고 있어서 일본으로서는 무관심하게 있을 수 없다. 한국에서 영향력을 나누어 가지면 오해와 마찰이 부단하게 발생할 것이다. 러시아가 만주에서 목적을 달성하면 한국에 대한 관심이 이전과는 달라질 것이다. 일본에게 한국의 의미는 상업적으로나 역사적으로 그리고 국민감정의 면에서도 타국과는 비교할 수 없다. 그러므로 일본 정부가 원하는 것은 러시아가 한국을 전적으로 일본의 영향 하에 두는 데에 동의해 주는 일이다.[218]

3월 말 러시아의 군사교관들이 조선을 떠났다.[219] 무라비요프는 3월 말에 로젠 공사에게 훈령을 보내서, 일본 정부와의 협정 교섭을 명했다. 로젠은 3월 29일 니시 외상에게 문서를 건넸다. 그 골자는 다음과 같다. 제1항은 러·일 양국은 조선의 주권과 완전 독립을 인정하고 내정간섭을 하지 않는다. 제2항은 조선이 원조와 조언을 필요로 할 때에는 러·일 양국의 특정 국가에 요청한다, 조선은 어느 쪽을 선택해도 좋다. 제3항은 오해를 피하기 위해서 양국은 군사, 재정, 상공업 분야에서 조치를 취할 때에는 사전에 협정을 체결한다. 일본이 제안한 제2항과 제3항은 러시아가 이미 군사교관과 재정고문을 모두 소환했기 때문에 의미가 없어졌다고 생각된다고 쓰여 있었다.[220] 그러나 분명 러시아는 여전히 조선에 대한 발언권의 여지를 남겨두고 싶었고, 따라서 일본의 입장과는 어긋나는 데가 있었다.

그러나 무라비요프도 불안했다. 그는 일본의 조선에 대한 의욕을 어떻게 생각해야 할 것인지 신임 육군상 쿠로파트킨의 의견을 물었다. 쿠로파트킨은 4월 15일(3일)에 회답했다. "뤼순항까지 철도가 통하지 않는 동안에는 조선에서의 군사행동은 우리에게 무거운 그리고 희생이 큰 과제다." 군대는 유럽에서 증원하지 않으면 안 되며, 조선 북부를 점령하기 위해서도 만주의 일부는 점령해야 할 것이다. "그러니까 모스크바 의정서에 정해진 행동의 자유를 확보하면서, 우리 군을 조선으로 보내야 하는 일은 회피하는 방책을 강구하는 것이 바람직하다." 뤼순을 확보하고 철도를 연결하고 나면, 러시아의 의사를 확실하게 말할 수 있을 것이고, "필요하다면 무기의 힘으로 그것을 뒷받침할 수 있을 것이다."[221]

일본 정부는 러시아의 제안에 실망했다. 그러나 만한교환론을 깨끗하게 거두어 들이기로 했다. 4월 8일 니시 외상은 로젠 공사에게 일본 측 의정서의 안을 전달했다. 세 개의 항목으로 구성되어 있었다. 제1항은 변한 것이 없었다. 제2항은 러시아의 제3항을 채택한 것이었다. 제3항이 일본의 새로운 제안이었다. 러시아는 조선의 상공업 분야에서 일본의 권익이 압도적임을 인정하고, 일본이 이 권익을 진흥하는 것을 지지한다는 것이었다.[222]

이에 대해서 러시아는 제3항을, 조선에서 일본 상공업의 발전을 고려해 "러시아 정부는 일본과 조선 사이의 통상 관계의 발전을 가능한 한 방해하지 않겠다는 의욕을 완전히 밝혔다"로 바꾸고 싶다며 역제안을 해왔다.[223]

일본은 이 러시아의 수정을 수용했다. 그 결과, 니시-로젠 의정서라 불리는 제3의 협정이 1898년 4월 25일(13일) 도쿄에서 조인되었다. 본문 전문은 다음과 같다.

제1조 일·러 양 제국 정부는 한국의 주권 및 완전한 독립을 확인하고, 또한 서로 이 나라의 내정 상의 모든 것에 직접적인 간섭을 하지 않을 것을 약정한다.

제2조 장래에 오해를 초래할 위험을 피하기 위해 일·러 양 제국 정부는 한국이 일본국 또는 러시아에 대해서 권언(勸言) 또는 조력을 구할 때에는, 훈련교관 또는 재무고문관의 임명에 관해서 우선 그에 관한 협상을 상호 수행한 후가 아니면 어떤 처치도 하지 않을 것을 약정

한다.

제3조 러시아 제국 정부는 한국에서 일본의 상업 및 공업과 관련한 기업이 크게 발전했다는 점, 이 나라의 거류 일본국 신민이 다수라는 점을 인정하고, 따라서 일·한 양국 사이에 상업적·공업적 관계의 발달을 방해하지 않을 것이다.[224]

한국의 독립이 새삼 확인된 것은 의미가 있었지만, 제2조는 러시아에게 군사교관과 재정고문을 한국에 들여보내는 것을 포기하게 했다는 현실을 확인한 것이었고, 오직 이것만이 이 협정의 의의였다. 그러나 그 이후의 일에 관해서는 어떠한 합의도 없었다. 주일 무관인 얀줄은 다음과 같이 보내 왔다. "우리가 조선을 일시적으로 스스로의 운명에 맡기는 것이 이 나라에 대한 요구를 완전히 단념한다는 것을 의미하지는 않는다."[225] 결국 이 의정서로 일본의 의욕은 충족되지 않던 것이다.

이 직후 슈페이에르 공사가 베이징의 공사로 임명되었다. 이는 오히려 영전이라 해야 할 것이다. 러시아 정부로서는 모양을 갖춘 것이었다. 슈페이에르는 괴로운 생각으로 떠났음이 틀림없다. 1898년 4월 4일 그 후임으로 마튜닌이 정식 부임했다.[226] 그는 오랫동안 극동 러시아령에서 근무했고, 우루프 이북 쿠릴 열도 인도(引渡)의 입회인이기도 했으며, 1880년대에는 러시아에 접근을 추구한 고종의 사자를 맞이한 적도 있었다. 그리고 이 당시 페테르부르크에서 자신의 동창생인 본랴를랴르스키와 그의 친구 베조브라조프에게 압록강의 삼림이권 매입을 막 중개한 상태였다.

요동치는 한국

러시아 세력이 퇴장한 한국에서는 계속해서 정치적인 놀이 일렁대고 있었다. 신임 공사 마튜닌은 한국의 사태가 심각하다는 사실을 발견했다. 군사교관이 서울을 떠난 날, 그는 본국의 외상에게 도쿄를 경유하는 전보를 보냈다. 그는 공사관의 경비병은 남겨 줄 것을 희망했다. "한국 정부는 날이 갈수록 딛고 있는 지반을 잃고 있다. 국고는 바닥을 보이고 있다. 4월의 봉급은 어떻게든 쥐어짜서 해결했지만, 5월 분은 전액을 충당하기 어렵다고 공지되었다. 낡은 체제로 복귀한 경비대대는 전혀 신용할 수가 없다. 기근의 위협에 관련해서는, 봄의 한발과 작년의 쌀 흉작 때문에 심각한 소요는 더욱 가속화하여 완전한 무정부상태가 될 수도 있을 것 같아 우려된다."[227]

반년이 지나자 고종 역시 러시아 군사교관을 돌려보낸 것을 후회하기 시작했다. 그는 이와 같은 심정을 마튜닌에게 은밀하게 전했다. 7월 9일(6월 27일) 마튜닌은 도쿄를 경유하는 전보를 외상에게 타전했다. "작년 말 황제는 육군차관을 파견해, 러시아에 대해서 자기가 잘못 생각했다는 것을 자각하고 있다고 전했다. 그는 독립협회 음모를 적발하고 범인을 체포하라는 명령을 내렸다고 내밀히 알려주었다. 일본 공사에게는 알리지 않았다. 일본 공사가 배후에서 선동하고 있기 때문이다. 고종이 보낸 사자는, 3개월도 지나지 않아 한국은 [자신들을] 파멸로 이끄는 일본에 대항해 러시아의 원조를 요청하지 않을 수 없게 될 것이라고 확신했다."[228]

9월 11일에는 한국 궁정 내에서 고종과 황태자가 마시는 커피에서 독이 발견되는 사건이 발생했다. 황제는 한 모금 마시다가 토해 내어 무사했지만, 황태자는 한 잔을 모두 마셔버렸다. 다행히 목숨은 건졌지만 엄청난 후유증에 시달려야 했다. 당국은 궁정의 주방(大膳) 책임자와 요리사를 체포했고, 지난 2일 러시아공사관 앞에서 습격을 받은 김홍륙을 주모자로 지목했다.[229] 피습 후 공사관 통역으로 복귀해 있던 김홍륙은 이해 8월 체포되어 흑산도 종신 유형에 처해져 있었다.[230] 당시 러시아 공사가 그의 죄목을 물었는데, 통역으로서 황제의 말을 잘못 전달했다는 것이 외부대신 박제순(朴齊純)의 설명이었다.[231] 그가 황제와 황태자의 독살 음모의 주범으로 지목되자, 그의 신병은 흑산도에서 서울로 이송되었다. 피고의 진술은 고문에 의한 것이라는 의심이 농후했지만, 10월 10일 김홍륙은 요리사 세 명과 함께 처형되었다.[232] 진상은 수수께끼로 남아 있지만, 아마도 김홍륙은 죄가 없었을 것이다. 아무튼 이 사건의 결과 반러시아 감정은 한층 더 높아졌고, 독립협회는 이 사건에 대해 정부의 책임을 추궁했다.

10월이 되자 독립협회가 중추원(中樞院)을 개혁하고 민선의원을 추가해 국회에 가까운 제도를 만드는 안을 제안했고, 이를 둘러싸고 정치가 유동적으로 움직이기 시작했다. 독립협회가 이 안을 정부에 제출한 것이 10월 15일이었고, 29일에는 서울 시내에서 수천 명이 참가한 가운데 관민공동회(官民共同會)가 열렸다. 여기에는 박정양 총리도 참석했다. 이날에는 국정개혁을 위한 여섯 항목이 제안, 가결되었다. 정부는 이 요구에 응해, 개혁을 실시하겠다는 조칙을 발표하기에 이르렀다. 보수파 조병식(趙秉式) 등은 황제의 뜻을 받들어 보부상을 조직해, 황국협회를 설립했고, 그 대표자도 중추원에 넣으려고 획책했다.

11월에 들어서 조병식 등은 독립협회가 왕정 폐지를 목표로 하는 공화주의 단체라고 주장하면서, 고종에게서 독립협회 해산 명령, 관계자 전원의 체포 명령을 얻어냈다. 박정양은 총리직에서 쫓겨났고, 조병식이 그 자리를 차지했다. 그러나 독립협회와 그 지지자들은 굴하지 않고 격렬한 항의운동을 전개했다. 때문에 정부는 체포된 자들을 태형에만 처하고 석방하지 않을 수 없었으며, 조병식 내각은 붕괴되었다. 11월 26일 고종은 경운궁 민례문(敏禮門) 앞에서 독립협회 대표자들 300명을 만나서 협회의 해산을 요구했다. 협회는 이에 응하지 않았다. 정부는 29일 중추원 관제를 제정하고 50명의 중추원 의관을 임명했다. 12월 20일 중추원은 대신 후보를 선거로 선출했는데, 당선자 가운데 일본에 망명 중인 박영효와 미국으로 돌아간 서재필이 포함된 것이 문제가 되었다. 보수파는 이것을 빌미로 독립협회를 공격했다.[233]

11월에는 각국 공사들도 하나같이 사태를 우려하고 있었다. 마튜닌은 11월 25일에 도쿄 경유 전보를 타전했다. "외국 공사들은 지금 매일같이 회합하고 있다. 그저께 일본 대표는 도쿄에서 보내 온 질문, 즉 한국은 현재의 위기를 스스로 극복할 수 있는가, 에 대해서 생각해 보자고 제안했다. 우리는 부정적인 의견이었지만, 무조건 부정적인 답을 내놓는 것은 피했다. 오늘 히오키(日置)는 고종에게 배알을 청해 자국 정부의 이름으로, 소요를 중지시킬 것을 황제에게 진언했다."[234]

히오키란 가토 공사의 귀국 중에 대리공사로 직무를 수행하고 있던 히오키 에키(日置益)를 말한다. 마튜닌으로서도 이러한 움직임은 혼란으로밖에 보이지 않았을 것이다. 이 격동의 와중에 고종은 상당히 노력하고 있었는데, 이러한 혼란을 빨리 진압해야 한다고 누구보다도 절실하게 생각하고 있던 것은 바로 그 자신이었다. 러시아의 전제정치가 역시 바람직한 모델이었다. 그는 마튜닌에게 사자를 보냈다. 12월 21일(9일) 마튜닌은 페테르부르크에 타전했다.

"11월 30일(12월 12일)부터 대신들은 궁전에 숨어 있고, 관리들은 인민의 명령으로 일을 하지 않고 있다. 그러나 황제〈고종〉는 보부상들의 도움을 받으면서, 뒤로는 미국인들의 정신적 지지를 받고 있고 물질적으로는 일본인들의 지지를 받고 있는 독립협회의 처리를 포기하지 않고 있다. 국고와 황제의 금고는 비어 있다. 오늘 황제 폐하〈니콜라이 2세〉께 보내는 폐하〈고종〉의 편지가 도착했다. 편지의 요지는 다음과 같다. '최종적으로 나의 최고 권력을 흔든 1894년부터의 깊은 재앙의 시기 동안 나는 폐하의 우호적인 기분을 의지 삼아 왔습니다. 이루 말로 표현할 수 없을 만큼 감사합니다. 고문과 교관의 소환은 나의 바람과는 관계없이 이루어졌습니다. 만일 우리의 우정이 깨어지기 시작했다면, 그 원인은 음흉한 속셈을 지닌 사람들에게 있습니다. 폐하의 아량과 관대함이 무한하기를 기대하고 있습니다. …… 이제 통치의 실권은 약화되고, 도처에서 무질서가 지배하고 있습니다. 어느 나라보다도 러시아만이 지고(至高)의 권력을 존중하고 있습니다. 나는 다시 양국의 관계가 강화되기를 원하고 있습니다. 나는 미래의 안녕을 위한 수단을 신중하게 생각하고 있으며, 이를 늦지 않도록 서둘러 폐하께 알려드립니다.' 폐하는 황제 폐하의 호의를 잃지 않을 것이라고 안심시키는 답신을 원하고 있다."[235]

일본 공사 가토는 9월부터 일시 귀국 중이었는데, 12월 15일 경에 귀임해 고종에게 사태에 대처하는 방안을 진언했다. 가토 역시, 환영할 만한 독립협회의 활동을 비뚤어지게 한 것은 "극히 겁쟁이이고 극히 시의심도 깊고 질투심이 많은, 그리고 경박하고 잔학하여 무릇 군주로서는 불합격의" 존재인 고종에게 책임이 있으며, 보부상 등 폭력 세력을 동원했기 때문이라고 보았다. 따라서 가토는 보부상을 해산시킬 것을 첫째로 "신임 있는 공고한 정부를 조직"할 것, 폐정을 개혁할 것, 궁정을 쇄신할 것, "문명의 정강(政綱)을 준수할" 것을 제안했다. 민회의 여망에 부응할 인사를 정부에 발탁할 것, 민회원에게 터무니없는 탄압은 가하지 않는다는 보장을 해 줄 것, 그리고 민회는 국정을 어지럽히고 혼란시키기보다는 뒤로 물러나 정부의 개혁을 감시하라고 설득할 것을 권고했다. 정부 측에서는 민영기(閔泳綺), 민회 측에서는 고영근(高永根)을 대표로 뽑아 협의하게 하고, 『독립신문』을 매입해 정부를 옹호하는 논조로 바꿀 것도 제안했다. 황제는 이 제안을 받아들이며 일본의 지지를 기뻐했던 모양이었다. "황제는 크게 깨달은 바가 있다"라고 가토는 보고했다.[236] 이제 가토도 독립협회, 그리고 만민공동회가 외국에 대한 이권 매각을 비판적으로 보고 감시하는 존재라는 위험성을 인식하게 되었다.[237]

12월 25일의 칙유에서 고종은 만민공동회의 죄를 탄핵하고 해산을 명했다. 독립협회의 간부들은 체포되었다. 박정양은 정부로 입각했다. 이렇게 해서 한국을 뒤흔든 커다란 놀은 아무런 결과도 산출하지 못한 채 사라져 버렸다.

주한 공사의 교대

1899년에 러시아와 일본의 주한 공사들이 교체되었다. 우선 1월 18일에 러시아 공사 마튜닌이 떠나고, 베이징에 있던 파블로프가 공사로 부임했다.

파블로프는 1869년생으로, 가난한 귀족의 자제였다. 해군병 학교에 입학해 우수한 성적으로 1882년에 졸업했다. 임관했을 때는 원양 항해에 나섰고 1886년에 퇴관해 외무성에 들어갔다. 4년 후 청국 공사관 삼등서기관으로 임명되어 부임했다. 그리고 카시니가 공사로 부임하자 그의 비서관이 되었고, 1895년에는 일등서기관이 되었다.[238] 같은 무렵 이등서기관으로서 파블로프의 밑에서 일하던 솔로비요프는 대개혁의 시대에 개명적인 개혁파 관료의 아들이었는데, 파블로프를 출세주의자, 야심가라고 보았다.[239] 그가 무라비요프 외상을 뤼순 획득의 방향으로 유도한 정황이 있다는 점은 이미 지적했다. 영국의 연구자 니쉬도 "이 제국주의 시대의 기준으로 보아도 그는 터프한 기질의 소유자로서 질질 끄는 것을 좋아하지 않았고, 권모술책을 만지작거렸다"고 평가했다.[240] 무엇보다 당시의 일본 공사 가토는 파블로프에 대해서 1899년 5월, "베이징 이래의 명성으로는 무언가 일을 만들어 낼 것 같은 느낌을 불러일으키게 해" 주목을 끌었지만, 아직은 "아무런 뚜렷한 행동에 나서지 않고 있다"고 보고했다.[241]

한편 일본의 공사는 1899년 6월에 가토 마스오가 떠나고 하야시 곤스케(林権助)로 바뀌었다. 하야시는 1860년에 아이즈번 무사(会津藩士)의 아들로 태어났다. 도쿄제국대학을 나와 1887년에 외무성에 들어갔다. 인천에서 영사로 4년 정도 근무했는데, 청일전쟁이 발발했을 때에는 런던 영사로 옮겨가 있었다. 1897년에 베이징의 수석사무관이 되어 대리공사를 역임했고, 1898년부터는 본성의 통상국장이었다. 거기서 서울의 공사로 온 것이다. 그는, 부임 전날 밤 육군의 중견간부 다무라 이요조 대좌, 후쿠시마 야스마사(福島安正), 나가오카 가이시(長岡外史) 중좌가 자신을 찾아와, 러시아가 진해만에 해군 근거지를 획득하는 것을 막아 달라고 요청했다는 사실을 자서전 『나의 70년을 말한다』에 썼다.[242]

헤이그 평화회의

1898년의 뤼순·다롄의 점령에 이어서 러시아는 이듬해 또 하나의 움직임으로 국제사회를 놀라게 했다. 1899년 5월 18일(6일) 헤이그에서 열린 국제평화회의가 그것이었다. 이 역시 무라비요프 외상의 생각을 황제 니콜라이 2세가 실현한 기획 작품이었다.

그 발단은 막 육군상에 취임한 쿠로파트킨이 당시의 최신 병기인 속사포 도입 문제에 관해서 제기한 주장에서 비롯했다. 1898년 3월 12일(2월 28일) 쿠로파트킨이 황제에 대한 상주보고에서, 러시아가 속사포의 도입을 위해서는 1억 3천만 루블이 필요한데 오스트리아 역시 1억 루블이 필요할 것이라고 하면서, 이와 같은 막대한 지출을 피하기 위해 오스트리아와 금후 10년 간 속사포를 도입하지 않는다는 협약을 체결할 수 없겠는가 하는 문제제기를 한 것이다. 니콜라이는 "만일 귀관이 짐이 그러한 생각을 엄하게 꾸짖을지도 모른다고 생각했다면, 아직 잘 뭘 모르고 있는 것이다. 짐은 그 생각에 공감한다. 짐은 오랫동안 우리 군이 최신 병기를 도입하는 데 반대해왔다"고 답했다. 이 말을 듣고 쿠로파트킨은 감격했다. 이것이 전반적 군축을 위한 첫 걸음이 될 뿐만 아니라 적어도 전 유럽을 괴롭히고 있는 군사비 증대에 일시적으로 브레이크를 거는 일이 될 것입니다, 폐하께서 그와 같은 위대한 제안을 주도하시게 된다면 폐하의 명성은 자자손손 전 세계인의 기억에 남을 것입니다, 라고 쿠로파트킨은 말했다. 니콜라이도 크게 기뻐하며 조속히 무라비요프 외상과 상의하기 바란다고 말했다.

　쿠로파트킨은 궁을 물러나온 그 길로 외상을 찾아갔다. 외상도 이야기를 듣고 기뻐했다. 그는 극동에서 "결연한 조치"를 취했으므로 "유럽에 우리의 평화애호심을 보여주는 사실상의 증거로서 매우 중요한 일이다"라면서 속마음을 털어놓았다.[243]

　다음 날 쿠로파트킨은 자신의 군축협약안을 문서로 정리해 무라비요프에게 보냈다. 무라비요프는 잘 썼다고 칭찬하면서도, 더 범위를 넓혀서 전 유럽 국가에 10년간 군비증강 정지를 호소해야 할 것이라고 주장했다. 쿠로파트킨은 아무리 그래도 그렇게까지 하기는 어려울 것이라고 말해야 했다.[244]

그러나 무라비요프는 돌진했다. 4월 5일(3월 24일), 그는 쿠로파트 킨에게서 촉발된 것이라는 사실에 대해서는 일체 언급하지 않고, 전면적인 군축에 관한 제안을 정리해 황제에게 제출했다. 과거 사반세기 동안의 평화 속에서 군비확장경쟁이 얼마나 국민의 복지를 압박해왔는지에 관해 언급하며, "더 이상 손 쓸 수 없을 정도로 늦지 않도록, 현재에는 심각하고 장래에는 한층 더 파멸적이 될 이러한 상태를 중단"해야 한다고 주장했다. 현재 독일군이 계획하고 있는 화포의 일신(一新)이 전면적 군축을 제기할 절호의 기회를 제공해 주고 있다. "평화를 애호하고 또한 군사적·재정적인 힘으로 만인에게 인정을 받고 있는 러시아가, 이 신성한 사업을 주도적으로 제안해야 한다." 이미 1894년에 영국이 군사비 삭감을 위한 국제회의를 제안했던 적이 있다. 당시에는 기운이 무르익지 않았었다. 지금은 군사비 삭감 협정 체결의 호기다. 당연히 병력 수의 축소를 위해 나아가야 하며, 전쟁을 일으킬 수도 있는 국제분쟁의 중재재판소 설치도 구상해야 한다.

폐하께서 찬동하신다면 각국에 주재하는 공사들에게 해당 국가 정부의 의향을 타진해 보자고 무라비요프는 제안했다.[245] 아마도 외상 측근 중에 이러한 제안을 준비하고 있던 사람이 있어서, 그 안을 통째로 받아들였을 것이다.

육군상에 이어 외상에게서도 이러한 제안을 받은 황제 니콜라이는, 지난달에는 극동해군의 대 증강을 결정하고 흥분상태에 있었음에도 이번에는 평화와 군축의 제안에 완전히 올라 탈 생각이었다. 이러한 자세의 전환에는 이달에 그를 방문했던 어떤 인물이 영향을 미친 것이 틀림없다.

그 어떤 인물이란 『미래의 전쟁』의 저자 이반 블리오흐(블로흐)다. 그는 러시아에서 모르는 자가 없는 유대인 철도왕이자 은행가였다.

1836년 바르샤바에서 태어난 그는 소규모 철도 청부업자로 시작해 재산을 모았고, 그 후 독일에 가서 대학 공부를 마치고 돌아와 모스크바에서 의사의 딸과 결혼하면서 신교도로 개종한 자였다. 이 시점에 유대인의 성인 블로호를 폴란드 식의 블리오흐로 바꿨다고 생각된다. 바르샤바 상업은행, 바르샤바 화재보험회사를 설립했고, 1878년에는 러시아 남부의 철도회사를 합병해 남서철도회사를 설립했다. 이 회사에 취직해 두각을 나타낸 것이 비테였다.[246]

『미래의 전쟁』은 그가 1893년에 잡지 『러시아통신』(Русский вестник)에 처음으로 연재하기 시작했는데, 당시의 제목은 '미래의 전쟁―그 경제적 원인과 결과'였다.[247] 이를 전면 다시 써서 1898년에 『기술적, 경제적, 정치적인 면에서의 미래의 전쟁』 전6권으로 출간했다.[248] 이 1898년 판이 나중에 유럽에서 번역되어 커다란 화제가 되었다. 유럽에서는 본래의 성인 블로호라는 이름으로 출간되었다.

1893년 판으로 블리오흐의 주장을 살펴보자. 우선 현대 유럽의 사회생활과 개인생활 속에 나타나고 있는 것이 "전쟁의 예감"이다. 과거 수십 년 동안 군사기술 분야에서는 혁명이라 할 만한 중대한 변화가 발생했다. 전쟁은 전 국민의 사업이 되었으며, 총포의 개량이 진행되어 전쟁은 "보다 더 무서운 것"이 되었다. "앞으로 여러 국민 사이의 충돌은 피 냄새가 진동하게 될 것이다." 현대의 정치적 불안정의 최대 원인은 유럽 국가들이 군비증강을 지향하기 때문이다. 이제부터의 전쟁은 전 국민이 참여하게 된다. 보불전쟁 이후 인류의 운명은 과거의 야만적이던 시대로 되돌아가고 있다. 그것이 미래의 해전(海戰) 원리에 나타나고 있다. 전쟁은 다수의 병력과 대량의 물자를 동원해 주민의 생활을 파괴한다. 화기의 위력이 증대하면 전쟁의 성격은 결정적으로 바뀐다. 블리오흐는, 20세기의 전쟁이 공업기술의 발전과 연계되어 총력전의 양상을 띠게 될 것이라고 분석한 최초

의 인물이었다. 그리고 그는 이러한 전쟁을 회피해야 한다고 주장했다.[249]

블리오흐는 오랜 친우인 비테에게 부탁해 황제를 알현하고, 책을 헌상했다. 국제법학자 마르첸스에 따르면, 황제는 "블리오흐의 미친 생각이 마음에 들어" 그와 두 번 이야기를 나누었다고 한다.[250]

니콜라이의 결정에 따라 1898년 6월 말에 외상, 재무상, 육군상 등의 협의회가 열렸다. 모인 사람들은 평화군축회의 개최에 찬성했다. 외무성 안에서 준비를 맡은 것은 람스도르프였다. 8월 28일(16일)에는 회의를 제안하는 외상의 첫 회람이 페테프부르크의 각국 공사들에게 전달되었다. "전반적인 평화를 유지하고, 모든 국가의 국민을 압박하는 군비를 극단적으로 최대한 축소하는 것은…… 모든 나라의 정부가 노력하고 지향해야 할 목적이다"라고 선언하고, 군비의 한계를 두어 전쟁을 방지하는 방책을 탐구하는 것은 "모든 국가의 책무"라는 생각으로 가득하신 황제 폐하께서 이 중대한 문제를 토의하기 위한 회의를 소집하신다. 회람은 이렇게 되어 있었다.[251]

이 제안을 받은 각국은 나름대로 속셈이 있었다. 무엇보다 러시아도 자국의 이해관계에서 이 회의를 제안한 것이었다. 10월 4일(9월 22일) 쿠로파트킨은 이 회의를 안건으로 황제를 상주해 니콜라이와 의견의 일치를 보았다. 쿠로파트킨은 이 회의가 러시아에게 어떤 의미를 지니는지를 설명했다. "러시아는 기술적으로 뒤처져 있습니다. ……5년 후에는 어떻게 될지, 아마 한층 더 뒤처질 테지요. ……즉 군사적인 관점에서는 군비증강을 정지하는 것이 러시아에게 유리합니다." 정치적인 관점에서 보면, "러시아의 장래 발전과 위대함을 위해서 필요한 모든 것이 실시되고 있지 못합니다." 극동의 과제는 아직 끝나지 않았으며 흑해의 특수과제는 실시되지 않았습니다.[252]

1899년 1월 11일(1898년 12월 30일)에 무라비요프 외상은 조정된 의 제 등을 전하는 새로운 회람을 보냈다. 의제는 다음과 같다. 1. 군비, 군사비의 일정 기간 동결. 2. 새로운 화기, 폭약, 화약의 이용 금지. 3. 강력한 폭약의 사용 제한, 기구(氣球)에서의 폭탄 투하 금지. 4. 해전에서 잠수함 사용 금지. 5. 해전에 대한 1854년 제네바협약 적용. 6. 해전 시 조난자 구조에 임하는 선박에 중립성을 인정할 것. 7. 1874년 브뤼셀회의에서 작성된 육전법규의 승인. 8. 무력충돌의 방지를 위한 중재심판 원칙의 채택 등 이다.[253]

전체적으로 9개월간의 준비를 거쳐 러시아의 황제가 호소한 헤이그 평화회의는 1899년 5월 18일에 헤이그의 숲속의 집 궁전에서 개최되었다. 참가자는 25개국 110명이었다. 영·미·불·러·독·오·이 등 구미 강대국들 이외에 비유럽 지역에서는 일본, 청국, 샴, 터키, 페르시아, 멕시코가 참가했다. 독일 대표는 외교관 뮌스터 백작, 프랑스 대표는 레옹 부르주아였다. 미국 대표는 주독일 대사 앤드루 화이트, 오스트리아 대표는 외교관 벨제르스하임, 영국 대표는 외무차관 폰스포스, 그리고 러시아 대표는 전 주영 공사인 스탈리와 국제법학자 마르첸스 등이었다. 일본 대표는 러시아 공사 하야시 다다스였다.[254]

여기에 한국이 참가하지 않고 샴이 참가한 것이 주목된다. 인도차이나를 병합한 프랑스와 인도에서 버마를 병합한 영국 사이에 있던 샴 왕국은 독립을 유지하기 위해 필사적인 외교를 계속하고 있었다. 샴 왕국의 출라롱콘 5세는 1897년에 유럽을 방문하면서 최초의 방문국으로 러시아를 선택했다. 러시아에게 프랑스를 설득해줄 것을 요청하려 했다. 샴 국왕은 니콜라이 2세가 황태자 시절 세계일주 여행을 하던 중 샴을 방문했을 때 만났던 적이 있었다. 러시아 정부의 노력으로 프랑스 정부는 샴 국왕의 프랑스 방문을 수용했다. 프랑스와도 교섭이 시작되었다. 국왕이 러시아를 방문 했을 때 했던 회담에서 러시아와 샴의 국교수립이 정리되어, 1898년 5월 14일에 방콕에 러시아공사관이 개설되었다.[255] 이런 연유로 샴은 니콜라이 2세의 호소에 부응해 헤이그 평화회의에 참가했던 것이다. 이러한 점에서 한국의 불참은 외교적 감각의 미숙함을 보여주는 것이었다.

일본은 참가하면서 "이 회의를 단지 생각하고 연구할 목적으로 모이는 것으로 생각하고" 있었다. "회의의 의결을 승인할 의향이 없지 않다고 해도, ……목하 실행 중인 육해군의 증강 계획을 정지하거나, 또는 여하한 변경을 하는 것 같은 결과를 산출할 만한 제안에 대해서는 전혀 승인하기 어렵다"고 생각했다.[256] 육해군은 극도로 신중했다. 야마모토 해군상은 참가하는 해군 장교들에게 내린 훈령에서 "시모세(下瀬)화약[해군기사 시모세 마사치카가 발명한 폭약]과 같은 것은 문제의 범위 밖에 두기 위해 노력해야 한다"고 지시했다.[257] 러시아에 의해서 일본 병기의 질이 억제되는 것을 경계했던 것이다.

1899년 7월 29일(17일) 폐회할 때까지 이 회의는 2개월에 걸쳐서 진행되었다. 최종적으로 회의는 세 개의 조약(국제분쟁 평화처리 조약, 육전법규관례에 관한 조약, 1864년 제네바조약의 원칙을 해전에 적용하는 조약)과 세 개의 선언(기구에서 폭탄 투하를 금지하는 선언, 질식가스·유독가스를 금지하는 선언, 특수한 탄환을 금지하는 선언)을 채택했다. 회의 종료 시점에서 모든 문서에 조인한 것은 벨기에, 덴마크, 스페인, 멕시코, 프랑스, 그리스, 몬테네그로, 네덜란드, 페르시아, 포르투갈, 루마니아, 러시아, 샴, 스웨덴, 노르웨이, 불가리아의 16개국이었고, 독일, 오스트리아, 청국, 영국, 이탈리아, 일본, 룩셈부르크, 세르비아, 스위스는 모든 문서에 조인하지 않았고, 미국이 1개의 문서, 터키가 3개의 문서에 조인했을 뿐이었다.[258]

일본의 전권대표 하야시 다다스는 7월 31일, 문서의 내용은 "국가 간에 평화의 공고한 유지 및 박애주의는 세계가 갈망하는 것이다"라면서 즉시 조인해야 한다는 훈령을 청했다. 나중에 12월 20일 일본은 모든 문서에 조인하게 된다.[259]

러시아 정부는 회의의 성과에 관해 8월 3일자로 발표문을 공표했다.[260] "평화회의의 소집에 착수하면서 제국정부는 생각된 과제가 즉시 실현될 수 있으리라는 과대한 기대를 품는 그런 순진한 생각은 하지 않았다. ……여하한 이기적인 목적도 또 감춰진 정치적인 계획도 추구한 적이 없었지만, 제국정부는 회의의 준비작업 과정에 크고도 다종다양한 어려움에 부딪칠 것을 각오하고 있었다. 그러나 동시에 정부는 두 건의 회람에 기초로 깔린 황제 폐하의 인간애에 찬 의도는 회의 참가국 정부들에 의해서 당연한 평가를 받았고, ……이 정부들이 이 위대하고 신성한 사업의 실현을 위해 각자의 힘에 상응하는 협력을 거부하지 않을 것이라는 확신을 잃는 일도 없었다."

"회의의 결과는 우리의 기대를 완전히 뒷받침해 주었다. ……회의는 군비증강의 정지라는 곤란한 문제의 최종적 해결을 개개의 정부가 완전하고도 전면적으로 그것을 검토할 때까지 연기하는 것이 필요하다고 판단했지만, 이미 오늘날 군비의 무게를 경감하는 것이 모든 나라의 국민 행복을 위해서 매우 바람직하다는 것을 엄숙한 결의에 의해 만장일치로 승인했다. 또 한편으로 회의에서 논의된 내용은 전쟁의 적정화를 도모하고, 교전국의 고통을 맹목적으로 증대시키는 모든 잔학행위를 제거하는 데에 틀림없이 영향을 줄 것이다. 헤이그 회의는 해전에 관한 제네바협정의 원칙안을 작성하고, 육전법규에 관한 협정안을 채택했다. 회의에서의 개별 선언에 따라 확대포탄과 질식성 가스의 사용, 기구에서 폭탄 투하의 금지가 선언되었다. 가장 중요한 결과는 국제분쟁의 평화적 해결수단에 관한 협정안이다. 이회의는 기존의 국제조약규정을 하나로 정리했을 뿐 아니라, 평화를 확고한 것으로 할 수 있는 새로운 수단도 제시했다. 바로 이 수단이야말로 러시아가 회의에 제출한 제안에서 지적한 것과 일치한다. ……
제3자의 중재는 국제분쟁 해결의 최선의 수단이라고 선언되었다.
……헤이그에 상설 사무국을 가진 국제중재재판소가 창설될 것이다.
……이것이 전체적인 헤이그의 회의에서 일부는 만장일치로 일부는
각국 대표들의 대다수에 의해서 채택된 기본적인 결정이다.”

발표문은 마지막에 다시 한 번 “황제 폐하의 고결한 발의”를 찬양
하고, 이 회의에서 확인된 원리를 실현할 수단이 앞으로 반드시 찾아
질 것이라는 기대를 나타내며 끝을 맺었다.

헤이그 평화회의는 니콜라이 2세, 무라비요프 외상, 쿠로파트킨 육
군상 등 문제성 인물들의 제안에 의해서 개최되었지만, 인류 역사의
관점에서는 전쟁의 통제라는 중요한 문제를 제기한 중요한 시도였
다. 그러나 당장 신세기와 함께 도래할 세계전쟁의 시대에 회의의 결
정은 무기력하기만 했다.

마산 문제

러시아는 뤼순을 획득함으로써 마침내 태평양 연안에 부동항을 얻
게 되었다. 그와 동시에 이제 조선은 포기한 것이나 마찬가지였다.
전략적으로 보면 이는 최악의 영토획득이었다. 만주라는 중국 영토
의 남단에 있는 항구는, 러시아와는 남만주철도와 동청철도를 통해
서 겨우 연결할 수가 있다. 러시아령 태평양 연안의 항구인 블라디보
스토크와는 조선반도를 우회하는 1천 마일을 사이에 두고 아득히 멀
리 떨어져 있었다. 조선 북부가 러시아의 영향 하에서 안정적으로 있
다면야 뤼순의 안전은 상당히 개선될 것이다. 그러나 러시아가 조선
에서 손을 떼고 일본의 힘이 조선을 덮는다면, 뤼순의 안전을 확보하

기가 곤란해진다. 뤼순은 항구가 협소해 많은 선박을 수용할 수 없다. 그렇다고 함대가 항구 밖 정박지로 나와 있으면, 적의 수뢰공격을 받아 전멸할 위험이 있다. 항으로 들어가면 항의 입구와 출구가 극도로 좁기 때문에 폐색작전이라도 맞게 되면 만(灣) 안의 함대는 독 안에 든 쥐 신세가 되어버리고 만다. 원래 러시아 해군은 뤼순을 원한다고는 한 번도 말한 적이 없었다.

그러므로 태평양함대 사령관 두바소프는 뤼순 획득 이후에도 생각을 바꾸지 않고 1898년 1월 8일(1897년 12월 27일) 해군장관 티르토프에게 조선의 남동 해안에 주의를 기울일 필요가 있다는 의견서를 또 다시 보냈다. 그는 질적인 면에서 마산포가 훌륭하다는 의견을 되풀이했다.[261] 3월 14일(2일)에는 뤼순의 문제점에 관해서 체계적으로 논했다.[262] 그리고 6월 18일(6일)에는, 뤼순은 결함이 있는 군항이며, 조선의 남동부에 다시 항구를 획득해야 한다는 의견을 써 보냈다. 해군장관도 같은 생각이었기 때문에 이번에는 두바소프의 의견서를 외무장관 무라비요프에게도 보여주었다. 그러나 외상은 당연히, 그러한 움직임이 일본의 격렬한 반발을 불러일으킬 것을 우려했다. 그런 짓을 하면 "일본과의 군사충돌을 포함해 예측할 수 없는 사태를 야기할 수도 있다."[263]

러시아 해군의 상황으로 보면 마산항에 해군기지를 확보하는 것이 가장 좋았을 것이다. 그러나 그렇게 하면 일본과 결정적인 대립에 빠질 것이 자명했다. 뤼순·다롄의 조차 때문에 격앙한 일본의 여론을 생각해 봐도, 조선에서 군사교관과 재정고문을 철수한 뒤에 마산을 노린다는 것은 해군의 어리석은 방침이었다. 당시 원산에 관해서도 검토는 했기 때문에 원산을 목표로 하는 길은 아직 고려할 수 있었을지도 모른다. 그러나 원산에 동절기의 결빙이 있을 수도 있다는 이유로[264] 마산에 집착한 것도 어리석은 판단이었다.

1899년 5월 1일, 때마침 한국 정부는 마산포의 개발을 발표했다. 항구에는 각국 공동조계지가 설치되고, 거기에 공관을 열겠다는 것이었다. 주한 대리공사 파블로프는 조계지 안에 러시아영사관 용지를 확보함과 동시에, 두바소프의 뜻을 받아 연락을 취해 마산항의 조계지 밖에 토지를 취득하고자 행동에 나섰다. 5월 2일 그는 한국 정부에, 러시아는 마산포 조계지 밖에 토지를 획득할 생각이며, 그에 대한 원조를 받고자 한다고 요청했다. 그리고 사흘 뒤 군함 '만주리아' 호를 타고 마산으로 갔다. 같은 무렵 태평양함대 사령관 두바소프도 5월 3일 순양함 '러시아' '드미트리 돈스코이'와 함께 나가사키를 출항해 마산포로 향했다. 두 사람은 만나서 마산에서 매입할 토지를 정하기로 했던 것이다.[265]

두 사람은 자복포(滋福浦) 지구의 1만 평에 주목하고, 이를 매입하는 교섭을 시도했다. 명목적으로는 기선회사의 용지로 이용하기 위해 획득하고 싶다고 설명했다. 그러나 교섭은 이루어지 못했다. 그런데도 파블로프는 교섭하던 토지에 500개의 말뚝을 박고, '러시아 지계(地界)'라는 간판을 걸어놓고 마산을 떠났다. 이는 방약무인한 행동이며, 마산 지역 주민들의 강한 반발을 불러일으켰다.[266]

이러한 움직임을 일찍부터 파악하고 있던 것이 부산의 일본 영사 대리 나카무라 다카시(中村巍)였다. 그는 5월 12일 아오키 외상에게 타전했다. 러시아가 "러시아 석탄창고 부지"의 확보를 위해서 이렇게 하는 것으로 생각된다고 썼다. 외상은 13일, "러시아 군함이 마산포에서 사들이려 하는 곳 일대의 매입 건과 관련해 급히 매수(買收)에 착수하"기 바란다고 회신했다.[267] 일본이 선수를 쳐서 러시아가 노리고 있는 토지를 선점해 버리라는 지시였다.

이를 위해 현지에서 매입을 시도했지만 용이하지 않았다. 그런데 일본인 상인이자 이오이(五百井)상점 부산지점장 하사마 후사타로(迫

間房太郞)라는 인물이 나섰다. 육군이 그에게 이 임무를 임무를 맡겼다고 한다. 아무튼 그는 5월 하순 마산에 들어와 문제의 토지 매입에 나섰다. 토지 가운데 3,500평을 소유한 조선인 지주가 있다는 것을 알고, 러시아인에게 팔면 안 된다고 설득해, 매입에 성공했다. 6월 초의 일이었다.[268]

러시아의 대리공사 드미트레프스키는 5월 19일(7일)에 외부대신에게 토지 매입을 위해 외교관을 파견할 테니까 조계지 가까운 곳의 토지를 외국인에게 판매하는 것을 허락한다고 공지할 것을 마산 지역 관리에게 지시해 주기 바란다, 그리고 그 명령서 사본을 공사관으로 보내 달라고 요청했다.[269]

외부대신 박제순은 저항했지만, 재차 요청을 받고는 따르지 않을 수 없었다.

러시아 공사관원 시체인은 한국 정부의 훈령 사본을 받아들고, 7월 2일 군함 '코레예츠'에 올라 마산으로 떠났다.[270] 시체인은 거기서 일본인 하사마 후사타로의 공작으로 인해 예정지의 중심부가 이미 매각되었음을 알게 되었다. 이 보고를 받은 드미트레프스키는 7월 11일 다시 외부대신에게, 그러한 거래는 불법이며 지방 관헌으로 하여금 러시아에게 예정지를 매각하도록 알선하라는 명령을 하달하라고 요구했다.[271]

한국 정부에 압력을 넣어 토지를 획득하려고 한 러시아의 전술은 일본인 상인의 재빠른 매입에 의해 완전히 물거품이 되었다. 러시아 공사관에서는 결국 일본공사관으로 찾아와 부당함을 호소하고, 일본 공사가 개입해 줄 것을 요구했지만, 하야시 곤스케 공사는 "일본인이 정당하게 매입한 것에 대해서는, 매입자 본인이 스스로 내놓기를 원치 않는다면, 유감스럽지만 본관이 어떻게 해 볼 도리가 없다는 취지로" 회답했다.[272]

러시아는 일본에게, 파블로프 공사는 지주를 모아서 구두로 팔겠다는 약속을 받아 놓고 있었다고 하면서, 일본인이 산 토지의 증서를 넘겨 달라, 대가는 지불하겠다, 그것이 "양국의 진정한 우호관계의 증거"가 될 것이다, 라고 요청했지만,[273] 모든 게 행차 뒤에 나발 부는 격이었다. 마산에 해군의 거점을 만들려는 노력은 이후에도 계속되었지만 아무래도 무리였다.

러시아가 뤼순을 획득하면서도 여전히 조선의 남단에 거점을 추구하고 있다는 사실에 일본 정부는 초조함을 느꼈다. 그 초조함은 야마가타 총리대신이 1899년 10월 11일에 작성한 '대한(對韓)정책 의견서'에서 엿볼 수 있다. 일본은 청일전쟁 후 일·러 협상을 체결하고 그 범위 안에서 대한정책을 추진해왔지만, 러시아는 다롄·뤼순을 점령하고 조선의 남부에 군함 정박소를 모색하는 등의 행동에 나서고 있다, 따라서 "장래의 방략"을 세워야 한다는 것이었다. 조선은 "지형상으로" 보아 "우리 이익선의 범위 내에 있기" 때문에, "제국의 이익을 유지하고 확충하지 않을 수 없다." 그러나 군비의 확장은 완전하지 않고, 재정적으로도 곤란하다. 그래서 러시아가 또 다시 마산포 등에 군함 정박소 등을 만들려고 할 경우에는, "우리는 러시아에 대해서 우리나라와 조선 사이의 이해관계 및…… 역사적 관계를 잘 알아듣도록 상세히 설명하고, 또 일·러 협상조규에 따라서 어디까지나 원만하게" "충고함으로써 우리의 목적을 달성하는 일에 힘을 쏟아야 할 것이다." 러시아가 이를 거부할 경우에는 조선에 대한 "우리의 이익을 포기하는 정책을 취할지 아닐지를 결정해야 할 것이다." 이것은 중요한 문제이기 때문에 어전회의를 요청해 신중하게 정책을 결정하지 않으면 안 된다.[274]

러시아의 마산 확보를 인정하지 않는다는 쪽으로 결정하면 전쟁도 불사해야 한다. 그러니까 어전회의를 요청하는 것이다. 야마가타는 이 문서의 주(註)에서, 이토 등과 대러정책에 대립이 있었기 때문에 "결국 화전(和戰) 양단 간의 결정은 어전회의에 맡기는 것 외에 달리 도리가 없으므로, 이러한 뜻을 각의에서 결정했다"라고 덧붙이고 있다.[275]

그래도 야마가타는 여전히 매우 신중한 태도를 취하고 있었다.

관동주(關東州)의 시작

획득한 뤼순과 다롄에 대한 러시아의 관리체제가 정해진 것은 1899년 8월이다. 뤼순·다롄을 포함한 획득 지역이 관동주라고 명명되었고, 그 주의 군사령관 겸 태평양함대 사령관에 알렉세예프가 임명되었다. 당시까지의 태평양함대 사령관 두바소프는 뤼순 점령 작전을 실시한 인물이지만, 이미 언급한 대로 해군기지로서의 뤼순을 높이 평가하지 않았다. 부탁을 받더라도 이 땅의 책임자는 되고 싶지 않았을 것이다. 두바소프는 크론슈타트 진수부 사령관으로 자리를 옮겼고, 두바소프의 전임자이자 흑해함대 사령관대리로 있던 알렉세예프가 새로이 투입된 것이다.

알렉세예프는 1843년생으로, 1863년에 해군사관학교를 졸업, 임관했다. 1872년에 에게 해 함대 사령관 알렉세이 대공의 보좌(флаг офицер)로 임명된 것이 그의 운명을 열어주었다. 1875년부터는 알렉세이 대공이 함장으로 있는 프리깃함 '스베틀라나'의 승조원으로 1877년까지 두 차례에 걸쳐 6개월간의 대서양 항해에 참가했다.[276] 그러는 동안에 발생한 사건으로 인해 대공과 특히 친밀한 관계가 형성되었다고 한다. 마르세유에 있는 사창가에서 알렉세이 대공이 난폭한 행동을 해 형사책임을 추궁당할 뻔한 일이 있었다. 알렉세예프

는 다음 날 대공을 대신해 경찰에 출두했고, 벌금을 물고 방면되었다.[277]

해군총재 알렉세이 대공은 알렉산드르 2세의 넷째 아들로서, 황후의 궁녀이자 시인 주코프스키의 딸 알렉산드라와 연애하다 사랑의 도피행각을 벌여 1871년 이탈리아에서 결혼했다. 알렉세이 19세, 알렉산드라 27세였다. 그러나 이 결혼은 인정을 받지 못했고, 두 사람은 헤어질 수밖에 없었다. 황제는 알렉세이에게 북아메리카 여행을 명했고, 1871년 가을 그는 러시아의 황족으로서는 처음으로 미국 친선방문에 나섰다. 그 후 1881년의 부제(父帝) 암살 후, 형 신제(新帝)의 명으로 숙부 콘스탄틴 대공을 대신해 해군총재에 취임했고, 이후 18년 동안 그 자리에 있어 왔는데,[278] 해군총재의 그릇이었다고는 생각할 수 없는 인물이었다. 그러한 그가 앞의 사건으로 알렉세예프에게 고마움을 느끼고, 보은하는 차원에서 그를 크게 등용했다고 보는 것이 자연스럽다.

사실 알렉세예프의 승진에 영향을 준 또 다른 요인이 있다는 소문이 있는데, 그것은 그가 알렉산드르 2세의 혼외자라는 것이다. 이 소문이 언제 어디서 시작되었는지는 확정할 수 없다. 1961년에 나온『소련역사백과사전』의 알렉세예프 항목에는 그렇게 명기되어 있다.[279] 나도 로리스-멜리코프의 개혁을 연구할 때 이를 주의 깊게 보았지만, 그런 자료를 본 적은 없었다. 러시아의 알렉산드르 2세 시대사의 최고 권위인 자하로바 여사에게 물어보았지만, 그녀의 대답은 이제까지 그런 얘기는 한 번도 들어본 적이 없다는 것이었다. 알렉세예프의 직무이력서에는 부친의 이름은 없지만, 페도르첸코의『시종장군사전』에는 세바스토폴에서 해군 중위 이반 M. 알렉세예프의 아들로 태어났다고 되어 있다.[280]

알렉산드르 2세는 1841년 23세의 나이로 17세의 신부와 결혼해 이듬해에 딸 알렉산드라를 그리고 2년 후인 1843년 9월에는 황태자 니콜라이를 얻었다. 이 시기에 애인을 두고 나중에 돌봐주고 아껴줘야 할 혼외자를 낳게 한다는 것은 생각하기 어렵다. 러시아의 역사가들 가운데 알렉세예프가 사후에 막대한 유산을 남겼다는 사실을 지적하면서, 통상의 근무로는 그러한 자산을 도저히 축적할 수 없으므로 이것이 황제와 관계가 있다고 생각된다고 주장한 사람이 있었다. 그러나 혁명 후 로마노프 일족의 집사로 일했던 해군장교 그라프의 회고에 의하면, 그 정도로 자산이 있었던 것으로 보이지도 않는다. 알렉세예프는 일생 독신이었는데, 죽기 직전에 프랑스인 가정부와 결혼했다. 그 여성이 남편의 유산을 로마노프 가에 유증하고 싶다며 블라디미르 안드레예비치 대공에게 연락해왔지만, 알맹이가 없는 이야기였다고 그라프는 쓰고 있다.[281]

알렉세예프의 모친에 관해서는 아르메니아인이라는 증언이 코로스토베쯔의 책에 있는데, 그것이 그의 용모에도 영향을 주었다고 한다.[282] 이 점은 아마도 옳은 이야기일 것이다. 알렉세예프의 승진의 비밀은 역시 해군총재 알렉세이 대공과의 두터운 인연 때문이라고 생각하는 것이 타당하다.

알렉세예프의 특징은 실전 경험이 없다는 점이었다. 알렉세이 대공은 러터전쟁이 시작되자 도나우함대 사령관으로 활동했지만, 알렉세예프는 코르베트함 '바가티리'에 탑승해 대서양 방면에서 활동했을 뿐이었다. 전후인 1878년 10월 순양함 '아프리카'의 함장으로 임명되었고, 1882년에는 미국에서 구입한 순양함을 인수하는 항해에서 함장직무대행을 맡았으며, 일본에서 교쿠지쓰(旭日)삼등훈장을 받기도 했다.

알렉세예프가 결정적으로 승진 가도에 진입한 것은, 1883년 프랑스주재 해군무관으로 파견되었을 때다. 그는 3년 후 순양함 '아드미랄 코르닐로프'의 함장으로 임명되었다. 마침내 1892년 해군 소장으로 승진하면서 해군 군령부장 보좌로 명해졌다. 군령부장 오스카르 크레메르가 부재중일 때에는 간혹 가다 알렉세예프가 군령부장대행으로 일했다. 그리고 1895년 태평양함대 사령관으로 임명된 것이다.

그의 외교보좌관이었던 코로스토베쯔는 다음과 같이 자기의 상사를 평했다.

"알렉세예프는 당시 아마도 55세 정도였다. 작지만 살찐 체구였다. 머리가 크고 코는 매부리코였으며, 검은 눈매는 무척이나 날카로웠다. 동시에 그는 작은 구레나룻을 기르고 있었는데, 벌써 백발이 되기 시작했다. 진중하게 있지 못하는 활동적인 성격이었는데, 부하들에게도 그러한 자세를 요구했다. 사람을 대하는 방식은 언제나 무척 공손했다. ……그에게는 실무적이고 생기넘치는 두뇌가 있었고, 러시아인에게서 자주 보이는 형이상학적 총괄이나 망상 같은 것이 없었다. 내가 보기에 그의 주요한 결함은 결단을 내리지 못하는 성격, 추종에 약하다는 점, 타인의 의견에 대한 불관용이다. 궁정은 그에 대해서 호의적이었다. 궁정에서는 황제 자신을 비롯해 강력한 비호자들이 있었다. 교육과 지적 시야의 폭으로 보면 그는 우리나라의 많은 대관료보다도 위에 서 있었다. 알렉세예프는 육해군의 문제 특히 해군에 흥미가 있었다. 모름지기 그는 좋은 해군장관은 될 수 있었을 것이다."[283]

관둥주에는 뤼순항과 다롄항이 있었다. 뤼순항의 지상에는 원래 청국이 요새를 만들고 있었다. 알렉세예프는 이곳을 관둥주의 본거지로 삼았다. 관둥주로 출발하기 전인 1899년 5월 3일(4월 21일), 쿠로파트킨 육군상의 상주보고에 따라서 청국에서 얻은 뤼순의 구 요새를 본격적으로 개수, 건축하기로 결정했다. 이는 전년도에 현지로 파견된 코노노비치-고르바쯔키 중장의 보고에 기초한 것이다.[284] 요새의 개수, 건축을 지휘하기 위해 1899년 중에 공병의 벨리치코 대령이 파견되었다. 그가 제출한 신 요새의 설계도는 10월에 황제의 승인을 받았다. 벨리치코는 요새의 건설비를 750만 루블로 추산했고, 대포 등의 장비를 갖추는 데 같은 금액이 필요하다고 했다.[285]

알렉세예프는 뤼순의 요새와 항구를 중심으로 하는 관둥주를 관리했지만, 관둥주 전 지역을 관리한 것은 아니었다. 상업 항구인 다롄과 철도의 종점이 될 도시 달리니는 재무상 비테가 장악하고 있는 동청철도회사의 소유가 되었다. 달리니 시는 파리를 모델로 한 유럽풍의 도시로 건설되었다. 그곳을 기점으로 만주의 대도시 펑톈, 장춘을 거쳐 하얼빈에 이르는 남만주철도의 건설도 시작되었다. 이 모든 것들을 재무성에 직속된 동청철도회사가 관리했다. 경비하는 군대도 재무성의 지시에 따랐다. 이 회사의 책임자인 기사장 유고비치가 하얼빈에서 전권을 휘두르고 있었다.[286] 이렇게 하얼빈과 다롄을 두 개의 핵으로 하는 재무성의 만주철도왕국이 본격적으로 형태를 갖추어 가는 것이다.

주일 육해군 무관들

여기서 러시아가 일본에 보냈던 육해군 무관들을 살펴보자.

육군 무관은 초대 보가크의 뒤를 이어 1896년 후반에 제13보병사단 참모장이었던 얀줄이 부임했다. 일본을 전담하는 제1호 주재 무관이었다. 얀줄의 일본군 평가는 보가크의 평가와 다르지 않았다. 이해의 대규모 군사훈련을 참관하고 난 후에 그는 다음과 같이 보고했다. "3, 4일의 관찰로 군대의 질에 관해서 판단하는 것은 어렵지만, 나는 제5, 제6사단의 보병부대에게 가장 좋은 인상을 받았다. 훈련(개인, 중대, 대대의 레벨에서), 장탄(裝彈), 이동의 면에서 이들 부대는 유럽의 어떤 군대와도 대등하다고 평가되어 마땅하다고 감히 말하고 싶다."[287]

1898년 6월 얀줄이 작성한 일본 공격 시의 상륙지점, 공략목표에 관한 의견서는 일본이 입수해 메이지천황에게까지 제출되었다.[288] 이 의견서의 첫머리는 "일본군 정황 시찰의 명을 받은 이래 전임자의 조사서류('오카쓰리'가 조사한 것을 말함) 및 일본 유지가(有志家)의 비밀서류(일본 유지가란 '니콜라이'의 목사 및 아사노 소이치로(浅野惣一郎)처럼 항상 러시아 덕분에 이익을 얻는 자를 말함) 등에 의하여 실황을 시찰하니" 라고 되어 있다. 전임자인 '오카쓰리'란 '오가크', 즉 보가크를 말한다. 또 일본에 있는 협력자로는 정교회 니콜라이회당(會堂) 관계자가 열거되어 있다. 아사노란 아사노 재벌의 창업자 아사노 소이치로(浅野總一郎)일 것이다. 러시아와의 거래에서 이익을 얻고 있었던 것으로 보인다.

이 의견서는 일본의 군비와 지리적 조건을 검토했는데, 상륙지점을 중부 지방의 시미즈(清水) 항으로 하고 여기서부터 올라가서 시즈오카 시 전체를 장악하며, 거기서 나고야 쪽으로 전진해 이른바 일본의 중심을 정복한다는 전략안이었다. 이 안이 과연 진짜인지 아닌지 확인할 수는 없지만, 일본과의 전쟁 가능성을 고려하여 의견을 제출하라는 요구를 받았을지도 모른다.

1898년부터 1899년에 걸쳐서 얀줄이 일시 귀국했을 때, 쿠로파트킨 육군상은 전임자의 조카 글레프 반노프스키 중령을 일시적인 대리로 일본에 보냈다.[289] 얀줄은 임지로 복귀했으나 1900년 4월 말 경 질되었고, 이때 대령으로 진급한 반노프스키가 후임으로 파견되었다. 그는 시동학교(侍童學校)를 나온 기병대 장교였는데, 1891년부터 참모본부에서 근무하고 있었다.[290] 그는 부임 전에 일본군에 관한 자신의 첫 번째 의견서를 작성했다.

"일본군은 그 국민 문화와는 전혀 이질적인 원칙에 따라 조직된 모든 군대가 불가피하게 경험해야 하는 내부적인 불안정 상태에서 아직 완전히 벗어나지 못하고 있다. 이 원칙이란 순수하게 일본적인 맹목적 정확성을 기하는 것 등인데, 본질적인 것은 전혀 아니며 오로지 형식적으로 우리 것인 냥 간주된 것이다. 이는 현대 일본의 생활 그 밖의 모든 면에서 인정된다."

"그렇기 때문에, 한편으로 일본군은 먼 옛날에 이미 아시아적인 군단의 수준을 넘어선 군대가 되었다. 서구의 모형 그대로 정확하게, 그리고 규칙적으로 조직되어 있는 어느 정도 잘 무장된 군대이지만, 다른 한편으로는 자신들의 문화가 만든 원칙에 따라 창조된 진정한 유럽적 군대는 전혀 아니다."

"일본의 군대가 모든 유럽 군대의 존재양식을 결정하고 있는 정신적 원칙을 자기 것으로 하는 데에는 수십 년, 수백 년이 걸릴 것이다."[291]

이것은 일시적으로 일본에 파견되었을 때의 관찰에 기초한 의견이었는데, 펠리칸의 『진보하는 일본』(1895년) 등 보수적인 외교관의 일본론과도 상통하는 의견이었다. 일본인은 서구를 모방하고 있지만 진짜 힘은 생겨나지 않는다는 것이다. 청일전쟁에 나타난 일본군의 힘에 강한 인상을 받은 보가크 이하 이제까지의 주재 무관들의 견해를 부정하고 있었다.

쿠로파트킨은 이러한 보수적인 의견이 마음에 들었다. 그는 반노프스키의 의견서에, "다 읽음. 이전의 주일 무관들과 달리 일본군에 더 이상 열중하지 않는다. 깬 견해다"라고 적어 넣었다.[292] 이는 분명 반동이었다.

해군 무관 쪽에서는 1895년 시반크의 후임으로 해군 군령부 장교 부질로프스키가 부임했다. 그는 일찍이 일본의 해군에 관한 팸플릿도 낸 적이 있는 전문가로, 요코하마에 무관실을 만들고 통역으로 다카하시 몬사쿠(高橋門三九)를 고용했다.[293] 해군 무관실의 기초를 만든 사람이라고 할 수 있다.

제3대 해군 무관은 1896년에 부임한 차긴이다. 차긴도 유능한 장교로 일본 해군에 관해 깊이 있는 연구를 했다. 1898년에는 『해군논집』에 일본 해군의 역사와 현상에 관한 논문을 발표했다.[294] 귀국 직전인 1899년 10월 24일(12일)에도 일본 해군의 현재 보유 세력에 관한 분석을 군령부로 보냈는데, 그 결론은 다음과 같다.

"이 모든 것이 우리를 다시 한 번 다음의 결론으로 이끈다. 일본의 영해 안에서 일본과 싸우는 것은 지극히, 지극히 곤란하며, 오히려 불가능하다. 그러한 전쟁을 위해서는 거대한 해군과 육군을 보유하고 있어야 하는데, 그러한 힘을 지닌 나라는 당분간 동양에는 하나도 없다."[295]

이와 같은 판단에 입각하면 일본과의 전쟁은 불가능하며, 얀줄의 시미즈상륙 안 등은 비현실적인 생각이라 할 것이다.

귀국한 차긴은 순양함 '러시아'의 부함장이 되었다. 1902년 겨울 해군대학에서 실시한 러일전쟁 도상훈련에서 일본 측 해군 군령부장 역을 맡게 된다. 러일전쟁에서는 순양함 '알마스'의 함장으로서 일본해 해전에 참가하여 천신만고 끝에 블라디보스토크까지 갔다. 전후에는 황제의 요트 '슈탄다르트'호의 함장이 되는 총애를 받았지만, 1912년에 자살했다. 애인이 에스에르[사회혁명당]의 테러리스트였다는 사실이 밝혀져 그에 대해 책임을 진 것으로 알려져 있다.[296]

차긴을 대신해 1899년 12월에 부임한 것이 알렉산드르 루신 중령이다. 그는 나중에 러시아제국 최후의 해군 군령부장이 되는 빼어난 인재다. 그가 러·일 개전까지 일본에 근무하게 된다. 루신은 1861년 생으로, 당시 38세였다. 성직자 신분 출신으로 귀족은 아니었다. 1881

년에 해군사관학교를 졸업했고, 1888년에 니콜라이해군대학교를 수료했다. 순양함 '러시아'의 장교로 4년 동안 근무하면서 함장 도모지로프의 눈에 띄었다.[297]

루신은 차긴의 전임자 부질로프스키 시대부터 대대로 러시아 무관부를 위해 일해온 통역 다카하시 몬사쿠를 이어받았다. 다카하시는 후쿠시마번 무사(福島藩士)의 아들로서 1880년에 가족 모두 세례를 받았다. 그 후 곧바로 누나인 이네(五子)가 정교회 여학교에서 공부했고, 이어서 동생 그리고리 몬사쿠가 정교회 신학교에서 공부했다. 그리고리는 특히 러시아어를 잘했다고 한다. 누나는 졸업 후 모교의 교사가 되었고, 몬사쿠는 규슈에서 포교활동을 했다. 방탕했기 때문이라고도 하고, 러시아로 돌아가는 신학교 교장에게 약혼자를 빼앗겼기 때문이라고도 하는데, 아무튼 몬사쿠는 교회와는 인연을 끊고 주재 무관의 통역이 되었던 것이다.[298] 그는 신문기사, 해군자료의 번역뿐만 아니라, 무관들을 위해서 정보제공자를 확보하는 일에 종사했고 나아가 정보수집공작에도 관여했다. 루신은 영자신문에서 자료를 찾아냈고, 요코스카, 구레(呉), 사세보 등지를 끊임없이 시찰했다. 해군 함선은 만 안에 정박해 있어서 외부에서 관찰이 가능했는데, 루신은 해군 공창(工廠) 등 군 시설 시찰도 요청해 행하곤 했다.

루신의 행동은 전임자 차긴과 마찬가지로 일본 경찰의 엄중한 감시를 받고 있었다. 일본 외무성에 남아 있는 루신에 대한 감시 보고서 가운데 가장 이른 것은 메이지33년, 즉 1900년 3월 23일자 가나가와(神奈川)현 지사의 보고다. "러시아 신임 무관 루신…… 은 부임 이후 아직 본국에 유익한 보고를 행할 재료를 얻지 못했다. 때문에 전임자 차긴 재직 당시와 비교하면 보고의 양이 근소해 평가가 좋지 않았다. 이를 크게 고심하다가 우선 각 군항의 정찰부터 시작하기로 했지만, 이렇게 하면 오히려 또 다른 눈을 끌게 되는 불편함을 감수해야 하기 때문에 전임자 차긴이 고용한 다카하시 몬사쿠로 하여금 대신 시찰을 하도록 해, 금일 오전 11시 10분 요코하마 발 기차로 우선 요코스카 군항을 향해 출발했다."[299]

루신의 보고서가 페테르부르크의 군령부장에게 도달하는 데에는 한 달이 걸렸고, 전보는 뤼순의 참모장 비트게프트를 경유해 해군성으로 보내졌는데, 이것은 며칠 만에 페테르부르크에 도착했다.

한편 러시아의 일본 해군무관으로는 1896년부터 2년 동안 주재한 야시로 로쿠로(八代六郎)가 있었다. 또 1897년부터는, 유학생이었다가 나중에 군령부 첩보원이 된 히로세 다케오(広瀬武夫), 그리고 유학생인 가토 히로하루(加藤寬治) 등이 알려져 있다. 히로세에 관해서는 시마다 긴지(島田謹二)의 연구가 있으며, 러시아 해군소장 코발레프스키의 딸과의 연애에 관해서도 밝혀져 있다. 히로세는 1900년까지 러시아에 머물렀다.[300] 이 사람들이 수집한 정보는 러시아의 육해군에 관한 것인데, 어떤 보고가 제출되었는지는 알려져 있지 않다.

육군무관으로는 다나카 기이치(田中義一)가 있었고, 1899년에는 무라타 아쓰시(村田惇)가 부임해 4년간 머물게 된다.[301]

조선 임업이권으로 몰려드는 사람들

이 시기에 러시아에서 나타난 또 하나의 현상은 조선의 삼림이권을 활용하려는 사람들의 움직임이었다. 사건의 발단은 1896년 9월에 블라디보스토크의 상인 Yu. I. 브리네르가 15,000루블에 조선 북부의 임업이권을 착수기한 5년, 유효기간 20년의 조건으로 획득한 데서 시작되었다. 이는 고종이 러시아공사관으로 피신해 있던 때였다. 베베르와 슈페이에르의 중개가 있었을 것이다. 브리네르는 독일계 스위스인으로 일찍부터 블라디보스토크로 와서 사업에 성공해 명사가 되어 있었다. 처는 몽골 왕후(王侯)의 딸이었다. 미국의 배우 율 브리너가 그의 손자다. 브리네르가 획득한 이권은 두만강에서 압록강까지의 연안 그리고 울릉도까지 퍼져 있었다. 착수기한이 5년이기 때문에 1901년 9월까지는 사업을 개시할 필요가 있었다. 브리네르는 1897년에 이 이권의 전매(轉賣)를 생각하며 수도로 상경했다.[302]

브리네르의 이권에 관심을 보이던 자 가운데, 서울에 대리공사로 부임하기 직전의 마튜닌이 있었다. 그는 리쩨이의 동급생이자 퇴역 대령인 본랴를랴르스키에게 이 이권에 대해 이야기했다.[303]

본랴를랴르스키는 1852년생으로 리쩨이 졸업 후 근위기병연대에 들어가 니콜라이 니콜라예비치 대공 시니어(старший)의 부관으로 근무했다. 빛나는 미래가 약속된 듯 보였지만, 죽은 형의 처, 즉 형수와 결혼하면서 근위장교로서의 커리어를 포기해야 했고, 그 후 처의 소유였던 페테르부르크의 면업공장 경영에 손을 대어 페테르부르크 공장주협회에서 활약했다. 1896년에는 우랄의 금광 경영에 뛰어 들어 극동의 사업발전 가능성을 모색했다. 그의 회고록에 따르면, 본랴를랴르스키는 마튜닌에게서 조선의 임업이권에 관해서 이야기를 듣고 흥미를 느껴, 둘이 의논해 국책회사로서 동아시아회사를 설립한다는 계획안을 만들어 무라비요프 외상에게 진정했다고 한다.[304]

그가 이러한 구상을 가지고 접근해 그 의사를 타진한 것이 근위기병연대 복무 시절의 동료였던 베조브라조프였다. 러일전쟁 전야 최대의 화제인물 알렉산드르 미하일로비치 베조브라조프는 명문 귀족 출신으로 1855년생이다. 아버지 미하일은 궁정의 시종이었고, 나중에 페테르부르크 군(郡) 귀족단장을 지냈다.[305] 따라서 아들인 알렉산드르는 근시(近侍)학교에 들어갈 수가 있었고, 후일 니콜라이기병사관학교로 진학했던 것이다. 근위기병연대에 들어가 본랴를랴르스키의 동료가 되었는데, 둘은 친한 친구였다.[306] 베조브라조프는 제2근위사단장 보론쪼프-다슈코프 백작과 가까워져 그의 오른팔이 되었고, 1881년에는 황제에 대한 테러와 싸우는 비밀조직 '신성(神聖)친위대'의 창립 멤버로 활약했다.[307]

신성친위대 해산 후에는 대령으로 퇴역해 잠시 보론쪼프-다슈코프가 장관으로 있던 황실 말 목장의 관리직을 맡았는데, 후원자인 백작이 궁정장관이 된 뒤에도 계속 여기서 근무하다가, 1887~89년에 전임 근위기병연대장 알렉세이 이그나체프가 이르쿠츠크 총독이 되자 그에게 불려가 특임관으로 근무했다. 이그나체프가 극동을 떠나자 그도 이곳을 떠나 1890년대 초부터는 탐보프 현에 있는 처의 영지를 경영하며 생활했다.[308] 그러한 생활이 10년 가까이 계속되면서 베조브라조프는 우울해졌다. 그보다 두 살 아래인 동생 블라디미르는 1900년에 육군 소위로 근위기병 연대장이 되던 즈음이었다.[309]

베조브라조프는 본랴를랴르스키의 이야기를 듣고 임업이권에 달려들었다. 그는 이 이야기를 듣고 궁정장관의 직을 막 그만둔 참이었던 보론쪼프-다슈코프 백작에게 재빨리 달려갔다. 본랴를랴르스키는 보고서에서, 베조브라조프가 1898년 3월 14일(2일)에 상주의견서를 제출했다고 쓰고 있으며, 그 내용은 압록강과 두만강의 방위선으로서의 의의를 강조하고 국책회사를 설립할 것을 제안, 조선 북부로 조사대를 파견하자고 요청하는 것이었다고 한다. 황제가 회사 설립을 승인했고, 조사대의 파견을 허가했다고도 쓰고 있다. 아바자도 1906년의 수기(手記)에서 거의 같은 주장을 하고 있는데, 시만스키는 본랴를랴르스키의 보고서에 기초해서 이러한 과정을 설명하고 있다.[310]

그러나 소련이 들어선 다음에 연구한 로마노프는 이 3월 14일의 의견서를 문서관에서 결국 발견하지 못했다. 대신 3월 10일(2월 26일)

자 상주의견서를 발견했다. 루코야노프도 마찬가지였고, 나도 확인 했다.[311] 3월 14일의 의견서란 것은 아마도 1903년의 견해가 처음부 터 있었던 것으로 규정하고 싶었던 본랴를랴르스키의 픽션이었을 것 이다.

그런데 1898년 3월 10일(2월 26일)의 상주의견서는 보론쪼프-다 슈코프가 황제에게 제출한, 즉 베조브라조프가 초고를 작성한 의견 서다.[312] 이 의견서는 "조선에서 의심의 여지 없는 러시아적 관심을 불어넣는 작업의 시작으로서 상인 브리네르의 삼림이권을 구입하 는 것"에 관한 것이라고 선언하고 있었다. "최근 일련의 역사적 사건 의 결과로 조선문제가 매우 중요한 문제로 전면에 등장했다"로 시 작하는 이 의견서는, 조선 내부에서는 "민족파, 친일파, 친러파, 친미 파"가 다투고 있다, 다양한 나라의 인간이 일확천금을 꿈꾸며 몰려들 고 있다고 기술되어 있었다. 그리고 러시아인이 획득한 이권은 브리 네르가 획득한 것뿐이라면서, 이대로 가면 조선은 "가장 뻔뻔스런 약 탈의 대상"이 되어 버린다. 그리고 정력적인 사람들이 교역에서 시작 해 국가의 지도권까지도 손에 넣어버릴 것이라고 예언했다. 의견서 는 문장도 제대로 되어 있지 않았다. "러시아인은 지금이야말로 눈을 떠서, 더 늦지 않게 우리의 적이 하고 있는 약아빠진 정책을 마비시 키고, 조선에서 우리의 '순수 러시아적인' 이해관계를 위해서 싸움을 시작해야 할 것이 아닌가?"

베조브라조프는, 조선에서 러시아인에게 아주 좋은 조건이 있다, 러시아와 국경을 접하고 있으며 조선의 국왕은 러시아를 신뢰해 그 비호를 요청하고 있다, 이런 상황에서 정부는 조선에 진출하려는 사 람들을 도와야 한다, 라고 주장했다. 러시아 내에 조선과 동아시아 의 천연자원을 개발하기 위한 동아시아회사를 설립해야 한다. 회사 의 사업으로는 조선의 도시와 블라디보스토크를 연결하는 가도의 건설, 회사의 창고 망의 건설, 지방의 지리적 조건의 조사, 항만에 적절한 토지를 구하여 창고, 역사 등의 건설 등이 열거되었다. "회사의 기본과제는 조선의 평화적 정복이다." "회사의 대표자는 머지않아 조선의 국가통치에서 지위를 점하도록 해야 할 것이며, 조선에서의 전체적 사태의 진행에 대한 모든 영향력이 회사의 수중에 집중되어야 할 것이다"라고 주장했다.

이는 너무나 공상적인 조선 진출 구상이었다. 조선에서 일본과 격렬하게 대립하다가, 이제는 거기서 퇴장하지 않을 수 없게 된 상황을 전혀 모르는 사람의 환상적인 계획에 지나지 않았다. 브리네르의 임업이권에 대한 지지를 얻기 위해서, 이것이 조선에 대한 경제 진출, 정치 진출의 돌파구가 될 것이라고 선전하고 있는 것이다. 황제의 하사금을 끌어내기 위해서 만든 작문이라는 인상을 준다.

그러나 문제는, 조선에서의 철수를 선택해야 했던 황제 니콜라이 2세가 이 의견서에 반응을 보이면서 브리네르의 이권 매입을 승인했다는 데에 있다. 조선에서 완전히 손을 떼는 것은 유감이다, 이 안을 사용해 가능성을 모색해 보는 것도 좋지 않겠는가 하는 식의 무책임한 판단을 했는지도 모른다. 황제가 매입을 결정했다는 사실은, 베조브라조프가 알렉산드르 미하일로비치 대공을 설득해 황제에게 제출한 5월 12일(4월 30일)자의 새로운 의견서에서도 찾아볼 수 있다. 이 의견서는 "현재 조선의 임업 독점의 법적 권리는 상인 브리네르에게서 그것을 취득하라고 명하신 황제 폐하의 소유물"이라면서 조사대 파견을 제안했다. 또한 이 이권의 효용으로서 다음과 같은 환상적인 계획을 전개했다.

"그 밖에 이 순전히 상업적인 기업의 깃발 아래서 지역의 조사, 연락도로, 식량조달 조직, 지원 거점의 건설과 관계되는 모든 군사적인 활동이 자유롭게 전개될 수 있다. 면적이 5천 평방 베르스타 이상인

임업사업소에 임업노동자, 경비원, 일반적으로 관계직원의 복장으로 변장한 우리의 전투 전위부대를 전진시켜 둘 수 있다. 직원의 수는 이권에 따라서 의무로 규정되는 사정 작업을 염두에 두고, 2만 명 이상으로 자유롭게 증가시킬 수가 있다. 이 정도의 세력이라면 조선 북부의 전 지역 어느 방면으로도 뻗어 나아갈 수가 있는 것이다."[313]

5월 23일(11일) 브리네르의 대리인과 궁내성의 관리 네포로즈네프는 삼림이권의 양도에 관한 가계약을 체결했다.[314]

조선 북부로의 조사대 파견

베조브라조프가 제안한 조선 북부로 조사대를 파견하는 안은 황제의 명령으로 실행에 옮겨졌다. 베조브라조프와 본랴를랴르스키가 책임자로 임명되었다. 궁내성의 관리 네포로즈네프도 이권의 처리를 위해서 이 탐험대에 투입되었다.[315]

5월부터 6월에 걸쳐서 결정이 내려졌고, 조선 북부로 제1차와 제2차 조사대가 파견되었다. 제1차 조사대의 대장을 근위기병연대 중위 즈베긴쩨프였다. 여기에는 기자인 시로먀트니코프 등이 참여했다. 뿐만 아니라, 세계여행을 계획하고 있던 기사(技師)이자 작가인 가린-미하일로프스키도 권유를 받아 동행했다. 이 조사대는 7월 21일(9일) 모스크바를 출발해 블라디보스토크를 거쳐, 9월 22일(10일) 노보키에프스크에서 한·러 국경에 도착했다. 거기서 한국 영토 안으로 들어가 두만강을 따라 무산(茂山)을 지나 백두산에 올랐고, 다시 압록강으로 내려가 10월 29일(17일) 의주에 도착했다. 가린-미하일로프스키는 다음 날 조사대와 헤어졌고,[316] 다른 대원들은 조사를 계속했다. 대위 코르프 남작을 대장으로 편성된 제2차 조사대는 1898년 말까지 조사를 계속해 1899년에 보고서를 제출했다.[317] 나중에 두 대장은 저서 『군사적인 관점에서 본 조선 북부 개관』을 출간했다.[318] 책이 출간된 것은 러일전쟁 개전 직후였다.

베조브라조프의 동아시아회사

이 사업의 추진자들은 사업의 국가 정책적 의의를 강조함으로써 황제의 지지를 붙들어 매어두려고 했다. 1899년 3월 18일(6일) 알렉산드르 미하일로비치 대공은 조선에 관한 의견서를 황제에게 보냈다.[319] 그는 1898년의 조선 북부 조사대의 보고서를 인용해, 이 지방에서는 "러시아의 매력이 대단히 강해서", 러시아의 점령을 당연시하는 분위기가 서민들이나 관료들에게 존재한다고 지적했다. 서울에서는 우리의 영향력이 약하지만, 그것은 러시아가 적극정책을 포기한 데다가 이전의 러시아파를 지지하는 것을 중단했기 때문이다. "조선 북부에서 우리의 영향력을 지탱하고, 적이 이 지역을 자신들의 영향력 하에 두지 못하도록 하는 일이 점점 더 중요해졌다." 이대로라면 머지않아 조선 북부도 일본, 미국의 상업적 이익권으로 들어가 버리고 말 것이다. 지금이라면 늦지 않다. 동아시아회사를 설립하면 조선 북부를 장악할 수 있다. 이를 잘 하기 위해서는 러시아가 일본에 조선 남부를 넘겨주고 조선 북부는 러시아가 장악하는 조선분할협정을 체결할 필요가 있다. 그러나 그것은 "사실상의 분할"이어서는 안 된다. 즉 양국이 통치기구와 군대를 도입할 수는 없다. 분할은 경제활동지역 그리고 이권의 분할이다. 양국은 한국 황제의 권력을 지지하고, 미국인들의 반(反)제정 음모를 막아야 한다. 수도 서울과 인천항은 중립화되어야 한다. 러시아와 일본은 제휴해야 한다.[320]

이 의견서가 말하는 것은 영국과 미국에 대항하는 러·일의 동맹 제안이었다. 그를 위해서도 일본에 대해 타이완과 자오저우만 사이의 항구를 점령하겠다는 생각을 시사하는 것이 바람직하다. "조선의 현 사태를 그대로 두면 머지않아 우리는 일본과의 전쟁을 피할 수 없게 될 것이다. 재정적인 문제를 고려하면 일본과의 전쟁은 극도로 바람직하지 않겠지만, 일본이 지상에서나 해상에서 모두 우리보다 빨리 전쟁 준비를 할 수 있다는 점을 고려해도 그러한 전쟁은 바람직하지 않다고 할 수 있다."[321]

이것은 야마가타가 1896년 차르의 대관식에 참석했을 때 제시한 안에 매우 가까운 안이라고 할 수 있다. 그러나 이와 같은 안으로 러·일 협정을 체결할 수 있는 상황은 이미 아니었다. 일본은 다시 조선 전토를 장악하는 방향으로 나아가고 있었던 것이다.

그러나 이러한 제안에는 베조브라조프 자신이 찬성하지 않았던 모양이다. 루코야노프에 의하면 베조브라조프는 일본을 조선에 접근하도록 하지 말라고 주장하면서, 압록강과 두만강 유역을 즉각 점령해야 한다는 식의 폭론(暴論)을 4월 중에 보론쪼프-다슈코프에게 써 보냈다고 한다.[322] 이 시기 베조브라조프의 생각은 정리되지 않은 엉터리였던 것이다.

재무상 비테는 당연히 압록강의 목재사업과 그 추진자에 대해 경계할 수밖에 없었고, 순수한 민간 기업에 이 사업을 맡겨야 한다고 생각했기 때문에 이 사업에 대한 국가의 원조에 반대하고 있었다. 결국 지지를 모을 수 있는 길이 막히자 알렉산드르 미하일로비치 대공은 의욕을 상실했다. 6월 24일(12일) 대공은 베조브라조프에게 다음과 같이 써 보냈다. 즉 "우리의 사업 전체가 와해되었다. 불행하게도 우리의 결합에서 아무것도 산출되지 않을 것이라고 말했던 것이 옳았다. 이제 모든 사업은 삼림이권을 넘겨받을 민간 회사에게 돌아가고 있다."[323]

한편 조선 북부 조사대가 보고서를 제출했고, 이에 대한 검토가 진행되면서 브리네르 이권의 가격을 인하하는 것이 적절하다는 결론에 이르렀다. 1899년 5월 20일(8일)에 브리네르의 대리인 네라토프로부터 65,000루블에 매입하는 정식 계약이 네포로즈네프의 명의로 체결되었다.[324] 8월 25일 마튜닌과 알베르트가 네포로즈네프를 대신했다.[325] 마튜닌은 주한 공사의 임무를 마치고 막 귀국한 참이었는데, 친구인 본랴를랴르스키에 협력한 것으로 보인다. 알베르트는 푸틸로프공장의 중역이었던 사람인데, 본랴를랴르스키의 페테르부르크 공장주협회에서 알게 되었을 것이다.[326] 네포로즈네프는 조선에서 또 다른 이권을 획득하기 위해 정부와 교섭했다. 그는 페테르부르크에 이권 획득의 가능성이 있다고 통보했지만, 페테르부르크에서는 반대 의견이 높아지고 있었다.[327]

1899년 11월 8일(10월 27일) 마튜닌은 비테에게 편지를 보내서 다음과 같이 요청했다. 즉 이 이권은 "대한제국과 긴밀한 교류를 창출하고, 서울뿐만 아니라 정치적으로 매우 바람직한 여러 도(道)에서도 우리의 지배적인 영향력을 회복할 가능성을 제공해 줄" 것이며, 조선의 자원은 매우 풍부하기 때문에 기업의 성적과 주가의 면에서 조선에 대한 국내 자본의 투자를 촉진할 수 있다. 부디 이 점을 이해해 주시기 바라며, 지도를 받고 싶다.[328] 11월 13일(1일)에도 같은 취지의 의견서를 제출했다.[329]

이에 대해서, 조선에서 철수할 방침을 굳히고 또 조선에서의 이권 획득에 소극적인 태도를 취한 재무성은 어디까지나 냉랭했다. 11월 17일(5일) 비테는 조선 북부의 광산 이권에 국고자금을 투입하는 데에 반대의사를 표명하는 편지를 황제에게 보냈다. 황제는 이에 동의하고, 마튜닌이 진정(陳情)한 사업에 대한 국고자금의 투하를 거절하

라고 명령했다.[330]

1900년 초에 귀국한 베조브라조프는 상황을 타개하고 만회하기 위해 움직였다. 그해 봄, 베조브라조프는 황제의 자금을 도입해 회사를 설립하는 길로 상황을 돌려놓았다. 니콜라이 2세는 그의 설득에 응해 새로운 회사 설립을 승인하고 재무성과 새로이 교섭하라고 하명했다.[331]

회사의 목적은 베조브라조프가 재무상에게 보낸 5월 12일(4월 30일)자 의견서에 기술되어 있다. 1. 만주를 해양에서 분리하고 조선을 대륙에서 분리하는 러시아의 테두리(輪)를 창출한다, 2. 일본과의 충돌 시 우리를 도울 수도 있고 또는 상처를 입힐 수도 있는 이 지역의 유일한 전투요원인 마적들에게 군사적·문화적인 의미의 공작을 한다. 이것은 진지한 구상이라고는 생각할 수가 없다. 아무튼 회사의 정관도 급히 서둘러 만들었다.[332]

6월 1일(5월 20일)에는 45명, 170주 분의 주주 명부가 완성되었다. 발기인은 보론쪼프-다슈코프, 본랴를랴르스키, 유수포프 공작, 겐드리코프 백작, 세레브랴코프 대령 그리고 아바자 해군대령 등 여섯 명이었다. 황제 관방(官房)에는 150주가 할당되었다. 총 400주로 1주 5천 루블이었고, 총 자본금은 200만 루블이 되었다.[333]

이때부터 베조브라조프의 맹우가 되는 인물인 아바자가 등장한다. 알렉세이 미하일로비치 아바자는 1853년생으로, 몰다비아 출신 귀족 미하일 아바자의 아들이었다. 아버지가 알렉산드르 2세 말기의 재무상 알렉산드르 아바자의 동생이다. 알렉세이 아바자는 군사교육을 받지 않고 1873년에 해군 융켈[하사관의 일종]로서 제4해병단에 입대했다. 1879년에 태평양 분함대 사령관 아슬란베고프의 부관으로 임명되었고, 일본에서 교쿠지쓰(旭日) 5등훈장을 받았다. 1882년에는 순양함 '아프리카'의 사관으로 배속되었다가, 곧바로 시베리아 해병

단으로 전출되었다. 특별히 눈에 띄는 것이 없는 경력인데, 다만 1884
년 11월에 해군총재 알렉세이 대공의 부관으로 임명된 것은 특필할
만하다. 1887년에는 알렉세이 대공의 커터[쾌속범선]인 '프리보이'와
'스베틀라나'의 관리자가 되었다. 이때부터는 순조롭게 승진해 1892
년에는 순양함 '아시아'의 함장으로, 1895년에는 해군대령으로 승
진하면서 일등순양함 '스베틀라나'의 함장으로 임명되었다. 그리고
마침내 1899년에는 근위해병단 사령관이 되었던 것이다.[334] 알렉세
이 대공의 부관이 되면서부터 그의 신임을 얻어서 기용된 것이 틀림
없다.

아바자는 군사 업무보다는 황족 주변의 정치에 능한 인물이었다고
생각된다. 그러한 그가 알렉세이 대공과 견원지간인 알렉산드르 미
하일로비치 대공 계열의 베조브라조프의 협력자가 된 것은, 아무래
도 상황을 살피고 말을 바꿔 탄 것으로 생각할 수 있다.

아바자와 베조브라조프의 관계에 관한 설명 가운데 이들이 사촌형
제 간이라는 주장이 있다. 물론 이들의 아버지들은 형제지간이 아니
었기 때문에, 사촌이 되려면 어머니 쪽이 자매지간이어야 할 것이다.
그러나 베조브라조프의 어머니는 올가 노스티츠이며, 아바자의 어머
니는 알렉산드라 졸로타레바이므로 엄밀하게는 사촌일 수가 없다.
사촌지간보다 더 먼 친척일 것이다.[335]

6월 16일(4일) 보론쪼프-다슈코프는 황제에게 서한을 보내, 주주
들은 "폐하와 러시아에 봉사하기 위해서 관념적으로 사업에 참가하
고 있기" 때문에 "자기들의 깃발" 즉 황제의 참가가 없어지면 "대다
수가 사업을 포기할 것"이라면서, "그러므로 폐하께서 그와 같은 수
의 주식을…… 가지시고 참가하시는 것이, 관념적으로나 실무적으
로 사업을 탄탄하게 세우기 위해서 극도로 필요합니다"라고 요청했
다.[336]

황제의 변덕스런 기분에 따라서 수상쩍은 국책회사가 만들어지게 된 것이다. 이것이 의화단사건 발생 직전의 상황이었다.

무라비요프의 20세기 외교방침

1900년 1월은 19세기 마지막 해의 시작이었다. 외상과 육군상은 세기의 전환기에 임해서 대(大)방침에 관한 의견서를 작성했다. 우선 외상 무라비요프는 1900년 1월에 외교방침에 관해서 대(大)의견서를 작성해 황제에게 제출하고 장관들에게도 배포했다.

이 의견서[337]는 우선 보어전쟁의 발발부터 논하기 시작해 영국의 식민지정책에 대한 비판, 보어인에 대한 동정심을 서술한다. 이 전쟁에 편승해 그 어느 지역에서도 우리의 권익 확대를 꾀하려는 생각은 하고 있지 않다고 주장했다. 러시아가 "신앙을 같이하는 피억압 민족을 위해서 칼을 빼어든 것은 여러 차례 있지만, '기회주의'론에 끌려가는 일은 없었으며, 화급을 다툴 정도의 필요성에 의해 제기되지 않은 그러한 물질적 이익을 달성할 목적으로 무기를 든 적도 없다." 러시아에게는 보스포루스 연안에 지보(地步)를 확보해야 한다는 역사적 사명이 있다면서, 그 사명의 실현을 위해서는 군사적 준비를 하는 것 그리고 러시아의 이러한 권리를 독일로 하여금 인정하도록 하는 것이 필요하다고 지적했다. 또한 페르시아와 아프가니스탄에 관해서는 영국에 대항해 세력을 넓히는 것이 필요하다고 주장했다.

마지막으로 극동에 관해서도 언급했다. "실은 최근 러시아의 모든 지향점이 극동에서 적당한 부동항…… 을 획득하는 것에 맞추어져 왔다. 이러한 목표는 1898년의 청국 정부와의 협정 체결로 순조롭게 실현되었다. ……이렇게 새로이 획득한 영토에서 군항을 강화하고

만을 깊숙하고 넓게 만드는 일, 그리고 새로운 함선을 건조함으로써 우리 태평양함대를 강화하는 일 등이 또 다시 한층 어려운 과제로서 우리를 기다리고 있다. 이러한 과제들을 실현하기 위해서는 사태가 평화적으로 진행되어야 하고, 우리가 어떤 정치적 분쟁을 야기할지도 모를 결정적인 행동을 절대 하지 않을 때에만 가능할 것이다. 따라서 전략적 의의라는 면에서 뤼순을 능가한다는 등의 근거를 대면서 갈곶도〈거제도〉를 점령하겠다는 식의 위험한 계획은 러시아의 군사 정책 강령에서 제외해야만 한다. 아프리카의 전쟁에 몰두하고 있는 대영제국 정부가 우리가 기도하는 계획의 실행을 방해할 여유는 없다고 하더라도, 갈곶도에 마찬가지의 전략적 의의를 부여하고 있는 일본은, 모든 개연성으로 보아, 조선의 섬들에 대한 우리의 정복 계획에 대해서 방관자로 남아있지는 않을 것이다.

1898년의 협정에 따라서 우리는 일본에게 조선의 보전과 불가침성을 승인할 의무를 지도록 했으며, 태평양 연안에서 우리의 입장은 아직도 확실한 상태가 아니다. 이러한 입장을 강화하기 위해서 치러진 희생과 노력의 성과를 간단히 무위로 돌려버릴 가능성이 있다는 점을 생각하면, 일본과의 분쟁에 돌입할 수 있을지 어떨지 스스로 묻지 않을 수 없다. 이 의문에 대해서는 이미 육군성에서 명확한 답을 제시했다. 조선에서의 모든 군사행동은 현재의 상황에서는 러시아에게 심각한, 희생이 큰, 그리고 거의 얻을 것이 없는 과제라는 답을 말이다.

뤼순에 확고하게 발판을 구축하고 그것을 철도로 러시아와 연결함으로써 우리는 극동 문제에서 우리의 의지를 확실하게 보여주어야 할 것이며, 또 필요하다면 힘으로 이를 지탱할 수도 있는 것이다."[338]

이 의견서에 대해서 황제 니콜라이는 2월 6일(1월 25일) 승인한다고 회답했다.[339] 그러나 해군상 티르토프는 여전히 극동에서 조선의 남부에 해군의 거점을 만들 것을 주장했다.[340] 육군상은 20세기 러시아의 가장 중요한 과제는 보스포루스의 군사점령이라고 주장하면서, 페르시아, 아프가니스탄, 극동에 관해서는 외상의 의견서에 찬성한다고 했다.[341] 재무상 비테는 의견서의 "일반적인 견해에는 전적으로 찬성한다"고 했지만, 뤼순의 병력 강화에 관해서는 "이 새로운 2만 명의 육군을 관둥주에 집결시키고, 프리아무르군관구의 군대도 증강하고 나서 또 다시 태평양 연안에서 우리 전투력을 발전시켜야 한다는 말인가"라며 부정적이었다.[342]

쿠로파트킨의 대(大)상주보고

쿠로파트킨 육군상은 성격상 학자나 평론가에 가까웠다. 그는 분명 학구파였으며 머리도 좋았다. 글쓰기를 즐겨 했다. 1900년 3월 27일(14일) 그는 상주보고서를 제출했는데, 그것은 세기의 전환기를 맞아 18-19세기 러시아군의 성과를 총괄하고 20세기 군의 과제에 관해 논한다는 138쪽에 가까운 방대한 의견서였다.[343]

쿠로파트킨은 18-19세기의 노력으로 러시아가 안정적인 국토를 확보했으며, 이 이상의 영토 확대는 필요하지 않다는 관점에 서 있었다. 그렇다면, "20세기에 새로운 공격적인 전쟁을 우리 쪽에서 먼저 시작하지 않을 개연성이 높다." 그러나 과거에 우리에게 영토를 빼앗긴 이웃나라들이 존재한다. 그들은 영토를 탈환한다는 과제를 내걸 수 있다. "따라서 우리에게 전쟁의 위험은 사라진 것이 아니다. 그러나 그 전쟁은 방어적인 성격이 될 것이다." 또한 러시아제국 내에는 비러시아계의 인구가 4천만 명이 있는데, 20세기에는 이들이 러시아에 뿌리내린 주민들과 더욱 친화할 것으로 기대한다.[344]

이어서 쿠로파트킨은 러시아 국경의 군사전략적인 측면을 개관했다. 독일, 오스트리아에게도 그리고 러시아에게도 "현존 국경을 수정하기 위해서 전쟁을 하는 것은 득책이 아니라는 점은 분명하다"라고 주장했다.[345]

극동에서도 만주를 청국의 일부로 간주하고 가능한 한 경제적으로 지배하는 것을 지향해야 한다고 설파했다. "만주의 병합을 포기하더라도, 우리는 이 지방에 대한 가능한 한 완전한 경제적 지배를 위해서 모든 노력을 경주해야 한다."[346]

조선에 관해서는 병합은 필요하지 않지만 일본이 세력을 확립하는 것은 허락할 수 없다고 주장했다. "우리의 보호국으로서 약하고 독립적인 조선이 우리에게는 최선이다." 그러나 지금은 적극적인 역할을 할 수는 없다. "조선 시장을 제압하려는 목적(다만 경제적이든 정치적이든)을 추구하면 우리는 불가피하게 일본 측의 정력적인 반격에 직면할 것이다. 이 강대국과의 충돌을 적시에 회피하지 않으면 아마도 우리는 20세기 초에는 군사적으로 충돌을 하게 될 것이다."[347]

당시의 시점에서 쿠로파트킨은 일본과의 충돌 위험이 있다고 냉정하게 판단하고 있었다. 그러나 무엇보다도 "극동에서 유혈투쟁을 막을 수 있는 유일한 방법은 일본이 해군을 보유할 권리를 박탈하는 것이다"라는 환상적인 생각을 피력하고, 영국과 독일을 설득해 유럽 연합함대의 힘으로 일본 해군의 폐지를 압박하자고 주장함으로써, 본질적인 결함을 드러낸다.[348]

결론적으로 러시아군에게는 보스포루스 해협을 점령해 지중해로의 출구를 확보하는 일, 페르시아를 거쳐 인도양으로의 출구를 얻는 일 등 역사적 과제가 남아 있지만, 이런 것들을 실현하려면 영·독·미·일본 등과 같은 연합세력과 충돌하게 될 것이고, 이에 대항하기 위해서는 프랑스 및 발칸 국가들과의 동맹관계를 발전시켜야 한다는 것이었다. 그러나 러시아군은 그 준비가 갖추어져 있지 않으며, 앞으로 5, 6년은 필요하다. 그렇지만 "세계는 유례없는 유혈 싸움을 5, 6년이 지나기 전에 치를지도 모른다." 그렇다면 러시아군에게 첫 전투는 엄혹한 것이 될 것이다. "러시아의 군주는 최초의 전투에서 패배하더라도, 또 전쟁의 결과—기아, 질병, 일의 정체(停滯), 게다가 대량의 사상자—가 아무리 혹심하더라도, 러시아의 패배를 인정하지 않고 또 강화를 체결하라는 각 방면의 조언에 귀를 기울이지 않고 열심히 싸우기 위해서, 강철과도 같은 강한 성격으로 무장할 필요가 있을 것이다."[349]

방대한 보고서의 결론은 꽤나 리얼하고 예언적이었다.

1900년 해군대학 춘계 도상(圖上)훈련

전쟁의 위기에 진지하게 몰두하고 있던 것은 러시아 해군 군령부의 군인들이었다. 1900년 초 1-2월에 해군대학에서 처음으로 일본과의 전쟁에 대한 도상훈련이 행해졌다. 러시아군의 총사령관 역은 알렉산드르 미하일로비치 대공이었고, 일본군의 총사령관 역은 군령부 군사부장 비레니우스 대령이었다. 훈련의 총지휘관은 처음에는 로제스트벤스키 해군소장이 맡았다가, 후반에는 스크리들로프 해군소장이 맡았다. 이 훈련에 참가해 의견을 개진한 사람들 가운데는 스체쩬코 해군대장, 비릴료프 해군중장과 펠케르잠 해군중장, 그람마치코프 중령, 클라도 중위, 청국주재 육군 무관 데시노와 일본주재 육군무관 반노프스키가 있었다.[350]

전쟁이 시작되기 전의 병력 비율은 일본이 단연 우세했다. 일본 해군은 일등함 20척, 이등함이 15척이었고, 육군은 완전 동원하면 20만

명, 전략적 예비 병력으로 4분의 1을 남긴다고 하면 적극적 작전에는 15만 명까지 투입할 수 있었으며, 최초의 8일 동안 7만 7,000명을 투입할 수 있었다. 이에 대해서 러시아 해군은 일등함 9척(전함 '페트로파블로프스크' '나바린' '시소이 벨리키이', 일등순양함 '러시아' '류리크' '블라디미르 모노마흐' '드미트리 돈스코이' 등), 이등함 9척(이등순양함 '아드미랄 코르닐로프' '자비야크' 등)이 있었고, 육군은 2주일 동안 2만 6,000명, 6주 후에는 4만 명, 10주 후에는 5만 6,000명, 그리고 마침내 14주 후 그러니까 거의 100일 만에 8만 6,000명을 투입할 수 있는 데 불과했다.[351]

전쟁은 러시아가 한국 정부에게 마산에서 한 번 점찍었다가 일본에 팔려버린 토지를 다시 러시아에게 양도할 것을 요구하고, 한국 정부가 이를 승인하면서 발생한다. 러시아는 2월 말에 순양함 '블라디미르 모노마흐'와 '자비야크'를 마산으로 파견하지만, 일본은 순양함 5척을 파견하고 3월 1일 문제의 토지를 10일 이내에 일본에게 다시 넘기라고 요구한다. 이 순간부터 러·일 양국이 전투준비에 돌입하는 것이다. 한국 정부는 3월 9일, 이제까지의 계약을 모두 백지화하고, 문제의 토지는 정부 소유지라고 선언한다. 나중에 부산 상륙 시에 일본은 마산의 토지를 일본령으로 되돌려놓지 않는 동안에는 부산을 계속 점령할 것이라고 통고한다.[352]

러시아 측에서는 해군이 열세라는 점을 고려해 직접 전투행동에 나서는 것을 피하고, 증원함대의 도착을 기다린다는 방침을 세운다. 합류를 앞당기기 위해서 개전 전에 블라디보스토크, 뤼순, 다롄에는 수뢰정만을 남기고, 주력은 남하해 해상에서 증원함대를 맞이하기로 한 것이다.[353]

3월 1일부터 러시아는 증원함선의 극동 회항을 개시한다. 극동의 주력함대는 3월 4일 뤼순을 출항한다. 그 가운데 '러시아'와 '류리크'

는 쓰가루 해협을 지나 13일에 블라디보스토크로 들어갔다. 전함 3척은 남하해 네덜란드령 인디아제도의 하나인 부톤 섬으로 항진하여 15일에 도착한다.

블라디보스토크로 간 2척은 3월 21일에 출항해 다시 소야(宗谷) 해협을 지나 남하해 4월 4일 부톤 섬에 도착한다. 러시아 육군의 동원이 시작되고, 감시를 위한 부대의 파견이 제안된다.

일본은 3월 1일부터 준비를 시작하고, 육군의 상륙작전을 지원하고 엄호하는 데 해군력을 이용한다. 3월 8일에는 제12사단이 부산에 상륙하고, 3월 12일에는 러시아 함대가 없는 것을 확인한 후, 15일에는 60척의 수송선을 이용해 평양 근처의 해안에서 상륙작전을 감행한다.

쌍방은 3월 12일을 기하여 교전상태에 돌입하고, 3월 14일에 일본은 이를 이유로 선전포고를 한다. 뤼순을 봉쇄한 일본 함선 가운데 순양함 '하시다테'(橋立)는 수뢰 공격을 받아 파손되었다.

3월 23일에는 일본의 제2차 선단 85척이 평양으로 발진해 26일에 도착, 상륙작전이 전개된다. 1차, 2차 합해 7만 명이 상륙한다.

유럽에서 오는 러시아 해군의 증원함선은 일본으로 가는 새로 건조된 함선들과 홍해에서 조우하고, 4월 2일과 4일에 이들을 공격한다. 전함 '아사히'(朝日)와 순양함 '이즈모'(出雲)는 피해를 입지만, 러시아 측도 2척의 구축함이 침몰했다. 일본의 제3차 선단은 100척으로 구성되었는데, 이들은 4월 6일에는 황해에 도착해 관동주에 상륙한다. 4월 10일부터 뤼순 공격이 개시된다. 4월 18일에는 제2차 공격을 감행하지만 요새는 함락되지 않는다.

유럽에서 오는 지원 함선들은 4월 9일과 14일에 남쪽 바다에 도착하고, 4월 25일에 연합함대가 되어 북상해 황해로 향한다. 5월 1일 러시아의 연합함대는 다롄 만에 투묘한다. 이 함대가 도착할 것을 내다

보고 있던 일본군은 뤼순의 포위망을 풀고 압록강 하구로 이동했는데, 5월 2일과 3일에는 다롄의 러시아 연합함대를 공격한다. 전함 '세바스토폴'이 대파 당하지만 남은 함선들은 수뢰공격에 대비하고 있어서 무사했다. 5월 4일 다시 일본의 함대가 다롄으로 향한다. 러시아 육군의 태세는 아직도 정비되어 있지 않았다. 여기까지가 도상 훈련의 내용이었다.[354]

이 도상 훈련에서 흥미로운 것은, 선전포고 전에 일본군이 조선 상륙을 감행하고 전투를 시작했다는 점이다. 일본군의 공격 방향이 조선과 관둥주를 겨누고, 뤼순 공격이 조기에 시작될 것이라는 점도 내다보고 있다. 러시아의 대응은 전혀 뒷날의 현실과 달랐지만, 일본의 작전에 관한 한 뒷날의 러일전쟁에서 나타날 모습은 완전히 예상하고 있었다.

이 도상 훈련에 대해서 평가단은, 훈련 참가자들이 일본군 병력이 우세하다는 확신을 공유하고 있다는 점을 확인했지만 육군의 대표 한 사람이 일본군의 전투능력을 극도로 낮게 평가함으로써 신중함을 결여하고 있다고 비판했다. 이것은 반노프스키에 대한 비판이다.

일본이 러시아 함대의 소재를 파악하지 않은 채 대규모 상륙작전을 실시한 것은 위험을 무릅쓴 태도라고 보았지만, 아무튼 일본 측은 러시아군이 집결하기 전에 대륙의 전략지점을 점령하는 데 주의를 집중했다. 또 해군에서는 러시아 함대와의 결전 이전에 수뢰공격으로 러시아 해군력을 약체화시키는 작전을 취한 것은 합리적이라고 보았다.

러시아 측에 관해서는, 일본군의 평양 부근 상륙을 저지할 실효성 있는 방책을 취하지 않았다는 점, 원산으로의 군수물자 수송을 지원하는 태세가 갖춰지지 않았다는 점이 문제라고 지적했다. 육군에 관해서는, 조선 또는 중국에서 결정적인 행동이 가능해지는 것은 시베리아 그리고 유럽 쪽 러시아에서 증원 병력이 도착한 뒤이므로, 그 사이의 3, 4개월 동안 일본군은 조선을 점령하고 그곳에 정착해 버릴 것이다. 그것을 회피하고자 한다면 끊임없이 충분한 육군병력을 준비해야 한다. 그것은 해군력의 정비보다 싸게 해결할 수 있는 일이며 조속히 실현할 수도 있다는 평가단의 의견이 있었다.[355]

1900년의 도상 훈련에 대한 해군 군령부의 의견으로 극동의 해군 기지의 문제점이 지적되었다.

"우리나라의 함대는 블라디보스토크에서는 안전을 확보하는 것이 여전히 불충분할 수밖에 없다. 뤼순에서는 한층 더 어렵다. ……현 시점에서는 함대 주력이 블라디보스토크를 근거지도 하는 것이 유리하며, 순양함대는 뤼순을 근거지로 하는 것이 좋을 것 같다."[356]

육군은 결론적으로 "현재 관둥주는 적극적인 의미에서는 우리에게 그다지 전략적인 의의가 없다. 다만 소극적인 의미에서는 중요하다. 즉 일본이 그곳을 획득하면 조선에서 자신들의 지위를 확실하게 할 수 있을 것인데, 이를 허락하지 않기 위해서"라고 지적했다. "그럼에도 불구하고 뤼순의 함락은 거대한 정치적·정신적 의의를 지닐 것이다."[357]

해군과 육군이 모두 하나같이 뤼순의 항구와 요새로서의 전략적 의의는 낮으며 여기에 의존해서는 일본과의 전쟁을 훌륭하게 수행할 수 없을 것이라고 했다. 이러한 주장들은 음울한 예언이었다.

주註

제4장 러시아의 뤼순 점령과 조차(1896-99)

1 Bella B. Pak, *Rossiiskaia diplomatiia i Koreia*, Vol. II, Moscow, 2004, p. 166.

2 Khitrovo to Lobanov-Rostovskii, 15/27 January 1896, AVPRI, F. 133, Op. 470, 1896 g., D. 167, L. 5-5ob. Boris D. Pak, *Rossiia i Koreia*, Moscow, 1979, p. 126.

3 Khitrovo to Lobanov-Rostovskii, 15/27 January 1896, L. 6-7.

4 Bella Pak, op. cit., Vol. II, p. 169.

5 Boris Pak, op. cit., p. 126.

6 Bella Pak, op. cit., Vol. II, p. 170.

7 小村から西園寺へ, 1896年2月13日, 『日本外交文書』第29巻, p. 683.

8 Poezdka general'nogo shtaba polkovnika Karneeva i poruchika Mikailova po iuzhanoi Koree v 1895-1896 gg., SGTSMA, Vyp. LXXV, 1901. Tiagai G.D. (ed.), *Po Koree. Puteshestviia 1885-1896 gg.*, Moscow, 1958, pp. 184-188. ゲ・デ・チャガイ編 (井上紘一訳), 『朝鮮旅行記』平凡社, 1992年, pp. 227-229.

9 小村から西園寺へ, 1896年2月13日, 『日本外交文書』第29巻, p. 684.

10 詔勅, 위의 책, p. 687.

11 Shpeier to Komura, 11 February 1896, 위의 책, pp. 687-688. John M.B. Sill to Secretary of State, 11 February 1896, *Korean-American Relations: Documents Pertaining to the Far Eastern Diplomacy of the United States*, Vol. III, University of Hawaii Press, 1989, p. 17.

12 小村から西園寺へ, 1896年2月13日, 『日本外交文書』第29巻, pp. 683-687.

13 小村から西園寺へ, 1896年2月13日, 위의 책, p. 684.

14 小村から西園寺へ, 1896年 2月 11日, 위의 책, p. 682.

15 小村から西園寺へ, 1896年 2月 16日, 위의 책, pp. 688-689.

16 Khitrovo to Lobanov-Rostovskii, 2/14 February 1896, AVPRI, F. 133, Op. 470, 1896 g., D. 167, L. 25-25ob.

17 西から西園寺へ, 1896年 2月 17日, 『日本外交文書』第29巻, pp. 728-729.

18 小村から西園寺へ, 1896年 2月 18日, 위의 책, pp. 729-730.

19 西園寺から西へ, 1896年 2月 20日, 위의 책, pp. 736-737. 히트로보에 의하면 훈령의 상호 연락을 요청한 것은 그의 쪽이었다. Khitrovo to Lobanov-Rostovskii, 7/19 February 1896, Ibid., L. 34-35.

20 西園寺から西, 小村へ, 1896年 2月 23日, 『日本外交文書』第29巻, pp. 739-740.

21 Saionji to Khitrovo, 24 February 1896, 위의 책, pp. 740-742.

22 Khitrovo to Saionji, 2 March 1896, 위의 책, pp. 747-748.

23 西園寺から小村へ, 1896年 3月 3日, 위의 책, pp. 751-752.

24 Khitrovo to Lobanov-Rostovskii, 9/21 February 1896, AVPRI, F. 133, Op. 470, 1896 g., D. 167, L. 42-42ob. 또한 Shpeier to Lobanov-Rostovskii, 14/26 February 1896, *Koreia glazami rossiian*, pp. 29-30.

25 Khitrovo to Lobanov-Rostovskii, 14/26 February 1896, Ibid., L. 55-55ob.

26 『公爵山県有朋伝』下, 1933年, pp. 262-264.

27 山県有朋「朝鮮政策上奏」, 『山県有朋意見書』原書房, 1966年, pp. 223-224.

28 위의 책, pp. 224-225.

29 Khitrovo to Lobanov-Rostovskii, 15 February 1896, AVPRI, F. 133, Op. 470, 1896 g., D. 167, L. 59-59ob.

30 도쿄 공사관의 보고는 1896년 3월 14일부터 슈페이에르의 이름으로 발송되었다. Shpeier to Lobanov-Rostovskii, 2/14 March 1896, AVPRI, F. 133, Op. 470, 1896 g., D. 167, L. 71.

31 Conversation between Ito and Khitrovo, 5 March 1896, 『日本外交文書』第29巻, pp. 758-767.

32 『日本外交文書』第29巻, pp. 809-810.

33 위의 책, p. 811.

34 『公爵山県有朋伝』下, pp. 266, 269.

35 Bella Pak, op. cit., Vol. II, p. 187.

36 小村から西園寺へ, 1896年 3月 15日, 『日本外交文書』第29巻, pp. 769-770.

37 小村から西園寺へ, 1896年 3月 22日, 위의 책, pp. 776-777.

38 小村から西園寺へ, 1896年 4月 6日, 위의 책, pp. 778-779.

39 小村から西園寺へ, 1896年 4月 6日, 위의 책, pp. 779-780.

40 陸奥から小村へ, 1896年 4月 20日, 위의 책, pp. 780-781.

41 小村から陸奥へ, 1896年 4月 30日, 위의 책, pp. 781-782.

42 小村から陸奥へ, 1896年 5月 13日, 위의 책, p. 789.

43 日露覚書, 1896年 5月 14日, 위의 책, pp. 791-792.

44 베베르의 전보를 첨부한 Shpeier to Lobanov-Rostovskii, 26 May/7 June 1896, AVPRI, F. 133, Op. 470, 1896 g., D. 167, L. 87. 『高宗時代史』第4卷, 國史編纂委員會, 1990年, pp. 142-143.

45 外務省編『小村外交史』復刻, 原書房, 1966年, p. 92.

46 B.A. Romanov, *Rossiia v Man'chzhurii(1892-1906)*, Leningrad, 1928, pp. 83-85. I.V. Lukoianov, The First Russo-Chinese Allied Treaty of 1896, *International Journal of Korean History*, Vol. 11, December 2007, pp. 156-159.

47 Romanov, op. cit., pp. 97-105. Lukoianov, op. cit., pp. 160-161.

48 Romanov, op. cit., pp. 108-109.

49 *Dnevniki Imperatora Nikolaia II*, Moscow, 1991, p. 139.

50 Ibid., p. 140.

51 Ibid., p. 140. 루코야노프는 영국 외교문서를 보고 5월 5일(4월 23일)에 이 알현이 있었다고 주장하지만, 니콜라이의 일기 쪽 기술이 정확하다.

52 *Lukoianov*, op. cit., pp. 163-166.

53 *Dnevniki Imperatora Nikolaia II*, p. 141.

54 이 텍스트는 로마노프에 의해서 1924년에 처음으로 발표되었다. *Bor'ba klassov*, 1924, No. 1-2, pp. 102-104. 또한 Romanov, op. cit., pp. 111-113. 그러나 그 내용은 1910년에 이미 나와 있었다. P.N. Simanskii, *Sobytiia na Dal'nem Vostoke, predshestvovavshie Russko-Iaponskoi voine*, Vol. I, Sankt-Peterburg, 1910, p. 82. 러시아 이외의 지역에서는 1903년 12월 31일과 1904년 1월 1일자 『上海中外日報』가 게재했다. 최초의 일본어 번역은 『小村外交史』, pp. 106-107에 있다.

55 Romanov, op. cit., p. 117.

56 V.N. Lamsdorf, *Dnevnik 1894-1896*, Moscow, 1991, p. 380.

57 山県有朋「日露協商顛末」(1897年 10月), 『山県有朋意見書』p. 241.

58 *Dnevniki Imperatora Nikolaia II*, pp. 141-142.

59 山県有朋「日露協商顛末」, p. 241.

60 西から陸奥へ, 1896年 5月 26日, 『日本外交文書』第29卷, pp. 812-813.

61 西徳二郎, 朝鮮に関する意見書, 1896年 7月 8日, 『日本外交文書』第31卷 第1册, pp. 110-111. 이것은 야마가타의 교섭에 관한 가장 중요한 기록이다. 이에 비하면 야마가타 자신의 '일·러 협상 전말'은 모름지기 고의로 부정확하게 서술한 기록일 것이다.

62 *Dnevniki Imperatora Nikolaia II*, pp. 144-145. 保田孝一『最後のロシア皇帝ニコライ二世の日記』增補, 朝日新聞社, 1990年, p. 102.

63 山県有朋「日露協商顛末」, p. 243.

64 *Dnevniki Imperatora Nikolaia II*, p. 146.

65 西徳二郎, 朝鮮に関する意見書, pp. 111-112. 일시는 山県有朋「日露協商顛末」에
따른다.

66 Vogak, Znachenie dogovora 26 marta 1902 goda v razvitii voprosa o Man'
chzhurii, 7 May 1903, RGIA, F. 560, Op. 28, D. 213, L. 136-136ob.

67 V.N. Lamsdorf, Po povodu zapiski "Znachenie dogovora 26 marta 1902 goda
v razvitii voprosa o Man'chzhurii", Ibid., L. 165ob.-166ob. 이 자료에 최초로
주목한 것은 Romanov, op. cit., pp. 142-143.

68 西徳二郎, 朝鮮に関する意見書, p. 113.

69 *Dnevniki Imperatora Nikolaia II*, p. 148.

70 『日本外交文書』第29巻, pp. 815-818.

71 西徳二郎, 朝鮮に関する意見書, pp. 114-115.

72 Shpeier to Saionji, 8 July 1896, and Saionji to Shpeier, 9 July 1896, 『日本外交文
書』第29巻, pp. 826-827.

73 西園寺から大前駐露代理公使へ, 1896年 8月 1日, 위의 책, p. 827. 西より西園寺
へ, 1896年 8月 3, 5日, 위의 책, pp. 806-807.

74 Shpeier to Lobanov-Rostovskii, 26 July/7 August 1896, AVPRI, F. 133, Op.
470, 1896 g., D. 167, L. 96ob.

75 『高宗時代史』第4巻, p. 135.

76 Bella Pak, op. cit., Vol. II, pp. 189-191. 베베르에 관해서는, 本野駐露代理公使
から大隈外相へ, 1896年 4月 13日, 『日本外交文書』第30巻, p. 1144.

77 Bella Pak, op. cit., Vol. II, p. 194.

78 Romanov, op. cit., pp. 144-145.

79 『高宗時代史』第4巻, p. 135.

80 *Dnevniki Imperatora Nikolaia II*, p. 154.

81 Korneev's memorandum, *Rossiia i Koreia*, Moscow, 2004, pp. 124-131.
Simanskii, op. cit., Vol. I, p. 213.

82 Simanskii, op. cit., Vol. I, p. 214. Bella Pak, op. cit., Vol. II, pp. 205-206. 푸차
타의 인물과 사상에 관해서는, 김영수(金榮洙) "러시아군사교관 단장 뿌쨔따
와 조선군대", 『軍史』한국국방부군사편찬연구소, 61호(2006년 12호), pp. 95-
99.

83 Simanskii, op. cit., Vol. I, p. 214.

84 Ibid., pp. 214-216. Bella Pak, op. cit., Vol. II, pp. 205-208. 김영수, 앞의 논문,
pp. 106-109.

85 Simanskii, op. cit., Vol. I, pp. 223-226.

86 D.G. fon Nidermiller, *Ot Sevastopolia do Tsusimy. Vospominaiia*, Riga, 1930, pp. 80-81.

87 *Dnevniki Imperatora Nikolaia II*, p. 163. S.Iu. Vitte, *Vospominaiia*, Vol. 1, Moscow, 1960, p. 79.

88 *Dnevniki Imperatora Nikolaia II*, pp. 164-165. Vitte, op. cit., Vol. 1, p. 80.

89 *Dnevniki Imperatora Nikolaia II*, p. 175.

90 *Istoriia vneshnei politiki Rossii(konets XV veka-nachalo XX veka)*, Moscow, 1997, pp. 101-106, 108-110.

91 O.R. Airapetov, *Zabytaia kar'era "Russkogo Mol'tke": Nikolai Nikolaevich Obruchev(1830-1904)*, Sankt-Peterburg, 1998, pp. 274-275.

92 Lamsdorf, *Dnevnik 1894-1896*, pp. 295-296.

93 Ibid., p. 401.

94 Ibid., p. 404.

95 Ibid., pp. 404-405.

96 Vitte, op. cit., Vol. 2, p. 100.

97 *Dnevniki Imperatora Nikolaia II*, p. 181.

98 Vitte, op. cit., Vol. 2, pp. 100-102.

99 Ibid., pp. 102-103. Airapetov, op. cit., p. 288. N.S. Kiniapina, *Balkany i Prolivy vo vneshnei politike Rossii v kontse XIX veka*, Moscow, 1994, p. 187.

100 姜在彦『近代朝鮮の思想』紀伊國屋新書, 1971年, pp. 156-160. 月脚達彦『朝鮮開化思想とナショナリズム──近代朝鮮の形成』東京大学出版会, 2009年, pp. 178-185.

101 Bella Pak, op. cit., Vol. 2, pp. 214-215. 月脚, 앞의 책, p. 218.

102 Vitte, op. cit., Vol. 2, pp. 111-112. 또한 Vol. 1, pp. 324-325.

103 Dnevnik A.A. Polovtseva, KA, 1923, kn. 3, p. 82.

104 Simanskii, op. cit., Vol. I, pp. 216-217. Bella Pak, op. cit., Vol. II, pp. 208-209. 사료는 Murav'ev to Vannovskii, 22 February 1897.

105 Simanskii, op. cit., Vol. 1, p. 218.

106 Ibid., pp. 219-220.

107 Shpeier to Murav'ev, 19 April/1 May 1897, AVPRI, F. 133, Op. 470, 1897 g., D. 112, L. 10.

108 Simanskii, op. cit., Vol. I, p. 221. Murav'ev to Vannovskii, 14 May 1897.

109 Ibid., p. 218. Veber to Murav'ev, 29 April and 28 May 1897.

110 Rozen, op. cit., Vol. I, pp. 121-123.

111 Simanskii, op. cit., Vol. I, pp. 237-238. 이 의견서에 관해서는, Rozen, op. cit., Vol. I, pp. 142-146에도 상세히 설명되어 있지만, 뉘앙스는 시만스키의

설명과 다르다.

112 Simanskii, op. cit., Vol. I, p. 238.

113 Ibid., p. 239. Murav'ev to Rozen, 14 May 1897.

114 Ibid., p. 221.

115 Shpeier to Murav'ev, 2/14 August 1897, AVPRI, F. 133, Op. 470, 1897 g., D. 112, L. 12.

116 Rozen to Murav'ev, 14 August 1897, Ibid., L. 20-20ob.

117 Simanskii, op. cit., Vol. I, pp. 240-241. Rozen to Murav'ev, 15/27 August 1897.

118 슈페이에르가 도쿄에서 보낸 마지막 전보는 1897년 8월 13일, 로젠의 전보는 8월 25일이다. Shpeier to Murav'ev, 1/13 August 1897, AVPRI, F. 133, Op. 470, 1897 g., D. 112, L. 12; Rozen to Murav'ev, 13 August 1897, AVPRI, F. 133, Op. 470, 1897 g., D. 112, L. 19ob.

119 『日本外交文書』第30卷, pp. 1145-1152.

120 Simanskii, op. cit., Vol. I, p. 221.

121 Shpeier to Murav'ev, 11 November 1897, AVPRI, F. 133, Op. 470, 1897 g., D. 112, L. 26ob.

122 『高宗時代史』第4卷, p. 402.

123 위의 책, pp. 424-427.

124 위의 책, p. 447. 加藤から西へ, 1897年 11月 27日, 『駐韓日本公使館記錄』12, 國史編纂委員會, 1995年, pp. 168-170.

125 재무성에서의 장시간 논의에 관해서는, Romanov, op. cit., pp. 157-158. Romanov to Vitte, 8 March 1897. 알렉세예프에 관해서는, Simanskii, op. cit., Vol. I, p. 228. 그의 전직(前職)에 관해서는, Vitte, op. cit., Vol. 2, p. 145.

126 Simanskii, op. cit., Vol. I, pp. 231-232.

127 Ibid., p. 233. Murav'ev to Shpeier, 26 November 1897.

128 Romanov, op. cit., p. 186. Simanskii, op. cit., Vol. I, p. 229.

129 Vitte, op. cit., Vol. 1, p. 118.

130 Bülow's memorandum, 11, 17 August 1897, *Die Grosse Politik der europäischen Kabinetten*, Band 14, S. 59. Romanov, op. cit., p. 181. Andrew Malozemoff, *Russian Far Eastern Policy 1881-1904*, New York, 1977, p. 97의 이해는 불충분하다.

131 Marschall's memorandum, 19 June 1896, *Die Grosse Politik*, B. 14, S. 31. Romanov, op. cit., p. 180. Malozemoff, op. cit., pp. 95-96. 1896년 9월의 브레슬라우에서의 러·독 황제 회견 시에 빌헬름 2세가 자오저우만을 점령할 생각을 밝히며 지지를 요청했고, 니콜라이가 이를 승인했다는 이야기가 있

다. 이것은 1897년 1월 2일에 무라비요프 외상이 쿠로파트킨에게 한 말이 쿠로파트킨의 일기에 기록된 것이다. Kuropatkin's diary, 21 December 1897, RGVIA, F. 165, Op. 1, D. 1871, L. 6. 일의 경과로 보면 이는 아마도 잘못된 설명일 것이다. 화제로 올랐다고 해도 막연한 의사 타진 정도였을 것이다.

132 Simanskii, op. cit., Vol. I, pp. 86-88. Malozemoff, op. cit., pp. 96-97.

133 Bülow's memorandum, 11, 17 August 1897, *Die Grosse Politik*, B. 14, S. 58-60. Malozemoff, op. cit., p. 97.

134 佐藤公彦『義和団の起源とその運動——中国民衆ナショナリズムの誕生』研文出版, 1999年, pp. 179-181, 210.

135 위의 책, p. 211. Wilhelm II to Nikolai II, *Perepiska Vil'gel'ma II s Nikolaem II 1894-1917*, Moscow, 2007, pp. 283-284.

136 Nikolai II to Wilhelm II, 26 October 1897, Ibid., p. 284.

137 Von Rotenhan to Wilhelm II, 10 November 1897, *Die Grosse Politik*, B. 14, S. 73-74.

138 佐藤, 앞의 책, p. 212.

139 Romanov, op. cit., pp. 183-186. Malozemoff, op. cit., p. 98.

140 Choi Dokkiu, Morskoe ministerstvo i politika Rossii na Dal'nem Vostoke(1895-1903), *Angliiskaia naberezhnaia, 4. Ezhegodnik RGIA*, Sankt-Peterburg, 1999, pp. 160-161.

141 Romanov, op. cit., p. 190.

142 Murav'ev to Nikolai II, 11 November 1897, KA, 1932, kn. 3, pp. 103-108.

143 Ibid., p. 106.

144 Ibid., p. 107.

145 Ibid., pp. 107-108.

146 Nikolai II to Murav'ev, 11/23 November 1897, Ibid., p. 102.

147 시만스키는 비테가 1900년에 작성한 보고서를 토대로 이 협의의 내용을 기술하고 있다. Simanskii, op. cit., Vol. I, pp. 97-99. 글린스키도 같은 자료를 사용하고 있다. B.B. Glinskii, *Prolog Russko-iaponskoi voiny: Materialy iz arkhiva grafa S.Iu. Vitte*, Petrograd, 1916, pp. 43-46. 기본적으로는 이상의 자료에 의존했다. 글루시코프 등의 자료집에는 비테가 작성한 자료가 외무성 문서관의 F. 143, Kitaiskii stol. Op. 419, D. 1126에서 인용되어 있다. V.V. Glushkov, K.E. Cherevko, *Russko-Iaponskaia voina 1904-1905 gg. v dokumentakh vneshne-politicheskogo vedomstva Rossii. Fakty I kommentarii*, Moscow, 2006, p. 19. 비테의 마지막 말은 여기서 인용했다. 또한 리훙장은 독일 함대의 자오저우만 입항 소식을 듣고는 11월 15일 러시아공사관으로 가서 러시아 해군의 개입을 요청했던 것이다. Romanov, op. cit., p. 190.

148 Nikolai II's Diary, 14 November 1897, GARF, F. 601, Op. 1, D. 238, p. 41.

149 Vitte, op. cit., Vol. 2, pp. 135-136.

150 Kuropatkin's diary, 21 December 1897, RGVIA, F. 165, Op. 1, D. 1871, L. 6ob.-7. 황제의 일기에 따르면, 황제는 30일(18일)에 무라비요프 백작의 상주를 받았다. Nikolai II's Diary, 18 November 1897, GARF, F. 601, Op. 1, D. 238, p. 44.

151 Simanskii, op. cit., Vol. I, pp. 99-100. Pavlov to Murav'ev, 23 November 1897, Glushkov, Cherevko, op. cit., pp. 20-21.

152 Murav'ev to Nikolai II, 26 November 1897, Glushkov, Cherevko, op. cit., p. 20.

153 Simanskii, op. cit., Vol. I, p. 100.

154 V.Ia. Avarin, *Imperialism i Manchzhuriia*, Vol. 1, Moscow, 1931, p. 32. Murav'ev to Pavlov, 29 November 1897. Malozemoff, op. cit., p. 101은 이 통고를 청국의 초대로 러시아의 함선이 뤼순으로 간다고 기술되어 있는 것이라고 이해하고 있는데 그것은 오해다. 이 말로제모프에 근거를 둔 Ian Nish, *The Origins of the Russo-Japanese War*, London, 1985, p. 40의 설명도 역시 잘못되어 있다.

155 Dubasov to Tyrtov, 26 November 1897, *Port-Artur*, Vol. 1, Moscow, 2008, p. 34. Simanskii, op. cit., Vol. I, p. 101. Choi Dokkiu, op. cit., p. 161.

156 Simanskii, op. cit., Vol. I, p. 101.

157 Murav'ev to Osten-Saken, 2/14 December 1897, *Die Grosse Politik,* B. 14, S. 121. Malozemoff, op. cit., p. 101.

158 Nikolai II's Diary, 7 December 1897, pp. 58-59.

159 Rozen to Nishi, 17 December 1897,『日本外交文書』第30巻, p. 404.

160 矢野駐清公使より西へ, 1897年 12月 19日, 위의 책, p. 405.

161 Nishi to Yano, 20 December 1897, 위의 책, p. 406.

162 Rozen to Murav'ev, 8/20 December 1897, AVPRI, F. 133, Op. 470, 1897 g., D. 112, L. 35-36ob.

163 『東京朝日新聞』1897年 12月 20日号.

164 田辺領事から小村次官へ, 1898年 1月 12日,『日本外交文書』第31巻 第1冊, pp. 228-229.

165 『日本外交文書』第30巻, pp. 389-401.

166 中村領事代理から西へ, 1898年 1月 25日,『日本外交文書』第31巻 第1冊, pp. 185-188.

167 Romanov, op. cit., pp. 191-192. Simanskii, op. cit., Vol. I, p. 107.

168 Romanov, op. cit., pp. 196-197. Simanskii, op. cit., Vol. I, pp. 106-107.

169 Airapetov, op. cit., pp. 288-289.

170 Kuropatkin's diary, 20 December 1897, RGVIA, F. 165, Op. 1, D. 1871, L. 1-1ob.

171 Ibid., L. 5ob.-6ob.

172 Ibid., L. 6ob.-7.

173 Ibid., L. 7-7ob.

174 Ibid., L. 7ob.

175 Ibid., L. 8-8ob.

176 Aleksandr Rediger, *Istoriia moei zhizni. Vospominaniia voennogo ministra*, Vol. 1, Moscow, 1999, p. 269.

177 Hayashi to Nishi, 7 January 1898, 『日本外交文書』第31卷 第1册, pp. 109-110.

178 Nishi to Hayashi, 18 January 1898, 위의 책, p. 117.

179 西から林へ, 1898年 1月 26日, 위의 책, p. 120.

180 Hayashi to Nishi, 27 January 1898, 위의 책, pp. 120-121.

181 Ibid., 16 February 1898, 위의 책, p. 138.

182 『高宗時代史』第4卷, pp. 501-503.

183 月脚, 앞의 책, p. 226. 슈페이에르가 1897년 9월에 공사가 된 것이 하나의 계기라고 주장하는 것은 합당하지 않다.

184 『高宗時代史』第4卷, p. 501.

185 Boris Pak, *Rossiia i Koreia*, 2nd ed., Moscow, 2004, pp. 297-298. Shpeier to Murav'ev, 26 February/10 March 1898, AVPRI. 현광호『대한제국과 러시아 그리고 일본』도서출판 선인, 2007년, p. 37.

186 Boris Pak, op. cit., p. 299. Murav'ev to Shpeier, 18/30 February 1898, AVPRI.

187 加藤から西へ, 1898年 3月 3日, 『日本外交文書』第31卷 第1册, p. 140.

188 加藤から青木へ, 1899年 5月 17日, 『駐韓日本公使館記録』13, 國史編纂委員會, 1996年, p. 276. 현광호, 앞의 책, pp. 65-66.

189 『高宗時代史』第4卷, pp. 504-510. 절영도 문제는 반러시아 열기의 고조로 흐지부지되었다. 일본은 러시아가 빌려쓰고 싶다고 생각하는 곳에 일본인 소유의 토지가 있다고 하여 러시아의 기도를 방해하려 했고, 육군의 자금으로 그 일본인 소유지의 매입을 추진했다. 6월 초에는 매입이 완료되었다. 伊集院領事から西へ, 1898年 6月 6日, 『日本外交文書』第31卷 第1册, pp. 194-195.

190 Rozen to Murav'ev, 14 February 1898, GARF, F. 568, Op. 1, D. 174, L. 1-8ob.

191 Ibid., L. 1-2.

192 Ibid., L. 2ob.-4.

193 Ibid., L. 4ob.

194 Ibid., L. 5-7.

195 Ibid., L. 7ob.

196 Ibid., L. 8ob.

197 Simanskii, op. cit., Vol. I, pp. 107-109. Murav'ev's instruction to Pavlov(draft), 25 February 1898, *Port-Artur*, Vol. 1, pp. 39-40.

198 Simanskii, op. cit., Vol. I, pp. 113-114.

199 Ibid., p. 115.

200 V.A. Zolotarev, I.A. Kozlov, *Russko-Iaponskaia voina 1904-1905 gg. Bor'ba na more*, Moscow, 1990, p. 45.

201 Nikolai II's Diary, 23 February 1898, GARF, F. 601, Op. 1, D. 238, p. 119.

202 Simanskii, op. cit., Vol. I, p. 118.

203 Ibid., p. 119.

204 Nikolai II's Diary, 13 March 1898, GARF, F. 601, Op. 1, D. 238, p. 119.

205 『日本外交文書』第31卷 第1册, pp. 307-308. 러시아어 전문은, *Port-Artur*, Vol. 1, pp. 50-52.

206 Nikolai II's Diary, 16 March 1898, p. 135.

207 Kashirin, "Russkie Mol'tke" smotrit na vostok, p. 158.

208 Boris Pak, *Rossiia i Koreia*, 2nd ed., pp. 299-300. Shpeier to Murav'ev, 19 February/3 March 1898.

209 加藤から西へ, 1898年 3月 5日, 『日本外交文書』第31卷 第1册, p. 141.

210 Boris Pak, op. cit., p. 301. Shpeier to Murav'ev, 21 February/5 March 1898.

211 加藤から西へ, 1898年 3月 8日, 『日本外交文書』第31卷 第1册, p. 143. 한문(漢文)으로 된 서한은, 위의 책, pp. 155-156. Boris Pak, op. cit., p. 301

212 Boris Pak, op. cit., p. 301.

213 『高宗時代史』第4卷, pp. 515-516.

214 加藤から西へ, 1898年 3月 13日, 『日本外交文書』第31卷 第1册, p. 147. 한문으로 된 회답은, 위의 책, pp. 156-157 또는 『旧韓国外交文書』第17卷(俄案 1), 高麗大学校亜細亜問題研究所, 1969年, pp. 525-526.

215 Boris Pak, op. cit., pp. 301-302.

216 Nishi to Hayashi, 『日本外交文書』第31卷 第1册, p. 151.

217 Nishi to Rozen, 19 March 1898, 위의 책, pp. 153-154.

218 Nishi to Hayashi, 21 March 1898, 위의 책, pp. 158-159.

219 Boris Pak, op. cit., p. 302.

220 Rozen to Nishi, 29 March 1898, 『日本外交文書』第31卷 第1册, pp. 163-164.

221 Kuropatkin to Murav'ev, 3 April 1898, GARF, F. 568, Op. 1, D. 145, L. 28.

222 Nishi to Rozen, 7 April 1898, 『日本外交文書』第31卷 第1册, pp. 178-179.

223 Rozen to Nishi, 12 April 1898, 위의 책, p. 180.

224 위의 책, pp. 182-185.

225 Simanskii, op. cit., Vol. I, pp. 266-267. Ianzhul to Murav'ev, 2 June 1898.

226 『高宗時代史』第4卷, pp. 539, 541.

227 Rozen to Murav'ev, 10/22 May 1898, AVPRI, F. 133, Op. 470, 1898 g., D. 107, L. 124-125.

228 Rozen to Murav'ev, 27 June/9 July 1898, Ibid., L. 159-159ob.

229 木村幹『高宗・閔妃』ミネルヴァ書房, 2007年, pp. 285-287.

230 『高宗時代史』第4卷, pp. 527, 542, 650-651.

231 박종효 편역『러시아國立文書保管所所藏韓國關聯文書要約集』, 한국국제교류재단, 2002년, pp. 379-380.

232 위의 책, p. 380.『高宗時代史』第4卷, pp. 656, 676.

233 姜在彦, 앞의 책, pp. 163-168.

234 Rozen to Murav'ev, 13/25 November 1898, AVPRI, F. 133, Op. 470, 1898 g., D. 107, L. 191.

235 Matiunin to Murav'ev, 9/21 December 1898, Ibid., L. 210-211.

236 加藤から青木へ, 1899年 5月 17日, 『駐韓日本公使館記錄』13, pp. 278-279.

237 이는 玄光浩, 앞의 책, pp. 68-69가 지적하고 있다.

238 파블로프에 관해서는, D. Pavlov, *Russko-Iaponskaia voina 1904-1905 gg. Secretnye operatsii na sushe i na more*, Moscow, 2004, p. 263.

239 Iu. Ia. Solov'ev, *Vospominaniia diplomata 1893-1922*, Moscow, 1959, pp. 52-53.

240 Nish, op. cit., p. 60.

241 加藤から青木へ, 1899年 5月 17日, 『駐韓日本公使館記錄』13, pp. 280-281.

242 林権助『わが七十年を語る』第一書房, 1935年, pp. 119-120.

243 Kuropatkin's diary, 28 February 1898, KA, 1932, Vol. 5-6, pp. 55-56.

244 Ibid., 29 February 1898, Ibid., p. 56.

245 Murav'ev to Nikolai II, 5 April(24 March) 1898, KA, 1932, Vol. 1-2, pp. 72-77.

246 그의 경력에 관해서는, *Otechestvennaia istoriia s drevneishikh vremen do 1917 goda. Entsiklopediia*, Vol. 1, Moscow, 1994, pp. 242-243. S.Iu. Vitte, op. cit., Vol. 1, pp. 117-118.

247 I.S. Bliokh, Budushchaia voina, ee ekonomicheskie prichiny i posledstviia, *Russkii vestnik*, 1893, February, pp. 1-39, 186-217; March, pp. 208-291; April, pp. 261-320; May, pp. 214-305; June, pp. 223-314; August, pp. 241-343.

248 I.S. Bliokh, *Budushchaia voina v tekhnicheskom, ekonomicheskom i poliiticheskom otnosheniiakh*, Vol.1-6, Sankt-Peterburg, 1898.

249 Bliokh, Budushchaia voina, *Russkii vestnik*, 1893, February, p. 3, 8, 12, 33; March, pp. 208, 275; May, p. 304. 블리오흐의 주장에 관해서는, 等松春夫「日露戦争と『総力戦』概念——ブロッホ『未来の戦争』を手がかりに」, 軍事史学会編『日露戦争(2)——戦いの諸相と遺産』錦正社, 2005年을 참조.

250 I.S. Rybachenok, *Rossiia i Pervaia konferentsiia mira 1899 goda v Gaage*, Moscow, 2005, p. 31.

251 Ibid., pp. 288-289.

252 Kuropatkin's Diary, 23 September 1898, KA, 1932, Vol. 5-6, pp. 58, 60.

253 Rybachenok, op. cit., pp. 300-302.

254 Ibid., pp. 119-125.

255 *Politika kapitalisticheskikh derzhav i natsional'no-osvoboditel'noe dvizhenie v Iugo-Vostochnoi Azii (1871-1917). Dokumenty i materialy*, Vol. II, Moscow, 1967, pp. 131, 132-133. 『東南アジア史』I, 山川出版社, 1999年, pp. 414-415.

256 青木から林へ, 1899年 4月 12日, 『日本外交文書』第32巻, pp. 2-3.

257 「平和会議ニ対スル解釈及意見」, 위의 책, p. 11.

258 「列国平和会議紀事」, 위의 책, pp. 37-60. 이 보고서에는 서명국이 15개국으로 되어 있지만, 리바체노크의 연구에는 노르웨이를 더하여 16개국으로 되어 있다. Rybachenok, op. cit., p. 164.

259 『日本外交文書』第32巻, pp. 60, 61.

260 Rybachenok, op. cit., pp. 365-367.

261 Choi Dokkiu, op. cit., p. 162.

262 Simanskii, op. cit., Vol. I, pp. 287-288.

263 Murav'ev to Tyrtov, 10 June 1898, RGAVMF, F. 417, Op. 1, D. 174, L. 259ob.-260. Choi Dokkiu, op. cit., pp. 162-163.

264 Simanskii, op. cit., Vol. I, p. 289.

265 Ibid., p. 291. Choi Dokkiu, op. cit., p. 166.

266 金義煥『朝鮮을 둘러싼 近代露日關係研究』, 서울, 通文館, 1972년, pp. 34-35.

267 中村釜山領事代理から青木へ, 1899年 5月 12日, 『日本外交文書』第32巻, pp. 247-248. 青木から中村へ, 1899年 5月 13日, 위의 책, p. 248.

268 金義煥, 앞의 책, pp. 35-39.

269 Dmitrevskii to Pak Je Sun, 7 May 1899, 『旧韓国外交文書』第18巻(俄案 2), 高麗大学校亜細亜問題研究所, 1969年, p. 117.

270 金義煥, 앞의 책, pp. 46-50.

271 Dmitrevskii to Pak Je Sun, 29 June 1899, 『旧韓国外交文書』第18巻(俄案 2),

pp. 138-139.

272 林から青木へ, 1899年 7月 18日,『日本外交文書』第32巻, p. 252.

273 Dmitrevskii to Masuo Kato, 29 July 1899, 위의 책, pp. 147-148.

274 『山県有朋意見書』pp. 254-255.

275 위의 책, p. 255.

276 알렉세예프의 직무이력서에 따름. Polnyi posluzhnyi spisok Vitse-admirala Evgeniia Alekseeva, RGAVMF, F. 32, Op. 1, D. 1.

277 Vitte, op. cit., Vol. 2, p. 292.

278 알렉세이 대공에 관해서는, Zoia Beliakova, *Velikii kniaz' Aleksei Aleksandrovich za i protiv*, Sankt-Peterburg, 2004.

279 *Sovetskaia istoricheskaia entsiklopediia*, Vol. 1, Moscow, 1961, p. 379.

280 V.I. Fedorchenko, *Svita Rossiiskikh Imperatorov*, Vol. 1, Krasnoiarsk, 2005, p. 33.

281 G.K. Graf, *Na sluzhbe Impratorskomu Domu Rossii 1917-1941. Vospominaniia*. Sankt-Peterburg, 2004, pp. 507-508.

282 I.Ia. Korostovets, *Rossiia na Dal'nem Vostoke*, Pekin, 1922, p. 6.

283 Ibid., p. 6.

284 A. fon-Shvarts, Iu. Romanovskii, *Oborona Port-Artura*, Part I, Sankt-Peterburg, 1910, p. 28.

285 Ibid., p. 55.

286 Korostovets, op. cit., p. 4.

287 VIK, *Russko-Iaponskaia voina*, Vol. I, p. 427.

288 原剛「"ヤンジュールの意見書"」,『軍事史学』112号(第28巻 第4号), 1993年 3月, pp. 47-57.

289 Bruce Menning, Miscalculating One's Enemies: Russian Intelligence Prepares For War, RJWGP, Vol. II, Leiden, 2007, p. 55.

290 반노프스키의 직무이력서는, Posluzhnyi spisok G.M. Vannovskogo, RGVIA, F. 403, D. 150-504-108, L. 267ob.-268ob.

291 VIK, *Russko-Iaponskaia voina*, Vol. I, pp. 430-431.

292 Ibid., p. 431.

293 V. Petrov, Russkie voenno-morskie agenty v Iaponii(1858-1917)[hereafter RVMAIa], *Poznakom'tes'—Iaponiia*, 19, 1998, p. 54. 팸플릿은 I. Budzilovskii, *Iaponskii flot*, Sankt-Peterburg, 1890, 76pp.

294 Petrov, RVMAIa, p. 55. 그의 논문은, I.I. Chagin, Ocherk razvitiia iaponskogo flota, *Morskoi sbornik*, 1898, No. 7, pp. 45-66.

295 Chagin, Voennyi flot, RGAVMF, F. 417, Op. 1, D. 2128, L. 97a.

296 A.P. Chagodaev-Sakonskii, Na *"Almaze"*(*Ot Libavy cherez Tsusimu—vo Vladivostok*), Sankt-Peterburg, 2004, pp. 122-123. 애인에 관해서는, A.A. Mosolov, *Pridvore poslednego Imperatora. Zapiski nachal'nika kantseliarii ministra dvora*, Sankt-Peterburg, 1992(Riga, 1937), p. 235.

297 Petrov, RVMAIa, p. 52. 루신의 직무이력서는 해군문서관에 보존되어 있지 않다.

298 中村健之介・中村悦子『ニコライ堂の女性たち』教文館, 2003年, pp. 373-374, 378-380, 408-409. 이것은 교토정교(正敎)여학교 교장 다카하시 이네(高橋五子)의 전기(傳記)의 일부분이다.

299 神奈川県知事浅田徳則から青木外相へ, 1900年 3月 23日, 外務省記録「本邦人身分並に擧動取調雑件(軍事探偵嫌疑者ノ部)」, 外務省外交史料館, 5-1-10-11.

300 島田謹二『ロシヤにおける広瀬武夫』朝日新聞社, 1970年, pp. 118, 131-132, 165.

301 위의 책, pp. 114, 126.

302 Simanskii, op. cit., Vol. II, pp. 215-216. 브리네르에 관해서는, John A. White, The Diplomacy of the Russo-Japanese War, Princeton University Press, 1964, p. 32.

303 V. Vonliarliarskii, *Moi vospominaniia 1852-1939 gg.*, Berlin, [n.d.], p. 127.

304 Ibid., pp. 126-127. 여기서 본랴를랴르스키는 자신들의 구상이 일본과의 전쟁을 피하려는 목적을 갖고 있었다고 역설하고 있어서, 애당초 무라비요프 외상에게 진정했다는 것 자체도 의심스러워진다.

305 P.N. Petrov, *Istoriia rodov russkogo dvorianstva*, kn. II, Moscow, 1991, p. 203.

306 Vonliarliarskii, op. cit., p. 105.

307 V.N. Smel'skii, Sviashchennaia druzhina (iz dnevnika ee chlena), *Golos minuvshego*, 1916, No. 1, pp. 233, 236-243, 247-249.

308 I.V. Lukoianov, Bezobrazovtsy: put' Rossii k russko-iaponskoi voine 1904-1905 gg. A Paper presented to the symposium, 29-31 January 2003, Slavic Research Center, Hokkaido University, p. 2.

309 Fedorchenko, op. cit., Vol. 1, p. 94.

310 Simanskii, op. cit., Vol. II, pp. 216-217. A. M. Abaza, Russkie predpriiatiia v Koree v sviazi s nashei politikoi na Dal'nem Vostoke 1898-1904, GARF, F. 601, Op. 1, D. 529, pp. 18-20.

311 Romanov, op. cit., p. 387. I.V. Lukoianov, The Bezobrazovtsy, RJWGP, Vol. I, Brill, Leiden, 2005, p. 70.

312 Vorontsov-Dashkov's memorandum, 26 February 1898, RGIA, F. 560, Op. 28, D. 100, L. 2-5ob. Lukoianov, The Bezobrazovtsy, p. 70.

313 Bezobrazov's memorandum, 30 April 1898, RGIA, F.560, Op.28, D.100, L. 6ob. Lukoianov, The Bezobrazovtsy, p.70.

314 Abaza, op. cit., p.21. Simanskii, op. cit., Vol.II, p.218.

315 Abaza, op. cit., p.21. Simanskii, op. cit., Vol.II, p.218. Romanov, op. cit., p. 386.

316 가린-미하일로프스키는 일기체 여행기를 남겼다. Garin-Mikhailovskii, Po Koree, Man'chzhurii i Liadunskomu poluostrovu, Sobranie sochinenii, Vol. 5, Moscow, 1958.

317 코르프 남작의 '1898년 가을 조선 북부 파견대의 일원의 주요한 결론'은 압록강 이권의 의의를 주장했는데, 쿠로파트킨은 1903년 8월 6일(7월 24일)의 의견서에서 이를 비판하고 있다. Kuropatkin's memorandum, 24 July 1903, GARF, F.543, Op.1, D.183, L.100-100ob.

318 N.A. Korf, A.I. Zvegintsev, Voennyi obzor Severnoi Korei, Sankt-Peterburg, 1904.

319 Grand Duke Aleksandr Mikhailovich to Nikolai II, 6 March 1899, GARF, F. 601, Op.1, D.720, L.1-5.

320 Ibid., L.1-2ob.

321 Ibid., L.3ob.

322 Lukoianov, The Bezobrazovtsy, p.71. 출처는 Bezobrazov to Vorontsov-Dashkov, 15 April 1899, RGIA, F.919, Op.2, D.603, L.1-8. 나는 이 문서 자료를 검토하지 못했다.

323 Simanskii, op. cit., Vol.II, p.221.

324 Abaza, op. cit., p.21. Simanskii, op. cit., Vol.II, p.220.

325 Simanskii, op. cit., Vol.II, p.221.

326 Vitte, op. cit., Vol.2, p.240.

327 Simanskii, op. cit., Vol.II, pp.220-221.

328 Matiunin to Vitte, 27 October 1899, RGIA, F.560, Op.28, D.282, L. 5-5ob. Lukoianov, The Bezobrazovtsy, p.74.

329 Matiunin to Vitte, 1 November 1899, Ibid., L.10-10ob. Lukoianov, The Bezobrazovtsy, p.74.

330 Vitte to Nikolai II, 5 November 1899, Ibid., L.14-17. Nikolai's order, L.14. Lukoianov, The Bezobrazovtsy, p.74.

331 Simanskii, op. cit., Vol.II, p.221.

332 Abaza, op. cit., p.28. Simanskii, op. cit., Vol.II, pp.221-222.

333 Abaza, op. cit., pp.27-18. Simanskii, op. cit., Vol.II, pp.221-222. 발기인 명단은 Vonliarliarskii, Koreiskie dela, Part II, p.246.

334 아바자의 직무이력서는, Posluzhnyi spisok A.M. Abazy, RGAVMF, F. 406, Op. 9, D. 3, L. 1-6ob. 또한 Fedorchenko, op. cit., Vol. 1, p. 16.

335 Fedorchenko, op. cit., Vol. 1, pp. 16, 94.

336 Vorontsov-Dashkov to Nikolai II, 4 June 1900, RGIA, F. 560, Op. 28, D. 100, L. 25. Lukoianov, The Bezobrazovtsy, p. 75.

337 Vsepodanneishii doklad ministra vneshnei politiki, KA, 1926, kn. 5, pp. 4-15.

338 Ibid., pp. 15-16.

339 Ibid., p. 4.

340 Ibid., pp. 18-21.

341 Ibid., pp. 21-22.

342 Ibid., pp. 22-25.

343 Vsepodanneishii doklad voennogo ministra za 1900 g., GARF, F. 601, Op. 1, D. 445, pp. 1-138. 68쪽까지는 활판 인쇄로 되어 있고, 그 이하는 타이핑되어 있다. 마지막에 1900년 3월 14일(27일)이라는 날짜와 서명이 있다. GARF에 소장된 자료는 1923년에 기증된 것으로, 비테가 읽고 붉은 연필로 적어 넣은 것이다.

344 Ibid., pp. 25-26.

345 Ibid., pp. 38, 42.

346 Ibid., p. 59.

347 Ibid., p. 60.

348 Ibid., p. 61.

349 Ibid., pp. 66-68, 136-138.

350 Voina na Dal'nem Vostoke. Ocherk strategicheskikh zaniatii 1900 g. na kurse Voenno-morskikh nauk. Izvestiia po minnomu delu, Vyp. 37, Sankt-Peterburg, 1900, pp. 2-3.

351 Ibid., p. 79.

352 Ibid., pp. 34-35. 훈련의 날짜는 러시아력을 그대로 표기했다.

353 Ibid., pp. 90-91.

354 Ibid., pp. 5-10.

355 Ibid., pp. 11-18.

356 Ibid., p. 26.

357 Ibid., pp. 167, 168.

제5장 의화단(義和團)사건과 러청(露淸)전쟁

의화단사건

19세기 말 프랑스, 일본, 독일, 러시아, 영국이 잇달아 중국의 영토를 침략하면서, 청조 황제가 지배하는 이 노제국은 그야말로 망국의 위기에 직면했다. 1900년 당시 격렬한 반항 운동이 폭발했다. 서양인의 종교와 문명을 적대시하는 의화단의 봉기였다. 이들의 슬로건은 '부청멸양'(扶淸滅洋)이었으며, 의화권(義和拳)이라는 무술을 연마한 집단이 봉기의 중핵을 이루고 있었다.

이미 1897년에 독일인 선교사 살해사건이 발생한 산둥성에서 시작해 베이징 주변에 걸쳐서 교회에 대한 습격이 빈번하게 발생하기 시작했는데, 1899년의 마지막 날에 발생한 영국인 목사 브룩스 살해사건이 새삼 충격을 안겨주었다. 영국 공사는 청조 정부에 강하게 항의하고 범인의 단속을 요구했다. 청조 정부는 1월 4일 상유(上諭, 칙령)를 발하고 사건에 유감의 뜻을 표하는 한편 외국인 배척을 금지했다. 그러나 일주일 후에 발표한 두 번째 칙령에서는, 청조 정부가 지방관에 대해서 '누구나 평등하게 똑같이 사랑할 것'(一視同仁)을 강조하고, "비적인지 아닌지…… 만을 묻고, 모임인지 모임이 아닌지……를 묻지 않도록 하라"고 지령을 내렸기 때문에, 정부가 의화단에 대해 오히려 보호를 제공하는 것으로 받아들여졌다. 외교단은 불만스러웠다.[1]

관둥주 외교부장 코로스토베쯔의 회고록 『극동의 러시아』는 의화단사건 발생 당시의 러시아 측 상황을 잘 묘사하고 있다. 1900년 3월(2월 말), 알렉세예프 사령관의 명령으로 코로스토베쯔는 청국주재 공사 기르스에게 연락을 취하기 위해 베이징에 도착했다. 베이징에서는 이미 대도회(大刀會)나 의화단의 움직임이 화제였다. 그러나 기르스 공사를 비롯한 러시아공사관의 수뇌부는 이 사건이 흔히 있는 일이라 보고 중시하지 않았다.[2] 코로스토베쯔는 돌아오는 길에 톈진에서 주재 무관 보가크를 만났다. 주재 무관은 "공사와 달리 전체적인 정세를 심각하다고 간주하고 있었고, 즈리성(直隸省)의 유럽인들을 배척하는 운동이 일어날 것이라고 예상하고 있었다." 보가크 자신이 각국 공사들은 청조 정부와의 교섭을 통해 더욱 결연한 태도를 보이지 않으면 안 될 것이라고 진언했지만, 기르스 공사로부터 "불온한 언동을 하는 가벼운 사람이다"라는 핀잔을 들어야 했다고 말했다. 그러나 코로스토베쯔가 아직 톈진에 머물던 4월 중에 의화단은 톈진에서도 중국인 기독교도들의 집에 불을 지르기 시작했다.[3]

보가크는 3월 10일(2월 26일) 참모본부로 경고 전보를 타전했다. 즉 "산둥성의 정세는 계속해서 우려를 자아내고 있다. 비밀결사는 매우 정력적인 활동을 하고 있다. 새로운 지사 위안스카이는 이들을 공개적으로 단속할 결심을 하지 못하고 있든지 아니면 오히려 그것을 바라고 있든지 그 어느 쪽의 입장일 것이다. 독일인들은 곳곳에서 철도 건설공사를 중단할 수밖에 없다."[4]

신중한 러시아 공사와 달리 영·미·불·독·이탈리아의 5개국 공사들은 3월 10일 청조 정부에게 소요를 신속하게 진압하라고 연명으로 요구했고, 그렇지 않으면 거류민 보호를 위해서 필요한 조치를 취할 것이라고 경고했다. 이 3월에 각국은 즈리만으로 군함을 들여보냈다.[5] 러시아 공사는 동조하지 않았다.

4월에 들어서자 사태는 급격하게 악화했다. 러시아공사관도 마침내 부대를 베이징으로 불러오는 문제를 검토하기 시작했다. 보가크는 이 점에 관해서는 신중한 태도로, 청조 정부가 "극히 전투적인 분위기라서" 5만 명의 청국 병력이 있는 즈리 지방으로 러시아가 단독으로 군대를 보내는 것이 과연 효과가 있을지 의문이라면서, 오히려 청조 정부에 압력을 가하려면 만주로 육군을 보내고 즈리만에서는 해군이 무력시위를 하는 것이 좋을 것이라고 제안했다.[6]

5월 중순(초)이 되자 톈진과 베이징 지역에서 의화단의 소요가 본격화했다. 5월 하순(중반) 기르스 공사는 견디지 못하고 뤼순으로 병사 100명을 보내달라고 요청했다. 5월 29일(16일) 베솔라고 해군소위가 이끄는 병력을 태운 전함 '시소이 벨리키이' 등 6척이 다구(大沽)로 들어왔다. 부대를 맞이한 것은 보가크였다.[7]

당연히 열강들은 이미 움직이고 있었다. 각국의 함선에서 육전대가 속속 상륙했고, 5월 31일에 제1차 파견대가 베이징으로 향했다. 미, 영·불·일·러·이탈리아 군대의 장교 22명, 사병 334명이 철도를 이용해 톈진을 출발한 것이다. 다음 날 부대는 베이징으로 들어갔다.[8] 이것은 상징적인 병력에 지나지 않았다.

6월에 들어서자 본격적인 병력 파견이 필요해졌다. 베이징 공사와 알렉세예프의 정보에 기초해서 무라비요프 외상은 6월 7일(5월 25일) "제국 공사관 직원들과 베이징주재 기독교도들의 생명과 재산을 보호"하기 위해서, 그리고 "일본과 그 밖의 외국 군대의 보위라는 목적으로 인해 초래될 위험을 피하기 위해서" 뤼순에 있는 러시아 육전대

4,000명을 불러들이는 것이 "전적으로 시의 적절하다"고 상주했다.[9] 러시아 단독으로 출병할 작정이었던 것이다.

6월 9일(5월 27일)자 기르스 전보가 마침내 뤼순에 도달했다. SOS였다. "베이징에서 공사들의 역할은 끝이 났고, 이제 상황은 제독들의 손으로 넘어가야 한다고 나는 확신한다. 강력한 부대의 급속한 도착만이 베이징의 외국인들을 구출할 수 있다."[10]

상황이 이렇게 되자 알렉세예프는 아니시모프 대령이 이끄는 제12동시베리아연대를 파견하기로 결정했고, 연대는 급거 뤼순을 출발했다.[11]

6월 9일 다구 앞바다의 함상에서 열강 군대의 대표자회의가 열렸다. 회의는 시모어 장군을 사령관으로 국제부대를 편성하기로 결정했다. 다음 날 톈진의 영사회의의 요청에 따라, 총 2,055명의 국제부대가 상륙해 톈진을 거쳐 베이징으로 진격했다. 이와 같은 대규모 병력의 진격에 대해서 청조 정부는 철도의 이용을 승인하기는 했지만, 분명히 강하게 반발하고 있었다. 그런데 시모어 부대는 의화단 군의 방해로 진로가 차단당하면서, 베이징 바로 옆의 랑팡(廊坊)에서 발이 묶인 채 오도 가도 못하는 상황이 되었다.[12] 그곳에서 국제부대는 6월 16일(3일), 다구 포대를 점령하기로 결정하고 청국 측에 연합군 지휘관들 연명으로 이곳을 비워달라는 요구, 즉 최후통첩을 보냈다. 청국의 포대사령관이 이를 수용하지 않고 발포를 개시하자 국제부대도 공격을 개시해 다음 날 17일(4일) 다구 포대를 점령했다.[13]

이 단계에서 알렉세예프는 6월 18일(5일), 스테셀 소장이 이끄는 제9동시베리아연대를 카자크 중대와 함께 뤼순에서 추가로 파병했다. 이리하여 러시아 파견군은 4,000명에 달했다.[14] 일본도 뒤지지 않았다. 야마가타 내각은 6월 23일의 시점에서 4,300명의 보병부대 파견을 결정했다. 해군은 도고 헤이하치로(東鄕平八郞) 중장이 지휘하는

18척을 차출했다. 아오키 외상은 이날 각국 공사들에게, 일본은 또 다시 4,000명의 증파가 가능하며 히로시마에서 부대가 대기하고 있다고 통고했다. 일본은 "열강의 위임으로 특히 적극적인 군사행동을 하겠다는 속셈"이 있는 것으로 보였다.[15]

또한 이즈음에는 연합군의 총사령관을 누구로 할 것인가에 관한 문제가 제기되었다. 러시아 외무성은 러시아에서 연합군 총사령관이 나와서는 안 된다는 생각이었다. 6월 17일(4일) 외상 무라비요프는 황제에게 이 건과 관련한 상주보고서를 제출했다. 러시아는 청국과 국경을 8,000베르스타나 접하고 있으며, 만주의 철도에는 청국인 6만 명이 고용되어 있고, 200년이나 이어진 우호관계를 유지해온 이상, 청국에 대해서 적대적 행동을 취할 군대의 지휘관을 러시아인이 맡아서는 안 된다. "우리 군부대는 다른 유럽 국가들의 군부대와 일치된 행동을 조금도 손상하지 않으며, 폐하께서 정하신 임무, 즉 공사관 안전의 방호, 청국 북부에 재류하는 러시아 신민의 생명과 재산의 보호, 혁명과 싸우는 합법권력의 지지라는 틀을 벗어나지 않아야 할 것입니다."[16]

그런데 이 상주보고를 하고 사흘 후인 6월 20일(7일) 무라비요프 외상은 급사했다. 전날 밤 오랜 만에 비테의 저택을 방문해 혼자서 샴페인 한 병을 비우고 돌아갔는데, 다음 날 아침 발생한 뇌일혈로 사망한 것이었다. 그래서 급거 외무차관 블라디미르 람스도르프가 외무상서리로 격상되었다.[17]

장관은 바뀌었지만, 청국에 대한 우호적인 태도를 유지해야 한다는 무라비요프의 주장은 그대로 지속되었다. 6월 24일에는 관보에 러시아 출병의 목적과 다구 점령의 이유를 설명하는 선언서가 공표되었다. 선언서는 러시아는 청국에 대해서 여하한 요구도 없으며, 공사관과 거류민의 구원 목적 이외에는 달리 아무것도 없다는 점을 강조

했다.[18]

그러나 이때까지도 베이징의 러시아공사관과 그리스정교 선교회는 습격당하고 있었다. 선교회 건물은 방화되었고, 6월 17일에는 중국인 정교도 가운데 한 명이 최초로 살해되었다. 이후 살해된 정교도는 90명에 달했다고 한다.[19]

거꾸로 중국인의 외국인에 대한 반발은 강해졌고, 의화단은 점점 더 지지받고 있었다. 그리고 청조 정부는 시태후(西太后)가 참석한 어전회의의 결과, 6월 21일 마침내 '선전(宣戰)의 상유(上諭)'를 발하기에 이르렀다. 다구 포대에 대해 항복을 요구한 최후통첩에 대한 분노가 그 출발점이 되었다. "저들은 스스로 교화의 나라라 칭하면서도 여전히 무례하고 횡포하며, 오로지 군사력을 강화하고 무기에 의존해 스스로를 결렬로 이끄는 바가 이와 같다." "짐은 지금 눈물을 흘리고 슬피 울면서 선묘(先廟)에 고하고, 강개하며 사도(師徒)들에게 맹세한다. 구차스럽게 살기 위해 수치를 만고에 남기느니, 어째서 크게 채찍을 휘둘러 자웅을 겨루지 않겠는가?" "저들은 사나운 힘에 홀렸고, 우리는 인심에 의지한다. 우리나라의 충신(忠信)이라는 갑옷과 투구, 예의(禮儀)의 방패를 거론하지 않아도, 사람들이 죽음을 두려워하지 않는다면, 즉 토지는 넓어 20여 개의 성(省)이 있으며, 인민은 많아서 4백여 조(兆)에 달하노니, 저들의 흉포함을 제거하고 우리나라의 위신을 세우는 것이 어찌 어렵겠는가?"[20]

러시아 측 자료 속에도 청국 황제의 6월 25일자 칙서가 있다. 이 칙서는, "짐은 외국 열강과 전쟁을 개시했다", 의화단 단원, 국민 그리고 청국군이 단결하여 외국의 적에 대해 일련의 승리를 거두었다고 선언하고 있다.[21]

청국이 열강에게 선전포고했지만, 청국과 바다를 사이에 두고 멀리 떨어져 있는 나라들에게는 그다지 의미가 없었다. 그러나 유일하게 청국과 국경을 접하고 있는 대국 러시아로서는 선전포고가 심각한 사태를 의미했다. 러청전쟁의 가능성이 생겨났다.

이때까지 육군상 쿠로파트킨은 휴가 중이었다. 5월 22일(9일)부터 거의 1개월 동안 돈 지방에 가 있었다. 장관이 부재중일 때에는 사하로프 참모총장이 장관대행으로 근무하고 있었다. 의화단사건의 제1보는 "문자 그대로 청천벽력"이었다고 관방장 레지게르는 회고하고 있다. 장관대행인 사하로프는 베이징 점령이 필요해질지도 모른다면서 처음부터 대규모 출병 준비에 돌입했다. 6월 23일(10일) 우선 아무르군관구에 동원령을 내렸다.[22]

톈진 전투

다구 포대의 점령 후 톈진에서 연합군과 청국군의 전투가 시작되었다. 6월 18일 러시아군은 최초의 본격적인 전투를 수행했다. 전투는 단속적으로 1개월 가까이 지속되었다. 이 시기는 러시아군이 중심이 되었고, 피해도 많았다. 7월 7일(6월 24일) 알렉세예프는 '페트로파블로프스크'호로 다구에 도착해 러시아군의 지휘를 맡았다.[23] 톈진에서는 보가크가 연합군과의 연락책으로 활약했다.[24] 전투는 7월 9일부터 일본군이 전면에 나서면서 치열하게 전개되었고, 7월 14일 톈진성(城)은 함락되었다. 사망자는 800명에 이르렀다. 가장 피해가 컸던 것은 일본군이었다. 러시아군의 피해는 150명 정도였다. 미군에서는 버틀러 장군이 전사했다.[25]

알렉세예프는 점령한 톈진의 행정관리자로서 군무지사(軍務知事)를 둘 것을 제안하며 보가크에게 그 임무를 맡기는 작업을 추진했지만, 일본군과 영국군은 반대했다. 그래서 알렉세예프는 일본, 영국,

러시아 세 나라에서 위원을 보내 공동통치하자는 안을 제시했고, 이 것이 받아들여졌다. 보가크는 러시아 대표로 지명되었다. 이와 같은 체제를 만드는 데는 알렉세예프와 그의 스태프인 코로스토베쯔, 그 리고 보가크가 가담했다. 이 체제는 7월 23일(19일)에 성립되었다. 그 러나 나중에 보가크가 이질에 걸려 도쿄에서 요양해야 했기 때문에 다른 군인과 교대했다.[26]

텐진 공략 후에는 베이징 진격이 문제가 되었다. 그러나 여기서 알 렉세예프는 뤼순으로 돌아가 버렸다. 러시아군의 지휘는 리네비치 장군에게 위임되었다. 코로스토베쯔는 알렉세예프의 당시 심경을 다 음과 같이 전한다. "우리의 이해관계는 만주에 있다. 거기에 우리의 정치적 중심이 있다. 우리는 이 나라에서 우리의 지위를 확보하는 데 모든 노력을 경주해야 한다. 상황 때문에 우리는 즈리 지방으로 왔지 만, 여기서 떠나는 것이 빠르면 빠를수록 좋다. 공사들에게는 안 된 일이지만, 자업자득이 아닌가? 지금 러시아가 치르고 있는 희생은 그 들의 근시안 때문이다."[27]

알렉세예프의 생각은 당연한 것이었다. 바야흐로 만주가 불바다가 되려 하고 있었다.

러청전쟁의 개시

러시아는 의화단의 소요가 만주의 철도 지역까지 확산하리라고는 생각하지 않았고, 당초에는 낙관하고 있었다. 5월에는 이미 러시아 의 철도경비대가 세 곳에서 마적의 습격을 받았다. 의화단의 공작자 들은 5월에 잉커우에서 "멸양"(滅洋) 시위를 조직했다. 6월이 되자 이 시위는 지린(吉林)과 그 밖의 도시로 확산했다.[28] 그런데도 하얼빈 본부의 동청철도 기사장 유고비치는 7월 4일(6월 21일)이 되어서도 철도의 공사현장은 평온하며, 동부 3성의 세 장군과의 관계도 양호하다는 보고를 프리아무르 주 총독 그로제코프 장군에게 보냈다. 그러나 그로부터 이틀 뒤, 그는 비테 재무상에게 위기를 알렸다. 펑톈에서 3,000명의 청국 병사들이 반란을 일으켜 가톨릭 신부들을 살해하고 역사(驛舍)에 불을 질렀으며, 철도가 파괴되었다고 보고한 것이다. 유고비치는 7월 6일(6월 23일)에는 프리아무르 주 총독 그로제코프에게 군대 출동을 요청하는 전보를 쳤다. 7월 8일(6월 25일) 결국 비테는 동청철도 방위를 위한 군대 파견의 명령을 내려달라고 황제에게 요청했다. 다음 날 하바로프스크, 니콜스크-우스리스키 그리고 관둥주의 세 방면에서 만주에 군대를 투입하라는 황제의 명령이 내려졌다.[29] 이 당시 비테는 상당히 당황해 하고 있었는데, 가능한 한 많은 수의 병사를 만주로 보내달라고 요청했던 모양이다.[30]

러시아는 1896년 6월 3일에 조인한 러·청 비밀동맹조약에 따라 일본의 침략으로부터 청국을 수호할 의무가 있었고, 이를 위해 동청철도를 이용해 필요한 곳으로 군대를 보낼 수 있었다. 그리고 동청철도협정에 따라서 청조 정부는 이 철도를 습격으로부터 수호할 의무가 있었다.[31] 따라서 청국군이 철도에 대한 습격을 막을 수 없는 상태가 된 이상, 러시아는 자국 군대를 보내 철도를 지킬 수 있다는 이유를 내세울 수가 있었다. 그러나 청조 정부는 이미 6월 21일에 열강들에게 선전포고를 발한 상태였다. 러시아군이 만주로 들어오면 청국군과 자동적으로 전쟁상태에 돌입하게 되는 것이다. 만주전쟁, 즉 러청전쟁의 시작이었다.

휴가에서 돌아와 이 군사작전 개시의 분위기에 휩싸인 쿠로파트킨 육군상은 특별히 스스로 사기가 고조되고 있음을 느꼈다.[32] 7월 12일(6월 29일) 쿠로파트킨은 황제에게 연합군 총사령관 자리는 러시아인이 맡아야 하며 알렉세예프가 임명되어야 한다, 또 베이징까지 공세를 펼쳐야 한다는 의견을 상주했다. 이에 대해서는 무라비요프 외상의 사후 외상대행이 된 람스도르프가 7월 13일(6월 30일) 정면으로 반대하는 상주보고를 제출했다. 쿠로파트킨의 의견은 전 외상의 제안에서 폐하의 재가를 받은 판단과 "완전히 어긋나 있다"고 주장한 것이다.[33] 비테 역시 쿠로파트킨의 의견에는 반대했다.

쿠로파트킨은 약삭빠른 의견을 제시했지만, 사실 만주 전역에 군대를 보내는 것은 엄청난 일이었다. 출병 준비는 좀처럼 진행되지 않았다. 7월 20일(7일) 비테가 와병 요양 중이었던 시피아긴 내무상에게 보낸 편지를 보면 그것이 얼마나 어려운 일이었는지 알 수 있다.

"청국의 사태는 모든 것이…… 변함없이 암흑 속에 있다. 사태가 어떻게 전개되든 많은 돈과 목숨을 잃게 될 것이라는 점만은 분명하다. 불행의 화근은 우리의 준비가 되어 있지 않다는 데 있다. 시베리아철도도 아직 완성되지 않았고, 만주의 철도도 전혀 건설된 것이 없다. 게다가 우리나라에는 상선대(商船隊)가 없다. 따라서 힘은 터무니없이 큰데도 막상 저쪽에서 우리가 수행할 수 있는 능력은 약하단 말이다. 나는 예측할 수 없는 사태에 대비해 더욱 많은 군대를 집중시키라고 조언해왔다. 권위를 잃는 정도라면 돈을 잃는 편이 더 낫다. 아무르군관구 이외에서는 시베리아군관구의 일부를 동원하고 있다. 러시아에서 약 2만 5,000명을 투입하기로 했다. 그러나 수송이 큰일이다. 스레첸스크의 실카강 부근이 좁은 길목인 모양이라 찔끔찔끔 통과할 수밖에 없다. 바닷길로 2만 5,000명을 보내려면 10월 초까지 걸릴 것이다. 그러니까 소수의 인원별로 행동하게 된다."[34]

7월 중반부터 말에 걸쳐서 마침내 러시아군은 6개 방면에서 일제히 만주로 침입했다. 맨 처음 들어간 것은 동쪽에서 사하로프 소장이 인솔하는 부대였는데, 하바로프스크를 나와 7월 15일(2일) 숭가리강을 거슬러 올라가 하얼빈으로 향했다. 이어 치차고프 소장이 이끄는 부대가 니콜스크-우스리스키를 출발해 7월 18일 동청철도 연변을 따라 하얼빈으로 이동했다. 서쪽에서는 오를로프 소장의 자바이칼 군관구 부대가 7월 26일(13일) 만저우리(滿州里)를 떠나 아바가이투이에서 국경을 넘었다. 동청철도를 따라 치치하얼로 향한 것이다. 남동쪽에서는 아이구스토프 소장이 지휘하는 부대가 7월 30일 노보키에프스크에서 국경을 넘어 훈춘(琿春) 요새로 향했다. 마지막으로 랴오둥반도 쪽에서는 호룬젠코프 대령의 부대가 뤼순에서 그리고 돔브로프스키 대령의 부대가 다스차오(大石橋)에서 북상하여 펑톈으로 이동했다.[35] 마지막으로 남은 것은 블라고베셴스크를 출발하여 아무르강을 건너는 자바이칼 군관구의 부대다.

블라고베셴스크의 전투와 학살

최초의 격렬한 전투는 이 블라고베셴스크 방면에서 발생했다. 국경인 아무르강에 면한 도시 블라고베셴스크는 아무르 주의 주도이다. 1892년의 인구는 2만 명 정도였다. 여기에는 수천 명의 중국인이 거주하고 있었다. 강 건너에는 청국의 도시 헤이허(黑河)가 있고, 조금 하류로 가면 아이훈(愛琿)이 있다. 1858년에 체결된 아이훈조약으로 러시아 영토가 된 아무르강의 왼쪽 기슭에는 청국의 고립영토가 있었는데 이를 그대로 두기로 했었다. 이것이 '강동64둔(江東六十四屯, Зазейский маньчжурский район)'이다.[36] 블라고베셴스크 동쪽에 위치한 이 땅에는 19세기 말에 3만 5,000명 정도의 중국인이 살고 있었다고 한다. 따라서 이 지방은 러시아와 청국이 싸우게 되면 가장 심각한 상황에 빠질 수밖에 없었다.

만주 쪽의 이 지방 장관은 헤이룽장성(黑龍江省)의 장군 셔우산(壽山)이었다. 그는 정력적이고 능동적인 인물로서, 외국 세력과 러시아에 대해서 강한 적개심을 품고 있었다. 셔우산은 황제가 6월 21일에 공포한 '선전 상유'를 충실하게 이행할 작정이었다. 그는 6월 29일에 프리아무르군관구에서 동원령이 포고되었다는 사실을 알고 있었다. 러시아군의 침입이 가까워졌다고 생각한 셔우산은 러시아와의 전쟁에 대비해 전열을 가다듬었다.[37]

이미 7월 4일(6월 21일)에 하바로프스크의 프리아무르 주 총독 그로제코프는 육군상에게, 헤이룽장성 장군 셔우산이 아무르주 군무(軍務)지사 그리프스키에게 군대를 투입하지 말라고 요구해왔다는 보고를 했다.[38]

렌슨이 발견한 학살사건의 책임을 묻는 예심자료 요약본에 따르면, 6월 말경부터 블라고베셴스크 시내에는 불온한 소문이 떠돌고 있었고, 동원된 병사들이 중국인과 만주인을 폭행하는 사건이 발생했다고 한다. 병사들은 "개새끼들아, 네놈들 때문에 우리가 죽으러 가야 한단 말이다"라고 외쳤다고 한다.[39]

7월 14일(1일), 하바로프스크에서 블라고베셴스크를 향해, 수비대를 위한 군수물자를 적재한 거룻배 5척을 이끌던 기선 '미하일'호가 아무르강을 거슬러 올라왔다. 오전 10시 배가 아이훈까지 왔을 때, 청국이 이 배에 포격을 가했다. 그리고 낮 시간에는 아무르 주 국경 코미사르인 중령을 태운 기선 '셀렌가'가 블라고베셴스크로 향하던 중 또 다시 청국의 총격을 받았다. 중령과 동행하던 카자크 4명이 부상했다. 그래서 저녁 무렵 이 두 기선에 러시아 병사들을 태우고 아무르 주 군무지사 그리프스키가 지휘하는 토벌대가 아이훈 방면으로 출동했다.[40]

군무지사와 부대가 출동해 도시가 빈 바로 그 틈을 타서 다음 날인

7월 15일(2일) 저녁, 청국군은 청국 측 연안에서 블라고베셴스크를 향해 맹렬한 포격을 개시했다. 이 포격은 세 시간 동안 계속되었다고 한다. 헤이룽장성의 장군 서우산의 명령에 따른 전투행위였을 것이다. 청국군의 이 포격이 바로 만주전쟁, 즉 러청전쟁의 시작을 알리는 것이었다.

블라고베셴스크 시내에는 청국군이 강을 건너 공격해 올 것이라는 루머가 떠돌면서 공포심이 고조되었다. 한편 시내에 거주하는 중국인들 사이에는 당연히 강 건너로 도주하려는 움직임이 일었다. 그리고 중국인 거주 지구에는 "멸양"의 슬로건을 담은 삐라가 붙어 있었다고 한다.[41]

사건이 발생했을 때 블라고베셴스크에는 형기를 마친 몇 명의 전 나로드니키 정치범들이 살고 있었다. 그 가운데 한 사람인 레프 제이치는 혁명 후에 집필한 회고록『시베리아의 16년』에서 포격 시 시내의 상황에 관해 다음과 같이 썼다.

"시내에서는 설명할 수 없는 패닉이 시작되었다. 당시 여기저기서 공포에 질린 나머지 짐승처럼 거리를 뛰어다니는 사람들이 안전한 피난처를 찾아 거리를 우왕좌왕하는 평화적인 중국인과 만주인들에게 잔혹한 폭행을 가했다. 나도 생애 처음으로 평화적인 주민이 돌연 인간적인 감정을 완전히 상실하고 짐승처럼 행동을 하는 것을 목격했다."[42]

지방 당국도 이러한 패닉상태에 홀려 만행을 저지르기 시작했다. 학살은 다음과 같이 일어났다. 아래는 위에 언급한 예심자료의 요약본 기술이다.

"7월 3일(16일) 블라고베셴스크의 경찰서장 B는 군무지사 그리프스키 중장에게 모든 중국인을 시내와 주내에서 아무르강 건너편으로 즉각 추방해야 한다고 보고했다. 군무지사는 곧 그러한 명령을 발

동했다. ……그날 중으로 시내의 중국인들을 한 곳으로 모았고 제야
강 언저리의 모르진제재소 구내에 수용되었다. 맹렬한 기세로 중국
인들을 모으기 위해서 경관뿐만 아니라 지역 주민들도 지원했다. 그
들은 점포나 지하실에서 중국인을 끌어내 닥치는 대로 두들겨 팼고,
경찰서로 끌고 갔다. 주변 지구(50베르스타 이내)의 중국인들도 마찬
가지로 붙잡혀 끌려왔다. 붙잡힌 자들은 아무런 저항도 하지 않고 하
라는 대로 행동했다. ……다음 날 7월 4일(17일) 블라고베셴스크에서
아무르강 상류의 베르흐네-블라고베셴스크 마을로 첫 번째 조가 출
발했다. 예심에서는 그 숫자를 확정할 수 없었다. 한 증언자에 따르면
약 800명이었다고 하며, 다른 증언자에 의하면 약 4,000명이었다고
도 한다. 중국인들의 수는 최대한 잡아 5,000-6,000명이라고 했지만,
3,000명에서 3,500명 사이라는 정확한 것이 가장 정확한 숫자일 것
이다. 이 조에 나중에 320명이 추가되었다. 이 '반도'들을 감시하라고
군 당국은 80명의 신병들을 붙여 보냈다. 그들은 총이 없었기 때문에
도끼로 무장하고 있었다. ……시내에서 베르흐네-블라고베셴스크까
지의 거리는 약 7베르스타였다.""그러나 많은 사람이 더위와 피로로
쓰러지거나, 뒤처졌다. 즉각 맹렬한 조치가 취해졌다. 순사장(巡査長)
Sh[사람이름 머리글자]는 뒤처지는 자 전원을 '도끼로 쳐 죽이라'고 명
령했다. ……사건 10개월 후에 예심판사가 그 '비참한' 길을 현장 검
증할 때까지도, 많은 만주인의 여름과 겨울용 옷가지들, ……신발을
비롯한 그 밖의 것들이 길 위에 그리고 길가에 떨어져 있었다."

"일단의 중국인들이 베르흐네-블라고베셴스크 마을로 끌려오자,
마을 우두머리(атаман) N이 '아무르강 건너편으로 중국인들을 넘기
는 것을 돕기 위해서' 총을 지닌 몇 명의 카자크들을 내보내 이들을
맞이하게 했다. 그 밖에 다른 마을의 주민들도 나와 이들을 에워쌌다.
그리고 도하 지점으로 마을에서 벗어난 상류의 강폭이 가장 좁은 지

역이 선택되었다. 가장 좁다고 해도 이 지점의 강폭은 200미터를 넘었으며, 깊이는 4미터 반이나 되었다. 이곳은 물살도 셌다. 더욱이 강풍도 불고 있었다. 장소를 고르고 나서는, 이만하면 됐다, 도하하기 위해서는 아무것도 필요 없다고 하면서 중국인들을 물속으로 직접 몰아넣기 시작했고, 헤엄쳐 가라고 명령했다. 선두에 있던 일부 중국인은 강으로 들어갔다. 어떤 자는 헤엄쳤지만 곧 강물에 빠지기 시작했다. 남은 자들은 물에 들어갈 결심을 하지 못했다. 그러자 카자크들이 나가이카(нагайка, 채찍)로 이들을 몰아대기 시작했고, 그 다음에는 총을 가진 자들이 발포했다. 카자크들도, 주민들도, 노인들도, 소년들도. 사격은 약 30분간 계속되었다. 사격이 끝나자 강변에는 상당수의 중국인 시체가 산을 이루었다. 발포 후에는 대장이 사브르를 빼들고 내려치면서, 신병들에게 '말을 안 듣는' 중국인을 도끼로 죽이라고 명령했다. 일부 신병이 그렇게 할 결심을 하지 못하고 망설였다. 그러자 카자크는 '배신자는 목을 치겠다'면서 위협했다. 중국인들은 울고 있었다. 어떤 자는 '성호를 그으면서' 살려달라고 애원했지만, 뭐라고 빌어도 소용없었다." "중국인 제1진의 도하 결과 대다수가 죽었다. 어떤 자는 익사했고, 어떤 자는 칼로 베어져 죽었다. 건너편 대안까지 헤엄쳐 건너 목숨을 건진 것은 불과 100명 정도였다. 공식 보고는 이렇게 기록했다. '도하(渡河) 목격자들의 증언을 모두 들어보면, 이것은 중국인의 도하가 아니라 중국인 말살 또는 강제 익사였다고 확신한다."[43]

1900년 7월 17일에 벌어진 일이다. 이날 끌려온 제2진 48명도 같은 운명이었다. 이틀 뒤에도 나흘 뒤에도 170명 그리고 66명이 각각 같은 만행의 대상이 되었다.[44]

전 나로드니키 정치범 제이치는 밤의 강변에서 흘러오는 시체를 보았다. "나는 무서운 광경을 목격했다. 넓은 거울 같은 아무르강 수

면으로 무수히 많은 인간의 시체와 유골이 떠내려갔다. 그것이 거대한 강의 표면을 가득 채우고 있어서 대략적으로 그 수를 셀 수도 없었다."[45] 그는 계속해서 이렇게 썼다. "여러 날 계속된 강제 익사는, 불과 얼마 전에 중국인들에게 완전한 안전을 보증했던 그리프스키 장군의 명령으로 자행되었다. 일부 사람은 도저히 용서할 수 없는 이 명령을 예외적인 상황—즉 시내에서 군대가 모두 빠져나가고 없었던 점, 시중에 방대한 수의 적대적 주민들이 있었다는 점, 러시아인들 사이에 패닉상태가 만연하고 있었다는 점 등으로 정당화하기도 했고, 정상참작의 여지가 있다고 말하기도 했다. 그러나 이러한 상황을 고려한다 해도 비판에서 벗어날 수 없다. 무기를 지니지 않은 무력한 중국인들은 결코 위험한 존재가 아니었다."[46]

이것이 '아무르의 유혈'로 알려지게 된 학살의 실상이다. 청국군의 포격, 도하 공격이 있을 것이라는 소문, 그리고 "멸양"이라고 쓴 삐라 등으로 인해 패닉상태가 된 사람들이 외국인에게 저지른 만행이었다. 제이치는 이 만행을 독일 사민당 기관지 『노이에 차이트[신시대]』와 러시아 사민당 기관지 『자랴[여명]』에 전송했고, 이 신문들은 이 극동의 땅에서 벌어진 만행을 전 유럽에 알렸다. 아무르강의 학살은 이해에 일본에도 널리 알려졌고, 러시아의 포학함을 보여주는 사건으로서 반발을 불러일으켰다. 「아무르강의 유혈이여」 등의 노래가 만들어졌던 것이 특징적이다.[47]

7월 22일(9일) 그리프스키는 "일부 시민이 우리의 영역 내에 거주하는 평화적인 만주족 및 중국인들에게 갖가지 폭력행위를 저질렀다"고 들었다, 범죄행위를 한 자들은 엄벌에 처해질 것이다, 라는 공시문을 발표했다.[48] 자기는 도하를 명한 것이지, 강제 익사는 명하지 않았다는 것이다. 이것은 거짓에 불과했다.

같은 종류의 작전이 계속되었다. 그리프스키는 강동64둔을 일소하는 군사작전을 감행했다. 청국군도 강을 건너 이 지역의 중국인 방위에 나섰다. 7월 17일과 19일에 국경을 넘어온 청국 부대와 교전을 벌였다. 이 부대는 격퇴되었고, 7월 23일(10일)까지 강동64둔에서 중국인들은 완전히 일소되었다.[49] 나아가 군사작전은 아무르강을 넘어 맞은편의 아이훈과 사할린 마을에 대한 공격으로 이어졌다. 8월 3일(7월 21일) 아이훈에 대한 결정적인 전투가 벌어졌고, 청국군은 마침내 퇴각했다. 아이훈 거리는 병영만을 남기고 완전히 파괴되었다. 그리프스키는 8월에 발표한 만주 주민에 대한 포고문에서 다음과 같이 주장했다.

"1개월 전 너희들은 블라고베셴스크와 러시아 주민을 공격하는 폭거, 광기의 사태를 저질렀다. 너희들은 위대한 러시아의 폐하께서…… 얼마나 무섭고 강하신지 잊었을 것이다. 이 행위로 인해 너희들은 무서운 징벌을 받았다. 러시아인을 공격한 아이훈의 거리와 아무르강 연안의 마을들은 불타버렸고, 너희들의 군대는 궤멸했다. 아무르강은 대량의 만주인들 시체로 더럽혀졌다. 만주의 주민들은 아무르강 연안의 마을로 돌아갈 용기가 없을 것이다. 그러나 우리 러시아인에게 무기를 들이대지 않은 거리와 마을의 주민들은 두려워할 게 없다. 들어라. 러시아군은 곧 당신들의 모든 거리와 마을로 갈 것이다. 그러나 여기서 약속하겠다. 만일 당신들이 우리를 쏘지 않고, 우리 군대와 철도를 건설하는 평화적인 노동자들에게 위해를 가하지 않는다면, 우리도 당신들에게 손가락 하나 대지 않을 것이며, 당신들은 이전처럼 당신들의 터전에서 완전히 평화롭게 살 수 있을 것이다. 그러나 만일 어딘가의 마을에서 누군가가 러시아인을 쏘거나 찌르거나 하는 폭거에 나선다면, 재앙이 닥칠 것이다. 그러한 마을이나 거리는 불바다로 그리고 폐허로 변할 것이며, 누구 한 사람 살아남지 못할 것이다."[50]

그 후 자바이칼 군관구의 렌넨캄프 소장이 이끄는 부대가 블라고
베셴스크에 도착했고, 이후의 작전을 계속 수행했다.[51]

쿠로파트킨과 람스도르프

이 사이에 러시아 정부 내에서는 대립이 그치지 않았다. 러시아군
의 활약에 우쭐해져서 더욱 강경해진 쿠로파트킨 육군상과, 신중한
자세를 취해야 한다고 생각하는 비테 재무상, 람스도르프 외상 사이
의 다툼이 심각해지고 있었다.

비테는 7월 27일(14일) 내무상에게 또 다시 편지를 보내서, 의욕이
지나쳐 헛발질을 하는 쿠로파트킨 육군상에 대해 불평했다. 쿠로파
트킨은 자기가 직접 외교관과 교섭을 시작하고 병력을 15만 명이나
동원해, "청국군을 무장해제하고, 일본군을 배제해 베이징을 취하며,
혼란을 틈타 조선까지 들어가려 하고 있다." 람스도르프는 이에 반대
하며 저항하고 있지만 효과가 없다. 톈진을 점령하면 베이징으로 갈
것인지 아닌지가 문제가 될 텐데, 가라고 하는 육군상과 가면 안 된다
고 하는 외상대행 사이의 싸움이다. 비테는 자기가 쿠로파트킨에게
한 말을 이 편지에 써넣었다.

"당신은 육군장관이지, 외상도 아니고 재무상도 아니다. 그러니까
우리를 그만두게 하고 우리 대신 장군들을 임명하든지 아니면 자신
의 역할에서 벗어나지 않도록 하든지, 둘 중 하나만 선택해야 할 것
이다."

비테는 쿠로파트킨이 못마땅했다. "이러한 일에 열중하면 러시아
에게 또 따른 재앙이 닥칠 것이다. 중국 한 건에 많은 돈이 들어가고
많은 희생이 뒤따를 것이라는 점은 차치하더라도, 무엇보다 중요한

것은 우리가 이 문제에서 당장 빠져나오지 않으면 결국 러시아의 힘을 약화시키고 말 것이라는 점이다. 유럽은 틀림없이 이를 이용해 우리에게 정말 의외의, 예상치 못한 기습을 해 올 것이다."[52]

외상대행인 람스도르프는 쿠로파트킨에게 무시당하고, 어려운 처지에 있었다. 람스도르프의 신중론에 부딪친 쿠로파트킨이 람스도르프의 외상 취임에 맹렬하게 반대했던 것이다. 비테는 이를 중대시하고 황제에게 적극적으로 손을 썼다. 결국 황제는 쿠로파트킨의 의견을 듣지 않고, 8월 7일(7월 25일) 람스도르프를 정식으로 외상에 임명했다.

람스도르프의 할아버지는 베스트팔렌 출신으로 독일인이다. 예카테리나 여제 시절에 장군으로 복무했고, 쿠를란디야 현의 초대 지사를 역임했다. 알렉산드르 1세 시대에 백작의 작위를 받고 람스도르프로 성을 바꾸었으며, 할아버지의 마지막 공직은 황태자 시절 니콜라이 1세의 보호역이었다.[53] 아버지는 할아버지만큼 화려하지 않아서, 국유재산성의 국장을 지냈다. 아마도 할아버지 대에 정교도가 되었을 것이다. 1844년에 태어난 람스도르프는 어려서 궁정에서 심부름하는 시동(侍童)으로 뽑혀 1852년부터 시동학교에서 공부했다. 1862년에 이 학교를 졸업했고, 4년 뒤에 외무성에 들어가 이후 34년 동안 근무했다. 그의 특징은 공사로서의 근무 경험이 없을 뿐만 아니라 재외공관에서 근무한 적이 한 번도 없다는 점이었다. 본성에서만 줄곧 근무하면서 1878년부터 장관 비서관으로 고르차코프 외상을 모셨고, 1882년부터는 기르스 외상의 관방장으로 근무했으며, 1886년에는 심의관으로 승진해 1897년 신임 외상 미하일 무라비요프의 차관으로 임명되었다. 나중에 일본 공사가 되는 로젠은 자신의 회고록에서 람스도르프에 관해 다음과 같이 평가했다.

"그가 평생 지녀온 관심은 오로지 자신의 담당 부국에만 집중되어 있었고, 외부 세계에 대해서는 단지 이야기를 듣기만 하는 천생 관료였다. 거의 히스테리의 경지에 이를 정도로 부끄러움을 잘 탔고 언제까지나 독신을 견지 했다. 그는 외무성 내에 있는 자신의 주거지와 담당 부국 속에서 서류에 파묻힌 채 수도승처럼 살았다. 그는 정말로 매우 유능하고 근면하며 인내심이 강한 하급관료였다. ……그러나 지성이 부족하고 속이 좁은 사람이었으며, 외부 세계의 사람과 사물에 관해서는 단지 책에서 읽은 지식을 갖추고 있을 뿐이어서 역사적인 국가 위기의 순간에 수행해야 할 역할에는 적합하지 않았다. 황제가 그를 선택한 것은 자연스런 일이었다. 폐하께서는 그가 군주에게 절대적으로 충실하고 헌신적이며 완전한 신사라는 점을 알고 계셨다. ……폐하께서는 그가, 저는 군주가 지닌 의지의 도구에 지나지 않습니다, 하며 조신한 태도를 취하는 것이 마음에 드셨던 것이다."[54]

로젠은 다른 한편으로, 람스도르프가 비테의 손에 놀아난 "조신한 도구"이기도 했다고 강조했다.

정작 당사자인 비테가 자신의 회고록에 외무차관이 된 람스도르프에 관해서 쓴 것과도 별반 차이는 없다. "람스도르프 백작은 언제나 일을 하고 있었다. 때문에 그는 외무성에 들어오든 그렇지 않든 몇 대에 걸친 장관들의 가장 가까운 협력자 가운데 한 사람이 되었다. …… 람스도르프 백작은 이 성의 모든 극비사항에 정통한 외무성의 살아 있는 사전이었다. 이 능력은 외무차관으로서는 그 가치를 따질 수 없는 보물이었다. 그러므로 무라비요프 백작이…… 람스도르프 백작을 차관으로 채용한 것은 자연스러웠다."[55] 비테도 은연중에 이 인물이 차관에는 어울리는 능력을 갖추고 있지만 장관으로는 적합하지 않다는 점을 시사하고 있는 것이다. 예리한 관찰자인 폴로프쪼프는 한층 더 신랄하다. "지적하거나 비판할 만한 결점이 없는 성실함의 소유자이며 조심스런 근로로 일관해온 사람, 그러나 빛나는 무능력과 범용함을 지닌 사람이다."[56]

이 사람이 러일전쟁 개전 시의 러시아 외상이 된 것이다.

러청전쟁은 계속되다

만주로 들어온 러시아군은 계속 진격했다. 청국군은 각지에서 응전했다. 만저우리 쪽에서 들어온 오를로프의 군대는 8월 2일(7월 20일) 하이라얼(海拉爾)로 접근해 긴 교전 끝에 8월 3일(7월 21일)에 이곳을 점령했다. 청국군의 일부는 치치하얼 방면으로 퇴각했고, 나머지는 하얼하허(哈爾哈河) 방향으로 철수했다. 8월 14일(1일), 야케시 역에 2,000명의 병사들을 집결시킨 파오 장군이 러시아군에 도전했다. 그러나 청국군은 대패했고, 파오 장군도 전사했다.

그 다음으로 오를로프 장군은 힝간 고개[흥안령(興安嶺)] 돌파 작전을 수행했다. 8월 24일(11일)에 전투가 벌어졌다. 청국군은 전날 밤 공격을 시도했지만, 커다란 타격을 입었다. 이날 아침부터 러시아군이 공세에 나서자, 청국군은 버티지 못하고 후퇴했다. 8월 28일(15일) 자란툰(札蘭屯)역이 점령되었다. 헤이룽장성의 장군 셔우산이 정전을 요청했지만, 오를로프는 항복을 요구했다.[57] 치치하얼 공략전은 아이훈에서 온 렌넨캄프의 군대가 담당했다. 전투는 8월 28일(15일)부터 시작되었다. 29일(16일) 성도 치치하얼은 함락되었고, 헤이룽장성 전체가 러시아군의 수중에 떨어졌다.[58] 헤이룽장성의 장군 셔우산은 항복한 뒤, 부하 장수에게 유서를 남기고 음독자살했다.[59]

잉커우 제압과 베이징 점령

이 사이에 랴오둥반도 만 방면에서는 러시아군이 독자적으로 움직이고 있었다. 만 깊숙이 위치한 항구 잉커우는 랴오허 하구에 있는 무역과 교통의 요충지였고, 1858년에 개항되어 외국인들이 거주하고 있었다. 개항 도시의 외국인 거주지 조계(租界)를 만들어 각국 영사들도 주재하고 있었다. 러시아 측에서는 미시첸코 장군이 이끄는 카자크 부대가 주둔하고 있었다. 여기서도 의화단이 침투한 징후가 보였다. 시내의 담벼락에는 외국인을 죽이라는 펑톈의 장군의 고시가 나붙었다. 7월 하순에는 러시아군이 공격을 가하면서 대치가 계속되었는데, 8월 4일(7월 22일)부터 러시아 군함이 포격을 시작했다. 시내에는 바리케이드가 설치되었고 발포도 있었지만, 다음 날 러시아군은 청국군을 간단히 제압했다. 알렉세예프가 상륙해 세관 건물에 러시아 국기를 게양했다. 알렉세예프는 영사 오스트로베르호프를 시의 장관(長官)으로 임명하고, 러시아의 점령통치를 개시했다.[60]

이 점령은 다른 열강들의 강한 불만을 불러일으켰다. 일본, 영국, 미국 등 세 나라의 영사들은, 러시아군의 조치는 "군사상 필요에 따른 임시조치"라고 생각한다, 뉴좡은 "연합국을 위해서 민정관이 관리하는 도시이자 조약항"이라는 점을 즉각 표명했다.[61]

이 당시는 연합군이 베이징을 공격하기 직전이었다. 러시아의 육군상 쿠로파트킨은 러시아가 선두에 나서서 진격하기를 바라고 있었지만, 알렉세예프는 청조 정부와의 교섭을 희망하고 있었다. 그는 베이징 공세에 러시아는 참가하지 않아야 한다고 생각했다. 이는 연합군 총사령관을 누구로 할 것인가 하는 논의와도 관계가 있었다. 쿠로파트킨은 알렉세예프가 그 자리를 맡아주기를 바라고 있었지만, 이미 언급한 바와 같이 외무성이 반대하고 있었을 뿐만 아니라 현지의 군대도 이에 반대했다. 그러나 결국 러시아군도 베이징 공세에는 가담하게 되었지만, 총사령관 자리는 차지하지 못했다.[62]

이 문제에 관한 정황은 이렇다. 즉 독일 황제가 8월 6일에 니콜라이에게 편지를 보내서 자국의 발더제 장군을 추천한 데 대해서, 니콜라이가 개인적으로는 반대하지 않겠다고 답했는데, 이것을 독일이 이용해 발더제가 총사령관이 된 것이었다.[63] 무엇보다도 이 장군은 베이징 공격전이 끝나고 난 뒤에야 현지에 도착했기 때문에, 실제 작전의 지휘를 맡은 것은 러시아군의 리네비치 장군이었다.[64]

8월 6일(7월 24일) 연합군은 베이징 공격을 개시했다. 총병력 1만 3,500명 가운데 일본군이 6,500명, 러시아군이 4,500명, 영국군이 1,500명 그리고 미군이 1,000명이었다.[65]

8월 19일(6일) 연합군은 마침내 베이징을 제압했다. 시태후(西太后)는 궁정과 함께 시안(西安)으로 탈출했다. 베이징으로 들어온 연합군이 온갖 약탈을 자행했다는 사실은 잘 알려져 있다. 러시아군에 관해서도 많은 말이 있다. 알렉세예프는 사흘 뒤에 베이징으로 들어가 시찰했다.[66]

연합국으로서는 베이징 제압이 최종목표였지만, 러시아는 바야흐로 만주전쟁, 즉 러청전쟁의 절정을 맞이한 셈이었고, 이를 어떻게 수습할 것인가 하는 과제에 직면해 있었다. 러시아는 단독교섭을 할 필요가 있었다. 청조 정부가 베이징을 떠난 뒤 양광(兩廣)총독 리훙장이 즈리의 총독 겸 북양대신으로 임명되었기 때문에 러시아로서는 친러파 리훙장과의 교섭으로 사태를 수습해야 한다고 생각했다. 이 점에서는 알렉세예프와 외무성의 방침이 일치했던 모양이다.

러시아 정부의 결단

그러나 러시아 정부 내에서는 쿠로파트킨과 람스도르프의 대립이 해소되지 않고 있었다. 8월 23일(10일) 비테는 또 다시 시퍄긴에게 다음과 같은 노골적인 내용을 써서 보냈다.

"이곳에서는 모든 게 삐걱거리고 있다. ……우리에게는 질서회복 이외에 다른 아무것도 필요 없다고 공개적으로 그리고 정식으로 보증했는데도, 돌연 그로제코프는 아무르강 오른쪽 기슭이 우리의 것이라고 선언했다. 폐하께서는 감사하면서 이를 공표하셨다. 그리고 중요하기 그지없는 항구 잉커우를 점령해 러시아 국기를 내걸고 러시아 관리기관을 설치했다. 하얼빈에서도 똑같은 짓을 했다. 이 모든 일이 우리의 말에 대한 중국인들의 분노와 불신, 유럽의 질투와 어디한번 잘해봐라 라는 식의 감정, 그리고 일본의 불안감을 불러일으키고 있다. A. N.〈쿠로파트킨〉이 매일같이 외국의 주재 무관들을 육군성으로 불러대고 있는데, 아마도 그들에게 이렇게 이야기하고 있을 것이다. 우리는 싸울 것이다, 우리는 북쪽 방면을 모두 가질 작정이다, 우리는 일본을 조선에 들여놓지 않을 것이다, 일본과 전쟁을 하게 될 것이다 라고. 결국 영국인들이 뉴좡의 건에 대해서 항의하기 시작했고, 일본도 말하기 시작했다. 당신들은 만주를 가져라, 그러면 우리는 조선을 갖겠다. 이에 대한 황제의 결정은 '그렇다면 조선으로 가라'는 것이다. 그래서 나는 어제 다시 폐하께 쿠로파트킨이 폐하를 재앙으로 끌고 갈 것이라는 편지를 보내기로 결심했다. "폐하께서는 외무장관에게 이렇다고 말씀하시면서, 다른 것을 하는 식으로 하시면 안 됩니다. 우리는 어떤 이기적인 목적도 추구해서는 안 됩니다. 우리는 단지 우리의 구역에 질서를 수립하고 철수할 뿐입니다. 청국을 칼과 불로 분쇄하면 우리는 그곳에 영원한 적을 만들게 됩니다." 결론적으로 나는 폐하께, 육군성에 대해서는 솔직하게 공명심에 들뜬 계획을 갖지 말고 폐하의 프로그램, 처음부터 완성되어 있던 프로그램을 실시하라, 우리 모두를 대대적인 분쟁에 끌어들이지 말라고 하명해 주시기를 원합니다, 라고 간원했다. ……나는 그저께 저녁 무렵 편지를 보냈다. 폐하께서는 그날 저녁 람스도르프 백작에게 다음 날 아침에 오라고 명령하셨는데, 아마도 내 편지 때문에 그러셨을 것이다. 람스도르프 백작도 쿠로파트킨에 대한 불만을 토로하고, 같은 말씀을 드렸다. ……그 후 쿠로파트킨은 모든 중국 문제에 관해서, 그 원인과 결과에 관해서 장문의 의견서를 작성해 폐하께 제출했다. 거기서 만주 북부를 점령할 필요가 있다고 주장했다. 의견서는 술술 읽힐 수 있게 작성되었지만, 내가 보기에는 그가 사태에 관해서 아무것도 모르고 있다는 사실을 보여주고 있다. 나는 이에 대한 회답을 써서 내일 폐하께 드릴 생각이다. 아시다시피 뭣 하나 마음 편한 게 없다."[67]

비테는 이 편지와 거의 같은 취지의 의견서를 8월 24일(11일)자로 황제에게 제출했다.[68] 비테와 람스도르프가 일치해 쿠로파트킨에 반대했기 때문에 황제는 쿠로파트킨의 주장을 배척한 것 같다. 8월 25일(12일) 니콜라이의 주재 하에 세 장관의 협의가 진행되어, "완전한 무사(無私), 질서의 재건, 신속한 철군, 여하한 유혹에도 굴하지 않겠다는 결의"라는 이미 정해진 선에서 의견이 정리되었다. 쿠로파트킨은 황제의 의견을 듣고 모든 점에서 양보했지만, 비테는 "나는 그를 깊이 신용하지는 않는다"고 시파긴에게 알렸다.[69]

8월 25일(12일) 람스도르프 외상은 이 결정을 실행에 옮기는 전보를 각국 주재 공사들에게 타전했다. 즉 우선 러시아 정부의 목표는, 1. 베이징의 공사관과 재류 러시아인들의 안전을 확보하는 일, 2. 반란의 진압, 합법적 질서의 회복을 위해 베이징 정부를 원조하는 일, 이 두 가지에 두고 있으며, 연합군의 파견에 임해서 1. 각국의 합의,

2. 청조 정부의 유지, 3. 청국의 분할 회피, 4. 베이징 합법정부의 부활까지 네 가지를 주장하고, 이에 관한 합의가 있었다는 점을 분명히 했다. 러시아 정부로서는 이들 이외의 과제를 추구하는 일은 없을 것이라면서, 잉커우 반도들의 공격 그리고 "국경에서의 적대행위 예를 들어 아무런 이유도 없이 벌어진 블라고베셴스크 포격"이 있었기 때문에 잉커우의 점령, 러시아군의 만주진출이 발생한 것이며, 이것은 일시적인 긴급 대응조치에 지나지 않을 것이라고 단언했다. 만주에서 질서가 회복되고 청조 정부와의 협정을 통해 철도의 안전이 확보된다면, 러시아는 이웃나라의 영토 내에서 군대를 "반드시 철수시킬 것"이며, 잉커우 그리고 철도와 관련한 각국의 권리는 보장될 것이라고 분명하게 밝혔다.

이렇게 주장하고 나서, 베이징 점령에 의해서 외국인들이 해방되었지만 청조 정부가 베이징을 떠나 있기 때문에 러시아로서는 공사관을 베이징에 머물게 할 이유가 없다, 공사와 공사관원들을 톈진으로 철수시키고 이미 그 목적이 사라진 군대를 이들과 동행, 철수시키겠다는 방침을 밝혔다. 이 전보는 9월 1일(8월 19일)자 『관보』에 공표되었다.[70]

러시아의 이와 같은 방침은 8월 말에는 실시되어 기르스는 톈진으로 철수했다. 리네비치는 당초 이 명령에 따르지 않겠다는 식이었지만, 나중에 그의 군대도 베이징에서 물러갔다.[71]

러청전쟁의 마지막 국면

그러나 만주에서는 러시아군이 공세를 계속하고 있었다. 쿠로파트킨 육군상은 9월 3일(8월 21일)의 상주보고에 기초해 그로제코프와 알렉세예프에게 중대한 전보를 쳤다. "만주에서 러시아의 주요한 과제는 현재 우리가 건설하고 있는 철도의 완성이다. 귀하와 귀하를 따르는 관리들은 이 공사의 재개를 용이하게 하고, 그 후에 실시될 공사를 경호하는 데 노력을 경주해야 한다. 점령지에서 러시아의 행정을 실시해서는 안 된다. 만주에는 단 하나의 전투 무기도, 단 하나의 부대도 남겨두어서는 안 되지만, 청조 당국이 부활하면 경찰활동을 위해서 기마경비대와 보통경비대를 갖출 권리를 그들에게 제공할 필요가 있다."[72] 이 방침은 람스도르프의 전보와는 모순되어 있는데, 일반 방침에서는 굴복한 육군상이 만주에서는 자신의 생각을 관철한 것으로 보인다. 그러나 아직 당분간은 이 방침은 실현되지 않았다.

9월은 러청전쟁의 완성 국면이었다. 지린성에서는 장군 창순(長順)이 성도인 지린을 점령하지 말라는 교섭을 시도하고 있었지만, 그로제코프가 전면적인 항복을 요구하면서 교섭은 결렬되었다. 9월 23일(10일) 렌넨캄프의 부대가 지린에 도착하여 전투를 수행한 끝에 여기를 점령했다. 이에 따라서 러시아군은 만주 북부 전체를 점령하게 되었고, 모든 간선도로와 동청철도에서 청국군과 의화단의 군대가 일소되었다.[73]

렌넨캄프 부대는 펑톈을 향하여 진군했다. 그러나 청국군의 저항도 격렬했다. 남쪽에서는 랴오둥반도로부터 북상하며 공세를 펼치는 수보치치 장군의 부대가 펑톈으로 육박했다. 이 단계에서는 베이징 방면의 전투가 끝나 있었기 때문에, 9월 20일(7일) 리훙장은 알렉세예프에게 청조의 성지인 펑톈의 점령 계획을 포기해 달라고 요청했다. 그러나 알렉세예프는, 점령은 한다 그러나 우리의 요구에 따르는 한 힘은 행사하지 않겠다고 회답했다. 알렉세예프 자신은 펑톈 점령을 원하지 않았다. 펑톈에 대한 공격은 9월 23일(10일)부터 시작되었다. 9월 28일(15일)에는 랴오양이 함락되었고, 10월 2일(9월 19일)에

는 수보치치 중장이 인솔하는 부대가 마침내 펑톈을 점령했다. 펑톈의 장군 쩡치(增棋)는 도주했다.[74]

이제 만주 전토가 17만 3,000명 러시아군의 제압 하에 들어간 것이다.

의화단사건과 조선, 일본

의화단사건이 발생하자 고종은 청국의 사태가 한국에 미칠 것을 경계했다. 열강이 이 사건을 계기로 한국에 각종 요구를 해 올 가능성이 있다는 걱정 때문이었다. 일본의 공사관원들로부터 시사를 받아 1900년 6월 25일, 황제의 초청으로 서울주재 각국 공사들이 궁중에 모여 황제를 알현했다. 고종은 청국에서 외국인이 살해되고 각국 공사관이 위험에 처한 데 대해 동정을 표하고, "청국 정부가 이를 진압할 힘이 없음을 뼈아프게 생각한다"면서 오늘날의 사태에 관한 공사들의 의견을 구했다. 일본 공사 하야시 곤스케의 보고에 의하면 그가 먼저 발언했는데, 연합군이 톈진에서 북경으로 진군하고 있다, "각국은 모두 공동일치의 행동을 취하고 있다"고 강조하고, 한국이 생각해야 할 것은 국내의 치안이라고 말했다.[75] 그러나 러시아 공사 파블로프에 따르면 하야시는 더 나아가 다음과 같은 말을 입에 올렸다. 즉 청국에서의 일치된 행동을 설파한 뒤에 계속해서 "각국은 청국에서와 똑같은 공동일치의 행동을 한국에서도 취할 것이라는 데 의문의 여지가 없다"고 말했다는 것이다. 하야시의 이 발언은 한국 황제와 고관들의 "기를 죽이려는 듯한 인상"을 주었다.[76] 하야시 공사가 구태여 그러한 위협적인 발언을 입에 올릴 필요가 없었기 때문에 파블로프의 보고를 그대로 믿을 수는 없지만, 아무튼 두 사람의 보고 내용은 분명 차이가 있었다. 이후 한국 정부는 청국과의 국경에 가까운 북쪽의 여러 도에 부대를 파견했다.[77]

하야시 공사의 의견은 7월 5일자 아오키 외상에 대한 제안에 확실하게 표명되었다. 그는 "어떤 방법으로든 청국의 분할은 불가피한 것처럼 보입니다"라고 단언하면서, "장성 이북의 만주 일대는 의심의 여지없이 명실공히 러시아의 소유로 귀착될 것"이라고 주장했다. 그래서 일본이 획득해야 할 '분배'는 조선반도라는 것이다. "상황에 따라서는 평양과 원산 이북에는 군대를 주둔하지 않겠다는 조건을 러시아에 제의할 수도 있을 것"이라면서 조선반도의 제한적 획득론을 제기했다. 구체적으로는 인천에 여러 척의 군함을 상주시켜서 "병참 근거지"로 하면, "경성 이남은 저절로 우리의 세력영역으로 귀속될 것으로 생각합니다"라는 것이었다.[78] 조선 남부를 제압하고 조선 북부에는 군대를 두지는 않지만, 러시아로 하여금 일본의 세력영역임을 인정하게 한다는 구상이었다.

5월부터 러시아주재 공사로 가 있던 전 외무차관 고무라 주타로는 러시아군이 만주로 진입하는 추세를 보고 나서, 7월 22일에 아오키 외상에게 중요한 의견서를 제출했다. 그는 러시아가 일본에 대해서 협조적인 태도를 취할 만한 이유가 있다고 보았다. 극동에서의 러시아 입장이 약하기 때문에 일본과의 충돌 원인을 제거하고 싶어 한다는 것이다. 따라서 "조선문제는 일·러 간에 해결할 수 있다." 한편 러시아의 만주 점령은 "아무래도 기정사실"이며, 그대로 가면 조선에서 일본의 경제활동을 방해하게 될 것이다. "추구해야 할 최선의 코스는 세력영역의 획정을 제안하는 것이다. 다시 말해서 일본과 러시아는 각각 조선과 만주에서 프리핸드를 가지고 각자의 세력영역 안에서 상호간 상업적인 자유를 보증하는 것이다."[79]

쓰노다 준은 이것을 '만한세력영역협정론'이라고 부르며, 지바 이

사오는 "이것은 만한교환론에 해당한다"고 보고 있다.[80] 바로 이것이 러시아군의 만주 점령 후에 나타난 일본의 새로운 주장이었다.

『도쿄아사히신문』은 7월 26일자 논설로 '우리 일본과 조선반도'를 게재했다. 논설의 필자는, 조선반도는 "7도 모두 사실상 일본의 세력범위가 되어 있다. 이를 두고 다른 자가 다툰다고 해서 그것을 용인할 수는 없다"고 선언하고, "우리는 러시아가 이 사실을 인정하고 있다고 믿는다. [메이지]31년의 니시-로젠 의정서 제3조에 의하면 그렇다"면서 낙관했다. 마산포의 건으로 러시아가 깨끗하게 물러난 것에도 만족하고 있다. "이번에 일·러 협상을 개정, 지속하는 일도 별로 어려운 점이 없을 것이다"라고 주장했다.

의화단사건으로 러시아가 만주에 출병한 사실에 접했을 때 일본의 당초 반응은, 이번 일을 계기로 러시아는 일본이 조선을 제압하는 것을 인정할 것이라는 낙관론이었다.

그러나 언론계 내부에서는 러시아 적대론에도 만한교환론에도 반대하는 사람이 있었다. 마이니치(每日)신문사 사장인 시마다 사부로(島田三郎)였다. 그는 오쿠마 시게노부의 입헌개진당에 참여해 제1대 의회부터 의원이었는데, 1894년부터 마이니치신문사의 사장 겸 주필로 활동했고 기독교도로서 리버럴로 알려져 있었다. 전년도인 1899년 4월에 그는 '국민의 심사(深思)를 촉구함'이라는 글을 비롯하여 10회 정도 『마이니치신문』에 기고했고, 이해 6월 이후 '일본과 러시아 두 나라, 서로 오해를 풀어라' 등 5회에 걸쳐 신문에 기고했다. 이 글들을 묶어서 9월에 『일본과 러시아』라는 책을 냈던 것이다. 시마다는 다음과 같이 썼다.

"우리는 단언한다. 일본이 만일 중세 이상 가는 야만의 풍조를 선동해 조선을 침략하고, 지나[중국]를 취해 대륙의 중앙에 욱기[旭旗, 일본국기]를 세우는 것을 우리 국민의 이상(理想)이라 한다면, 일본

514

과 러시아의 이해는 동양의 땅과 바다에서 충돌할 것이다. 그러나 이렇게 될 경우에는 단지 러시아만 우리의 적이 되는 것이 아니라 유럽의 여러 나라가 모두 적이 되어 일본에 반대할 것이다. 우리는 확신한다. 아무리 야만의 유풍을 벗지 못했다 하더라도, 메이지32년의 우리 국민은 이처럼 무모하게 미쳐 날뛰는 짓을 하지 않을 것이라고."

"우리 일본이 공러병(恐露病)에 걸려 멋대로 러시아를 두려워하는 것, 냉정한 두뇌를 가진 자의 눈으로 보면 이것은 거의 상식 밖의 판단이라고 평하지 않을 수 없을 것이다."[81]

"그러나 이러한 모습을 멀리서 보고 일본의 크나큰 야심을 의심해, 이 때문에 시베리아의 수비병을 늘려 쓸데없는 공일병(恐日病)에 걸리는 러시아인이 있다면 이 역시 가련한 자라 아니할 수 없다." "우리는 단언한다. 러시아가 동양에서 부동항을 구하는 것은 자연스런 성정이다." "우리나라 사람이 러시아인의 시베리아 경략을 두려워하고 철도의 부설을 겁내는 것은 무엇 때문인가? 러시아인이 바다를 건너 일본을 습격할까 무섭단 말인가? 아니면 대저 일본이 대륙을 경략하고자 하는데 러시아인이 이를 방해하는 것이 분하기 때문인가? 이와 같은 올바른 질문에 대해서 저 공러병에 걸린 자는 진지한 대답을 하나도 내놓지 못할 것이다."[82]

이것은 이성의 목소리였다. 시마다의 이 책은 10월에 증보재판을 냈고, 이듬해인 1901년에 3판을 찍었다.

조선을 보는 러시아의 눈

일본의 눈빛이 변하고 있다는 것을 러시아도 감지하고 있었다. 도쿄의 러시아 공사는 6월 20일(7일)부터 로젠에서 이즈볼스키로 교체되어 있었다. 신임 공사는 1856년생으로 리쩨이에서 금메달을 받으며 졸업했고, 1875년에 외무성에 들어갔다. 주미공사관 일등서기관을 거쳐 1890년대 초에는 궁중에서 시종을 역임했고, 그 후 바티칸주재 공사, 세르비아 공사, 바이에른 공사로 근무한 뒤 1899년 11월에 로젠 후임의 주일 공사로 임명되었다. 그러나 무슨 이유 때문인지 부임이 늦어졌고, 1900년 6월 19일에야 도쿄로 오게 되었다. 일본 외무성 관계자들 사이에는 황제가 이즈볼스키를 외상으로 앉히려 했지만 러시아 외무성의 분위기가 그것을 허락하지 않았다고 보는 경향이 있었는데,[83] 이는 믿기 어렵다.

7월 14일(1일) 외상 직무대행이었던 람스도르프가 도쿄의 신임 공사 이즈볼스키에게, 런던에서는 의화단 진압을 위해 일본이 출병한 데 대한 보상을 조선에서 얻으려 한다는 소문이 돌고 있다고 알려 왔다, 이 건에 관해서 단단히 감시하라, 일본이 청국에서 영토적 보상을 얻는 것도 인정할 수 없지만 조선에서 취하는 것은 "더더구나"(паче) 허용할 수 없다, 라는 것이었다. 러시아와 일본 사이에는 공동출병을 규정한 1898년의 협정이 있다고도 덧붙였다.[84] 그러나 외상의 생각은 하루 사이에 더 진전했다. 다음 날인 7월 15일(2일) 람스도르프는 주일 공사에게, "러시아와 인접한 조선 북부의 치안 확보를 위해서 필요한 경우에는 반도의 영역 안으로 러시아군을 파견하는 문제를 생각하는 것이 우리에게는 무조건적으로 필요하다"고 하지 않을 수 없다면서, "각각 일정한 지역에 완전히 개별적으로, 상호 독립적인 행동권역을 설정하는 데 합의하기" 위해서 일본 정부와 교섭하라고 지시했다.[85] 같은 날 서울의 파블로프 공사에게도 같은 취지의 전보가 보내졌을 것으로 생각된다.[86]

7월 19일 일본 공사 하야시 곤스케는 아오키 외상에게 보고했다. 그 내용은 이러했다. 즉, 러시아 공사 파블로프가 본국 정부의 '자문'

을 받아 밀담하러 왔다. 그의 의견은 한국에서 소요가 만연할 경우에
는 "일·러 양국이 범위를 나누어 각각의 범위 내에서 질서를 보전하
는 책임을 지도록 하자"고 하는 것이었다. 도쿄에서 협정을 체결하는
것이 좋겠다고도 파블로프는 말했다.[87]

　이즈볼스키 공사는 즉각 아오키 외상을 만나 신중하게 찔러 보았
다. 아오키는 조선으로 출병할 필요가 생기면 현행 협정에 따라 러시
아와 즉시 상담하겠다, "반드시 러시아 부대와 일본 부대의 행동 지
구를 나누자는 제안을 하겠다"고 대답했다. 이즈볼스키는 7월 21일
(8일)에 이를 보고하면서, 일본이 조선의 영토를 획득하려는 징후는
보이지 않는다고 덧붙였다.[88] 그러나 아오키 외상은 나중에 하야시
에게 보낸 전보에서, 이즈볼스키가 이 문제로 이야기하러 왔지만 "이
건에 관해서 견해를 달리했기 때문에 아무런 협상도 체결하는 데 이
르지 못했다오"라고 전했다.[89]

　그런데 이 이후에 일본의 군함 '도키와'(常磐)와 '다카사고'(高砂)
가 인천으로 들어갔고, 이를 타고 간 도고 헤이하치로 중장이 고종을
배알한 것이 러시아의 공사들을 불안하게 했다. 이즈볼스키는 일본
이 조선에서 "결정적인 행동"을 취할 가능성이 있지 않을까 우려해
아오키 외상에게 따져 물었다. 아오키는, 일본 정부에게는 그럴 생각
이 추호도 없다, 러시아와 맺은 조선에 관한 "협정을 확실하게 지킬
것이다"라고 표명했다. 이즈볼스키는, 이 땅의 여론이 러시아의 만
주에서의 행동 때문에 점점 더 흥분하고 있으며, 조선에서의 적극정
책을 요구하는 "강한 압력"을 정부에게 가하고 있다는 점이 우려스
럽다는 내용의 보고서를 8월 12일(7월 30일) 본성으로 보냈다.[90] 같은
날 그는 서울의 파블로프에게도 그러한 우려를 전했다. 이러한 점에
서는 파블로프 쪽이 더욱더 걱정하고 있어서, 그는 다음 날 뤼순의 알
렉세예프에게 이렇게 썼다. "대다수 일본인에게 감춰진 몽상" 즉 조

선의 지배와 군사점령을 실현한다고 하면, "지금보다 더 유리한 정황이 되풀이되는 것은 도저히 기대할 수 없을 것이다." 그러므로 가까운 장래에 일본이 [조선] 반도의 군사점령에 착수해도 놀랄 게 없다. 그것에 어떻게 대항할 것인가 하는 대책은 없지만, 러시아의 "이해관계"에서 보면 아무래도 거제도와 마산항 및 그 주변을 획득하는 것이 필요하다. 파블로프는 이렇게 주장하면서 알렉세예프의 생각은 어떤가, 나의 입장을 지지해 주었으면 좋겠다고 재촉했다.[91] 이즈볼스키와 파블로프 두 사람 사이에 상당한 차이가 있음을 알 수 있다.

8월 15일에 러시아의 고무라 공사는, 람스도르프 외상으로부터 아오키 외상이 이즈볼스키에게 회답했다고 들었다, 어떤 회답을 했는지 가르쳐 달라고 타전해왔다. 아오키 외상은, 현행 협정을 지킬 것이라고 답하고 나서 "비공식적으로 그리고 내밀하게", 일본은 러시아보다도 조선에 "훨씬 큰 이해관계"를 지니고 있으며, 일본이 반도를 세력범위로 하는 것의 "절대적 정당성"이 있음을 지적했다고 회답했다.[92]

그런데, 일본 측에는 러시아의 안에 호의를 지닌 의견이 있었다. 반러시아적인 진영에서는, 이즈볼스키 공사가 이토 히로부미와 야마가타 수상을 만나서 이 안을 전했는데 두 사람이 "찬동하는 의향"이라는 것을 분명히 했다는 이야기가 떠돌고 있었다.[93] 그러나 이즈볼스키의 보고서를 보면 아직까지 그러한 접촉은 이루어지지 않고 있었다. 무엇보다도 야마가타 수상은 8월 20일자로 '북청사변[의화단사건] 선후책'이라는 의견서를 작성하고 있었다. 그 의견서에는 다음과 같은 구절이 있다.

"세간에 북방 경영을 논하는 자들은 이번 북청사변을 기회로 조선 전부를 우리 세력구역으로 삼으려 하거나 또는 러시아의 만주 경영을 막지 않겠다고 약속함으로써 러시아로 하여금 우리의 조선 경영을 승낙하게 하려고 한다. 그렇다, 북방 경영의 책(策)은 실로 이것에 다름 아니다."

"저들의 호기(好機)는 우리의 조선 처분에 있어서도 역시 호기라 아니할 수 없다. 비록 일시에 조선 전토를 점령할 수는 없다고 해도, 서쪽으로는 대동강을 한계로 하고 동쪽으로는 원산항을 경계로 해산과 강을 따라 구역을 획정하면, 영구히 일·러의 다툼을 피하면서 북방 경영의 목적을 완수할 수 있을 것이다."[94]

그러나 지금은 러시아가 "교활"하게도 "겉으로는 분할을 하지 않겠다고 선언"하면서도 대군을 보내 나중에 "단독으로 커다란 이익을 점하려는 야심"을 보이고 있다. 만주의 문제에 대해서도 결정을 내리지 않고 있기 때문에 러시아와 교섭하는 것은 어렵다. 따라서 "남방 경영" 즉 푸젠(福建)과 저장(浙江)을 세력권에 추가하는 것을 먼저 진행하는 것이 좋겠다는 결론이었다.[95] 그러니까, 이즈볼스키의 이야기는 정말로 야마가타의 구상과 합치하는 것이었기 때문에, 실제로 들었다면 야마가타 수상의 마음이 움직였을지도 모른다. 그러나 야마가타와 러시아 공사는 교섭한 적이 없었다. 이즈볼스키는 7월 26일 (13일)의 전보에서, 신문과 여론은 러시아의 만주 진출에 대항해 조선에 대한 행동을 요구하고 있지만 내각이 하는 말은 소극적인 것이다, 라고만 보고했다.[96]

한일공수(攻守)동맹

실은 이때 고종의 명을 받았다면서 시종 현영운(玄暎運)이 궁내성 제도를 조사한다는 명목으로 도쿄에 왔다. 그는 동아동문회(東亜同文会)의 간부인 구니토모 시게아키에게 황제가 독립을 유지하기 위해서는 러·일 양국 가운데 어느 한 쪽에 의지할 수밖에 없다고 생각하고 있어서 자기가 "세력 관망"을 원했다고 말했다. 구니토모는 민비 암살에 관여했던 인물이다. 당연히 그는 일본이 의지가 될 수 있을 것이라고 현영운을 설득했다. 7월 19일 구니토모는 회장인 고노에 아쓰마로(近衛篤麿)에게 현영운이 일본에 왔다고 이야기했다. 한국 황제를 안심시키기 위해서 일본에 있는 망명자들을 미국으로 보내고, 황제가 싫어하는 하야시 공사를 소환한 다음 일본에서 1개 여단의 병력을 보내면 "한국은 이미 손 안에 있는 것이나 마찬가지"라고 진언했다.[97] 이즈볼스키가 한국에 대한 출병 분할론을 제안하자 이토와 야마가타가 호의적인 반응을 보였다는 이야기를 고노에에게 전한 것 또한 구니토모였다. 그것은 이틀 뒤의 일이었다. 고노에와 구니토모 모두 강하게 반발했다. 고노에는 "내각 구성원 가운데 유력자를 거절론으로 기울게 하는 운동을 시작해야 한다"고 생각해서, 움직이기 시작했다.[98]

고노에 아쓰마로는 고셋케[五摂家, 교토의 조정을 섬긴 주요 다섯 가문]의 한 공가(公家) 출신으로 1896년에 귀족원 의장이 되었고, 동양 먼로주의를 제창해 청일동맹론을 추진했다. 1898년에는 동아동문회를 설립했다. 당시 37세였다. 고노에 후미마로(近衛文麿)는 그의 아들이다. 의화단사건의 와중에 그의 생각도 진화하고 있었다. 고노에는 7월 25일에 동아동문회 간부인 퇴역군인 네즈 하지메(根津一)와 대러 정책에 관해서 논의했다. "이번 기회에 대러 개전이 어쩔 수 없는 일이라는 점을 러시아 이외의 나라들도 인정하게 할 이유를 만들어 내야 한다"는 데 두 사람은 합의했다.[99]

이를 위해서 현영운의 움직임을 이용하는 것이 좋겠다고 생각했다. 현영운에게 한일공수동맹의 생각을 불어 넣어, 그 안을 외무성의 스기무라 후카시에게 갖고 가도록 했다. 민비 암살사건의 중심인물인 스기무라 후카시는 당시 외무성 통상국장이었다. 현영운은 스기무라에게, 일본이 "망명자 처분에 관해서만 승낙한다면", 일본과 공수동맹을 체결해 한국 내에서 내란이 발생했을 때에는 "일본에서 병력을 파견하여 이를 진정시키고", 일본이 타국과 전쟁을 할 경우에는 "한국 내에서 전투를 하거나 또는 군대가 행동할 수 있도록 허락한" 다는 안을 내놓았다. 그러나 스기무라는 그 실현이 "진정으로 바람직한 일이라고 해도, ……이런 일은 도저히 이루어질 전망이 보이지 않는다"면서 관심을 보이지 않았다. 그리고 사흘 뒤 현영운이 다시 방문하자 다음과 같이 찬물을 끼얹었다. "귀하의 사명은 전적으로 엄귀인〈비〉 일파의 목적으로서, 서출 황자를 미래의 황위에 앉히기 위해서 그 방해가 될 망명자 특히 의화군(義和君), 이준용(李埈鎔) 이 두 사람을 멀리하려는 속셈에서 나온 것이다." 현영운이 오해라고 말하자, 그렇다면 하루라도 빨리 귀국해 정부의 논의를 결정해야 할 것이라고 내뱉었다.[100] 역시 스기무라는 정황을 간파하고 있었던 것이다.

서울에서 파블로프는 7월 23일 황제 고종을 알현했다. 만주의 소요와 관련해 러시아군이 한국 영토로 들어오는 일도 있을 수 있다, 청국의 폭도나 병사들이 국경을 넘어 침입할 때에는 러·한 양국의 병사들이 이를 진압할 것이다, "러시아는 일본과 같은 수의 병력을 경성으로 파견할 것이다" ― 이와 같은 내용을 러시아 황제의 이름으로 상주했다. 고종은 러시아 병사들이 들어오는 것에 대해서는 "이의를 제기하지 않겠"지만, 청국의 폭도는 한국의 힘으로 진압할 것이다, 일본과 같은 수의 병력을 러시아가 경성에 보내는 건에 대해서는 "파견할 필요성을 인정할 수 없다"고 회답했다.[101]

결국 고종의 이러한 의견으로 분할진주(分割進駐)의 구상은 사라지게 되었다. 러시아 측으로서는 한국의 황제에게 이 정도로 딱 잘라 거절을 당한 다음에야 더 이상 구상을 추진할 수가 없었던 것이다.

일본 측에서는 7월 17일, 고노에가 조선사건 동지자의 모임을 개최해, 한일공수동맹안을 내각으로 하여금 받아들이도록 한다, "만일 내각의 결심이 서지 않는다면 우리가 단행하고, 현영운을 돌려보내 하야시 공사를 거쳐 다시 요청하기"로 한다, 는 데에 합의했다.[102]

한국중립국안의 등장

이러한 상황에서 고종의 우려는 더욱 깊어졌고, 결국 그는 한국의 독립을 지키기 위해 "열강의 공동보장 하의 한국중립화"를 추구한다는 생각을 하게 되었다. 당시 내부와 궁내부가 고용하고 있던 외국인 광산기사 중에 프랑스인 트레뮬레라는 인물이 있었다.[103] 시만스키는 황제에게 중립국안을 시사한 것이 "프랑스인 모험주의자 트레뮬레"라고 지적했다.[104] 트레뮬레에게 어떤 동기가 있었는지는 알 수 없다. 1896년에는 일본의 간섭을 물리치고, 1898년에는 러시아인 고문과 교관을 퇴거시켜서 자립성을 유지하고 있던 고종으로서는 중립국으로서의 지위를 공고히 하는 것이 좋겠다고 생각했던 것이 아닐까? 어쨌든 고종은 중립국안을 가지고 일본 정부에게 타진하도록 명했고, 신임 공사 조병식을 일본으로 보냈다.

8월 25일 일본에 도착한 조병식은 나흘 뒤 아오키 외상을 방문해 중립국안을 타진했다. 아오키는 진지하게 상대하지 않았다. 아오키는 나중에 9월 14일, 하야시 공사가 "한국을 여러 나라 보장 하의 중립국으로 하는" 내용의 교섭이 있었는지 물어오자, 그러한 취지의 이야기는 있었지만, "본 대신은 원래 이에 무게를 두지 않았다오"라고 회답했다.[105] 그러나 한국을 노리고 있는 아오키로서는 크게 경계를 강화했을 것이다. 무게를 두었을 것이다.

같은 날인 8월 25일, 조병식은 국민동맹회 결성을 위해 움직이고 있던 고노에 아쓰마로와도 만났다. 조병식은 고노에에게, "조선을 중립국으로 하자는 제의를 일본보다는 열강들에게 하기를 희망한다"고 설명했다. 고노에는, 중립국이기 위해서는 "스스로 지킬 수 있는 힘"이 있어야 한다, 또 주변국이 중립을 침해하면 다른 나라가 그것을 실력으로 눌러야 한다, 그러나 조선의 경우 이해관계로 얽혀 있는 국가는 러시아와 일본뿐이며, 일본은 러시아가 야심을 품고 있다는 것을 알아도 중립국의 약속이 있으면 손을 댈 수 없다, 이것은 조선을 위해서도 일본을 위해서도 안 될 일이라고 말했다. "그럼 어떻게 하면 좋겠는가?" 하고 조병식이 질문하자 고노에는 독립국 상태로 있으면서 일본과 비밀리에 공수동맹을 체결하는 것이 좋을 것이라고 말했다. 조병식은 "귀하의 주장을 이해했다"고 말했지만, 황제로부터 중립국안에 관한 타진과 절충을 하명 받고 왔기 때문에 "독단적으로는 결정하기 어렵다"고 발을 뺐다.[106]

실은 이미 8월 초에 고노에 아쓰마로의 비서 오우치 조조(大内暢三)가 한일공수동맹 체결의 사명을 띠고 한국에 가 있었다. 그러나 그가 도착했을 때에는 기쿠치 겐조가 이미 획책하고 있었다. 기쿠치는 『고쿠민신문』 기자 시절에 민비 살해에 가담했다가 나중에 『한성신보』 기자가 된 인물로, 한국에 살고 있었다. 오우치가 기쿠치와 어느 정도까지 터놓고 이야기를 했는지는 알 수 없다. 오우치는 외부대신의 중개로 황제를 만나서 새로운 공사의 파견을 촉구했다고 한다. 고종이 조병식 파견의 의향을 나타내서 이를 환영했다는 것이다. 그리고 오우치는 신임 공사와 같은 배를 타고 일본으로 돌아갔던 것이었다.[107] 그러므로 이 이야기를 듣고 있던 고노에 등은 조병식으로 하여금 한일공수동맹안을 일본 정부에게 제안하도록 할 작정이었기 때문에, 조병식이 중립국안에 관한 이야기를 꺼냈을 때 정말로 놀랐을 것이다.

이즈볼스키에게 조병식의 움직임이 전해진 것은 9월에 들어서였다. 이즈볼스키는 9월 14일(1일)에 본성으로 보고했다.

"일본 정부는 신임 한국 공사 조병식과 중요한 교섭을 행하려고 실제로 노력하고 있다. 일본 정부는 끊임없이 그를 위협하면서, 청국에서 현재 벌어지고 있는 사건과 관련해 불가피하게 조선문제가 제기될 것이라는 점을 설득하려고 노력하고 있다. 러시아는 최종적으로 만주에 정착했다. 따라서 이 결과 일본이 한국에 군사적으로 간섭해 한국이 일본의 보호국이 되는 것을 피할 수 없을 것이라고 회유하고 있다. 이 모든 것은 이토 후작의 계획과 긴밀하게 연결되어 있으며, ……한국으로 하여금 자발적으로 그리고 신속하게 일본의 보호를 요청하게 만들겠다는 목적 하에 진행되고 있다. 한국 정부는 분명 일본인들의 엄청난 위협을 받고 있기 때문에, 일본과 러시아가 충돌 했을 때 열강의 공동보장 하에 한국을 중립화하는 것이 가능한지 어떤지 문의할 것을 공사에게 위임한 것이다. 조병식의 말에 따르면 일본 정부는 서울의 조선인들로 하여금 이 계획에 대해서 당장 부정적인 태도를 취하게 하려 하고 있다. 나는 조병식에게 일본의 회유에 굴하지 말라고 설득했고, 현재 한국이 처한 위기의 결과에 관해서 안심시키려고 노력했다."[108]

이즈볼스키는 조병식의 제안에 관해 아오키 외상에게 타진해 보았다. 9월 17일(4일) 본성으로 보낸 보고에는, "한국중립화 계획에 노력해 달라는 한국 공사의 요청에 대해서, 아오키가 애매한 회답을 했다고 확신한다"[109]고 되어 있다.

나아가 이즈볼스키는 그 후의 조병식 공사의 움직임을 보고했다. 9월 27일(14일)에는, 조병식이 프랑스 공사에게 한 말이라면서 "이곳에서는 한국으로 하여금 일본의 보호국이기를 청하게 할 목적으로 그에게 강한 압력을 가하고 있다""그는 이 집요한 주장에 정력적으로 저항하고 있으며, 수일 동안 도쿄를 떠나 있을 생각을 하고 있다"고 보고했다.[110] 10월 1일에는 조병식 공사가 미국 공사에게 중립화 문제로 원조를 요청했다고 보고했다. 미국 공사는 이 건에 관한 개입을 거부했고, 필요하다면 워싱턴에서 정부와 교섭하기 바란다고 회답했다는 것이다.[111]

국민동맹회와 여섯 교수의 건의서

러시아군이 펑톈을 점령함으로써 바야흐로 전 만주가 러시아의 점령 하에 들어갔다는 소식은 일본의 여론을 크게 자극했다. 러시아가 전 만주를 지배하고, 병합을 기도하는 것이 아닐까 하는 관측이 나돌면서 흥분상태가 고조되었다. 러시아의 만주 출병에 대한 반발 움직임으로, 고노에 아쓰마로, 이누카이 쓰요시(犬養毅), 도야마 미쓰루(頭山満), 고무치 도모쓰네(神鞭知常), 구가 가쓰난(陸羯南), 구로이와 슈로쿠(黒岩周六(涙香, 루이코)), 네즈 하지메, 구니토모 시게아키, 시바 시로 등은 1900(메이지33)년 9월 11일 국민동맹회를 결성했다. "지나를 보전하고 조선을 옹호하는 것은 오직 우리의 국권과 국익을 자위하는 것이다. 또한, 우리는 이미 동아의 평화를 보전하고 전 세계 문명의 기운에 보탬이 되는 것이 우리 일본국민의 천직이라고 자각했다. 개국의 원대한 계획을 여기에 두었고 진취의 대계를 이것으로 정했다"는 선언이 발표되었다.[112]

고노에 등은 도미즈 히론도(戸水寛人) 등 대학교수들에게 제의해 9월 중에 몇 번인가 회합을 가졌다. 토의하고 합의된 내용을 구가 가쓰난이 정리해 교수들 여섯 명의 건의서가 완성되었다. 이 완성된 건의서를 가지고 네 명의 교수들이 9월 28일에 수상 야마가타 아리토모를 방문했다.[113] 여섯 명이란 도쿄제국대학 법학부 교수 도미즈 히론도, 도미이 마사아키라(富井政章), 데라오 도루(寺尾亨), 가나이 노부루(金井延), 마쓰자키 구라노스케(松崎蔵之助), 그리고 가쿠슈인대학(学習院大学) 교수 나카무라 신고(中村進午)이다. 건의서란 "만주에서 러시아의 거동"을 독일의 대군 파견과 함께 걱정거리로 들면서, "지나 분할론" 즉 "지나 대륙의 강토를 나눠가지려는 나라들"의 움직임에 대해서 일본은 "단연코 이에 항거"해야 한다. 즉 러시아의 움직임에 대결해야 한다는 것이었다. 그리고 "만주 및 랴오둥반도의 점령"은 "제국이 동의해야 할 바이며" "뿐만 아니라 동양의 재앙과 혼란의 동기가 되는 조선문제는 하루빨리 결단해야 한다"며 관심을 기울여야 할 사안을 지적했다. 일본은 "가장 많은 군대를 보냈고, 최선의 전공을 세웠기" 때문에 일본의 주장이 중시되어야 할 터이다, "호기를 놓쳐서는 안 된다. 제국 웅비의 단초를 열 시기는 진정 오늘이다." 그런데도 "겸양의 미덕"이 지나치다, 외교당국자는 "제국[일본]과 이해를 같이 하는 나라와 서로 제휴해 마음을 단단히 먹고 일에 힘을 다하기"를 바란다―라는 것이 결론이었다.[114]

"이해를 같이 하는 나라"란 영국을 가리킨다. 영일동맹으로 러시아와 대결하라는 주장이었는데, 이를 모호하게 얼버무리는 식으로 표현했던 것이다. 이것은 대학교수들이 행한 최초의 의견표명이었기 때문에 상당히 신중하게 접근한 것으로 보이기도 하고, 원안의 초고를 작성했던 구가 가쓰난의 온건한 견해가 나타난 것으로 볼 수도 있다.

이 건의서를 접수한 야마가타는 거침없이 "일러전쟁은 도저히 피할 수 없다. 그렇지만 나는 지금 이를 결행할 수 없다. 다른 날 일본이 이를 결행할 좋은 기회가 있을 것이다. 또한 이제 곧 내각이 경질되려고 한다. 여러분의 뜻이 이러하다는 점을 후계자에게 전달하겠다"고 말했다. 그리고 여섯 명 가운데 한 사람이 일영동맹론의 가부에 관해서 질문하자, "일영동맹은 일본이 바랄 만한 것이다. 그렇지만 영국이 과연 일본의 바람에 응할 것인지 아닌지 의문이다"라고 답했다.[115] 대학교수들에게 적당히 둘러대면서 슬쩍 넘어가려고 한 것처럼 보인다. 이후 9월 말에는 야마가타 내각이 총사직하고, 10월에 이토 히로부미가 총리가 된다. 도미즈는 11월 25일에 신임 외상 가토 다카아키(加藤高明)를 방문하여 건의서를 제출했다. 이 두 번째 방문과 건의서 제출은 비밀에 부쳐졌다.[116]

건의서를 제출함과 동시에 각자의 의견을 표명하기로 합의되어 있었다. 속기사에게 부탁해서 각자 의견을 이야기했고, 이를 수록한 『여러 대가들의 대외 의견 필기』(諸大家対外意見筆記)라는 비매품 책자가 10월에 출간되었다.

계속되는 한국 대표의 노력

이즈음 고노에 아쓰마로에게 선동 당한 현영운이 귀국해 한일공수동맹안을 가지고 고종 및 정부 관계자들을 설득했다는 것이 지바 이사오의 주장이다. 현영운의 공작 결과, 한국 정부가 망명자 처분을 대가로 하는 한일공수동맹을 체결하기로 9월 17일에 결정했다는 것이다. 운노 후쿠주도 조병식 공사가 이 건과 관련해 일본 정부와 교섭한 흔적이 없다고 덧붙이면서도, 지바의 주장을 그대로 수용하고 있다.[117]

지바가 내세우는 근거는 9월 17일자로 하야시 곤스케가 이토 히로부미에게 보낸 서간이다. 즉 "이번에 한국 황제는 일본 조정에 제기한 망명 조치가 확실히 성립한 후에 교린친목 방어동맹의 약속을 의논해 결정할 것이라는 비밀훈령을 주일 공사 조병식에게 내렸는데, 외부대신 박제순이 고종에게 은밀히 아뢰어(內奏) 이 밀지를 우리 일본인…… 기쿠치 겐조라는 자에게 주었으며, 도쿄로 가서 조병식에게 전달할 것을 위탁했다"는 내용의 서한이었다.[118] 그러나 이 주장은 매우 의심스럽다.

8월 25일의 시점에 하야시는 귀국한 현영운에게서 들은 이야기를 아오키 외상에게 보고했는데, 그때는 "이후 누누이 입궐해 황제 폐하를 배알하고 일본 체재 중 목격한 정황을 보고했고, ……주로 현재 동양의 형세에 비추어 일·한 제휴는 한국이 생존하는 데 필요하다는 뜻을 건의했다. 황제는 어느 것에든 동의하지 않는 바 아니지만 그렇다고 즉시 이를 실행하려는 결심은 하고 있지 않다"고 말했다.[119] 즉 황제는 찬성하지 않았던 것이다. 그러나 9월 17일에 아오키에게 보내는 전보에는, "현영운이 일본에서 귀국하자…… 일한방어밀약론을 품고서, ……한국 황제로 하여금 이에 동의를 표하도록 하기에 이르렀고, 결국 한국 황제는 외부대신 박제순에게 내밀하게 유지를 내려, 일·한 사이에 교섭을 시도하라고 명하셨다는 것입니다"라고 완전히 일변해 있었다. 이 보고는 모두 "박제순과 친밀한 사이에" 있는 기쿠치 겐조가 "비밀리에 흘린 이야기"에 따른 것이다. 황제의 "비밀훈령"에 관해서도 기쿠치는 "외상이 시기를 보아, 그렇다면 한국 관리보다는 오히려 기밀을 부탁할 수 있는 기쿠치에게 부탁할 것을 은밀히 내주었다"고 말했던 것이다.[120] 아마도 하야시 공사가 기쿠치에게 속았던 것이 아닐까 생각된다.

기쿠치는 9월 말이 되어 일본으로 왔다. 그리고 9월 27일과 10월 1일에 고노에를 방문했다. 이때 두 사람이 어떤 내용의 의논을 했는지 고노에의 일기에는 전혀 나와 있지 않다.[121] 10월 5일이 되어서 기쿠치는 고노에에게 다음과 같이 보고했다. 즉 자기는 이날 아오키 외상을 만나서 "휴대해온 조선왕의 친서"를 보여주었다는 것이다. 아오키는 거기에 써 있는 "망명자 추방, 일한국방동맹의 건"을 조병식 공사를 통해서 요청하도록 하라고 말했다. 그래서 기쿠치는 거기서 직행해 조병식 공사를 만났다. 우선 일한국방동맹의 건을 일본 정부에 제출하라고 권했지만 조병식은 거부했다. "그래서 기쿠치가 한국 왕의 친서를 꺼내서 보여주자, 조병식은 그제서야 더 할 말을 잃고, 그렇다면 외무성에 요청하겠다고 확답했다"[122]는 것이다. 그러나 그 후에 쓴 고노에의 일기를 보면 사실 조병식은 친서를 믿지도 않았고 또 외무성에 요청할 생각도 없었다.

10월 9일 고노에는 조병식 공사를 초대해, "한국 왕의 밀칙의 건을 어째서 오늘까지 우리 정부에 제의하지 않는가 하고 힐문"했다. 조병식은 "이처럼 큰 사건은 일단 귀국해서 숙의하지 않으면 말을 꺼내기 어렵다"고 답했다. 고노에는 귀국 전에 "대체적인 제의"를 해 둘 시간은 있을 것이다, "기쿠치에게는 즉각 제의하기로 약속하지 않았는가", 조칙을 받고도 아무것도 하지 않으면 "조칙을 위반한 죄를 면하기 어려울 것이다", 사명을 다하지 않고 귀국하면 "당신은 귀국 후 설 자리를 잃게 될 것"이다, 라고 하면서 마구 위협했다. 그러나 조병식은 완강하게 태도를 바꾸지 않았다. 고노에는 "이 늙은 너구리는 새끼줄 하나로는 다루기 어렵다"고 생각해서 술과 안주를 내어 잠시 잡담했다. 그리고 고노에는 다시 본 주제로 돌아가서 다그쳤다. 한국은 현재 위험하다. "내지의 개량"과 "나라의 방비"가 필요하고, 귀국 혼자의 힘만으로는 방비를 정비할 수 없을 것이다. 그러니까 "귀 황제의 밀칙"도 나온 것이 아닌가? 고노에가 이와 같이 말하자 조병식 공사는 "귀국의 힘을 빌리지 않을 수는 없다"고 인정은 했지만, 귀국이 임박했기 때문에 일본 정부에 제안할 수는 없다고 말했다. 이상한 것은, 어째서 귀국을 서두르는가 하며 거듭 다그치는 고노에에게 조병식이, 일본의 겨울은 춥다, "한국은 집에 온돌이 있지만 일본 가옥에는 이게 없다", 겨울이 되기 전에 돌아가야 한다며 되받아 쳤다는 점이다. 고노에는 격앙해 엉겁결에 "일본에도 노인이 있고 방한 도구도 갖추어져 있다" "나라의 원훈(元勳)이란 자가 공무를 띠고 국외에 있으면서 덥거나 춥다고 해서 중요한 공무를 태만히 하는 것은 우리나라 같으면 모든 사람들이 이를 나라의 역적이라고 말할 것이다"라고까지 말했다.

고노에의 이러한 위협에 굴복했다면 그야말로 조병식은 진짜 '나라의 역적'이 되어버렸을 것이다. 그러나 조병식은 유유히 고노에의 말을 흘려듣고는, 귀국한 뒤에 황제와 외부대신 그리고 기쿠치와도 상담하겠다고 말을 이어갔다. 마침내 포기한 고노에가 "당신은 여전히 중립국 주장을 버리지 않고 있는가"라고 묻자, 조병식은 단호하게, "논의를 하는 것은 바람직하지 않지만, 나 자신은 여전히 중립국이기를 바라고 있다"고 단언했다. 고노에의 마지막 느낌은 "도저히 구제하기 어렵다"는 것이었다.[123]

기쿠치가 제안한 한일국방동맹을 요청한 고종의 밀칙은 기쿠치가 누군가와 공작한 거짓 칙서였을 것이다. 현영운이 엄비(嚴妃)와 연결되어 있었다면, 궁정 내에서나 정부 내에도 이 노선을 지지하고 추진하려는 자들이 있었던 것은 틀림없지만, 고종이 그러한 결정을 내리는 일은 있을 수 없었을 것이다.[124]

그러나 아무튼 한국의 중립국 지위를 추구한 조병식 공사의 사명이 실패로 끝난 것도 분명했다. 고노에 일파 그리고 민간의 움직임은 별개라 하더라도, 일본 정부와 외무성의 입장이 만한세역(勢域)협정론으로 바뀌어 있어서, 한국을 둘러싸고 일·러의 영향력을 나누는 협정은 받아들이지 않게 되었던 것이다. 조병식은 실망한 채 귀국했을 것이다.

또한 이 시기인 9월 24일 하야시 공사는, 주한 러시아 공사 파블로프가 고종을 배알하고 조병식의 '한국중립 문제'의 교섭은 "아마도 헛수고로 끝날 뿐"이며, "이와 같은 문제는 오히려 신속하게 철회함만 못할 것이라고 생각한다"고 말했다고 본성에 보고했다.[125] 이 이야기는 미국 공사 앨런의 보고에도 나온다. 그 보고에는 이즈볼스키로부터 조병식의 공작에 관하여 알게 된 파블로프가 본성에 연락했더니 황제로부터, 이러한 일은 우선 러시아와 상담해야 하며 한국의 진정한 벗은 러시아밖에 없어서 일본도 미국도 한국을 위한 생각을 하지 않고 있다고 한국 측에 전하라는 내용의 훈령을 받았다는 이야기가 기술되어 있다.[126] 즉 러시아가 중립화 안에 반대하고 있다고 주장하는 보고인데, 이는 신용할 수 없다. 일본과 미국의 이들 사료를 가지고 러시아 공사의 태도에 관해서 단정하는 것은 위험하다.[127]

러시아 정부의 방침과 고무라 공사

1900년 가을이 되면서 의화단의 궐기는 외국 군대에 의해서 진압되었고, 사태는 진정 국면에 들어섰다. 10월 1일(9월 18일) 이전에 시파긴에게 보내는 편지에서 비테는 "신문을 보시면 아시겠지만, 중국 문제는 잘 진행되고 있다. 적어도 첨예한 시기는 끝났다"고 썼다. 그러나 걱정스런 것이 있었다. "암울한 문제가 남아 있다. 일본이다. 이 나라가 조선으로 침투해 들어가는 것은 아닐까 걱정된다. 폐하께서는 그럴 경우에도 러시아는 움직이지 않을 것이라고 말씀하셨지만, 아무래도 유쾌하지 않은 상황이 될 것이다. ……나는 한국중립화를 제안하시라고 진언했다."[128]

비테가 이렇게 썼다고 해서 그가 한국중립화안의 발안자는 아니었다는 점은 지금까지 기술한 내용으로 보아도 분명하다.[129] 비테는 람스도르프로부터 한국의 중립국 희망 계획에 관해서 듣고 찬성했을 것으로 생각된다.

비테는 이 당시 크리미아 반도의 리바디아에 있었다. 황제가 초가을부터 이 궁전에 와 있었기 때문에, 유력한 장관들도 여기에 모여 있었던 것이다. 쿠로파트킨 육군상도 9월 27일(14일)부터 와 있었다. 쿠로파트킨은 결국 그해 말까지 크리미아에 머물렀다.[130]

10월 2일, 비테는 이 먼 곳까지 찾아온 일본 공사 고무라 주타로와 회담했다.[131] 고무라는 자신의 만한세역(勢域)분할론을 다음과 같이 주장했다.

"청국과 한국에 관한 일·러의 관계에 대해서는 여러 가지로 복잡하게 얽힌 역사가 있다. 금후의 관계를 설정함에 있어 역사를 되돌아봐야 한다. ……현재 일본은 한국에서 최대의 이익을 취하고 있으며, 이를 충분히 보호할 의무도 지고 있다. 러시아는 최근 만주에서 매우 커다란 이익을 설정했고, 마찬가지로 이를 보호할 필요가 있을 것이다. 그런데 이 두 지방은 모두 정치의 기초가 공고하지 않아서 때때로 발생하는 소란 상태에서 벗어나지 못하고 있다. 그러나 그 소란을 이두 지방 통치자의 자력만으로는 진정(鎭靜)시키지 못하는 경우가 있다. 따라서 일·러 양국은 서로 각자의 중대한 이익을 보호하기 위해 자유롭게 행동하는 것을 목적으로 하고, 이를 기초로 종래의 협상을 대신할 합의를 체결하는 문제를 의논했으면 한다."

그러자 비테는 강력하게 반대했다.

"나의 소견은 어디까지나 한국의 독립과 보전을 유지해야 한다는 것이다. 이를 손상하는 일은 서로가 일절 피해야 한다. 러시아로서는 그 나라의 독립과 보전에 장해를 초래할 만한 성질의 협상에는 동의

하기 어렵다 할 것이다."

고무라는 당황해 하며 변명했다.

"내 사견의 취지는 결코 한국의 독립을 손상하자는 것이 아니다. 다만 현재 한국 및 만주에서 양국이 현재 보유하는 중대한 이익을 보호하기 위해서 행동의 자유를 얻고자 한다는 뜻이다."

비테는 거듭 주장했다.

"행동의 자유라고 해도 반드시 혼자서 행해서는 안 된다. 만일 한국에 내란이 발생해 정부의 힘이 능히 이를 진압하지 못하게 된다면, 이번에 마치 청국사건에 대해서 실행했던 것과 같이 양국이 각각 병사를 보내 협력하여 상황을 안정시키는 데 진력하는 것으로 충분할 것이다. 다만 내 의견의 취지는 한국은 온전한 독립국으로서 그대로 놓아두자는 것이다. 이 취지를 해하지 않는 이상, 일본이 산업적인 이익을 확장 발달시키는 것에 대해서 러시아는 추호도 이를 방해할 생각이 없다. 오히려 이를 우대할 것이다. 불행히도 러시아의 상업상 경영은 일본에 미치지 못한다. 나는 이를 고백한다……

만주에 관해서 러시아는 사정상 어쩔 수 없이 다수의 병사를 보냈고, ……현재 약 20만 명에 달하는 병력을 두고 있다. 따라서 만일 러시아가 만주를 점령하려고 한다면 언제든지 그렇게 할 수가 있고, 이를 취하느냐 취하지 않느냐 하는 것은 전적으로 이쪽의 뜻대로 할 수 있지만, 본래 동청철도 부설의 안전을 보증하기 위해서 부득이하게 병사들을 투입한 것이어서 차제에 이 지역을 점령할 의사는 없다. 만일 형세가 부득이하게 만주를 러시아 영토로 합병해야 할 상황이라면, 일본은 이에 대해서 한국을 점령해야 한다고 주장하게 될 것이다. 이러한 도리는 이유로서는 성립한다 하겠지만, 실제로 만일 만주가 러시아 영토가 된다면 러시아는 한국에 대해서 일본보다 밀접한 나라가 되어 그 관계는 한층 더 중대해지므로, 일본이 한국의 독립을 손상하려는 것에 러시아는 동의할 수 없을 것이다."

고무라는 비테의 정연한 논리에 압도되었다. 그래서 "땅을 취하거나 또는 취하지 않거나 하는 등의 논의는 이 경우의 논점이 아니다" "현재의 협상을…… 한층 더 진행해 공고한 것으로 하고, 양국의 관계를 확고한 것으로 하고 싶다는 귀하의 발언이 있었기 때문에, 이에 대해서 앞서 말한 것 같은 나의 사견을 말했을 뿐"이라고 둘러댔다. 그러자 비테는 현재의 협약 이외에도 "협정해야 할 것이 결코 없는 것은 아니다"라면서 다음과 같이 말했다.

"시험 삼아서, 새로이 협정해야 할 요강을 말하자면 첫째로 러·일 양국은 청국 및 한국의 독립과 보전을 유지할 것을 약속한다, 둘째로 러·일 양국은 청국 및 한국의 독립과 보전을 손상할 만한 행동을 피하고, 필요한 경우 병사를 보내는 등의 경우에는 서로 미리 교섭해, 이를 협동하여 행한다 등 새로이 규정해야 할 점이 있을 것이다."

여기서 고무라는 되받아쳤다.

"귀하가 주장하고 있는 바가 과연 이렇게, 양국의 협상을 청국에까지 미치려는 뜻이라면, 역시 하나의 재미있는 의견으로 받아들일 만하다. 다만 귀하의 발언 중에 소위 청국의 보전(integrity)이라는 말은 청국 전체의 보전, 즉 만주도 포함하는 것이라고 이해해야 할 것으로 생각되는데, 감히 설명을 청한다."

비테는 잠시 심사묵고(深思默考)한 뒤 목소리를 약간 낮추어 대답했다.

"그렇다, 물론 만주를 포함한다는 뜻이다. ……요컨대 청·한 양국의 독립 보전을 유지하는 것은 러시아가 희망하는 요점으로서 일본도 역시 동일한 희망이기를 바라며, 양자의 의견이 동일하다면 이 점에서부터 서로 일치해 공고한 결합을 이룰 수 있을 것이고, 또 줄곧 동일한 행동으로 나온다면 동양의 평화를 오래도록 보지할 수 있을 것이다. 그 밖의 다른 열강의 행동은 깊이 고려하지 않아도 된다는 것, 이것이 대강의 내 의견이다. 다만 이상 누누이 말한 의견은 내가 직무상의 자격을 완전히 벗어나서 개인 '비테'로서 허심탄회하게 토로한 것이니, ……공개적인 교섭은, ……람스도르프 백작이 귀하의 상대역이 될 것이다."

여기서 회담은 끝났다. 비테는 고무라의 만한세력영역분할론에 대해서 한국의 독립을 어디까지나 존중해야 함을 강조했다. 바로 여기에 이 이후에 전개되는 러·일 다툼의 핵심이 있다. 아무튼 이 당시에 고무라와 비테가 합의에 이르지 못함으로써 결국 이 두 사람은 러일전쟁이 일어나는 계기 그리고 그 이후 개최되는 강화회의에서 전권으로 다시 만나는 길을 닦아 놓았던 것이다.

러청밀약 체결

러시아가 만주를 전면 점령했기 때문에, 곧바로 이를 어떻게 관리할 것인가 하는 문제가 생겼다. 그 문제에 부딪친 것은 현지의 지휘관들이었다. 펑톈의 장군과 알렉세예프의 접촉이 그 시작이었다.

펑톈의 성징[盛京, 지금의 선양]장군 쩡치는 러시아 측과 우호적인 관계를 유지하려고 노력한 인물이었다. 그는 9월에도 러시아군과의 교전상태를 끝내고 싶다고 희망하면서 잉커우의 러시아 영사와 연락하기도 했다. 베이징의 교섭 개시를 거론하면서 알렉세예프에게 정전을 촉구하는 요청을 했던 것이다. 그러나 이러한 사실을 보고한 알렉세예프의 전보에다가 황제는, "우리는 도중에 멈출 수 없다. 만주는 우리 군이 북에서 남까지 통과해야 한다. 왜냐하면 이미 일어난 모든 것을 생각하면 청국인의 보증에 의거할 수는 없기 때문이다"라고 적어 넣었다.[132] 결국 러시아군은 멈추지 않았고, 10월 1일(9월 18일) 수보치치의 병력은 펑톈을 점령하기에 이르렀다.

10월 18일(5일) 알렉세예프와 그로제코프에게 현지의 당국자와 교섭해 행정권을 넘기도록 하라는 지령이 내려졌다.[133] 그 전제가 되는 지시는 9월 초 쿠로파트킨 전보였다.

펑톈을 탈출한 쩡치는 신민전(新民鎭)으로 돌아와 알렉세예프에게 교섭을 요구했다. 알렉세예프도 점령지에 청국인의 행정조직을 남겨야 한다는 생각이었다. 군인들이 러시아 군정 내지는 투르케스탄과 부하라 같은 병합을 제안했지만, 알렉세예프는 그것이 위험하다고 생각하고 있었다. 이것은 일시적인 점령이며, 러시아가 청국 영토의 병합 같은 것을 생각해서는 안 된다는 것이 그의 입장이었다. 그렇지만 수미일관하지 못한 점도 있었다. 그는 종종 영국의 인도 통치가 모델이 될 것이라고 말하면서도, 자기들은 그렇게 할 수 있을 정도로 문화적이지는 않다고도 말했었던 것이다.

11월 3일(10월 21일) 쩡치의 대표 세 사람이 뤼순으로 와서 코로스토베쯔 및 치제만과의 사이에 교섭이 시작되었다. 이 교섭은 쿠로파트킨 전보에 기초한 가혹한 조건을 원안대로 받아들이라는 강경한 방식으로 진행되었다. 치제만은 청국이 러시아가 제시한 요구의 '몰(沒)도의성'에 분노해 수락을 거부하는 것에 동정했다. 코로스토베쯔도 부분적으로는 치제만과 의견을 공유했지만, "유쾌하지 못한 큰일을 일으키고 싶지 않다"는 이유로 알렉세예프의 지시에 따랐던 것이었다.[134]

보고를 받은 러시아 정부도 명확한 방침을 내놓지 않으면 안 되었다. 11월 13일(10월 31일) 얄타에서 재무상, 외상, 육군상의 3상 협의가 열려 '러시아의 만주통치감독 방침'이라는 문서가 작성되었다. 쿠로파트킨이 원안의 초고를 작성했다. 이 문서는 20일에 황제의 승인을 받아 11월 24일에 쿠로파트킨이 그로제코프와 알렉세예프에게 하달했다.[135] 그 내용은 다음과 같다.

만주는 청국의 영토로 남고 청국의 행정질서에 의해서 통치되어야 하지만, 치안을 완전히 유지하고 동청철도 건설에 대한 협력의무를 청국 정부로 하여금 수행하도록 하기 위해서 러시아군 일부가 일시적으로 점령을 계속한다. 청국 정부는 만주에 군대를 두지 않는다. 장군과 부도통(副都統)은 행정적 책임만을 진다. 경찰과 철도 연선 이외의 지역에서 질서를 유지하기 위해 장군과 부도통 하에 무장경비대를 편성한다. 그 인원수는 치치하얼성과 지린성에서는 프리아무르군관구 사령관이, 펑톈성에서는 관둥주 군사령관이 결정한다. 펑톈성에서의 장군과 부도통의 활동에 대한 감독은 관둥주 장관에게, 그 밖의 성에서는 프리아무르 주 총독에게 위임한다. 각 장군을 지도하는 것은 감독책임자가 임명하는 군 코미사르와 외교대리인이다. 만주의 장군과 부도통의 임명은 청국 정부와 러시아 공사의 합의에 따라 시행된다. 만주의 장군은 러시아 당국과 정치 문제로 직접 교섭할 권한을 갖지 않는다.[136]

만주에서 청국군의 배제라는 선을 유지하는 데에 람스도르프가 주저한 것으로 알려져 있지만, 실은 알렉세예프가 펑톈의 당국자와 이미 이 내용이 담겨 있던 협정을 먼저 체결한 상태였다.

11월 9일(10월 27일) 코로스토베쯔와 타오타이[道臺, 지방행정관] 저우몐(周冕)은 각각 알렉세예프와 쩡치를 대표해 비밀협정에 가(假)조인했다. 그 내용은 다음과 같다.

1. 장군이 귀임한 후에는 성 안의 질서와 평온의 유지 및 동청철도의 건설공사의 방해 없는 진행과 그 철도의 보전에 대해서 책임을 진다.
2. 건설 중인 철도의 보전과 펑톈성, 펑톈, 그 밖의 거점에서 질서

를 확보하기 위해 러시아군이 주둔한다. 장군부(府)는 러시아군에 대해서 완전한 경의를 표하고, 숙영, 양식 구입, 여물 등의 면에서 필요한 지원을 제공해야 한다.

3. 만주의 각 성에 남아 있는 청국군과 관련하여, 반란과 철도의 파괴에 가담한 자는 장군의 손으로 무장 해제되고 해산되어야 하지만, 이것이 저항 없이 이행되는 경우에는 여하한 책임도 묻지 않는다. 러시아군에 의해 아직 접수되지 않은 무기고, 포, 무기, 모든 군용 창고, 비축물은 러시아군 당국의 관리 하로 인도한다.

4. 러시아의 수비대가 없는 지점에서 각종 방어물(포대, 요새, 기타)은 러시아군 당국의 대표자 입회하에 청국 당국의 명령으로 파괴해야 한다. 러시아군 당국이 이용하지 않는 탄약고는 마찬가지로 파괴해야 한다.

5. 러시아 군정이 시행된 잉커우 등 도시에서의 군정과 청국 당국과의 교대는, 성 안의 질서가 진정 회복되었는지에 대한 러시아제국 정부의 판단에 따라 실시된다.

6. 성 안 각 도시의 질서를 직접 감시하기 위해서, 장군은 도보 또는 기마 경찰대를 조직할 권리를 지닌다……

7. 장군 아래에는 관둥주 장관과의 교섭 편의를 위해서 러시아인 코미사르를 둔다. 모든 사태와 장군의 명령에 관해서 이 코미사르에게 알려줘야 한다.

8. 장군이 조직한 경찰이 불충분할 경우에는, 바다와 뭍의 국경 안전 유지를 위해서나 국내질서의 유지를 위해서 장군은 상기 코미사르를 통해 러시아제국 군사령관에게 요청한다.[137]

만주에는 청국군을 들이지 않겠다는 것은 러시아군의 주둔이 계속된다는 것을 의미했다. 이 협정은 외부 세계에 알려지자마자 폭탄이 되었다.

황제, 티푸스를 앓다

11월 14일 얄타의 이궁(離宮)에서 인플루엔자 때문에 누워있던 황제가 티푸스에 걸린 것으로 판명되자 긴장감이 흘렀다. 내무상 시퍄긴은 궁정장관 프레제릭스, 비테, 람스도르프, 국가평의회 의장 미하일 니콜라예비치 대공 등을 소집하여, 황제에게 만일의 사태가 발생할 경우의 황위 계승에 관해서 의견을 교환했다. 이때 육군상은 페테르부르크로 돌아가 있었다.

1899년 7월 니콜라이의 바로 아래 동생 게오르기가 죽었을 때, 황위 계승자로 그 아래 동생 미하일이 지명되어 있었다. 비테는 이미 지명되어 있는 미하일이 계승하면 된다는 의견이었다.

그런데 여기서 황후가 임신 중이어서 사내아이가 태어날지도 모른다는 점이 문제가 되었다. 황후 알렉산드라 표도로브나는 1894년 결혼 후 한 해 걸러 한 명씩 아이를 낳아왔다. 1895년에는 장녀 올가, 1897년에는 차녀 타찌야나, 1899년에는 삼녀 마리야 등 여자아이들뿐이었다. 황태자를 낳고 싶다는 소망이 부풀어 오르고 있었다. 1900년의 임신은 네 번째였다.

그러나 비테는 대수롭게 생각하지 않았다. 현 시점에서는 달리 생각할 방법이 없다고 말했고, 그것으로 합의가 이루어진 꼴이 되었다. 비테는 미하일의 교사였고, 그 인연은 분명한 것이었기 때문에 비테의 의견에 반발하는 움직임이 궁정 내에 생겨났다. 특히 황후는 비테의 논리가 형식적이라고 생각했던 모양이다.

그러나 다행스럽게도 12월 11일(11월 2일)이 되어 니콜라이는 쾌유했다.[138]

영독협정의 조인

의화단사건으로 혼란스런 가운데, 독일은 영국과 접촉했다. 영국 내에서도 독일과 연결되는 것이 전략적으로 유리하다는 생각이 부상해, 1900년 10월 12일에 영독협정이 조인되었다. 그 내용은 첫째, 청국의 하천과 연해의 여러 항구를 모든 나라의 경제활동에 대해서 자유개방의 상태에 둘 것, 둘째, 청국의 판도 내에 여하한 영토의 획득도 추구하지 않을 것, 셋째, 제3국이 청국 내의 영토획득을 추구하는 움직임을 보일 경우에는, 양국은 어떠한 조치를 취할지 협의한다, 넷째, 오스트리아-헝가리, 프랑스, 이탈리아, 일본, 러시아, 미국 등 각국에 이 내용을 알리고, 여기에 기재된 생각을 인정하도록 권유할 것 등이었다.[139]

일본 정부는 10월에 야마가타 내각이 끝나고 이토 히로부미의 제4차 내각이 성립해, 아오키에 이어 가토 다카아키가 외상이 되었다. 가토 신임 외상은 영독협정의 내용을 알게 되자, 조약에 참가할 수 있는지의 여부를 영·독 정부에 문의하도록 했다. 그리하여 10월 29일에는 일본도 가입하겠다는 통첩을 발했다. 일본 정부는 이 협정이 분명 러시아에 대한 견제의 의미를 지닌 것이라고 판단하고, 강력하게 환영했던 것이다.

독일은 이것이 신경 쓰였는지, 뷜로우[당시 독일의 재상]는 조인에 앞서 러시아 공사 오스첸-사켄에게 다음과 같이 변명했다. 제1항은 중국 북부와는 관계가 없다. 제2항은 지금까지 표명된 양국의 입장을 재확인했을 뿐이다. 제3항은 영·독 양국이 서로의 행동을 구속하는 의미를 지닌다. 제4항에 응하여 러시아도 참여해주기 바란다. 이에 대해서 러시아 정부는 10월 15일에 영·독의 공사들에게 회답했다. 제1항은 러시아도 공감한다. 제2항은 러시아가 이미 표명한 방침과 합치하고 있다. 제3항은 그러한 사태에 대해서는 러시아도 태도를 달리 할 것이다. 제4항에 관해서는 코멘트가 없었다.[140]

영독협정은 일본이 기대한 것과 같은 반러시아 협정으로 발전하지 못했다.

러청밀약의 파문

뤼순에서 알렉세예프와 저우몐이 가서명한 협약에 대해서는 신민툰(新民屯)의 장군 쩡치도 저항했지만, 알렉세예프는 이를 수용하지 않으면 장군의 펑톈 귀환을 허락하지 않겠다는 자세를 취했다. 때문에 장군은 이를 수용하고 11월 26일(13일)에 서명했다. 그러나 그 내용이 베이징에 전해지자 장군은 나라를 배신한 자로 소환, 해임되었다. 리훙장도 강하게 반발했다.[141]

베이징의 관리들이 이 협약 체결의 정보를 베이징주재 영국인 기자 모리슨에게 흘렸고, 이것이 특종으로 『타임스』 1901년 1월 3일자 지면에 폭로되었다. 그 조문 내용의 소개에는 과장된 면이 있었다. 제3항은 "청국군을 무장 해제하고, 해산시켜야 한다"고 되어 있다. 제7항 역시 "일반적인 통제의 권능을 지닌 러시아의 정치적 레지던트가 펑톈에 주재한다. 장군은 주요한 시책에 관한 모든 정보를 그에게 제공해야 한다"고 분명하게 왜곡되어 있었다. 레지던트(Resident)란 인도의 총독대리를 가리키는 말이다. 그리고 모리슨 기자는 "러시아의 레지던트에게 주어지는 권능은 부하라의 러시아 레지던트나 인도의 토착 주들의 영국 레지던트의 그것과 동등하다. 이 협정에 이어 다른 두 성에 관해서도 비슷한 내용의 협정이 반드시 체결될 것이다. 그렇게 되면 만주는 사실상 러시아의 보호국이 될 것이다"라고 덧붙였다. 바로 러시아가 만주를 보호국 내지 식민지로 만들려 하고 있다는 폭로였다.[142] 이 보도를 통해 세계가 러청밀약을 알게 되었고, 기사에 따라서 러시아에 대한 비난의 목소리가 고조되었다.

베이징에서 청조 정부와 의화단사건을 수습하기 위해 교섭하고 있던 연합국은, 이것이 러시아가 단독교섭을 시작했다는 사실에 대한 확실한 증거라면서 강하게 반발했다. 일본 정부는 이 사태를 더욱 심각하게 받아들였다. 1900년 12월 30일 베이징주재 공사는 러청밀약에 관해서 가토 외상에게 보고했다.[143] 가토 외상은 1901년 1월 7일 청국 공사를 불러 진위를 물었고, 보도대로라면 "러시아에게 만주를 넘기는 것이나 마찬가지"여서, 이러한 협약은 맺지 말 것이며, "지금의 상태 그대로가 낫지 않느냐"며 강경하게 요구했다.[144]

러청밀약의 이야기가 일본 신문에 보도되기 시작한 것은 1901년 1월 11일 즈음부터였다. 『도쿄아사히신문』은 이날짜 1면 톱에 커다란 활자로 "러청밀약에는 동3성의 민정을 청·러 양국 관리들이 연합해 시행, 설치하도록 할 것…… 만주의 장정들을 모집해 러시아 장교가 훈련시켜 이 지방 방비를 완성하게 할 것이라는 2개 조항이 포함되어 있다"고 보도했다. 모리슨의 보도에 관한 내용은 16일자 '러·청 간의 펑톈 밀약'이라는 기사에서 다루어졌다. 다음 날 17일에는 논설로서는 처음으로 '만주의 한 조각 괴운(怪雲)'이 게재되었다. 거기에는 "우리나라가 이 밀약을 불문에 부칠 수는 없을 것으로 본다. 자칫하면, 즉 이 밀약의 실행과 동시에 만주는 러시아의 판도가 되어버리고 말 것이다"라고 쓰여 있었다.

이즈볼스키의 한국중립화 구상 추진

이 사이에 이즈볼스키는 조선문제로 일본 측과 접촉하며 대화를 시도하고 있었다. 1900년 11월 1일에는 가토 신임 외상과 회담했다. 이즈볼스키는 먼저 전임자 아오키 외상을 만나서 일·러 협약 중에 있는 한국에 대한 출병은 협조 출병으로 한다는 조항이 여전히 유효한지 질문했을 때 그렇다는 회답을 받았는데, 가토 외상도 같은 의견인가 하고 질문했다. 가토는 아오키의 회답을 문서로 제출해 주었으면 좋겠다, 그것을 보고 회답하겠다고 대답했다. 이즈볼스키는 문서를 제출했고, 그에 따라서 11월 15일 다시 회담했다. 가토는 아오키와도 이야기했다면서, 말할 수 있는 것은 "협상의 취지는 모든 점에서 일본 정부가 이를 지킬 것이라고 하는 것은 마치 러시아 정부가 이를 지켜나가야 한다고 언명하는 것과 같다"는 것이라고 회답했다.[145]

이즈볼스키는 일본의 분위기를 신중하게 탐색하고 있었다. 이 동안 보고가 행해졌을 것이다. 람스도르프는 12월 1일(11월 18일) 이즈볼스키의 두 차례 보고에 대한 회답을 보냈다. 한국중립화 문제를 전면 검토하고, 현지의 상황을 고려한 결론을 내도록 할 것, 단 교섭에 들어가서는 안 된다는 내용이었다.[146] 같은 날 람스도르프는 서울의 파블로프에게도 "현지의 관점에서 가장 실제적인 조선의 영토보전의 방위수단에 관한 결론"을 듣고 싶다는 전보를 쳤다. 람스도르프는 이즈볼스키에게 설득되었다. 러시아의 만주 점령에 대해서 일본은 보상을 요구한다, "조선을 일본의 탈취로부터 지킬 정치적 콤비네이션[정책적 조합]"을 추구해야 한다, "한국의 황제가 우선 이웃나라 러시아에게, 그리고 이어서 다른 열강들에게 한국의 중립국화를 공개적으로 진정하는 것"이 그러한 방책이 될 수 있을 것으로 생각한다, 황제와 그 측근에게 접근해 그러한 방향으로 나아가기 바란다.[147]

파블로프는 12월 5일(11월 22일) 외상에게 회신했다. 그런 방향으로 나아가는 것은 어렵지 않다. 나는 황제의 측근이 러시아 쪽에서 한국중립화의 주도권을 행사하지 않겠는가 하고 시사해도 항상 신중하게 의견을 교환해왔다. "나는, 제국정부 자체가 이에 대해 배려하고 있지만 사전에 지반을 정비할 필요가 있다, 그것 없이는 문제 제기하는 것만으로도 한국에 위험을 초래한다, 하는 점을 이해시키려고 해왔다. 이 건을 전면적으로 검토한 결과, 나는 중립화 문제를 확실하게 해결하기 위해서는 약간의 내정개혁을 행하고 재정과 군사에 대한 모종의 형식으로 외국에 의한 통제를 확립하는 것이 필요하다고 확신하고 있다." 이러한 조건 없이 일본은 중립화 협정에 가담할 수 없다. 그리고, 파블로프는 이 통제 방안이라는 것이, 일본과 러시아가 행정의 개개 부문을 분담하고 공동 통제하는 것이라고 설명했다. 이 통제는 한국이 외국의 간섭 없이도 독립해 존속할 수 있다고 열강이 인정할 때까지 일시적인 기간 실시한다는 것이다. 이 "임시적인 일·러 공동 통제"는 열강을 포함한 대(大)협정으로 해도 좋고, 일본과 러시아 양국 사이의 협정으로 해도 좋다.[148]

이즈볼스키는 12월 8일(11월 25일) 람스도르프에게 거듭해서 보고했다. 일본이 조병식에게 제시한 회답을 보면, 일본은 한국중립화에 "그다지 마음 내켜하지는 않는다." 한국이 열강에게 공개적으로 요청하면, 열강들 가운데 한국의 내정에 비판적인 나라가 있을 것이기 때문에 일본이 즉각 동조할 것이다. 그러므로 "우리가 한국의 이웃나라에 대해 강력하고 또 전략상 유리한 군사적 입장을 점하고 있는 동안, 우리와 도쿄 내각 사이에 예비적이고 직접적인 우호 교섭을 하는 것"이 해결책이 될지도 모른다. 이를 위해서는 비밀을 엄수하면서 해야 한다. 이토 수상의 입장을 탐색해 보려고 생각하고 있지만, 이렇게 하려면 훈령을 내려주셔야 한다.[149]

람스도르프는 이 전보에 대한 회신을 12월 9일(11월 26일)에 보냈다. 12월 1일자 전보의 진의를 다시금 설명하고, 다음과 같이 회신했다.

"귀하와 파블로프로부터 필요한 데이터를 모두 받고 난 다음에야 비로소 교섭의 문제를 결정할 수 있을 것이다. 아마도 최초의 교섭 상대로는 일본과 같은 이해관계국이 아니라, 러시아처럼 극동의 평화와 안정의 유지를 중요하게 생각하는 일부 강대국이나 미국 등이 고려될 수 있을 것이다."[150]

12월 14일(1일) 이즈볼스키는 한국중립화안의 교섭 방법에 관해서 타전했다. 열강의 공통의 보장에 의한 한국중립화 계획으로는 일본의 동의를 얻기 어렵다, 오히려 일본과의 직접 협정으로 "러·일의 이중통제 제도"를 실현하는 것이 가능성이 있다, 예비 교섭을 추진하는 것이 좋다, 열강들 가운데 미국이 중개자 역할을 수행할 수 있다.[151] 이즈볼스키가 러·일의 직접 교섭이라면 가능성이 있다고 판단한 것은, 이토 총리가 "일정한 조건이 된다면 한국중립화 계획에 찬성하는 쪽으로 기울어지고 있는 것은 아닐까"라고 보고 있었기 때문이다. 물론 이토는 그 조건이란 것이 무엇인지 확실히 하지는 않았지만, 이즈볼스키는 "한국의 국내 정세의 적정화와 일본의 통상(通商)에 있어서의 이익의 확보"일 것이라고 추측하고 있었다.

이즈볼스키는 파블로프의 의견을 전달받고 있었기 때문에, 12월 28일(15일)의 전보에서 그는 러시아와 일본이 협정을 체결한다면 파블로프의 의견에 찬성이며, 그것은 "한국의 행정 부문 가운데 일정한, 엄밀하게 구분된 부분에 대한 일시적인 통제를 러·일이 배분한다"는 것이라고 지적했다. 이렇게 지적하면서, 이것은 니시-로젠 협정의 제2조를 적극적으로 발전시키는 것이 된다, "우리가 조선의 이웃으로서 강력한 군사적 입장에 있는 현 시점이 정말로 좋은 기회"라

면서 신속하게 일본과 교섭을 시작할 것을 희망했다.[152]

이 사이, 즉 12월 20일에 이즈볼스키는 가토 외상과 회담했다. 이 날은 일본이 자국의 주장을 강하게 내밀었다. "일본 신민들 중에 혹자는 러시아가 한국에 대해서 다른 의도를 지니고 있을 것이라고 의심한다." 이즈볼스키는 "러시아가 한국에 야심이 없다는 점은 지난해에 스스로 자유의지를 발동해 한국에서 퇴각한 것이 그 증거다"라고 둘러댔다. 가토는 여기서 일본으로서 하고 싶은 말을 솔직하게 하면서 이즈볼스키를 압박했다.

"자유의지로 퇴각했다고 말하지만, 그때는 러시아가 뤼순과 다롄을 얻으려고 할 때였다. 랴오둥반도의 땅은 일청전역[청일전쟁] 시에 일본이 먼저 이를 영유하려고 했는데, 러시아 등이 이를 동양평화에 유해하다고 하면서 이에 반대했다. 그런데 그렇게 말한 입술의 침이 채 마르기도 전에 러시아는 뤼순과 다롄을 취했고, 일본에게 심하게 butter morsel[원문 그대로]을 먹었다. 러시아는 사실 이에 대한 보상으로 한국에서 잠시 손을 뗐을 뿐이다. 즉 Consideration[배려, 원문 그대로]의 차원에서 한 것이지, 결코 뜻이 그러해서 한 것은 아니다."

이즈볼스키의 반응에 관해 일본 측 기록자는 다음과 같이 적고 있다.

"러시아 공사는 결국 굽히고 그 사실을 인정했지만, 역시 일시적으로 퇴각한 것이 아니라 영구히 퇴각한 것이라고 변명했다."

가토는 다음으로 만주문제를 거론하며 압박했다. "일본인들 중에는 러시아가 만주를 영유하는 것 같은 일이 벌어진다면, 한국의 독립이 위태로워질 것이라고 우려하는 사람들이 있다." 이즈볼스키는 "러시아는 누차 선언한 바와 같이 철병할 것이다. 다만 철도가 있기 때문에 이를 보호하는 방법에 관해서는 청국과 상의할 부분이 있다. 만주 문제와 관련해 한국의 독립을 우려한다니, 한국 문제에 관해 한층 더 만족스런 기반 위에 놓을 수 있겠다는 희망이 더욱 깊어진다"라고 역공을 폈다. 그리고, 러시아 정부 내에는 한국 정부를 지도 보조하기 위해서는 러시아와 일본에서 부서를 결정해서 하는 것도 한 가지 방법이라는 의견이 있다. 이 의견에 대해서는 어떻게 생각하는가, 하고 물었다.

가토는 일·러 양국의 감독이란 dual control[공동관리, 원문 그대로]를 생각하고 있다는 것인가, 하고 질문했다. 이즈볼스키가 그렇다고 대답하자, 가토는 "역사상 성공 사례가 없는 것으로서" 반대라고 잘라 말했다. 이즈볼스키는 "역사는 반드시 반복되는 것이 아니다"라고 태연하게 말했다. 가토가 "러시아의 제안이 이런 것인가"라고 따져 묻자, 이즈볼스키는 "군이 정해진 안이 아니지만, 이 또한 한 가지 안은 되지 않을까 생각한다"고 대답했다.

이 대목에서 이즈볼스키는, 전임 한국 공사가 제시한 한국중립화 안을 어떻게 생각하는가, 하고 질문했다. 이에 대해서 가토는, "한국인들이 과연 중립이라는 것을 알고서 이에 대해 의논하자는 것인지 모르겠다. 본 문제에 대해서는 아직 연구하지 않았다"고 대답했다. 이즈볼스키는 "설사 한국인들이 이를 모른다고 할지라고, 각하도 그리고 본 공사도 모두 이에 관해 알고 있다. 따라서 이를 안으로 삼을 수 있지 않겠는가?"라고 반론했다. 가토는 "귀국이 안을 가지고 있고, 또는 공사 각하에게도 안이 있으며 정부의 뜻 역시 여기에 있다면, 이를 듣고 신중하게 심의해야 할 것이다"라고 정리했다.[153]

이 문답에서는 일본과 러시아 외교당국자의 견해가 상당히 대립적이라는 점이 분명하게 드러났지만, 이즈볼스키는 희망을 버리지 않았다.

한편 람스도르프는 점차 이즈볼스키와 파블로프의 설득에 넘어가고 있었다. 12월 16일(3일)에 외상은 이즈볼스키 앞으로, 일본의 정부

요인들이 광범위한 정치적 계획을 지향하고 있다고 말한다면, "조선 문제를 조정해야 한다는 점을 입증하는 것"이라면서, 일본이 조선문제를 놓고 러시아와 "직접 협정"을 희망하고 있으며 목적의 달성을 위해 "예비 교섭"이 필요하다면, 어떠한 "협정 형식"이 좋은지, 언제 예비 교섭을 시작하는 것이 좋은지 말해 달라고 써 보냈다.[154]

그리고 마침내 외상 람스도르프는 한국중립화안을 가지고 일본과 교섭한다는 데에 황제의 승인을 얻어냈다. 12월 30일(17일) 람스도르프는 도쿄의 이즈볼스키에게 타전했다.

"귀하가 12월 15일(28일)의 전보에서 말한 판단은 근거가 있다고 생각한다. 한국중립화의 조건에 관해서 이토 공작과의 교섭에 신중하게 착수할 것을 폐하의 허가를 얻어 귀하에게 위임한다. 현재 러시아의 정치적·군사적 입장은 원하는 목적 달성을 위해서 특히 안성맞춤이다."[155]

이즈볼스키는 이토 히로부미 총리의 의견을 타진하려 했는데, 우선 포크레프스키-코젤 일등서기관을 통해서 쓰즈키 게이로쿠(都筑馨六)와 이노우에 가오루의 의견을 타진해 적극적인 지지를 얻었다.[156] 그래서 1901년 1월 7일(1900년 12월 25일)에 이즈볼스키 공사는 가토 다카아키 외상을 방문해 제안했다. 일본 외무성의 기록에는 공사의 제안이 다음과 같이 기록되어 있다.

"러시아 정부는 열강의 공동보장 하에 한국을 중립화하는 계획을 제의하는 것이 득책이라고 생각한다. 그러나 이와 관련하여 어떤 수단을 취하기 전에 그리고 한국에서 일본의 이해관계 및 일·러 양국 사이에 현존하는 협상을 감안해, 앞에 제시한 계획을 실행시킬 수 있는 조건에 관해 내밀하게 그리고 우호적으로 일본 정부와 협의할 것을 이에 요청하는 바이다."[157]

1월 9일(12월 27일) 이즈볼스키는 페테르부르크로 타전했다. 한국

중립화 문제에 관한 교섭을 "신중한 형태로" 시작했지만, 이토가 병 때문에 도쿄를 떠났으므로 "아주 천천히 진행될 수밖에" 없을 것이다. 러청밀약의 소식이 강한 인상을 주고 있어서 여론이 흥분하고 있고, 따라서 여기의 교섭에 악영향이 있을지도 모르겠다.[158]

일본 정부쪽에서는 이러한 제안에 강하게 반발했다. 가토 외상은 이 제안을 재외 공사들에게 알렸다. 베이징의 고무라 주타로 공사는 1월 11일 명확한 의견을 보내 왔다. 고무라는 이 제안이 "중대한 장해를 낳을 것이다"라면서 그 이유로 두 가지를 들었다. 즉 "만주에서 러시아의 행동을 효과적으로 다소간 억제할 수 있겠지만 한국에서 일본의 현 지위를 상실케 하는 결과"를 낳을 것이라는 점, "한국에서 정치상 그리고 상업상의 최대 이익을 보지하려는" 일본의 "결심 및 능력은 일반적으로 인식되어 있는 것인데도" 그것을 포기하면, 이는 "일본의 위신"과 관련된 것이라는 점이었다. 그리고 고무라는 "만주문제와 관련시키지 않는다면 한국 문제의 해결은 만족스럽지 못할 것"이라는 생각에서, 러시아가 만주를 중립지역으로 하는 데 동의하지 않는 한 일본은 "여하한 경우라도" 러시아의 제안을 인정할 수 없다고 주장할 것, "만일 이렇게 할 수 없다면" 일본은 한국, 러시아는 만주, 이렇게 세력권을 분할하자고 주장하는 수밖에 없을 것이라고 진언했다.[159]

고무라의 주장은 1년 전일 7월에 비해 분명 변화되어 있었다. 만주에 대한 관심, 만주문제에 관여하려는 의욕이 강해졌고, 한국에 관해서는 러시아의 개입을 준엄하게 거부하는 자세를 보이고 있다. 이것은 단순히 만한불가분론=만한교환론이 아니었다. 만주문제 중시론이라 할 만한 것이었다.

가토 다카아키 외상은 1월 17일, 일본 정부의 회답 구상서를 페테르부르크의 진다 스테미(珍田捨巳) 공사에게 보냈다. 이것은 23일 외상 람스도르프에게 전달되었다. 구상서에서 가토 외상은, "만주에서 러시아의 현재 태도"가 "다른 나라들의 불안감을 일으킬 만한 것"이라고 지적하고, 일본과 러시아 사이에는 1898년 4월 25일의 의정서(니시-로젠 협정)가 "지금도 여전히 유효"하며 "현재의 상황에 잘 적용될 것"이다, 따라서 "제국 정부는 중립을 선포, 실행하기보다는 계속해서 발생할 수 있는 여러 종류의 추측 및 논단(論斷)을 방지할 목적으로…… 종전 상태로 복귀해…… 자유롭게 교섭을 수행할 수 있을 때까지 이 건에 관한 협의를 연기하는 것이 득책이라고 믿는다"고 주장했다.[160]

같은 날, 가토 외상은 이즈볼스키 공사를 불러 구상서에 관해 설명했다. 이즈볼스키는 러시아 정부로서는 "충분히 우의(友誼)의 정신"에서 제안했음에도 "만주문제까지" 거론하며 회답하는 것은 유감이라고 말했다. 가토는 만주에서의 철병은 러시아가 선언했으므로 "머지않아 실행될 것으로 믿기 때문에 한국중립화에 관한 것은 귀국이 만주에 관한 선언을 실행한 후에 이를 의논해도 아직 늦지 않을 것이라고 생각했다"고 되받아 쳤다. 가토는 만주문제와 한국중립화는 서로 "따로 떼어놓고 볼 수 없는 것이라고 믿는다"라고 말했다.[161] 이즈볼스키는 이에 대해서는 답하지 않았다. 그는 만주에 관해서 언급할 입장이 아니었기 때문이다.

람스도르프 외상은 구상서를 받고 검토한 후 1월 24일 일본 공사에게 말했다. 이 회답에 만족한다. 러시아도 니시-로젠 협정에 만족하고 있다. 일본이 불만스러워 하는 것처럼 보였기 때문에 의견 교환을 제안했던 것이다. 한국중립론은 러시아가 희망해서 말한 것이 아니라, 러시아가 제공하는 양보에 지나지 않는다. 아무튼 일본이 교섭을 희망한다면 러시아는 언제든지 응할 것이다.[162] 이러한 외상의 태도는 관료적인 무사안일주의였다. 이렇게 되면 이즈볼스키의 교섭을 부정한 것이나 다름없었다.

1월 28일 진다 공사는 그 동안 오고간 교섭의 내용을 되돌아보며 장문의 분석을 본성으로 보냈다. "북청사건[의화단사건] 이래 동양에서 러시아의 지위에 비상한 변동이 초래되었는데도, 러시아의 대한 정책은 여전히 종래의 방침을 잃지 않고 있다. 만주와 한국, 이 두 가지 문제를 따로 떼어내서 독립시키고 애써 그 연관성을 피하여, 우선 먼저 만주에서 각종의 경영을 완성하고, 그런 연후에 천천히 조선문제를 해석해 보겠다는 것이 어쩌면 러시아가 그 동안 취해온 대체적인 방침인 것 같다."

진다는 이번의 거동은 만주에서 무언가 움직임을 시도하려는 "복선"인지도 모르고, 만주에서의 행동으로 일본의 여론이 강경해지고 있는 데 "놀라서 일본과의 충돌을 피해야 한다고 느꼈기" 때문인지도 모른다고 생각한다. 그리고 러시아로서는 "일본이 조선에서 자유롭게 행동하게 해야 할지, 아니면 열강의 간섭을 수용해 조선의 중립을 유지해야 할지" 양자택일을 해야 할 상황에 직면할 경우에, "러시아는 단연…… 후자를 선택할 결심을 하고 있을 것이라는 점은, 이번의 거동과 조치를 보면 충분히 단정할 수 있다", 후자를 택한다고 해서 러시아가 조선에 대한 "욕망을 포기했다"는 것은 아니다. 진다는 러시아 내부사정에 관한 분석을 여기에 덧붙였다.

"들은 바에 의하면 조선의 겸병(兼倂)은 러시아 군인 사회의 일반적인 여론이며, 이를 반드시 달성해야 한다는 데 대해서는 그 누구도 조금도 의심하지 않는다. 또한 현 정부의 유력자들이라고 칭할 수 있는 현직 대신들의 경우에도 역시 조선문제에 대해서 매우 강경한 의견을 갖고 있다. 만일 만주가 결국 러시아의 판도로 귀속하면 러시아와 한국은 직접 영토가 맞닿는 이웃나라가 될 것이므로, 조선에 대한 문제는 러시아에게 점점 더 중요성해질 거라는 취지의 주장도 있다고 한다. 무단과 문치, 두 파벌의 의견이…… 이러하다면, 러시아의 조선에 대한 야심이 일조일석에 변동하지는 않을 것이라는 점을 쉽게 추측할 수 있다. ……러시아의 소위 조선중립론이란 것은 단지 일시적인 미봉책에 지나지 않으며, 요컨대 러시아가 그 숙원을 실현할 여지를 보류(保留)할 목적에서 나온 것이라고 생각할 수 있다."163

한편 이즈볼스키는 2월 22일(9일)에 자신의 시도가 실패로 끝났다는 사실을 정리해 외상에게 타전했다. 이즈볼스키는 우선 일본이 영독동맹에 재빠르게 참가한 것에 대해 주의를 환기했다. 즉 그는 일본이 극동의 위기를 해결하는 데 불리한 입장에 서지 않을 것이라는 데 보증을 요구하고 있다고 보았다. 그러나 영국과 독일 모두 러시아가 청국에서의 지위를 점하는 데 대항해 정력적으로 행동하지는 않을 것이다. 일본은 "러시아의 세력권이 현저하게 확대되었다는 기정사실에 직면할 위험성이 있다." 그래서 일본 정부는 어디선가 "당연한 보상을 획득하는 길을 미리 준비하기" 위해서 기를 쓰고 있다. 그 보상은 "조선에서만 얻을 수 있다." 일본 정부는 조선에 관한 현행 협정을 지키겠다고 하지만, 그것은 "이 문제에 관해서 새로운 거래를 함으로써 자기의 손을 묶는 것이 시의적절하지도 않고 이익도 되지 않는다고 보고 있다는 점을 증명하는 데 지나지 않는다." 일본은 청일전쟁 후의 삼국간섭 시기와 같은 국제적인 "결합을 러시아에 대해서도 만들어 내기"를 원하고 있다. 그러나 그것이 안 된다면 자력으로 행동할 것이다.

"일본 정부가 두 번째의 길로 나아가기에 충분한 용감함을 자신들의 내부에서 찾아내, 러시아와의 충돌 위험 앞에서 멈춰 설 것인지는 섣불리 말할 수 없다"면서, 재정문제도 있고 정부 상층부도 현명하기 때문에 의식적으로 이 방향으로 나아가고 있다고는 생각할 수 없다고 이즈볼스키는 썼다. 그러나 "여론의 갑작스런 폭발 가능성이 있다는 점을 진지하게 염두에 둬야 한다"면서, 가토 등의 소장파 대신 그룹과 이토와의 사이에 의견 불일치가 현저해지고 있다고 지적했다. 생각지도 않았던 계기로 인해 선동이 시작되고 정부가 결정적인 행동의 길로 끌려 들어가면, "위기는 범상치 않은 스피드로 도래할 수 있다." "일본의 지리적 위치로 보아도 특히 그 육해군 병력의 조직이라는 면에서 보아도 대단한 속도로, 뚜렷한 사전 준비 없이 언제라도 가까운 조선 해안에 상당한 양의 군대를 보내는 일이 일본에게는 가능하다."

"말씀드린 모든 내용이 저의 책임감을 무겁게 짓누르고 있음을 이해해 주십시오. 저는 이곳에서 관찰한 불안한 징후들 어느 하나도 감추지 않는 것이 저 자신의 도덕적 의무라고 생각하고 있습니다"라는 말로 이즈볼스키는 음울한 관찰과 경고를 늘어놓은 이 편지를 맺고 있었다.[164]

러청교섭

연초부터 러청밀약을 비난하는 목소리가 높아지고 있었는데, 그 직후에 러시아와 청국이 페테르부르크에서 정식 교섭을 시작했다는 뉴스가 들어오자 일본의 국내 여론은 한층 더 격앙했다.

1901년 1월 4일(1900년 12월 22일) 청국 공사 양루(楊儒)와 람스도르프 외상 사이에 교섭이 개시된 것이다. 교섭에 있어서 러시아의 입장은 전년도 11월에 결정된 '러시아의 만주 통치감독 방침'이었다.[165] 장관 협의를 수차례 거쳐 2월 10일(1월 28일)에 러시아의 안이 정리되었다. 제1조 만주는 청국의 영토이며, 청국의 행정이 회복될 것이다. 제2조 철도경비대로는 동청철도 건설의 안전을 보증할 수 없기 때문에, 러시아 정부는 일정 기간 군대를 만주에 주둔시킬 수 있다. 제3조 러시아군은 필요하다면 청국 당국에게 질서유지의 면에서 원조를 제공한다. 제4조 동청철도의 건설이 끝나고 완전히 운행이 실현될 때까지 청국은 만주에 군대를 투입하지 않는다는 의무를 진다. 제5조 청조 정부는 러시아 정부의 요청에 따라 장군 등의 고위 행정관을 경질할 것. 제6조 북부의 육해군에 외국 교관을 초청하지 않겠다고 약속한다. 제7조 진저우(金州)의 자치권을 폐지한다. 제8조 청조 정부는 러시아와 인접한 지방 즉 만주, 몽골, 신장(新疆) 지방에서 러시아 정부의 동의 없이 외국인에게 권리를 부여하지 않겠다고 약속한다. 제9조 이번 전쟁에 대한 배상의 지불. 제10조 동청철도가 입은 손해에 대한 보상의 지불을 행할 것. 제11조 그 보상은 회사에 새로운 이권을 부여함으로써 처리해도 좋을 것. 제12조 베이징 방향으로 향하는 만리장성까지의 철도선 건설 이권을 동청철도에 부여할 것. 이상의 내용이 포함되어 있었다. 2월 16일(3일) 람스도르프 외상은 이 안을 청국 공사에게 제시했다.[166]

이 내용은 여러 열강에게도 전해졌다. 베이징주재 영국 공사 사토우는 2월 27일에 란스다운 외상에게 12개 항목으로 된 러시아 안의 요지를 보냈다. 3월 1일 일본의 고무라 공사는 가토 외상에게 러시아의 안을 보고했다.[167] 영국이나 독일 모두 러시아의 행동에 비판적이었지만, 그것을 억제하려는 움직임을 보이지 않았고 일본만이 흥분했다.[168] 3월 2일 가토 외상은 상하이의 오다기리 마스노스케(小田切万寿之助) 총영사대리에게 전보를 보냈고, 그 내용을 3월 4일에 만난 청국 공사에게도 직접 전달했다. "러시아의 요구는 만주를 암암리에 점령하겠다는 것이다. 그러므로 청국이 이를 거절하는 것은…… 적어도 러시아로 하여금 침해자라는 이름을 피할 수 없는 지위에 세운다는 이점이 있다"면서, "청국이 이를 윤허하게 되면 반드시 다른 열강들이 만주 이외의 지역에 마찬가지의 요구를 하게 될 것이고, 그렇게 되면 청국은 감내하기 어려운 불이익에서 헤어 나오지 못하게 될 것"이라고 위협했다.[169]

양루 공사는 청조 정부의 훈령을 받아 3월 6일(2월 21일) 람스도르프에게 특별 메모랜덤을 건넸다. 이 메모랜덤에서, 청조 정부로서는 제6조, 제12조, 제7조는 받아들일 수 없다, 제4조는 동청철도에 근접한 지역에는 청국군을 투입하지 않는다는 식으로 수정해주기 바란다, 8조 역시 열강이 불만을 가질 것이므로 수정이 필요하다고 요구했다.[170] 러시아 정부는 재빨리 움직였다. 닷새 후 외상은 재무상 및 육군상과 협의해 새로운 안을 정리했고, 이에 대해 니콜라이 2세의 재가를 얻었다. 제4조는 청국이 만주에 군대를 두기는 하지만, 그 규모는 러시아와 상의한다는 내용으로 수정했다. 제5조는 그대로 두었고, 제6조는 삭제했다. 제7조에서는 진저우의 이름을 삭제했다. 제8조의 외국인에 대한 이권의 공여 제한은 만주에만 한정하기로 했다. 제12조는 베이징 방향으로 향하는 철도선이라는 표현에서 베이징을 지우고, 만주와 즈리성의 경계에 해당하는 장성까지의 철도선이라는 표현으로 바꾸었다. 러시아 정부로서는 상당히 양보했다고 생각했고, 이 안으로 결착을 보려고 했다. 새로운 안에 대한 회답 기한은 2주간으로 지정했다. 3월 14일(1일) 이 새로운 안이 청국 측에 전달되었다. 리훙장도 그리고 칭친왕(慶親王)도 이 안이라면 받아들일 수 있다고 보았다.[171]

그러나 3월 17일 고무라 공사가 이 수정안을 가토 외상에게 보고했을 때, 가토는 이를 영국과 독일 정부에 통지하라고 지시하면서, 청조 정부에게 조인하지 않도록 요구하고 또 러시아가 철회하도록 해야 한다고 청조 정부에 권고하는 일에 협력했으면 좋겠다는 요청도 함께 하라고 지시했다.[172] 그리고 상하이의 오다기리 총영사대리에게, 어디까지나 이 협정 조인에 반대한다는 뜻을 청조 정부 내의 반대 파인 리우쿤이(劉坤一)와 장즈퉁(張之洞)에게 전하도록 했다.[173]

일본 정부에서는 이미 3월 12일에 열린 각의에서 가토 외상의 제 안으로 일본이 취해야 할 길에 관한 토의가 이루어져 있었다. 가토는 그 길에는 세 가지 방책이 있다고 제시했다.

첫째, 러시아를 향해서 공공연한 항의를 시도하고, 만일 목적을 달 성할 수 없으면 직접 무력으로 승부를 결정하는 것. ……만주에서 러 시아의 입지는 이미 매우 공고하기 때문에 이를 움직이여 소탕하는 것은 매우 어려운 일이며, 또한 여기에는 막대한 비용이 요구된다. 뿐 만 아니라 이 땅을 점령하면, 러시아가 오래도록 원한을 품게 될 것이 라는 점을 각오하지 않으면 안 된다.

둘째, 러시아를 향해서 균형을 위해 그리고 자위를 위해 [일본]제국 이 적절한 수단을 취해야 한다는 점을 선언하고, 한국에 관한 일·러 협상을 무시하는 행위에 나서는 것. 한국은 조만간 독립을 상실할 운 명에 처하게 될 것이다. 만일 러시아로 하여금 이 반도에 근거지를 두 도록 허락하면, 제국의 안전은 항상 협박을 받는 상황이 될 것임이 분 명하다. 특히 한국은 실리의 관점에서 보거나 국민감정의 측면에서 보아도 제국으로서는 이를 포기할 수 없기 때문에, 차제에 이 나라를 점령하든지 아니면 보호국으로 만들든지, 그 밖에 다른 적절한 방법 으로 이 나라를 우리 세력권 하에 두는 것이 두 번째 방책이다.

셋째, 러시아의 행위에 대해서는 일단 항의하는 권리를 보유하는 데 머물고, 후일을 기다려 시기적절한 조치를 강구하는 것.[174]

각의에서는 오랜 시간 의논을 거듭했지만, 결국 세 번째 방책으로 나아가기로 했다. 일본은 청조 정부에 대한 압력을 강화했다. 이러한 압력도 작용하여 청조 정부 내에서 또 다시 몇 가지의 수정의견이 나 왔고, 3월 20일(7일)에 양루 공사가 그 안을 람스도르프에게 제출했다. 그러나 외상은 이 재수정 요구를 거절하고, 14일의 안을 그대로 받아들일 것을 청국에 요구했다.[175]

3월 23일 오전 [도쿄의] 청국 공사는 가토 외상을 방문해, 청국을 대신해 각국이 러시아에게 조인 연기를 요구해 달라고 요청했다. 가토는 조인을 연기한다고 해서 아무런 득이 될 것이 없으며, 조인을 거부하고 러시아에게 철회를 요구해야 한다고 말하며 거절했다. 그러자 청국 공사는 12일 밤에 또 다시 면회를 요청하고는, 만일 러시아와 결렬해 전쟁이 일어날 경우 각국은 병력을 동원해 청국을 도와줄 것인가 하고 질문했다. 가토는, 러시아가 화는 내겠지만 실력을 행사하지 않을 것이다, 아무튼 청국이 러시아의 요구를 인정하면 각국도 또한 마찬가지의 요구를 들이밀 것이다, 라고 위협했다.[176]

이날 고무라 공사는 리훙장과 회견하고 일본의 경고를 전달했다. 리훙장은, 수정안에는 "하등 비난할 만한 조관은 없다"고 말하고, 러시아의 태도는 최후통첩 식이어서 조인하지 않으면 전쟁이 될까 우려된다, "여러 나라의 성원이 없으면, 이 당면한 위험에서 탈출할 만한 방도가 없다"고 말했다.[177] 주일 공사의 의견은 리훙장의 의견이었던 것이다.

마침내 24일 가토는 진다 공사에게, 청조 정부로부터 "우의적 조정"의 의뢰가 있었다, 베이징에 있는 각국 대표자회의에 이 안건을 제출해 협의하는 것이 좋지 않겠는가 하고 러시아 정부에 요청하라고 훈령했다.[178] 즉 청조 정부로부터 조정 신청이 없었는데도 창작을 한 것이다.

진다는 3월 25일 람스도르프를 면회하고 외상의 훈령에 따라 러시아 정부에 요청했다. 람스도르프는 러·청 사이에 교섭 중인 문제에 관해서 이런 통첩을 "공공연하게 접수하는 것"은 "사양하지 않을 수 없다"고 말했는데, 일본과 러시아 양국 정부의 의사소통을 위해서라며 다음과 같이 말했다.

"다른 열강들 때문에 장애를 받지 않는 한 러시아가 만주에서 철퇴하겠다는 결심은 지금까지 조금도 바뀌지 않았다. 그리고 러청협정을 체결하려는 러시아의 유일한 목적은 만주에서 철퇴를 실행하는 수단을 모색하는 데 있다. 그리고 해당 약정은 일시적이며, 청국의 주권을 침식하거나 다른 나라의 권리 및 이익을 침해하는 조항은 털끝만큼도 없다."

"만주문제는 전적으로 오로지 러시아에 속하는 안건이기 때문에, 이를 베이징 회의에 부치자는 제언은 러시아가 종래 의거하고 준수해온 일반원칙과 서로 병립할 수 없다."[179]

이러한 회답을 받은 가토는 불만이었고, "이대로 입 다물고 있기 어렵다"고 생각해서 "총괄적 불만족"이라는 의사표시를 하고 싶다고 이토 수상에게 제안했다. 그러나 이토는 "러시아와 싸움을 하게 되면 곤란하다"며 승낙하지 않았는데, 4월 1일의 회합에서는 야마모토 곤베에 해군상이 이토를 지지했고, 고다마 겐타로(児玉源太郎) 육군상은 중립적이었다고 한다. 그리고 이토와 가토 사이에는 다시 논의가 계속되었다.[180]

반러시아론 고조

러청밀약이 폭로되고 수개월 동안은 일본 전체에 반러시아 열기가 격렬하게 타올랐다.

사건은 2월 1일 오쿠마 시게노부가 고노에 아쓰마로에게 러시아 정부에서 회답이 왔다면서 다음과 같은 세 가지 항목을 전달한 데서 시작되었다. "만주는 시베리아 경영을 위해 필요한 땅이라는" 점, "러청밀약의 존재 여부는 답변의 범위를 벗어난다"는 점, "조선은 열강의 협동보호국으로 해야 한다"는 점이었다.[181] 2월 4일의 국민동맹회 동지간담회에서 구니토모 시게아키가 2백 명의 청중을 향해 이것을 애매모호하게 이야기했다. 다음 날짜『니로쿠신보(二六新報)에 3개 조항이 게재되었다.[182]

사태가 이에 이르자 국민동맹회는 대규모 캠페인을 개시했다. 2월 24일에 사세보의 아사히극장(旭座)에서 국민동맹대회를 개최했다. 참가자는 1천여 명이었다. 25일에는 나가사키에서 간친회가 열렸다.[183] 그 후에는 주고쿠(中国) 방면에서 유세를 시작해, 3월 4일에는 이와쿠니(岩国)에서 청중 1,500명이 모인 가운데 대회를 열었다.[184]

동일본 지역에서는 이바라기(茨城)현 지역의 유세가 진행되어, 3월 1일에는 고가(古河)읍 공회당의 대연설회에 1,500명이 참가했고, 2일에는 시모다테(下館)읍의 고지마극장(小嶋座)에서 열린 청년국민당과의 연합정담(政談) 대연설회에는 3,000명이 참가했다. 3일에는 오타(太田)읍의 니키루(二木楼)에서 대간친회가, 4일에는 미토(水戸)시의 극장에서 대연설회가 열렸다.[185]

3월 10일에는 국민동맹회 제3차 정담연설회가 간다도쿄극장(神田東京座)에서 개최되어 4,200-300명이 참가했다. 900명의 변사가 열변을 토했는데, 마지막으로 각 연설의 요지를 아베이 이와네(安部井磐根)가 정리하여 낭독했다. 그 제2항은 "만일 러시아가 경고에도 충고에도 응하지 않고, 만주 조약을 단행할 때에는 최후의 결심을 각오하겠다는 것"이었으며, 제3항은 "우리나라는 철두철미하게 단독으로라도 목적을 관철할 결심이 필요하다는 것"이었다. 항목 하나하나가 낭독될 때마다 청중이 보낸 박수소리가 "하늘을 뒤흔들 정도였다. 인심이 점차 만주문제, 이 하나에 집중되어 왔음을 알 수 있었다"고 내부 보고는 기록했다.[186]

같은 날 나가노(長野)시의 국민동맹대회가 지토세극장(千歳座)에서 열려 3,000명이 모였다. 본부에서 참가한 5명 가운데 나카에 도쿠스케(中江篤介, 兆民)도 있었다. "각각 열심히 지나 보전의 필요를 설파했다. ……박수 소리가 회당을 가득 채웠고, 그 중에는 감격의 눈물을 보이는 자도 있었다"고 한다.[187]

또한 도쿄에서는 3월 13일에도 국민동맹회 재경(在京)회원대회가 긴키칸(錦輝館)에서 열렸고, 고무치 도모쓰네, 다케이치 구라타(武市庫太), 네즈 하지메가 강연했다. 네즈는 일본과 러시아의 병력 비율을 상세히 검토하여, "해군이 우세한 것은 물론, 육군에 있어서는 5개 사단으로 충분히 필승할 수 있을 것"이라고 말하고, "러시아의 만주경영이 성취되는 그날에는" 이것이 역전될 것이다, 결국 우리나라가 뻗어나갈 곳이 없어질 것이다"라고 주장했다. 이 대회에서는 결의문이 채택되었다.

"대저 만주를 러시아의 손에 넘기게 되면 지나 보전의 방침은 여기서 깨지고, 조선의 옹호 역시 바랄 수 없게 될 것이다, 동양의 평화는 오래도록 교란될 것이며 우리 제국의 이익과 국방은 위험의 경지에 빠질 것이다. 지금은 우리 국민이 방관하고 좌시할 때가 아닌 것이다."

"우리나라 혼자만으로는 그 이해관계가 지극히 크고 무거워서, 반드시 솔선해 앞질러 나아가 열국 협동의 주동력이 되어, 차라리 최후의 수단에 호소해서라도 이를 관철하겠다는 큰 결심을 해야 할 것이다."[188]

여기에 이르러, 러시아와 싸울 것이라면 바로 지금이다, 하는 인식을 공공연하게 외친 것이다.

야마구치(山口)현에서는 3월 9일 다부세(田布施)의 동맹대회에 500명, 13일의 다카모리(高森) 연설회에 1,000명, 다음 날 14일에는 야나이쓰(柳井津)읍의 연설회에 2,000여 명이 모였다.[189] 어디서든 국민동맹회 집회에는 다수의 사람이 모였던 것이다.

2월에는 고쿠류카이(黑龍会)도 발족했다. 간사는 쓰쿠다 노부오(佃信夫), 우치다 고(內田甲, 료헤이(良平)), 구즈우 겐타쿠(葛生玄晫, 요시히사(能久))의 세 사람이었다. 창립 취지문은 "시베리아 및 만주, 그리고 조선이 오랜 세월 우리와 긴밀한 관계에 있다는 것을 또 다시 논할 것도 없는 바", 우리들은 "모두 다년간 흑룡강변에 노숙하고 장백산 아래 풍찬하"면서 "풍속과 인정을 시찰했던 것" "요컨대 그 시찰의 결과를 보여주고, 세인의 각성을 촉구함에 있어"라며 조심스럽게 기술되어 있다.[190] 그러나 그 후, 이 단체도 급속히 공격적인 논조를 보이게 된다.

러시아 정부, 러청협정 체결을 단념하다

러청교섭의 보도가 일본에서 야기한 이 격분은 러시아 공사와 주재 무관들의 공포심을 불러일으켰다. 최초의 경종은 이즈볼스키의 3월 14일(1일) 전보로 외상에게 전해졌다.

"이 모든 것이 다시 일련의 의회에서의 질문, 전투적인 신문논설, 집회 등을 불러일으키는 계기가 되었다. 이른바 국민동맹회는 또 다시 정력적으로 선전을 재개했다. 이번에는 도쿄뿐 아니라 지방의 여러 도시에서도 전개되어, 매일같이 집회, 결의, 데모 등에 관한 전보가 들어오고 있다."

이즈볼스키는 "일본 해군은 완전한 전투준비를 갖추고 있어서, 군사작전이 가능한 전장(戰場)과의 관계에서는 무엇보다 유리한 지위에 있다"라고 확인한 뒤, 일본 정부의 최고위직에 이토 히로부미가 있는 한은, 그가 "극단 분자의 꼬드김에 굴복하는 일은 없을 것이다", 그러나 그의 영향력은 하락하고 있으며 그가 사라지면 "훨씬 온건하지 않은 분자가 권력에 가까워질 수도 있게 된다"고 지적했다. 상황은 청일전쟁 전야와 몹시 닮아 있으며, 다른 것은 당시에는 이토가 중의원과 충돌했던 데 반해 지금은 "귀족원의 훨씬 유력한 분자들"과 충돌하고 있다는 점이다.[191]

결국 일본 국내에서 이렇게 높아지는 반러시아 의식을 배경으로 한 일본 정부의 청국에 대한 접근 때문에 러시아는 청국과의 협정 타결을 단념하는 쪽으로 내몰렸다. 3월 31일(18일), 청국 정부가 러시아와의 협정에 조인하지 않기로 결정했다는 것을 일본과 영국 정부에게 통지하라는 훈령이 도쿄와 런던의 청국 공사들에게 내려졌다. 러시아 정부는 이를 수용해야만 했다. 4월 3일(3월 21일) 러시아 정부는 재외 공사관 앞으로 통달전보를 보내서, 청국과의 양국 간 협정을 체결하겠다는 생각을 포기하고, "금후의 사태 진전을 조용히 기다리겠다"고 밝혔다.[192] 닷새 후 이즈볼스키는 가토 외상을 방문해, 이러한 취지를 구두로 전달하고 통첩을 건넸다. 거기에는 "현재의 상태에서…… 협상을 체결하는 것은 청국의 이해에 관한 러시아의 우호적 의지를 세상에 드러내 밝히는 수단이 아니고, 거꾸로 이웃나라를 여러 가지 곤란한 상황에 빠지지 않게 한다는 보장이 없기 때문에"라는 교섭 중지 사유가 설명되어 있었다.[193]

이때 일본은 앞의 람스도르프 발언에 대해서 어떻게 표명할 것인가 하는 문제를 놓고 각의와 원수회의 등에서 논의를 진행하고 있었는데, 드디어 4월 5일 의견의 발표는 보류하지만, 람스도르프의 의견에는 "유감스럽지만 동의할 수 없다"고 구두 회답을 하기로 결정했다. 가토 외상이 주장한 바와 같이 정면으로 반대론을 표명하는 것은 개전으로 이어질지도 모른다고 우려했던 것이다.[194]

이 구두 회답은 4월 6일 진다 공사가 람스도르프 외상에게 전달했다. 람스도르프는 사견임을 전제로, 종래 만주에서 자유행동을 인정하는 취지의 제언을 했던 일본이 "만주문제를 극히 중대시하게 된 것은 의외라서 크게 놀랐다"라고 말했다고 한다.[195] 4월 8일 청국 공사 리성둬(李盛鐸)는 가토 외상과 회담했는데, 이 자리에서 가토는 "장래에 또 다시 난국이 생기면 숨길 것 없이 일본과 영국 두 나라와 상의해야 할 것"이라고 요청했다. 성쉬안화이[盛宣懷, 청조 말기의 실업가, 정치가]의 감사장은 10일 지나서 도착했는데, "금후 만일 러시아가 또 다른 어떠한 제의를 하는 일이 있으면, 무엇보다도 양국이 서로 통지해 함께 유지하면서 동방의 대국을 보전할 것을 기약한다"고 되어 있었다.[196]

러시아와 청국이 전쟁을 했다면 당연히 강화를 체결해야 하는데, 결국 일본이 그것을 철저하게 방해한 것이라고 할 수 있다. 삼국간섭에 대한 보복이었다고 할 수 있을지도 모르겠다. 아무튼 그 결과, 이 시점에서 러시아와 청국 사이에는 러시아군의 철수에 관한 어떠한 양해도 성립되지 못했다.

계속되는 전쟁의 공포

러청교섭의 좌절 소식이 보도된 후 일본 국내에서는 국민동맹회의 운동도 그 세가 급속히 줄었다. 이에 반해서 러시아인들이 느끼는 전쟁의 위협은 계속 고조되었다. 4월 6일(3월 24일) 일본주재 해군무관 루신은 해군성에 중대한 경고 통신을 보냈다. 일본 국내에서는 러시아의 만주 계획에 관한 소문이 퍼지면서 연초부터 매우 반러시아적이고 전투적인 분위기가 강해지고 있다. 러시아가 청국과의 밀약을 단념했다는 통지가 늦어지면, 러시아에 대한 공공연한 군사행동이 취해질 수도 있다. 이 반러시아 열기는 강력한 반러당(反露黨)에 의해서 뒷받침되고 있으며, 일본 국내에서 그 영향력이 날로 커지고 있다. 따라서 아주 사소한 일을 계기로 일본이 군사행동을 시작할 가능성이 있다.[197]

도쿄주재 육군무관 반노프스키도 4월 10일(3월 28일)에 "만주문제를 둘러싸고 흥분한 여론은 전투적인 성격을 띠고 있다" "우리에게 적대적인 육군성은 시종 침착한 자세로 이성적인 태도를 견지하고 있다", 그러나 "해군성의 분위기는 무연탄의 매입 건으로 표출되고 있다"고 보고했다.[198]

공사 이즈볼스키도 4월 5일(3월 23일) 외상에게 타전했다. 러청밀약의 보도로, 많은 "배외주의적인" 경향을 띤 작은 신문들뿐만 아니라 정부의 입장을 대변하는 성향의 신문들까지 포함된 중요 신문들이 선동에 가세했고, 오쿠마 시게노부와 같은 많은 거물 정치가까지 "가장 전투적인 자세로 공중에게 연설하고 있다." 가토 외상은 "젊고 야심에 찬 대신들 그룹"에 속해 있어서 "줄곧 침착함을 견지해온 건전한 이토 후작"을 무대 뒤편으로 밀어내고 있다. 여기서 "가장 위험하고 격정적인 각료"가 야마모토 해군상이라는 주장은 심각한 오해다. 이성적인 것은 원수부(元帥府)의 사람들, 즉 고마쓰(小松) 공작, 야마가타 원수, 사이고(西鄉) 제독, 그리고 이토라는 것이 타당한 판단이다. 러청밀약 사건은 "일본에게 자국이야말로 만주에서의 러시아의 계획으로 위협을 받고 있는 청국의 친구이며 옹호자라는 점을 과시할 수 있는 구실을 제공해 주었다."[199]

이 전보들은 우선 뤼순의 알렉세예프 앞으로 전달되었기 때문에, 그가 먼저 반응했다. 알렉세예프는 4월 10일(3월 28일)에 육군상 쿠로파트킨에게 전보를 보내 병력 증강을 호소했다. "공사의 통보에 의하면 우리에게 호의적이지 않은 일본 국내의 분위기는 강화되고 있으며, 전체적인 상황은 심각하다. 일본의 육군과 해군이 항상 대규모의 전투준비를 갖추고 있기 때문에 적극적인 행동을 개시하는 데 대대적인 준비가 필요하지 않다. 일본의 적극적 행동은 거의 불의의 기습공격이 될 가능성이 있다. 이러한 점을 고려해 우리나라의 정치정세 일반에 관해서는 잘 알지 못하지만, 방위에 대비해 뤼순의 방비를 견고히 할 수 있는 약간의 조치를 강구할 필요가 있다고 생각한다. 그를 위해서는 무엇보다도 신속하게 행동할 수 있도록 포병대의 현재 작업방식을 변경할 것이 요구된다. 그러한 작업방식의 변경에 따라 발생하는 추가 지출에 관해서 각하의 지시를 앙망한다."[200]

이 요청에 대해서 사하로프 참모총장은 4월 13일(3월 31일), 육군상의 회신을 알렉세예프에게 송신했다. "극동의 정치정세 일반은 매우 불안정하기 때문에 언제, 어느 때, 어떤 충돌사태가 발생할지 알 수 없다. 따라서 육군상은 한없이 신중한 태도를 견지하면서, 우리의 행동으로 인해 일본의 흥분상태가 더욱 고조되는 일이 없도록, ……시기상조인 결정적 조치를 취하지 않기를 원하고 있다."[201]

쿠로파트킨은 이미 결정되어 있는 뤼순의 강화책, 즉 제3보병여단을 뤼순으로 집중시키는 일, 그리고 뤼순으로 보내야 할 보급물자의 수송을 서두르는 일밖에는 생각하고 있지 않았다.

그런데 여기서 긴장이 약간 완화된 것처럼 보였다. 4월 15일(2일) 이즈볼스키가 러시아 정부의 러청협정 단념 발표에 대한 일본 측의 태도 변화를 알려왔다. 가토 외상은 러시아 정부의 결정에 만족하고, 신문 논조도 "극도로 전투적인 것에서 온건하고 이성적인 것으로" 바뀌었다. 이토와 가까운 『도쿄니치니치신문』(東京日日新聞)은 "러시아 정부의 현명함과 평화애호심"에 공감한다고 썼다. 그러나 이토 등의 권위는 커다란 타격을 받았고, "시대의 영웅은 가토 씨이며, 배외주의적인 신문들이 이구동성으로 그를 칭찬했다." 가토 다카아키와 함께 "소장파 그룹"의 기세도 증가했다는 것이었다. 그리고 이즈볼스키는, "해군뿐 아니라 육군도 초가을에는 즉시 적극행동에 나설 수 있는 준비를 갖출 것이다"라고 지적하고, 다음과 같이 경고했다. "어떤 사유로든 다시 한 번 만주문제가 제기된다면 사태는 또 다시 첨예화될 것이며, 전투적인 일파는 또 다시 러시아와 단절하려는 시도를 할 것으로 상정된다." 이 위험에 대비해서 미리 준비해야 한다.[202]

결론은 경계가 필요하다는 것이었다. 이에 따라 6월 4일(5월 22일), 외상 람스도르프가 루신의 경고를 인용하며 육군상에게 질문서를 보내는 이례적인 사태에까지 이르렀다. 황제가 승인했다는 점으로 보아, 아마 황제도 걱정스러웠을 것이라 생각된다. 편지의 사본은 재무상과 해군상에게도 송달되었다. 질문의 핵심은 다음과 같았다.

"일본의 지배적인 분위기에 관해서는 말할 것도 없지만 어쨌든, 귀하는 새롭고 대담한 계획에 따라 극동에서 우리의 임무를 실현하기 위해 노력하는 데에―나의 생각으로는 이를 위해서도 조용한 준비가 필요하다―현재 러시아의 육해군 병력이 충분히 준비되어 있다고 생각하시는가?"[203]

이 편지에 대해서 쿠로파트킨 육군상은 다음과 같은 답신을 써 보냈다. "육군성은 청국에 대한 전진 운동이라는 과제를 한 번도 추구한 적이 없다." 뤼순 점령도 해군기지를 만들기 위해서 추진된 것이다. 현재 만주를 일시적으로 점령하고 있지만, 이것은 과중한 부담이다. 유럽의 군대로 극동의 병력을 증강하는 것은, 수송의 어려움도 있지만 서방에서의 병력 분산을 초래하기 때문이다. 그러므로 이러한 상태에서 벗어나는 것이 바람직하다. 쿠로파트킨은 이와 같이 주장하고, 외상께서는 "새롭고 대담한 계획"을 추구하기를 바라고 계신 모양인데 이게 무슨 이야기인지 알 수 없기 때문에, 병력이 충분한

지 어떤지 물어보셔도 답을 할 수가 없다. "그러나 아주 명확하게 말할 수 있는 것은, 육군으로서는 극동의 우리 쪽 병력이 적어서 이동시키지 않으면 안 된다. 따라서 우리는 일본과 투쟁할 준비가 되어 있지 않다는 것이다. 특히 조선 영토 내에서 전투가 벌어진다면, 그렇다"204라고 답했다.

쿠로파트킨은 현재의 상황으로는 병력이 열세에 있으며, 더군다나 이 이상의 병력증강 조치는 취할 수 없다며 정색을 하고 나선 것이다. 당연히 일본을 자극하지 말라는 이야기가 된다.

비테는 6월 6일(5월 24일)과 10일(5월 28일)에 람스도르프에게 회답했다. 만주의 점령은 일본과의 결렬을 초래하든지 촉진할 것이다. 그 결과 "막대한 비용지출"이 필요해져서 "러시아 국민에게 무거운 부담이 될" 것이다. 그러므로 청조 정부와의 교섭이 중단된 지금은 "손해를 보전하기 위해 우리의 물질적 이해를 정력적으로 옹호해야 할 것이다." 현재의 유일한 과제는 "일본과의 전쟁을 배제하는" 일이다. 물론 만주포기론은 취할 수 없다. "우리는 동청철도의 남부지선도, 뤼순도, 다롄도 포기할 수 없으며, 포기해서도 안 되지만, 이 이상 나아가서도 안 된다." 전쟁을 막는 "최선의 방책은 동청철도를 민간회사의 사업으로 하고, 만주에서 우리의 역할을 이 기업의 보호만으로 한정하는 일이며" "우리 군정을 폐지하고" "만주의 정치적 정복"을 단념하는 일이다.

비테는 제1신에서 이와 같이 주장했는데, 제2신에서는 일본이 조선을 요구한다면 조선의 독립을 국제적인 장으로 가져간다, 그래도 일본이 조선을 점령한다면 이것을 개전 사유(casus belli)로는 간주하지 않겠다고 주장했다.205

요컨대 육군상도 재무상도 모두 두 손 두 발 다 들었다고 말하고 있을 뿐, 람스도르프를 만족시키는 답은 내놓지는 못했다.

가쓰라 내각의 성립

한편 일본에서는 사태가 결정적으로 진행되고 있었다. 1901년 6월 2일 이토 히로부미가 마침내 수상 직을 사임하고, 가쓰라 타로(桂太郎)가 총리대신이 되었다. 가쓰라는 이토, 야마가타와 같은 조슈(長州) 출신이었는데, 1847년생으로 이토보다 여섯 살 아래였다. 나이로 보면 보신전쟁[戊辰戰争, 1868-69년의 유신 정부군과 구 막부군 사이의 내전] 시기에 겨우 일개 사관으로 참가한 데 지나지 않았다. 무쓰 무네미쓰나 아오키 슈조보다도 세 살 아래였다. 메이지정부 성립 직후 사비로 독일에서 유학했고, 귀국 후에는 육군에 들어가 독일주재 무관이 되었다. 이후 참모본부의 국장, 육군성의 총무국장 그리고 차관이 되었다. 청일전쟁에 제3사단장으로 참전했고, 전후에는 타이완 총독을 역임했으며, 1898년 이토 내각의 육군대신이 되었다. 1900년까지 이 포스트에 있다가, 마침내 총리대신으로 취임한 것이었다. 가쓰라는 총리직을 장시간 고사했지만, 이노우에, 야마가타, 마쓰카타, 이토 등이 모두 하나같이 그를 추천하자 결국 총리직을 이어받았다. 이 내각의 출현과 함께 유신의 원훈들은 모두 정치 일선에서 물러나게 되었다.

이 가쓰라가 외무대신에 앉히고 싶어 했던 인물이 주청 공사 고무라 주타로였다. 그러나 의화단사건의 뒤처리 때문에 즉시 귀국시킬 수가 없어서, 잠시 동안 소네 아라스케(曾禰荒助) 대장상(大藏相)이 외무대신을 겸직했다. 드디어 9월 9일, 고무라는 베이징을 출발해, 한국의 남해안을 시찰하고 도쿄로 돌아와 외상에 취임했다. 이 가쓰라와 고무라 같은 '소장'파 수상과 외상의 조합으로 일본은 러시아와의 전쟁으로 향하게 되는 것이다.

고무라 주타로는 미야자키(宮崎)의 작은 번(小藩) 출신으로 1855년생이었다. 유신 후 제1세대로 하버드대학에 유학한 수재였다. 청일전쟁 직후에는 조선 공사로서 민비암살사건의 뒤처리를 했다. 그 후 본성으로 복귀해 차관으로 있다가, 1898년부터는 미국 공사, 1900년부터는 러시아 공사를 역임했다. 의화단사건이 발생하자 11월에 청국 공사로 임명되었다. 동북아시아의 이 격동의 시기에 모든 관련 국가들의 공사 직을 경험하고 나서 외무대신이 된 것은 전례가 없는 일이었다. 그런 의미에서는 근대 일본외교 에이스의 등장이라 할 수 있었다.

고무라는 대신에 취임하면서 차관에 해당하는 총무장관에는 러시아 공사였던 진다 스테미를, 정무국장에 야마자 엔지로를 앉혔다. 전신과장은 이시이 기쿠지로(石井菊次郎), 비서관은 혼다 구마타로(本多熊太郎)였고, 모두가 고무라의 방침에 따라서 움직이는 충실한 부하들이었다.[206]

참모총장 사하로프의 모반(謀反)

가쓰라 내각의 탄생이 무엇을 의미하는지, 물론 러시아는 이를 곧바로 명확하게 이해하지 못했을 것이다. 그러나 사태가 중대하다는 것은 느끼고 있었다. 그 결과는 쿠로파트킨이 세운 방침에 대한 불만과 불안의 표출이었다. 다름 아닌 참모총장 사하로프가 이를 추진했다. 도쿄는 물론 뤼순에서도 쿠로파트킨의 근거도 없는 낙관론과 무위무책(無爲無策)에 불만이 들끓고 있었고, 현장의 장교들도 비판적이었다.

6월 26일(13일) 참모총장 사하로프는 쿠로파트킨 부재중 육군상 대행의 자격으로, 의화단사건으로 출병했다 돌아온 참모본부의 아가

페예프 대령의 의견서를 외상에게 보내면서, 다음과 같이 주장하는 장문의 편지를 첨부했다. 일본과의 관계에서 "가까운 장래에 결렬과 무력충돌이 불가피"하다. 그러므로 일본이 어느 정도의 병력을 보유하고 있으며, 우리나라가 어느 정도의 병력을 보유하고 있는지 알리는 것이 필요하다. 사하로프는, 일본이 개전 1개월 후에는 평양 내지 랴오둥반도에 72개 대대를 집결시킬 수 있을 것인데, 러시아는 증원부대 없이 만주에 있는 24개 대대로 응전해야 한다면서 다음과 같은 결론을 제시했다.

"이와 같이 전반적인 특징을 포함한 전투 조건을 비교하는 데서 시작해, 현재 우리가 아무르군관구에 있는 부대만으로 군사행동을 해야 한다고 하면, 각하께서는 우리가 결국 극도로 곤란한 상황에 놓이게 될 것임을 이해하실 수 있을 것입니다. 분명하게 밝혀진 곤란함과 보강부대의 수송에 걸리는 시간을 고려해, 일본과의 결렬 우려가 얼마나 심각하며 또 심각해질 수 있는지, 그리고 육군성이 아무르군관구의 현상을 강화하는 조치를 취해야 하는지에 관해서 각하께서는 판단을 내려주셔야 합니다."[207]

이것은 이례적인 문제제기였다. 함께 보낸 아가페예프의 보고서도 이례적이기는 마찬가지였다. 아가페예프는 도쿄에서 공사 이즈볼스키와 이야기를 나눴는데, 이즈볼스키가 자신의 의견을 페테르부르크에 전해 달라고 했다는 것이다. 공사는 다음과 같이 말했다. 러청밀약의 단념을 일본의 승리라고 열광하는 "젊고, 전쟁도 불사할 열정적인 인사들의 무리"가 우세해 온건한 장로파는 배후로 밀려났다. 지금은 여론이 조금 가라앉았지만, 머지않아 곧 만주에서 러시아군 철수라는 새로운 요구가 나온다면, "전쟁이 불가피해진다. 일본과 전쟁을 하게 되면 우리는 일본에 중대한 타격을 가할 수 없다. 섬나라라는 조건과 강력한 해군의 존재로 인해 일본은 어느 정도 난공불락의 요새가 되어 있기 때문이다. 다른 한편으로 일본은 우리 쪽으로 만주 상륙, 뤼순의 고립화와 포위전, 동청철도 파괴 등과 같은 상당한 타격을 가할 수 있을 것이다."

"현재 아직까지는 우리는 조선이 필요하지 않다. 만주에 뿌리를 내려서 뤼순을 러시아 영토와 연결하는 일이 급선무다. 이 제1차적인 이익을 위해서는 일시적으로 조선을 희생할 수도 있을 것이다.""최종적으로는 '카르타고를 무너뜨려야 한다.' 일본의 힘의 요인인 육해군은 빠르던 늦던 빼앗아야 한다.""일본의 군사적 준비는 아직 완료되지 않았지만, 장비의 갱신은 아마도 금년 가을에는 끝날 것이다. 전 육해군 개혁의 실시는 모름지기 1902년 말까지는 끝날 것이다. 그러니까 이때까지는 우리도 완전한 전투태세에 돌입해야 한다. 현재보다도 더 유리한 전투의 조건을 만들어 적의 강력한 반격에 대비하지 않으면 안 된다."[208]

외상은 자신도 육군상의 생각을 추궁했으면서, 참모총장의 이 편지도 그리고 아가폐예프의 의견서도 당치않은 의견의 제시라고 생각해 관료적으로 대응했다. 7월 1일(6월 18일) 외상은 사하로프에게 답장을 보냈다. 아가폐예프의 의견서가 "얼마나 정확하게" 이즈볼스키 공사의 의견을 전하고 있는지 알 수 없다고 불쾌감을 드러내면서, 외무성의 입장을 장황하게 재론했다. 지금 외무성은 청국과의 만주문제 협정을 특별히 바라고 있지는 않다. 혼란이 수그러든 다음에 만주에서 전략상 필요한 특전과 특권을 획득하는 것이 좋다. ……이미 러청밀약 보도가 일본에서 커다란 흥분을 야기했다. 이런 상황에서 러시아로서는 "〈현상〉유지"로 가고, 대청 단독교섭은 단념하지 않을 수 없다. 그렇게 함으로써 러·일 관계가 만족할 만한 것이 된다면, 외무성으로서는 러·일의 우호관계가 깨질 것이라고 걱정하지는 않는다.

이렇게 주장한 다음 람스도르프는, 극동의 러시아군 병력이 일본의 병력보다 약체라고 한다면 "아무르군관구의 군대를 서서히 그리고 신중하게 전투준비 태세에 돌입시키는 조치를 취하는 것이 정말로 합목적적이지만, 그럴 경우 우리의 입장을 강화하는 모든 방책은 불가피하게도 일본으로 하여금 이에 대응해 육해군 증강책을 취하게 하든지, 아니면 즉각적으로 공공연한 적대행동으로 나올 계기를 모색하게 하든지 하는 상황이 될 것이라는 점을 잊어서는 안 될 것이다"라고 썼다. 이것은 쿠로파트킨의 평계를 헤아리고, 그것을 되풀이하고 있는 것이라고 볼 수 있다. 아무튼 외상은 결론으로서, "현재의 곤란한 상황을 벗어날 수 있는 최선의 활로는 만주에서의 완전 철수라는 폐하의 의지를 이행하기 위해서 가능한 한 신속하게 준비하는 일일 것이다"라고 주장했다.[209]

이처럼 사하로프의 문제제기를 물리치면서, 람스도르프는 7월이 되자 자신이 직접 공사와 장관들에게 다시 한 번 기본원칙을 문의했다. 먼저 7월 30일(17일)에 도쿄와 베이징의 공사들에게 전보를 보냈다. 러시아는 이제까지 "열국과 청국 자체의 행동이 방해하지 않는다면, 청국에 정상적인 질서가 회복되면, 만주에서 즉시 철군하겠다는 의도"를 표명해왔다. 그러므로 조건이 갖추어지지 않으면 철수하지 않는 일도 있을 수 있다. 여하튼 최종 결정을 하기 전에 러시아가 만주를 병합하겠다는 의도를 표명한다면 어떤 결과가 나올지 알고 싶다.[210]

또한 람스도르프는 8월 1일(7월 19일)에 비테와 쿠로파트킨에게 같은 문장의 편지를 보냈다. "러시아의 국가적 이익에 있어서, 우리 군대가 점령한 만주의 부분을 전면적으로 계속 장악하는 것이 바람직한가, 아니면 그 가운데 한 개의 성만을 장악하는 것이 바람직한가 하는 문제를 최종적이고 불가역적으로 결정해야 하"는 것이 과제로 떠오르고 있다. 현재의 점령지를 병합하는 것은 매력적이지만, "주어진

정치적 상황 하에서 가능한가"를 생각하지 않으면 안 된다. 러시아가 지금까지 열국에 약속해온 것, 즉 청국 영토를 병합하지 않겠다는 공약을 깨는 것은 적절하지 않다. 일본은 "극도로 전투적인 반러시아 분위기"에 휩싸여 있어서, 러시아가 청국 영토의 보전을 침해하면 러시아와 무력으로 싸우는 것도 마다하지 않을 것이다. 그렇다면 다음과 같은 물음으로 귀착한다. "러시아는 현재의 병력 조건으로 일체의 리스크 없이 일본의 도전에 대응할 수 있는가, 만주의 획득은 그런 위험을 무릅쓸 정도로 중대한 군사적·전략적·재정적인 이익이 될 것인가."

이 물음에 "유일하게 능력 있는 육군성과 재무성"이 '예스'라는 답을 내놓는다면, 남만주의 철도도 반환하지 말아야 한다. '노'라고 한다면 이 철도를 반환하면서 즉시 전 만주에서 점차 철수를 개시해야한다. 외상은, 이 건에 대한 "귀하의 최종적인 결론"을 들려주기 바란다고 요청했다.[211]

외상의 이 질문에 대해서 우선 베이징에서 기르스 공사가 8월 4일 (7월 22일) 회답을 보내왔다. 그의 대답은 이런 것이었다. 즉 청국 내에는 만주가 러시아의 것이 된다는 생각을 받아들이고 있는 자가 많지만, "남쪽에서는 일본의 지지를 받는 맹렬한 반러시아 캠페인이 전개되고 있다", 리훙장은 그 움직임과 연결되어 있으며 만주문제의 검토에 열국을 끌어들이려 하고 있다. 그러므로 러시아로서는 "만주에서 철군하기 전에, 만주에서 우리나라의 완전히 예외적인 지위, 그리고 가능한 한 모든 분야에서의 영향력을 청국이 인정하는 정식 문서를 확보하는 것이 필요하다. 그렇지 않으면 우리의 퇴장은 이곳에서 우리에게 무엇보다도 불리한 인상을 심어줄 것이고, 이 나라 전체, 특히 해당 세력권에서 우리가 행사할 지위에 파멸적으로 반영될 것이다."[212]

도쿄 공사의 회답은 8월 7일(7월 25일)에 제출되었다. 만주를 병합한다는 공식 성명을 발표하면, 일본의 "강력한 여론의 움직임"을 야기할 것이고, "전투파"는 대러 단교를 촉구할 것이다. 온건파만이 "조선에서의 적극행동"으로 대항하자면서 참을 것이다. 어느 쪽이 이길지는 알 수 없지만, 일본이 "러시아의 정식 만주병합을 지켜보는 얌전한 관객"으로 남아 있을 리가 없다. 따라서 이즈볼스키는 차선책으로서 다음과 같은 행동을 제안했다. "아무런 정식 문서에 기초하지 않는 우리나라의 만주점령이 지속되면, 일본이 이를 조금씩 기정사실로 생각하고 타협해 올 것으로 오히려 기대할 수 있다." 물론 때로는 전투적인 분위기가 불꽃을 튀기면서 일본 정부가 국제적인 항의를 조직하려고 노력하겠지만, 그것 말고는 택할 수 있는 방도가 없을지도 모른다는 것이었다. 당시의 상황에서 이즈볼스키도 달리 취할 방법이 없었던 것이다. 끝으로 그는 베이징의 고무라가 도쿄로 돌아와 외상이 되면 어떻게 하는지 잘 지켜보겠다고 썼다.[213]

그러면 육군상과 재무상은 람스도르프의 질문에 어떤 답을 내놓았을까? 비테 재무상은 만주에서 점차적이고 전면적인 철수가 필요하다고 회답했다. 삼국간섭으로 일본이 포기한 랴오둥반도의 남부를 러시아가 점령하고, 이제 만주까지도 병합한다면 이것은 일본에 대한 직접적인 도전으로 비칠 것이다. 러시아는 과거의 그 어느 때보다도 중대한 군사충돌에 대한 준비가 되어 있지만, 일본과의 결렬은 파멸적인 결과를 초래할 것이다. 동청철도를 보호하는 것은 만주 점령 없이도 가능하다. 비테는 외상의 물음에 직접적인 답을 내놓지는 않았다.[214]

한편 쿠로파트킨은 8월 12일(7월 30일)의 답장에서, 만주에 대한 자신의 터무니없는 제안을 개진했다. 쿠로파트킨은 "만주를 청국에 돌려주는 것을 충심으로 바라고 있지만 우리는 그와 동시에 러시아가 만주를 통해서 블라디보스토크와도, 뤼순과도 강고한 연락을 확보하는 것을 단념할 수 없다"고 주장했다. 만주의 남부에 병력을 유지하는 것은 언제나 곤란하다. 육군의 진지로서 관둥주는 강력하지만, 해군의 근거지로서 뤼순은 불충분하다. "극동에 만든 지위를 유지하는 데에는 거액의 자금이 필요하고, 서방의 주(主)전장에서 우리의 지위를 약화시킨다. 강력한 태평양함대 창출을 위해 해군에 거액의 지출을 하면, 많은 것이 필요한 우리 육군의 강화책을 중단해야 한다."

쿠로파트킨은 이 상태로 만주포기안을 물리치고, 또한 만주합병안도 물리쳤다. 그리고 유일한 활로로서 동청철도가 러시아의 손에 장악될 수 있도록 "만주 북부를 어떤 형태로든 러시아에 합병할 것"을 제안했다. 만주 북부를 러시아의 영향력 하에 있는 부하라 한국(汗國) 같은 종속지역으로 하는 것이 좋다. 한편 관둥주에 육해군을 두는 것은 일본과 전쟁을 하게 될 경우에 우리의 지위를 강화시키지 않고 오히려 약화시킨다. "나는 우리가 관둥반도에 진지를 유지하는 것보다는 넘겨주는 편이 바람직하다는 의견을 표명하고자 한다." 금년에는 평톈성의 남서부에서 철수하고, 산하이관(山海關)-신민전(新民鎭)의 철도도 인도한다. 1902년에는 완전히 평톈성에서 철수하고, 1903년에는 지린성의 남부에서 철군하는 것을 생각한다.[215]

관둥주를 포기하고 만주 북부를 병합한다는 이런 제안은 정말로 무책임한 착상이다. 쿠로파트킨은 이렇게 말하면서도, 8월 25일(12일)에는 외상에게 "우리는 일본에게 투쟁을 도발하지 않지만, 일본 자체의 행동으로 이 투쟁을 해야만 할지도 모른다"고 써 보냈고, "일본이 우리와 무력투쟁을 시작할 위험이 있는 한, 우리는 러시아의 1억 3천만 주민의 신성한 이익을 지키고, 아무르 주와 전 러시아와의 연결을 확보해, 만주에서 관둥주의 군대에 대한 지원을 용이하게 할 전진기지를 러시아를 위해서 유지해야 한다"고 써 보냈다.[216] 현재 상태의 병력으로 충분하겠는가 하는 외상의 질문에 대해서 육군상이 야말로 답하지 않으면 안 되었는데도, 육군상은 이번에도 답하지 않았다.

결국 람스도르프의 문제제기에 대해서 공사들도 장관들도 명쾌한 답을 내놓지 못한 것이다.

그러나 육군성은 대일 전쟁의 새로운 방침을 세워야 했다. 8월 27일 (14일), 참모본부는 아무르군관구 및 관둥주 군 참모부와의 합의 하에 대일 전쟁의 방침 '대일 행동의 일반원칙에 관하여'를 작성했다.[217] 대일 전쟁의 두 가지 케이스가 상정되었다. 첫 번째는 일본이 조선을 점령하지만 러시아를 공격하지 않는 경우였고, 두 번째는 조선을 점령하고 러시아를 공격하는 경우였는데, 공격 루트로 만주, 뤼순, 블라디보스토크의 세 방향을 상정했다. 두 번째 경우는, 일본 육해군의 병력이 우세하고 동원과 수송이 신속하기 때문에 첫 번째 전투에서 러시아는 방어전을 하지 않을 수 없게 된다. 러시아군은 펑톈-랴오양 (遼陽)-하이청에 집결해 서서히 하얼빈 방향으로 철수하라는 지시를 받는다. 개전 당초 아무르군관구와 관둥주에는 6만 4,000명의 병력이 있어서, 프리아무르군관구와 시베리아군관구에서 증원군 7만 1,000명이 도착하면 총 13만 5,000명이 된다. 그러나 증원군의 도착에는 시간이 필요하여 3개월이 지났을 때에는 9만 1,000명에 불과하고, 그 가운데 랴오양-하이청에 있는 것은 2만 6,500명 정도가 될 것이다. 그러나 이 방면으로 일본은 10만 명을 보낼 것이다. 나머지 증원부대의 도착은 4개월 경과 시에 그리고 최종적으로는 6개월 반이 지났을 때가 될 것이다. 해군은 모든 함선을 뤼순에 집결시켜서 싸울 수밖에 없다. 그렇게 되면 일본군이 랴오둥반도에 상륙하는 것은 불가능할 것이다. 조선에 6개 사단이 상륙하여 만주로 들어올 것이다. 블라디보스토크를 공격하는 일은 없을 것이며, 일본군의 주력은 남만주로 향할 것이다. 이 새로운 방침은 사하로프 참모총장이 외상에게 보낸 의견서에서 말한 현상의 재확인에 지나지 않았다.

그런데 의화단사건을 총결산하는 강화조약이 1901년 9월 7일 베이징에서 청조 대표인 칭친왕과 11개국의 대표들 사이에 체결되었다. 열국은 4억 5천만 냥이라는 배상금을 획득했고, 베이징의 공사관 구역과 개항장의 안전 확보를 위해서 군대를 주둔시킬 권리를 획득했다. 그러나 러청전쟁은 매듭지어지지 못한 채 러시아군은 만주에서 주둔을 계속하고 있었다.

황녀의 탄생과 닥터 필리프

만주와 극동정세를 둘러싸고 정부 내에서 이렇게 심각한 논의가 오가고 있을 때, 황제는 다른 세상에 있었다. 흡사 다른 별에 있는 것 같았다.

황후 알렉산드라 표도로브나는 1901년 6월 18일(5일) 네 번째 아이를 출산했다. 또 여자아이였다. 아나스타샤라고 이름 지었다. 사내아이를 낳지 못한 황후의 절망은 깊었다. 러시아의 황위계승법은 남자만이 제위를 계승하도록 되어 있었기 때문이다.

황후는 몬테네그로의 왕녀로 표트르 니콜라예비치 대공의 비가 된 밀리짜 그리고 그 여동생 아나스타샤와 친밀한 관계를 맺고 있었다. 세기말의 오컬트에 빠져 있던 이 자매는 1900년에 프랑스인 필리프를 만났고, 그를 우러러 받들게 되었다. 파리주재 비밀경찰의 대표는 필리프가 몇 번이나 투옥된 사기꾼이라고 보고해왔지만, 오컬트학의 대가였다고 보는 시각도 있었다.[218] 1901년 초 필리프는 초대를 받아 러시아로 왔다. 한 번 프랑스로 돌아갔다가 또 다시 왔는지 어떤지는 알 수 없지만, 네 번째 여자아이를 출산하고 낙담해 있던 황후는 필리프를 소개받게 되었다.

니콜라이는 1901년 7월 23일(10일) 일기에 썼다.

"밤 시간 내내 레네르레에서 보냈다. 미스터 필리프는 이야기를 하며 우리를 가르쳐 주었다. 얼마나 기적 같은 시간이었는지!!!"[219]

다음 날부터 문자 그대로 매일, 열흘 동안 필리프는 "우리들의 벗"이라는 이름으로 황제의 일기에 등장한다. 7월 24일에 필리프는 황후의 방에 앉아 이야기를 했다. 황후는 딸들을 소개했고, 이들은 침실에서 함께 기도했다. 25일에는 황제 혼자서 페테르부르크에 있는 표트르 대공의 저택(즈나멘카)으로 갔고, 오후 5시까지 필리프와 둘이서 보냈다. 26일에는 황제와 황후가 표트르 대공의 저택 정원에서 저녁때까지 필리프와 함께 보냈다. 27일에는 황족의 기도회에 필리프가 동석했다. 28일에는 황제와 황후가 야간 극장으로 가서 2막까지 관람하고 돌아오다가 필리프의 숙사를 방문, 오전 2시까지 함께 있었다. 29일에도 필리프를 방문해 오랜 시간을 보냈다. 30일에는 군대의 퍼레이드가 있었다. 필리프도 퍼레이드 장소로 왔고, 거기서 표트르 대공의 저택으로 가서 황제와 황후는 밤중까지 함께 있었다. 31일 밤에도 두 사람은 표트르 대공의 저택으로 갔다. "우리들의 벗"과 "중대한 대화"를 나누었다. 8월 1일에는 점심 식사 후에 표트르 대공의 저택으로 갔는데, 밀리짜 비는 병이 나 있었지만, 밤 시간 내내 황제와 황후는 필리프의 이야기를 들었다. 마지막 날이 된 8월 2일의 일은 황제의 일기에 이렇게 쓰여 있다.

"기적과 같은 날이었다. ……알릭스는 내가 있는 페르마로 왔다. 거기에 곧 즈나멘카의 일행이 '우리들의 벗'과 함께 도착했다. 차를 마시고 공원을 산책했다. 6시 30분에 궁전으로 돌아왔다. 해수욕을 했다. 식사를 한 후 즈나멘카로 가서 '우리들의 벗'과 마지막 밤을 보냈다. 언제나 함께 기도했다."[220]

8월 3일은 전함 '알렉산드르 3세'호의 진수식이 있는 날이었다. 행사를 마치고 황제는 필리프에게 갔다. "그와의 이별은 슬펐다. 5시에 그는 리옹으로 출발했다."[221]

필리프는 어떤 마음가짐을 하면 사내아이가 태어나는지 등의 조언을 황제와 황후에게 했을 것임에 틀림없다. 그 이외에도 정치 만반에 대해서도 자기의 설을 전파하고 예언을 들려주었을지도 모른다. 장관들이 일본과의 전쟁 가능성에 관해서 생각하고 있을 때에 황제는 이러한 예언자와 지극히 행복한 시간을 보내고 있었던 것이다.

베조브라조프의 그림자

황제가 이와 같은 외국인이자 우연적인 조언자의 목소리에 기꺼이 귀를 기울이고 있을 때, 장관들은 황제가 또 다른 조언자의 목소리에 귀를 기울이게 된 것은 아닐까 의심하고 있었다. 1901년 중반이 되자 베조브라조프의 그림자가 점점 크게 드리우기 시작했던 것이다.

의화단사건이 발생하자 베조브라조프 등도 당황했을 것이다. 베조브라조프는 1900년 7월 7일(6월 24일) 자신의 새로운 회사에 대한 황제의 지지를 부탁하는 편지를 보냈지만 반응이 없었다.[222] 7월 28일 (15일)에는 알렉산드르 미하일로비치 대공 앞으로 "전하께서 내리신 명령에 따라 저는 상황을 인내하며 묵묵히 기다려 왔습니다"라고 편지를 썼다. 베조브라조프는, 오로지 만주 점령과 파괴된 철도의 복구에 주의를 기울이면서, 비테가 극동에서 추진한 정책이 실패했으며, 우리가 그 때문에 곤란함에 직면했다는 사실이 잊혀가고 있다고 비판했다. 그러나 결국 자기에게는 "힘도 없고 지위도 없어서 활기찬 사람들을 저의 주변에 묶어둘 수 없다―전쟁터의 한 사람은 전사가 되지 못하고 있다"고 한탄했다. 결론은 "이 사업에서 곧바로 퇴각하지 않을 수 없게 될 것이다"라는 비관적인 것이었다.[223]

한 달 뒤인 8월 5일(7월 23일)의 메모랜덤에서는 조금 활기를 되찾고, 만주와 화북에서의 러시아군의 성공을 기뻐하면서 "쇠가 뜨거울 때 쳐서" 만주와 화북에서의 영향력을 러시아 단독으로 행사한다는 구상을 개진했다. 그런가 하면, 러시아는 영국만을 배제하고 "유럽대륙 협정"을 체결하고 이어서 일본, 미국과도 단독협정을 추구해야 한다고도 주장했다. 모두가 즉흥적인 착상에 지나지 않았다.[224] 사흘 후인 8월 8일(7월 26일)에는 초조해 하면서, 계획된 회사를 위해서 정부 조직을 만들든지 아니면 모든 사업을 청산하든지 하는 선택을 황제에게 제안하고, "회사의 설립이 오래 지연되면 사업 청산으로 갈음하는 편이 바람직하다"고 단언했다.[225] 1900년에는 분명히 재무성이 베조브라조프가 착상한 사업안을 완전히 제지하고 있었다.

그러나 1901년이 되자 장관들의 태도가 바뀌었다. 비테는 7월 20일(7일) 시퍄긴에게 보낸 편지에서 "여기서는 온통 베조브라조프의 이야기뿐이다"라고 썼다.[226] 닷새 후에도 "여기는 온통 조용하지만, 다만 베조브라조프만이 무언가를 일으키고 있다"고 쓰면서, 베조브라조프는 주 2회 이상 몇 시간에 걸쳐 황제에게 이야기하여 "온갖 비상식적인 일, 온갖 덧없는 계획을 들려주고 있다"고 경계했다.[227] 그러나 황제의 일기에는 그런 기술을 찾아볼 수 없다. 황제가 열광하고 있던 것은 필리프였던 것이다.

베조브라조프가 주장하고 있는 것은, 여전히 비현실적이고 즉흥적인 계획에 지나지 않았다. 이해 초부터 그는 조선 북부의 중요성을 강조하는 의견서를 황제에게 보내고 있었다. 조선 북부가 "우리의 전략적 전위의 소재지"라고 지적하는 의견서였다. 만주의 곤란한 상태는

"우회해, 조선 북부로 나아감으로써 제거될 것이다" "러시아의 영향은 원꼴로 만주를 둘러싸고, 이에 따라서 이 나라를 직접 점령하지 않아도 사실상 복종하게 할 수 있다"고 주장했다.[228] 4월 8일(3월 26일)에는 비테에게도 조선 북부의 중요성을 강조하는 의견서를 보냈다. 만주에서 철수한다면 뤼순도 청국에게 돌려주어야 하지만, 이를 양보하는 데에 대한 보상으로 영토적 병합이 아니라도 만주 관리라는 특별한 조건을 쟁취해야 한다. 그럴 경우 조선 북부에 세력을 갖고 있지 않으면 위험하다는 것이었다.[229] 또한 7월 19일(6일)에는 의견서 '정세 평가'를 제출했다. 여기서는 조선 북부에 5,000명의 기병과 산악 포대를 파견해 파르티잔 전쟁을 전개한다는 구상을 개진했다.[230]

이와 같은 허튼 주장을 늘어놓는 인물이 중심에 서 있는 회사였지만, 조선 이권에 명기되어 있던 착수기한인 1901년 9월이 다가왔기 때문에 황제가 개입해 비테를 제쳤고, 7월 12일(6월 29일) 동아시아산업회사의 정관은 장관위원회의 승인을 받기에 이르렀다. 발기인은 순수 민간인인 폰-크루제와 알베르트의 두 사람이 되었다. 주주는 45명에서 90명으로 늘렸다.[231] 이것만으로는 착수기한 내에 조업을 할 수 없었지만, 교섭 끝에 기한을 1904년 1월 14일(1일)까지 연장할 수 있었던 것이다.[232]

위기가 표면화하는 제국

19세기의 마지막 해인 1900년 러시아에서는 비테 재무상의 정책하에 오래도록 지속되어 왔던 고도경제성장이 멈추었다. 불황 속에서 사회 각층의 불만은 높아졌고, 여러 운동이 분출했다. 근대 러시아 사회의 모순이 일거에 드러난 것처럼 보였다.

시작은 학생들이었다. 학생들은 전제권력의 속박에 넌더리를 내고 있었다. 1899년 3월 페테르부르크제국대학에 투입된 경찰대가 학생 시위대에게 폭력을 휘둘렀다. 분노한 학생들은 3월 7일(2월 23일)부터 동맹 파업에 돌입했다. 이 동맹 파업은 다음 날 수도의 17개 대학과 전문학교로 확산했고, 나아가 전국으로 퍼져나갔다. 이에 대해서 제정된 것이 학생운동에 참가해 제적된 학생을 징벌적으로 징병하는 8월 10일(7월 29일)의 임시규칙이었다. 이 징벌규칙이 1900년 말 키예프제국대학의 항의운동에 적용되어, 1901년 1월 24일(11일) 동 대학 학생들 183명의 징벌적 징병이 발표되었다. 페테르부르크와 하리코프의 학생들이 들고 일어나면서 전국적인 동맹 파업으로 폭발했다. 그런 가운데 2월 27일(14일) 문교장관 보골레포프가 저격당하여 사망하는 사건이 발생했다. 유학지인 독일에서 귀국한 학생의 소행이었다. 1880년대 이래 끊이지 않던 정치적 테러리즘의 부활이었다. 니콜라이 2세는 전임 육군장관 반노프스키를 후임 문교장관으로 임명했다.

학생운동은 이른바 논·폴리[비정치적] 운동이었다. 정치적 당파들의 움직임은 오히려 뒤처져 있었다. 맨 처음에 움직인 것은 사회민주주의자들이었다. 그들은 1898년 러시아사회민주노동당 창립대회를 선언했지만, 합법 맑스주의자 스트루베가 초안을 작성한 유명한 선언문만이 남았을 뿐, 관계자들은 전원 체포되었다. 1901년 초가 되어서야 겨우 플레하노프, 레닌, 마르토프 등 망명자들이 비합법 신문 『이스크라[불꽃]』를 출간하기 시작하고 이를 국내로 들여보냈다. 나로드니키 계열은 1901년 말에 에스에르당(사회주의자-혁명가 당)[러시아어 약어로 CP, 영문표기로는 SR]을 창립하고, 기관지 『혁명러시아』를 출간하기 시작했다. 테러리즘을 인정하고, 농민사회주의를 추구하는 것이 이 당의 특징이었다. 그러나 당 간부가 된 아제프는 보안부의 에 이전트였다. 자유주의자들은 이보다 늦은 1902년 6월에 스트루베 등이 슈투트가르트에서 잡지 『해방』을 창간하고, 급진적 자유주의의 깃발을 올리게 된다.

아무튼 1901년에 운동은 더욱 전진하고 있었다. 1901년 2월 24일 (11일) 종무원이 톨스토이의 파문을 발표하자, 다음 날 모스크바에서는 학생 수천 명이 시위를 전개했다. 군중은 밖으로 나온 톨스토이에게 "축하한다"고 외쳤다. 3월 17일(4일) 마침내 수도의 네프스키 대로에 있는 카잔 성당 앞에서 문교장관 저격범의 재판에 항의하는 학생과 문화인들의 시위가 시작되었다. 카자크가 출동해 시위대를 마구 쫓아 해산시켰다. 4명이 살해되고 1,000명이 체포되었다. 충격은 컸다.

학생들에 이어 들고 일어난 사람들은 자치권 침해에 항의하는 핀란드인들이었다. 1901년 7월 12일(6월 29일)에 보브리코프 총독이 추진하는 새로운 병역법이 제정되었다. 이것이 핀란드의 자치를 인정한 핀란드 대공국헌법의 위반이라면서 핀란드인들이 들고 일어났다. 병역법 철회를 요구하는 청원서가 9월 30일(17일)에 제출되었는데, 무려 47만 3,363명이 서명한 것이었다. 핀란드 총인구의 5분 1에 해당하는 인원이었다.

그야말로 러시아제국의 위기가 표면화하고 있었던 것이다.

일본의 러시아관

이 시기 일본에서는 러시아의 정세와 형편에 관해서 어떻게 인식하고 있었을까? 1901년에는 일본에서 러시아에 관한 몇 권의 책이 출간되었다.

우선 도쿄전문학교(1902년부터 와세다대학)의 출판부가 출간하기 시작한 역사총서의 제1편으로 야마모토 리키오(山本利喜雄)의 『러시아사』(露西亜史)가 2월에 하쿠분칸(博文館)에서 출간되었다. 아마도 야마모토는 도쿄전문학교의 교수였을 것이다. 이 책은 프랑스인 역사가 알프레드 랑보의 『A Popular History of Russia』를 주로 참고해 쓴 것이었다. 원저는 1901년에 프랑스어로 출간되어, 각국에서 번역되었다. 서문에는 "동양의 정세가 날로 불온해져 일대의 변동이 임박해왔다" "러시아의 동아에 대한 관계, 예를 들면 러·청 관계" 등은 "무엇보다도 뜻 있는 자들이 연구해야 할 것"이지만, 그렇게 하려면 별도로 한 권을 편집해야 하므로 여기서는 간단히 정리했다고 쓰여 있었다. 즉 어디까지나 러시아사의 흐름을 설명하는 데 역점을 둔 것이다.[233]

그 내용은 러시아의 지리와 인종에서 시작해 류리크의 건국부터 그 역사를 서술하고 있다. 표트르의 개혁에는 3개 장을 할애해 상세히 설명했다. 니콜라이 1세 시대에도 3개 장, 알렉산드르 2세 시대에는 4개 장을 할애했다. 특히 알렉산드르 2세의 암살에 관해 상세하게 서술했는데 암살을 실행한 '허무당'의 성명을 한 쪽 이상 인용하고 있다.[234] 이 책을 보고 떠오르는 이미지는 러시아의 역사가 혁명을 배태하고 있다는 것이다. 필자는 혁명에 동정을 보내고 있다.

그리고 이 책의 마지막에는 시베리아철도에 관한 서술이 있다. 그에 대한 설명은 러시아 위협론과는 거리가 멀었다. "단지 러시아를 위해서 극동의 천지에 경영을 획책하는 데 지대하게 편리할 뿐만 아니라, 전 세계의 산업에도 역시 막대한 영향을 미쳐, 이 여러 노선들이 마침내 태평양에 도달하는 날에는, ……유럽 국가들과의 무역에 반드시 일대 변동을 초래할 것이며, 더구나 지나, 조선, 일본 등에게는 저 수에즈운하와 파나마운하의 개통이 전 세계 인류에게 미친 것과 같은 그런 영향을 미치게 될 것이다."[235]

이어서 6월에는 역시 같은 도쿄전문학교 출판부에서 아나톨 르루아-볼리유의 『러시아제국』이 하야시 기로쿠(林毅陸)의 번역으로 출간되어 하쿠분칸에서 발매되었다. 이 책은 와세다총서의 한 권으로 아리가 나가오(有賀長雄)가 감수자의 한 사람으로 이름을 올렸다. 옮긴이 하야시 기로쿠는 게이오기주쿠(慶応義塾)의 교수였다. 이 책은 감수자인 가마타 에이키치(鎌田栄吉)가 러시아에 갔을 때 일본공사관에서 소개된 몇 권의 책 가운데 가장 중요한 것이라 생각하여, 이를 하야시에게 초벌 번역하도록 한 것이다. 가마타는 서문에 다음과 같이 썼다.

"현재 우리나라 사람들 가운데 북방 이웃나라의 모습에 주목하는 자 적지 않은데도 이들의 소견이 매우 조잡하므로, 한편으로는 이를 모멸해 어수룩하게 보는 자가 있는가 하면, 다른 한편으로는 이를 두려워해 전율하며 어찌할 바를 모르는 자도 있다. 둘 다 그 핵심을 파악하지 못하고 있다는 점, 이는 필경 그 나라의 모습을 소상히 밝히지 못한 죄다. 특히 겨우 저들의 군함, 병력의 많고 적음만을 비교하면서 멋대로 그 강하고 약함을 주장하고 이에 일희일비하는 것이야말로 정말로 피상적인 얕은 생각에 지나지 않는다. 하야시 군의 이 초역으로 우리나라 사람들이 견문과 학식을 조금이라도 기르고, 그 반성을 재촉하기를 간절히 바라는 바이다."[236]

더욱이 주목되는 것은 본서의 또 다른 서문을 주영 공사 하야시 다다스가 썼다는 점이다. 하야시는 1900년 영국에 부임하기 전에 서문을 보냈는데, "러시아는 세계의 일대 강국이고 우리 일본제국과 밀접한 관계를 맺고 있다. 그 사정을 알 필요성이 매우 크다고는 하지만, 그 진상은 아직 우리나라 사람들에게 잘 알려져 있지 않아서, 오히려 모든 사람이 일종의 오해를 하고 있다. 그리하여 이로 인해 나라의 교제 상 커다란 방해를 받는 일, 나는 이를 가장 유감으로 생각하는 바이다"라고 술회했다. 하야시는 러시아를 알기 위한 "공평하고 정확한 양서"로서는 월리스의 책과 볼리유의 책이 인정을 받고 있다면서, 특히 후자의 책에 관해서는, "러시아의 사회, 국가 그리고 인민을 충실하게 해부, 묘사해 거의 달리 설명할 게 없다" "나 역시 러시아에 관한 이야기나 나올 때면, 언제나 반드시 습관적으로 이 책을 추천하곤 한다"고 썼다.[237]

르루아-볼리유의 러시아론의 핵심은 '야누스'로서의 러시아라는 시각이다. 이 책의 제1권 '러시아의 나라와 백성'에서 제3장에 다음과 같은 구절이 있다.

"러시아는 두 얼굴의 여신으로, 하나는 동쪽을 향하고 다른 하나는 서쪽을 향한다. 얼굴 반쪽은 쇠약한 노인으로 그 모습이 시들고 말랐으며 다른 반쪽은 홍안의 소년으로 아직 어린 티를 벗지 못하고 있다. 이와 같은 모순과 대조는 그 정치상의 제도와 국민의 성정을 충분히 설명해 주는 것으로서, 우리가 가장 주의해야 할 점이다. 대개의 경우 이 양면성은 저 러시아의 모든 일에 널리 퍼진 커다란 특색, 즉 모순과 상반성의 원천으로, 예로부터 각종 사정은 무릇 이 특색을 양성하고 조장한 것이나 같다. 혹자는 유럽과 아시아 사이에 끼어있는 지리적 위치 때문이라 하고, 혹자는 이민족의 잡거로 인한 것이라고도 하며, 또 다른 혹자는…… 동서 양 방면으로 경쟁하면서 고민해온 과거의 역사 때문이라고도 한다. 아무튼 이러한 결과를 낳는 원인임은 분명하다."[238]

러시아의 국민성이 양면적·이원적이라고 한다면, 러시아를 단순하게 침략적인 국가로만 생각하는 것은 피상적이라는 이야기가 된다. 두꺼운 책이지만 이를 출간한 사람의 의도는 바로 이 점을 생각해 주었으면 좋겠다 하는 데 있었을 것이다.

스스로 외국 서적을 읽고 쓴 책으로는 1902년에 나온 게무야마 센

타로(煙山專太郎)의『근세 무정부주의』가 있다. 이 또한 도쿄전문학교 출판부에서 출간되었다.[239] 게무야마는 도쿄제국대학 철학과 학생이었다. 학생이 쓴 것이 국제법학자 아리가 나가오에게 좋은 평가를 받아 출간되었던 것이다. 이 책의 전반부는 러시아의 혁명적 나로드니키 운동의 개설이었다. 즉 러시아는 혁명을 배태하고 있다는 인식으로 독자를 이끌어 간다. 이 책은 고토쿠 슈스이(幸德秋水) 등 메이지의 사회주의자들도 자주 읽었다. 게무야마는 그 후 와세다대학의 외교사 교수가 되는데, 그의 관심은 러시아제국의 국내정치 분석에 있었다.

바로 이 점 때문에 1901년에 출간된 또 하나의 중요한 책, 우치다 료헤이(內田良平)의『러시아 망국론』과 연결된다. 청일전쟁 후의 삼국간섭으로 인해 일본에서 와신상담이라는 슬로건이 내걸리고, 러시아를 일본의 주적으로 의식하게 되었을 때, 스스로 지사(志士)라고 생각한 청년들은 낮에는 무도관에서 유도를 배우며 신체를 단련하고, 밤에는 어학교에서 러시아어를 배우는 생활을 하고 있었다. 우치다 료헤이는 그러한 청년들이 배우고 따르는 선배였다. 그는 러시아어를 할 수 있었다. 청일전쟁 전야에 덴유쿄[天佑俠, 갑오농민전쟁 시 동학당을 지원한다는 명목으로 일본인들이 결성한 집단]에 가담해 조선 땅에서 공작한 경험이 있는 우치다는 1897년에는 시베리아로 건너가 그곳을 횡단해 페테르부르크까지 도달했다.[240] 우치다 료헤이가 1901년에 고쿠류카이를 결성했다는 사실은 이미 앞에서 언급했다.

그런 우치다가 1901년 9월에 낸 것이『러시아 망국론』이다. 이 책은 출간 당일 발매금지되었다. 그래서 그해 11월에『러시아론』이라고 제목을 바꾸고 일부 수정해 고쿠류카이 본부에서 출간했다. 우치다는 이 책에서 러시아의 침략주의를 강조하고 러시아의 육해군을 분석, 일본이 러시아와의 전쟁에서 이길 수 있다고 주장했다. 그 뿐만 아니라 제3장 '러시아제국의 운명'에서 "허영을 자랑으로 여기는 저들은 바야흐로 그 허영 때문에 정력을 거의 소진했다" "고로 저들의 망국과 저들의 혁명은 여하한 수단과 방법으로도 도달하고 말 것이다. 우리는 천하를 위해서 큰 잔을 들어 이를 축하하지 않을 수 없을 것이다"라고 단정했다.[241] 러시아 내부의 움직임으로서 그들은 학생운동에서 활력을 발견했다. 러시아는 혁명을 요구하고 있다. 그것을 일본이 도와야 한다. 그는 시베리아철도를 일본의 원군을 운반할 도구라고 인식하고 있었다.

"시베리아철도는 말하자면 슬라브가 군자(君子)민족의 원병을 맞이하기 위한 것에 지나지 않는다." "우리는 이 문명국들 가운데 으뜸가는 이름을 날리고 있고 아울러 강대국의 내실을 갖추고 있으니, 즉 러시아를 깨우치고 인도하는 지극히 어려운 대업을 떠맡아야 한다." "우리가 러시아를 깨우치고 인도하는 목적을 달성하는 과정에 때로는 전쟁도 불사해야 할 것이다." "정정당당하게 인간의 도리로서 대륙 일대를 대청소하지 않으면 안 될 것이다."[242]

러시아가 만주를 점령하던 시기, 일본이 러시아와의 개전론으로 끓어오르던 시기에 일본인 엘리트의 대러 인식은 러시아에 대한 공포감 또는 위협의식이 아니라, 러시아는 혁명 상태에 빠져 있다, 러시아는 낙오하고 있다는 우월감을 바탕에 깔고 있었던 것으로 보인다.

구리노 러시아주재 공사의 인사 문제

진다 스테미가 주러 공사에서 외무차관으로 발탁되었기 때문에, 그 후임 문제가 거론되었다. 후보자로 지목된 인물이 전 주미 공사이자 1897년부터 주프랑스 공사를 지냈고 1900년 말부터 휴가를 받아

도쿄에 와 있던 구리노 신이치로(栗野愼一郎)였다. 구리노는 구로다번 (黑田藩) 출신으로 1851년생이었기 때문에 대신인 고무라보다도 네 살 위였고, 차관이 된 진다보다는 일곱 살이나 연상이었다. 고무라와 마찬가지로 하버드대학에 유학했는데, 이 유학은 고무라보다 1년 뒤에 했다. 그 대신 귀국하여 잠시 사법성에 들어갔던 고무라와 달리 구리노는 2년 먼저 외무성에 들어가 있었다. 이러한 구리노는 영국경계론자였고, 러시아협조론의 주창자였다. 그와 이토 및 이노우에와의 깊은 관계도 알려져 있었다. 1900년 7월 17일 파리에서 이토 앞으로 보낸 사신(私信)에서, 영국이 일본의 행동을 "찬양선동"하는 "진짜 의도"는 "우리나라를 자신들의 앞잡이로 이용하려는 데 지나지 않는다"면서 영·일 접근에 의문을 표명하고 있었다.[243] 그런 의미에서 고무라의 반러시아 노선에 대해서, 구리노는 외무성 내의 명백한 친러시아 노선의 대표자였다.

고무라가 부임하기 전에 가쓰라는 구리노에게 프랑스로 돌아갈 것을 요구했다. 구리노는 이에 대해서 대프랑스 정책의 변화를 요구하며 승낙하지 않았다. 고무라는 외상으로 취임한 다음 날 구리노에게 진다의 후임으로 러시아 공사로 가 달라고 요구했다. 고무라의 이 인사정책은 도쿄의 본성에서 친러파를 쫓아내겠다는 것이든지 아니면 친러파를 이용해 러시아와 엄격한 교섭을 하겠다는 것이든지, 아무튼 어떤 의도를 지닌 것이라고 생각된다. 구리노가 고무라의 의도를 얼마만큼이나 알고 있었는지는 알 수 없지만, 그는 이노우에와도 만나서 그의 격려를 받고 10월 16일에 가쓰라와 고무라에게 장대한 의견서를 제출해 자신의 입장을 명확하게 밝혔다. 자신의 이 의견에 찬성해 준다면 러시아로 가겠다는 제안을 했던 것이다.[244] 그 의견서는, 러일전쟁은 회피해야 한다, 이와 관련하여 일·러 협상을 추구해야 한다는 주장으로 구성되어 있었다.

구리노는 일·러 사이에 있는 "시기와 의구심 그리고 질투와 증오심"은 상당한 "오해"에서 비롯하는 것이라면서, 세상에서는 러시아의 정책을 "저들은 단순한 진략(進略)주의, 팽창주의를 고집하는 자들이다"라고 하지만, "이것은 여전히 피상적인 견해"라고 지적했다. 러시아는 "광대하고 끝없는 토지"를 갖고 있지만 북방으로 치우쳐 있고 "굳은 얼음과 다른 나라에 의해 봉쇄되어" 있어서 발달할 수가 없다. "따라서 하는 수 없이 팽창의 책을 취한다고 해도, 이것은 전적으로 자국의 번영을 목적으로 하는 것이며, 얼지 않는 적당한 해구(海口)를 얻음으로써 자국의 통상 발달을 도모하려는 것임이 명료하다"고 기술해나아간다. 부동항을 획득한다고 하면 지중해나 페르시아만을 생각할 수 있지만 영국, 독일과의 복잡한 관계 때문에 여기는 불가능하다. 그래서 랴오둥반도가 "비교적 저항력이 적은" 지점으로 떠올랐다. "러시아가 만주를 거쳐 부동항으로 나오려는 것은 저들의 위치로 보아 오히려 어쩔 수 없는 희망이라서, 단순히 팽창정책의 발동이라고 말할 수는 없다."

　　구리노는 적극적으로 조약을 체결해 일·러 양국이 이익의 조화를 도모해야 한다면서, 일·러 협상을 주장했다. 그는, 일본이 한국을 러시아가 만주를 보호국으로 하는 방법, 즉 만한교환론은 종래에 선언한 "제국의 정책"에 반하며, 러시아의 동의도 얻을 수 없을 것이기 때문에 취할 수 없는 것이라면서, 일·러 양국이 한국, 만주를 각각 "세력영역"(勢域)으로 하고 그 독립을 해하지 않는 한도 내에서 "자유행동의 권리가 있음을 인정하는 방향으로" 협상을 체결하는 것 이외에 달리 방법이 없다고 주장했다. 일본이 한국을 "세력영역"으로 하는 것은 전적으로 가능하다. 러시아가 어디까지나 한국 남단에 군항을 취득하고 싶다면 협상이 불가능하지만, 일본도 한국 연안에 군항을 건설하지 않을 것, 조선해협의 자유항행을 방해하지 않을 것을 약속할 수는 있으며, 아무래도 그것만으로는 안 되겠다 싶으면 "포대와 그 밖의 방어시설 공사를 시행하지 않는 것을 조건으로, 러시아에게 군항 하나를 제공하기로 승낙하는 것이 협상을 하지 않는 것보다는 나을 것이다"라고 지적했다. 구리노는 "다행히 나의 소견과 같이 결정된다면 나 역시 발분하여 임지로 갈 수 있겠다"고 문장을 맺고 있었다.[245]

구리노는 별도로 문장을 남겼는데, 거기에는 수 차에 걸쳐 의논한 끝에 고무라와 의견이 일치했고 "가쓰라 수상도 우리 두 사람과 의견을 같이 한다는 취지를 내게 알려왔다"고 썼다.[246] 의견을 같이 했을 리가 없다. 가쓰라와 고무라는 분명 구리노를 속였던 것이다. 그들은, 러시아와 전쟁을 하게 되면 구리노와 같은 친러파 공사가 노력했는데도 전쟁에 이르렀다는 형식을 내외에 보여줄 수 있을 것이라고 판단했을지도 모른다. 대단한 정치적 심모원려(深謀遠慮)라 아니할 수 없다.

러시아 측에서는 당연히 구리노 공사를 환영했다. 도쿄의 이즈볼스키 공사는, 구리노가 "일·러의 긴밀한 접근"을 지지하는 "이토, 이노우에 등 신중한 외교정책 지지자들의 스쿨"에 속하는 사람이라고 보면서, 그를 러시아 공사로 선택했다는 것은 "일본 정부가 우리에게 완전히 호의적인 대표자를 페테르부르크에 두기를 원하고 있다는 점을 보여주고 있다"고 외상에게 써 보냈다.[247]

구리노가 러시아를 향해 출발한 것은 1901년 가을의 끝 무렵이었다. 그는 이전의 임지 파리에 들렀다가 러시아로 들어갈 작정이었다. 구리노의 출발보다도 훨씬 빨리, 즉 가을의 시작 무렵인 9월 18일 이토 히로부미는 미국으로 출발했다. 예일대학에서 명예박사학위를 수여하겠다고 해서 여행하게 된 것이었는데, 이노우에 가오루의 강력한 권유로 러시아로도 건너가 정부 당국자와 만나 일·러 협상의 가능성을 탐색해 보기로 한 것이었다. 이노우에의 심복인 쓰즈키 게이로쿠(都筑馨六)가 이토와 동행했다. 이는 완전히 사적인 여행이어서, 이토에게는 아무런 임무도 위임되어 있지 않았다. 이토는 미국에서 프랑스로 향했다. 11월 4일 프랑스에 도착한 이토는 루베 대통령 그리고 델카세 외상과 회담했다. 델카세는 이토의 러시아행, 새로운 협정을 체결한다는 생각을 지지했다.[248]

그러나 다음 날 런던에서 하야시 주영 공사가 와서 이토에게 놀랄 만한 이야기를 전했다.

영일동맹 교섭

사실 이 당시에는 영일동맹 교섭이 막 시작되고 있었다. 이를 추진하던 하야시 다다스 공사가 이토에게 설명을 하러 왔던 것이다.

영일동맹을 추구하는 움직임은 한편으로는 영국 자체에서 시작되었다. 동아시아에서 삼국간섭이 행해져 전쟁에 승리한 일본에게 획득물을 포기하게 했는데도, 영국은 스스로 이 과정에서 아무런 역할을 하지 않았다는 점을 크게 반성했다. 영국은 다년간의 적대국인 러시아에 접근할 의향도 나타냈지만, 곧 그것을 단념하고 일본에 접근하는 길을 선택했다. 이것은 자연스런 흐름이라 할 수 있을 것이다. 1901년 6월 19일 란스다운은 각의에 배포한 문서에서 "극동에서 일본과 양호한 관계를 갖는 것이 극도로 중요하다는 점"에 관해서 언급했다.[249] 이후 일본에 대한 접근이 시작되었다.

다른 한편으로 일본 내에서는 유신 후 세대로는 최초로 1900년에 외무대신이 된 가토 다카아키(1860년생)가 러시아에 대항하기 위해서 일찍부터 영일동맹을 제창하고 있었다고 알려져 있다. 이에 대해서 경험이 풍부한 외교관 하야시 다다스(1850년생)는 러·일 협정도 중요하다고 생각하면서 일·영의 접근도 국익에 적합하다고 생각하고 있었다. 가토에 이어서 외무대신이 된 고무라 주타로(1855년생)는 러시아와의 협정에도 관여해왔지만, 이 시점에서는 가토 식의 영일동맹론 쪽으로 기울어가고 있었을 것으로 생각된다.[250]

휴가차 귀국 중이던 주일 공사 맥도널드가 주영 공사 하야시 다다스를 방문한 것은 7월 15일의 일이었다. 그는 단도직입적으로, 영국은 영일동맹을 희망하고 있다고 말했다. 일종의 공수동맹을 제안한 것이었다. 하야시는 이 기회를 잡아야 한다고 생각해서 그날 중으로 본국에 제안했다.[251] 17일에 소네 외상에게서 영국의 생각을 다시금 잘 확인하라는 훈령이 내려졌다.[252] 하야시는 다시 맥도널드와 논의한 후, 7월 31일 란스다운 외상을 면회했다. 하야시는 외상의 질문에 답하면서, 만주에 관해서 일본은 간접적인 이익을 가질 뿐이지만 러시아가 만주를 빼앗으면 조선도 병탄할 것이다, 이를 막고자 한다, 그러니까 "가장 우선되어야 할 것은 러시아가 만주로 진입하는 것을 막고, 둘째로 러시아와 개전을 피할 수 없게 될 경우에는 제3국이 러시아를 돕는 것을 막는" 것이 바람직하다고 말했다. 이에 대해서 란스다운은 영국은 조선이 러시아의 손에 들어가는 것을 원하지 않는다면서, 영국과 일본의 목적이 일치하는 이상에는 상호방위의 책을 강구해야 한다고 말했다. 그리고 러시아가 한국중립화를 제안한 적이 있지만 일본은 거부했었겠지요, 하며 재차 다짐했다. 하야시는 "조선에서는 중립의 보장은 무효다. 조선인은 스스로 나라를 다스릴 줄 모르는 국민이다"라고 말했다. 하야시는 이 대화의 내용을 조금 신중한 어조로 다듬어서 본국에 보고했다.[253]

당시에는 고무라 외상이 부임해 있지 않았지만, 가쓰라는 이토, 야마가타 등 원로들과 협의해 교섭 허가를 받았다. 그리고 8월 8일, 교섭을 진행하라고 훈령을 내린 것이다.[254] 그 훈령은 다음의 논지에 따라서 교섭을 진행해도 좋다고 지시하고 있었다. "한국이 다른 나라의 잠식과 정략으로 피해를 입지 않도록 하는 것이 일본에게는 하나의 근본주의이며, 이 주의를 일본 정부는 만난(萬難)을 배제하고 극력 이를 고수하지 않으면 안 되는 것이다." "러시아가 만주에서 현존하는 약정으로 결정할 수 있는 범위를 넘어서 그 통치권을 확장하려 한다면, 이는 한국의 독립을 위태롭게 하며 따라서 일본에게는 불안의 원인이 될 것이다."[255]

이리하여 교섭이 시작된 것인데, 영국은 교묘하게도 일·러의 개전을 바라지 않는다는 태도를 취하면서, 조선에 대한 일본의 권익 주장을 인정하는 데까지 발을 들이미는 것은 피할 생각이었다. 11월 6일 영국은 자국의 제안을 제시했다. "동아시아의 현상"과 "전반적인 평화"의 유지, "한국이 어떠한 외국에게도 병탄되지 않을 것" "청국의 독립과 영토보전"의 유지와 청국에서 상공업상 "각국의 균등한 기업권" 향유에 관심을 갖고, 영국과 일본 양국의 어느 한 쪽이 "상기의 이익을 방호하기" 위해서 다른 나라와 전쟁할 때에는 다른 한 쪽은 "엄정 중립"을 지키고, 다른 나라가 전쟁에 가담하는 것을 막는다, 다른 국가가 이 전쟁에 참가할 때에는 다른 동맹국은 전쟁에 참여한다는 내용이었다. 그 외에 별도로 평상시의 해군 협력에 관한 규정이 들어 있었다.[256]

하야시 공사는 이 안에 대해서, "영국은 일본이 한국에서 취할 권익이 우월함을 승인하고, 또한 일본이 그 이익을 보호하기 위해서 적절한 조치를 취하는 일이 있어도 영국은 이를 모두 승낙할 것"이라는 뜻을 명확히 할 것을 요구해야 한다고 생각했다.[257]

바로 이때 이토가 파리에 도착했던 것이다. 외상에 부임한 고무라는 하야시에게, 파리로 가서 이토에게 보고하고 의견을 물으라고 지시했다.[258] 14일 하야시는 즉각 파리로 향했고 이토와 의논했다. 이토는 일본 출발 시와 이야기가 다르다는 데 당혹해 하면서, "이제부터 빨리 러시아의 수도로 가려고 한다. ……이 문제에 관해서 추후 러시아의 수도에서…… 통신할 테니까 영국 정부에 보내야 할 최종 회답은 그때까지 연기해 줄 것"을 원했다. 하야시는 이를 즉각 도쿄로 타전했다.[259] 하야시와 이토의 논의는 나흘에 걸쳐서 이루어졌다. 이토는 하야시의 설득으로, 영국이 이미 동맹조약안까지 내놓은 이상 이대로 일본 정부에게 "끌려가지는 않을 것"이라는 점을 수용했다. 또 하야시가 "변론에 변론을 거듭한 끝에" 마침내 "일·영 동맹에 대체로 동의하기"로 받아들인 모양이었다. 이토가 바랐던 것은 영국에 대한 회답을 자신이 러시아에서 연락할 때까지 기다려 달라는 것이었고 이에는 변함이 없었다. 그러나 이토는 어느 정도 포기하기 시작했다.[260]

그러나 동행한 쓰즈키는 어디까지나 러시아와의 협정을 바라고 있었고, 영일동맹에는 반대였다. 그는 구리노의 러시아 공사 부임에는 러시아와의 협정 실현을 추구한다는 조건이 붙어 있다는 점을 설명했다. 하야시는 그렇다면 자기가 영국과 교섭하고 있는 것이 영국을 기만한 것이 된다면서, 고무라에게 이토와의 협의를 보고함과 동시에 구리노의 부임의 조건을 따져 물었다.[261]

그리고 하야시는 런던으로 돌아갔고, 이토는 쓰즈키와 함께 페테르부르크로 떠났다. 고무라는 런던의 하야시에게 구리노의 "임명은 조건이 없는 것이다"라고 하면서 거짓 변명을 했다.[262] 그리고 나서 고무라는 일·영 교섭을 선행하고, 러시아와는 "영국과 동맹을 체결한 후에" 협정을 생각할 방침이라고 하야시에게 타전했다.[263] 그리고 러시아의 대리공사에게, 이토는 러시아와 교섭할 "윤임(允任)을 띠고 있지 않다" "전적으로…… 독자적이고 개인적인 책임으로 교섭하는

것이다"라고 타전했다.[264] 그리고 가쓰라 수상도 이토에게, 일·영 교
섭을 "천연시킬 수밖에 없는 정세"라면서 러시아와의 이야기는 "담
화 상의 의견 교환에 그치면" 좋겠다고 타전했다.[265] 이토와 이노우에
에게 이것은 가쓰라와 고무라의 거의 쿠데타에 가까운 처사처럼 보
였지만, 이토는 이에 따르겠다는 태도를 취할 수 없었다. 그는 28일,
러시아와의 교섭을 먼저 해야 한다고 말하던 이노우에 가오루에게
전보를 쳤다. "정세가 이렇게 됨으로써 이 졸자(拙者)는 이곳으로 오
게 된 당초의 목적과는 정반대임을 알면서도, 정부의 희망에 따르지
않을 수 없게 되었소."[266]

페테르부르크의 이토 히로부미

이토는 베를린을 거쳐서 11월 25일(12일) 페테르부르크에 도착했
다.[267] 이토는 우선 11월 28일 니콜라이 황제를 배알했다. 두 사람은
오쓰사건 후 교토에서 만났었고, 이토가 황태자였던 니콜라이를 모
시고 고베까지 가기도 했었다. 니콜라이는 일본 방문이 "유쾌한 기억
만 남는 것이었다"고 말하고, 러·일 "양국의 협화"는 불가능하지 않
다, "양국이 서로 협화하는 것은…… 양국을 위해서 무엇보다도 득책
이 될 뿐만 아니라" "동양의 평화를 유지할 수 있을 것"이라고 강조
했다. 이토 역시, 천황도 같은 생각이시라고 말했다. 니콜라이의 이야
기는 이토에게 좋은 인상을 주었지만, 니콜라이는 일기에 "일본의 유
명한 정치가 이토를 접견했다"고만 썼을 뿐이었다.[268]

12월 2일(11월 19일) 이토는 람스도르프와 회담했다. 이토는 공식
적인 위임을 받고 온 것은 전혀 아니라고 전제했지만, 열을 띠면서 이
야기했다. 양국 간 불화의 씨앗은 단 하나, 조선문제다. 일본인에게는

러시아가 조선반도를 영유하려 하고 있다는 믿음이 생기고 있다. 그렇게 되면 일본의 독립이 위협을 받는다. 그러한 우려가 청일전쟁의 원인이기도 했다. 러시아가 이런 점에서 일본을 안심시켜 준다면 양국의 긴밀한 우호관계의 확립을 방해하는 것은 없을 것이다. 이러한 취지에서 현행 협정은 수정해야 한다.

이에 람스도르프는 현행 협정의 기초에는 조선의 독립이라는 원칙을 존중할 것이 전제되어 있다, 따라서 그러한 우려는 할 필요가 없다, 근년에 러시아가 조선중립화안을 제시했지만, 일본이 추가 협정은 불필요하다고 부정적이었던 것 아닌가, 하고 지적했다. 이토는 만주의 위기가 계속되는 한 도쿄 정부는 이 문제에 부정적이었다, 지금은 미래에 관해서 말할 수 있다고 말했다. 그리고 일본에게도 무엇보다 필요한 것이 조선의 독립이지만, 조선은 너무나 약체이고 혼자서는 설 수가 없다, 일본은 러시아와 사전에 약속해 서울 정부에 조언을 하고 원조도 하고 싶다, 조선에 다른 강대국의 영향력이 미치는 것을 배제하고 싶다고 말했다.

람스도르프가 그러한 조건으로는 조선의 독립을 유지하는 것이 불가능하지 않겠는가라고 말하자 이토는, 조선이 여기저기 강대국에게 원조를 구하면 일본과 러시아 사이에 이 건으로 충돌이 일어날 가능성이 있다, 그러니까 그 가능성을 영구히 제거하는 것이 바람직하다고 답했다.

람스도르프는 계속 주장했다. 일본에게 있어서 조선의 의의를 부정하는 것은 아니지만 러시아도 이웃나라에 대한 관심을 완전히 버릴 수는 없다. 현재로서 러시아는 일본과 같은 숫자의 군대를 주둔시킬 수 있다. 일본이 배타적인 군사적 간섭 권리를 주장한다면, 사태는 일변해 일본에 의해서 군략적인 진지가 만들어질 수도 있다. 러시아는 이를 허락할 수 없다. 블라디보스토크와 남부 항만과의 연락이 위험에 노출되기 때문이다.

이에 대해서 이토는, 일본은 조선 남부의 항에 보루를 만들지 않을 것이고, 해상 연락을 위협하지 않을 것이라고 신성한 맹세를 할 수 있다고 단언했다.

람스도르프가, 러시아는 아무것도 두려워하지 않는다, 일본과는 양국에 이익이 되도록 우호관계를 구축하고 싶다, 라고 말하자 이토는, 내가 수상일 때 3국의 조언에 따라서 청일전쟁으로 획득한 것을 포기했다, 그 때문에 국민으로부터 원성을 샀다, 러시아는 그 전쟁에서 이익을 얻어냈고 동청철도를 만들었던 것이다, 라고 말했다. 람스도르프가 철도는 일본에게도 이익이 될 것이라고 말하자, 이토도 그 말에는 동의했다.

회담 말미에 람스도르프는 발언의 취지를 정확하게 이해하고 싶으니 문서로 제시해 주지 않겠느냐고 부탁했다.[269]

다음 날 3일에는 비테 재무상과 회담했다. 그 내용은 쓰즈키가 작성한 기록에 따르기로 한다. 아무튼 비테는, 러시아는 조선을 점령할 필요는 없지만 귀국이 점령하는 것을 방관할 수는 없다고 말하고, 양국 모두 상대가 점령하는 것은 아닐까 하는 의혹을 갖지 않는 것이 필요하다고 말했다. 같은 숫자의 군대를 출병할 수 있는 현행 협정의 공평한 기초를 존중하면서 상세한 협정에 이르는 것이 좋겠다는 것이 비테의 의견이었다. 그렇지만 이토가 독립 존중, 군략상 목적으로 사용하지 않는다, 해안 군사시설을 구축하지 않는다는 3조건을 제시하자, 비테는 그렇다면 문제는 없다, "뜻대로 처분하시오"라고 말했다고 한다.[270]

이토는 람스도르프의 요구에 응하여 12월 4일의 귀국 전 두 번째 회담 시에 자기가 생각하는 협정안을 문서로 작성하여 건넸다.

1. 조선의 독립의 상호 보장.
2. 조선 영토의 어떤 부분도 상호 적대하는 군략적 목적으로 사용하지 않는다는 상호의 의무.
3 조선해협의 자유항행을 위험에 노출시킬 수 있는 어떠한 군사적 조치도 조선의 연안에서 강구하지 않는다는 상호 의무.
4. 일본이 조선에서 정치적·상공업적인 면에서 행동의 자유를 가지며, 조선에 대해서 건실한 정부로서 모든 의무를 이행하도록 하기 위해서 조언과 원조를 제공할 배타적 권리를 가지는 것을 러시아가 인정할 것. 반란이나 평화적인 한일관계를 파괴할 가능성이 있는 그 밖의 모든 소요를 진압하기 위해서 필요한 한도의 군사적인 원조도 포함된다.
5. 본 협정은 모든 선행 협정에 갈음한다.[271]

람스도르프는 이 내용을 보고, "이것은 합의의 기초가 아니라, 일본이 자기의 이익을 위해서 획득하기를 원하는 광범위한 특권 리스트에 지나지 않는다"고 지적했다. 이토는 일본이 여론을 진정시키는 것이 얼마나 양국의 이익이 되는지 이야기했다. 일본 국민은 양국 사이에 확실한 협정이 없기 때문에 러시아가 "조선에 대한 은밀한 계획"을 지니고 있는 것이 아닐까 의심하여 끊임없이 흥분상태에 있는 것이라고 설명했다. 람스도르프는 말했다. 이토 씨가 제안한 협정은 일본의 여론을 진정시키겠지만, 러시아에서는 정말로 역효과가 생길 것이다. 왜냐하면 "이 안은 그 어떤 대가도 없이 조선을 완전히 일본의 지휘 하에 두는 것이나 마찬가지고, 그 독립을 실제로 공허한 것으로 만들기 때문이다. 러시아가 조선반도와 인접한 이상, 제국 정부는 그러한 문제제기에는 동의하기 어렵다."

지금까지의 협정에 의하면, 러시아는 일본과 마찬가지로 조선에 조언과 원조를 제공할 수 있었다. 그러나 이제 와서 러시아에게 그 어떤 발언권도 포기할 것을 요구하고 있는 것이었다. 이토는 만주에 대해서는 언급하지 않았지만, 이것이 이토가 생각하는 만한교환론이라는 것은 틀림없다. 그렇지만 일본의 완전한 조선 지배를 의도함으로써, 이토는 군략적 목적으로 사용하지 않겠다는 점과 연안 군사조치를 실시하지 않겠다는 두 가지 조건을 유보했던 것이다. 즉 일본의 제한적 조선 지배를 인정해 달라는 안이었다. 그러나 람스도르프는 그렇다면 일본의 완전한 조선 지배권을 인정하는 셈이 된다고 해서 반대했던 것이다.

이토는 그럼 러시아의 안을 제시해 달라고 요구했다. 람스도르프는 일단은 그 요청을 거절했다. 이 회담은 사적인 성격의 것이라고 생각한다, 문서를 제출하려면 황제에게 상주해야 한다고 말했다. 이토는, 나는 어떤 지위도 갖고 있지 않지만 천황과는 편지를 주고받고 있으며, 도쿄에서는 이 여행의 결과에 관해서 알고 싶어 한다고 말하고, 베를린에 일시 체재할 테니까 그리고 보내 달라고 요청했다.

결국 람스도르프는 러시아의 안을 제시하겠다고 약속했다.[272] 이토는 이날 페테르부르크를 떠났다.

영일동맹의 체결을 위하여

11월 28일 일본 각의는 영국의 안에 대한 일본의 수정안을 결정했다. 다만 극히 일부 수정하는데 그쳤다. 전문(前文)의 한국 관련 문언 가운데 "병탄"에 더해서 "그 영토의 일부를 점령하는 것을 막을 것"이라고 넣도록 고쳤는데, 이것은 러시아의 움직임이 한국에 대한 침입, 점령을 획책하고 있다고 보고, 대러 개전을 가능하게 하기 위해서였다. 영국이 그 이상 일본의 권익을 인정하게 하는 것은 실행을 보류하기로 했다. 그리고 12월 7일에 원로회의를 소집해 이에 대한 승인을 요청하기로 했다.[273] 이토의 움직임을 경계했던 것이다.

이토는 러시아 황제, 람스도르프 외상, 그리고 비테 재무상과 협의한 결과를 12월 6일 전보로 보고했다.

"상대방[러시아]이 일본과의 가장 중요한 협조를 행하기를 충심으로 희망한다고 느꼈다. 나는 피아 상호간에 한국의 독립을 보장하고, 또 한국영토의 일부라도 서로에 대해서 군략의 목적으로 사용하지 않을 것, 그리고 한국 해안에 포대 등을 구축해 동 국가 해협의 자유항행을 위험에 빠지지 않게 상호간에 약속함으로써, 상대방으로 하여금 한국에서 공업상, 상업상, 정치상 그리고 또한 군사상의 사항(무엇보다도 군사적 동작은 반도(叛徒) 및 이와 유사한 소란의 진정에 한하는 것으로 하여)에 이르기까지 일본의 독점적 자유행동을 인정할 것을 긍낙(肯諾)하게 했다."

이토는 "한국에서 이익을 보유하는 유일한 나라인 러시아와 가장 중요한 협조를 행하는 데에는 오늘날이 가장 좋은 기회가 될 것이라고 믿는다"고 말하고, "일영동맹의 체결은, 러시아와의 가장 중요한 협조가 가능할지 아닐지 확실해질 때까지…… 천연시키는 것이 득책이라고 생각한다"는 결정적인 의견을 써 보냈다.[274] 그러나 이 전보가 도쿄에 도착한 것은 12월 8일이었고, 원로회의는 이미 하루 전에 끝나 있었다.

12월 7일 가쓰라의 저택에서 열린 원로회의에서는 고무라 외상이 저 유명한 의견서를 제출하고, 영일동맹을 옹호했다.

"만주에서 러시아의 지보는 점점 더 견고해지고 있으며, 설령 이번에는 철병한다고 해도 여전히 저들은 철도를 보유하고 있어서 이를 보호한다는 명목 하에 군대를 주둔할 권리가 있다. 따라서 만일 시세의 추이에 일임하면 마침내 만주는 사실상 러시아의 점령 하에 들어갈 것이다. 결국 러시아가 만주를 점령하게 되면, 한국도 스스로 보전할 수가 없다. 따라서 우리나라가 지금 신속하게 이에 대처할 방도를 강구하는 것은 매우 긴요한 일이다."

"우리가 희망하는 대로 한국 문제의 해결에 응하도록 하는 것은 순전한 외교담판으로 가능한 일이 아니다. 이를 위한 방법은 단지 두 가지가 있을 뿐이다. 첫 번째는 우리의 희망을 관철하기 위해서 교전도 불사할 결심을 보여주는 것이고, 두 번째는 제3국과 손잡고 그 결과에 따라서 러시아로 하여금 하는 수 없이 우리의 희망을 받아들이게 하는 것이다. 그렇지만 러시아와의 교전은 가능한 한 언제나 피해야 할 뿐만 아니라 만주에 관한 저들의 요구도 크게 온화해지고 있으므로, 우리가 먼저 최후의 결심을 보여주어야 할 만한 정당한 구실이 없다." 그러므로 두 번째 방법을 취하는 것이 좋은 방책이라는 것이다.

고무라는 러시아와의 협정의 문제점으로서, "1. 동양의 평화를 유지해도 단지 일시적인 것으로 그칠 것" "2. 경제상의 이익이 적다는 점" "3. 청국인의 감정을 해하고, 그 결과 우리의 이익을 적지 않게 손상할 수 있다는 점" "4. 영국과 해군력의 평형을 보유해야 할 필요성이 생긴다는 점"의 네 가지를 들었다. 이 가운데 첫 번째에 관해서는, "러시아의 침략주의는 도저히 이를 만족시킬 수 없으며, 나아가 지나[중국] 전국까지도 그 세력 하에 두는 것을 기대하는 것이기 때문에, 러시아와의 협약은 원래 평화국면의 유지를 오래도록 보증하기에 충분하지 않다"고 주장했다.

이에 대해서 영국과 동맹하는 것의 이점으로는, "1. 동양의 평화를 비교적 항구히 유지할 수 있다는 점" "2. 열국의 비난을 받을 우려가 없고, 제국의 주의(主義)에 있어서도 일관된다는 점" "3. 청국에서 우리나라의 세력을 증진한다는 점" "4. 한국 문제의 해결에 도움이 된다는 점”“5. 재정상의 편익을 얻는다는 점”“6. 통상에 있어서의 이익이 적지 않을 것이라는 점”“7. 러시아와 해군력의 권형(權衡)을 보유할 수 있다는 점”을 들었다.[275]

이노우에도 다수의견에 따랐기 때문에, 원로회의는 이 고무라 의견을 이해하고, 일영동맹으로의 결단을 내렸다.[276]

그런데 바로 이때 구리노는 파리에 도착했다. 러시아에서 돌아온 이토도 런던으로 갔다가 다시 파리로 돌아왔다. 구리노는 이토에게서 영일동맹조약의 조인이 가까워졌다는 이야기를 들었다. 구리노는 깜짝 놀라는 동시에 화를 냈다. “이런 식이라면 지금 내가 러시아로 부임한다 해도 아무것도 할 수 없다. 내가 기대한 특별임무는 무릇 폐기되었다는 것이니, 러시아로 가지 않고 파리에서 곧장 일본으로 철수하기로 결심했다.” 고무라에게 속았다는 것을 알게 된 것이다. 구리노는 귀국을 바란다고 본성에 타전하고, 이토에게도 이야기했다. 그러나 이토는 구리노를 달랬다.

“자네는 폐하의 친임장을 휴대하고 있는데, 그대로 가지고 돌아간다는 것은 온당하지 않네. 어쨌든 한 번 부임하고, 모든 것은 그 다음에 결정하면 어떤가? 정말로 귀국해야 할 것 같으면 나도 힘을 다해 보겠네.”

이토도 가쓰라와 고무라에게 패배한 몸이었다. 그래서 구리노는 입을 다물고 페테르부르크로 가기로 했다. 후년에 그는 “당시 내 가슴 속은 정말로 울컥울컥 치밀어 오르는 것 같았다”고 술회했다.[277]

하야시 다다스 공사는 보고서 속에, 고무라 외상이 이토, 이노우에 등 “가장 세력이 있는 사람들”을 상대로, “이노우에까지도 감안하지 않고 이토 후작도 두려워하지 않으면서, 두 사람을 등한시하고 자신의 소견을 단행하면서 꿈쩍도 하지 않았다. 무엇보다도 감동할 만한 인물이라 하겠다”라고 썼다. 확실히 고무라는 최후의 순간에 이토와 이노우에를 제어하고, 자신의 노선을 관철했다. 그러나 하야시는 구리노에 대해서는, 자신이 믿는 바를 실행하려고 "정당한 수단"을 택했는데도 결과가 이렇게 된 것은 "딱하게 됐다고밖에 달리 할 말이 없다"고 동정했다.[278] 고무라가 구리노를 기만했다는 사실을 인정하고 있는 것이다.

12월 16일에는 일본안이 영국 정부에 제시되었다.

람스도르프의 회답 만들기

결과적으로 보면 러시아 정부는 이토의 방문으로 오히려 일본의 태도에 대해 안심해 버렸는지도 모른다. 일본 정부가 영일동맹 체결의 결단을 내렸다고는 꿈에도 생각하지 못하고, 람스도르프는 이토의 안에 대한 자신의 안을 만들어 회답하는 데 주력했다. 외상은 이렇게 만들어진 안을 12월 5일(11월 22일) 황제에게 보냈다. 다음과 같은 내용이었다.

1. 조선의 독립의 상호 보장.
2. 조선의 영토의 어떠한 부분도 군략적 목적으로 상요하지 않는다는 상호의 의무(또는 일본의 의무).
3. 조선해협의 자유항행을 위험에 처하게 할 수 있는, 여하한 군사적 조치도 조선의 연안에서 강구하지 않는다는 상호의 의무(또는 일본의 의무).
4. 일본이 조선에서 상공업적인 면에서 행동의 자유를 지니며, 러시아와의 사전 협정에 기초해 조선에 대해서 건실한 정부로서의 의무를 이행하는 것을 원조하고 조언을 제공하는 우월적 권리를

지닌다는 것을 러시아가 인정할 것. 반란과 평화적인 한일관계를 파괴할 가능성이 있는 그 밖의 모든 소요를 진압하기 위해서 필요한 범위 안에서의 군사적인 원조도 포함된다.

5. 일본은 전항의 규정과 관련해, 엄밀하게 필요한 양의 군대만을 조선에 파견하고 임무를 이행하는 대로 즉각 소환할 의무를 진다. 그럴 경우 일본군은 러시아 국경 연안의 엄격하게 규정된 지역에는 어떠한 일이 있어도 들어가지 않을 것을 조건으로 한다.

6. 일본은 러시아에 인접한 청 제국의 여러 주에서 러시아가 우월적인 권리를 지닌다는 것을 인정하고, 이 주들에서 러시아의 행동의 자유를 결코 방해하지 않을 의무를 진다.

7. 본 협정은 모든 선행 협정에 갈음한다.[279]

람스도르프가 12월 5일(11월 22일)자로 황제 앞으로 보낸 편지 위에다 니콜라이는 "찬성한다. 러시아는 조선에 일본과 동수의 군대를 보지할 권리를 어떻게든 포기해서는 안 된다"고 썼다.[280] 이 황제가 전한 의견의 전반부와 후반부는 모순되어 있다.

람스도르프의 안에서 처음 세 항은 이토의 안과 일치한다. 이토 안의 제4항에서는 "배타적 권리"였던 것이, 람스도르프 안에서는 "우월적 권리"로 되어 있다. 러시아의 개입권도 전부를 부정하지는 않았다. 그러니까 니콜라이의 주장도 귀담아 듣지 않아도 되기는 한다. 국경지역에는 일본군을 투입하지 않는다는 주장이 추가되었다. 일본의 지배권이 다시 제한된 것이다. 그리고 만주에서 러시아의 우월권을 인정할 것을 요구했다.

람스도르프의 안은 이토의 안과 함께 황제의 승인을 얻어 재무성과 육해군성의 세 장관에게 회람하도록 했다. 재무장관 비테는 일본과의 협정은 제1급의 의의가 있다면서 강력하게 찬성했다. "조선을 포기함으로써 우리는 일본과의 부단한 분쟁의 씨앗을 제거하고, 영원히 공격해올 위험이 있는 적국에서, 동맹국까지는 아니더라도, 이렇게 고생해 획득한 영토를 또 다시 잃지나 않을까 걱정해 우리와 선린관계를 유지하려고 노력하는 이웃으로 일본을 바꾸게 될 것이다."281

쿠로파트킨은 자신의 수정안을 제출했다. 그는 일본은 러시아와 전쟁할 구실이 없다. 러시아와의 전쟁은 일본에 위험을 가져다줄 것이고 이익이 없다고 보았다. 만주 북부를 일정 정도 러시아에 종속시켰다고 해도 일본과의 충돌은 피할 수 있다. "그러니까 일본과 우리나라와의 새로운 협정은 지나치게 비싼 대가를 지불하고 사들여야 할 것이 아니다. 조선을 포기하고 일본에 양도하는 것이야말로 너무 비싼 대가다." 쿠로파트킨은, 일본군이 조선으로 들어온다면 그 "상주" (常駐)를 저지해야 하며, 조선 북부에는 일본군이 들어와서는 안 된다고 생각했다. 지금 중요한 것은 해협의 문제이며, 남부 해안에는 요새 시설을 만들지 못하도록 해야 한다는 것이다. 셋째로 만주에서 러시아가 행동의 자유를 지킬 필요가 있다는 것이다. 쿠로파트킨은 이러한 생각에서 수정안을 생각해왔다고 주장했지만, 사실 제2항에서 일본은 조선을 러시아에 대한 군사목적으로 사용해서는 안 된다고 내용을 다소 강화했을 뿐 그 이외에는 람스도르프의 안을 거의 다 그대로 받아들였다.282

람스도르프는 해군장관에게서는 답신이 없지만 이토에게 안을 보내고 싶다면서 황제의 허가를 얻었다. 그런데 그가 이토에게 편지를 송신하기 전에 해군장관 티르토프가 원칙적인 반대의견을 보내왔다. "조선 남부에 러시아가 항구를 획득하는 것이 이 협정의 주요한 조건 가운데 하나가 되어야 한다." 람스도르프가 그것을 12월 14일(1일)에 황제에게 알리자, 황제는 "짐이 승인한 형태로 보내라"는 지시를 그날 내려 보냈다.[283] 해군상의 반대를 무시해도 괜찮다는 것이었다.

람스도르프의 편지를 받은 이토는 브뤼셀에서 12월 23일(10일)자로 답장을 보냈다. 그는 답장에서 "귀국에서 권력의 좌에 있는 사람들의 협조적인 분위기를 충분히 확신했지만, 문안 자체는 양국 간의 실제적이고 영속적인 합의에 용이하게 도달할 수 있다는 희망을 북돋울 수 있는 것과는 상당히 거리가 멀다"라고 썼다. 제6항의 러시아가 우월적 권리를 지니는 청국의 여러 주들이라는 규정이 지나치게 애매하다는 비판이 맨 처음에 쓰여 있었지만, 역시 핵심은 제4항이어서, "나는 조선에서의 배타적 프리핸드(exclusive free hand of Japan in Korea)가 유일하게 마음으로 이해할 수 있는 기초라고 생각하고 있다"면서, 람스도르프의 안이 "배타적 권리"라는 규정을 제외한 것에 반발했다. 그리고 제5항의 일본의 행동범위 제한 규정에 대해서도 언급했다.[284] 이토의 입장에서 보면 이 안을 일본은 받아들일 수 없었다. 영일동맹을 향한 흐름은 이토에게도 달리 멈출 방법이 없었다.

영일동맹조약의 조인

일·영 교섭은 해를 넘겨 계속되었다. 1902년 1월 14일 영국의 대안이 제시되었고, 18일에는 일본의 제2차 안이 제출되었다. 그리고 24일에는 영국의 제2차 안이 제출되는 등 눈이 핑핑 돌 정도로 빠르게 전개되었다. 그리고 마침내 1월 28일 최종안에 합의했다.[285] 무엇보다 문제가 된 한국 조항은, "일본국의 경우에는······ 한국에서 정치상 및 상업상 각별한 정도로 지니고 있는 이익에 비추어보아······ 자국의 이익이 다른 나라의 침략적 행동에 의해······ 침박(侵迫)당할 경우에는······ 이를 옹호하기 위해서 필요불가결한 조치를 취할 수 있음을 승인한다"라고 되어 있었다. 영국의 경우에는 청국에서의 이익을 지키기 위해서 취하는 조치를 인정받는다고 되어 있었다.

그러한 이익을 지키기 위해서 조약 체결국가의 한 쪽이 다른 국가와 전쟁을 하게 되었을 경우에는, 남은 조약 체결국은 중립을 지키고, 다른 국가가 동맹국에 대한 적대행위에 가담하지 못하도록 영향력을 행사한다. 또한, 다른 국가가 적대행위에 가담했을 경우에는 조약 체결국은 동맹국을 서둘러 지원함으로써 함께 전쟁을 치른다. 이러한 내용의 영일동맹조약이 1902년 1월 30일에 조인되었다.[286] 즉 일본이 조선의 권익을 둘러싸고 러시아와 전쟁을 할 때 영국은 중립을 지키지만, 만약의 경우 제3국, 예를 들어 프랑스나 독일이 러시아 편으로 참전할 경우에는 영국이 일본 편에 서서 싸운다는 것이었다.

러불선언

구리노 공사는 영일동맹의 조약 문안을 러시아 외상에게 보냈다. 구리노는 이와 같은 "목적에 그다지 적합하지 않은" 협정이 맺어진 데에 놀랐다고 말하고, 이토의 방문으로 시작된 일·러 협정을 위한 교섭을 중단하지 않기를 절실히 희망한다고 요청했다.[287] 그러나 공사의 말은 전혀 위안이 되지 못했다. 람스도르프는 영일동맹에 큰 충격을 받았다. 영일동맹이 러시아를 타깃으로 한 동맹이라는 점은 분명했다. 러시아로서는 영일동맹 체결이 준 인상을 중화할 만한 방책을 강구할 필요가 있었다.

2월 24일(11일) 람스도르프는 구리노에게, 일본 정부는 극동에서 러·일 양국의 평화적 관계와 우호적 협조를 진실로 희망하는가, 영·일 조약 제4조에 저촉하지 않으면서 러시아와 별도의 조약을 체결하는 것이 가능한가를 질문했다. 이 보고를 받은 고무라 외상은, 한국 문제와 관련해 일·러의 협조를 추구하고 있지만 협정 교섭 개시에는 때가 있다, 지금은 러시아 정부 내에 대립이 있기 때문에 사태의 발전을 지켜보도록 하라, 는 내용의 지시를 3월 12일에 보냈다.[288] 이것은 당연한 반응이었다.

그래서 람스도르프 외상은 과감한 방법을 택했다. 3월 19일(6일) 동맹국 프랑스와 함께 영일동맹에 관한 선언을 발표한 것이다. 거기에는 영일동맹에 관해서, 극동의 현상과 전반적인 평화의 유지, 청·한 양국의 독립과 영토보전, 열국의 상공업 활동에 대한 개방이라는 원칙이 양국 정책의 기초가 된다는 점이 재확인되어 있다는 데 대해서, 러시아와 프랑스 양국 정부는 만족을 느낀다고 기술되어 있었다. 이들 원칙은 우리에게도 원칙이다. 양국 정부는 다른 열국의 적대행동 그리고 청국에서의 소요가 재발할 수 있다는 점을 "염두에 두어야 하기 때문에, 이러한 경우에는 이들의 이익을 방호하기 위해서 해야 할 당연한 조치를 취하는 것을 배려할 수밖에 없다."

러시아 정부는 동시에 단독으로 구상서도 제시했다. 러시아 정부의 원칙은 의화단사건 발생 당초부터 바뀐 것이 없다. 러시아는 "우호국인 청국과 한국의 독립, 그리고 영토보전"을 추구하며, 극동의 현상과 평화의 유지를 원한다. 시베리아철도의 건설은 세계적인 상공업이 이 지역으로의 확대되는 데 기여할 것이다. 일부 정치권에서 떠돌고 있는 소문과 신문의 논평에도 러시아는 영·일 양국이 표명한 원칙에는 "마음으로부터 공감할 뿐이다."[289]

이러한 대응에 대해서, 싸움을 걸어온다면 적절하게 받아넘기겠다는 대인의 풍모가 현시한 것이라고 볼 수도 있지만, 사실 현실적으로 발생한 긴장과 위기에 대해 말로만 격식을 갖춘 대응, 즉 호도책이라고 아니할 수 없을 것이다. 러시아가 실제로 느낀 충격이 이러한 호도

책으로 해소될 리는 없었다.

러시아, 만주철군협정을 체결하다

실질적인 움직임은 만주문제에서 나타났다. 이 점에 관해서는 전년도인 1901년 여름부터 가을에 걸쳐서 다시 한번 교섭을 개시하고자 하는 분위기가 러시아와 청국에 작동해, 러시아 측에서 철군에 관한 조약안이 제출되어 있었다. 10월에 일본이 파악한 바에 의하면 그 내용은 다음과 같았다.

1. 만주문제에 관해 전에 행한 일체의 제언을 기각하고, 다시 새로운 안에 기초해 본 문제를 협정할 것.
2. 러시아는 동부 3성 전체(잉커우 항구도 포함)를 청국에게 반환할 것, 그리고 산하이관과 잉커우 사이의 철도는 금년 중(청국의 달력에 의함)에 반환할 것.
3. 러시아는 금년 중(청국의 달력)에 그 군대를 모두 셩징성(盛京省)에서 철수할 것.
4. 헤이룽장 지방 및 지린성의 러시아 군대는 본 문제 협정의 날로부터 2년이 지난 후 점차 철수할 것.
5. 청국 군대의 새로운 편성은 러시아의 군사관(軍事官)과 상담해 셩징성 장군이 이를 결정할 것. 다만 청국 군대의 대포 사용을 금지하는 것을 조건으로 할 것.[290]

이에 대해서 일본이 수정을 요구했는데, 그것이 먹히지 않자 교섭을 늦추게 하려고 반복해서 요구했다.[291] 청국에서는 러시아와의 협정에 적극적이었던 리훙장이 11월 7일에 사망했고,[292] 이 때문에 준비가 더뎌졌다. 12월에 교섭이 재개되었고, 청국은 철수의 기한을 3년에서 1년으로 단축해 줄 것을 요청했다. 러시아는 이 요청에는 찬성하지 않았다. 비테와 쿠로파트킨 모두 반대했다.[293]

그러나 영일동맹이 체결되면서 러시아 외무성, 즉 러시아 정부에 충격을 주었다. 바로 이 시점에 청조 정부는 러시아 정부에게 만주철군협정에 관한 새로운 제안을 했다. 1902년 2월 25일 칭친왕의 서한이 레사르에게 도착했다. 전년도 12월에 전달한 수정 제안을 그대로 받아들여 달라는 내용의 서한이었다. 9일 후, 철수 기한을 1년이 아니라 18개월로 한다는 새로운 타협안을 청국이 제시했다. 람스도르프는 이를 수용해야 한다고 생각했다. "지금까지 만주문제가 처한 불확정 상태에 종지부를 찍고, 제국 정부의 행동양식에 대해서 앞으로 가해질 일체의 비난을 받지 않기 위해서"라는 것이었다.[294] 재무상 비테와 육군상 쿠로파트킨이 함께 이를 수용해도 좋다고 한 것[295]도 역시 영일동맹으로부터 받은 충격 때문이 아니었을까?

1902년 4월 8일(3월 26일) 러시아와 청국은 마침내 만주철군협정을 체결했다. 협정의 제2조에서, 러시아는 6개월 이내에 셩징성 남서부 랴오허에 이르는 지방의 군대를 철수시키고 철도를 청국에 반환할 것, 그 다음의 6개월 동안 셩징성의 잔여 부대 및 지린성의 군대를 철수시킬 것, 그리고 그 다음의 6개월 동안 헤이룽장성에 있는 군대를 철수시키기로 약속했던 것이다.[296]

영일동맹의 성립과 러·청 철군조약의 조인은 일본의 반러주의자들에게 승리했다는 인상을 심어주었다. 4월 25일 국민동맹회는 해산대회를 개최했다. 고노에 아쓰마로는 다음과 같은 연설을 했다. "전에는 재차 제2의 러·청 조약을 폐기시켰고, 그 위에 또 다시 일·영 협상을 체결해 청·한 양국의 보전과 독립을 천명하고 공약했으며,

이제는 만주문제를 완전히 해결하기에 이르렀다.""우리도 역시 굳이 러시아가 이 조약으로 영구히 그 종래의 정책을 포기하고 다시는 군대를 투입하지 않을 것이라고 안심하지는 않을 테지만, 그래도 지나의 보전을 세계 여론으로 창도하는 자들로서, ……오히려 이를 하나의 단락으로 하여 우선 여기에 종결을 알리는 것이 지당하다고 믿는다." 대회의 선언문은 다음과 같이 시작되었다.

"여기 일영동맹이 성립되고, 만주문제는 이미 해결되었다. 이제 우리는 당초 천하의 공중에게 서약한 약속에 따라 동지들의 회맹(會盟)을 해산할 시기에 도달했다."[297]

이즈볼스키 최후의 한국중립화안

영일동맹의 충격은 다른 곳에서도 나타났다. 주일 공사 이즈볼스키가 1902년 8월 2일(7월 20일) 새삼스럽게 한국중립화 구상의 의견서[298]를 외상 앞으로 보냈던 것이다.

"조선문제는 극동의 정치정세의 가장 불안한 요소이며, 그 기초 위에 우리나라와 일본과의 사이에 위험한 분쟁이 생겨날 수도 있다." 그 때문에 러시아와 일본은 종래 몇 차례의 협정을 체결해 위험을 막아 왔다. 그러나 바야흐로 협정의 결함이 드러나고 있다. 협정은 이런 것들을 해서는 안 된다고 규정하는 "부정적 성격"의 것이어서, 양국이 군대를 각각 조선에 파견하는 것 같은 일은 할 수가 없다. 그런데 "한국의 국내정치는 완전히 해체되고, 조금이라도 유능하고 양심적인 정부가 결여되어 있기 때문에, 이 나라는 스스로의 나랏일을 외국의 원조 없이는 절대로 적정하게 하지 못한다.""러시아와 일본이 한국 정부에 적절한 원조를 제공하는 일을 중단한다면, 한편으로는 이 위기의 진행이 촉진될 것이고 그와 동시에 다른 한편으로는 한국에 대한 착취만을 목적으로 몰려올…… 국제적 사업가들에게 이 나라의 문호를 개방해 주는 꼴이 될 수도 있다."[299]

이 상태라면 일본에게는 유리하지만 러시아에게는 그렇지 않다. "일본은 경제면에서 한국의 완전한 주인이 되어 있고, 이는 역으로 이 나라에 대해서 정치적 요구를 강화하는 기반을 일본에게 제공해 주고 있다……." 일본은 "기가 약한 한국 황제를 을러대어, 그로 하여금 체념하고 일본의 보호국이 되도록 하려는 음모"를 부단히 계속하고 있다. 영일동맹 체결 후 일본외교의 분위기는 고조되었고, 그 음모는 더욱 기승을 부리고 있다. 이대로 가면 "수년 후에 우리는 일본이 한국에서 정치적·경제적인 영향력을 완전히 확립했다는 기정사실을 승인하든지, 아니면 이 나라를 두고 일본과 무력 충돌하는 것을 결단하든지 해야 할 딜레마에 직면하게 될 것이다." 따라서 "현행 러·일 협정은 조선문제에 관한 장래의 러·일 관계를 위한 견고한 토대가 될 수 없다"는 것이 이즈볼스키 의견서의 결론이었다.[300]

다른 길은 없을까? 일본 정부는 1898년 협정을 러시아의 관둥주 점령의 결과라고 여긴다. 그러니까 러시아가 만주에서 또 다시 진출하려면 조선에 대해서 일본이 더욱더 진출하는 것도 인정해야 한다고 생각하고 있다. 1900년의 사태로 일본의 여론이 비등했다. 러시아가 한국중립화 구상을 제시하자 이토 수상은 찬의를 표했지만 가토 외상은 반발했다. 작년의 람스도르프·이토 회담에서도 1898년의 니시 외상의 주장이 표명되었다.[301] 그래도 영일동맹의 조인 시까지는, 조선문제에서 일본과 협정을 체결할 수 있다는 논의가 성립했었다. 러시아의 입장에서 1900년의 사태는 예상치 못한 것이었다. 만주는 어차피 러시아의 영향 하에 들어올 것이었는데, 군대로 점령하니까 일본이 강력 반발한 것이다. 일본이 행동으로 나올 가능성이 있지만,

"시베리아철도가 아직 완성되지 않았고, 우리나라의 태평양 해군력이 과도기적 상태에 있음을 생각하면, 일본과의 충돌은 시기적으로 유리하다고 생각되지 않는다. 이 시기를 뒤로 미루면서 동시에 가장 급한 만주문제를 해결하는 데 임하게 하는 콤비네이션[정책적 조합]이라면 어떤 것이라도 바람직한 것으로 보인다." 그러니까 조선문제에서 일본에게 양보하자는 것이다. 양보는 일시적인 것이며 최종적으로 승리하는 것은 러시아의 조선정책이다. 일본은 조선을 취하게 되면 오히려 재정적으로나 그 역량으로나 힘에 부칠 것이며, 반일 운동으로 고통 받을 것이다. 일본은 "위험한 국내 위기"에 치닫게 되고, 군사력의 우위도 상실해 결국 조선에서 손을 떼게 될 것이다. 그러니까 그렇게 되면 러·일 협정이 가능하다는 것이다.[302]

그러나 지금은 영일동맹이 성립했기 때문에 "좋아! 일본과 직접 협정하지, 하는 식의 판단은 힘을 받을 수 없게 되었다." 러일교섭은 모두 영국의 통제를 받기 때문에 "견고한 '협정(modus vivendi)'"이 성립할 수 없을 것이다. 그러므로 일본과 양자 협정을 체결한다는 생각은 최종적으로 버려야 한다. 그렇다면 러시아의 이해와 극동의 평화를 보장하는 "새로운 콤비네이션" 즉 미국을 포함한 3국 협정으로 "한국 중립화"를 추구해야 할 것이다. 미국은 전통적으로 불개입정책을 취했지만, 영일동맹으로 일본의 정책이 활발해져서 이 지역의 불안정이 고조되고 있다고 생각된다면 미국은 전통적 정책에서 벗어날 가능성이 있다.[303]

이즈볼스키 나름대로는 깊이 생각하고 완성한 구상이었다. 한국 황제의 기분에도 딱 들어맞는 것이었다.

구리노의 러·일 협상안

러시아에 부임한 구리노 공사는 할 일이 없었다. 주재 무관인 무라타 아쓰시(村田惇)를 데리고 쿠로파트킨 육군상을 방문했을 때의 상황이 쿠로파트킨의 일기에 기록되어 있다.

"그는 단도직입적으로, 심란한 테마로 화제를 바꾸려고 노력했다. 프랑스에 있었을 때 델카세[프랑스 외상]와 알게 되었다고 말했다. 프랑스가 일본과 평화적인 관계를 맺길 바라고 있다는 점을 확신하고 기뻤다. 델카세는 러시아와 화합하며 사는 것이 일본에게 필요하다고 몇 번이나 지적했다. 나는 이 의견에 깊이 공감한다. 이것의 달성을 방해하는 원인은 없다는 것을 알고 있다. 일본의 상업 활동 확대가 러시아에게든 다른 국민에게든 불안감을 주는 것은 아니라고 생각한다. 그가 이렇게 말했기 때문에 나는, 일본에서는 모두가 그런 식으로 보고 있지는 않을 테지요, 하고 끼어들었다. 공사는, 신문과 일부 흥분한 사람들은 러시아에 대해서 확실히 적대적인 분위기지만 정부와 건전한 판단력을 지닌 사람들은 모두 러시아와 평화를 유지하는 것이 필요하다는 것을 이해하고 있다고 답했다. 주재 무관도, 러시아와의 전쟁은 일본에게 불행한 일일 것이라고 덧붙였다. 나는, 이 문제는 람스도르프 소관이지만 나도 일개 병사로서, 전쟁이 우리에게도 재앙이라는 점에 주재 무관 귀하와 의견을 같이 한다고 말했다. 그러나 우리나라는 일본보다 강하기 때문에, 전쟁을 하면 물론 희생은 치르겠지만 결국 승리할 것이다. 신임 주러 일본공사께서 일본의 진정한 입장을 이해하고 계신 점은 기쁜 일이다. 하지만 공사께서는 일본의 급속한 성공과 성장이 다른 국가들로 하여금 불신을 품게 한다는 것을 고려해야 한다. 일본의 힘에 대해서 모두 우려하고 있으며, 이 힘을 감축하면 좋겠다고 생각하고 있다. 러시아의 성장은 이들 열강을 한층 더 불안케 하고 있다. 러시아의 힘이 한층 더 위험하다고 생각하는지, 이들 열강은 러시아가 힘을 소진해 자신들의 우려의 씨앗이 사라지면 더욱더 기뻐할 것이다. 내가 이렇게 말하자 공사는 한 발 더 나아가, 그 열강이란 영국과 미국입니다, 하고 말했다."[304]

두 사람은 일본과 러시아가 대립하고 전쟁을 해 힘을 소모함으로써 영국에게 득이 되는 것은 바람직하지 않다는 기분을 확인한 것이다. 구리노는 쿠로파트킨의 이야기를 듣고, 계속해서 일·러 협조노선을 추구해야 한다는 생각을 더욱 굳혔을 것이다. 쿠로파트킨이, 전쟁이 일어나면 러시아가 이길 것이라고 자신 있는 태도를 취한 것은 우스꽝스런 면이 있지만, 1901년 말의 일본군 훈련 관찰보고서에서 영향을 받았기 때문이었는지도 모른다.

1901년 말 센다이(仙台) 근교에서 있었던 대훈련을 참관한 후, 주재 무관 반노프스키는, "보병의 전술적 훈련이 약하고, 최근 3년 동안 거의 아무런 진보도 이룩하지 못하고 있다." "포병은 그 조직 자체가 불만족스럽다. 도처에서 포의 이용 특히 속사포를 이용하지 못하고 있는 것이 눈에 띈다"는 점 등을 지적하고, "이런 군대를 상대한다면 포를 가진 강력한 기병부대가 조금만 급속하고 정력적으로 파르티잔 활동을 하면 확실하게 결정적인 승리를 거둘 수 있다"는 결론의 보고서를 보내 왔었다.[305] 마찬가지로 이 훈련을 참관한 제1시베리아 군단 참모장 이바노프 소장은, "중국인들에 대해 거둔 승리에서 아무런 교훈도 얻지 못했는지, 저들의 군사기술관은 한 걸음도 발전한 것이 없다"면서, 일본군 사령관들은 "유럽적 관점에서 보면, 그 임명에 어울리지 않는 자들의 부류에 넣어야 하며", 일본군은 종이 위의 숫자와 신문 광고 안에서만 존재하는 것으로 "젖먹이 군대"(армии младенцев)라는 명칭이 딱 어울린다고 혹평했다.[306] 이와 같은 거만한 평가가 육군상에게 영향을 주었다면, 이것은 큰 문제가 아닐 수 없다.

한편 러시아에서는 국내적인 위기가 깊어지고 있었다. 1902년 3월 남러시아의 하리코프와 폴타바의 두 현에서 농민들이 40년간 지속된 침묵을 깨고 지주의 영지(領地)를 공격하는 소요사건이 발생했다. 황제가 토지를 하사할 것이라는 소문이 또다시 되살아났다. 습격을 받은 지주의 영지는 80곳에 달했고, 1,092명의 농민들이 재판에 회부되어 836명이 유죄판결을 받았다. 그리고 4월 15일(2일)에는 시퍄긴 내무상이 집무실에서 군인으로 변장한 학생에게 사살되는 사건이 발생했다. 다음 날 에스에르당 전투단의 범행 성명이 발표되었다. 며칠 뒤 플레베가 후임으로 임명되었다. 비테는 정권 내에서 친구를 잃고 적을 얻은 셈이었다. 이후 비테 재무상과 플레베 내무상의 주도권 다툼으로 인해 개혁안 심의도 벽에 부딪치게 된다.

그리고 1902년 7월 7일, 고무라 외상으로부터 훈령이 하달되었다. 러불선언으로 일·러 협상에 관한 러시아의 생각은 바뀌었는가, 협상의 조건에도 변화가 있는가, "공사 자신이 책임을 지고 절대 비밀리에" 탐색해 보라는 것이었다.[307] 아마도 고무라는, 러시아인들 사이에 구리노가 러·일 협상파로 알려져 있기 때문에 그야말로 이러한 정보 수집에 가장 적합한 인물이라고 생각했을 것이다. 7월 23일 구리노는 람스도르프를 만났다. 러시아의 외상은, 러시아 측으로서는 협상에 전향적이며 지난해 제시된 이토의 의견 그리고 이에 대한 자신의 회답이 "협상의 기초"가 될 수 있을 것이라고 대답했다. 구리노는 기뻐하며 발을 내디뎠다. 8월 4일 구리노는 본성의 지령을 기다리지 않고 스스로의 판단으로 일·러 협상안을 러시아 측에 제출했던 것이다. 다음과 같은 내용이었다.[308]

1. 청·한 양 제국의 독립 및 영토보전을 상호 보장할 것.
2. 한국 영토의 어떤 부분도 전사적(戰事的) 또는 군략적 목적으로

사용하지 않을 것을 상호 보장할 것.

3. 러시아는 한국에서 일본국이 지닌 이익의 우월함을 승인하고, 그렇게 함으로써 한국의 사무에도 그리고 해당 국가에서의 평화적 이익과 관련한 일본국의 행동에도 간여하지 않을 것을 보장하며, 그리고 일본국이 한(韓)제국에서 다음의 권리를 집행하는 것을 승인할 것.

갑. 상업상 및 공업상의 이익을 증강하기 위한 행동의 자유.

을. 한국이 선량한 정부의 의무를 완수할 수 있도록 이에 조언을 제공하고 또한 이를 조력함.

병. 반란 또는 국내적인 어떤 분규와 소란이 발생해 한국에 대한 일본국의 평화적 관계를 침박할 때에는 필요에 응하여 병력을 파견함. 단 이 병력은 그 임무를 수행하는 대로 즉시 철수함.

정. 수비대 및 전신선과 철도 보호를 위해서 이미 설치된 경찰대를 유지함.

4. 일본국은 1898년 러시아가 일본 정부에 통고한 뤼순항 및 다롄만의 조차를 승인하고, 또한 만주에서 러시아의 권리 및 이익의 보호를 위한 자유행동을 승인할 것.

5. 일·러 양국 간에 현존하는 한국에 관한 모든 약정은 여기서 끝을 맺고 더 이상 효력을 갖지 않는다.

이토의 제안에 대해서 람스도르프가 정리한 회답과 구리노의 이안을 비교해 보면, 처음의 두 항목은 동일하다. 한국에 대한 일본의 조언과 조력의 권리에 관해서 "우월"이라 부르는 것도 같다. 국경 지대에 일본군의 출입을 금지하는 조항은 들어 있지 않지만, 만주에 대한 러시아의 이익과 행동권은 인정하고 있다. 러시아 외무성의 조서 '1895년 이래 일본과의 조선문제 교섭 개관'(1906년)은 이를 "이토 후작의 제안을 실질적으로 약간 발전시킨 것"이라고 평가하고 있다. 이토의 안보다는 낫지만, 그래도 받아들일 수는 없다고 람스도르프는 생각했을 것이다.[309]

영일동맹이 체결된 후에 부임한 일본 공사의 제안으로서는 아무래도 철 지난 느낌을 지울 수 없다. 구리노의 의견이 도쿄의 본성 및 정부와의 조정을 거친 것이 아님을 러시아 외무성은 곧바로 간파했다. 람스도르프의 회답은 발견되지 않았다. 회답을 보류하기로 했을 것이다.

로젠과 파블로프의 의견

실은 이즈볼스키는 가정 사정으로 임지 변경을 희망하고 있었다. 그리고 가을에는 덴마크 공사로 이동하기로 내정되어 있었다. 이러한 인사이동으로 인해 일본 공사로 낙점된 인물이, 1899년에 도쿄를 떠나 세르비아 공사로 가 있던 로젠이었다. 그래서 로젠은 이즈볼스키의 의견서와 구리노의 제안서를 건네받고, 의견을 제시하라는 지시를 받았다. 로젠은 1902년 9월 25일(12일)에 장대한 의견서를 작성했다. 시만스키의 요약에 의하면 그 의견서는 다음과 같은 내용이었다.

이번 일본의 요구는 1898년의 요구를 더 진전시킨 것이라는 점을 우선 로젠은 확인했다. "지금 구리노가 행한 제안을 받고서, 1898년 3월에 일본인들이 나의 중개를 통해 제시한 최초의 제안에서 쟁취하기를 원했던 것을 넘어서 더 진전된 양보의 길을 제시하는 것은 아마도 바람직하지 않을 것이다. 당시 우리는 뤼순을 막 점령한 상태였고 더구나 극히 적은 병력으로 점령을 했기 때문에, 영국과 일본의 함대가 시위했더라면 우리는 그만 퇴각해야만 하는 그런 상황이었다." 로젠은, 지금은 러시아가 만주를 점령하고 있단 말이다, 라고 말하고 싶었던 것이다.

일본이 조선에 주둔하는 군대를 증원하고, 러시아가 종래의 협정에서 확보한 군대 주둔권을 상실하게 된다는 것은 러시아의 이익에 반한다. 그 대신 러시아가 얻는 것은 청국과의 협정에서 획득한 랴오둥반도의 조차를 인정받는 것인데, 그런 것은 필요 없다. 더구나 1898년에도 그리고 이토가 러시아를 방문한 1901년에도, 일본은 "가능한 우방" 즉 우방이 될 수 있는 나라였는데, 지금은 영일동맹을 체결하고 적대적 협상의 가맹국이 되어 있는 것이다. 일본이 만주에서 러시아에 반대하는 행동을 하지 않겠다는 것도 가치 있는 "보답"은 되지 않는다.

바야흐로 영국의 동맹국으로서 일본에게는 만주가 필요해지고 있다. 그러니까 일본에 대한 더 이상의 양보를 생각할 때에는 "영일동맹의 우두머리인 영국이 자기들의 동맹국이 조선에 대해 가지고 있는 욕망을 어느 정도까지 지지할 작정인가, 만주에 관해서 우리의 의도에 반대하면서 어디까지 갈 작정인가"를 해명해야 한다.

로젠은 일본과 합의에 도달하는 것은 이미 불가능하다고 생각했다. 일본과 협정을 체결해도 전쟁의 위험은 사라지지 않을 것이다. 일본은 조선반도를 정복하려는 욕구를 결코 버리지 않을 것이기 때문이다. 일본이 전쟁의 위험을 시사하면서 러시아를 위협하는 짓을 멈추는 것은, 러시아가 일본을 궤멸시키든지 아니면 극동의 육해군 병력으로 일본을 압도하든지, 그 어느 한 경우일 것이다. 군사력의 면에서 이와 같은 압도적 우세가 필요한 이상, 만주에서 철군할 수는 없다.[310]

이 당시의 로젠은 일본과 협정하는 길을 모색한다는 생각 자체를 부정했던 것이다.

이즈음 한국주재 공사 파블로프의 의견도 알려져 있다. 일본에서는 1902년의 한국중립화안이 이즈볼스키와 파블로프의 공동 구상이라고 널리 믿고들 있었는데, 실제로 파블로프는 상담을 의뢰받지도 않았고 오히려 그 반대였다. 파블로프는 이해 9월에 휴가차 귀국하던 도중에 도쿄에 들러 이즈볼스키와 회담했다. 당시 파블로프는 이즈볼스키의 일본, 러시아, 미국에 의한 한국중립화 구상에 관해서 물었다. 그 후 파블로프는 프랑스에 들러, 전 청국주재 공사이자 자신의 상사였던 카시니 현 프랑스 공사를 만나고 러시아로 돌아갔다. 러시아로 돌아온 파블로프는 9월 23일(10일), 이즈볼스키 의견서에 반대한다는 취지의 의견서를 써서 황제에게 제출했다.[311]

파블로프는 이 안에 대해 미국의 동의를 받는 것이 가능한지 어떤지, 그리고 일본이 이 안에 얼마만큼이나 매력을 느끼고 있는지에 관해서는 거론할 생각이 없다고 전제한 뒤, 한국중립화안이 "극동에서 우리의 이해라는 관점에서 어떤 의의를 지니고 있는지"를 검토하겠다는 문장으로 자기의 의견서를 시작했다.[312]

우선 일본이 이 안에 만족하지 않는 이상, 일본은 이것을 "외교적 패배"라고 간주할 것이다. 그 결과 만주문제가 다시금 첨예화할 것이다. 일본이 만주중립화 요구를 내놓으면 미국과 영국은 동조할 것이고, 러시아는 만주를 떠나라는 압력을 받게 될 것이다. "한국중립화 문제를 적극적인 의미에서 해결한다고 해도, 우리는 거의 틀림없이 관계의 첨예화 그리고 무력충돌의 위험이라는 위협 하에 놓이게 될 것이다."

여기서 파블로프는 일본과의 전쟁 위협에 관해서 주목할 만한 견해를 제시했다. "원래 나 개인은 본디, 일본과의 무력충돌 위험성에 관해서, 반러시아적인 일본 여론이 가장 격렬하게 고조되었을 때일

지라도, 일본이나 외국의 신문, 잡지의 논설에서 주장하는 것처럼 그렇게 목전에 다가와 있다고는 전혀 생각하지 않았다. 그리고 아무리 과격한 성향의 일본 정치가라도 마지막 순간에는 러시아와의 무력 전투에 일본을 던져넣기로 결단하기보다는 온갖 타협과 양보로 향해 갈 용의가 있을 것이라고 충분한 확신을 가지고 말할 수 있다. 그런데도 그러한 전투 가능성을 상정해야 하는 것이다."[313]

조선이 문제라면 일본의 조선 출병에 대해서 항의 정도만 하고, 상황이 돌아가는 모양을 볼 수 있다. 그러나 한국중립화의 국제협정을 체결하고 나면 일본과 전쟁하는 것은 불리하다. 강화 시에 조선에서 아무것도 획득할 수가 없기 때문이다. 파블로프는 "한국중립화안의 실현은 원래 매우 심각한 실제적인 어려움을 수반하는 것이며, 그 어떤 면에서도 우리에게 바람직한 것이라고는 볼 수 없다"고 결론지었다.[314]

황제는 이 의견서에 "오히려 파블로프의 의견에 찬성하는 쪽으로 기울어진다"고 적어 넣었다.[315]

나아가 파블로프는 이틀 뒤 극동정세에 관해서 보다 포괄적인 의견서를 작성했다. 파블로프는 이 의견서에서, 러시아의 태평양 지방 진출의 최종목적은 조선반도에서 러시아의 완전한 확립이라고 주장하면서, 그 전제가 되는 것이 만주를 지배하는 것이라고 지적했다. 만주를 지배하기 위해서는 철군을 결정한 봄에 맺은 조약에서 해방될 수단이 필요하며, 일본에 대한 안전보장도 필요하다는 것이었다. 일본은 러시아가 하려고 하는 일에 간단히 따르지는 않을 것이다. 영국과 그 밖의 나라들도 일본의 편을 들 것이다. 그러므로 일본과의 협정을 체결하는 것이 필요하게 된다. 일본의 지도자 누구 한 사람도 감히 러시아와 전쟁을 치르거나 조선을 무력으로 정복하겠다는 결단을 내릴 수 없을 것이기 때문에 협정은 가능하다. 이 협정은 종래의 협정을 보완하는 것이어야 한다.

"이런 점에서는 우리는 우리나라의 실질적인 국익을 일절 손상하지 않고, 조선문제의 최종적 해결을 방해하지 않으면서, 일본 정부에게 극히 광범위한 자유를 인정하고, 재정과 군사부문을 포함한 조선 내치의 모든 부문의 조직과 통제에 일본이 참여하는 것을 허락하며, 철도, 우편, 전신의 설치와 그 이용에 있어서 전일적(專一的)인 특권을 확보하는 것을 허락할 수 있다."

그 대가로 일본은 만주에서 우리의 사업에 대한 완전한 불개입을 은밀하게 약속하고, 조선에서 양국의 상호관계 상의 분명한 의무를 져야 할 것이다. 이 의무는 러시아의 양보를 정당화할 수 있을 정도여야 한다. 일본과의 협정은 러시아가 만주에서 그 과제를 실현할 동안 일시적으로 필요한 것이다.[316]

파블로프는, 일본의 조선 지배가 오래 지속되지 않을 것이므로 지금은 만한교환론으로 일본과 협정을 맺고 러시아는 당면 만주에 집중한다, 다만 일본의 조선 지배권에 관해서는 제한을 가한다, 장래 일본의 조선 지배가 난관에 봉착하면 러시아가 조선을 지배하면 되는 것이다, 라고 주장하고 있는 것이다.

파블로프는 한국중립화안에 반대했지만, 러·일 협정을 추구하는 것에는 동의했다. 이즈볼스키는 러·일 협정이 무의미하다면서 제3국을 매개로 한 중립화안을 제시했고, 로젠은 중립화안에도 반대하고 러·일 협정도 무의미하다는 의견이었다. 그야말로 3인3색이었다.

그런데 파블로프 구상의 기초에는 한국 정권의 안정성에 관한 인식이 있었던 것으로 생각된다. 그는 미국 공사 앨런과 종종 의견을 교환하곤 했다. 이해 5월 31일에 앨런이 국무성으로 보낸 보고서[317]는, 우선 고종이 영일동맹과 러불선언으로 당초 매우 공포심을 갖고 있었지만 그 사이에 마음이 안정되자, 청국과 함께 한국이 크게 거론되고 있는 데에 주목하면서 이제는 한국의 중립화가 가능하다고 생각하게끔 되었다는 내용을 담고 있었다. "파블로프 공사도, 이 시점에 러·불 동맹 성명이 발표되면서 황제의 그릇된 안전보장관이 더 강화되었기 때문에 이건 실수였다, 라고 내게 말했다."[318]

앨런은 한국의 국내정세가 극히 좋지 않다고 보고했다. "실질적으로 서울에는 정부가 없다. 대신들도 국장들도 누구 하나 황제의 명령이 없으면 아무것도 하지 못한다. 외무대신은 러시아 국경의 전신선 설치를 둘러싸고 러시아 공사와 대립한 끝에 최근 사임했다. 다른 사람이 대신대리로 임명되었지만, 곧 '병가'를 받았다. 그런데도 궁정에서 역할을 수행하고 있다. 지금까지 통역 일을 해온 젊은이가 임시 대신대리로 임명되었는데, 그에게는 힘 같은 것도 없어서, ……지금은 외무성과는 직접 일을 할 수 없다. 황제에게 능력과 의욕이 있다고 해도, 그가 국사 전부를 세부적인 데까지 관여할 수는 없다."

"나는 최근 미국에서 돌아와 상황을 보고 정말 실망했다. ……작년의 흉작으로 기근이 생겨 수천 명이 기아선상에 있고, 수백 명의 사망자가 나왔는데도 황제는 무엇보다도 사치하면서 돈을 헛되이 쓰는 짓을 멈추지 않는다. 동시에 그는 외국의 차관을 얻으려고 모든 방면에서 획책하고 있다. 그는 우리 공사관과 인접한 토지에, 금년 10월 자신의 즉위 40주년을 기념해…… 초대받은 외국사절을 위한 커다란 양옥건물 두 채를 건축 중이다. …… 다가오는 축하연을 위해서 매우 넓은 회의장도 건축 중이다. ……궁정에는 상근으로 고용되어 있는 무희〈기생〉가 80명이나 된다."

"사람들은 잠시 동안 반란 직전의 상태에 있었다. 지방의 민심 폭발은 종종 발생하고 있다. 그러나 반란으로 이어지는 협조적인 행동은 없다. 지도자의 등장만이 남아 있을 뿐이다." "관직 매매는 저주가 되었고 여전히 놀랄 정도로 매매가 행해지고 있으며, 그 가격도 확실히 올랐다. ……황제 혼자 이 모든 것에 책임이 있다."

이렇게 보고서에 쓰고서, 앨런은 다음과 같이 극도로 비관적이고 시니컬한 한국의 대외관계관을 기술했다. 1894년 당시 일본이 황제에게 개혁을 서약하도록 요구했다. "이 서약은 이제 완전히 무시되고 있다." "한국에서는 일본과 러시아가 영향력을 나누어 갖고 있는 것으로 보인다. 황제는 양자를 다투게 하는 역할을 해왔다." 1898년 봄에 러시아가 완전히 퇴장한 뒤로는 러 · 일 협정이 어느 쪽 한 나라도 한국에 개입하지 못하도록 억제해왔다. 그래서 한국은 자립 통치(self government)를 시도했지만, 5년 동안의 경험을 통해서 이 나라에는 그 준비가 전혀 되어 있지 않다는 것이 분명하게 드러났다.

"현재의 혼돈 상태는 늦던 빠르던 외부에서 개입하면서 끝날 것이다. 어쩌면 그것이 한국에게 매우 필요하다는 지도의 손길을 제공해 줄 것이다."

이것은 틀림없이 강대국 미국의 시각이었다. 그러면 미국은 어떻게 할 작정인가? 앨런은 이렇게 썼다. "미국의 이익은 커다란 금광이 대표하고 있다." 미국은 한국에 관여할 생각을 하고 있지 않았다. 중립 보장은 물론 이 나라를 돕겠다는 기분도 아니었으며, 당장은 자원의 획득에만 관심을 집중했던 것이다.

앨런은 한국의 국내 위기에 관해서 파블로프도 같은 의견을 가지고 있는 것처럼 보고했다. 6월 20일자 보고에서는 파블로프의 다음과 같은 전망을 소개하고 있다. "예상 수확량이 개선되고 있기 때문에 이 나라는 현재의 상태로 1년은 더 견딜 수 있을 것이다. 그때까지는 관직을 파는 정부의 탐욕스러움이 매입 후보자들을 놀라게 할 것이고, 매매가 있더라도 점차 줄어들 것이다. 그러면 궁정 사람들은 수입을 잃게 될 것이고, 세금이 지나치게 부과된 민중이 그때는 반란을 일으킬 수밖에 없을 것이다."[319]

이 조선정책 논쟁에 마지막으로 개입한 것은 비테였다. 극동 시찰
에서 돌아온 후 파블로프와 로젠의 의견서에 반응한 그는 1903년 1월
10일(1902년 12월 28일) 장문의 의견서를 제출했다. 비테는 일본과의
충돌이 불가피하다는 로젠의 의견에 동조했지만, 일본에 대해서 적
극책을 취하는 데에는 반대하면서, "러시아 국내에서도 그리고 국제
관계의 측면에서도, 현재의 일반적인 상태로는" 충돌은 적어도 10년
정도는 늦추어져야 한다고 주장했다. 그리고 일본과의 협정에 관해
서는, 최종적인 해결의 가능성은 남겨두면서 당면은 타협을 도모하
는 것이 가능하다는 파블로프의 의견에 동조했다.[320] 전쟁은 10년 정
도는 뒤로 미룰 수 있다, 그러니까 지금은 교섭과 협정이 가능하다.
비테는 이렇게 생각했던 것이다.

결국 외무성은 일본으로 부임하는 로젠 공사에게 내리는 훈령에
서, 조선문제에 관한 교섭을 재개하고 일본과의 모든 충돌을 회피하
기 위해서 모든 노력을 경주하라고 지시했다. 그리고 그렇게 하면
서 조선의 독립과 영토보전을 기초로 해야 하고, 일본에 양보한 것으
로 "조선문제를 미리 결정해 버리는" 일은 하지 말아야 한다, 만주에
대한 개입을 허락하지 않는다. 훈령은 이런 원칙들을 제시하고 있었
다.[321]

한국중립화안에 대한 일본의 반응

그러나 책상 위의 구상으로 끝날 이즈볼스키의 한국중립화안은 일
본 정부를 뒤흔들었다. 파블로프가 일본을 방문했을 때 이즈볼스키
와 한국중립화안에 관해서 협의했다는 사실이 이즈볼스키의 입을 통
해 주일 미국 공사에게 전해졌다. 이즈볼스키는 미국의 의향을 타진

하기 위해서 말을 꺼냈을 테지만, 버크 공사는 이 안을 파블로프가 제안했다고 오해하고, 파블로프와 이즈볼스키는 의견이 일치하고 또 파리의 카시니 공사와 상의한 결과이니 공사 3인의 공동의견으로 제안하는 모양이다, 하는 식으로 이야기를 부풀렸다. 이것이 미국 공사에게서 고무라 외상에게 전달되었고, 외상은 9월 19일 사태를 파악하라고 페테르부르크의 구리노 공사에게 타전했다.[322] 그리고 다음 날에는 이 전보문을 프랑스와 미국에 있는 공사들에게도 전송했다. 한국의 하야시 곤스케 공사에게는 9월 22일에야 이 사실이 알려졌는데,[323] 마침 베베르가 방한 중이었기 때문에 혹시나 하는 걱정을 했던 것이다.

"그러니까 '웨베르'의 내한도 어쩌면 이 문제와 관련되어 있는지도 모른다. 만일 그렇다면 영구중립의 논의는 이전에 한국이 먼저 우리에게 제기해온 일이기도 하니까, 한국 조정의 일부 무리가 아직도 여전히 몽상에 빠져 있다는 것이 된다. 따라서 '웨베르'의 내한과 함께 본 문제가 다시 재연될 수도 있을 것이다."[324]

그러나 파블로프가 휴가차 서울을 떠나 있는 상황이기도 했고, 베베르는 단지 고종의 즉위 40주년 기념을 축하하기 위해 페테르부르크에서 온 것뿐이었다.[325]

그 당시 이즈볼스키의 안은 러시아 정부 내에서 이미 배척되어 있었다. 그러나 일본 정부는 이해 가을에 11월 말까지 한국중립화안의 그림자 때문에 계속 고민하고 있었던 것이다.[326]

이러한 상황에 대한 고무라 외상의 대응이 11월 1일 구리노에게 타전된 다음과 같은 대러 교섭 5원칙이었던 것으로 생각된다. 1. 청·한 양국의 독립, 영토보전의 유지. 2. 일·러 양국은 서로 만주와 한국에 가지고 있는 이익을 인정할 것. 3. 이익 보호를 위한 출병권을 인정할 것. "4. 일본은 한국의 내정개혁을 위해서 조언 및 조력(군사상의 조력도 포함하여)의 전권(專權)을 가진다는 것을 러시아가 인정할 것".
5. 러시아는 한국철도와 동청철도의 연결을 방해하지 않을 것.[327] 구
리노 개인의 사안(私案)에까지 포함시켰던 전략목적을 위한 한국 영
토의 불사용이라는 제한을 홱 팽개쳐 버리고, 러시아의 한국중립화
안에 대해서 한국 지배에 대한 일본의 '전권' 요구를 들이민다―이
것이 고무라의 결의였다.

또한 1902년 8월에는 러시아의 주재 무관 반노프스키가 일본을 떠
났다. 그 대신 부임한 사람이 블라디미르 사모일로프였다. 그는 반노
프스키와 달리 일본군의 힘을 정당하게 평가할 수 있었던 사람이었
다.[328]

비테의 극동 시찰

이 당시 재무장관 비테는 극동 여행에 나서고 있었다. 이해 9월 황
제가 리바디야로 떠나자 비테는 극동 여행을 위해 출발했다. 비테는
뤼순, 다롄, 하얼빈, 블라디보스토크를 방문했다. 그의 극동 여행을
알게 된 일본 정부는 도쿄 방문을 요청하기 위해 접근했고 외상 람스
도르프도 이를 추진했지만, 무슨 이유에서인지 방일 허가가 적시에
전달되지 않아서 비테는 그대로 발길을 돌리게 되었다.[329] 10월에 그
는 리바디야로 가서 황제에게 보고를 하고, 나중에 장문의 보고서를
제출했다.

비테의 보고서는 글린스키가 거의 전문을 발표했다.[330] 비테는 새
삼스럽게, 시베리아철도가 유럽과 아시아를 연결하는 동맥이며 이것
을 장악하는 러시아는 두 세계의 "중개자"로서 이익을 누릴 수 있을
것이라는 문장으로 보고서를 시작했다. 그리고 시베리아 이민의 상

황에 관해서 길게 설명했다. 그러나 보고의 중점은 본디 만주문제와 일본 문제에 두었다.

비테는 다양한 관청의 현지 대표자들 사이에 러시아군의 만주철수 문제, 청국이나 일본과의 관계에 관해서 기본적으로 의견이 일치되어 있지 않은 것이 큰 문제라고 지적했다. 육군은 새로운 중국인 폭동을 우려하고, 해군은 일본과의 전쟁을 우려하고 있다. 철도 기사들은 철도 일에 집중하고 있다. 견해가 일치하지 않는 것은 "행동양식의 통일 결여"로 이어지고 있다.[331] 객관적으로는, 러시아가 뤼순을 점령하고 남만주철도를 부설함으로써 남만주의 정세가 불안정해졌다. 그 때문에 끊임없이 극동에서의 사건 발생 가능성을 걱정해야만 하게 되었다. 바야흐로 비테는 자신이 추진한 다롄과 남만주철도의 건설이 위태로운 존재가 되었다는 점을 인정해야만 했다. 점과 선으로 연결된 남만주철도 왕국—비테의 재무성이 쌓아올린 것이 이제는 표류하고 있는 것이었다.

비테는 그렇다면 그야말로 이제 해야 할 일은 봄에 체결한 조약을 준수해 만주의 철군을 실행하는 일이라고 주장했다. 비테는, 이 조약의 체결에 의해 러시아군이 행사할 수 있는 권한은 제한되어 있다, 그런데 그런 상황을 이해하지 못하는 장교들이 있다고 지적했다. 현재로서는 폭력행위가 자취를 감추었다고 해도, 과거에는 많았으므로 주민의 불만이 여전하다. 러시아군에 의한 징발도 불만의 원인이다. 봄에 맺은 조약으로 러시아는 군정을 해소할 의무가 있는데도, 군 지도부 일각에서는 아직도 청조 행정에 개입하고 있다. 청조 행정도 문제가 있다. 그러나 러시아는 협정에 따른 의무를 이행해 우선은 철군함으로써, 비로소 청국과의 관계에서 러시아의 올바른 정치적 지위를 부활시킬 수가 있는 것이다.[332]

"일본의 입장에서는 만주와 조선에서 우세한 위치에 서고 싶다, 하다못해 조선에서만이라도 우세한 위치에 서고 싶다는 것이, 최근에 그 무엇보다도 사활을 건 문제가 되어 있다." "어떻게든 여기서 우세를 유지하기 위해서 어떤 극단적인 수단에라도 호소할 각오가 되어 있는" 모양이다. "그러나 러시아도 조선에 이해관계가 있기" 때문에 여러 가지로 노력해왔다. 그것 때문에 대립이 깊어지고 있다. "우리가 일시적으로라도 조선반도에 대한 요구를 확실하게 포기하지 않는 한, 일본은 자기보존의 감정에서 조선뿐만 아니라 극동 전체에서 우리의 모든 계획에 대한 변함없는 반대자가 될 것이다."[333]

많은 사람이 러시아는 조선문제에서 양보해서는 안 되고, 일본과의 전쟁은 불가피하기 때문에 러시아가 선전포고를 하는 것이 좋다는 의견을 내놓고 있지만, 이에는 찬성할 수 없다는 것이 비테의 입장이었다. 앞서 나아가면 동청철도가 상공업의 면에서 러·일 협력을 촉진하게 될 것이다. 그렇게 되지 않는다고 해도 지금은 일시적으로 대립을 뒤로 미루는 것이 좋다.

비테는 "가까운 장래에 일본과 군사적으로 투쟁하는 것은 우리에게는 엄청난 재앙이다", 러시아의 승리를 의심하지는 않지만 희생이 지나치게 클 것이다, 전쟁을 한다면 준비해야 한다, 그때까지는 동청철도를 완성해야 한다, 고 주장했다.[334] "일본과 무력충돌을 할 것인가 아니면 일본에게 조선을 완전히 양보할 것인가, 이 두 가지 악 가운데 가장 가까운 미래의 러시아에게 보다 작은 악은 후자다." 일본은 보다 작은 양보에 만족할지도 모르지만, "자칫하면 우리는 일시적으로 조선을 완전히 양보하게 될 수도 있다." 그래서 비테는, 교섭을 통해서 조선문제의 대립을 제거하는 것이 "러시아 극동정책의 첫 번째 자리에 오는 가장 중요한 과제의 하나"라고 결론지었다.[335]

철도수비대에 관해서는, 아무르군관구의 군대가 파견되어 있어서 우선은 충분하지만, 러시아인들이 철도 지대로 입식(入植)해 준다면 안전은 한층 더 보장될 것이다. 그 건에 관해서도 논의가 이루어지고 있다. 또한 비테는 재무성이 장악하고 있는 하얼빈과 다롄의 발전상에 관해 보고했다. 하얼빈의 인구는 이미 2만 명에 달하고 있으며, "만주의 심장부에 있는 러시아적인 대도시가 되어가고 있다"고 썼다. 다롄에 관해서는, 1년 후에는 시설이 완성될 것이라면서 "활기찬 국제무역센터"로 만들기 위해서는 상인들의 이주를 촉진하고 외국 상인의 부동산 취득도 인정해, 도시 자치체의 조직을 추진해야 한다고 강조했다. 블라디보스토크의 상업적 이익을 다롄이 손상할 것이라는 주장에 대해서는, 다롄을 옹호했다.[336]

이 보고서는 여러 가지 측면에 관해서 골고루 언급한 것으로 확실한 결론은 없었다. 그래서인지 비테의 극동 시찰과 그 결과인 이 장대한 보고서는 러시아의 극동정책을 재검토하는 데에 별로 중요하게 생각하지 않았다.

비테가 극동에서 돌아온 후에 장관들이 논의한 것은 만주와 몽골에 대한 중국인들의 식민 움직임이었다. 만주로의 이민은 동청철도 연변 지역에 집중되어 있었다.[337] 쿠로파트킨은 11월 3일(10월 21일)의 상주문에서 "중국인의 몽골 이주는…… 몽골 자치의 원칙에 대한 직접적인 침해다. 중국인들의 이 새로운 조치가 장래에는 러시아 쪽으로도 향해질 것임이 틀림없다"면서, 동청철도 연변 지대로의 식민은 "아무르군관구 사령관의 의견에 의하면, 철도에 대해 중국인들이 가하는 새로운 위협의 시작이며, 철도 주변지대의 확대와 러시아인의 이주를 방해하는 좁은 틀 속에 철도를 두려고 하는 의향의 표출"이라고 반발했다. 11월 5일(10월 23일) 황제는 이러한 육군상의 상주에 대해서 "철도 지대로의 러시아인 이주의 건은 포지티브하게 해결하는 것이 필요하다"고 써넣었다.[338]

외무성과 베이징 공사는, 중국인 이주문제를 위험시하고 이에 대한 대응조치를 취하는 것에 반대했지만, 황제는 청조 정부에 항의하라고 지시했고 실제로 베이징 공사는 항의했다. 재무성은 이러한 이민대책에 문제를 느끼고 있었다.[339]

장관들 사이의 조정은 우선 11월 9일(10월 27일) 얄타의 4상회의에서 이루어졌다. 참석한 장관들은 재무상, 육군상, 외상, 내무상이었다. 육군상은 계속해서, 철도 연선에 중국인의 입식지가 생기게 되면 철도의 방위가 곤란해진다면서 반대의 뜻을 표명했다. 이에 대해서 재무상 비테는, 입식자가 많은 철도지역은 입식자가 적은 철도지역에 비해 방위가 곤란하다고 해도 입식자가 적은 지역의 철도는 수입이 없으며 러시아인의 부담이 증가할 것이라고 말했다. 그리고 남만주 지선은 뤼순과 연결하는 중요한 의의를 지니지만, 무엇보다도 중국인들이 많이 이주하는 지역을 통과하기 때문에 지역 주민과의 좋은 관계를 만들 필요가 있다고도 지적했다. 요컨대 비테의 의견은 이렇게도 말할 수 있고 저렇게도 말할 수 있는 그런 것이었다. 협의회 참석자들은 모두, 철도 지대에 러시아인을 입식시키는 것은 이 지역이 러시아 영토가 되든지 아니면 적어도 러시아에 종속되지 않는 한은 무리라고 생각했다. 그러니까 그렇게 보면 만주는 장래에 러시아에 병합되든지, 러시아에 완전히 종속되어야 한다는 결론이 되었다. 그러나 그런 일이 가능할 리가 없다. 따라서 비테가 유보를 달면서, 이 과정은 "서두르지 말고, 일이 진행되는 자연스런 흐름에 맡길" 필요가 있다고 말한 것이 고작이었다.[340]

말로제모프에 이어서 이 협의회에 주목한 루코야노프는 이 비테의 발언을, 만주에서조차 러시아는 여하한 적극성도 나타내서는 안 된다고 주장했던 것이라고 해석하고 있다. 비테는 완전히 소극론자가 되어 있었다. "중국에서의 대대적인 경제팽창계획을 완전히 포기하는 것은 니콜라이 2세에게는 중대한 타격이었다."[341]

이 협의회의 보고를 받은 황제는, "중국인들의 만주 이민을 저지해야 한다"는 육군상의 의견에 찬성한다고 재결했지만, 그것을 실현에 옮길 현실적인 방책은 존재하지 않았다.

베조브라조프의 극동 파견

비테가 극동 시찰을 하는 동안, 상선 부문을 재무성의 관할에서 떼어 내서 새로이 중앙상선상항관리국이 만들어졌다. 그 꼭대기에 알렉산드르 미하일로비치 대공을 앉히고, 그 보좌역으로는 해군소장 알렉세이 미하일로비치 아바자가 내정되어 있었다. 이들은 비테가 수도로 돌아온 다음인 11월 20일(7일)과 23일(10일)에 발령을 받았다.[342] 아바자는 베조브라조프의 가장 가까운 협력자였기 때문에, 이 인사는 황제에 대한 베조브라조프의 영향력이 커지고 있다는 사실이 드러난 것이었다.

극동정책의 교착상태에 직면한 황제 앞에 베조브라조프가 등장했다. 그가 리바디야 궁전으로 불려갔고 극동 파견이 결정되었다. 12월 14일(1일) 수도로 돌아온 베조브라조프는 행동을 개시했다. 쿠로파트킨은 이날 일기에 다음과 같이 썼다. 이것이 두 사람의 최초의 만남이었던 모양이다.

"오늘 극동 문제에서 정원 외 고문 가운데 한 사람, 즉 4등 문관 베조브라조프가 찾아 왔다. 리바디야에서 직행해왔다. 폐하의 지시로 내게 용무가 있다고 말하며 면회를 요청했다. 놀라울 정도로 버릇이 없다. 종종 애매하기도 한 그의 설명 중에 '나와 폐하'라는 말이 계속해서 나왔다. '나〈쿠로파트킨〉, 비테, 람스도르프' 같은 말은 이 장관들의 활동에 대한 비난의 뜻으로 사용된다. 이들 모두 혼란스러워 하고 있으며, 누구도 아무것도 이해하지 못하고 있단다. 단지 자기 자신, 즉 베조브라조프만이 러시아의 사업을 구원할 수 있다는 것이다. 베조브라조프의 말로는, 이제 폐하께서는 그를 뤼순으로 파견해 거기서 조선과 만주의 이권을 이끌게 할 모양이다. 그는 또한, 자기 말로는, 우리의 약속에 반하여 남만주에서 비밀수단으로 행동하라고 하는 알렉세예프에게 보내는 특별위임장도 지니고 간다고 한다."

쿠로파트킨이 캐묻자, 이 "비밀수단"이란 남만주를 외국자본에 개방한다, 이어서 마적을 이용해 외국기업을 파산시킨다는 것이었다. 쿠로파트킨은 그런 짓을 하면 러시아의 수치가 될 것이라 말하고, 조선에도 러시아인들을 그다지 정주시켜서는 안 된다, 러시아인들이 살해당하고 출병요청이 있게 되면 일본과의 전쟁이 될 수도 있다, 고 지적했다.[343]

쿠로파트킨는 베조브라조프에 대해 극도로 희화화하고 있다. 그러나 실제로 그가 황제에게서 어떤 위임을 받았는지는 분명하지 않다. 쿠로파트킨은 이 밖에도 아바자와도 대화할 기회가 있었다. 이는 쿠로파트킨이 12월 30일(17일)에 황제에게 올린 상주문에서, 조선에서의 사업에 관해서 베조브라조프 및 아바자와의 대화에 대한 의견을 기술하고 있는 데서 알 수 있다. 쿠로파트킨은 황제에게, 잘 모르는 사업을 위해서 참모본부의 마드리토프 중령 파견을 요청받았는데, 그를 베조브라조프에게 복속시키면 안 된다, 나는 그를 알렉세예프 배속 하에 보낼 생각이다, 라고 진언했다. 쿠로파트킨은 또 다음과 같이 베조브라조프에게 말했다고 보고했다. 조선에서의 이권을 기반으로 청·한 국경에 러·일 세력권 분할을 위한 무인지대를 만든다는 것은 자기가 먹지 못할 짚을 놓고 개가 애를 쓰는 것이나 같다, 중요한 것은 일본과의 충돌의 계기를 만들지 않도록 하는 일이다. 황제는 마드리토프 건의 처리를 승인했고, 베조브라조프의 사업에 관해서도

"이 사업은 결코 우리에게 곤란한 상황을 창출하는 일이 있어서는 안된다"고 말했다고 한다.[344] 이 대화의 분위기로 보면 아직 베조브라조프는 출발하지 않은 것처럼 보인다. 시만스키에 의하면 베조브라조프는 연말에 수도를 출발했다.[345]

극동 진출의 책임자 비테가 극동을 시찰하고 돌아왔어도 명확한 극동정책은 무엇 하나 결정된 것이 없었다. 그래서 이번에는 문제의 인물 베조브라조프가 황제의 명을 받아 극동으로 파견되었다. 태세를 확고히 하는 일본을 앞에 두고 러시아는 분명 표류하고 있었다.

주註

제5장 의화단(義和團)사건과 러청(露淸)전쟁

1 佐藤公彦『義和団の起源とその運動——中国民衆ナショナリズムの誕生』研文出版, 1999年, p. 656.

2 I.Ia. Korostovets, *Rossiia na Dal'nem Vostoke*, Pekin, 1922, pp. 9-10. 말로제모프에 의하면 기르스는 외교단 내에서 독자행동을 했고, 외교단이 청조 정부에 의화단 진압을 요청하는 행동을 취해도 거기에 동조하지 않았다. Andrew Malozemoff, *Russian Far Eastern Policy 1881-1904*, New York, 1977, pp. 124-125.

3 Korostovets, op. cit., p. 12.

4 Vogak to General Staff, 26 February 1900, GARF, F. 601, Op. 1, D. 717, L. 5.

5 佐藤, 앞의 책, pp. 657-658. 斎藤聖二『北清事変と日本軍』芙蓉書房出版, 2006年, p. 17.

6 Vogak to General Staff, 28 March 1900, GARF, F. 601, Op. 1, D. 717, L. 7, 8ob.-9..

7 Korostovets, op. cit., p. 15. V.G. Datsyshen, *Bokserskaia voina. Voennaia kampaniia russkoi armii i flota v Kitae v 1900-1901 gg.*, Krasnoiarsk, 2001, p. 63.

8 佐藤, 앞의 책, p. 660. 斎藤, 앞의 책, pp. 20-21.

9 Murav'ev to Nikolai II, 25 May 1900, KA, 1926, kn. 1, p. 13.

10 Girs to Alekseev, 27 May 1900, Ibid., p. 14.

11 Korostovets, op. cit., pp. 16-17.

12 佐藤, 앞의 책, pp. 662-663. Datsyshen, op. cit., pp. 65-66.

13 佐藤, 앞의 책, pp. 66, 709. 斎藤, 앞의 책, pp. 50-51.

14 Korostovets, op. cit., pp. 19-20.

15 斎藤, 앞의 책, p. 76. Izvol'skii to Murav'ev, 10 June 1900, AVPRI, F. 133, Op. 470, 1900 g., D. 102, L. 129-129ob.

16 Murav'ev to Nikolai II, 4 June 1900, KA, 1926, kn. 1, pp. 14-15..

17 S.Iu. Vitte, *Vospominaniia*, Vol. 2, Moscow, 1960, pp. 175-176. 영국 공사 스코트는, 무라비요프가 전날 밤 대중국 정책과 관련하여 비테로부터 혹독한 비판을 받고 자살했다는 루머가 있다고 본국에 보고한 것으로 보인다. 그러나 이는 믿을 수 없다. Ian Nish, *The Origins of the Russo-Japanese War*, London, 1985, p. 73.

18 小村から青木へ, 1900年 10月 19日, 『日本外交文書』第33巻 別冊2, p. 358.

19 Datsyshen, op. cit., pp. 80-81.

20 『義和団档案史料』上巻, 北京, 中華書局, 1979年, pp. 162-163. 佐藤, 앞의 책, pp. 742-744.

21 KA, 1926, kn. 1, p. 15.

22 Aleksandr Rediger, *Istoriia moei zhizni*, Vol. 1, Moscow, 1999, p. 316.

23 Korostovets, op. cit., p. 23.

24 Ibid., p. 26.

25 Ibid., p. 39. Datsyshen, op. cit., pp. 85-93. 斎藤, 앞의 책, pp. 96-97.

26 Korostovets, op. cit., p. 46. 斎藤, 앞의 책, pp. 97-98, 107, 144.

27 Ibid., p. 48.

28 Datsyshen, op. cit., pp. 106-107.

29 Simanskii, op. cit., Vol. II, pp. 102-104.

30 1909년 9월에 쿠로파트킨이 폴로프쪼프에게 한 말. "무조건 가능한 한 많은 수의 군대를 파견할 필요가 있다고, 비테가 나에게 말했다." Dnevnik A.A. Polovtseva, KA, 1923, kn. 3, p. 104.

31 東清鉄道会社定款, 『日本外交文書』第29巻, p. 963.

32 Rediger, op. cit., Vol. 1, p. 317.

33 Lamsdorf to Nikolai II, 30 June 1900, KA, 1926, kn. 1, pp. 17-19.

34 Vitte to Sipiagin, 7 July 1900, KA, 1926, kn. 5, pp. 32-33.

35 Simanskii, op. cit., Vol. II, pp. 104-105. Datsyshen, op. cit., pp. 145, 150, 156.

36 ユ・ヒョジョン「利用と排除の構図――19世紀末, 極東ロシアにおける『黄色人種問題』の展開」, 原田勝正編『「国民」形成における統合と隔離』日本経済評論社, 2002年, p. 239.

37 Simanskii, op. cit., Vol. II, p. 91.

38 『義和団档案史料』上巻, pp. 264-265. Datsyshen, op. cit., p. 132.

39 V. Blagoveshchennskaia "utopia", *Vestnik Evropy**, Vol. XLV, No. 7, July

1910, p. 231. 이것은 사건에 대한 그리프스키 군무지사의 책임에 관한 예심자료를 정리한 익명의 인물의 문장이다. 또한 Lev Deich, *16 let v Siviri, Moscow*, 1924, p. 302. 이 두 자료 모두 말로제모프가 최초로 사용하고 있지만, 예심자료도 약간 조심스럽게 다루고 있는 점 그리고 제이치에 관해서 유대인의 시각이라고 간주하고 있는 것도 의문스럽다. Malozemoff, op. cit., pp. 140, 291.

40 Datsyshen, op. cit., p. 132. George A. Lensen, *The Russo-Chinese War*, Tallahasse, 1967, pp. 75-76. Times, 18 July 1900, p. 7도 7월 14일의 두 척의 러시아 선박 '미하일'과 '셀렌가'에 대한 청국의 공격을 보도했다. 당시 블라고베셴스크에 있던 일본군 첩보원 이시미쓰 마키요(石光真清)도 자신의 수기에서, 기선 '미하일'호에 대한 청국의 정선 명령이 발단이었다고 쓰고 있다. 石光真清『曠野の花』龍星閣, 1958年, p. 25.

41 Datsyshen, op. cit., pp. 132-133, 209. Lensen, op. cit., pp. 80-84. *Times*, 18 July 1900, p. 7은 포격이 7월 16일(3일) 오전 6시와 저녁 무렵에 있었다고 보도했다. 중국의 보고에는 7월 19일의 도강(渡江) 공격에 관해서는 나와 있지만, 블라고베셴스크 포격에 관해서는 나와 있지 않다. 『義和団档案史料』上卷, p. 381.

42 Deich, op. cit., p. 303.

43 Blagoveshchennskaia "utopia", pp. 231-234. 이시미쓰 마키요의 수기에는 이 만행에 끌려나온 러시아인의 증언이 수록되어 있는데, 본서의 기술과 모순되는 내용은 없다. 그러나 수기의 편집자가 정리한 것으로 생각되는 다음과 같은 문장이 추가되어 있어서 잘못된 것이라는 인상을 주고 있다. "이 극히 짧은 시간에 차이나타운(支那街)으로 밀려 처넣어진 청국인 3,000명은 헤이룽강 강변으로 끌려나와 참혹하게 학살당했고, ……참살된 시체는 뗏목처럼 헤이룽강의 탁류에 흘려보내졌던 것이다"(石光, 앞의 책, p. 31).

44 Blagoveshchenskaia "utopia", pp. 234-235. 학살의 날이 7월 17일이었다는 주장에 관해서는 Lensen, op. cit., p. 91. 이 날짜에 관한 다찌셴(Datsyshen)의 기술은 애매모호하다.

45 Deich, op. cit., p. 304.

46 Ibid., p. 305.

47 일본에서의 반응에 관해서는, 山室信一『日露戦争の世紀』岩波新書, 2005年, pp. 89-92.

48 Datsyshen, op. cit., p. 213. 청국의 보고에는 "海蘭泡傭工華民數千人驅投諸江[블라고베셴스크 중국인 노동자 수천 명을 여러 강에 몰아넣다]"라든지, "焚溺華民之事[중국인 분닉사건]"라고 나온다. 『義和団档案史料』上卷, p. 381.

49 Ibid., pp. 134-136.

50 *Novoe vremia*, 11 September 1900, p. 2. 영어 번역문은 Lensen, op. cit., pp. 124-

125. 石光, 앞의 책, pp. 40-41에도 전문이 일본어로 번역되어 있는데, 번역에 문제가 있다.

51 Datsyshen, op. cit., pp. 140-141. 블라고베셴스크 포격의 제1보를 들은 비테는 내무상에게 보내는 편지에 이렇게 덧붙였다. "블라고베셴스크가 포격을 당했다. 대단찮은 일이다. 적어도 우리는 남들에게 보여주기 위해서라도, 아이훈을 괴멸시킬 기회를 얻게 될 것이다." Vitte to Sipiagin, 7 July 1900, KA, 1926, No. 5, p. 33.

52 Vitte to Sipiagin, 14 July 1900, Ibid., pp. 33-34.

53 Predislovie F.A. Rotshteina, *Dnevnik V.N. Lamsdorfa* (*1886-1890*), Moscow-Leningrad, 1926, p. III.

54 Rozen, op. cit., Vol. 1, pp. 174-175.

55 Vitte, op. cit., Vol. 2, pp. 112-113.

56 Dnevnik A.A. Polovtseva, KA, 1923, kn. 3, p 82.

57 Datsyshen, op. cit., pp. 150-151.

58 Ibid., pp. 151-154.

59 Ibid., p. 312.『義和団档案史料』上卷, p. 547.

60 Korostovets, op. cit., pp. 53-59. 斉藤, 앞의 책, pp. 197-199.

61 牛莊領事から青木へ, 1900年 8月 6日,『日本外交文書』第33卷 別冊2, pp. 314-316.

62 Datsyshen, op. cit., p. 94.

63 Wilhelm II to Nikolai II, 6 August 1900, KA, 1926, No. 1, p. 22.

64 Datsyshen, op. cit., p. 96. Simanskii, op. cit., Vol. II, p. 29.

65 Dmitrii Ianchevetskii, *1900. Russkie shturmuiut Pekin*, Moscow, 2008, p. 423. 원저는 *U stene nedvizhnogo Kitaia. Dnevnik korrespondenta "Novogo Kraia" na teatre voennykh deistvii v Kitae v 1900 godu*, Sankt-Peterburg, 1903.

66 Korostovets, op. cit., pp. 68, 87.

67 Vitte to Sipiagin, 10 August 1900, KA, 1926, No. 5, pp. 39-41.

68 B.B. Glinskii, *Prolog Russko-iaponskoi voiny*, Petrograd, 1916, pp. 119-120.

69 Vitte to Sipiagin, 13 August 1900, KA, 1926, No. 5, p. 41.

70 Lamsdorf to Ambassadors, 12/25 August 1900, KA, 1926, No. 1, pp. 28-29. "Pravitel'stvennoe soobshchenie" 19 August 1900, *Obzor snoshenii s Iaponiei po koreiskim delam s 1895 goda*, Sankt-Peterburg, 1906, pp. 47-49, GARF, F. 568, Op. 1, D. 211. 이 번역문은,『日本外交文書』第33卷 別冊2, pp. 338-341.

71 Korostovets, op. cit., p. 93.

72 Simanskii, op. cit., Vol. II, p. 110. Kuropatkin's letter, 2 September 1900.

73 Korostovets, op. cit., pp. 158-159. Simanskii, op. cit., Vol. II, pp. 105-106.

74 Simanskii, op. cit., Vol. II, p. 106. Lensen, op. cit., p. 232. Datsyshen, op. cit., pp. 166-168.

75 林から青木へ, 1900年 6月 26日, 『日本外交文書』第33巻 別冊2, pp. 376-377.

76 Boris Pak, *Rossiia i Koreia*, 2nd ed., p. 326. Pavlov to Lamsdorf, 30 June 1900, AVPRI.

77 Ibid., p. 327. 林から青木へ, 1900年 6月 18日, 『日本外交文書』第33巻 別冊2, p. 375.

78 林から青木へ, 1900年 7月 5日, 위의 책, pp. 379-380.

79 Komura to Aoki, 22 July 1900, 위의 책, p. 699(영어 원문을 저자 와다[和田]가 번역함).

80 角田順『満州問題と国防方針 —— 明治後期における国防環境の変動』原書房, 1967年, p. 33. 千葉功『旧外交の形成 —— 日本外交1900-1919』勁草書房, 2008年, pp. 72-74. 지바(千葉)는 같은 주장이 고무라의 협력자가 되는 야마자 엔지로(山座 円次郎)에게도 나타나 있다고 보고 있다.

81 島田三郎『日本と露西亜』増補再版, 警醒社, 1900年, pp. 29-30.

82 위의 책, pp. 70-71, 74, 75.

83 『小村外交史』p. 149.

84 Lamsdorf to Izvol'skii, 1(14) July 1900, AVPRI, F. 133, Op. 470, 1900 g., D. 102, L. 10.

85 Lamsdorf to Izvol'skii, 2(15) July 1900, Ibid., L. 12. 石和靜「ロシアの韓国中立化政策 —— ウィッテの対満州政策との関連で」, 『スラヴ研究』第46号, p. 36.

86 Boris Pak, op. cit., p. 327은, Lamsdorf to Pavlov, 2 July 1900, AVPRI를 인용하면서, "한국 황제에게 질서유지를 위해 해야 할 방책을 강구할 필요가 있다고 제기하라고 지령했다"고 요약하고 있다. 후술하는 하야시의 보고서로 판단컨대 이 요약은 바르지 않다.

87 林から青木へ, 1900年 7月 19日, 『日本外交文書』第33巻 別冊2, p. 386.

88 Izvol'skii to Lamsdorf, 8 July 1900, Ibid., L. 164.

89 林から青木へ, 1900年 7月 25日, 『日本外交文書』第33巻 別冊2, p. 393.

90 Izvol'skii to Lamsdorf, 30 July 1900, AVPRI, F. 133, Op. 470, 1900 g., D. 102, L. 190-191.

91 Pavlov to Alekseev, 31 July 1900, RGAVMF, F. 32, Op. 1, D. 57, L. 47-50ob. 도쿄대학 사료편찬소 소장 러시아해군문서관 기증 문서.

92 小村から青木へ, 1900年 8月 15日, 青木から小村へ, 1900年 8月 17日, 『日本外交文書』第33巻 別冊2, pp. 700-701.

93 『近衛篤麿日記』第3巻, 近衛篤麿日記刊行会, 1968年, p. 247. 森山茂徳『近代日韓関係史研究 —— 朝鮮植民地化と国際関係』東京大学出版会, 1987年, pp. 119-120.

94 『山県有朋意見書』pp. 262-263. 森山, 앞의 책, p. 120. 横手慎二『日露戦争史』中公新書, 2005年, pp. 20-21은 이 부분에 대해서, 야마가타의 러시아관에 결정적인 변화가 나타났으며, "러시아가 '교활'하고 신용할 수 없는" 존재라고 보는 시각의 출현이라고 주장하고 있지만, 이는 타당하지 않다.

95 『山県有朋意見書』pp. 261, 263.

96 Izvol'skii to Lamsdorf, 13 July 1900, Ibid., L. 174-175.

97 『近衛篤麿日記』第3卷, p. 243.

98 위의 책, p. 247.

99 위의 책, p. 251. 朴羊信『陸羯南』岩波書店, 2008年, p. 178.

100 「本年七月下旬玄映運ガ杉村通商局長ヲ訪問シタル際対話要領」, 「韓国宮内府侍從玄映運来朝一件」, 外務省外交史料館, 6-5-5-24. 海野福寿『韓国併合史の研究』岩波書店, 2000年, p. 102와 千葉, 앞의 책, p. 75는 이 일련의 만남과 대화의 과정을 간과하고 있다.

101 林から青木へ, 1900年 7月 24日, 『日本外交文書』第33卷 別冊2, p. 391.

102 『近衛篤麿日記』第3卷, p. 253.

103 이 인물은 1902년 5월에 작성된 한국정부 고용외국인 전문가 리스트에 올라 있다. 『駐韓日本公使館記録』24, 国史編纂委員会, 1992年, p. 151.

104 Simanskii, op. cit., Vol. I, p. 274. 박종효 편역『러시아 國立文書保管所 所藏 韓國關聯文書 要約集』, 한국국제교류재단, 2002년, p. 270에 요약되어 있는 한 문서에도 트레물레의 의견으로 중립화안이 생겨났다고 쓰여 있다.

105 林から青木へ, 그리고 青木から林へ, 1900年 9月 14日, 『日本外交文書』第34卷, pp. 523-524. 쓰노다는 이 전보를 인용하면서, 조 공사가 고종의 "밀지(密旨)를 지니고 일본과의 제휴 강화를 기도했지만, 이즈볼스키의 위협에 부딪쳐 후퇴하여, 일본으로 하여금 열강에게 한국중립화를 제의해 달라고 요청하기에 이르렀다"고 쓰고 있는 데(角田, 앞의 책, p. 38), 이것은 의외이다. 木村幹『高宗・閔妃』ミネルヴァ書房, 2007年, p. 314도, 그 근거도 들지 않고 중립화안이 러시아에 의해 거부되었다고 쓰고 있다. 森山, 앞의 책, p. 125는 조병식의 중립화안 제안을 검토하고 있지만, "러시아의 현지기관이 조선의 중립화에 반대하고 있었기 때문에"라면서 파블로프의 반대만을 강조하고 있다. 기본적으로 파블로프의 반대만을 중시하는 것은, 현광호『대한제국과 러시아 그리고 일본』선인, 2007년, pp. 108-109도 마찬가지이다.

106 『近衛篤麿日記』第3卷, pp. 289-290.

107 위의 책, pp. 284-285.

108 Izvol'skii to Lamsdorf, 1 September 1900, AVPRI, F. 133, Op. 470, 1900 g., D. 102, L. 299ob., 228ob., 227ob.

109 Izvol'skii to Lamsdorf, 4 September 1900, Ibid., L. 230.

110 Izvol'skii to Lamsdorf, 14 September 1900, Ibid., L. 243.

111 Allen to State Department, 2, 11 October 1900, Korean-American Relations, Vol. III, pp. 69, 71.

112 『近衛篤麿日記』第3卷, pp. 309-310.

113 戸水寛人『回顧録』非売品, 1904年, pp. 2-4.

114 위의 책, pp. 6-8.

115 위의 책, p. 9.

116 위의 책, p. 10.

117 千葉, 앞의 책, p. 78. 海野, 앞의 책, p. 103.

118 『伊藤博文関係文書』塙書房, 1978年, p. 404. 지바는 또 하나 『近衛篤麿日記』 9월 17일의 기술(제3권, p. 316)도 원용하고 있는데, 이것은 외무성의 스기무라 국장이 같은 취지의 전보가 하야시 공사로부터 와 있다고 말하는 것을 들었다는 내용에 지나지 않는다.

119 林から青木へ, 1900年 8月 25日, 『駐韓日本公使館記録』14, p. 374.

120 林から青木へ, 1900年 9月 17日, 위의 책, pp. 378-379.

121 『近衛篤麿日記』第3卷, pp. 330, 337.

122 위의 책, p. 342.

123 위의 책, pp. 348-349.

124 千葉, 앞의 책, pp. 78-79의 기술은 타당하지 않다.

125 林から青木へ, 1900年 9月 26日, 『駐韓日本公使館記録』14, p. 381. 이 사료는 森山, 앞의 책, p. 126에도 인용되어 있다.

126 Allen to Secretary of State, 20 October 1900, Korean-American Relations, Vol. III, p. 72.

127 일본과 미국의 사료에서 파블로프의 반대론을 도출해 내고 있는 것은, 현광호, 앞의 책, pp. 108-109.

128 Vitte to Sipiagin, before 18 September 1900, KA, 1926, No. 5, pp. 41-42.

129 石和靜, 앞의 논문, pp. 36, 51가, 이 안이 비테에 의해서 "창안 주도되었다"고 기술하고 있는 것은 타당하지 않다. 이 논문은 러시아 사료를 사용하여, 이즈볼스키가 한국중립화를 위해서 노력했다는 점을 처음으로 밝혔다.

130 Rediger, op. cit., Vol. 1, pp. 317-318.

131 이 회담 기록은 두 개의 버전이 있다. 첫 번째는 1917년에 작성된 조선총독부의 조서 『朝鮮の保護及併合』에 인용되어 있는 것으로, 『日韓外交資料集成』8, 巖南堂書店, 1964年, pp. 405-408에 있다. 角田, 앞의 책, pp. 34-35가 처음으로 이 회담 기록에 주목하여 인용하고 있다. 두 번째는 『駐韓日本公使館記録』16, pp. 372-376에 있는 것으로, "메이지 33년 12월 하순 고무라 공사 귀조(歸朝) 시에 제출"이라는 주가 붙어 있다. 본서에서는 두 번째 버전을 인용했다.

어휘에 약간의 차이는 있지만 문맥의 의미는 대체로 동일하다.

132 Alekseev to Lamsdorf, 1/14 September 1900, and Lamsdorf to Alekseev, n.d., KA. 1926, No. 1, p. 34.

133 Glinskii, op. cit., p. 138. Malozemoff, op. cit., p. 152.

134 Korostovets, op. cit., pp. 128-129.

135 Simanskii, op. cit., Vol. II, p. 111.

136 Ibid., p. 112.

137 협정의 텍스트는, Korostovets, op. cit., pp. 129-130. 요약은, Simanskii, op. cit., Vol. II, p. 114. 小村から加藤へ, 1901年 1月 8日, 『日本外交文書』第34卷, pp. 100-101.

138 Vitte, op. cit., Vol. 2, pp. 191-193.

139 『日本外交文書』第33卷, p. 59.

140 Simanskii, op. cit., Vol. II, p. 56.

141 Ibid., p. 113. Korostovets, op. cit., pp. 130-135.

142 Landdowne to Scott, 3 January 1901, Inclosure No. 3, *Correspondence respecting the Russian Occupation of Manchuria and Newchwang*, London, 1904, p. 3. 모리슨의 왜곡에 관해서는, 橫手, 앞의 책, pp. 61-62도 지적하고 있다.

143 西から加藤へ, 1900年 12月 30日, 『日本外交文書』第33卷 別冊2, pp. 371-374.

144 『日本外交文書』第34卷, pp. 94-95.

145 위의 책, 第33卷 別冊2, pp. 431-432.

146 Lamsdorf to Izvol'skii, 18 November 1900, AVPRI, F. 133, Op. 470, 1900 g., D. 102, L. 19. 또한 Lamsdorf to Izvol'skii, 26 November 1900, Ibid., L. 22.

147 Lamsdorf to Pavlov, 18 November 1900, RGAVMF, F. 32, Op. 1, D. 57, L. 86-87. 도쿄대학 사료편찬소 소장 러시아해군문서관 기증 문서.

148 Pavlov to Lamsdorf, 22 November 1900, Ibid., L. 88-89ob. 위의 자료.

149 Izvol'skii to Lamsdorf, 25 November 1900, AVPRI, F. 133, Op. 470, 1900 g., D. 102, L. 292ob., 291ob., 290ob.

150 Lamsdorf to Izvol'skii, 26 November 1900, Ibid., L. 22.

151 Izvol'skii to Lamsdorf, 1 December 1900, Ibid., L. 298ob., 297ob.

152 Izvol'skii to Lamsdorf, 15 December 1900, Ibid., L. 302-302ob. 石和靜, 앞의 논문, p. 39.

153 「滿韓問題二関スル日露交渉」, 『日韓外交資料集成』8, pp. 409-411.

154 Lamsdorf to Izvol'skii, 3 December 1900, Ibid., L. 24-24ob. 니쉬는 이즈볼스키의 중립화안은 그의 개인적인 안으로서, 러시아 외무성에서 충분한 지지를 받고 있지 못했기 때문에 그의 교섭력이 약화된 것이 아닌가 보고 있는데, 이는 분명히 옳지 않다. Nish, op. cit., p. 99.

155 角田, 앞의 책, pp. 40-43.

156 Izvol'skii to Lamsdorf, 17 December 1900, Ibid., L. 26. *Obzor snoshenii s Iaponiei po koreiskim delam s 1895 goda*, p. 15.

157 『日本外交文書』第34卷, p. 521.

158 Izvol'skii to Lamsdorf, 27 December 1900, AVPRI, F. 133, Op. 470, 1900 g., D. 102, L. 311ob, 310ob.

159 小村から加藤へ, 1901年 1月 11日, 『日本外交文書』第34卷, p. 524. 이 의견을 千葉, 앞의 책, p. 64는 만한교환론이라고 하고 있다.

160 加藤から珍田へ, 1901年 1月 17日, 『日本外交文書』第34卷, pp. 527-528.

161 露国公使·加藤外相会談筆記, 1901年 1月 17日, 위의 책, p. 528-529.

162 珍田から加藤へ, 1901年 1月 25日, 위의 책, p. 531. 이 이후 이즈볼스키의 제의는 개인플레이라는 인상이 내각과 원로들 사이에 공유되어 있었다고 지바는 보고 있다. 千葉, 앞의 책, p. 83.

163 珍田から加藤へ, 1901年 1月 28日, 『日本外交文書』第34卷, pp. 536-538.

164 Izvol'skii to Lamsdorf, 9 February 1901, KA, 1934, kn. 2, pp. 13-16.

165 Simanskii, op. cit., Vol. II, pp. 116-117.

166 Ibid., pp. 117-118.

167 Satow to Lansdowne, 27 February 1901, *Correspondence respecting the Russian Occupation of Manchuria and Newchwang*, p. 7. 小村から加藤へ, 1901年 3月 1日, 『日本外交文書』第34卷, pp. 170-172.

168 角田, 앞의 책, pp. 61-64.

169 加藤から小田切へ, 1901年 3月 2日, 『日本外交文書』第34卷, p. 174. 清国公使·加藤外相会談筆記, 1901年 3月 4日, 위의 책, pp. 182-183.

170 Simanskii, op. cit., Vol. II, pp. 119-120.

171 Ibid., pp. 120-122.

172 加藤から林へ, 1901年 3月 18日, 『日本外交文書』第34卷, pp. 234-235. 加藤から井上へ, 1901年 3月 18日, 위의 책, pp. 235-236.

173 加藤から小田切へ, 1901年 3月 18日, 위의 책, pp. 236-237.

174 加藤から伊藤へ, 1901年 3月 12日, 위의 책, pp. 206-207.

175 角田, 앞의 책, p. 66. Simanskii, op. cit., Vol.II, p. 122.

176 清国公使·加藤外相会談筆記, 1901年 3月 23日, 『日本外交文書』第34卷, pp. 261-263.

177 小村から加藤へ, 1901年 3月 23日, 위의 책, pp. 264-265.

178 小村から珍田へ, 1901年 3月 24日, 위의 책, pp. 270-271.

179 珍田から加藤へ, 1901年 3月 26日, 위의 책, p. 286.

180 角田, 앞의 책, pp. 68-69.

181 『近衛篤麿日記』第4巻, 1968年, p.36.

182 위의 책, pp.38-40.

183 위의 책, p.65.

184 위의 책, p.79.

185 위의 책, pp.74-75, 78, 80.

186 위의 책, pp.100-101.

187 위의 책, p.94.

188 위의 책, p.98.

189 위의 책, pp.101-102.

190 위의 책, p.88.

191 Izvol'skii to Lamsdorf, 1 March 1901, KA, 1934, kn.2, pp.16-18.

192 Simanskii, op. cit., Vol. II, p. 133. "Pravitel'stvennoe soobshchenie", 23 March 1901, *Obzor snoshenii s Iaponiei po koreiskim delam*, pp.50-59.

193 加藤外相・露国公使会談筆記, 1901年4月8日, 『日本外交文書』第34巻, pp.340-341.

194 角田, 앞의 책, p.69.

195 加藤から珍田へ, 1901年4月5日, 『日本外交文書』第34巻, p.332. 珍田から加藤へ, 1901年4月7日, 같은 책, p.339.

196 清国公使・加藤外相会談筆記, 1901年4月8日, 위의 책, p.343. 盛宣懐から清国公使李盛鐸へ, 1901年4月10日, 위의 책, p.334.

197 Lamsdorf to Kuropatkin and Vitte, 22 May 1901, GARF, F.568, Op.1, D.175, L.2. 니쉬는 이 당시 주재 무관들의 의견이 전쟁은 있을 수 없다는 것이었다고 주장하고 있는데, 이는 옳지 않다. Nish, op. cit., p.105.

198 Vannovskii to General Staff, 28 March 1901, RGVIA, F.400, Op.4, D.481, L.75.

199 Izvol'skii to Lamsdorf, 23 March 1901, KA, 1934, kn.2, pp.24-27.

200 VIK, *Russko-Iaponskaia voina*, Vol. I, p. 317. Nish, op. cit., p. 106은 Lensen, op. cit., pp.253-254로부터, 만주에 무기한 머물 것을 주장한 알렉세예프가 3월 16일에 육군상에게 보낸 서간을 인용하고 있다. 일본 측으로부터의 적극적인 조치 가능성을 막고 조선에서 협정을 맺어, 만주에서 행동의 자유를 확보한다는 전망을 서술하고 있는데, 전쟁의 위협 속에서 가질 만한 인식이라고는 생각할 수 없어서 믿기 어렵다. 렌슨은 출처를 밝히지 않고 있다.

201 VIK, *Russko-Iaponskaia voina*, Vol. I, p.318.

202 Izvol'skii to Lamsdorf, 2 April 1901, RGVIA, F.400, Op.4, D.481, L.96-100.

203 Lamsdorf to Kuropatkin and Vitte, 22 May 1901, GARF, F.568, Op.1, D.

175, L. 2ob.

204 Kuropatkin to Lamsdorf, 25 May 1901, RGVIA, F. 400, Op. 4, D. 481, L. 83-84.

205 Vitte to Lamsdorf, 24 May and 28 May 1901, Romanov, *Rossiia v Man'chzhurii*, pp. 312-313.

206 『伯爵珍田捨巳伝』ゆまに書房, 2002年, p. 91.

207 Sakharov to Lamsdorf, 13 June 1901, GARF, F. 568, Op. 1. D. 176, L. 6-6ob., 9.

208 Agapeev's report, 7 June 1901, GARF, F. 568, Op. 1. D. 176, L. 1-5ob. 아가페예프에 관해서는, Korostovets, op. cit., p. 99.

209 Lamsdorf to Sakharov, 18 June 1901, GARF, F. 568, Op. 1. D. 176, L. 11-13ob., KA, 1934, kn. 2, pp. 29-31.

210 Lamsdorf to Izvol'skii and M. N. Girs, 17 July 1901, Ibid., p. 32.

211 Lamsdorf to Kuropatkin and Vitte, 19 June 1901, Ibid., pp. 32-35.

212 Girs to Lamsdorf, 22 July 1901, Ibid., pp. 35-36.

213 Izvol'skii to Lamsdorf, 25 July 1901, Ibid., pp. 36-37.

214 비테의 회답 요약은 Glinskii, op. cit., p. 174에 있다. 그러나 이것이 언제 편지인지는 지적하지 않고 있다. 이 편지의 전제로서 외상의 문의 서신 요약도 소개하고 있지만(Ibid., pp. 173-174), 편지의 원본과 비교하면 부정확한 요약이다. 비테의 편지도 대체로 이런 내용이라고 이해해야만 할 것이다.

215 Kuropatkin to Lamsdorf, 30 July 1901, RGIA, F. 1282, Op. 1, D. 759, L. 36-43ob. 이 편지의 요약이 Glinskii, op. cit., pp. 175-176에 있는데, 그것은 거의 정확하다.

216 Kuropatkin to Lamsdorf, 12 August 1901, RGIA, F. 1282, Op. 1, D. 759, L. 44-45.

217 VIK, *Russko-Iaponskaia voina*, Vol. I, pp. 192-196.

218 中山裕史「『ムッシュ―・フィリップ』と『パピュス』──20世紀初頭ロマノフ宮廷と2人のフランス人」, 『桐朋学院大学短期大学部紀要』第15号, 1997年, pp. 122-126.

219 Nikolai II's Diary, GARF, F. 601, Op. 1, D. 243, p. 50.

220 Ibid., pp. 51, 52-53, 54, 55, 56, 57.

221 Ibid., pp. 58, 59.

222 Bezobrazov to Nikolai II, 24 June 1900, RGIA, F. 560, Op. 28, D. 100, L. 34-35.

223 Bezobrazov to Grand Duke Aleksandr Mikhailovich, 15 July 1900, Ibid., L. 26-28.

224 Bexobrazov's memorandum, 23 July 1900, Ibid., pp. 30-31.

225 Abaza, Russkie predpriiatiia v Koree v sviazi s nashei politikoi na Dal'nem Vostoke 1898-1904, GARF, F. 601, Op. 1, D. 529, pp. 35-37. Simanskii, op. cit., Vol. II, p. 222.

226 Vitte to Sipiagin, 7 July 1901, KA, 1926, t. 5, p. 44.

227 Vitte to Sipiagin, 12 July 1901, Ibid., p. 45.

228 Abaza, Russkie predpriiatiia v Koree, pp. 39-40. Simanskii, op. cit., Vol. II, p. 223.

229 Abaza, op. cit., p. 41.

230 Kuropatkin's memorandum, 24 July 1903, GARF, F. 543, Op. 1, D. 183, L. 98ob.-100.

231 Abaza, op. cit., pp. 41-42. Simanskii, op. cit., Vol. I, p. 223. 또한 Bezobrazov to Nikolai II, 17 June 1901, RGIA, F. 560, Op. 28, D. 100, L. 33-33ob.

232 Simanskii, op. cit., Vol. II, pp. 222-223.

233 山本利喜雄『露西亜史』博文館, 1901年, pp. 1-5.

234 위의 책, pp. 421-422.

235 위의 책, p. 436.

236 アナトール・レルア・ボリュー(林毅陸訳)『露西亜帝国』博文館, 1901年, p. 5. 원저는, Anatole Leroy-Beaulieu, L'empire des tsars et les russes, Tome I-III, Paris, 1897.

237 위의 책, pp. 1, 3.

238 위의 책, p. 17.

239 煙山専太郎『近世無政府主義』東京専門学校出版部, 1902年. 1965년에 메이지분켄(明治文献)에서 복각판(復刻版)을 냈다.

240 우치다(内田)의 경력에 관해서는, 黒龍倶楽部編『国士内田良平伝』原書房, 1967年을 참조.

241 발매 금지된 우치다 료헤이의『러시아 망국론』의 제3장은『국사 우치다 료헤이 전』(国士内田良平伝)의 부록에 붙어 있다. 인용은 위의 책, pp. 736-753. 内田甲『西亜論』黒龍会本部, 1901年, pp. 136, 142.

242 『国士内田良平伝』p. 753. 内田甲『露西亜論』黒龍会本部, 1901年, pp. 136, 142.

243 平塚篤編『子爵栗野慎一郎伝』興文社, 1942年, pp. 1, 34, 58, 177, 216, 249.

244 위의 책, p. 254.

245 위의 책, pp. 254-260. 角田, 앞의 책, pp. 105-106은, 구리노의 주장은 "성질상 만한교환론에 입각한" 것이지만, "단순한 만한교환론"이라고는 할 수 없으며 "한국세역협정론"이라고 주장하고 있다. 명확하지가 않다. Nish, op. cit., p. 129는, 구리노의 의견서가 중요한 만한교환론을 주장한 것이라고 하

는데, 이는 옳지 않다.

246 『子爵栗野慎一郎伝』pp. 267-268.

247 Izvol'skii to Lamsdorf, 6 November 1901, AVPRI, F. 150, Op. 493, D. 906(1901 g.), L. 121-122.

248 『伊藤博文伝』下巻, 原書房, 1970年(원본은 1940년), pp. 523-532.

249 角田, 앞의 책, pp. 81-82.

250 위의 책, pp. 89-90.

251 林から曾禰へ, 1901年 7月 15日, 『日本外交文書』第34巻, p. 16. 林董『後は昔の記他』平凡社, 1970年, p. 333.

252 Sone to Hayashi, 17 July 1901, 『日本外交文書』第34巻, p. 22.

253 林, 앞의 책, pp. 335-336. 林から曾禰へ, 1901年 8月 1日, 『日本外交文書』第34巻, pp. 25-26.

254 『小村外交史』pp. 257-259.

255 曾禰から林へ, 1901年 8月 8日, 『日本外交文書』第34巻, pp. 26-28.

256 林から小村へ, 1901年 11月 7日, 위의 책, pp. 39-40.

257 林から小村へ, 1901年 11月 7日, 위의 책, p. 42.

258 小村から林へ, 1901年 11月 13日, 위의 책, p. 47.

259 林から小村へ, 1901年 11月 15日, 위의 책, pp. 47-48.

260 林, 앞의 책, pp. 342-347.

261 Hayashi to Komura, 18 November 1902, 『日本外交文書』第34巻, pp. 48-49.

262 小村から林へ, 1901年 11月 20日, 위의 책, p. 50.

263 小村から林へ, 1901年 11月 22日, 위의 책, p. 53.

264 小村から駐露杉村代理公使へ, 1901年 11月 24日, 위의 책, pp. 53-54.

265 桂から伊藤へ, 1901年 11月 27日, 위의 책, pp. 54-55.

266 伊藤から井上へ, 1901年 11月 28日, 위의 책, pp. 55-56.

267 角田, 앞의 책, pp. 103-104, 108.

268 伊藤博文「露西亜皇帝二コライ二世陛下二謁見ノ記」, 『日本外交文書』第35巻, pp. 106-107. Nikokai II's Diary, GARF, F. 601, Op. 1, D. 243, p. 167.

269 Lamsdorf to Izvol'skii, 5 December 1900, KA, 1934, kn. 2, pp. 47-48. 이토의 기록은, 「露国外相ラムスドルフ伯トノ会見ノ記 其一」, 『日本外交文書』第35巻, pp. 108-111. 내용에는 다소 차이가 있다. 특히 일본의 기록에는 람스도르프가 "조선 남해안에 작은 땅 한 곳을 러시아에 일임하고, 그 밖의 조선 전부를 귀국이 자유롭게 하는 것으로 하면 곤란한가?"라고 질문한 것으로 되어 있다.

270 「露国蔵相『ウィッテー』氏卜会見ノ記」, 『日本外交文書』第35巻, pp. 111-112.

271 Predlozheniia Ito, KA, 1934, kn. 2, p. 46. 일본의 기록은「伊藤侯爵ヨリ露国

外相ニ渡セシ書簡」, 『日本外交文書』第35卷, p.121. 내용은 완전히 일치하고
있다. "조언과 원조를 제공할 배타적 권리"가 일본 측 기록에는 "조언 및 원조
에 의해 조선을 도울 전권(專權)"으로 되어 있다.

272 Lamsdorf to Nikolai II, 22 November 1900, Ibid., pp.44-46. 일본의 기록은,
「露国外相ラムスドルフ伯トノ会見ノ記 其二」, 위의 책, pp.118-121. 내용에
는 다소 차이가 있다.

273 閣議決定, 1901年 11月 28日, 『日本外交文書』第34卷, pp.57-58.

274 伊藤から桂へ, 1901年 12月 6日, 위의 책, pp.63-64.

275 元老会議に提出された小村意見書, 1901年 12月 7日, 위의 책, pp.66-69.

276 井上から伊藤へ, 1901年 12月 7日, 위의 책, p.69.

277 『子爵栗野慎一郎伝』p.265.

278 林董「日英同盟条約締結始末」, 『日本外交文書』第35卷, p.54.

279 Proekt Lamsdorfa, KA, 1932, kn.2, p.48.

280 Ibid., p.44.

281 Simanskii, op. cit., Vol. II, pp.162-163. Vitte to Lamsdorf, 28 November
1903.

282 Kuropatkin to Lamsdorf, 27 November 1901, KA, 1934, kn.2, pp.49-51.

283 Lamsdorf to Nikolai II, 1 December 1901, Ibid., pp.52-53.

284 Ito to Lamsdorf, 23(10)December 1901, *Obzor snoshenii s Iaponiei po koreiskim
delam*, pp.74-75. Lamsdorf to Ito, 1(14) December 1901, Ibid., pp.72-73.

285 林から小村へ, 1902年 1月 15日, 『日本外交文書』第35卷, pp.1-3. 小村から林
へ, 同年 1月 17日, 위의 책, pp.3-4. 林から小村へ, 同年 1月 24日, 위의 책, pp.
9-10.

286 日英条約, 1902年 1月 30日, 위의 책, pp.19-20.

287 Simanskii, op. cit., Vol. II, pp.179-180. Lamsdorf to Izvol'skii, 31 January
1902.

288 『小村外交史』pp.297-298.

289 선언과 구상서는, "Pravitel'stvennoe soobshchenie", 7(20) March 1902,
Obxor snoshenii s Iaponiei po koreiskim delam, pp.76-77.

290 日置から小村へ, 1901年 10月 7日, 『日本外交文書』第34卷, p.403.

291 小村から日置へ, 1901年 10月 21日, 30日, 위의 책, pp.409-410, 413-414.

292 日置から小村へ, 1901年 11月 7日, 위의 책, p.426.

293 Simanskii, op. cit., Vol. II, p.147.

294 Ibid., p.185.

295 Ibid., pp.185-186.

296 "Pravitel'stvennoe soobshchenie", 30 March 1902, *Obzor snoshenii s Iaponiei po*

koreiskim delam, pp. 60-65. 『日本外交文書』第35卷, pp. 229-230.

297 『近衛篤麿日記』第5卷, 1969年, pp. 84-91. 朴羊信, 앞의 책, p. 188.

298 Izvol'skii's memorandum, Tokio, 20 July 1902, GARF, F. 568, Op. 1, D. 179, L. 5-11.

299 Ibid., L. 5-6ob.

300 Ibid., L. 6ob.-6aob.

301 Ibid., L. 7-7ob.

302 Ibid., L. 8-9.

303 Ibid., L. 9-11.

304 Kuropatkin's diary, 2 February 1902, RGVIA, F. 165, Op. 1, D. 1871, L. 67.

305 VIK, *Russko-Iaponskaia voina*, Vol. I, pp. 431, 434. Report to General Staff, 1/14 June 1902, RGVIA.

306 Ibid., p. 437. Gereral Ivanov's report on the Maneuver at the end of 1901, RGVIA. 시바(司馬)가 『언덕 위의 구름』에서 반노프스키의 말이라고 쓰고 있는 것은 바로 이 이바노프의 말이다. 司馬遼太郎 『坂の上の雲』 文春文庫(新装版), 3, 1999年, p. 96.

307 『小村外交史』 p. 298.

308 Draft of an agreement, proposed by Kurino to Lamsdorf, 22 July(4 August 1902, *Obzor snoshenii s Iaponiei po koreiskim delam*, p. 78. S.K. Synn, *The Russo-Japanese Rivalry over Korea, 1876-1904*, Seoul, 1981, p. 319. 원문은 영어. 번역은 『小村外交史』 p. 299에 따름. 여기에는 9월경에 제출되었다고 되어 있는데, 러시아 측 사료의 일자가 정확하다.

309 *Obzor snoshenii s Iaponiei po koreiskim delam*, p. 18. 시만스키는 이 안이 면밀하게 심의되었지만, "극동 문제에 정통한 우리나라의 관계자들 가운데 누구 한 사람도 한국을 일본의 손에 넘겨주는 것은 생각하지 않았다"고 쓰고 있다. Simanskii, op. cit., Vol. II, p. 208.

310 Simanskii, op. cit., Vol. II, pp. 209-210. Rozen's memorandum on neutralization of Korea, 12 September 1902.

311 Pavlov's memorandum, Sankt-Peterburg, 10 September 1902, GARF, F. 568, Op. 1, D. 179, L. 12-16.

312 Ibid., L. 12-13ob.

313 Ibid., L. 15.

314 Ibid., L. 15ob.

315 Ibid., L. 12.

316 Simanskii, op. cit., Vol. II, pp. 210-211. Pavlov's memorandum, 25 September 1902.

317 Allen to Secretary of State, 31 May 1902, *Korean-American Relations*, Vol. III, pp. 171-172.

318 玄光浩, 앞의 책, p. 183은 앨런 보고서의 이 부분에만 주의를 기울이고 있다.

319 Allen to Secretary of State, 20 June 1902, Ibid., p. 66.

320 Simanskii, op. cit., Vol. II, pp. 211-212. Vitte to Lamsdorf, 28 December 1902.

321 *Obzor snoshenii s Iaponiei po koreiskim delam*, p. 18.

322 小村から栗野へ, 1902年 9月 19日, 『日本外交文書』第35卷, pp. 393-394. 버크는 이 이야기를 본국에는 8월 15일에 알렸다. 그때에는 이즈볼스키의 안으로 설명했던 모양이다. S.K. Synn, op. cit., p. 353. Buck to Hay, 15 August 1902, Diplomatic Despatches, Japan.

323 小村から林へ, 1902年 9月 22日, 『日本外交文書』第35卷, p. 395.

324 위의 문서.

325 栗野から小村へ, 1902年 9月 16日, 위의 책, p. 393.

326 연구사에서도 이것은 3공사에 의한 '일·러·미 3국 보장에 의한 한국중립화' 안이라고 알려져 있다. Synn, op. cit., pp. 332-333. 石和靜, 앞의 논문, p. 47. 이 두 연구자 모두 이 안은 미, 일의 반대로 사라졌다고 설명한다. 석화정은 이 안을 '비테 정책의 연장'으로 보아야 한다고 주장하고 있다. 니쉬는 그런 소문이 떠돌고 있었다고 신중하게 쓰고 있는데, 큰 줄기에 있어서는 같다. Nish, op. cit., pp. 135-136. 러시아의 원 자료에 의해서 이러한 주장들은 성립할 수 없다는 것이 분명해졌다.

327 『小村外交史』pp. 298-299.

328 반노프스키의 직무이력서, RGVIA, F. 409, Op. 1, D. 183718, 150-504(108), L. 269ob. 사모일로프는 일본에 와서 일본인 여성을 현지처로 두었다. 그는 일본어를 이해한 것으로 알려져 있는데, 일본에서 배운 것인지 아니면 일본에 오기 전에 배운 것인지는 알 수 없다. 그에 관해서는, P.E. Podalko, *Iaponiia v sud'bakh rossiian. Ocherki istorii tsarskoi diplomatii i rossiiskoi diaspory v Iaponii*, Moscow, 2004, pp. 81-84.

329 Glinskii, op. cit., pp. 189-190.

330 Ibid., pp. 190-242.

331 Ibid., p. 204.

332 Ibid., pp. 213-214.

333 Ibid., pp. 214-215.

334 Ibid., pp. 215-216.

335 Ibid., pp. 216-217.

336 Ibid., pp. 224-236.

337 Simanskii, op. cit., Vol. III, pp. 19-20.

338 Ibid., p. 22.

339 Ibid., pp. 23-25.

340 Ibid., p. 26. 또한 *Vynuzhdennyia raz'iasneniia grafa Vitte*, Sankt-Peterburg, 1909, p. 61.

341 I.V. Lukoianov, The Bezobrazovtsy, RJWGP, Vol. I, Brill, Leiden, 2005, p. 77. Malozmoff, op. cit., pp. 210-202.

342 Posluzhnyi spisok A.M. Abaza, RGAVMF, F. 406, Op. 9, D. 3, L. 4ob.

343 Dnevnik A.N. Kuropatkina, Nizhprofiz, 1923, p. 12.

344 Ibid., p. 15.

345 Simanskii, op. cit., Vol. II, p. 232.

약칭일람

기관 이름

AVPRI   Arkhiv vneshnei politiki Rossiiskoi imperii 러시아제국외교문서관
(모스크바)

AVPR, MID   Arkhiv vneshnei politiki Rossii, Ministerstvo inostrannykh del
SSSR 소련외무성 러시아외교문서관(모스크바)

GARF   Gosudarstvennyi arkhiv Rossiiskoi Federatsii 러시아연방국립문서
관(모스크바)

IKMGSh   Istoricheskaia komissiia po opisaniiu deistvii flota v voinu
1904-1905 gg. pri Morskom General'nom Shtabe 해군군령부
1904-1905년 전쟁 해군행동서술 역사위원회

OPIGIM   Otdel pis'mennykh istochnikov Gosudarstvennogo istoricheskogo
muzeia 국립역사박물관 문서부(모스크바)

RGAVMF   Rossiiskii gosudarstvennyi arkhiv voenno-morskogo flota 러시아
국립해군문서관(상트페테르부르크)

RGVIA   Rossiiskii gosudarstvennyi voenno-istoricheskii arkhiv 러시아국립
육군역사문서관(모스크바)

RGIA   Rossiiskii gosudarstvennyi istoricheskii arkhiv 러시아국립역사문
서관(상트페테르부르크)

TsGIAM   Tsentral'nyi gosudarstvennyi istoricheskii arkhiv Moskvy 국립중앙
모스크바역사문서관

VIK   Voenno-istoricheskaia komissiia po opisaniiu Russko-Iaponskoi
voiny General'nogo Shtaba 참모본부 러일전쟁서술전사위원회

책 이름

DKPIa   *Dokumenty kasaiushchiesia peregovorov s Iaponiei v 1903-1904 godakh,
khraniashchiesia v kantseliarii Osobogo Komiteta Dal'nego Vostoka*,
[Sankt-Peterburg], 1905.

DMAIaR   Doneseniia morskogo agenta v Iaponii A.I. Rusina(1902-1904
gg.), *Russkoe proshloe*, 6, 1996.

KA   *Krasnyi arkhiv*.

RIaV   *Russko-Iaponskaia voina. Iz dnevnikov A.N. Kuropatkina i N.P.
Linevicha*, Leningrad, 1925.

RJWGP   *The Russo-Japanese War in Global Perspective: World War Zero*.

SGTSMA   *Sbornik geograficheskikh, topograficheskikh i statisticheskikh materialov po
Azii*.

SMVMV   Domozhilov(ed.), *Sbornik materialov po voenno-morskim voprosam*, Vol.
I. *Iaponsko-kitaiskaia voina*, Sankt-Peterburg, 1896.

찾아보기

야마가타 아리토모(山県有朋, 1838-1922) 20, 89, 123, 178, 230, 346, 357

야마구치 게이조(山口圭蔵, 1861-1932) 217, 218, 560

야마모토 곤베에(山本権兵衛, 1852-1933) 23, 310, 348, 432, 558, 564, 584

야마무로 신이치(山室信一, 1951-) 91

야마베 겐타로(山辺健太郎, 1905-77) 86

야마자 엔지로(山座円次郎, 1866-1914) 300, 569, 640

야스다 고이치(保田孝一, 1929-2006) 94, 159, 167, 190

야시로 로쿠로(八代六郎, 1860-1930) 448

얀줄(Янжул, Николай Иванович) 420, 443, 444, 446

양루(楊儒) 553, 555, 556

어윤중(魚允中, 1848-96) 138, 222, 244, 272

언더우드(Underwood, Horace Grant, 1859-1916) 308

에노모토 다케아키(榎本武揚, 1836-1908) 21, 112, 172

예즈차오(葉志超, ?-1901) 236

오가사와라 나가나리(小笠原長生, 1867-1958) 75

오다기리 마스노스케(小田切万寿之助, 1868-1934) 554

오를로프(Орлов, Николай Александрович, 1855-1915) 495, 505

오브루체프(Обручев, Николай Николаевич, 1830-1904) 28, 260~264, 311, 368, 372, 373, 374, 400, 401

오사코 나오하루(大迫尚敏, 1844-1927) 235

오스기 사카에(大杉栄, 1885-1923) 270

오스첸-사켄(Остен-Сакен, Николай Дмитриевич, 1831-1912) 396, 540

오스트로베르호프(Островерхов-Тимченко) 506

오시마 요시마사(大島義昌, 1850-1926) 214~216, 223, 235, 236

오야마 이와오(大山巌, 1842-1916) 23, 74, 109, 238

오에 시노부(大江志乃夫, 1928-2009) 76

오우치 조조(大内暢三, 1874-1944) 523

오이 겐타로(大井憲太郎, 1843-1922) 126

오카모토 다카시(岡本隆司, 1965-) 186, 187

오카모토 류노스케(岡本柳之助, 1852-1912) 215, 291

오쿠마 시게노부(大隈重信, 1838-1922) 120, 157, 514, 558, 564

349, 413, 417, 439, 448, 518, 520, 524, 527, 540, 544, 545, 548, 549, 553, 558, 561~565, 568, 589, 591, 592, 594~601, 603~608, 614, 617, 619, 620, 648

지은이 와다 하루키(和田春樹)

와다 하루키는 1938년 일본 오사카(大阪)에서 태어났다.
도쿄대학 문학부를 졸업한 후 1998년까지 도쿄대학 사회과학연구소
교수 및 소장을 역임했으며, 현재 도쿄대학 명예교수,
도호쿠대학(東北大学) 동북아시아연구센터 펠로우(객원교수)다.
러시아사·소련사, 조선사·현대북한 등 동북아국제관계사를
주요 연구 분야로 삼고 있다.
1974년부터 1987년까지 한국민주화운동일본연대회의(韓國民主化運動
日本連帶會議)와 연대위원회(連帶委員會) 사무국장을 역임했으며,
1995년부터 2007년까지 아시아여성기금 발기인,
운영심의회위원, 이사, 전무이사, 사무국장을 역임했다.
2016년부터는 일조국교촉진국민협회(日朝國交促進国民協會) 이사 및
사무국장으로 활동 중이다.
주요저서로는 『니콜라이 러셀: 국경을 초월한 나로드니키』(1973),
『김일성과 만주항일전쟁』(1992), 『역사로서의 사회주의』(1994),
『한국전쟁』(1999), 『북조선』(2002), 『동북아시아 공동의 집』(2004),
『한일 100년사』(2015), 『동북아시아 영토문제, 어떻게 해결할 것인가』(2013),
『북한 현대사』(2014), 『'평화국가'의 탄생: 전후 일본의 원점과 변용』,
『스탈린 비판 1953~1956년』, 『일본군 위안부 문제의 해결을 위하여』(2016),
『러시아혁명, 페트로그라드 1917년 2월』(2018),
『아베 수상은 납치문제를 해결할 수 없다』(2018) 등이 있다.

이웅현(李雄賢)

고려대학교와 동 대학원을 졸업했다.

도쿄대학에서 러시아(소련)외교정책으로 박사학위를 받았다.

고려대학교 연구교수를 역임했으며, 현재 한국지정학연구원 원장이다.

저서로는 『소련의 아프간 전쟁』(2001), 『중앙아시아의 문명과 반문명』(편저, 2007),

『동아시아 철도네트워크의 역사와 정치경제학 II』(편저, 2008),

『새로운 동북아 질서와 한반도의 미래』(공저, 2019)가 있으며,

옮긴 책으로는 『일본인은 왜 사과를 잘 하는가?』(1991), 『평화와 전쟁』(1999),

『새로운 중세: 21세기의 세계시스템』(2000),

『러시아의 자본주의혁명』(공역, 2010)이 있다.

그 밖에 「아프가니스탄 반군의 계보」(2013),

「일본 문부과학성 교과서조사관의 계보」(2014),

「파키스탄의 격동과 파란: 동맹의 패러독스」(2015),

「1950년대 일본의 교과서 국정화 시도」(2016),

「전후 일본 보수인맥의 태동: '역코스'기를 중심으로」(2017) 등의 논문이 있다.

러일전쟁 1
기원과 개전

지은이 와다 하루키
옮긴이 이웅현
펴낸이 김언호

펴낸곳 (주)도서출판 한길사
등록 1976년 12월 24일 제74호
주소 10881 경기도 파주시 광인사길 37
홈페이지 www.hangilsa.co.kr
전자우편 hangilsa@hangilsa.co.kr
전화 031-955-2000~3 **팩스** 031-955-2005

부사장 박관순 **총괄이사** 김서영 **관리이사** 곽명호
영업이사 이경호 **경영이사** 김관영
편집 김대일 백은숙 노유연 김지연 김지수 김영길
관리 이주환 김선희 문주상 이희문 원선아 **마케팅** 서승아
디자인 창포 031-955-9933
CTP출력 및 인쇄 예림 **제본** 광성문화사

제1판 제1쇄 2019년 9월 23일
제1판 제2쇄 2019년 10월 7일

값 35,000원

ISBN 978-89-356-6480-1 94080
ISBN 978-89-356-6427-6 (세트)

● 잘못 만들어진 책은 구입하신 서점에서 바꿔드립니다.
● 이 도서의 국립중앙도서관 출판시도서목록(CIP)은 서지정보유통지원시스템 홈페이지(seoji.nl.go.kr)와
국가자료공동목록시스템(www.nl.go.kr/kolisnet)에서 이용하실 수 있습니다.
(CIP제어번호: CIP2019034309)

한길그레이트북스 인류의 위대한 지적 유산을 집대성한다

● 한길그레이트북스는 계속 간행됩니다.